아시아 1945-1990

The Cold War's Killing Fields

서구의 번영 아래 전쟁과 폭력으로 물든

아시아 1945-1990

: Rethinking The Long Peace

폴 토머스 체임벌린 지음 | 김남섭 옮김

이데아

일러두기

- 이 책은 *The Cold War's Killing Fields*, Paul Thomas Chamberlin, 2018을 한글로 옮긴 것이다.
- 이 책에 나오는 외래어는 표준국어대사전과 국립국어원 '용례찾기'를 기준으로 했으며, 그 밖의 것은 외래어 표기법에 따랐다. 크메르어, 아랍어, 페르시아어, 파슈툰어 등 공인된 표기법이 없는 경우, 관련 학회나 위키피디아 등에서 시안으로 만들어 놓은 표기법을 참고하여 더 나은 쪽으로 표기했다.
- 본문의 아래에 넣은 각주는 옮긴이주이며, 미주는 원서의 주다.
- 각주는 1), 2), 3) 등과 같이 표기했고, 미주는 1, 2, 3 등과 같이 표기했다.

서론

냉전 시대 폭력의 지리학

이 책은 냉전 시대의 가장 치명적인 군사 현장에 관한 역사서다. 동쪽으로는 만주 평원, 남쪽으로는 인도차이나반도의 우거진 열대우림, 그리고 서쪽으로는 중앙아시아 및 중동의 건조한 고원에 이르기까지 죽 이어지는 지대에 초점을 맞춘다. 1945년부터 1990년 사이에 벌어진 폭력적 충돌 과정에서 목숨을 빼앗긴 사람은 10명 중 일곱 명꼴로 이 지역에서 사망했다. 이 킬링 필드들은 공산주의 세계의 변경 지역을 둘러쌌고, 유럽의 철의 장막과 함께 냉전의 최전선들을 형성했다. 이곳, 아시아의 남쪽 가장자리를 따라 초강대국의 군대들, 포스트식민주의 국가들, 야심을 품은 혁명가들이 세 차례의 파멸적인 전쟁 물결을 촉발했고, 그 과정에서 1400만 명 이상이 살해되는 대참사가 일어났다. 초강대국들은 이 지역에 대외 원조를 쏟아부었는데, 워싱턴과 모스크바가 제3세계에 보낸 자금 1달러 중 80센트가 이 지역에 떨어졌다. 소련군 전사자의 95퍼센트가 길게 뻗어 있는 이 지역에서 나왔다. 이 시기에 벌어진 전투에서 사망한 미국 병사 1000명당 단 **한 명**만 다른 지역에서 죽었다.[1]

이 지역 자체는 몇 가지 이름으로 알려져 왔다. 그곳은 대체로 고대 실크로드의 육상 무역로와 몽골제국의 남부 국경에 해당한다. 20세기에 지리학자 니컬러스 J. 스피크먼[1]은 이 지역을 '주변 지역rimland'이라고 불렀다. 드와이트 아이젠하워[2] 행정부의 관리들은 동아시아와 북부 국가군Northern Tier에 관해 이야기했고, 소련 관리들은 훗날 남부 전역戰域과 북부 전역을 위한 계획을 세울 터였다. **남부 아시아**southern Asia라는 용어가 아마 가장 정확할 테지만, 이 용어 역시 남아시아South Asia(인도 아대륙)와 비슷하고 또 이른바 중동이 마치 얼마간 아시아에서 동떨어진 것처럼 취급되곤 하기 때문에 혼란의 위험이 있다. 냉전을 수행하는 과정에서 이 일대는 킬링 필드, 즉 1945년 이후에 벌어진 가장 피비린내 나는 전투의 본거지 역할을 했다.

이 냉전의 유혈 지역은 이 시기 전쟁의 중심축 역할을 했는데도 전통적인 역사 서술에서는 분명하게 규정된 공간으로 언급되지 않는다. 이 지역은 면밀하게 조사되지 않았고, 그곳에서 발생한 많은 충돌은 1945년 이후의 국제 관계를 이야기할 때 거의 각주 정도로만 취급될 뿐이다. 그 결과 냉전 시대 폭력의 전 지구적 그림은 엉성하기 짝이 없고, 학계 밖에서는 너무 자주 간과되기까지 한다.[2] 오히려 우리는 대부분 이 시기를 산업화된 세계의 시각으로, 즉 상대적 평

1) Nicholas J. Spykman(1893~1943). 미국의 정치학자. 예일대학교 국제관계학 교수를 지냈다.

2) Dwight Eisenhower(1890~1969). 미국의 군인이자 정치가. 미국 육군 원수였고, 1953~1961년에 미국의 제34대 대통령을 지냈다. 제2차 세계대전 동안에는 유럽에서 연합군 최고사령관을 지냈으며, 1951년에 초대 나토 사령관이 되었다. 전임인 해리 트루먼 대통령 때 발생한 한국전쟁을 종결했다.

화의 시간으로 보는 경향이 있다. 실제로 가장 영향력 있는 냉전사가인 존 루이스 개디스[3)]는 냉전을 '장기 평화'라고 부르곤 했는데, 이는 이 시기에 강대국 간의 전쟁이 거의 없었다는 사실을 적절하게 가리키는 것이었다. 개디스에게 제3세계의 충돌들은 초강대국 간의 경쟁을 대리전의 수준으로 바꾸는 것이었고, 이는 냉전이 대체로 계속 차가운 상태로 남아 있게 하는 데 일조하면서 국제 질서에 얼마간의 안정을 제공했다. 그러나 포스트식민주의 세계의 수많은 사람에게 1945년 이후의 시기는 야만적인 전쟁으로 얼룩졌다. 나는 만일 이 시기에 가장 폭력적이었던 공간의 시각에서 본다면 냉전 시대의 폭넓은 역사가 어떤 모습을 띨지 궁금했다.[3]

이 책에서는 바로 이 이야기를 하고자 한다. 이 시대의 치명적인 충돌들의 경로를 따라가면서, 어떻게 이러한 폭력이 냉전과 그 후 수십 년간의 모습을 빚게 되었는지를 살펴본다. 이 시대의 가장 극심한 폭력은 내가 기대했던 때나 장소에서 일어나지 않았다. 학살은 일정한 장소와 시간에 집중되었고, 식별 가능한 패턴을 따라갔다. 탈식민지화 과정이 지역 지배를 위한 초강대국 투쟁과 정면으로 충돌하자, 아시아의 남부 가장자리 전역에서 이 시대의 가장 피비린내 나는 전장들이 생겨났다. 냉전의 이 유혈 지역에서 포스트식민주의 혁명가들이 새로운 세계를 주조하고자 몸부림치는 동안, 강대국 군대들은 현상을 유지하려는 야만적인 작전을 개시했다. 그것은 냉전 시대의

3) John Lewis Gaddis(1941~). 세계적으로 저명한 미국의 국제관계, 군사사 전문가. 현재 예일대학교 교수이며 냉전에 관한 저술로 특히 잘 알려져 있다.

한 측면인데, 놀랍게도 우리는 이에 대해 거의 알지 못한다. 남부 아시아 전역에서 벌어진 광포한 충돌의 긴 사슬은 식민지 세계로부터 국민국가 세계로의 이행을 특징짓고, 냉전 질서의 최변경 지역을 규정하며, 국제정치의 모습을 다시 빚는 것이었다.

폭력은 초강대국 투쟁에 흔히 뒤따르는 지엽적인 현상에 불과하기는커녕, 1945년 이후의 미국-소련 경쟁과 국제정치의 윤곽을 형성하는 데 근본적인 역할을 했다. 라틴아메리카가 워싱턴의 제국 작업장이고 동유럽이 모스크바의 사회주의 실험실이었다면, 접전이 벌어지던 남부 아시아의 국경 지방은 초강대국들의 봉쇄 전략과 새로운 형태의 혁명 및 저항을 위한 활동 무대 역할을 했다.[4] 탈식민지화가 수세기 동안 지속된 유럽 식민 질서를 파괴하자 워싱턴과 모스크바는 공백을 메우려고 바삐 서둘렀다. 두 초강대국은 각자의 군대를 최변경 지역으로 보내 게릴라 전사들과 싸웠다. 양국은 상대방을 억제하는 투쟁에서 대리 역할을 할 수 있는 동맹자들을 찾아 지구 곳곳을 샅샅이 뒤졌다. 이 충돌들은 워싱턴과 모스크바가 투여한 자원에 상응할 만한 지정학적 중요성을 거의 띠지 못했다. 그러나 냉전 전략들(소련의 영향력을 억제하고자 하는 워싱턴의 시도와 우려스러운 자본주의의 포위를 깨뜨리고자 하는 모스크바의 유사한 운동)로 인해 이 충돌들의 중요성이 커지면서 두 초강대국은 개입했고, 이는 자주 그들의 장기적인 이익에 반하는 결과를 낳았다.[5]

경쟁자의 영향력을 억제하려는 충동이 워싱턴과 모스크바를 포스트식민주의 세계로 끌고 들어가는 한편으로, 제3세계의 혁명가와 정치 지도자들은 탈식민지화와 해방의 이상을 실현하기 위해 분투했다. 지역 세력이 지역적 투쟁에 필수적인 지원을 얻기 위해 초강대국들의 우려를 교묘히 처리하면서, 자신들의 영향력을 확고히 할 요량으로 복잡한 패턴의 협력과 흡수와 저항을 실행하며 냉전 변경 지대를 따라 투쟁에 가담했다. 그렇게 하자 역내 참가자들은 초강대국의 계획을 방해하고 국제적 힘이 흘러가는 방향을 바꿨다. 이 포스트식민주의 전장들은 초강대국, 지역 정부, 혁명가들이 대량 폭력의 기법을 개선하고 혁명의 정치를 바꾸며 세계 권력의 구조를 재형성하는 새로운 정치적 공간으로 등장했다. 이 과정에서 냉전 국경 지대를 위한 전투는 20세기와 21세기의 대대적인 지정학적 변모를 적지 않게 초래했다. 이 지역에서는 포스트식민주의 국가들의 새로운 시스템이 확고히 뿌리내리고, 제3세계 공산주의가 흥기했다 몰락했으며, 새로운 종파 혁명 정치가 모습을 드러냈다.[6]

내 목적은 이 책에서 다루는 충돌들이 냉전의 대리전으로 가장 잘 이해된다고 주장하는 것이 아니다. 또 냉전이 사실 제3세계에서는 전쟁들의 총합이라고 말하려는 것도 아니다. 이 책에서는 1945년 이후 시기에 제3세계에서 발생한 충돌들을 빠짐없이 설명하려 한다거나 백과사전식으로 나열하려고 하지 않는다. 그러기보다는 매우 극렬하게 폭력적 양상을 띠었던 초강대국들의 투쟁 무대, 즉 아시아의 남부 국가군을 끼고 이어지는 냉전의 포스트식민주의 국경 지대의 역사를 이야기한다. 그렇게 함으로써 이 시기의 피비린내 나는 교전들을 살펴보고, 이 교전들이 20세기 후반에 세계정세의 경로를 어떻게 빚었는지 고찰한다. 이 책에서는 냉전이 이 투쟁들을 서로 연결하고 규모에 따라 투쟁의 파괴력을 높인 연계 네트워크를 만들었다고 주장한다. 개별 충돌 각각은 아마 냉전의 직접적 소산은 아니었겠지만, 이 시기에 존재했던 광범한 초강대국 관계의 구조에 의해 뚜렷하게 그 모습이 형성되었다. 초강대국들의 충돌을 주변부의 이 충돌들과 분리하여 다루자고 주장할 수도 있겠지만, 그렇게 접근하면 경쟁이 가한 지구적 충격을 이해하기가 힘들어지고 비서방 사회들이 동서 투쟁의 역동성에 미친 영향력을 간과하게 된다. 역으로 냉전을 경시하는 지역 연구는 지구적 영향력을 얼버무리고 그 주제들을 일종의 지역적 진공상태 속에 놓는다. 그 대신 이 책에서는 냉전을 세계적 차원의 현상으로 취급한다. 냉전은 세계 전역에 펼쳐져 있는, 복잡하고 상호 연관된 지역 시스템들의 그물망이었다. 또한 이 그물망은 미국의 힘과 소련의 힘이 지구적으로 교차하며 만들어낸 격자 구조와도 연결되어 있었다.

이 이야기의 부분부분은 많은 독자에게 친숙하게 들리겠지만, 이야기에 대한 우리의 이해는 놀랍도록 여전히 제한적이다. 일반적인 통념은 제3세계가 냉전 동안 폭력을 경험했음을 우리에게 말해주고 있으나, 이 폭력의 정확한 모습은 지금도 흐릿하다. 우리는 베트남전쟁, 한국전쟁, 아프가니스탄전쟁 같은 몇 개의 큰 전쟁은 기억하지만, 이 전쟁들은 이 시대 죽음의 절반도 차지하지 못한다. 더 잘 알려진 이 충돌들을 제외하면 우리는 제3세계에서, 즉 아시아나 라틴아메리카 혹은 아프리카에서 전쟁이 일어났다는 일반화에 의존하는 경향이 있으나, 이곳은 엄청나게 큰 지역이고 개발 도상의 이 세계에 있는 나라들의 일부분만이 그러한 대량 유혈 사태를 겪었을 뿐이다. 이러한 모호한 설명으로는 그처럼 중요한 문제들을 이해하기에 충분하지 않다.

1945년 이후의 전쟁에 관한 우리의 이해는 이상할 정도로 여전히 형편없다. 규모나 시기, 지리에 대한 감각이 사실상 전혀 없다. 그리고 이러한 체계의 부족은 우리를 골치 아프게 한다. 예를 들어 압도적 다수의 사상자가 동부 전선에서 발생했다는 사실을 얼버무리는, 유럽에서 벌어진 제2차 세계대전을 다룬 역사서들을 생각해 보라. 스탈린그라드[4]를 무시하고 노르망디에 초점을 맞추는데, 그런 저술들은 소련이 전쟁에서 엄청난 역할을 했다는 사실을 덮어 감추고 미국의 기여를 추어올린다. 마찬가지로, 우리는 미국인보다 베트남인이 훨씬 많이 죽었다는 사실을 경시하는 베트남전쟁에 관한 연구를 얼마나 진지하게 받아들일 수 있는가? 그런 역사 연구는 전쟁이 베트남 민간인들에 가한 믿기 힘들 정도로 잔혹했던 충격을 숨긴다. 우리가 같은 논리를 냉전 시대에 적용하면 왜 안 되는가? 1945년 이후 전쟁의 공간적·시간적 차원을 무시하거나 그 차원들을 단편적으로 접근하면, 우리는 냉전 국제 시스템에서 권력과 폭력이 발휘하는 핵심적 동력을 은폐하게 된다. 간단히 말해, 이 시기 전쟁과 학살의 체계적 고찰을 회피하게 되면 우리는 본질적으로 폭력적인 1945년 이후 시기의 역사를 지워버리게 된다.

---

4) 독일-소련 전쟁이 한창이던 1942년 중반부터 1943년 초에 걸쳐 지금의 볼고그라드인 스탈린그라드에서 소련군과 추축군 간에 벌어진 스탈린그라드전투를 가리킨다. 소련군의 승리로 끝난 이 전역은 독일의 소련 침공 계획을 좌절시키고, 독일군의 일방적 공세로 진행되던 그동안의 전세를 완전히 뒤바꿨다는 점에서 일반적으로 제2차 세계대전의 역사에서 매우 중대한 전투 중 하나로 평가된다.

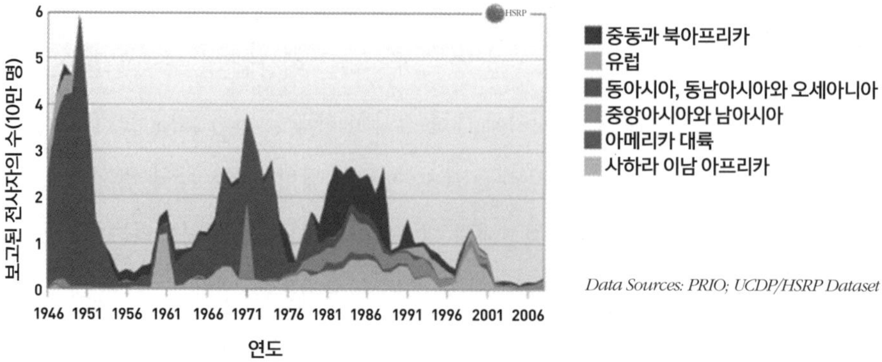

냉전 시대 폭력의 세 차례 물결

(사이먼 프레이저 대학교, 인간안전보고 프로젝트 소장 앤드루 맥 제공)

그러므로 나는 숫자가 나의 길잡이가 되도록 했다. 정확하지는 않겠지만,[7] 사망자 수는 개별 사회들 전체에 걸쳐 대량 폭력의 규모와 강도를 측정하는 가장 간단한 수단이 된다. 우리는 그 숫자를 가지고 시간과 공간을 가로질러 대량 학살에 관한 대략적 지도를 그릴 수 있다. 그렇게 하면 냉전 시대 폭력의 아주 특이한 그림이 나타난다.

1945년 이후 시대의 충돌들은 개발 도상의 세계에서 마구잡이로 분포되어 있지도 않았고, 고르게 분포되어 있지도 않았다. 역사가들은 제3세계의 격돌들을 무차별적으로 다루는 경향이 있지만, 아프리카·라틴아메리카·아시아·중동은 시기를 달리하며 극적으로 서로 다른 수준의 폭력을 겪었다. 그 결과 냉전 시대에 제3세계 충돌들의 발생 정도는 뚜렷한 지리적·역사적 논리를 따랐다. 확실히 냉전 시대에 살해된 사람들의 70퍼센트 이상이 아시아 대륙의 동부, 남부, 서부 주변 지역에서 목숨을 잃었다. 초강대국 개입도 비슷한 이야기를 전해준다. 소련군은 1956년 헝가리 침공 때 722명의 병사를, 1968년 체코슬로바키아 침공 때 96명의 병사를 잃었다. 그런데 소련-아프가니스탄 전쟁에서는 거의 1만 5000명이 사망했다. 워싱턴이 도미니카 공화국, 그라나다, 파나마를 침공했을 때 80~90명의 미군 사망자가 발생했다. 하지만 1983년의 레바논 개입에서만 이 숫자의 약 세 배가 죽었고, 한국과 베트남에서는 대략 9만 5000명의 미군이 전사했다. 통틀어 소련군과 미군 전사자의 각각 95퍼센트와 99.9퍼센트가 이 냉전 유혈 지역 내에서 발생했다.

마찬가지로, 제3세계에 대한 대외 원조의 흐름을 보면 초강대국들이 아시아 가장자리 지역을 얼마나 중요하게 생각했는지를 알 수 있다. '미국 국제개발처'[5]에 따르면, 1946년부터 1992년 사이에 미국 정부는 중동 국가들에 1065억 달러 이상의 차관과 무상 지원을 배당했다. 같은 기간에 워싱턴은 사하라사막 이남 아프리카에 202억 달러 미만의 자금을, 라틴아메리카에는 326억 달러의 자금을 보냈을 뿐이다. 아시아는 1000억 달러 넘게 받았다. 워싱턴은 냉전 동안 중동에 사하라사막 이남 아프리카보다 다섯 배 더, 그리고 라틴아메리카보다 세 배 이상 더 원조를 제공했다. 달리 말해, 냉전 시기에 미국 정부가 비서방 세계에 보낸 자금 1달러당 79센트가 중동이나 아시아로 갔다.[8] 소련의 원조 수치는 약간 더 입수하기 힘드나 미국 중앙정보국Central Intelligence Agency, CIA은 1955년부터 1965년 사이에 모스크바가

5) United States Agency for International Development, USAID. 비군사적 해외 원조를 담당하는 미국 정부 조직. 1961년에 설치되었다.

아시아 남부 주변 지대에서 발생한 폭력의 지리적 집중

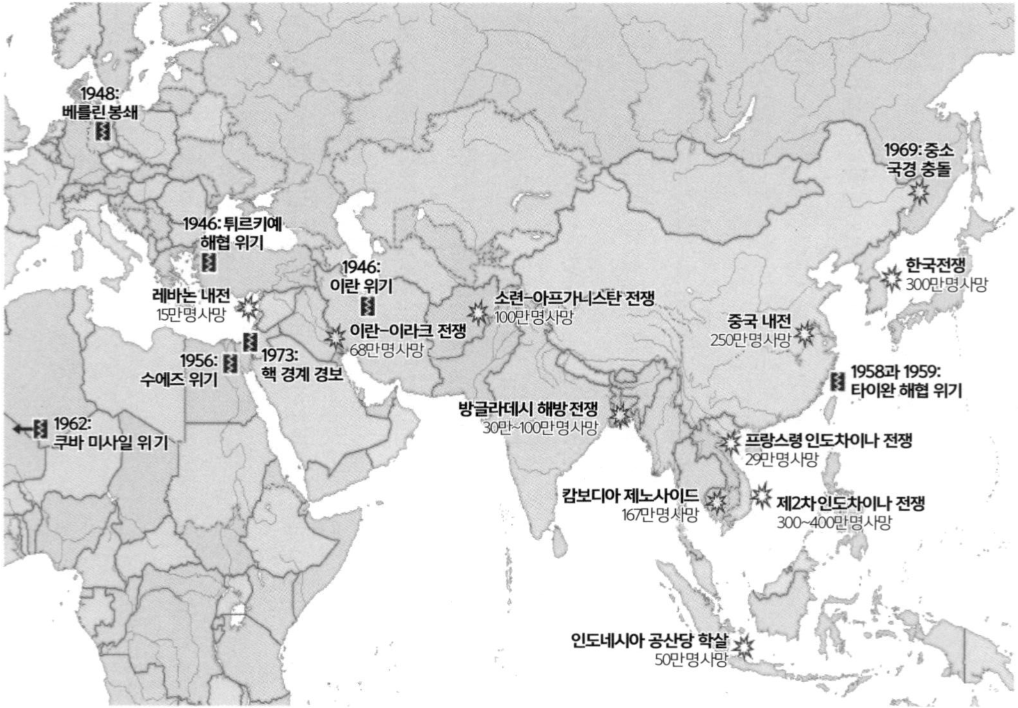

경제 원조를 중동에 20억여 달러, 아프리카에 7억 2900만 달러, 라틴아메리카에 1억 1500만 달러, 아시아에 21억 달러를 제공한 것으로 추산했다. 이 수치가 옳다면, 이는 소련이 아프리카에서 1달러를 썼다면, 중동에서는 17달러를 썼다는 것을 의미한다. 그와 마찬가지로 모스크바가 이 시기에 개발 도상 세계에 보낸 자금 1달러당 약 82센트가 중동이나 아시아로 향했다.[9]

냉전 시대의 가장 치열했던 전투들이 세계의 두 공산주의 강대국이 될 나라들의 국경을 따라 불타올랐던 것은 우연의 일치가 아니었다. 이 냉전 국경 지대는 초강대국 투쟁에서 가장 뜨겁게 다툼이 벌어지던 지역이었다. 초강대국들이 가장 취약하다고 느낀 곳은 바로 이곳, 그들 각 세력권[6]의 포스트식민주의 변경 지역이었다. 라틴아메리카, 유럽, 아프리카와는 달리 냉전 국경 지대의 이 지역 각각은 워싱턴과 모스크바와의 전략적 동맹 사이에서 왔다 갔다 했다. 미국이 공산주의 세계의 최전선을 따라 설치한 먼 해외기지에 자국 군대를 보내 공산주의 힘의 팽창에 맞선 봉쇄 전략을 전개한 곳이 바로 여기였다. 소련과 그 동맹자들이 자본주의 포위라고 생각하는 것을 깨뜨리려고 했던 곳이 바로 여기였다. 워싱턴과 모스크바는 그들의 힘과 영향력을 포스트식민주의 사회들에 투입함으로써 그들의 전신인 제국의 발자국을 뒤따랐다. 제2차 세계대전과 지구적인 탈식민지화 과정은 옛 제국의 질서를 파괴하는 바로 그 순간에, 포스트식민주의

---

6) sphere of influence. 국제 관계에서 열강들의 이해관계에 맞춰, 한 국가가 자신의 국경을 넘어 정치적·경제적·군사적·문화적 배타성을 발휘하는 지역을 일컫는다.

세계 전역에서 폭력의 물결을 또다시 일으킬 새로운 강대국 투쟁을 위한 무대를 마련했다.

세 전선

시간을 따라 지도를 그려보면, 학살은 개발 도상 세계를 관통하는 일정한 길을 쫓아가면서, 모두 합쳐 냉전 시대에 발생한 전사자의 70퍼센트 이상을 차지한 광범위한 세 전선에 집중되었다. 전선 각각은 세 개의 지방 전쟁군群 중 하나와 연계된 지역 투쟁들로 이루어졌고, 이 지방 전쟁군들은 다시 지구적 냉전 네트워크와 연결되었다. 각 전선은 소련과 중국의 국경을 따라 만들어졌고, 지방 권력의 대두에 집중되었으며, 탈식민지화의 뒤를 쫓아 전개되었다. 다량의 병력이 주둔한 중부 유럽의 변경 지대는 비교적 평화적으로 남았던 반면, 동쪽에서는 격렬한 충돌이 불타올랐다.

최초의 주요 전선은 제2차 세계대전의 직접적 여파 속에서 등장했다. 일본 제국이 갑자기 붕괴하자 동아시아에서 서로 연결된 일련의 혁명에 필수적인 조건이 조성되었다. 이 최초의 충돌 물결의 중심에는 중국 혁명이 자리 잡고 있었다. 마오쩌둥[7]이 이끈 공산주의 세력

7) 毛澤東(1893~1976). 중국의 군인, 공산주의 혁명가, 중국 공산당의 최고 지도자. 중화민국 정부에 대항해 국공 내전에서 승리를 거두고 1949년 중국 대륙에 중화인민공화국을 수립했다. 1949년 혁명군사위원회 주석과 1950년 임시 국가수반을 거쳐 1954년부터 1959년까지 초대 중화인민공화국 국가 주석으로서 권력을 행사했다. 1959년 국가 주석에서 물러난 뒤에는 후임 주석이 된 류사오치(劉少奇)

은 세계에서 인구가 가장 많은 국가를 혁명적 강국이자 동아시아 전체의 반란 후원국으로 변모시키는 일련의 유혈 운동을 개시했다. 이 동아시아 공산주의 공세는 포스트식민주의 세계의 혁명 전사들을 고무하고 초강대국 투쟁을 개발 도상 세계에 가져다주었다. 그리하여 한국과 인도차이나가 점점 더 지구적으로 되어가는 투쟁에서 결정적으로 중요한 무대가 되면서 냉전의 지도가 다시 그려졌다.

두 번째 전선은 북베트남 공산주의자들이 이제 미국의 지지를 받는 사이공 정권에 맞서 전쟁을 재개하면서, 1960년대 초에 인도양 가장자리를 따라 형성되었다. 하노이가 고개를 들자 공산주의 세계에서는 모스크바와 베이징 사이에 깊어가던 분열이 더욱 악화되는 동시에 서서히 진행되던 미국의 베트남 개입이 본격화했다. 워싱턴·모스크바·베이징 사이의 3자 투쟁으로, 일련의 유혈 사태가 베트남·인도네시아·방글라데시·캄보디아의 인도-아시아 지역을 휩쓸면서, 이 지방 전역에 지역 폭력이 극심해졌다. 미국은 최종적으로 남베트남에서 무너져가던 정권을 포기했지만(이는 베트남 공산주의자들에게 완전한 승리를 가져다주었다), 공산주의 세계에서 발생한 모스크바·베이징·하노이 사이의 균열로 아시아와 나머지 개발 도상 세계의 많은 지역에서 더욱 광범위한 진보적 혁명에 대한 희망이 꺾였다. 이곳 남아시아와 동남아시아의 교전 지대에서 학살의 성격이 변하기 시작했다. 중국·한국·베트남 혁명가들이 공산주의 기치 아래 싸웠던 반면,

---

와 갈등하다가 린뱌오(林彪) 등을 사주하여 1969년 류사오치를 실각시키고 사망 직전까지 막후에서 영향력을 행사했다.

인도네시아와 방글라데시의 전사들은 종교의 이름으로 그리고 인종적 정체성을 지키기 위해 사람들을 죽이기 시작했다.

혁명의 정치에서 일어난 이러한 변화는 세 번째 전쟁의 물결이 폭넓은 중동 지역을 휩쓸었던 1975년 이후 더욱 뚜렷해졌다. 이집트가 모스크바와 단절하고 미국과 제휴하자 아랍 세계에서 가장 중요한 진보 권력이 사라지면서 후계 지망 권력들 사이에 지역 리더십을 둘러싼 투쟁이 일어났다. 팔레스타인인·시리아인·이스라엘인·지역 민병대 사이에 충돌이 발생하면서, 레바논 내전이 이 지역 싸움의 중심 무대로 모습을 드러냈다. 가파르게 상승하는 석유 가격은 석유 자원이 풍부한 페르시아만 국가들의 영향력을 확대하고, 이란에서 최악의 인플레이션을 일으키면서 두 번째 지정학적 충격을 촉발했다. 그에 이어 1979년 이란에서 신정神政 혁명이 발발하자 광범한 지방이 충돌의 소용돌이 속으로 빠져들었고, 두 초강대국은 서남아시아에서 병력을 확대 배치했다. 특히 이전 수십 년 동안 매우 두드러졌던 마르크스주의 혁명가들은 이 후기 냉전 충돌들에서는 거의 눈에 띄지 않았다. 그 대신 새로운 세대의 전사들이 일련의 종파 반란들에서 공세를 취하면서 세속 세력을 수세에 몰리게 했다. 서로 다른 일련의 정치 세력들은 종교적·인종적 정체성(종종 서로 경쟁하는)이 각자의 대의에 대한 지지를 동원하는 가장 유력한 수단을 제공한다는 사실을 깨달았다. 냉전이 마지막 10년에 접어들자 개발 도상 세계에서는 종파주의와 인종 중심주의가 혁명 정치의 주요 수단으로서 세속적 해방을 대신했다.[10]

모두 합쳐, 이 세 단계는 동아시아에서 마오쩌둥이 거둔 최초의 승리로부터 1960년대와 1970년대의 중소 분열과 인도-아시아의 대학살을 거쳐 1980년대 서남아시아의 종파 전쟁들에 이르는 제3세계 공산주의 혁명의 대두와 몰락을 나타낸다. 세속 마르크스주의 게릴라들이 인종-종교 전사들로 대체되면서 지구적 혁명의 얼굴이 바뀌었다. 해방 전사들의 물결 각각은 그들 자신의 혁명 투쟁 모델을 만들었다. 마오쩌둥의 혁명전쟁 청사진은 주민들 사이에 정치적 근거지를 건설하려는 광범한 노력과 주요 정치 지도자에 초점을 맞춘 개인숭배의 구축에 의존했다. 중국 혁명, 북한 혁명, 베트남 혁명 모두 이 개략적 기획을 따랐다. 모스크바와 베이징은 이 첫 번째 물결을 도와주는 대외 원조의 주된 원천 역할을 했다. 하지만 1960년대까지 야심만만한 해방 전사들은 몇몇 혁신을 도입했다. 스탈린의 개인숭배를 폐기하고자 하는 모스크바의 시도와 중소 분열은 '위대한 지도자' 신화에 의문을 제기했다. 새로운 세대의 혁명가들은 위대한 지도자 대신에 보통의 게릴라 전사를 찬양했다. 그는 희생을 마다하지 않고 눈부신 업적을 쌓을 수 있는 급진적 영웅이었다. 마찬가지로, 혁명가들이 점점 더 무장투쟁을 정치적 조직화의 엔진으로 기대하면서 신중한 정치적 작업에 집중하는 마오쩌둥주의자들의 활동은 인기를 잃었다. 좀 더 광범한 혁명의 조건을 만들기 위해 작은 엘리트 게릴라 집단에 기대를 거는 쿠바의 소규모 게릴라 거점foco 모델, 레주언[8]

8) Lê Duẩn(1907~1986). 베트남의 노동운동가, 독립운동가, 공산주의 지도자. 북베트남 노동자당의 중앙집행반(중앙위원회) 총서기를 지냈다. 베트남전쟁을 승리로 이끌었으며, 1976년 당명을 북베트남 노동자당에서 베트남 공산당으로 바꾸고 초대 총서기로 취임했다.

의 '총공세·총봉기' 전략, 팔레스타인의 특공 작전 각각은 정치적 예비 공작보다 군사행동을 강조했다. 이 두 번째 물결의 혁명가들은 알제리, 베트남, 쿠바 같은 제3세계 혁명 국가들의 때때로 피상적이었지만 폭넓은 지원 네트워크에 의지할 수 있었다. 1970년대 말에 새로운 세대의 혁명 전사들이 등장했다. 베이징과 워싱턴 사이에 사실상의 협력 관계가 성립하고 제3차 인도차이나 전쟁[9]에서 공산주의자들이 서로를 죽이면서(중국, 베트남, 캄보디아 공산주의자들이 서로 전쟁을 벌였다.) 진보적 포스트식민주의 혁명의 매력이 줄어들었다. 이 세 번째 물결은 세속적 좌익 게릴라 대신에 신앙과 파벌에 헌신하는 수수하고 신심 깊은 투사라는 신성한 전사의 신화를 채택했다. 이 세 번째 물결의 전사들은 인종적·종교적으로 다양했지만, 새로운 정치적 지원 근거지를 구축하기보다는 기존의 종파적·인종적 사회조직 네트워크를 확고히 통제하는 데 집중했다. 미국, 파키스탄, 사우디아라비아, 이스라엘은 이 세 번째 물결의 해방 전사들을 도와주는 대외 원조의 주요 원천 역할을 할 터였다.

워싱턴과 모스크바 사이의 냉전은 이 이야기에 빠질 수 없는 요소였다. 두 초강대국은 엄청난 자원을 끌어모았고, 세계 리더십의 역할을 주장했으며, 총체적인 세계 질서 비전을 채택했다. 또 자신들의 안보 이익을 지구적인 것으로 규정하면서 상대방의 지구적 힘이 커져가는 것을 우려했다. 이러한 우려에 쫓겨 백악관과 크렘린의 지도자

9) Third Indochina War. 인도차이나에서 베트남전쟁 이후인 1978년부터 중국-베트남 국경분쟁이 끝나는 1992년까지 계속된 전쟁.

들은 팽창하는 경쟁국의 영향력을 억제하는 전략을 실행했다. 그들의 초기 활동은 전후 유럽을 강화하는 데 목표가 있었지만, 유럽 너머의 더 큰 세계에서 격변 사태가 발생하자 초강대국들은 무기와 현금, 병사들을 대대적으로 지구 전역의 교전 지대에 보내기 시작했다. 이들은 그렇게 하면서 국지적 전쟁을 초강대국 투쟁의 대리전으로 변모시켰다. 결정적인 승리로 재빠르게 끝날 수도 있었을 충돌은 이제 외부 권력의 무기와 자금으로 무장한 지역 세력이 오랫동안 계속 수행하는 군사행동이 되었다. 냉전 대결은 개별 사회와 멀리 떨어진 전쟁터를 지구적 네트워크로 연결하는 중추신경계로 기능했다. 이 네트워크를 통해 무기, 자본, 전술적 지식, 병사, 정치적 이념의 흐름이 순환했다.[11] 초강대국의 봉쇄 전략은 냉전 국제 질서의 변경 접전 지대를 따라 발생한 일련의 지역 전쟁에 기름을 부었다. 확실히 폭력의 지구적 수준은 냉전이 끝난 뒤 뚜렷하게 하락했다. 1990년 이후 폭력이 유일하게 증가한 지역은 아프리카와 동유럽뿐이었다.

더구나 냉전은 초강대국의 원정군을 게릴라 전사 및 포스트식민주의 군대들과 함께 동일한 전쟁터에 두는 독특한 통합적 교전 형태를 낳았다. 이 시기의 큰 전쟁들은 동서 충돌의 동력을 지역 고유의 투쟁과 결합했으며, 게릴라 반란에서 내전을 거쳐 초강대국이 개입하는 양상으로 매끄럽게 진행되었다. 냉전 시대의 충돌은 극단적인 비대칭, 믿기 어려울 정도의 다양성, 고도의 휘발성이라는 특징을 지녔다. 폭력의 기법은 폭력을 휘두르는 사람만큼이나 가지각색이라는 사실이 밝혀졌다. 구식 식민지 라이플총을 든 반란자들이 최신식 무기 체계로 무장한 미군·소련군 병사와 싸웠던 한편으로, 제3세계 국가들은 적국 정부를 상대로 장갑 공격을 개시했다. 크메르 루주[10] 사형집행인들은 소달구지 철제 차축으로 수천 명의 캄보디아인들을 때려죽였다. 이라크 사령관들은 쿠르드족 마을 사람들에게 독가스 공격을 가하라고 지시했다. 그사이 내내 핵전쟁의 유령이 어렴풋이 모습을 드러냈다. 이 시기의 충돌들은 대부분이 제3세계 사회의 인구가 가장 밀집한 지역 안에서 발생했기 때문에 더더욱 파괴적이었다. 서울, 다카, 베이루트 같은 포스트식민주의 도시들은 전쟁 지대가 되었고, 주위의 배후지背後地는 게릴라들로 넘쳐났다.

두 초강대국이 지구적 동맹을 구축함에 따라, 제3세계 해방 전사들은 냉전 시대 동안 국제 관계 네트워크와 아주 흡사한 연결망을 형성했다. 1940년대 말부터 1970년대 중반까지 베이징은 이 혁명적 인터내셔널의 중심이었다. 중국 관리들은 수천 명의 반란자들을 받아들여 정치 전략과 군사 전술을 훈련시켰다. 알제리, 캄보디아, 한국, 인도네시아, 팔레스타인, 사하라사막 이남 아프리카, 베트남의 게릴라 지도자들은 모두 혁명의 기술을 배우기 위해 중화인민공화국이 운영하는 훈련 캠프를 찾았다. 베이징은 또 동료 혁명 세력에 군사 지원도 제공했다. 이 지원은 대체로 소화기小火器에 불과했지만, 가담을 원하는 대기자들이 광범한 혁명 세계에 힘이 되었듯이, 분투하

10) Khmer Rouge. 1960년대 말에 설립된 캄푸치아 공산당의 급진적인 좌익 무장단체로서 캄푸치아 공산당 자체를 가리키기도 한다. 1975~1979년 민주캄푸치아(지금의 캄보디아)를 통치하면서 150만~300만 명을 학살한 것으로 알려져 있다. 크메르 루주는 프랑스어식 표기이며, 크메르어로는 '크마에 끄라함'인데, 두 명칭 모두 '붉은 크메르'라는 뜻이다.

는 해방 전사들에게 기운을 북돋는 활력소 같은 역할을 하곤 했다. 1960년대와 70년대에 알제리, 팔레스타인해방기구,[11] 북한, 베트남이 중국처럼 자신들의 캠프를 차리고 독자적인 군사전략을 고취하면서 제3세계 혁명 인터내셔널의 일환으로 자문관들을 파견했다. 그러나 중소 동맹이 붕괴하고 중국과 미국의 관계가 회복된 뒤 제3세계 혁명가들을 지지하고자 하는 베이징의 열의는 식어가기 시작했다. 1970년대 중반부터 세계 혁명의 중심은 중국에서 중앙아시아와 서남아시아에 흩어져 있는 집단들로 옮겨갔다. 후기 냉전의 혁명적 기반은 아프가니스탄, 이란, 레바논, 파키스탄의 훈련 캠프들로 이루어졌다. 1980년대 중반에 CIA는 아마도 세계에서 가장 강력한 반군 후원자였을 것이다. 이 시기에 워싱턴은 레이건 독트린[12]에 따라 아프가니스탄, 니카라과, 앙골라의 반란자들에게 수억 달러를 퍼부었다. 중국 혁명가들이 마오쩌둥 이념을 밀어붙인 반면, 이 새로운 세대의 급진주의자들은 점차 인종적·종파적 노선에 따라 결집했다.[12] 이런 식

11) Palestine Liberation Organization, PLO. 1964년에 독립국 팔레스타인을 수립하기 위해 창설된 무장 단체. 1974년에 유엔의 참관국이 되었고, 미국과 이스라엘은 국제 테러 조직으로 지정한 바 있으나 1991년 마드리드 조약 이후 해제했다. 1993년 팔레스타인해방기구와 이스라엘은 유엔 안전보장이사회의 결의안 제242호와 제338호를 상호 수용했으며, 이로써 팔레스타인해방기구는 이스라엘의 존립권을 인정했고, 이스라엘은 팔레스타인해방기구를 팔레스타인을 대표하는 유일한 기구로 인정했다.

12) Reagan Doctrine. 1981년에 미국 대통령으로 취임한 로널드 레이건이 공산주의 국가를 상대로 실행한 강력한 압박 정책을 가리킨다.

으로 21세기 반란과 대반란전[13]의 동력이 냉전의 포스트식민주의 전장에서 탄생했다.

비극적이게도 냉전 시대의 충돌은 비전투원들에게 특히 치명적인 것으로 드러났다. 모든 주요한 충돌에서 민간인들이 사상자의 대다수를 차지했다. 수많은 사람이 십자포화에 갇히거나 계획된 대학살의 희생자가 되었다. 사실상 책임이 없는 측은 없었다. 중국군은 도시 전체를 굶겨서 항복을 받아냈고, 미군 병사들은 베트남 마을 사람들을 살육했다. 파키스탄 병사들은 방글라데시 지식인들을 학살했고, 크메르 루주는 캄보디아를 집단노동수용소로 변모시켰다. 전쟁범죄와 민간인 잔학 행위는 단순한 일탈이 아니었다. 또 부수적으로 발생한 피해도 아니었다. 오히려 냉전 시대의 역사는 비전투원들을 상대로 계획적·전략적으로 대량 폭력을 사용한 사례로 가득 차 있다. 민간인들은 부적절한 정치 파벌이 통제하는 마을에 살았거나, 부적절한 인종 집단이나 부족 집단의 일원이었거나, 부적절한 종교를 따랐기 때문에 살육당했다. 본질적으로 냉전 시대는 체계적인 민간인 잔학 행위의 시대로도 기억되어야 한다.

수 세대에 걸친 전쟁과 외부 개입은 제3세계의 넓은 지역에 걸쳐 급진화와 군사화를 부채질했다. 워싱턴과 모스크바는 아시아, 아프리카, 라틴아메리카의 사회들에서 우호적인 정권과 반란 전사, 정당들을 지원하는 등 냉전 계산법을 활용해 동맹자를 선택했다. 이란, 과

---

13) counter-insurgency. 게릴라, 테러리스트 등의 반란 세력을 진압하기 위한 작전이나 행동을 가리킨다. 대테러 작전, 대게릴라 작전을 포괄하는 상위 개념이다.

테말라, 아프가니스탄 같은 극적인 사례에서는 초강대국이 조종하는 쿠데타가 일어나면서 지도자들이 거꾸러지고 그 자리에 워싱턴이나 모스크바에 신세를 진 정권이 들어섰다. 인기 없고 부패한 제3세계 정부들은 외부 지원 덕분에 대중적 개혁을 실시하지 않고도 흔히 권력을 계속 유지할 수 있었다. 군사원조 프로그램이 실행되면서 제3세계의 여러 정권이 무시무시한 보안부대를 창설할 수 있게 되었고, 이 보안부대는 인접국보다는 자국민을 더 공격하는 것 같았다. 워싱턴과 모스크바는 제3세계 동맹자들에게서 민주주의, 인권, 심지어 능력보다 이념적 충성을 더 높이 샀다. 실제에 있어서 이 정책들은 제3세계에서 수십 년 동안 정치적 온건파에 반대하는 운동으로 나타났다. 냉전이 끝날 즈음 개발 도상 세계의 국가들은 철저히 무장했고, 정치적 중심들은 파괴되었으며, 주민들은 공포에 떨었다.

그러나 제3세계 행위자들은 초강대국 게임에서 단순한 앞잡이가 아니었다. 그들은 초강대국이 지지한 정치적 이념을 방어하기 위해서가 아니라 그들 자신의 전략적 이익을 구현하기 위해 싸웠다. 새로 형성된 포스트식민주의 세계의 국가 내부에서 지도자들과 그들의 경쟁자들은 새로운 국민 군대, 국민 경제, 국민 정체성을 만들어내는 과제에 직면했다. 탈식민지화의 뒤를 이어 이전의 식민지 백성은 시민으로 탈바꿈되어야 했는데, 이는 바로 '누가 포함될 자격이 있는가'라는 문제를 제기했다. 정치 이념, 인종, 종교적 소속이 포스트식민주의 사회들을 관통하면서 다가올 많은 충돌의 근거가 되었다. 군사 지도자, 혁명가, 정치 지도자들이 식민 통치에서 벗어나 새로 독립한 세계의 과열된 분위기를 타고 파도처럼 밀어닥치면서 권력과 영토에 대한 권리를 주장했다. 민족주의자와 공산주의자들이 서로를 숙청했고, 반목하는 인종 그룹들이 외부인들을 살육했으며, 종파 경쟁이 본격적인 전쟁으로 확대되었다. 폭력은 포스트식민주의 세계의 많은 지역에서 국가를 건설하는 주요 도구, 즉 권력을 보장하고 정권을 방어하며 경쟁자들을 제거하고 불안정한 사회에 질서를 부과하는 수단이었다.

초강대국의 후원은 포스트식민주의 지도자들의 병기고에서 또 하나의 무기로 기능했다. 미국과 소련의 요원들이 제3세계의 수도에 잠입하여 상대 초강대국의 사악한 영향력을 억제한다는 명목으로 정부와 반란 세력 모두에게 총기와 현금을 약속했다. 이 외국의 후원 덕분에 야심 찬 혁명가들은 전국적 권좌로 진출하고 패기만만한 지도자들은 지역적 명성을 얻을 수 있었다. 이 기회를 움켜쥔 지역 세력은 꼭두각시로서가 아니라 자신들의 목적을 위해 초강대국 영향의 지구적 네트워크를 교묘히 조작하기를 갈망하는 자발적 참여자로서 냉전 투쟁에 가담했다.

그러나 외국의 후원은 일련의 위험도 제기했다. 초강대국의 피후원자들은 너무 굽실거리면 경쟁자들에 의해 꼭두각시로 낙인찍힐 위험이 있었다. 거꾸로 너무 반항적이면 초강대국의 개입을 촉발할 위험이 있었다. 또 경쟁자들이 외부 권력과 따로 거래할 가능성도 상존했다. 이런 식으로 냉전 후원자-피후원자 관계망 때문에 포스트식민주의 사회는 지역 정부, 반란 전사, 초강대국이 경쟁을 벌이는 장소로 변모했다.

그렇다면 냉전 국제 질서는 진정으로 양극적인 적이 없었다. 1947년 해리 트루먼[14] 대통령이 자기 이름이 들어간 독트린을 발표하면서 수십 년 동안 이어질 반소련 봉쇄정책을 개시했다. 수십 개월 후 마오쩌둥의 공산주의 세력이 아시아의 지역 질서를 뒤엎고 중국을 세 번째 강대국으로 개조했다. 다음 40년 동안 베이징은 세계정세의 모습을 빚는 데 결정적인 역할을 했다. 이와 유사하게 권력을 장악하려는 시도—어떤 것은 성공했고, 어떤 것은 실패했다—가 카이로, 알제, 아바나, 하노이, 바그다드, 테헤란 같은 멀리 있는 수도에서 있었다. 미국 대통령과 소련 국가수반의 거대한 전략이 아니라 이러한 도전들이 이 시대의 가장 큰 충돌들의 시기와 장소를 결정했다. 이 전쟁지대들은 백악관과 크렘린의 회의실만큼이나 향후 수십 년 동안 세계 정치의 모습을 결정했다. 마오쩌둥, 수하르토,[15] 아야톨라 루홀라 호메이니[16] 같은 지도자들은 진정으로 지구적이라 할 만한 투쟁에서

---

14) Harry S. Truman(1884~1972). 미국의 제33대 대통령(재임 1945~1953). 프랭클린 루스벨트 대통령의 갑작스러운 죽음으로 부통령이 된 지 불과 82일 만에 대통령직을 승계했다. 1947년 3월 12일, 미국 상하 양원 합동회의에서 '트루먼 독트린'을 선언함으로써 전후 냉전 시대를 연 인물로 일반적으로 평가된다.

15) Suharto(1921~2008). 인도네시아의 군인이자 정치가. 1940년 네덜란드 식민지군에 입대해 육군 지휘 참모장교 과정을 수료한 뒤 승승장구하여 1963년 육군 전략 예비군 사령관으로 승진했다. 1965년 '9월 30일 사건' 때 부상당한 나수티온 국방부 장관을 대신해 육군을 임시 지휘하여 공산당에 큰 타격을 가하고 사태를 수습했다. 1966년 3월 수카르노(Sukarno)로부터 사실상 전권을 이양받고 1968년 제2대 대통령으로 취임한 이래 일곱 번 재선하며 인도네시아를 32년간 철권 통치했다.

16) Sayyid Ruhollah Musavi Khomeini(1902~1989). 원래 이름은 세예드 루홀라 무사비 호메이니이며, 서방에는 아야톨라 호메이니로 알려져 있다. 아야톨라는 이

주도권을 틀어쥐었다. 1945년 이후 시대를 양극적, 심지어 3극적이라고 특징짓는 것은 역사가 존 루이스 개디스가 설명하듯이, "권력의 다각화가 권력의 균형보다 냉전의 경로를 형성하는 데 더 많이 기여했다"[13]는 현실을 호도하는 것이다.

또 냉전은 미국이 1990년 이후의 국제 시스템을 지배했던 팍스 아메리카나를 낳은 것도 아니었다. 초강대국들은 제3세계의 냉전에서 승리하기 위해 아시아, 아프리카, 라틴아메리카, 중동 전역에서 무서운 동맹자들을 모집했다. 그러나 제3세계 혁명의 불을 지핀 워싱턴과 모스크바는 그 불을 통제하기가 힘들다는 것을 알았다. 크렘린은 중소 분열 후 중국에서 마오쩌둥의 공산주의 세력에 도움을 준 것을 후회하게 될 터였다. 중국 지도자들은 1979년 중국이 베트남과 전쟁에 돌입하자, 이전에 베트남 혁명가들을 지지한 사실을 두고 이와 유사한 문제에 직면했다. 냉전이 끝나고 10년 뒤, 소련-아프가니스탄 전쟁[17)] 동안 미국 관리들이 키웠던 이슬람 전사들이 그들의 분노를 미국을 향해 터뜨렸을 때 워싱턴이 받을 응보가 도착했다. 프랑켄슈

슬람 시아파에서 고위 성직자에게 수여하는 칭호다. 이란의 시아파로서 샤 모하마드 레자 팔라비를 몰아낸 1979년의 이란 이슬람 혁명의 정치 지도자 겸 종교 지도자였다. 1963년 팔라비 국왕의 토지개혁과 삼림 국유화, 여성 참정권 허용 정책 등에 반대하여 망명했다가 1979년 1월 16일 국왕이 퇴위한 뒤 2월 1일 귀국해 1989년 사망할 때까지 이란의 최고 지도자로 군림했다.

17) 1979년 12월 24일부터 1989년 2월 15일까지 소련과 아프가니스탄의 반군 게릴라 단체인 무자헤딘 사이에 벌어진 전쟁을 가리킨다. 이 전쟁에서 미국은 무자헤딘을 비공식적으로 지원했다.

타인 박사의 괴물이나 프라하의 골렘[18]처럼 이 초강대국 대리인 중 많은 이들이 그들의 창조자에 등을 돌렸다.

사실, 1945년 이후 시기의 전쟁들은 좀 더 큰 역사적 맥락에서 보면 탈식민지화가 새로운 지구적 질서를 창출함에 따라 세계정세에서 서방 권력이 상대적으로 몰락한 사실을 확실하게 나타내는 것이었다. 1945년 이전에는 군사력과 정치적 영향력이 서방 국가들과 일본의 수중에 집중되었던 반면, 냉전 시대에는 힘이 국제 질서 전체에 분산되었다. 워싱턴과 모스크바가 여전히 세계에서 가장 가공할 만한 군대를 지휘하고 있었지만, 새로 떠오르는 제3세계의 강국들(베이징, 하노이, 테헤란 같은)이 서방의 권위에 도전장을 내밀었고, 이는 이전 세대에서는 생각도 할 수 없는 일이었다. 이처럼 초강대국 봉쇄정책과 포스트식민주의 권력투쟁이 수렴하자 지구 전역에서 많은 사회가 모습을 바꿨고, 1945년 이후 시기의 가장 큰 전쟁들이 발발했다. 이런 식으로 아시아의 냉전 유혈의 땅은 제3세계와 당시의 국제 시스템이 출현한 도가니 역할을 했다.

이 책은 처음으로, 얼핏 봐서는 유사점이 없는 역사들을 하나의 응집력 있는 이야기로 연결한다. 다음에 전개될 각 장은 치명적인 해방전쟁들이 아시아 주변부의 남부와 서부를 휩쓸면서 남긴 자국들의 지도를 그린다. 내 초점은 국제적이지만, 서사의 많은 부분은 라

18) Golem. 신화에 등장하는, 사람 형상을 한 움직이는 존재. 이와 관련해 16세기 프라하에 거주했던 랍비인 유다 뢰브 벤 베자렐(랍비 로위)이 창조한 골렘 설화가 유명하다.

이벌 강대국들, 야심만만한 제3세계 국가들, 반란 전사들로 붐비는 지구적 싸움터에서 계속 가장 강력한 행위자였던 미국에 집중한다. 책은 전부 3부로 이루어져 있는데, 그것들은 각각 냉전 동안 벌어진 학살의 주요 세 물결에 해당한다. 그와 동시에 이 부들은 개발 도상 세계에서 제3세계 공산주의 혁명이 어떻게 대두했다가 몰락했는지, 그리고 인종-종교 전쟁이 어떻게 다시 확산되는지를 보여준다.

이러한 범위를 가진 프로젝트는 필수적으로 다양한 자료와 문서에 의존하지 않으면 안 된다. 이 프로젝트는 '냉전 국제사 프로젝트 Cold War International History Project'와 '국가안보 문서보관소National Security Archive'가 공개한, 기밀 해제 미국 문서와 소련 및 중국 문서를 광범하게 이용한다. 두 기관은 모두 워싱턴DC에 본부를 두고 있다. 또 새로 기밀 해제된 CIA의 파일도 각별히 활용한다. 그러나 프로젝트는 공식 정부 기록물 이외의 자료도 살펴본다. 그런 목적으로 프로젝트는 비정부기구와 인권 단체가 소장한 자료와 구술 역사 자료, 언론인들의 목격담, 소수의 인터뷰를 이용한다. 또한 제3세계 여러 국가의 문서에도 의존한다. 어떤 학자도 동시에 아프가니스탄, 방글라데시, 중국, 한국, 인도네시아, 이란, 이라크, 레바논, 소련, 미국, 베트남 역사의 전문가가 될 수 없을 것이다. 그러므로 이렇게 주제가 폭넓은 책은 수백 명의 역사가, 지역학 전문가들의 작업이 없었더라면 불가능했을 것이다.

1945년 이후 시기의 전쟁들은 본질적으로 장기간 계속되었고, 넓은 지역에 분산되었다. 이 전쟁들은 여러 지방에 걸쳐 있는 많은 사회를 서로 연결했는데, 이 연결이 언제나 분명한 것은 아니었다. 그 결과 이 충돌들이 야기한 파괴의 규모를 간과하기가 너무나 쉬웠다. 이 책에서는 이제 이 끔찍한 사건들의 지방 역사와 지역 역사들을 넘어 냉전 시대에 자행된 대량 폭력을 전 지구적으로 조망할 때가 왔다고 주장한다. 아마도 이 시기의 가장 잘 알려진 잔학 행위였을 1968년의 미라이 학살[19]을 생각해 보자. 이 학살로 약 400명의 베트남 어린이, 여성, 남성이 목숨을 잃었다. 미라이는 초강대국 군대의 유령이 미친 듯이 날뛰는 모습을 전형적으로 보여주었다. 가해자들이 신원이 확인되어 법정에 회부되었지만, 전쟁의 지지자들에게 이 학살은 끔찍한 전쟁범죄, 즉 고귀한 전쟁에 찍힌 오점이었다. 미국 정책을 비판하는 사람들에게 미라이는 베트남전쟁의 상징 역할을 했다. 그것은 길을 잃고 헤매는 한 국가가 자행한 야만적 제국의 기괴한 행동이었다.

이 책에서는 두 해석 모두에 이의를 제기한다. 왜냐하면 결국 둘 다 미라이를 예외적인 것으로 다루기 때문이다. 개별적으로 접근하면 베트남 민간인들의 학살이나 베트남전쟁 자체는 하나의 일탈 행위로 치부될 수 있다. 냉전 시기 내내 벌어졌던 무수한 살육이 끔찍한 특이 사건으로 취급된 것처럼 말이다. 이 이야기들을 계속 따로따로 말하게 되면, 우리는 그것들을 이례적인 것으로 다루는 함정에 빠질 위험이 있다. 그러나 우리가 그 이야기들을 맥락 속에 두게 되

19) My Lai Massacre. 베트남전쟁 중이던 1968년 3월 16일 남베트남 미라이에서 미군이 자행한 민간인 대량 학살을 일컫는다. 347~504명으로 추정되는 희생자는 상당수의 여성과 어린이를 포함해 모두 비무장 민간인이었다.

면 냉전 시대 폭력의 좀 더 큰 광경이 나타난다. 제2차 세계대전의 종결부터 1990년 사이에 2000만 명 이상이 폭력적 충돌 과정에서 사망했다. 나눠 보면, 이는 이런저런 유형의 전쟁에서 45년 동안 매일 평균 1200여 명이 죽었음을 의미한다. 대부분은 민간인이었다. 순전히 수치적인 면에서 이 사망자 수는 45년 동안 매일 미라이 학살이 세 차례 이상 벌어진 것에 해당한다. 이 학살들은 거의 전부 잊혔다. 이 책에서는 이 폭력이 단순히 지역 전쟁이나 초강대국 간섭의 우연한 결과가 아니었다고 역설한다. 오히려 미라이 같은 학살들은 냉전 세계의 필수 불가결한 구성 요소였다. 이 책은 그런 비극 중 일부 비극에 대한 좀 더 폭넓은 역사를 구성하려는 변변찮은 시도이자, 그 비극들이 왜 일어났고 왜 오늘날 이 세계에 문제가 되고 있는지를 부분적으로나마 설명하려는 노력이다.

1

철의 장막이 쳐지다

1945~1947

"주변 지역(rimland)을 통제하는 자가 유라시아를 지배하며,
유라시아를 지배하는 자가 세계의 운명을 통제한다."

니컬러스 존 스피크먼

1

1945년 4월 16일 새벽 3시, 약 9000문의 소련 대포가 베를린으로 가는 동부 접근로를 방어하던 젤로 고지의 독일 진지를 향해 불을 뿜었다. 어느 러시아 엔지니어는 그 포격을 "지평선 전체가 대낮처럼 환했다"라고 기억했다. 소련군 병사들은 포격으로 고막이 찢어지지 않도록 귀를 틀어막지 않으면 안 되었다. 하늘에는 독일 진지에서 피어오르는 자욱한 연기 사이로 새들이 떼를 지어 날았다. 전선에서 60여 킬로미터 떨어진 곳에 있던 주민들은 멀리서 퍼붓던 집중포화로 벽이 흔들리는 것을 보고 공포에 새파랗게 질렸다. 전쟁이 시작된 지 거의 6년 만에 아돌프 히틀러Adolf Hitler의 수도가 붉은 군대에 포위당했다. 250만 병력으로 이루어진 세 개의 소련 전선군이 제3제국의 마지막 요새를 에워쌌다. 향후 며칠 동안 소련 사령관들은 압도적인 공격을 가해 베를린을 폐허로 만들 터였다. 베어마흐트[1]의 마지막 부대가 소련군의 맹공에 무릎을 꿇자 치열한 시가전이 도시 곳곳에서

---

1) Wehrmacht. 1935년부터 1945년까지 존재했던 나치 독일 국방군을 가리킨다. 제2차 세계대전 동안 베어마흐트는 육군(Heer), 전쟁해군(Kriegsmarine)과 공군(Luftwaffe)으로 구성되어 있었다.

벌어졌다. 러시아군은 수도를 급습하며 강간과 약탈을 일삼는 등 미친 듯이 대량 폭력을 행사했다. 어느 적십자 직원은 "토굴에서 사는 사람들의 유령도시가 이 세계적인 대도시가 남긴 흔적의 전부였다"라고 보고했다. 서쪽으로 120킬로미터 떨어져 엘베강에 진을 친 미군은 진격하는 붉은 군대를 만나려고 기다렸다. 소련 국가수반인 이오시프 비사리오노비치 스탈린Iosif Vissarionovich Stalin은 세계에서 가장 강력한 군대를 창설했다. 소련군의 병력은 미군과 영국군보다 네 배 더 많았다. 미군과 영국군은 제3제국의 붕괴를 축하했지만, 어느 누구도 미군 사령관들이 괜히 걱정한다고 나무랄 수가 없었을 것이다. 만약 스탈린이 자신의 군대를 독일에서 멈추지 않고 서유럽으로 더 들어가게 했다면, 아마도 지상의 어떤 힘도 이 거대한 공산주의 괴물을 막을 수가 없었을 것이다. 그러한 사정은 이제 막 바뀌려 하고 있었다.[1]

채 4개월이 지나지 않아 히로시마 상공에서 밝은 불빛이 번쩍했고, 그 뒤를 이어 엄청난 열기가 수반된 치명적인 충격파가 도시 전체를 찢어놓았다. 폭심지爆心地인 시마병원 안뜰에서는 온도가 화씨 5400도(섭씨 2982도)까지 치솟았다. 폭발 중심지 부근에 있던 사람들은 그 자리에서 증발했다. 역사가 리처드 로즈Richard Rhodes는 훗날 폭발로 인간 신체는 "내부 기관이 몇 분의 1초 만에 끓어 없어지며 연기만 나는 새까만 숯덩이가 되었다"라고 기록했다. 폭탄의 열기는 도시 전역에서 수많은 화재를 일으켰고, 이 화재들은 불기둥의 형태를 띤 소용돌이 기류를 촉발했다. 히로시마에 있던 7만 6000동의 건물 중 92퍼센트가 파괴되었다. 망연자실한 생존자들은 불타버린 황무지에서 길을 잃고 헤매는 처지가 되었다. 시체들이 오타강의 흐름을 막았고, 검은 방사성 비가 불과 몇 시간 전만 하더라도 일본에서 일곱 번째로 컸던 도시의 검게 타버린 폐허 위에 후두두 떨어졌다. 약 13만 명이 즉사했고, 그중 11만 명은 민간인이었다. 그해 말까지 14만 명이 더 죽었다. 그 직후 해리 트루먼 대통령은 핵폭탄을 투하했다고 발표했다. 그는 일본 지도부가 항복하지 않는다면 "그들은 지구상에서는 비슷한 것을 본 적이 없는 파멸의 비가 공중에서 내릴 것을 기대하게 될 것"이라고 설명했다. 미국은 핵폭탄을 더 생산하고 있었고, 그 폭탄들을 사용할 의향이 있었다. 사흘 후 트루먼은 약속을 지켜 나가사키에 두 번째 핵폭탄을 떨어뜨렸다. 1945년 8월 14일, 일본 제

핵폭탄 폭발 후 하늘에서 내려다본 히로시마. (1945년 8월)

국은 항복했고 인류사에서 가장 큰 전쟁이 끝났다.[2]

제2차 세계대전에서 6000만 명 이상이 사망했다. 유럽과 아시아 전역의 도시들이 폐허로 변했다. 생존자들이 방사능에 오염된 히로시마와 나가사키의 폐허를 헤매고 다니는 동안, 유럽의 연합군은 히틀러의 부하들이 유대인, 소련군 전쟁 포로, 폴란드인, 집시, 그 밖의 달갑지 않다고 여겨진 사람들을 살육했던 나치 집단수용소의 끔찍한 잔해를 헤치며 조심조심 나아갔다. 동쪽 농촌 지역 여기저기서 집단 매장지가 발견되면서 섬뜩하게 많은 희생자 수가 곧 크게 늘어날 터였다. 중국에서는 일본이 아시아에서 자신의 제국을 개척하려고 애쓴 결과, 1000만 명에서 2000만 명에 이르는 사람이 목숨을 잃었다. 일본의 잔인무도한 군사작전으로 수십 년 동안 이 지역에서 유지되었던 유럽의 식민 통치가 파괴되었다. 그 대신 도쿄 중심의 제국이 일시적으로 들어섰는데, 이 제국은 야만성이라는 면에서 베를린에 필적했다. 전쟁의 많은 부분은 독일, 일본, 소련의 권위주의 정부들 사이에 벌어진 충돌이었다.

유라시아 대륙의 다른 편에서는 피난민들의 거대한 흐름이 유럽 전역에 걸쳐 생겨났다. 역사가 앤 애플바움Anne Applebaum은 다음과 같이 기록한다. "도로, 오솔길, 선로와 열차는 누더기 차림의 배고프고 더러운 사람들로 미어터졌다. 굶주린 어머니, 병든 아이, 그리고 때로는 가족 전체가 여러 날 동안 아주 더러운 시멘트 바닥 위에서 지냈다."[3] 국제노동기구[2)] 사무국의 보고서에서는 유럽에서 벌어진 전쟁으

---

2) International Labour Organization, ILO. 노동문제를 다루는 유엔의 전문기구

로 3000만 명 이상의 유럽인이 집에서 쫓겨났다고 추산했다.[4] 많은 전쟁 생존자들이 이제 복수를 갈구했다. 동부에서 소련군은 잔혹한 인종 청소 작전을 벌였는데, 이는 독일의 동부 영토를 잘라내기 위한 것이었다. 폴란드 군대는 귀중품을 탈취한 뒤 독일 민간인들을 서쪽으로 가는 소달구지에 실어서 새로운 독일 국경 지역으로 강제 이주시켰다. 동프로이센의 독일계 주민은 220만 명에서 19만 3000명으로 줄어들었다. 20만 명으로 추산되는 독일인들이 노동수용소에 갇혔고, 또 다른 60만 명이 소련에서 부역하기 위해 동쪽으로 보내졌다. 체코슬로바키아는 독일인 300만 명을 집에서 쫓아냈고, 3만 명을 죽였다. 또 다른 5558명이 스스로 목숨을 끊었다.[5]

그러나 파괴의 규모는 끔찍한 인명의 희생을 넘어섰다. 인류의 역사에서 가장 컸던 이 전쟁은 수세기 동안 존재했던 세계 질서를 붕괴시켰다. 거의 500년 동안 유럽의 강대국들(그리고 좀 더 최근에는 일본)은 세계의 대부분을 식민지 속령으로 분할하는 팽창 활동을 끊임없이 추구했다. 식민지인들이 지역 수준에서 상당한 자율성을 발휘하곤 했지만, 제국 열강은 세계 무대를 지배했다. 제2차 세계대전은 이 낡은 질서에 치명적인 타격을 가했다. 미국이 동쪽에서 일본 제국을 분쇄하는 동안, 유럽의 전투는 영국과 프랑스가 식민지에 발휘하던 지배력을 깨트렸다. 전쟁에서 이긴 런던과 파리의 정부들이 식민지와의 관계를 재구축하려 했지만, 제국의 황혼은 오래전에 시작되었다.[6] 세계는 이제 역사상 가장 큰 지정학적 변화 중 하나에 접어들었다.

로 스위스 제네바에 본부를 두고 있다.

제국 권력이 약해지면서 전후 세계 질서의 모습이 불분명하게 남았다. 종전은 제국 시대의 황혼을 나타냈지만, 그것은 세계정세에서 전반적인 위기가 시작되었음을 알리는 전조이기도 했다.

이 새로운 지구적 질서를 장악하기 위한 전투는 제국의 폐허 위에서 발발할 터였다.[7] 제국을 계승하고자 하는 가장 강력한 두 라이벌 국가인 미국과 소련은 대규모 군대를 보유했다. 전투로 단련된 붉은 군대는 지금까지 조직된 군사력 중에서 가장 컸다. 수적으로는 더 적지만 미군은 인구 밀집 지역 전체를 즉각 소각할 수 있는 핵무기를 쥐고 있었다. 이처럼 무시무시한 무력을 구축한 두 초강대국은 무기를 칼집에 집어넣을 것인지 아니면 지구적 패권을 차지하기 위해 새로운 행동을 개시할 것인지를 선택하는 갈림길에 섰다. 워싱턴과 모스크바는 우위를 위한 투쟁에서 가장 강력한 경쟁자였지만 유일한 경쟁자는 아니었다. 제국 권력들이 더 이상 자신의 제국을 통제할 수 없게 되자 다수의 민족주의자, 혁명가, 군사 지도자들이 부상하며 식민지 세계 곳곳에서 권력을 요구했다. 이 포스트식민주의 세력은 군사력 부족을 혁명 열정으로 보충하고자 했다. 제2차 세계대전이 끝나고 몇 달 후, 세계 위기의 대략적 모습이 시야에 들어왔다. 두 초강대국이 곧 냉전으로 알려지게 될 지구적 권력을 위한 투쟁을 점점 더 격렬하게 벌이는 동안, 개발 도상 세계의 인민들은 전면적이고 보통은 폭력적인 탈식민지화 과정에서 자신들의 국가를 건립하기 위해 온힘을 다했다. 급변하는 지정학적 풍경 위에서 서로 맞닥뜨린 초강대국, 혁명가, 작은 국가들은 1945년 이후의 세계 위기에서, 그리고 그 후 새로운 세계의 모습을 빚을 때 각자 일정한 역할을 할 것이었다.

동맹자들의 배신

독일이 항복하고 16일 뒤인 1945년 5월 24일, 영국 총리 윈스턴 레너드 스펜서 처칠Winston Leonard Spencer Churchill은 7월 1일자로 미국과 영국이 연합하여 붉은 군대를 공격할 수 있는지 그 가능성을 알아보기 위해 '언싱커블 작전Operation Unthinkable'이라고 이름 붙인 일급 기밀 연구를 의뢰했다. 처칠은 스탈린이 동유럽 지배를 좀 헐겁게 하기를 바랐다. 영국의 군사계획가들은 그런 행동이 대재앙을 일으킬 수 있다고 경고했다. 영국군과 미군은 공격을 위해 47개 사단을 동원하고 예비 및 방어 작전을 위해 40개 사단을 남겨놓을 수 있었다. 소련은 '동등한 전력의' 170개 사단으로 대응하고, 2대 1의 비율로 유리하게 기갑부대를 소집할 수 있었다. 이러한 이점에 대처하기 위해 군사계획가들은 독일 부대(최근에 패전한 나치)를 재무장해 다시 한번 붉은 군대와 싸우게 할 것을 제안했다. 게다가 그들은 러시아 산업이 분산되어 있는 상황에서 영미군의 전략 폭격[3]이 결정적인 이점을 제공할 것으로 기대하지 않았다. 더 나아가 영국의 전략가들은 다음과 같이 경고했다. "더 이상의 저항이 불가능해지게 하려면 연합국이 러시아로 침투하는 것이 필수적인데, 침투 거리가 사실상 한정이 없다." 그러므로 영국의 제국 참모총장은 "성공 가능성이 거의 희박[하다]"이라고 결론지었다. 처칠은 이 작전이 긴급 사태에 대비한 연구에 불과하다고 주

3) strategic bombing. 폭격기를 동원해 적국의 도시, 군사 및 경제 시설 등 유·무형적으로 전투력의 근원이 되는 표적을 파괴하는 행위를 일컫는다.

장했지만, (스파이들에게서 거의 바로 이 연구를 알게 된) 붉은 군대의 장군들은 그의 말을 썩 믿지 않았다.[8]

모스크바 전시 동맹국들의 행동은 크렘린에 거의 신뢰를 주지 못했다. 어쨌든 영국과 프랑스는 아서 네빌 체임벌린[4)]이 1938년 "우리 시대의 평화"라고 선언했던 뮌헨에서 맨 먼저 주저하지 않고 히틀러의 야심을 달래려던 나라였다. 체임벌린의 후임인 처칠은 매우 완고한 반공주의자였다. 1941년 수백만 명의 러시아인들이 독일군에 살육당하고 있을 때, 미주리주의 어느 소장 상원의원이 미국은 물러앉아 유럽 전쟁의 화염을 부채질하자고 제안했다. "만약 독일이 이기고 있다면 러시아를 도와주어야 하고, 러시아가 이기고 있다면 독일을 도와주어야 합니다. 그런 식으로 그들이 가능한 한 많이 서로 죽이게 합시다." 이 소장 상원의원인 해리 트루먼이 지금 미국의 대통령이었다. 심지어 워싱턴이 전쟁에 참여한 이후에도 미국과 영국은 미적지근한 동맹국인 것으로 드러났다. 베어마흐트가 러시아 서부를 마구 유린하고 있는 동안 워싱턴과 런던의 지도자들은 때를 기다렸다. 1942년에 스탈린이 서유럽에서 제2전선을 열어달라고 호소했지만, 동맹자들은 귀담아듣지 않았다. 그 대신 영국과 미국은 북아프리카

---

4) Arthur Neville Chamberlain(1869~1940). 영국의 정치가, 외교관. 제41대 영국 총리를 지냈다. 1931년 맥도널드 내각의 재무장관에 올라 경제 위기를 극복하는 데 성공했다. 1937년 총리가 되자 독일에 유화정책을 써서 전쟁을 막고자 했으며, 이듬해 뮌헨 회담에서 아돌프 히틀러의 요구를 받아들였다. 그러나 유화정책이 실패하고 1939년 제2차 세계대전이 일어나자 외교 실패의 책임을 지고 이듬해 총리직에서 물러났다.

침공을 개시했다. 이는 지중해의 영국 속령을 보존하는 데 목표가 있는 것 같았다. 프랭클린 델러노 루스벨트Franklin Delano Roosevelt와 처칠은 1943년에 프랑스와 독일의 나치 권력을 공격하기보다는 이탈리아를 침공하는 쪽을 선택했다. 연합국은 소련이 스탈린그라드 전투와 쿠르스크 전투에서 독일군의 침공을 격퇴한 지 거의 1년 반이 지난 1944년 6월까지는 진정한 제2전선을 개설하지 않을 것이었다. 1944년 6월에 영국군과 미군 병사들이 노르망디 해변에 상륙했을 때, 붉은 군대는 이미 베어마흐트를 바싹 뒤쫓고 있는 상태였다. 훨씬 더 나빴던 것은 워싱턴과 런던이 모스크바와 핵폭탄의 비밀을 공유하기를 거부한 사실이었다. 미국과 영국 과학자들이 핵무기 생산을 서두르는 동안, 스탈린은 폭탄 개발 소식을 전해줄 광범한 스파이망에 의존했다. 이와 같은 배신행위에 소련 지도자는 거의 놀라지 않았을 것이다. 미군과 영국군은 이미 1917년에 러시아 내전[5]에서 공산주의의 승리를 막을 요량으로 러시아의 아르한겔스크 항구에 상륙해 어설픈 개입을 시작한 적이 있었다. 자본주의 정부들이 나치즘을 상대로 한 대격전에서 신뢰할 수 없는 동맹국으로 밝혀지는 것은 그리 충격적인 일이 아니었다.

마찬가지로, 미국과 영국의 지도자들도 스탈린을 의심했다. 비록

5) 옛 러시아제국에서 1917년 러시아혁명이 일어난 직후 발생한 여러 당파 간의 전쟁을 일컫는다. 그중에서 블라디미르 레닌이 이끄는 사회주의 볼셰비키를 위해 싸우는 붉은 군대와 군주주의, 보수주의, 비볼셰비키 사회주의, 자유주의, 공화주의 등의 세력이 연합하여 형성된 백군이 특히 두드러졌다. 미국, 영국, 프랑스, 일본 등 제1차 세계대전의 연합국 8개국과 독일제국도 이 내전에 개입했다.

그들의 전시 선전은 '조 아저씨'[6]를 대對히틀러 싸움에서 충직한 동맹자로 찬양했지만, 워싱턴과 런던의 관리들은 이 공산주의 독재자에게 환상을 거의 품지 않았다. 1938년에 전쟁의 그림자가 유럽에 드리우자, 모스크바는 몰로토프[7]-리벤트로프[8] 협정을 체결하여 독일과 소련이 서로 공격하지 않기로 약속하고 강대국 외교의 비극적 피해자인 폴란드를 분할하기로 합의했다.

1940년 히틀러가 프랑스와 영국을 공격하는 동안, 스탈린은 옆으로 비켜 서 있었다. 스탈린을 전쟁에 끌어들이기 위해서는 소련을 겨냥한 독일의 전면적인 침공이 필요할 터였다. 러시아 인민들은 스탈린이 히틀러에게 보인 잘못된 신뢰 때문에 비싼 대가를 치렀다. 2000만 명 이상의 러시아인들이 극렬한 전쟁의 와중에 목숨을 잃을 것이었다. 전황의 흐름을 바꾸기 위해 스탈린은 거대한 전쟁 기구를

---

6) Uncle Joe. 제2차 세계대전 당시 서방 연합국에서는 동맹국의 국가수반인 스탈린을 '조 아저씨'라고 친근하게 불렀다.

7) Vyacheslav Mikhailovich Molotov(1890~1986). 소련의 혁명가이자 정치가. 1930~1941년에 소련 인민위원회의 의장, 1939~1946년, 1946~1956년에 외무인민위원 및 외무장관을 지냈다. 1939년에 독일-소련 불가침조약을 체결하고 제2차 세계대전 동안 스탈린의 오른팔로서 소련의 외교정책을 주도했다. 스탈린 사망 후 탈스탈린화를 추진했던 흐루쇼프와 대립하다 좌천되고, 그 후 당적을 박탈당했다.

8) Joachim von Ribbentrop(1893~1946). 나치 독일의 외교관이자 정치인. 1930년대 초 나치당에 입당했고, 히틀러 치하에서 영국 주재 대사와 외무장관을 역임했다. 그 후 방공협정과 뮌헨 협정, 독일-소련 불가침조약, 강철 조약 등 제2차 세계대전 직전에 맺어진 각종 주요 조약의 협상과 조인을 담당했고, 동맹국이나 점령국의 정부에 대한 외교 활동도 맡았다. 전쟁 후 뉘른베르크재판에 회부되어 사형 판결을 받고 교수형에 처해졌다.

끌어모아 도중에 길을 방해하는 저항을 모조리 으스러뜨리며 엘베강으로 돌진했다. 워싱턴과 런던의 지도자들은 이제 스탈린이 동유럽에 대한 통제력을 유지할 거라고 믿을 이유가 충분했다. 게다가 동유럽에 대한 소련의 지배가 어떤 모습일지 궁금하다면, 스탈린이 소련 본토에서 야만적으로 통치하고 있는 현실을 보기만 해도 되었다. 제2차 세계대전이 발발하기 전 10년 동안 소련 체제는 자국민에게 조직적으로 폭력을 휘둘렀다. 1930년대 초 강제적인 집단화의 결과 약 500만 명이 사망했다. 75만 명이 정치적 숙청의 일부로 총살당했다. 추가로 100만 명이 굴라그[9)]에 수감되었다.[9] 스탈린은 동유럽인들에게도 그에 못지않게 가혹했다. 1940년 3월에 스탈린은 보안 책임자인 라브렌티 파블로비치 베리야[10)]의 권고에 따라 적어도 2만 5000명

9) Gulag. 러시아어 Glavnoe upravlenie ispravitelno-trudovykh lagerii i kolonii(교정 노동수용소 및 집단 거주지 총국)의 머리글자에서 비롯된, 일반적으로 소련의 강제노동수용소를 가리키는 고유명사다. 러시아혁명 직후인 1918년에 처음 설치된 뒤 1930년대 이후 스탈린 치하에서 크게 확대되어 1940년대 말~1950년대 초에 그 규모가 최고조에 올랐으며, 1953년 스탈린의 죽음과 함께 본격적으로 해체되었다.

10) Lavrenty Pavlovich Beriya(1899~1953). 소련의 정치가. 1931년에 그루지야(지금의 조지아) 공산당의 제1서기가 되었다가, 1938년 말에 내무인민위원이 되어 대숙청 뒤의 치안 기관을 맡았다. 1941년에 인민위원회의 부의장이 되었고, 제2차 세계대전 중에는 원수로 임명되었다. 전쟁이 끝난 뒤 정치국원, 수용소의 최고 책임자가 되었으며, 군사기술, 특히 로켓과 핵폭탄 개발에 힘썼다. 또한 동유럽권 치안 조직까지 장악했고, 1953년 스탈린이 죽은 뒤 말렌코프, 몰로토프와 함께 집단 지도부를 구성했다. 일정한 자유화를 내세웠으나 권력투쟁에 패해 1953년 6월 스탈린에 대한 지나친 '개인숭배'의 책임을 물어 체포되었으며, 같은 해 말에 총살되었다.

의 폴란드 포로들(많은 이들이 군 장교였다)을 대량 처형할 것을 지시했는데, 이는 소련 점령에 대한 저항을 분쇄하는 방편이었다. 소련 관리들은 러시아의 카틴 숲에 있는 집단 매장지에 그들의 시신을 내다 버렸다.[10]

그러나 워싱턴과 모스크바 사이의 적대감은 전쟁 때 벌어지곤 했던 입씨름보다 더 격렬했다. 적대감의 중심에는 전후 국제 질서를 두고 서로 경쟁하는 미국의 비전과 소련의 비전 사이에 벌어진 이념적 충돌이 자리 잡고 있었다. 세계에서 가장 큰 자본주의 국가였던 미국은 자유시장경제를 갖고 있고 지구적 공동시장으로 연결된 국민국가들의 세계를 창출하는 데 앞장서고 싶어 했다. 이 지구적 공동시장에서는 상품과 자본이 대체로 방해받지 않고 이동할 것이었다. 워싱턴은 또 정치적 자유가 자유무역보다 부차적이긴 하지만 자유-민주주의 정치 시스템도 지지했다. 1945년경에 세계에서 가장 큰 경제이자 생산국이었던 미국은 그런 세계로부터 얻을 것이 많았다. 이와는 대조적으로, 세계 최초의 성공적인 사회주의 국가였던 소련은 공산주의를 향해 나아가도록 전후 세계를 이끌기를 기대했다. 스탈린과 그의 동지들은 세계의 자본주의 열강과 제국주의 열강이 혁명에는 저항하겠지만, 그들의 수탈적 사회경제 모델은 파산했다고 확신했다. 이는 지난 10년 동안 대공황과 파시즘 및 나치즘의 대두로 입증된 바 있었다. 제3제국을 분쇄한 소련은 세계 전역에서 유사한 공산주의 국가들이 대두하도록 응원하고 싶어 했다.[11]

탐색

이와 같은 이념적 경쟁은 제2차 세계대전으로 엄청난 파괴가 야기되지 않았더라면 탁상공론에 그쳤을 것이다. 옛 제국 질서의 붕괴는 유라시아 곳곳에 거대한 권력의 공백을 남겼고, 이 진공을 메꿀 초강대국 경쟁의 문을 열어젖혔다. 새로 등장하는 이 투쟁의 중심에는 베를린시와 이른바 독일 문제가 자리 잡고 있었다. 연합국은 전쟁이 끝날 무렵 패전국 독일을 점령지들로 분할했다. 영국 및 미국의 지도자들과 떨떠름한 프랑스 지도자는 독일을 안정되고 부유한 전후 유럽의 초석 중 하나로 재건하기를 바랐다. 독일을 신흥 서유럽 자본주의 시스템으로 통합하지 못하면, 이 시스템에서 가장 강력한 구성국 중 하나를 잃어버릴 뿐 아니라 독일 인민들 사이에 깊은 분노의 씨앗을 뿌리게 될 터였다. 그러나 나치 공격의 예봉에 고통을 겪은 모스크바는 억압 정책을 선호했다. 스탈린으로서는 독일이 소련을 위협할 능력을 다시 갖추는 일이 절대로 생겨서는 안 되었다. 전쟁이 끝나고 몇 달 사이에 승리한 연합국 사이에 의견 차가 점점 더 극명하게 벌어졌다. 1945년 말에 모스크바와 워싱턴의 지도자들은 독일에서, 그리고 궁극적으로는 유럽에서 세력권을 따로 가진다는 구상을 받아들이게 되었다. 스탈린은 1945년 4월 유고슬라비아 공산주의자들에게 말했다. "지역을 점령하는 누구든지 그 지역에 자신의 사회 시스템도 강제합니다. 모든 사람은 자신의 군대가 도달할 수 있는 데까지 자신의 시스템을 강제합니다. 그렇게 될 수밖에 없습니다." 이 조정은 유럽에서는 초강대국의 세력 문제를 해결하는 것 같았지만, 세계의 나머지 지역에서 초강대국의 세력 문제는 미해결 상태로 남겨두었다. 영국과 미국의 지도자들은 동유럽에서 세력권을 부여받은 스탈린이 중동과 지중해는 영어를 사용하는 열강에게 남겨두는 데 만족하기를 바랐다. 그러나 스탈린은 동유럽에서의 지배권에 거의 만족하지 않았다. 미국과 영국은 각각 유럽 밖에 세력권이 있었으나 러시아는 "아무것도 없습니다"라고 스탈린은 영국 외무장관 어니스트 베빈[11]에게 불만을 토로했다. 깜작 놀란 베빈은 "소련 권역은 뤼베크에서 뤼순항까지 뻗어 있습니다"라고 항변했다. 서방 열강은 크렘린이 이러한 상황을 바꾸는 데 얼마나 열심인지를 막 알게 될 것이었다.[12]

소련 지도자들은 지구적 충돌의 승전국으로서 그들이 충분히 누릴 자격이 있다고 생각하는 지정학적 이익을 확실하게 굳힐 계획을 이미 짜기 시작한 상태였다. 이는 볼셰비키 혁명 이전까지 거슬러 올라가는 전략적 야심을 실현하는 것이었다. 스탈린은 유럽 국경 지대의 안전을 확보한 후 튀르키예, 이란을 통과하여 극동으로 향하는 남쪽 측면으로 눈을 돌렸다.[13] 크렘린이 처음으로 시험 삼아 한 조치는 이란 북부 지방에 거주하는 아제르바이잔 종족에 초점을 맞췄다. 이 지방은 1941년 이래 붉은 군대의 통제를 받았다. 그것은 소련군과 영국군이 테헤란이 추축국을 지원하는 것을 막기 위해 각각 이란 북부와 이란 남부를 점령하는 연합국 합동작전의 일환이었다. 1945

11) Ernest Bevin(1881~1951). 영국의 노동조합 지도자이자 노동당 정치가. '운수 일반 노동자연합'을 설립하여 1922~1940년 총서기를 지냈다. 1940~1945년 노동장관, 1945~1951년에 외무장관을 역임했다. 미국의 재정 지원을 획득하고 공산주의에 강력히 반대했으며, 나토 창설을 도왔다.

윈스턴 처칠, 해리 트루먼, 이오시프 스탈린이 포츠담에서 악수하고 있다. (1945년 7월)

년 6월 스탈린은 일곱 군데의 다른 장소에서 적어도 10개의 유정을 개발할 목표로, 소련군의 도움을 받아 이란 북부에서 유전을 지질학적으로 조사할 특명 조직을 구성하는 극비 법령을 통과시켰다.[14] 이것들은 이 아제르바이잔주를 위한 모스크바 계획들의 시작에 불과했다. 다음 달 정치국은 북부 이란 공산당 지도부에게 북부 이란에서 '민족 자치 아제르바이잔 지구oblast'를 형성하는 것을 목표로 이 주에서 분리주의 운동을 개시할 것을 요구하는 전갈을 보냈다. 정치국은 이 지령에서 분리주의 운동의 지도부를 대표하고 본부를 타브리즈에 둔 '아제르바이잔 민주당ADP'을 결성할 것을 요청했다. 크렘린은 소련 점령 지역에서 꼭두각시 분리주의 운동을 조직하는 중이었다.[15] 더구나 크렘린은 이란 공산당인 '투데당'[12)]의 권력을 교묘히 회피하며 이 운동을 조직했다. 8월 말에 이란 의회인 마즐리스Majlis의 원외 대표인 타브리즈 출신의 자파르 피셰바리[13)]가 아제르바이잔 민주당을 창당했다.[16] 아제르바이잔 민주당은 아제르바이잔 민족주의의 망토를 걸쳤지만 크렘린의 통제를 받았다. 스탈린 자신도 인정할 테지만, 아제르바이잔의 "깊은 혁명적 위기"는 모스크바에서 만들었다.[17]

소련 요원들의 격려를 받은 아제르바이잔 민족주의자들은 1945년

---

12) Tudeh Party of Iran. 이란 대중당. 이란 공산당을 가리킨다. 1941년에 결성되어 지금도 존속하나 특히 1980년대에 이슬람 공화국 정부의 탄압을 받고 크게 약해졌다.

13) Ja'afar Pishevari(1892~1947). 이란령 아제르바이잔 공산주의 정치인. 1945년에 아제르바이잔 민주당을 창당하고, 1945~1946년 이란령 아제르바이잔에 수립된 아제르바이잔 인민 정부의 대통령을 지냈다.

11월에 봉기를 일으켰다. 모스크바의 명령을 받은 붉은 군대 장교들은 북부에 폐쇄 지역을 만들어 특별 허가 없이는 이란과 외국 관리들을 들어오지 못하게 하고, 북부에서 경찰 부대를 증강하려는 중앙정부의 노력을 막았다.[18] 그러면서 붉은 군대는 당의 조직 노력을 보호하려고 애를 썼다. 1945년 11월 말에 사복을 입은 약 6000명의 소련군 부대가 타브리즈에 들어와 도시의 이란 수비대를 위협했다. 수비대 사령관은 "최후의 한 사람까지" 진지와 도시의 공공건물을 방어하라는 명령을 받았다. 한편, 소련군은 지역민 사이의 반란 그룹에게 무기를 나눠 주고 있는 것 같았다. 소련군은 북부 이란의 다른 도시들에서도 유사한 상황을 조성했다.[19] 11월 20일, 소련군이 수비대를 증강하기 위해 타브리즈로 향하던 일단의 이란 병사들을 막아섰다. 이란 외무장관은 미국 국무장관에게 모스크바가 이란 북부에서 반란을 선동하고 있다고 불만을 토로했다. '근동·아프리카 업무국' 국장인 로이 웨슬리 헨더슨14)은 "소련이 이란에게서 독립을 박탈하거나 이란의 통합성을 침해하기 위해 신중하게 입안된 계획처럼 보이는 조치를 실행하는 동안" 미국이 계속 "침묵"한다면, "세계의 어떤 소국도 앞으로 강대국이 한 약속을 신뢰할 수 없을 것"이라고 경고했다.[20]

모스크바에서 고조되는 위기를 지켜보던 미국 대사관의 대리대사 조지 프로스트 케넌15)은 모스크바의 움직임이 더 큰 전략의 일부

---

14) Loy Wesley Henderson(1892~1986). 미국의 외교관. 1948~1951년 인도 주재 미국 대사, 1951~1954년 이란 주재 미국 대사를 역임했다.

15) George Frost Kennan(1904~2005). 미국의 외교관, 정치가, 역사가. '봉쇄의 아버지'라고 알려져 있으며, 미소 냉전의 핵심이 된 인물이다. 1952년 소련 주재 미

라고 주장했다. "최근 북부 이란에서 소련이 보인 행동의 기본 동기는 아마도 석유 자체의 필요가 아니라 이 지역에 외국 세력이 침투할 가능성에 대한 우려일 것이다. 여기에 요즈음 모든 소련 정책의 특징인 위신에 대한 염려도 결합되어 있다." 아제르바이잔은 히틀러 군대에 의해 "가까스로 완전한 정복을 면했던" 바쿠의 거대한 소련 석유 시설과 위험할 정도로 가까웠다. 케넌은 "차르 외교의 목표뿐 아니라 방식"에도 몰두하는 소련 지도자들은 북부 이란에서 완충 국가를 분리해 내려 애쓰고 있다고 경고했다.[21]

1946년 3월 유엔 안전보장이사회(이하 안보리)가 북부 이란에서 소련이 취한 행동에 주의를 돌렸을 때 위기가 정점에 이르렀다. 국제적 대결의 위험을 각오할 뜻이 없던 스탈린은 군대를 철수하는 데 동의했고, 트루먼 행정부는 승리를 선언했다. 트루먼 대통령이 훗날 회고했듯이, "세계는 이제 좀 더 기대를 갖고 유엔을 바라볼 수 있었다. 그러나 러시아의 야심은 약속을 상냥하게 독촉한다고 해서 중단되지는 않을 터였다. 러시아는 약점이 드러나는 곳이면 어디든지 압박을 가할 것이고, 우리는 압박이 가해지는 곳마다 러시아와 세계가 이해하는 방식으로 그 압박에 대처해야 할 것이었다."[22] 소련 지도자들은 유엔과 워싱턴의 대응에 당황했다. 뱌체슬라프 미하일로비치 몰로토프가 설명한 대로, "우리는 [이란에서] 탐색하기 시작했으나 어느 누구도 우리를 지지하지 않았다."[23] 이란 위기는 모습을 드러내고 있던 냉전에 대한 워싱턴의 접근 방식을 더욱 단단히 굳히고 다가올 해

국 대사, 1961~1963년 유고슬라비아 주재 미국 대사를 역임했다.

에 워싱턴이 어떻게 행동할지를 결정하는 데 도움을 주었다. 이란에서 소련이 가한 압박에 직면하여 루스벨트가 동유럽에서 했던 식으로 양보하기보다는 완강히 버팀으로써 워싱턴은 승리를 거두었다. 이란 위기는 앞으로 모스크바와 어떻게 관계를 맺을지 청사진을 제공하는 것 같았다.[24]

끈질기지만 사활을 건 투쟁

이란에서 벌어진 초강대국간의 대결은 이미 어두워지던 워싱턴과 모스크바의 관계에 그림자를 드리웠다. 1946년 2월 13일, 미국 국무부는 모스크바의 미국 대사관에 스탈린의 최근 연설 중 하나를 평가해 달라는 요청서를 보냈다. 이에 대한 응답으로 케넌은 단어 5000개로 이루어진 답신을 발송했는데, 이는 국무부 역사에서 가장 긴 전보였다. 다섯 개 절로 이루어진 케넌의 이른바 '장문의 전보'는 소련 정책과 앞으로 있을 것 같은 행동을 비판적으로 평가했다. 소련 지도자들은 "전통적이고 본능적인 러시아의 불안감"에 뿌리박힌 "세계정세에 대한 신경증적 시각"을 유지했다고 케넌은 썼다. "소련은 적대적인 '자본주의 포위' 속에 여전히 살고 있으며, 장기적으로 이 자본주의 포위와 영구히 평화적으로 공존할 수가 없다." 크렘린은 자신의 이익을 촉진하기 위해 자본주의 세계가 대가를 치르게끔 노골적인 군사적 침공을 제외하고 힘닿는 데까지 무슨 일이든 할 터였다. 수세기에 걸쳐 러시아 지도자들은 "라이벌 권력과 협정을 맺거나 타협을 하는 것에서가 아니라, 오로지 라이벌 권력을 총체적으로 파괴하기 위해 끈질기지만 사활을 건 투쟁을 벌이는 것에서 안전을 찾는 법을 배웠다." 개발 도상 세계에서 모스크바는 "공산주의-소비에트 침투에 유리한 공백 상태"를 창출할 희망으로 서방 열강의 영향력을 약화하려고 할 터였다. 케넌은 "이러한 힘에" 대항하는 것이 "의심할 여지 없이 우리 외교가 지금까지 직면한 가장 큰 과업[이며], 아마도 앞으로도 계속 직면할 수밖에 없을 가장 큰 과업일 것"이라고 설명했다. 하지만 희망을 품을 이유가 있었다. 케넌은 나치 독일과 달리 소련은 위험을 피하려 한다고 주장했다. 소련 지도자들은 탐색 행동에 들어갈 것이지만 저항에 봉착하면 뒤로 물러설 터였다. 게다가 소련은 미국보다 훨씬 "더 약하며" 그전의 차르 러시아처럼 내부 도전에 시달리고 있었다. "세계 공산주의는 병든 조직만 먹고 사는 악성 기생충 같다"라고 케넌은 역설했다. 미국과 그 동맹국들은 계속 강력하게 나아가면 결국 승리할 것이었다.[25]

케넌만 이런 식으로 생각하는 것은 아니었다. 장문의 전보가 전송되고 나서 2주 뒤, 윈스턴 처칠이 미주리주의 풀턴에 있는 웨스트민스터대학교에서 연설을 했다. 전 영국 총리는 유럽을 가로질러 소련 통제의 동부를 서부의 자유 국가들로부터 분리하는 "철의 장막"이 쳐졌다고 경고했다. 처칠은 "발트해의 슈체친에서 아드리아해의 트리에스테에 이르기까지 대륙을 가로지르는 철의 장막이 드리웠습니다"라고 경보를 울렸다.

> 이 선 뒤에는 중부 유럽과 동유럽 고대 국가들의 모든 수도가 놓여 있습니다. 바르샤바, 베를린, 프라하, 빈, 부다페

> 스트, 베오그라드, 부쿠레슈티, 소피아, 이 모든 유명한 도시들과 그 주위의 주민들이 제가 소련 권역이라고 일컬어야만 하는 곳에 놓여 있고, 이런저런 형태로 소련의 영향력뿐 아니라 고도의, 일부 경우 점점 심해지는 모스크바의 통제에 종속되어 있습니다.[26]

이란에서의 상황은 소련의 야심에 대한 케넌과 처칠의 경고를 정당화하고 미국의 결의가 얼마나 강한지를 시험해 보는 사례 같았다. 불과 몇 달도 지나지 않아 워싱턴의 지도자들은 이란에서 얻은 교훈을 중동의 또 다른 위기에 적용할 기회를 가질 것이었다.

케넌과 처칠이 미국에서 경보를 울리고 있는 동안, 크렘린은 서방 열강을 경계의 눈빛으로 계속 바라보았다. 1946년 9월 27일, 워싱턴 주재 소련 대사 니콜라이 바실리예비치 노비코프[16)]는 모스크바에 미국 정책을 신랄하게 평가하는 전신문을 보냈다. 노비코프의 전신은 "세계 지배"를 위한 미국의 십자군에 대해 경고했다. 미국은 라이벌 강대국들이 스스로를 파괴해서 워싱턴에 이 공백에 진입할 수 있는 통로를 만들어주기를 바라며, 제2차 세계대전의 많은 시간 동안 앉아서 전쟁이 끝나기를 기다렸다고 노비코프는 설명했다. 유럽은 황폐해졌지만, 소련은 미국 지도자들이 기대한 것보다 훨씬 더 강해져서 나타났다. 그와 동시에 루스벨트로부터 트루먼으로 이행함으로써

---

16) Nikolai Vasilyevich Novikov(1903~1989). 소련의 외교관. 1943년 11월 카이로회담의 소련 대표였고, 1946~1947년 미국 주재 소련 대사를 지냈다.

"얼마간 보수주의 경향을 지닌 정치적으로 불안한 사람"이 권좌에 앉았다. 이 새로운 리더십 아래에서 민주당 내 "가장 반동적인 집단"이 대대적인 군사적 증강에 나섰다. "입수한 공식 계획에 따르면, 다가올 몇 해 동안 228개소의 기지, 지원 기지, 무선국이 대서양에 건설되고, 태평양에는 258개소가 건설될 것"이라고 노비코프는 설명했다. 미국은 "뉴펀들랜드, 아이슬란드, 쿠바, 트리니다드, 버뮤다, 바하마제도, 아조레스제도와 다른 많은 지역에서, 그리고 태평양의 이전 일본 위임 통치령—마리아나제도, 캐롤라인제도, 마셜제도, 보닌제도, 류큐열도, 필리핀, 갈라파고스제도—에서" 기지를 점령했거나 건설 중이었다.

노비코프에 따르면, 미국 "군대는 미국의 세계 지배를 확립하는 계획을 실현하는 데 결정적인 역할을 하기로 되어 있다"는 것이 피할 수 없는 결론이었다. 그는 약 5만 명의 미군이 이미 중국 내전(마오쩌둥이 이끄는 공산주의 반란자들과 장제스[17] 정부 사이의 투쟁)에 참가하고 있고, 워싱턴이 중동에서 자신의 영향력을 적극적으로 확대하려 하고 있다고 덧붙였다. 한편 미국은 금융시장에 침투함으로써, 또 "소련에 우호적인 집권 민주주의 정부들을 약화하고 해체한[razlozhit'] 다음 미국이 지시하는 정책을 고분고분 실행할 새로운 정부들로 대체함"으로써 소련 국경 지역의 국가들에서 모스크바의 영향력을 약화

17) 蔣介石(1887~1975). 군인이자 정치가로 중화민국의 최고 지도자였다. 황푸군관학교 교장, 국민혁명군 사령관, 중화민국 국민정부 총통(재임 1925~1975) 등을 역임했다.

하는 운동을 시작했다. 미국 내부에서는 미국 관리들이 미국민들을 설득해 이 전례 없는 군사적 증강을 지지하게 하는 반소련 히스테리 분위기를 조성했다. 노비코프는 다음과 같이 마무리했다. "미래 전쟁에 대한 미국의 준비가 대對소련 전쟁이라는 발상으로 이루어지고 있다는 사실을 충분히 깨달아야 한다. 미 제국주의자들의 눈에 소련은 세계 지배로 가는 미국의 길을 막는 주요 걸림돌이다."[27]

터질 것 같은 또 다른 전쟁

다음 대결은 동지중해에서 발생할 터였다. 보스포루스해협과 다르다넬스해협을 통제하는 것은 차르 시대까지 거슬러 올라가는 러시아 지도자들의 목표였다. 러시아는 흑해와 지중해를 연결하는 전략적 해협들을 관할하게 되면 지중해 전체에 영향력을 발휘할 발판을 마련하게 될 것이었다. 1945년 3월, 소련은 튀르키예와 소련의 국경을 다시 긋고 두 해협에 기지를 설치할 권리와 합동 통제권을 모스크바에 부여할 새로운 협정을 맺을 희망으로 앙카라와의 중립 조약 체결을 거부했다. 스탈린은 이란처럼 튀르키예를 소련 안보 경계선의 일부로 보았다. 제2차 세계대전에서 소련이 결정적으로 승리하자, 모스크바는 튀르키예를 자기 세력권으로 삼기를 기대했다. 게다가 1943년에 처칠과 루스벨트는 해협들에 대한 통제를 규정하는 조약을 어떤 식으로든 개정하는 데 원칙적으로 동의한 바 있었다. 국가보안위원회Komitet Gosudarstvennoy Bezopasnosti, KGB의 한 요원은 스탈린이 해협들을 장악하려는 시도를 준비하면서 "워싱턴이 세계의 이 지역을 방어하는 데

정확히 얼마나 애를 쓸 것인지" 탐색하기를 희망했다고 회고했다.[28]

1945년 말, 미국 지도자들은 스탈린이 튀르키예에서 이라크, 이란, 파키스탄에 이르는 소련 국경 지대의 국가들인 북부 국가군Northern Tier에 대한 통제를 확보하려 노력하고 있다는 결론에 점차 도달하고 있었다. 케넌은 튀르키예를 소련의 서쪽 방어 사슬에서 약한 고리로 인식했다. 12월에 튀르키예 주재 미국 대사인 에드윈 칼턴 윌슨[18)]은 향후 몇 달 안에 중동에서 큰 위기가 발생할 것으로 예측했다. 특히 윌슨은 모스크바가 해협 문제를 앙카라에 대한 통제를 확대하는 수단으로 이용하려 하고 있다고 경고했다. 트루먼 역시 모종의 행동을 취해야 한다는 결론에 도달하고 있었다. 트루먼은 1946년 1월 초에 다음과 같이 썼다. "내 생각에 러시아가 튀르키예를 침공해서 지중해로 통하는 흑해 해협들을 장악할 의도가 있다고 믿어 의심치 않는다. 만일 러시아에 철권과 강한 경고로 맞서지 않는다면, 또 다른 전쟁이 터질 것이다."[29] 튀르키예와 해협들의 중요성을 되돌아보면서 윌슨은 이렇게 설명했다. "튀르키예 독립[의] 유지는 미국[의] 이익에 필수적이 되었다. 만일 튀르키예가 소련 통제 아래 들어간다면, 소련이 페르시아만[으로] 진출하는 것을 막는 마지막 장벽이 제거[될 것이다]."[30]

스탈린이 앙카라에 점점 더 압박을 가함에 따라 트루먼과 국무부 및 전쟁부는 이 시각을 공유하게 되었다. 1946년 8월 15일, 백악관

18) Edwin Carleton Wilson(1893~1972). 미국의 외교관. 1941~1943년 파나마 주재 미국 대사, 1945~1948년 튀르키예 주재 미국 대사를 역임했다.

은 다음과 같은 내용의 전쟁부와 국무부의 공동 보고서를 승인했다. "우리의 의견에 소련의 기본 목표는 튀르키예 통제권을 확보하는 것이다." 모스크바가 이렇게 하는 데 성공한다면, "소련이 그리스와 중근동 전역에 대한 통제권을 확보하는 것을 막는 일은 불가능하지 않겠지만 극히 어려울 것이다. 소련이 어떤 지역에서 지배권을 획득하면, 미국의, 아니 사실은 모든 서방의 영향력과 관계가 그 지역에서 점차 소멸한다는 것이 우리의 경험이다." 미국 지도자들은 해협 문제에 대한 소련의 승리를 중동 전역에 대한 통제권을 쥐려는 폭넓은 조직적 행동의 첫 단계로 해석할 터였다. 보고서는 다음과 같이 결론 내렸다. 궁극적으로 "러시아를 저지할 수 있는 유일한 방법은 미국이 필요하다면 무력으로 침공에 대처할 태세가 되어 있다는 확신을 주는 것일 테다."[31]

후속 보고에서 합동참모본부는 해협에 대한 모스크바의 요구는 이 지역에서 교두보를 소련에 제공할 것이며, 이 교두보는 "며칠 혹은 몇 시간" 내에 증강되어 튀르키예를 소련 위성국이 되는 길 위에 올려놓을 수 있을 것이라고 결론지었다. 합동참모본부는 "전략적으로 튀르키예는 동지중해와 중동에서 가장 중요한 군사적 요인"이라고 설명했다. 크렘린이 튀르키예에 자기 힘을 투사하는 데 성공하면, 큰 군사적 위기가 발생할 경우 이 지역에서 서방의 지위는 유지될 수 없을 것이었다. 이런 이유로 합동참모본부는 미국 기술자 및 군사자문관들과 함께 앙카라에 군사적·경제적 지원을 할 것을 권고했다.[32] 국무부의 근동 업무국은 소련 국경 지대에서 크렘린의 영향력 아래 들어가지 않은 소수의 국가 중 하나로서 튀르키예는 전복의 주요 표적

이라고 설명하며 이에 동의했다. 모스크바는 앙카라의 정권을 약화하여 소련 영향력 아래에 두고자 했다. "지중해로부터 가해질 수 있는 외부 공격을 저지하는 방어물이자 소련이 지중해와 중근동 지역으로 정치적·군사적으로 팽창하기 위한 발판으로서 튀르키예"를 활용하는 것이 목적이었다. 튀르키예는 "소련의 정치적·군사적 영향력이 지중해와 중동으로 매우 효과적으로 흘러 들어갈 수 있는 병의 주둥이를 틀어막는 마개"였다. 관리들은 "러시아가 지배하는 튀르키예는 시리아, 레바논, 이라크, 팔레스타인, 트란스요르단, 이집트, 아라비아반도, 그리스, 이란으로 진출하려는 소련에 수문을 열어줄" 것이라고 경고했다. 튀르키예에서 소련의 승리가 가져올 정치적 결과는 이보다 훨씬 더 광범할 것이다. 현재 모스크바의 속셈을 두려워하는 전 세계의 많은 정부는 명부에서 다음 순번이 될까 봐 공산주의 초강대국과 타협하려 들 터였다. "튀르키예는 완전히 홀로 방치되면 소련에 직면해 버틸 수가 없다"라고 관리들은 설명했다. 오히려 워싱턴은 소련 영향력의 추가 확대를 막기 위해 앙카라에 외교적·경제적·군사적 원조를 아끼지 말아야 했다.[33]

그와 같은 대응 계획은 이미 준비된 상태였다. 1946년 여름 합동참모본부는 암호명이 핀처PINCHER인 미래의 대소련 전쟁 계획을 입안했다. 중동이 이 계획의 중심에 있었다. 이 계획은 소련군이 유럽으로 밀고 들어오면 서방 열강이 전열을 가다듬고 중동에 설치된 영국 공군기지로부터 전략 폭격을 개시할 것이라고 상정했다. 이 항공 작전이 소련군의 공세를 멈추는 데 불충분한 것으로 드러나면, 서방 열강은 튀르키예와 동지중해를 통과해 북쪽으로 소련으로 진입하는 지상군 공격을 준비할 것이었다. 그럼으로써 나폴레옹에게도, 히틀러에게도 치명적인 것으로 밝혀진 동유럽을 통과하는 구불구불한 길을 피할 터였다. 따라서 워싱턴의 관리들은 전쟁이 발발할 경우 소련을 공격하는 가장 실행 가능한 경로는 튀르키예의 기지를 출발해 중동을 통과하는 길이 될 것이라고 결론 내렸다. 모스크바도 워싱턴도 이 지역, 특히 튀르키예가 소련 제국의 부드러운 아랫배라는 것을 깨달았다.[34] 서방의 첩보망을 통해 핀처 계획을 알게 된 크렘린은 워싱턴의 전쟁 공포를 누그러뜨리려 하면서 뒤로 물러섰다. 한 KGB 관리는 KGB가 초강대국 간의 전쟁을 막는 데 일조했을 거라고 암시했다. 몰로토프는 훗날 이렇게 설명했다. "우리가 때맞춰 후퇴한 것은 잘한 일이었어요. 그렇게 하지 않았더라면 [상황은] 우리를 연합 공격하는 쪽으로 흘렀을 겁니다."[35]

모스크바는 궁극적으로 소련의 안전을 보장할 완충 국가들로 둘러싸여 있기를 바랐다. 스탈린은 블라디미르 레닌이 경고한 "적대적인 자본주의 포위"를 깨뜨리기 위해 소련 주변부를 따라 "신경전"을 개시했다. 목표는 서방 열강과 대결을 시작하는 것이 아니라 소련 국경을 따라 안보 완충지대를 수립하는 것이었다. 소련 지도자들은 그것이 제2차 세계대전에서 결정적인 역할을 한 결과로 얻은 권리라고 생각했다. 몰로토프는 훗날 "우리는 그냥 공세를 취하고 있었어요"라고 주장했다. "[워싱턴과 런던은] 물론 우리한테 화를 냈지만, 우리는 우리가 정복했던 것을 확고히 해야 했습니다." 이 과정에서 스탈린은 국제 외교의 한계를 시험하고 있었으나, 그렇게 하면서 소련이 전쟁 동안 쌓아 올린 정치적 자산을 낭비했다. 스탈린은 자본주의 열강 사이의 분열을 과대평가했던 것처럼 보인다. 이란과 튀르키예에서 스탈린의 움직임은 영국과 미국 사이의 의견 충돌을 이용하기는커녕, 오히려 워싱턴에서 전쟁 공포를 촉발하고 동지중해와 중동 지역을 방어하는 데 전념하도록 트루먼 행정부를 설득하면서, 위협이라고 여겨지는 소련의 행동에 반대해 영국과 미국 지도자들을 단합시키는 데 도움을 주었다.[36]

추종자, 피후원자, 부하, 꼭두각시

하지만 중동처럼 불안정한 지역을 영국·미국의 전략적 계획의 중심에 두는 것은 그 자체로 위험을 수반했다. 영국 총리 클레멘트 리처드 애틀리[19)]는 1947년 1월 이 전쟁 계획에 "매우 신중한 고려"가 필요하다고 설명했다. 중동을 소련에 맞서 구축된 보루로 만들면 서방 열강은 "허약하고 후진적이고 반동적인 국가들"에 의지할 것이었다. 더 나아가 문제를 더욱 악화시키면서, "우리는 가난한 사람들을 위한 개혁과 혁명에 반대하여 기득권과 반동을 끊임없이 지지하는 것처럼 보이게 될" 거라고 애틀리는 말했다. 이와 같은 정책은 희생이 클

19) Clement Richard Attlee(1883~1967). 영국의 정치가. 1924년에 제1차 노동당 내각의 육군차관, 제2차 노동당 내각의 체신장관 등을 지냈고, 1935년에 당수가 되었다. 제2차 세계대전 후인 1945년 선거에서 대승하고 노동당 내각을 성립시켜 총리가 되었다. 애틀리 노동당 정부는 국민에게 내핍을 호소하고 영국은행, 철도, 석탄, 가스, 전신전화 등 기간산업의 국유화를 추진했다. 1951년의 선거에서 패배하고 1955년에 은퇴했다.

뿐 아니라 잠재적으로 위험할 수도 있을 터였다.[37] 만일 중동과 지중해가 소련 제국에 맞선 서방의 방어에서 핵심을 형성한다면, 런던은 이 짐을 지는 데 워싱턴의 도움이 필요했을 것이다. 1947년 2월 24일, 미국 주재 영국 대사 인버채플 경[20]은 로이 헨더슨과 국무차관 딘 구더햄 애치슨[21]에게 영국 정부가 더는 동지중해에서 책무를 감당할 수 없다고 통보했다. 경제적·재정적 위기를 겪고 있던 영국은 소련의 침입에 직면해 그리스와 튀르키예의 독립을 보장하는 데 필요한 수준의 경제 원조를 더는 제공할 수 없었다. 애치슨은 이 발표가 미국에 "전쟁 이래 우리가 직면했던 가장 주요한 결정"을 제시했다고 주장했다.[38] 영국 정부는 버마, 팔레스타인, 인도에서 철수를 계획하고 있다고 발표하는 등 실제로 많은 제국 속령을 청산하는 중이었다. 국무차관 윌리엄 록하트 클레이턴[22]은 다음과 같이 언급했다. "세계 리더십의 고삐가 유능하지만 지금은 매우 허약한 영국의 수중에서 빠르게 빠져나가고 있습니다. 이 고삐는 미국이나 러시아가 쥐게 될 것입니다. 만일 러시아가 쥐게 된다면, 향후 약 10년 내에 전쟁이 터질 것이고 상황이 우리에게 불리하게 돌아갈 것은 거의 확실합니다. 미

---

20) Archibald Clark Kerr, 1st Baron Inverchapel(1882~1951). 영국의 외교관. 1942~1946년에 소련 주재 영국 대사, 1946~1948년에 미국 주재 영국 대사를 역임했다.

21) Dean Gooderham Acheson(1893~1971). 미국의 정치가. 1945년에 국무차관을 거쳐 1949~1953년에 국무장관을 지냈다.

22) William Lockhart Clayton(1880~1966). 미국 재계 지도자이자 정부 관리. 1944~1947년에 국무차관을 지내는 등 루스벨트와 트루먼 행정부에서 다양한 경제 관련 고위직을 맡았다.

국이 쥐게 되면 거의 확실히 전쟁을 피할 수 있을 겁니다."[39]

1947년 2월 24일, 헨더슨은 '그리스와 튀르키예 지원 문제를 연구하는 특별위원회'를 소집하여 이 정보에 대한 미국의 대응책을 논의했다. 위원회는 두 국가의 전략적 중요성 때문에 미국이 새로운 책무를 지는 쪽으로 도와줘야 한다고 결론을 내렸다. 더구나 참가자들은 이것은 워싱턴이 런던의 책무를 떠맡도록 요청받게 될 "많은 사례 중 하나에 불과할" 것임을 알았다. 위원회는 "이 문제의 재정 부분은 지구적 차원에서 접근해야 한다"라고 주장하면서, "미국 국민들을 감동시키기 위해 (…) 이것을 세계적 프로그램의 일환으로 의회에 제출할 것을 강력히 촉구했다."[40] 이틀 뒤인 2월 26일에 국무장관 조지 캐틀렛 마셜[23]은 전쟁장관과 해군장관을 만나 정세를 논의했다. 모두 동지중해가 소련의 지배 아래 들어가도록 내버려 둘 수 없는, 전략적으로 필수적인 지역이라는 데 동의했다. 게다가 장관들은 "그리스와 튀르키예 문제가 오늘날 많은 민주주의 국가에서 우리가 직면한 결정적으로 중요한 세계정세의 일부에 지나지 않으며, 이 문제 전체에 주의를 기울여야 한다"는 데 의견을 같이했다.[41] 케넌은 만일 그리스와 튀르키예에서 공산주의 세력이 승리한다면, "우리가 적대적 세력

---

23) George Catlett Marshall(1880~1959). 미국의 군인, 정치가. 제1차 세계대전 때 미국 파견군 제1·제8군 참모장으로 참전하고, 1938년 참모본부 작전부장을 거치면서 1939년에 미국 육군 참모총장이 되었다. 제2차 세계대전 때 미·영 합동참모본부의 최고 수뇌가 되어 북프랑스 상륙작전을 지휘했다. 1947년에 국무장관이 되자 마셜 플랜을 세워 유럽 부흥에 크게 기여했다. 1953년에 노벨 평화상을 받았다.

에게 넘겨준 세계의 이 지역이 지닌 군사·경제적 잠재력은 우리에게 남겨질 지역의 잠재력보다 몇 배 더 클 것"이라고 예측했다.[42]

마셜은 이튿날 트루먼 대통령에게 이 문제를 보고하면서, 그리스와 튀르키예에서 "미국의 안보와 당장 직접 관련 있는" 긴급 위기가 발생했다고 경고했다. 영국의 지원이 없어지면서 두 나라는 이제 소련의 침해와 종국적인 지배에 맞서 버틸 수가 없는 것 같았다. 마셜은 이렇게 설명했다. "이 위기를 피하기 위해 행동할 수 있는 나라는 미국 말고는 없는 것 같습니다."[43] 트루먼은 이 주장이 설득력이 있음을 알았고, 즉시 의회 지도자들과 회동을 추진했다. 그러나 의원들은 미국의 책무를 해외로 확장하는 데 별로 간절함을 느끼지 못했다. 대통령이 상황의 엄중함을 의회 지도자들에게 설명하려 애쓰자, 애치슨은 미리 준비해 둔 최악의 시나리오를 다음과 같이 분명하게 묘사했다.

> 나는 지난 18개월 동안 튀르키예 해협, 이란, 북부 그리스에서 있었던 소련의 압박 때문에 발칸 지역에 소련이 획기적으로 진전할 가능성이 매우 높아지면서 세 대륙에 소련이 침투할 수 있을 정도까지 이르게 되었다고 말했습니다. 썩은 사과 한 알에 오염된 바구니의 사과들처럼 그리스의 변질은 이란과 동쪽 전체를 오염시킬 것입니다. 그것은 소아시아와 이집트를 거쳐 아프리카로, 그리고 이탈리아와 프랑스를 거쳐 유럽으로 오염을 나를 것입니다. (…) 소련은 최소한의 비용으로 역사상 가장 거대한 도박 중 하나를 하

고 있습니다. 소련은 모든 기회에서 이길 필요가 없었습니다. 한두 번만으로도 엄청난 이득을 얻었습니다. 우리, 오직 우리만이 이 노름을 깨뜨릴 수 있는 위치에 있었습니다.[44]

애치슨의 간략한 설명을 들은 의회 지도자들은 깜짝 놀랐다. 짧은 침묵이 흐른 뒤 상원 다수당 원내대표인 아서 헨드릭 반덴버그[24)]는 트루먼에게 이렇게 말했다. "대통령님, 만일 대통령님이 의회와 온 나라에 그렇게 말씀하신다면, 저는 대통령님을 지지할 것이고, 의원 대부분이 똑같이 할 것이라고 믿습니다."[45] 애치슨의 말이 일부러 우려를 자아내게 계획적으로 계산된 것이라 하더라도, 그럼에도 그것은 동지중해와 폭넓은 중동 지역에 소련의 침해가 추가적으로 진행될 위험을 두고 워싱턴의 많은 사람들 사이에 만연했던 어떤 강력한 감정을 반영했다.

1947년 3월 12일, 트루먼은 의회 합동 회기에서 연설했다. 대통령은 그리스와 튀르키예가 직면한 위험을 개괄적으로 설명한 다음 지구적 맥락으로 넘어갔다.

세계의 역사에서 바로 이 순간, 거의 모든 국가는 대안적 생활방식 사이에서 선택을 해야 합니다. (…) 한 가지 생활방식은 다수의 의지에 기반을 두고 자유로운 제도, 대의제

---

24) Arthur Hendrick Vandenberg(1884~1951). 미국의 공화당 정치인. 1928~1951년 미시간주 상원의원, 1947~1949년 상원 외교위원회 위원장을 역임했다.

정부, 자유선거, 개인적 자유의 보장, 언론 및 종교의 자유, 정치적 억압으로부터의 자유에 의해 구별됩니다. 두 번째 생활방식은 다수에게 강요된 소수의 의지에 기반을 두고 있습니다. 그것은 공포와 억압, 신문과 라디오의 통제, 선거 조작, 개인적 자유의 탄압에 기대고 있습니다. 나는 소수의 무장한 사람들이나 외부 압력의 예속 기도에 저항하고 있는 자유 인민들을 지지하는 것이 미국의 정책이어야 한다고 믿습니다.

영어로 150단어가 채 안 되는 이 단락에서 트루먼은 다음 반세기 동안 미국의 대전략이 근거할 기본 전제의 윤곽을 보여주었다. 미국은 공산주의에 맞서 전 지구적인 십자군 전쟁에 나설 준비를 했다.[46]

이 지구적 십자군을 지지하도록 미국 국민을 설득하려는 폭넓은 운동의 일환으로서 1947년 7월에 조지 케넌은 장문의 전보에서 제출한 구상을 더욱 상세히 밝힌 논문을 'X'라는 익명으로《포린 어페어스Foreign Affairs》에 발표했다. 케넌은 소련 지도자들이 깊은 불안감, 자본주의의 궁극적 붕괴에 대한 이념적 믿음, 국내의 절대주의를 정당화하기 위해 외국의 적들을 고안해야 할 필요에 쫓기고 있다고 주장했다. 그는 워싱턴이 모스크바를 파트너가 아니라 라이벌로 대해야 한다고 썼다. 소련 지도자들은 참을성이 있고 타산적이며, 그들의 정책은 "모든 라이벌의 영향력과 힘을 붕괴시키고 약화하는 쪽으로 지속적으로 압박을 가하는" 데 목표가 있었다. 크렘린은 목표를 달성하기 위해 극적인 충돌을 시작하지는 않겠지만, 단 한 번의 패배로 저지되지도 않을 것이었다. 케넌은 다음과 같이 주장했다. "이러한 상황에서 미국의 대소련 정책의 주요 요소는 러시아의 팽창적 경향에 대한 장기적이고 끈기 있지만 확고하고 빈틈없는 봉쇄여야 한다는 것이 분명하다." 케넌은 미국에 "러시아가 평화적이고 안정된 세계의 이익을 침해하는 조짐을 보일 때마다 변함없는 대항력으로 대처할" 것을 요청했다. 케넌의 시각은 워싱턴의 봉쇄 전략의 기반을 형성하게 될 터였다.[47]

모든 미국인이 이에 동의한 것은 아니었다. 월터 리프먼[25]은 그의 저술이 미국에서 가장 널리 읽힌 인물이었을 것이다. 1931년부터 그의 칼럼인 '오늘과 내일'은 미국 전역의 많은 신문에 실렸다. 1947년에는 케넌의《포린 어페어스》논문에 대응하여 일련의 칼럼(궁극적으로 냉전에 그 이름을 부여하게 된다)을 썼다. 리프먼은 봉쇄를 우려했다. 이전 전쟁 때의 선전과는 완전히 다른 정책을 나타냈기 때문이었다. 리프먼은 미국민들에게 봉쇄가 장기간 미국 안보 이익의 엄청난 확대를 수반할 거라고 경고했다. 게다가 봉쇄로 말미암아 미국은 동맹자를 찾아 전 지구를 샅샅이 뒤지지 않으면 안 될 것이었다. 그리고 그들 중 많은 동맹자가 미국의 가치를 공유하지 않을 터였다. 리프먼은 "이 정책은 이질적인 일련의 추종자, 피보호자, 부하, 꼭두각시를

---

25) Walter Lippmann(1889~1974). 미국의 작가, 기자, 정치평론가. '고정관념'이라는 용어를 사용하여 냉전의 개념을 처음 소개한 것으로 유명하다. 퓰리처상을 두 번 받았다.

모집해 후원하면서 그들에게 자금을 지원해야 실행될 수 있다"라고 설명했다. "그러므로 봉쇄정책의 수단은 소련 주위의 지리멸렬하고 분열되고 허약하고 혼란에 빠진 국가, 부족, 정파의 연합이다." 이 연합을 유지하기 위해서 미국은 소련 변경 지대에 흩어져 있는 국가들의 내정에 자주 개입할 수밖에 없을 것이었다. 워싱턴이 성공하려면 이 지역이 안정되는 것이 필수적일 터였다. 그는 "러시아는 이미 혼란에 빠진 국가들을 더욱 혼란에 빠뜨리고 내전으로 찢겨 있는 인민들을 분열시키며 이미 극심해진 불만을 더욱 조장해 우리를 패배시킬 수 있다"라고 경고했다. 리프먼은 봉쇄에 대해 다음과 같이 통찰력 있게 비판했다.

> 사실 소련 주위의 유럽과 아시아의 이 국경 지대는 X씨의 "난공불락의 장벽"이 세워질 수 있는 곳이 아니다. 위성국과 꼭두각시 정부는 난공불락의 장벽을 건설할 수 있는 좋은 자재가 아니다. 이 정책이 요구하는 대로 수행된, 말하자면 간접적으로 수행된 외교 전쟁은 거의 알 수 없는 추종자, 꼭두각시, 피보호자, 즉 우리가 거의 알 수 없는 행위자들에 우리 자신의 안전과 세계 평화를 걸어야 한다는 것을 의미한다. 그들은 자주 그들 자신의 이유 때문에, 그들 자신의 판단으로 행동할 것이며, 우리에게 우리가 의도하지 않은 기정사실, 우리가 준비되어 있지 않은 위기를 제시할 것이다. "난공불락의 장벽"은 우리에게 해결할 수 없는 딜레마를 끝없이 제시할 것이다. 우리는 우리의 꼭두각시와

> 절연하든지, 아니면 그들을 지지해야 할 것이다. 절연은 유화와 패배, 체면 손상에 해당할 것이고, 지지하면 의도하지 않고 예상하지 못했으며 아마도 바람직하지도 않을 문제에 대해 엄청난 비용을 물어야 할 것이다.

요컨대 리프먼은 봉쇄를 "전략적 괴물"로 혹평했다. 봉쇄는 값비싸고 다루기 힘들며, 미국을 냉전 주변부에 널리 퍼져 있는 국가들의 내정에 끌어들일 것 같았다.[48]

워싱턴이 새로 등장하고 있는 봉쇄 전략을 설명하는 방식은 매우 저명한 미국의 국제관계학자 중 한 명인 니컬러스 존 스피크먼의 저술과 놀랍도록 닮았다. 예일대학교의 '국제학연구소' 소장이었던 스피크먼은 1943년 49세의 나이로 죽기 직전에 지정학에 관한 독창적 저술을 마무리했다. 사후 출간된 《평화의 지리The Geography of the Peace》에서 스피크먼은 '주변 지역rimland'이라고 부른 지대의 전략적 중요성을 역설했다. 그것은 대서양 연안으로부터 중동을 거쳐 아시아 몬순 지대에 이르는 광범한 지역을 가리키는 것이었다. 20세기 지정학의 또 다른 대가인 해퍼드 존 매킨더[26]의 저술에 기반을 둔 일반적인 이론들은 유라시아 심장지대heartland를 세계 정치의 중심축으로 바라보았다. 바로 이 유라시아 심장지대는 베어마흐트와 붉은 군대 사이에 제2차 세계대전의 가장 큰 전투들이 벌어진 현장이었다. 그러나 스피크

---

26) Halford John Mackinder(1861~1947). 영국의 지리학자이자 정치가. 지정학의 창시자 중 한 명으로 알려져 있으며, 1910~1922년에 영국 의회의 의원을 지냈다.

면은 매킨더의 테제에 동의하지 않았다. 스피크먼은 '주변 지역'이 심장지대로 들어가는 주요 접근로를 관할하고, "해상 세력과 대륙 세력 사이의 충돌을 완화하는 거대한 완충지대를 형성했다"라고 설명했다. 이 거대한 중간 지대는 1945년 이후의 세계에서 지구적 세력으로 발전할 수 있는 열쇠를 지녔다. 스피크먼은 "주변 지역을 통제하는 자가 유라시아를 지배하며, 유라시아를 지배하는 자가 세계의 운명을 통제한다"라고 설명했다.[49]

탈식민지화의 위험

그러나 스피크먼의 주변 지역, 케넌의 봉쇄 지대, 리프먼의 냉전 국경 지역에 있는 사회들은 단지 초강대국의 야심을 위한 무대만은 아니었다. 워싱턴과 모스크바 사이에 냉전이 형성되고 있던 바로 그 순간, 더욱 큰 지정학적 변화가 이미 진행 중이었다. 몇 세기 동안 지구적 정세를 지배하던 옛 유럽 제국들이 붕괴하자 수십 개의 새로운 포스트식민주의 국가가 등장했다. 초강대국 투쟁이 아니라 바로 이 지구적 탈식민지화 과정이 냉전 시대에 벌어졌던 최초의 대규모 유혈 사태를 낳을 터였다. 1947년 8월 14일 저녁에 영국의 마지막 인도 총독인 루이스 마운트배튼[27]과 부인이 밥 호프[28]의 영화 〈나의 사랑 브

---

27) Louis Francis Albert Victor Nicholas Mountbatten(1900~1979). 영국의 정치인, 해군 장교. 1946~1979년 영국 상원의원, 1947~1948년 인도 총독, 1959~1965년 국방 참모총장 등을 역임했다.

28) Bob Hope(1903~2003). 영국 출신의 미국 희극 배우. 기네스북에 "역사상

루넷My Favorite Brunette〉을 관람하고 있을 때 인도 전역에서 폭력 사태가 발생했다. 그전 6월에 마운트배튼은 1947년 8월 15일을 인도에서 영국 제국이 공식적으로 종결되는 날짜로 지정했다. 그날 자정에 권력은 영국령 인도 제국British Raj에서 두 개의 새로운 국가, 즉 인도 자치령Dominion of India과 파키스탄 자치령Dominion of Pakistan으로 이양될 터였다. 인도는 힌두교도가 다수인 국가가, 파키스탄은 무슬림이 다수인 국가가 될 것이었다. 이 분할[29] 선언은 수백만 명이 강제 이주를 피해 도주하면서 폭력의 물결을 일으켰다. 라호르[30]의 기차역으로 향하던 영국 관리들은 거리에 아무렇게나 내던져진 시신과 기차역 곳곳에 고인 피웅덩이에 대해 보고했다. 남쪽으로 향하는 길을 따라 불타는 마을로부터 화염이 너울거렸다. 피난민들은 "그들을 양들처럼 가려내 죽이던" 게릴라들의 거듭된 공격에 직면했다. 어느 미국 기자는 다음과 같이 썼다. "종교적 분노가 모든 문명의 경계를 넘어섰다. 남자와 여자, 아이들이 (…) 흔히 몽둥이와 돌에 맞아 죽거나 칼, 창, 도끼로 도륙당한 채 고통 속에 천천히 죽어갔다. 그 고통은 열기와 파리 떼 때문에 더욱 심해졌다." 야만적인 종파 폭력이 이 아대륙을 짓밟으면서 적어도 50만 명이 죽었다.[50]

이란·튀르키예·그리스의 위기가 미국의 봉쇄 전략이 실행되는 이

가장 존경받는 엔터테이너"로 기록될 정도로 전설적인 톱스타였다.

29) Partition of India. 1947년 대영제국의 식민지였던 인도가 힌두교의 인도와 이슬람교의 파키스탄(현재의 방글라데시 포함)으로 분할·독립한 사건을 가리킨다. 이 분할로 엄청난 수의 사람들이 자신의 종교와 일치하는 국가로 이주했다.

30) Lahore. 파키스탄 동북부에 있는 도시.

상적인 모습을 보여주었다면, 인도 분할의 폭력은 이 전략의 결함을 드러냈다. 사실, 인도 아대륙에서 전개된 폭력은 앞으로 다가올 충돌들의 맛보기였을 뿐이다. 제국들의 세계에서 국민국가들의 세계로 이행하는 과정은 피로 칠갑을 했다. 많은 경우, 인종적·종파적 충돌은 라이벌 파벌들이 지역 투쟁에서 초강대국의 후원을 구하면서 냉전 정치와 뒤엉키게 될 터였다. 워싱턴도, 모스크바도 이제 정면으로 마주하게 된 새로운 포스트식민주의 충돌을 다룰 준비가 되어 있지 않았다. 트루먼과 스탈린에게 다가올 포스트식민주의 세계의 투쟁에 이해관계가 걸려 있음을 설득하는 데는 두 개의 거대한 아시아 내전이 필요할 것이었다. 트루먼과 스탈린이 모르는 새, 냉전과 탈식민지화 투쟁의 쌍둥이 힘들은 1947년까지 서로를 향해 내달리고 있었다.

제2차 세계대전이 끝나고 2년 만에 승전국들은 동맹이 무너지면서 상호 의심의 안개 속으로 빠져들었다. 워싱턴의 사무실에서 미국 지도자들은 붉은 군대가 주변 지역을 따라 진을 쳤던 세계를 응시했다. 트루먼 행정부가 케넌의 봉쇄 시각에 기반을 둔 정책을 실행할 준비가 되었을 때, 처칠의 철의 장막 경고가 사무실에 울려 퍼졌다. 거의 8000킬로미터 떨어져 있던 소련 지도자들은 크렘린에서 서쪽을 바라보며 핵폭탄으로 무장한 자본주의 초강대국이 세계 전역에 수백 개의 군사기지를 서둘러 세우는 광경을 응시했다. 이전의 유럽 강대국들은 폐허로 변해버린 수도를 순조롭게 재건하고 있었으나, 세계 제국을 결코 되찾지 못할 것이었다. 소련 통제하의 국가들과 친서방 정권들 사이의 유럽 변경 지역은 중무장한 요새지대로 굳어지기 시작했고, 그 핵심에는 분단된 베를린시가 자리해 있었다. 한편 아시아, 아프리카, 중동 전역의 수십 개 사회에서는 야망 있는 지도자와 열렬한 혁명가들이 떠나가는 제국 당국으로부터 권력을 요구하기 위해 앞으로 돌진했다. 그들만이 아니었다. 언제나 경계를 게을리 하지 않는 두 초강대국은 자신들의 대리인을 개발 도상 세계에 보냈다. 이들은 이 새로운 국가들이 라이벌의 세력권으로 들어가는 것을 막으라는 명령을 받았다. 이렇게 하기 위해 그들은 리프먼이 경고한 수많은 추종자, 꼭두각시, 피후원자들을 모집하기 시작했다. 리프먼이 비판했던 워싱턴과 모스크바의 '난공불락의 장벽'은 이제 냉전 시대의 주요 싸움터가 될 예정이었다. 제2차 세계대전의 공포는 끝났지만, 봉쇄의 전쟁들이 막 시작되었다.

ASIA 1945–1990

The Cold War's Killing Fields

: Rethinking The Long Peace

제1부

동아시아 공세와
제3세계 공산주의의 대두

1945–1954

제2차 세계대전이 끝난 후 5년의 시간 동안 '대연합'[1]이 해체되고 초강대국 대결이 등장했다. 1940년대 말에 미국은 평화와 협력에 기반을 둔 새로운 세계 질서를 희망했지만, 불길한 예감이 그 자리를 대신했다. 이것이 극동 지역보다 더 사실로 드러난 곳은 없었다. 워싱턴과 모스크바의 지도자들은 동아시아가 뜻밖에 세계에서 가장 폭력적인 지역이 되는 것을 지켜보았다. 초강대국들이 처음에 유럽에서 싹트기 시작한 경쟁에 집중하는 동안 중국, 한국, 인도차이나에서 발발한 일련의 국지적 전쟁은 이 지역을 중심적인 냉전 싸움터로 변모시켰다. 이 충돌들은 개별 국가를 넘어섰고, 더 넓은 세계의 힘의 균형에 영향을 미치면서 초강대국들의 전략지정학적 계산을 근본적으로 변화시켰다.

제3세계는 초강대국 경쟁의 핵심 무대가 되었다. 한동안 아시아 전투는 더욱 폭넓은 세계의 운명을 결정지을 것처럼 보였다. 1950년 크리스마스이브에 《뉴욕 타임스New York Times》의 군사 부문 편집인이었

---

1) Grand Alliance. 제2차 세계대전 동안 나치 독일에 맞서 형성된 미국, 영국, 소련 사이의 연합을 가리킨다.

던 핸슨 웨이트먼 볼드윈[2]은 다음과 같이 썼다. "동양 전역에서 전쟁이 있거나 전쟁 소문이 있었다. 아시아에서 결전이 벌어졌고, 극한에 가까운 한국의 추위부터 인도-중국 삼각주의 끈적거리는 열대성 더위에 이르기까지, 수십 개의 상이한 인종 출신 수천 명이 행군을 하고, 총을 쏘고, 죽음을 맞이한다." 볼드윈은 "붉은 중국"의 그림자가 한국, 일본, 타이완, 베트남의 환태평양Pacific Rim 국가들 전체에 걸쳐 "아이를 많이 낳아 바글거리는" 동아시아의 "수백 만 사람들" 위로 길게 드리워 가고 있었다고 설명했다. 베이징은 "주변 지역 위로 어렴풋이 모습을 드러내고 있는 음울하고 불길한 거인이었다. 이것은 지금 동양의 운명을 좌우하는 불가사의하고 거의 원초적인 힘이다."[1]

볼드윈 같은 미국인들은 동아시아에서 서서히 진행되는 공산주의 공세처럼 보이는 현상을 지켜보면서 두려워해야 할 충분한 이유가 있었다. 공산주의 세력이 중국, 한국, 프랑스령 인도차이나에서 일련의 유혈 작전을 개시하자, 마르크스주의 혁명의 깃발 아래에서 냉전 시대 최초의 대량 폭력의 물결이 동아시아를 휩쓸었다. 그 결과 발발한 전쟁들이 서방 열강의 눈에는 동아시아와 소비에트 블록을 연결하는 데 목표가 있는 조율된 공산주의 공격으로 보였다. 1949년에 작성된 미국 국가안전보장회의의 보고서에 따르면, "만일 동남아시아도 공산주의에 휩쓸린다면, 우리는 주요한 정치적 패배를 겪을 것이고, 그 반향은 세계의 나머지 지역 전체, 특히 중동과 당시 결정적

---

2) Hanson Weightman Baldwin(1903~1991). 미국의 기자. 《뉴욕 타임스》 군사 부문 편집인으로 오랫동안 근무했고, 1943년 퓰리처상을 받았다.

동아시아 공세 약도, 1945~1954

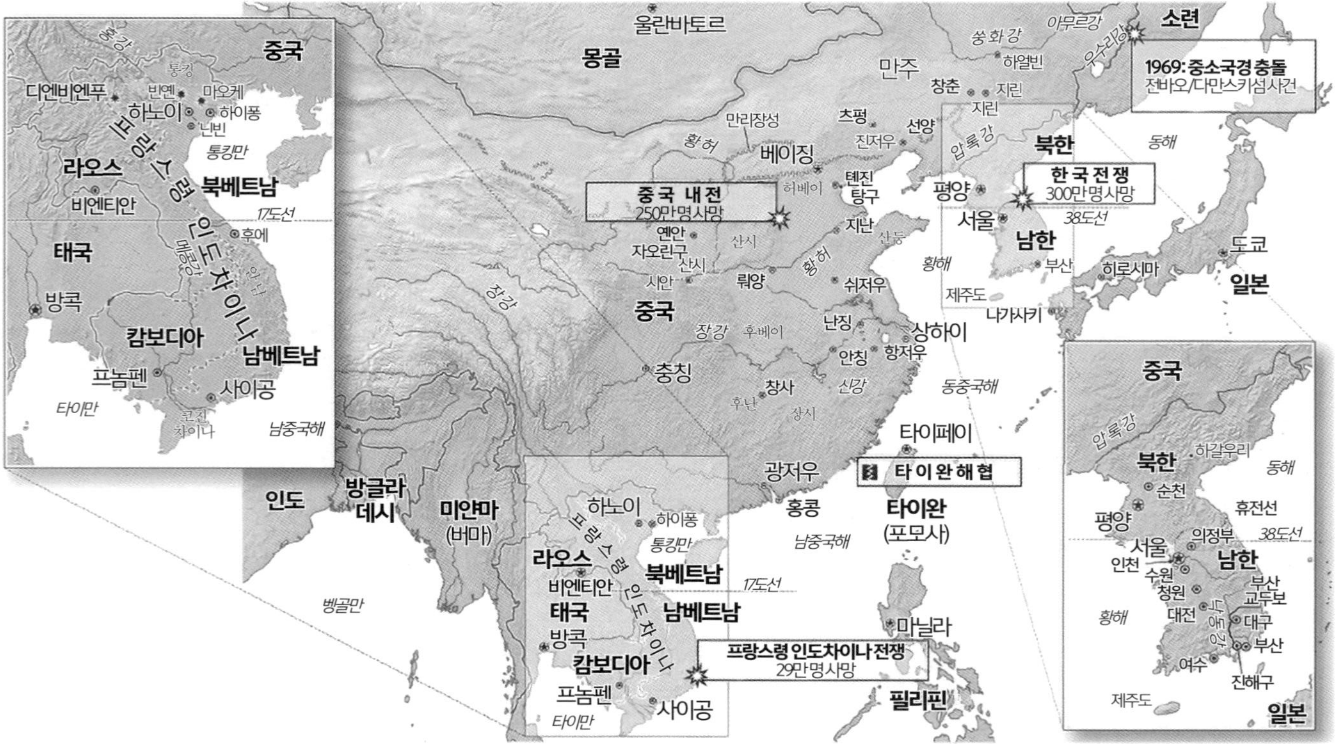

으로 노출된 오스트레일리아에서 느껴질 것이다. (…) 식민지-민족주의 충돌은 불온한 공산주의 운동을 위한 비옥한 밭을 제공하고, 동남아시아가 크렘린이 감독하는 조율된 공세의 표적이라는 사실은 지금 명확하다."[2]

조율된 동아시아 공세의 존재를 확인해 주는 것 같은 약간의 정보는 그와 같은 두려움을 더욱 부채질했다. 1951년 12월에 CIA는 지구적 전쟁 계획을 작성하기 위해 베이징 외곽 서쪽 언덕의 비윤선사碧雲禪寺에서 개최된 중소 군사회의에 대해 보고했다. 중국 공산당 대표 마오쩌둥, 중국 총리 저우언라이,[3] 소련 극동군 최고사령관 로디온 야코블레비치 말리놉스키[4] 원수, 북한 총리 김일성, 그리고 베트남·일본 공산당·버마·몽골 대표들이 회의에 참석했다. 모스크바는 베이징이 250만 병력의 군대를 모음에 따라, 중국의 군사 프로그램을 도와주는 노력을 계속할 것이었다. 중국은 베트남의 공산주의 세력을 군사적으로 계속 지원하고, 워싱턴과 서울에 맞선 전쟁에서 북한

---

3) 周恩來(1898~1976). 중국의 혁명가이자 정치가. 1927년 장제스가 일으킨 상하이 쿠데타에 대항해 민중 봉기를 조직하고 난창 봉기와 광저우 코뮌을 주동했다. 1934년 대장정에 참여하고 시안사건 때는 공산당 대표로 국공합작을 이루어냈다. 그 후 국민당과의 관계를 담당했고, 공산 정권이 수립된 1949년부터 1976년 초까지 중화인민공화국의 초대 총리를 지냈다. 1949~1958년에는 중화인민공화국의 외교부장을 지냈으며, 1954년 9월부터는 마오쩌둥으로부터 중국 공산당 주석직을 넘겨받아 1976년 1월 사망할 때까지 재임했다.

4) Rodion Yakovlevich Malinovsky(1898~1967). 소련의 군인. 제2차 세계대전에 참전해 스탈린그라드 전투와 부다페스트 전투에서 크게 활약했고, 1957~1967년에 소련의 국방장관을 지냈다.

도 지원할 터였다. 모스크바와 베이징 둘 다 소련의 극동 가장자리인 소련령 연해주에 망명 군대를 건설하기 위해 일본 공산주의 세력과 함께 노력할 것이었다. 지구적 전쟁이 발발하면 베이징은 동남아시아의 군사작전을 지휘할 것이고, 소련군은 동북 중국(만주), 한국, 일본을 포함하는 북태평양 전쟁 관구를 통솔할 터였다. 소련군 장군이 극동에서 모든 공산주의 세력을 책임지는 사령관 역할을 할 것이었다.[3]

중국 혁명(1945~1950)은 막 발생하고 있던 동아시아 전투를 위한 장을 마련했다. 마오쩌둥 세력이 개시한 군사적 공세는 공산주의 게릴라와 중국 정부 사이에 수십 년 동안 진행되어 온 내전을 다시 맹렬히 불타오르게 하면서, 냉전의 교착상태를 깨뜨리고 초강대국들의 주의를 동쪽 아시아로 끌어들였다. 게릴라들은 성공을 거두자 지구상에서 가장 인구가 많은 국가를 개조하고 개발 도상 세계의 대부분을 다시 뜯어 고치겠다고 위협했다. 1945년부터 1954년 사이에 중국 혁명의 충격파가 환태평양 국가 전체에 걸쳐서, 일본 제국의 파멸과 유럽 식민주의의 임박한 붕괴로 이미 흔들린 사회들을 다시 뒤흔들었다. 1954년까지 공산주의 세력은 개발 도상 세계에서 결정적인 승리를 거두기 직전에 이르렀다.

동아시아를 위한 전투는 초강대국 투쟁을 제3세계에 가져왔다. 이 지역 전역에서 격렬한 충돌이 벌어지자 미국 지도자들은 세계 지배를 위한 공산주의자들의 노력을 목도하고 있다고 확신했다. 1949년 10월부터 1950년 6월 사이의 몇 개월은 제3세계에서 냉전이 형성되는 데 핵심적인 기간이었다. 1949년 10월 중국이 공산주의 대국으로 등장하자 동아시아에서 힘의 균형이 뒤집혔고, 개발 도상 세계 전체에서 마르크스주의 혁명의 가능성이 커졌다. 워싱턴과 모스크바의 냉전 지도자들은 중국, 한국, 인도차이나에서 맹렬히 진행된 일련의 아시아 혁명들을 두고 하나의 응집된 전선으로 결합해 전략적 계산을 수행했다. 한편 동쪽에서 공산주의가 승리하자 주저하던 소련 지도자들은 아시아 혁명가들을 지지하기 시작했다. 마오쩌둥과 동지들은 냉전 투쟁의 방향을 중부 유럽에서 동아시아의 포스트식민주의 국경 지역과 그 너머로 돌렸다.

중국에서 공산주의가 승리하자 워싱턴과 모스크바는 동아시아의 새로운 힘의 균형에 적응하려고 서로 다퉜다. 미국 지도자들은 중국의 상실로 여겨지는 상황에 괴로워했던 반면, 소련 관리들은 동쪽에 나타난 새로운 혁명적 힘의 중심을 설명하기 위해 전략을 재정비했다. 1950년 6월 북한이 38도선을 넘어 남한을 공격했을 때, 모스크바와 베이징은 공산주의 세력권의 확대를 주저하며 후원하고 있었다. 그러나 워싱턴의 관리들 역시 자신들의 계획을 개편했고, 이제 신생 유엔의 명령으로 뒷받침되는 전면적인 군사적 개입으로 북한의 공격에 대처할 준비가 되었다. 한편 인도차이나의 정글에서는 프랑스 원정군이 공산주의 게릴라에 맞서 피비린내 나는 식민지 전쟁을 벌였다. 중국, 한국, 인도차이나에서 진행된 이 한 무리의 전쟁들은 전부 합쳐 500만~600만 명을 죽였고, 냉전 시대 대량 폭력의 첫 번째 단계를 나타냈다.[4] 이 충돌들이 한꺼번에 충격을 가하자 동아시아에서는 전략적 힘의 균형이 확실히 공산주의 세력에 유리한 쪽으로 기울었고, 세계정세에서 주요 행위자로서 공산주의 중국이 고개를 들기 시작했다.

2

냉전이 중국에 도래하다

1945~1946

"옌안에서는 사람들이 가진 것이 아무것도 없고
이 벽지에서 몹시 가난하게 지내지만,
분위기 전체가 신뢰와 열정으로 그냥 가득 차 있었다.
그들은 자신들이 이기고 있다고 무조건 확신했다."

존 스튜어트 서비스

2

1946년에 옌안을 방문한 사람이라면 그곳이 현대사의 경로를 바꿀 준비가 되어 있는 운동의 근거지가 될 것 같지는 않다고 생각했을 것이다. 중국 중북부 산시성의 나무 없는 언덕들로 감싸인 이 도시의 대부분은 황허 계곡의 강변에 뚫려 있는 작은 동굴들로 이루어졌다. 폭우가 내리면 옌안의 흙길은 무릎까지 빠지는 진창으로 변했다. 이 오래된 도시를 둘러싼 15미터 두께의 성벽이 고대 옌안의 거의 유일한 흔적이었다. 나머지는 일본과 전쟁을 치르는 동안 파괴되었다. 많은 주민이 벌집 같은 낭떠러지 동굴에 살았다. 이 동굴에는 학교와 군사령부, 병원도 있었다. 도시의 주민들은 소박하지만 평등하게 생활했다. 당 지도자, 군사령관, 교사들은 "1호 식사"를 했는데, 그것은 어느 서방 기자에 따르면, 나머지 주민들에게 제공되는 2호보다 "조금 더 나았다." 두 식사 모두 "육류, 쌀, 감자, 배추, 그리고 지역에서 재배한 다른 채소류, 달걀, 두부"로 구성되었다. 우유는 병원과 탁아소를 위해 남겨두었다. 이와 같은 검소한 생활은 중국의 이 오지에 숨겨진 진정한 권력을 감췄다. 옌안은 중국 공산당Chinese Communist Party, CCP의 근거지였다.[1]

이 소박한 기반으로부터 중국 공산당은 세계를 뒤흔들 혁명을 시작했다. 평범한 모습 뒤에 명민한 정치 지도자이자 군사이론가의 면모를 숨긴 마오쩌둥이 이끄는 중국 공산당은 제3세계 전역에 걸쳐 군사력을 혁명가들에게 유리하게 만들기로 약속하는, 극도로 힘든 새 게릴라전 전략을 개척했다. 1949년 마오쩌둥은 국민 정부를 상대로 최종 승리했고, 이는 세계에서 가장 인구가 많은 나라를 공산주의 통치하에 들어가게 하는, 20세기의 가장 중차대한 승리의 하나로 평가할 수 있을 것이었다. 중국 내전이 냉전에서 차지하는 역사적 의의를 과장하기는 힘들다. 중국 공산당이 승리하면서 세계 인구 5분의 1이 막 시작하던 초강대국 투쟁에서 사실상 진영을 바꿨다. 게다가 마오쩌둥의 혁명전쟁 모델은 냉전의 세계에서 수십 개의 다른 민족해방운동의 원형이 되었다. 마오쩌둥의 게릴라들은 인민의 바다에서 헤엄치는 물고기일 터였다. 덜 알려졌지만 아마도 못지않게 중요한 사실은 도시를 포위하여 대규모 공격을 가한다는 중국 공산당의 방식이었다. 내전의 마지막 단계에 공산주의 세력은 게릴라전을 재래식 작전으로 성공적으로 이행시켜서 그들의 농촌 전술을 중국의 대도시로 끌어들일 수 있었다. 중국 공산당은 국민당이 장악한 인구 밀집 지역을 상대로 포위 전술을 전개함으로써 서서히 우위를 점했다.[2] 이러한 충돌 방식에서 민간인들은 전장의 일부를 구성했다. 마오쩌둥의 성공은 초강대국에게 딜레마를 가져다주었다. 워싱턴도 모스크바도 전개되고 있던 동서 경쟁에서 중국 본토가 게임에 참여할 거라고 기대하지 않았다. 이 문제라면 미국과 소련 지도자들은 발생하고 있던 냉전을 동아시아로 확장하려고 하지도 않았다. 오히려 두 초강대국은 유럽과 근동의 각 세력권 경계에서 발생한 긴장에 여전히 집중했다. 그러나 제3세계의 지역 지도자들은 냉전 투쟁의 동력을 변화시켰고, 20세기 역사의 경로를 바꿨다. 그리고 이는 마지막으로 그런 것도 아니었다.

게릴라와 총사령관

1934년에 공산주의자들은 절멸 직전이었다. 중국의 중앙정부는 국민정부 주석 장제스 장군이 앞장서고, 중국 동남부의 장시성에 자리 잡은 중화 소비에트 공화국을 분쇄하는 데 목표가 있는 작전을 개시했다. 공산주의자들은 장제스의 잔혹한 공격에 지하로 숨어들었고, 도시와 단절되면서 오직 시골 농민들의 미약한 지지에 의존할 수밖에 없었다. 장제스의 군대는 이제 중국 공산당의 남은 무리를 포위해서 말살하는 쪽으로 움직이고 있었다. 한 기자는 다음과 같이 썼다. "장제스가 통제하는 지역에서는 경찰이 공산주의 지도자들을 학살하고 유명한 공산주의 지도자들의 가족이 몰살당했다. 학생들을 감시·염탐했으며 공산주의 문헌을 소지하는 것은 사형에 처할 수 있는 범죄가 되었다." 1934년 10월 중국 공산당 잔당은 공산주의 전승傳承에서 일컫는 '대장정大長征'을 시작하면서 장제스의 봉쇄로부터 필사적인 탈출을 감행했다. 약 8만 6000명의 남녀가 남부 중국의 매우 험난한 지역을 통과하여 옌안에서 끝나는 약 1만 킬로미터에 이르는 길을 걷기 시작했다. 정부군에 쫓기고 폭풍우를 만나고 온갖 질병에 시달리고 도중에 버려지는 등 1년 뒤 천신만고 끝에 장정을 끝냈을 때는 10명 중 단 한 명꼴로 남았다. 역사상 가장 큰 전략적 후퇴 중

하나가 된 이 사건은 중국 공산당을 구하고 새로운 지도자를 당 우두머리로 밀어 올렸다.[3]

둥그스름한 얼굴이 머리가 벗어지는 선까지 가득 채운 땅딸막한 덩치의 마오쩌둥은 농민들의 소박한 태도를 장려했다. 1893년 후난성에서 농사를 짓던 부농의 아들로 태어난 젊은 마오쩌둥은 청 왕조를 무너뜨린 중국 민족주의의 대두와 1911년 혁명[1]을 지켜보았다. 청년 시절에 급진화한 마오쩌둥은 1920년대 초에 중국 공산당이 창건될 때 지부 설립을 도왔다. 다음 5년 동안 공산주의자들은 쑨원[2]이 지도하던 집권 국민당과 함께 활동했다. 하지만 쑨원의 후계자인 장제스는 동맹을 깨뜨리고 1927년 상하이에서 중국 공산당 진영을 맹렬하게 공격했는데, 이른바 중국 내전의 시작이었다. 마오쩌둥은 장시 소비에트의 동지들에 합류하여 정부군에 맞서 게릴라 작전을 구사할 것을 가장 소리 높여 옹호했다. 하지만 당 지도자들은 마오쩌둥을 제압하고 대신 정면 대결 전략을 채택했다. 이 정책이 실패로 돌아가고, 1934년 중국 공산당 잔당들이 도피할 수밖에 없게 되자 마오쩌둥은 지휘권을 차지할 준비가 되었다. 대장정이 끝날 즈음 마오

1) 1911년에 청나라를 멸망시키고 중화민국을 성립시킨 신해혁명을 가리킨다. 중국 역사에서 처음으로 공화국을 수립한 혁명이라서 공화혁명(共和革命)이라고도 한다.

2) 孫文(1866~1925). 중국의 정치인, 혁명가. 1911년 난징에서 신해혁명을 일으키고, 1912년 중화민국 임시 대총통 직에 올랐으나, 같은 해 일본으로 망명했다. 1917년 광저우에서 군정부를 수립하여 대원수에 취임하고, 1919년 중국 국민당을 결성했다. 1924년 국민당 대회에서 제1차 국공합작을 실현한 뒤 '북상선언'을 발표하고 '국민혁명'을 제창했으나, 이듬해 베이징에서 병사했다.

마오쩌둥이 추종자들에게 연설하고 있다. (1944년 12월)

쩌둥의 리더십에 도전하는 세력은 더 이상 찾아볼 수 없었다. 마오쩌둥은 자기 자신을 지칠 줄 모르는 인민의 대변인으로 묘사하면서, 중국의 유교 과거와 자신이 희망하는 공산주의 미래를 잇는 교량 역할을 하고자 했다.

옌안의 새 본부에서 마오쩌둥은 중국 공산당의 남은 무리를 명확한 정치 이념과 지도 체제를 가진 응집력 있는 운동 세력으로 변모시켰다. 마오쩌둥은 당 교리를 체계적으로 정비하고 개인적 통제를 확고히 했다. 1936년에 한 일련의 강연에서 마오쩌둥은 소련 사례의 수정을 요구하는 자신의 혁명전쟁 전략을 개괄적으로 보여주었다. 그는 이렇게 설명했다. "중국의 혁명전쟁은 중국의 특수한 환경에서 수행되고 있고, 그러므로 자신만의 특수한 상황과 성격을 지니고 있습니다. (…) 우리는 소련의 경험을 소중하게 생각해야 하지만 (…) 중국 혁명과 중국 홍군에만 특수한 요인이 많이 있기 때문에 중국의 혁명전쟁 경험을 훨씬 더 소중히 생각해야 합니다." 더 나아가 중국 공산당은 모스크바의 꼭두각시가 되지 않을 터였다. 중국과 러시아는 이해관계가 일치할 때만 함께 일할 것이었다. 마오쩌둥은 중국 공산당을 중국 혁명의 욕구에 맞추기 위해 공산주의 교리를 조정할 자율적 운동 세력으로 만들면서, 정통 스탈린주의와 결별하는 중이었다.[4] 그러나 마오쩌둥은 중국의 통제권을 두고 경쟁하는 유일한 도전자가 아닐 터였다.

1946년 말 겨울의 한기가 중국을 뒤덮었을 때 두 번째 지도자가 국가를 위한 계획을 입안했다. 60세의 장제스는 자기 자신을 인류 역사상 가장 큰 충돌에서 승리한 사람으로 여길 수 있었다. 8년 동안 일본과 잔혹한 전쟁을 치르면서 중국의 상당 부분이 결딴났다. 일본은 1931년 만주 침공 이래 중국 곳곳을 점령했고, 제2차 중일전쟁(1937~1945)은 1500만~2000만 명의 죽음을 초래했다. 국가가 가진 산업의 절반 이상이 폐허로 변했고, 선박 3분의 2와 거의 모든 철도가 파괴되었다. 그러나 총사령관Generalissimo(서방 미디어에서는 장제스를 총사령관이라고 불렀다)은 좀 더 밝은 미래를 기대할 이유가 충분했다. 마오쩌둥의 프롤레타리아 이미지와는 대조적으로, 장제스는 우아한 귀족적 분위기를 풍겼다. 서훈 군인이었던 장제스는 정성을 다해 콧수염을 깔끔히 손질했고, 사진을 찍으려고 훈장이 주렁주렁 달린 빳빳한 정장용 군복 차림으로 포즈를 취했다. 결정적으로 장제스는 미국의 유력 정치 지도자와 재계 지도자들 사이에서 강력한 지지를 받았다. 전시의 수도였던 충칭에서 국민당 정부를 이끌면서 장제스는 신뢰할 수 있는 서방의 동맹 그 자체로 보였다.[5]

그러나 모두가 총사령관에게 그렇게 매료된 것은 아니었다. 장제스의 미국 군사자문관이었던 조지프 워런 스틸웰[3]은 그가 무지한 독재자에 지나지 않는다고 여겼다. 장제스는 "일을 할 의사가 조금도 없는" 것 같거나, "그렇지 않으면 일류 강국과 싸울 준비가 되어 있다는 것이 무엇을 의미하는지 전혀 모른다." 장제스의 전기 작가가 설명하듯이, 이 미국 장군은 총사령관이 "유용성도 없고, 통치 기술도 없고, 통솔력도 없으며, 자기 권력의 확대와 무관하다면 중국의 현대화

---

3) Joseph Warren Stilwell(1883~1946). 미국의 장군. 제2차 세계대전 당시 중일전쟁과 태평양 전역에서 중화민국 군대를 도와 일본군과 싸웠다.

와 복지에 관심이 전혀 없고, 애국심·용맹·충성·의무감·명예심 같은 특기할 만한 인간적 자질이 없으며, 어떤 유효한 지적 관심이나 문화적 관심도 없다"고 보았다. 장제스는 자기 성격에 대해 많은 것을 이야기한, 별명이 '비니거 조'[4]인 스틸웰이 못마땅했다. 그것은 개인적인 차원에서 좋은 동맹 관계가 아니었다.[6]

그럼에도 대부분의 관찰자들은 장제스가 전후 세계에서 중국을 이끌 것이라고 생각했다. 공산주의자들에 대해서 말하자면, 그들은 역사가 존 루이스 개디스의 말을 빌리면, "대장정에 참여했고 동굴에 살았으며 마르크스·레닌주의에 대한 그들 자신의 특이한 이해를 두고 서로 강의를 하는, 무명의 그룹에 지나지 않는" 것 같았다.[7] 그러나 대일본 전쟁이 중국 내전의 경기장을 극적으로 바꿔놓았다. 중국 공산당도 국민당도 일본의 점령에 맞서 싸웠으나, 공산주의자들은 상황을 최대한 이용할 수 있었다. 남서부 연안 지역에서 후퇴하여 충칭에 새 본부를 설립한다는 장제스의 결정은 이 정권이 연합국이 일본을 패배시킬 때를 기다리고 있다는 인상을 주었다. 공산주의 지도자들은 국민당의 평판을 훼손하려는 노력에 이 서사를 집어넣는 한편, 그와 동시에 그들의 대일본 게릴라 작전이 지닌 영향력을 과장했다. 더 나아가 일본의 점령은 중국을 해방시키지 못하는 장제스의 무

---

4) Vinegar Joe. 스틸웰은 조지아주 포트베닝에서 지휘관으로 있으면서 기동훈련 때 부하들을 혹독하게 비판하곤 했는데, 이에 한 부하가 식초병에서 그가 나오는 모습의 캐리커처를 그렸고 그때부터 스틸웰에게는 '비니거 조'라는 별명이 붙었다. 스틸웰은 이 캐리커처를 게시판에 붙이고 사진을 찍어 친구들에게 나눠주는 등 그런 평가를 오히려 자랑스럽게 여겼다.

능력을 돋보이게 하면서 마오쩌둥의 세력에 더 큰 힘을 모을 여지를 만들어주었다. 일본이 점령한 동안 장제스의 강점이 서서히 사라짐에 따라 마오쩌둥은 국민당을 대체할 유력한 도전자가 될 기회를 잡았다.[8]

국민당이 일본군의 정복에 직면해 후퇴하자, 공산주의 기간요원들이 중국 동북부의 도시들에 침투했다. 공산주의자들은 일본군이 통제하는 지역에서 정치조직을 결성하고 더욱 광범한 저항운동을 벌일 계획을 짰다. 중국 공산당이 정권에 가하는 위협이 더욱 거세지고 있다고 확신한 장제스는 강화되어 가는 공산주의 권력을 막으려는 시도의 일환으로 옌안 주위에 정예군을 주둔시켰다. 스틸웰이 이 사실에 화를 내자, 장제스는 "내게 큰 문제는 일본이 아니라 조국의 통일입니다"라고 설명했다. 미국은 궁극적으로 일본을 패배시키겠지만 만일 마오쩌둥과 중국 공산당이 통제권을 장악하게 되면, "우리의 승리는 허사가 될 위험이 있고, 이 점은 당신네 미국인들도 마찬가지입니다. (…) 마오쩌둥 뒤에는 공산주의 종교와 그 결과로 러시아가 있습니다." 실제로 1945년 9월 일본이 항복했을 때 대략 90만 병력으로 성장한 마오쩌둥 군대는 100만 제곱킬로미터(중국 총면적의 10퍼센트)와 그곳에 사는 약 1억 명의 주민을 통제했다.[9]

히로시마와 나가사키에 핵폭탄이 투하되면서 일본이 항복한 뒤, 장제스의 정권은 실수를 만회하고 잃어버린 영토에 대한 통제권을 재천명하며 점령 당국에 협력한 관리들을 숙청할 기회를 얻었다. 충칭은 이 모든 과업을 완수하는 데 실패했다. 전쟁이 끝날 무렵 국민당 정권은 중국 인구의 약 15퍼센트만 통제했다. 국민당 군대는 이듬해 말까지 이 비율을 80퍼센트로 늘렸으나, 중앙집권적인 정치적 권위의 재수립은 부패의 만연을 수반했다. 국민당 관리들은 중국의 도시들로 서둘러 되돌아가 새로 해방된 주민들을 희생시키며 자기들의 주머니를 채우기에 여념이 없었다. 전쟁이 끝나고 몇 달 사이에 착취라고 여겨지는 이 부패에 대한 일반인들의 분노가 점점 커져갔다. 문제를 더욱 악화시킨 것은 국민당이 부역자들의 신원을 파악하고 처벌하는 데 실패했다는 사실이었다. 오히려 장제스와 국민당은 공산주의자들이 가하는 위협이 더 걱정이었다. 부역자들과 심지어 일본군도 중국 공산당에 반대해 동맹을 맺을 수 있는 세력으로 생각될 정도였다. 1945년 8월 23일 국민당 정권은, 항복했으나 아직 소개되지 않은 일본군에게 무장해제를 할 때까지 진지를 유지하라고 명령했다. 그들은 어떤 일이 있어도 공산군에게 항복하지 말아야 했다. 장제스 정부는 일본군에게 중국 공산당이 빼앗은 진지를 탈환하라는 명령을 내리기까지 했다. 전쟁 동안 국민당이 보여준 행태가 당의 신뢰를 훼손했다면, 일본군 항복 이후 국민당이 취한 행동은 당에 훨씬 더 심한 타격을 가했다.[10]

미국 국무장관 제임스 프랜시스 번스[5]가 1945년 12월에 언급했듯

5) James Francis Byrnes(1882~1972). 미국의 정치가. 1911~1925년에 하원의원, 1931~1941년에 상원의원, 1941~1942년에 대법원 연방대법관, 1945~1947년에 국무장관을 역임했다. 그 뒤 1951년에는 사우스캐롤라이나주 주지사로 당선되어 1955년까지 재임했다. 프랭클린 루스벨트 대통령의 신임을 받았으며, 1940년대 중반 미국 국내외 정책에서 가장 강력한 인물 중 한 명이었다.

이, 국민당이 영토를 재점령할 군대가 부족했기 때문에 약 30만 명의 일본군 병사들이 여전히 무장한 채 자리를 지키고 있었다. 번스는 다음과 같이 주장했다. 일본군이 당장 철수하는 것은 "[국]민당 부대가 도착하기 전에 [공산주의] 혁명 세력이 (…) 들어와 이 지역을 점령하고, 그럼으로써 장제스와 만주의 연락을 끊어버리고 대규모 내전을 위한 장을 마련하는 것을 의미할 뿐일 것이다." 그러나 일본군의 존재는 모스크바에 소련군을 계속 주둔시킬 수 있는 논거를 제공했다. 소련 외무장관 뱌체슬라프 몰로토프는 "항복한 지 4개월이 지났는데도 완전무장을 한 일본군이" 중국에 "여전히 남아 있다는 사실이 매우 비정상적이라는 것을 알게 되었다."[11]

마오쩌둥과 중국 공산당 지도부는 기회가 왔다고 생각했다. 도쿄가 항복하자 공산군은 요충지를 장악하기 위한 총공세의 일환으로서, 패배한 일본 점령군으로부터 확보할 수 있는 영토는 무엇이든 탈환하기 위해 앞으로 밀고 나갔다. 다음 몇 주 동안 공산군과 일본군 사이에 100여 차례 충돌이 벌어졌다고 보고되었다. 한편, 공산주의 언론은 부역자를 제거하고 점령군으로부터 중국 영토를 수복하는 데 실패했다고 국민당을 맹비난했다. 8월 말에 일본 꼭두각시 정부[6)]의 수도인 난징에 도착한 기자들은 "해방을 가리키는" 것은 아무

---

6) 1940~1945년 중화민국 난징시에 존재했던 정부로, 일본 제국의 꼭두각시로 여겨지는 왕징웨이(汪精衛) 정권을 가리킨다. 왕징웨이의 다른 이름인 왕자오밍(汪兆銘)을 따 왕자오밍 정권이라고도 하며, 1944년 왕징웨이가 사망하고 1945년 일본이 패망하면서 곧 장제스의 국민정부에 흡수되었다.

것도 없다고 언급했다. "[일본 장군] 오카무라 야스지[7]는 외무부 청사에서 여전히 왕 노릇을 하고 있다. (…) 일본군 보초들이 곳곳에 배치되어, 평화를 유지하고 일본 국민을 보호하라는 명령을 수행하고 있다." 마오쩌둥과 열정에 가득 찬 중국 공산당이 전후 중국에서 중심적인 역할을 하기 위해 옌안에서 치고 나가는 동안, 장제스와 국민당은 주민들 사이의 적들을 찾아 괴멸했다. 내전이 재개될 수 있는 장이 마련되었다.[12]

냉전이 동쪽으로 나아가다

그러나 중국의 운명을 결정하는 것은 토착 세력만은 아닐 터였다. 일본이 항복하고 몇 달 동안 공산주의자들과 국민당 사이에 점점 고조되는 긴장은 초강대국의 영향력을 이 지역에 끌어들였다. 워싱턴과 모스크바의 지도자들은 장제스 정권을 전후의 국제 안보를 위한 그들의 계획에 필수 불가결한 것으로 간주했다. 그들은 아시아에서 제일 큰 국가인 중국이 미국, 소련, 영국과 함께 세계 4대 경찰국가의 하나로서 역할하기를 기대했다. 제2차 세계대전의 주요 동맹국인 이 4개국은 전후 세계의 각 세력권 안에서 평화와 안정을 유지하기 위해 힘쓸 터였다. 이러한 합의의 일반적인 개요는 1945년 2월의 얄타회담에서 등장했다. 미국은 만일 스탈린이 대일본 전쟁에 참여하

7) 岡村寧次(1884~1966). 일본 제국의 군인. 지나 파견군 총사령관, 중지나 방면군 사령관, 제11군 사령관, 북지나 파견군 사령관 등을 역임했다.

고 중국에서 장제스의 지위를 인정한다면, 아시아에서 소련의 권리와 특권을 인정할 것이었다. 스탈린은 동료 공산주의자들을 지지할 것인지, 아니면 아시아에서 러시아의 이익을 확보할 것인지 선택지가 주어진 상황에서 후자를 택했다. 중국 공산당은 소련군이 이제 다가올 국민당과의 전투에서 중국 공산주의자들과 협력할 것이라고 상정하며 모스크바의 참전 소식을 환영했다. 그러나 소련 지도자는 중국의 마르크스주의 혁명가들을 도와주기 위해 자기 이익을 양보하는 짓은 하지 않으려 했다. 스탈린은 "만일 내전이 발발한다면 중국 국민은 자기 파멸에 직면할 것이다"라고 중국 공산당에 경고했다. 1945년 8월 14일, 모스크바와 국민당의 동맹 조약이 체결되면서 이념적 동지들에 대한 스탈린의 배신이 공식화되었다.[13]

스탈린의 결정은 중국 공산당을 뒤흔들었지만, 마오쩌둥은 그리 놀라지 않았다. 크렘린이 중국 공산당에 실망을 안긴 것이 처음은 아니었다. 사실 스탈린의 변덕 때문에 마오쩌둥은 중국 공산당을 자기 이익을 우선시하는 자율적 독립체로 발전시킬 필요가 있다는 것을 확신하게 되었다. 그는 또 강대국 정치의 냉혹한 성격도 인식했다. 그는 동지들에게 이렇게 말했다. "중소 조약뿐 아니라 국제 평화를 유지할 필요 때문에 운신의 폭이 좁은 소련은 우리를 지지하기 위해 자유롭게 행동할 위치에 있지 않습니다." 그런 움직임은 중국에서 모스크바와 워싱턴 사이의 대리전을 촉발할 수도 있을 것이다. 오히려 마오쩌둥은 공산주의자들이 이러한 새로운 상황에 적응해야 한다고 주장했다. 국민당은 중국의 대도시를 장악할 것이고, 마오쩌둥은 장제스와 협상을 개시할 터였다. 중국 공산당 중앙위원회가 언급했듯이, "소련도, 미국도 중국에서 내전이 벌어지는 것을 바라지 않는다. (…) 그러므로 당은 큰 양보를 해야 한다." 이를 염두에 두면서 마오쩌둥과 그의 자문관 저우언라이는 차이를 일시적으로 감추면서 중국을 공동으로 통치할 수 있는지, 그 가능성을 두고 장제스 및 국민당과 회담하기 위해 1945년 8월 말에 충칭을 방문하는 데 마지못해 동의했다.[14]

겉으로 보기에는 장제스가 승리했다. 일본 제국은 패배했고, 일본군은 중국에서 쫓겨나는 중이었다. 미국도, 소련도 중국에서 국민당의 권위를 인정했다. 그리고 중국은 전후 시대에는 4대 강대국이 될 것이었다. 국민당 군대는 서류상으로는 공산주의자들의 군대보다 훨씬 막강했지만, 장제스는 광범위한 내부 도전에 직면했다. 중국은 수십 년 동안 지속된 전쟁으로 황폐해졌고, 경제는 여러 문제로 고통받고 있었다. 장제스는 개혁이 매우 필요한 정치·경제 시스템을 관장했으나 개혁의 엔진인 국민당 정권은 부패와 정실주의가 만연했으며, 국가를 전후의 번영과 안정의 궤도에 다시 올려놓는 데 필수적인 정치적·경제적 프로그램을 실행할 능력이 없는 것 같았다.[15]

미국 관리들은 장제스 정권이 안고 있는 이러한 문제들을 잘 파악하고 있었다. 그전 여름에 워싱턴은 워싱턴과 중국 공산당의 군사적 협력 가능성을 조사하기 위해 국무부 관리 존 스튜어트 서비스[8]

8) John Stewart Service(1909~1999). 미국의 외교관. 제2차 세계대전 당시 중국에서 근무했다. 미국 국무부 내의 '중국통'이었으며, 1944년 옌안으로 파견된 미군 감시단인 '딕시 사절단'의 중요한 일원으로 잘 알려졌다.

와 미 육군 대령 데이비드 딘 배럿[9]이 이끄는 대표단['딕시 사절단Dixie Mission']을 옌안에 파견했다. 서비스는 1944년 7월 옌안에 도착했을 때 대표단이 "옌안의 태도 차이"에 곧바로 큰 인상을 받았음을 기억했다. "충칭[의 장제스 정부]은 단지 전쟁이 종결되기를 기다리고 있을 뿐이었다. 이곳 옌안에서는 사람들이 가진 것이 아무것도 없고 이 벽지에서 몹시 가난하게 지내지만, 분위기 전체가 신뢰와 열정으로 그냥 가득 차 있었다. 그들은 자신들이 이기고 있다고 무조건 확신했다." 이 낙관주의 감정에 더해 옌안에서는 업무가 효율적으로 돌아가고 있었다. 이와는 대조적으로 국민당은 환멸에 빠져 있었고, 비효율적이며 무능한 것 같았다. 서비스는 다음과 같이 설명했다. "충칭은 맥 빠지게 하고 아주 음울한 곳이었다. 사람들은 전쟁이 끝나기를 기다리고 있거나 아니면 전쟁을 치르더라도 가능한 한 일을 벌이지 않으려고 했다. 인플레이션이 극심했고, 이는 고통과 불만, 불평을 야기했다."[16]

중국에서 정치 활동이 가장 활기찬 중심지는 충칭이 아니라 옌안인 것 같았다. 미국이 관계되는 한 아마도 훨씬 더 중요한 것은 국민당과는 달리 공산주의자들은 일본의 점령에 맞서 신뢰할 만한 무장 저항 세력을 배치하고 있다는 사실이었을 것이다. 충칭이 워싱턴이 도쿄를 패배시키기를 기다리는 듯이 보였던 반면, 옌안은 일본군의

---

9) David Dean Barrett(1892~1977). 미국의 군인, 외교관. 미 육군에서 35여 년 복무하는 동안 거의 중국에서 활동했다. 중국 공산당과 미국 정부가 처음으로 공식 접촉하는 데 결정적인 역할을 했으며, 1944년 옌안으로 파견된 '딕시 사절단'을 지휘했다.

미국 대사 패트릭 헐리와 I. V. 이튼 대령이 옌안에서 중국 공산당 지도자 마오쩌둥과 저우언라이를 만나고 있다. (1945년 8월)

작전을 방해하고 점령군으로 하여금 추가 보안 조치를 취하게 하는 일련의 성공적인 게릴라 기동을 개시했다. 서비스는 일본군에 대항하는 조율된 노력의 일환으로 미국이 공산주의자들도 군사적으로 지원할 것을 권고했다. 더구나 일본군이 마오쩌둥과 중국 공산당을 패배시킬 수 없었음을 감안하면, 장제스와 국민당이 전쟁이 끝난 뒤 공산주의자들과 더 성공적으로 싸울 거라고 추정할 이유가 서비스에게는 없었다. 그는 다음과 같이 결론 내렸다. "공산주의자들이 중국의 미래에서 지배적인 역할은 아니지만 큰 역할을 하리라는 것은 틀림없다. 달리 말해 (…) 장제스가 곧 중국은 아니며, 우리의 대화 상대를 장제스로 한정해서는 안 된다."[17]

그러나 워싱턴의 일반적인 여론은 국민당을 선호했다. 1945년 10월 초에 5만 명의 미군 해병대 병력이 일본군이 점령한 영토를 인수하는 국민당을 도와주기 위해 중국 북부 해안에 상륙했다. 미군 부대는 베이징과 톈진을 사실상 통제했다. 미군은 또 국민당 부대가 만주의 주요 도시들로 진입할 때 군수 지원도 제공했다. 그러나 중앙의 권위를 다시 수립하는 일은 쉽지 않을 터였다. 베이징에서 미국 관찰자들은 해병대가 도시의 통제권을 장악했지만, 주위의 농촌은 여전히 "공산주의자들로 가득"하다고 보고했다. 게다가 이제 국민당과 노골적으로 함께 일하는 미국에 대한 중국 공산당의 분노가 쌓여가고 있었다.

한편 스탈린은 전후 중국에서 모스크바의 위상을 확보하려 애쓰고 있었다. 스탈린은 소련-국민당 동맹이 중국에서 모스크바의 영향력을 확보하는 데 최선의 방안이 아닐까 여전히 생각하고 있었지만, 그 역시 포획한 일본군 무기를 공산주의 부대에 넘겨주라고 소련군에 명령하고 소련 군사자문관들을 중국 공산당에 파견하기 시작했다. 옌안의 미군 감시단 사령관은 소련군이 "탄약과 무기를 비롯하여 포획한 전쟁 물자 상당량"을 중국 공산당으로 이관 중이며, "소련 점령군의 철수가 중국 공산군에 유리한 일정에 따라 [진행되고 있고,] 중국 공산군이 전술적 고려를 시의적절하고 정확하게 할 수 있도록 도와주고 있다"라고 경고했다. 두 초강대국은 처음에는 다른 지역의 이익에 초점을 맞추고 중국의 고조되는 갈등으로부터 떨어져 있기를 원했으나, 그렇게 할 수가 없었다. 마오쩌둥의 전기 작가가 언급했듯이, "유럽에서 시작한 냉전이 급속하게 동쪽으로 확산하고 있었다."[18]

백악관에서 사태의 추이를 지켜보던 해리 트루먼은 중국에서 점점 커져가던 위험에 여전히 신중한 태도를 취했다. 1945년 12월 15일, 대통령은 공식 석상에서 중국의 국민정부를 지원하기 위해 미국의 힘을 사용할 의향이 있다고 설명했지만, 이 국가에서 계속 진행 중인 다툼을 정치적으로 해결할 것을 촉구했다. 무엇보다도 트루먼은 "중국에서 진행되고 있는 내부 다툼에 영향을 주기 위해" 군사적으로 개입할 의도가 없다는 점을 역설했다.[19] 그러나 국민당과 중국공산당 사이의 정치적 협상은 교착상태에 빠졌다. 양측은 자신들의 처지가 유리하다고 믿었고, 어느 쪽도 특히 영토 통제 문제와 군부 내에서 공산주의 세력의 대표 문제에 관해서는 타협할 생각이 별로 없었다. 심지어 마오쩌둥과 장제스가 충칭에서 협상하던 순간에도, 그들은 내전 준비를 계속했다. 1945년 10월 11일, 마오쩌둥은 장제스와 소득 없는 대화를 계속하도록 부관인 저우언라이를 남겨두고 옌안으로 돌아왔다.[20]

1945년 12월, 협상을 구조하려는 노력의 일환으로 트루먼은 제2차 세계대전 동안 합동참모의장이었던 조지 마셜 장군을 충칭에 보냈다. 마셜은 벅찬 과업에 직면했다. 공산주의자들과 중앙정부는 내전에 돌입하기 직전처럼 보였을 뿐 아니라, 마셜은 확실히 국민당과 보조를 같이했던 외부 권력의 특사이기도 했다. 미국 해병대는 중국의 몇몇 대도시를 점령했고, 중국에서 전략적으로 중요한 지역들의 안전을 유지하기 위해 국민당 군대 및 심지어 일부 일본 부대와도 함께 일하고 있었다.[21]

마셜은 중국 주재 미국 대사 패트릭 제이 헐리[10]가 돌연 그만두면서 초래된 분열과 갈등도 봉합해야 한다는 힘든 과제를 추가로 떠안고 있었다. 헐리는 대사직을 직전에 사임했고, 이는 미국에서 큰 소란을 일으킨 바 있었다. 헐리는 자신의 사직과 중국에서의 협상 실패를 두고 국무부 내의 공산주의 동조자들을 탓했다. 문제를 더욱 심각하게 만든 것은 마셜 자신이 장제스를 움직일 수단이 거의 없음을 알아챈 것이었다. 워싱턴은 이미 국민당에 전념 중이었다. 미국은 국민당에 대한 지원을 끊어버리면 중국에서 영향력을 유지할 도리가 없었다. 마셜은 장제스에게 개혁을 시행하라고 간청할 수는 있었으나, 이 외교관에게는 협력을 강제할 채찍이 없었다.[22]

워싱턴도 모스크바도 그들 각자의 이해관계라는 프리즘을 통해 극동의 정세를 바라보게 되었다. 어느 쪽도 전쟁을 원하지 않았지만, 각자 이 지역에서 지정학적 이익을 얻으려고 애를 썼다. 미국 전쟁부, 해군부, 국무부의 3부합동위원회는 1946년 6월에 공산주의가 승리하면 이 지역이 소련 경제권으로 편입되어 소련은 중부 유럽에서 북아시아까지 뻗어 있는 "세계 역사상 가장 큰 응집력"을 갖게 될 거라고 결론을 내릴 터였다. 마셜은 마오쩌둥과 장제스 사이에서 소련의 영향력을 만주에서 몰아내고 중국 공산당을 진정시키는 효과가 있는 영속적인 합의를 중재하고자 했다. 마셜은 한 손으로는 장제스에

10) Patrick Jay Hurley(1883~1963). 미국의 정치인이자 외교관. 1929~1933년 미국 육군장관, 1942년 뉴질랜드 주재 미국 공사, 1945년 중국 주재 미국 대사를 역임했다.

게 정치 개혁을 시행하라고 압박하는 한편, 다른 손을 이용해 국민당 정권을 군사적으로 지원했다. 이 지원으로 국민당은 만주에 대한 통제권을 재천명할 수 있을 터였다. 총사령관은 마셜의 압박을 못 견뎌 했다. 제2차 세계대전의 4대 승전국 중 하나로서 장제스는 명령을 받기보다는 명령을 내리기를 기대했다. 이와는 대조적으로, 워싱턴은 중국에서 자신의 명령에 복종할 고분고분한 정권을 찾았다. 마셜의 개혁 프로그램에 대한 장제스의 저항은 원치 않는 분규를 일으켰다. 그러나 공산주의의 위협에 직면하여 장제스가 할 수 있는 일은 거의 없었다.[23]

만주

1946년의 몹시 추운 1월 말에 헨리 R. 리버먼[11)]이 츠펑赤峯에 도착했다. 31세의 세인트루이스 출신인 그는 북부 중국의 소련 점령 영토에 처음으로 출입을 허용받은 서방 언론인 중 한 명이었다. 리버먼은 1942년에 전시정보국[12)]에 들어가 중국에 배치되었다. 1945년에 일본이 항복한 뒤 리버먼은《뉴욕 타임스》에 일자리를 얻었는데, 그곳에서 직장 생활을 계속할 것이었다. 이제, 온갖 풍상을 겪은 츠펑의 진

11) Henry R. Lieberman(1916~1995). 미국의 언론인.《뉴욕 타임스》의 해외 통신원으로 중국 및 극동에서 12년을 보냈고, 그 후 같은 신문의 편집인을 지냈다.

12) Office of War Information, OWI. 1942~1945년 동안 운영된 미국 정부 기관. 라디오, 신문, 포스터, 사진, 영화 등의 미디어를 통해 대규모 정보전과 선전 활동을 펼쳤다.

흙 오두막집들 사이에서 소련군 병사를 맞닥뜨린 리버먼은 러시아인들이 상냥하다는 것을 알았다. 건장한 금발 병사들은 몹시 차가운 공기로부터 자신을 보호하기 위해 양피 코트를 입고, 테두리를 양모로 장식한 모자를 썼으며, 펠트 장화를 신었다. 그들은 기관단총을 휴대했으나, 사진을 찍으려 하면 "쉬 미소를 지었으며" 미국 담배를 뻐끔뻐끔 피웠다. 전쟁이 끝나고 몇 달 동안 모스크바와 워싱턴의 관계는 점점 더 날카로워졌지만, 리버먼은 겨울의 추위 속에서도 뚜렷한 온기를 발견했다.[24]

리버먼은 냉전의 첫 큰 전투로 기록될 싸움의 최전선인 아주 오래된 만주의 제국 변경 지역에 발을 들여놓았다. 북쪽으로는 시베리아와 소련이 자리해 있었고, 몽골이 서쪽으로 뻗어 있었다. 그리고 한국과 황해가 남쪽에 있었다. 덥고 습한 여름과 아북극 기후의 추운 겨울로 잘 알려진 이 지대는 동아시아에서 전략적 교차로였다. 만주는 면적이 총 130만 제곱킬로미터에 달했고, 4500만 명이 거주하며 중국 중공업의 70퍼센트가 있는 지역이었다. 만주의 공장들은 매년 수백만 톤의 강철과 선철을 제련했고, 기계·자동차·항공기를 대량으로 찍어냈다. 이 지역의 토양에는 대규모 광상이 묻혀 있었고, 관개가 잘된 강 유역은 밀·기장·쌀·콩을 풍부하게 생산했다. 만주의 내륙에는 물고기가 바글바글한 가항可航 하천들이 서로 엇갈리며 흘렀고, 해안 지대는 이 지역을 더욱 넓은 태평양과 연결하는 수심 깊은 항만과 주요 항구가 이곳저곳 흩어져 있었다. 이 고원지대는 수세기 동안 이 지역을 위한 천혜의 방어물이자 남쪽과 서쪽에서 침공하는 군대를 막는 강력한 장벽으로 기능했다. 20세기 초 수십 년 사이에 부설된 철도망이 이 지역의 대도시인 선양, 쓰핑, 창춘, 하얼빈을 연결하면서 만주를 산업 생산의 중심지로 만드는 데 도움을 주었다.[25]

만주는 시베리아와 중국, 러시아와 극동의 접합점에 자리해 있었다. 인구의 80퍼센트를 차지하는 만주 원주민은 다른 중국인보다 키가 큰 경향이 있었고, 얼굴이 길고 계란형이며 안색이 불그스름했다. 이 지역은 100만 명에 이르는 몽골인들의 고향이기도 했는데, 이들 중 많은 이가 여전히 유목 부족 생활을 했다. 일본인 75만 명도 만주에 살았고, 한국인 200만 명도 일본 점령하에서 쌀농사를 지으려고 들어왔다. 또 카자크족 2만 5000명이 하얼빈의 백계 러시아인 식민지에 살았다. 더운 여름철에 대부분의 만주 사람들은 선조들의 방법과 크게 다르지 않은 방법으로 기름진 땅을 경작했다. 몹시 추운 겨울에는 농민들은 다른 작업 방식을 찾아 나섰다. 대부분의 농촌 지역에서 위생 관리는 여전히 형편없었다. 성병이 만연했다. 만주 사람 10명 중 아홉 명이 문맹이었다. 일본의 제국 군대는 1931년에 이 지역을 장악했고, 만주국이라는 꼭두각시 국가를 수립했다. 14년 후 일본 제국이 붕괴하면서 만주는 전후 세계에서 중국의 명운을 결정할 전장이 될 것이었다.[26]

총사령관은 만주의 중요성을 이해했고, 무슨 일이 있어도 공산주의자들에게서 만주를 탈환하려고 했다. 스탈린이 중국 공산당을 도와주고 있다고 확신한 장제스는 세계가 커져가는 공산주의자들의 위협을 깨닫지 못하는 것처럼 보인다는 사실에 점점 좌절했다. 문제를 더욱 악화시킨 것은 장제스가 마셜 장군이 중국을 방어하기보다

만주로 진격하는 중국 공산당 군대. (1945년)

는 소련을 달래는 것을 더 좋아한다고 의심했다는 점이다. 두 초강대국 사이에서 빼도 박도 못하게 된 장제스는 국제 정세에서 기회가 나자마자 만주를 재정복할 준비를 했다. 실제로 소련군이 중국 공산당에 제한된 지원을 제공하는 가운데 동북 중국을 차지하기 위한 전투가 이미 진행 중이었고, 마셜의 협상에도 불구하고 산발적인 교전이 계속되었다. 끝으로, 1946년 2월에 장제스 정부는 공식적으로 소련에 만주에서 철군할 것을 요구했다. 소련 관리들은 거의 3주 동안 지연작전을 써서 그들이 막 빠져나갈 진지를 공산군이 장악할 시간을 벌어주었다. 소련군이 떠날 때쯤 공산주의 부대는 대도시 외곽에 자리를 잡고 이 지역의 대부분을 통제할 태세를 취했다. 장제스는 더는 기다릴 의사가 없었다. 3월에 장제스는 사령관들에게 만주로 진격해 공산주의자들을 밀어내라고 명령했다. 3월 13일 동북 중국을 차지하기 위한 투쟁의 첫 주요 전투에서 국민당 부대는 공산주

의 부대를 선양에서 몰아내면서 소련군이 철수한 다음 날 이 도시를 점령했다.[27]

마오쩌둥은 마셜의 협상으로 중국 공산당이 생존할 길이 열리고 장차 정권 내에서 당의 영향력이 증가하기를 바랐다. 그러나 국민당의 공격 때문에 공산주의 지도자는 행동에 나서지 않으면 안 되었다. 3월 말에 공산주의자들은 새로운 전략의 윤곽을 보여주었다. "우리 당의 정책은 전력을 다해 창춘과 하얼빈, 창춘 철도 전체를 통제하는 것이다. 우리는 어떤 대가를 치르더라도 장제스의 군대가 그곳으로 진격하지 못하게 막아야 한다." 마오쩌둥은 공산주의 동북군관구 사령관인 린뱌오[13)]에게 반격을 가하라고 명령했다. 서훈 야전사령관인 린뱌오는 중부 중국의 후베이성 상인의 아들로 태어났고, 1926년에 명문 황푸군관학교[14)]를 졸업했다. 그는 1930년대에 장제스의 포위 작전에 저항하는 과정에서 중요한 역할을 했고, 그 후 대장정의 주요 지도자로서 중국 공산당과 함께 옌안으로 갔다. 린뱌오의 뛰어난 군사 활동은 일본과 전쟁을 치르는 동안 계속되었는데, 특히

---

13) 林彪(1907~1971). 중화인민공화국의 군인, 정치가. 1968~1971년 중화인민공화국 부총리 겸 총리 권한대행, 1960~1971년 국방부 부장을 역임했다. 마오쩌둥과의 갈등으로 쿠데타를 시도했다가 실패한 후 소련으로 망명하던 도중 추락사했다.

14) 黃埔軍官學校. 1924년에 설립된 중국 최초의 현대식 군사학교. 북벌, 중일전쟁, 국민당-공산당 내전 동안 중국의 수많은 장군, 군사 지도자를 배출한 학교로 유명하다. 정식 명칭은 중국 국민당 육군군관학교다. 1927년 국공합작이 결렬되면서 문을 닫았다.

1937년 핑싱관 고개 전투[15]에서 유명한 승리를 거뒀다. 1945년 일본이 항복한 뒤 린뱌오는 만주로 이동하여 동북민주연군東北民主聯軍을 조직해 다가올 국민당과의 전쟁에 대비했다. 여전히 삼십 대 말의 젊은이였던 린뱌오는, 한 미국 기자에 따르면, "야위고 계란형 얼굴을 했으며 피부가 가무잡잡하고 잘생겼다." 유능하고 실무적인 린뱌오는 마오쩌둥 이너 서클[16]의 매우 충직한 일원으로서 몹시 오래 끄는 전술로 적들을 희생시키는 게릴라 작전의 강력한 옹호자였다.[28]

린뱌오는 창춘과 하얼빈을 공격해 4월에 두 도시를 모두 탈취했다. 약 80만 명의 주민이 거주하는 창춘은 5일간의 포위 공격으로 도시 대부분이 폐허가 된 뒤 4월 18일에 함락당했다. 4월 16일에 일본의 기관총과 박격포, 수류탄으로 무장한 약 2만 명의 인민해방군(중국 공산당의 군대)은 정부 수비대를 향해 구역을 일일이 뒤져가며 치열한 공격을 개시했다. 필사적인 시가전이 은행 건물·경찰서·방송국·시청에서 벌어졌고, 수천 명이 사망했다. 창춘의 함락을 목격한 미국 기자는 그것을 중국 공산당이 지금까지 전쟁에서 획득한 전리품 중에서 "가장 중요한 전리품"이라고 불렀다.[29] 리버먼은 공산주의

15) 平型關戰役. 1937년 9월 25일, 옌시산(阎锡山)의 제2전구 산하에 있던 린뱌오의 팔로군 제115사단이 이타가키 세이시로(板垣征四郎) 중장이 이끄는 일본군 제5사단 제21여단 소속 보급 부대를 기습한 전투다. 중국 공산당이 중일전쟁에서 거둔 승리 중 백단대전과 더불어 제일 잘 알려져 있다.

16) inner circle. 특정 그룹 내부의 핵심적 권력 집단이나 의사 결정 기관을 뜻하는 용어. 영향력이나 정보, 힘 등을 소유하는 집단으로 외부에 모습을 잘 드러내지는 않지만 의사 결정 과정에 절대적 영향력을 행사하는 이른바 권력의 실세라고 할 수 있다.

군대가 "오합지졸이 아니라 규율이 잡히고 훈련되고 조직적이고 잘 통솔되는 전투 기구다"라고 말했다. 지도위원들이 일반 사병들 사이에서 일정 수준의 이념적 헌신을 확보하는 동안, 젊은 여성들은 지역 주민의 지지를 얻으려고 애쓰는 선무 요원으로 활동했다. 인민해방군 병사는 쌀과 양배추로 연명했으며, 월급으로 미국 돈 2센트도 되지 않는 3만주滿洲달러를 받았다.[30]

그러나 처음에 거둔 이 승리는 상황을 호도하는 것이었다. 전투는 5월에도 계속되었고, 규모가 좀 더 크고 장비를 더 잘 갖춘 국민당 군대가 공산주의자 세력을 밀어내기 시작했다. 하지만 장제스의 군대가 만주로 더 깊숙이 진입하자, 총사령관에 대한 마셜의 인내심이 서서히 바닥을 드러냈다. 장제스는 계속되는 중재 노력에 집중하기보다는 전선을 방문해 중국 공산당의 주력을 파괴하고자 하는 국민당 군대의 공세를 감독하려 했다. 정부군의 만주 공격은 미국의 중재 노력을 더욱 훼손했고, 협상 과정 전체를 위태롭게 했다. 마셜이 6월 초에 휴전을 성립시킬 수 있었을 즈음, 국민당 정권은 우위에 있는 것처럼 보였다. 채 1년도 되지 않는 시간에 일본은 패배했고, 소련군은 중국 영토에서 철수했다. 장제스는 인정된 중국 지도자로 다시 나타났고, 국민당 군대는 만주로 진입하고 있었다. 장제스는 미국 동맹자들이 옌안과 모스크바의 공산주의자들과 화해를 추구하기 위해 국민당의 이익을 양보할 수도 있다고 여전히 우려했지만, 사태를 낙관할 이유가 충분히 있었다. 3월에 윈스턴 처칠이 미국과 소련의 관계가 악화하는 가운데 미주리주 풀턴에서 '철의 장막' 연설을 했다. 공산주의의 지구적 위협이 뚜렷해지면서, 장제스는 워싱턴이 국민당에 대한 지지를 확대할 것으로 기대했다. 이에 맞춰 총사령관은 소련이 중국 공산당에 무기를 수송하고 있다는 보고를 미국인들에게 전달함으로써 반공산주의의 불길을 부채질했다. 마셜은 협상의 계기를 다시 잡으려고 애를 썼지만, 그의 임무는 또 다른 타격을 받았다. 6월에 미국 의회는 국민당 정권에 무기대여[17] 지원을 계속하기로 표결했다. 미국은 양측 사이에서 중립적인 중재자이기는커녕 장제스의 가장 큰 후원자로 행동하고 있었다. '마셜 사절'[18]이 곤경에 처한 것이 모두에게 점차 분명해지고 있었다.[31]

1946년 5월, 장제스는 수도를 난징으로 다시 옮겨 이전의 일본 꼭두각시 국가가 있던 자리에서 국민당 정부를 복구했다. 거리마다 시끄러운 차량과 바삐 움직이는 행인으로 분주한 난징은 되살아난 도시처럼 보였다. 총사령관과 그의 정부가 채 3년도 되지 않아 이 도시에서 도주할 거라고 예견할 수 있었던 사람은 거의 없었을 것이다. 국민당과 공산당 모두 6월 휴전을 이용해 다음번에는 훨씬 더 격렬해질 전투를 준비했다. 국민당의 공세는 5월에 만주의 수도인 창춘을 탈취하는 데 성공했고, 휴전 때 공산주의자들이 장악한 하얼빈

---

17) Lend Lease Act. 무기대여법의 정확한 명칭은 '미합중국 방위 촉진을 위한 조례'로서 미국이 제2차 세계대전 동안 영국, 소련, 중국 등의 연합국에 막대한 양의 전쟁 물자를 제공할 수 있게 한 법이다. 1941년 3월에 발효되어 1945년 9월 2일에 만료되었다. 이 법으로 미국은 제1차 세계대전 이후로 지속된 고립주의 정책을 포기하고 국제 정세에 개입하는 쪽으로 돌아섰다.

18) Marshal Mission(1945~1947). 1945년 12월에 미국의 트루먼 대통령이 중국 공산당과 국민당 간의 협상으로 통일된 중국 정부를 구성하기 위해 조지 C. 마셜 장군을 중국에 사절로 파견했으나 결국 실패로 돌아간 외교 임무를 가리킨다.

을 위협하는 수준에 이르렀다. 양측이 협상 테이블에서 서로 주장을 펼치는 동안 마오쩌둥도 장제스도 상대방이 더 불리하다고 결론 내렸다. 만주에서 국민당의 공세가 성공을 거두자, 장제스는 중국 공산당에 맞서 군사적 승리가 가까워졌다고 확신하는 것 같았다. 거꾸로 공산주의 사령관들은 미국에 의해 증강되고 있는 부대 말고는 국민당 군이 형편없다고 결론지었다. 수적으로 우세한 국민당 군은 공산주의자들을 밀어내는 데 성공했으나, 부대들의 무질서한 지휘 체계와 낮은 사기는 더 큰 문제가 있음을 암시했다. 이렇게 정부의 공세가 이어지는 가운데, 중국 공산당은 진격하는 장제스 군대에 맞서 계속 게릴라 공격을 가했다.[32]

한편, 중국 공산당과 미국 사이의 긴장이 계속 고조되었다. 1946년 7월 29일, 안핑安平에서 공산군이 베이징으로 가던 40명의 미군 해병 호송대를 매복 습격했다. 게릴라들은 바위와 농장 수레로 도로를 막고 호송대를 세운 다음 사격을 가했다. 해병들은 한동안 공산군의 총격에 꼼짝 못 하다가 반격을 가할 수 있었지만, 게릴라들은 이미 후퇴하고 없었다. 그 후 이 지역의 마을 사람들은 공산군의 행방에 대해 해병에게 정보를 제공하기를 거부했다. 격분한 미국 관리들이 공산주의 지도자들에게 설명을 요구하면서, 이 공격은 미국이 거대한 아시아 국가에서 피비린내 나는 게릴라 전쟁에 어느 정도 휘말리게 되었는지를 보여주는 좋은 사례가 되었다. 사실 미국 지도자들은 제2차 세계대전이 끝난 지 얼마 되지 않은 상황에서 그런 식으로 행동할 생각이 없었다. 트루먼은 마셜을 통해 미국이 하고자 하는 것에 한계가 있다는 신호를 보냈다. 트루먼은 "내전으로 분열되고 찢긴 중국은 현실적으로 미국이 지원하기에 적절한 장소로 여겨질 수 없다"라고 설명할 터였다. 장제스는 상황에 대한 통제력을 확보하거나 중국 공산당과 화해에 도달할 수는 없었지만, 미국이 국민당 정부를 위해 개입할 거라고 기대하지도 말아야 했다. 1946년 크리스마스이브 때 미군이 베이징대학교에서 여학생을 강간하는 사건이 발생하면서 미군 주둔에 대한 분노가 폭발했다. 좌익 세력의 주도로 미 제국주의를 고발하는 선전과 비난이 빗발치면서, 이 성폭력은 국제적 사건으로 비화했다. 이는 중국에서 미국의 입지가 얼마나 좁아져 가는지를 보여주는 또 하나의 징후였다.[33]

사람들은 거의 인지하지 못했지만, 이제 중국은 냉전의 전장이 될 준비가 되었다. 전후 세계의 강대국 중 하나를 불안정하게 만들고 이제 공산주의 블록의 경계를 극적으로 팽창시킬 것 같은 마오쩌둥과 장제스의 국지적 투쟁은 워싱턴과 모스크바를 중국 내전으로 끌어들이고 있었다. 그리고 중국 내전이라는 이 충돌은 향후 제3세계에서 발생할 충돌들에 일종의 원형 역할을 할 터였다. 다가올 수십 년 동안 공산주의 외국 강국의 지지는 받으나 통제는 받지 않는 민족주의 지역 전사들은 포스트식민주의 세계에서 서방 정부들과 제휴한 채 비틀거리는 보수 정권에 맞서 들고일어날 것이었다. 워싱턴이 혁명의 위협을 견딜 수 있는 친서방 포스트식민주의 정권을 창출하는 과업과 씨름하는 동안, 모스크바는 서방 열강의 직접적인 개입을 초래하지 않도록 좌익 반란자들에 대한 지지를 조절하려 할 터였다. 그러나 먼저 혁명의 힘이 중국을 변모시킬 준비가 되었다.

3

냉전의 첫 싸움터

1946~1949

"장쑤성, 안후이성, 허난성의 전쟁터에는 군복 차림의 무지한 사람들이 죽어 있었다.
뒤틀린 시신을 보니 그들이 무엇을 위해 싸웠는지 과연 알고나 있었는지 궁금했다.
부상자들은 엎드려 기고 다리를 절며 전선으로 되돌아오거나,
군대가 징발한 학교의 차가운 맨바닥에 긴 열을 이루며 보살핌도 받지 못하고 누워 있거나,
아니면 톈진과 상하이의 거리에서 구걸을 했다."

헨리 R. 리버먼

3

1946~1947년의 겨울은 중국의 내전과 좀 더 폭넓게는 냉전에 결정적으로 중요한 시기로 밝혀졌다. 장제스 세력과 마오쩌둥 세력 사이에 싸움이 격렬해지면서, 워싱턴과 모스크바는 점점 더 싸움에 휘말리게 되었다. 중부 유럽에서 냉전이 형성되던 바로 그 순간에 아시아의 동쪽 지역을 따라 진행된 싸움은 초강대국 대결의 모습을 바꾸기 시작했다.

만주의 최전선에서 국민당 병사들은 이따금 나무숲이나 흙오두막집이 나타나곤 하는 갈색 동토의 스산한 풍경 속에서 공산주의자들과도 싸웠고, 맹위를 떨치던 추위와도 싸웠다. 창춘 북쪽 할라하이 마을에서 부대는 몸을 웅크린 채 아주 오래된 해자와 철조망 뒤에 판 참호 안에 모여 있었다. 사병들은 두꺼운 누비 코트를 입고 발싸개를 했으며 천으로 만든 운동화를 신었다. 그들이 내뿜는 숨이 입김이 되어 몹시 차가운 공기 속으로 소용돌이치며 사라졌다. 국민당 군은 엔진이 얼지 않도록 개털로 안을 댄 면 담요를 차량 덮개에다 매달았다. 한 사령관은 미국 기자 리버먼에게 이렇게 말했다. 전투는 "치고 도망가는 식이죠. 우리는 그들을 물리치는 데 어려움을 겪고 있습니다. 그들이 공격의 주도권을 쥐고 있어요. (…) 가벼운 차림으로 움직이고, 들판을 가로질러 타격을 가하며, 보통은 밤에 나타나곤 합니다. 절대 우리에게 맞서려 하지 않으며, 신속하게 물러나고, 주로 철도 등을 파괴하는 데 만족합니다."[1]

그것은 묘사하기 힘든 유형의 전쟁이었다. 리버먼이 설명했듯이, "현장에는 병력이 수십만 명이나 있지만 어떤 대규모 전투도 없다. 사실상 군사 지도에 선을 긋기가 불가능하다." 정부군은 대도시를 수비하고 도로를 순찰하고 철로를 방어했던 반면, 공산주의 게릴라들은 농촌 지역을 살며시 움직이며 돌아다녔다. 공산주의 게릴라들은 은폐된 근거지에서 금방이라도 쓰러질 것 같은 정부군 요새를 습격한 다음 배후지로 후퇴했다.[2]

'마셜 사절'이 실패하자 장제스와 마오쩌둥은 전면전을 준비했다. 마오쩌둥 세력은 이제 세계에서 인구가 가장 많은 나라에서 대규모로 자신의 게릴라 혁명 이론을 시험할 기회를 얻었다. 모스크바로부터 조금씩 제공되던 무기와 원조가 서서히 늘어났고, 이와 동시에 워싱턴이 국민당 측을 편들면서 무력으로 개입할 의사가 없는 것처럼 보였다. 또한 마셜이 외교적 해결에 실패한 사실도 아시아에서 미국의 힘이 가진 한계를 암시했다. 미국은 세계에서 가장 큰 경제를 갖고 있고 핵무기를 독점한 것 같았지만, 미국 지도자들은 중국 현지에서 현실을 바꾸기 위해 할 수 있는 일이 거의 없었다. 마오쩌둥과 그의 사령관들은 승리를 거두기 시작하면서 두 초강대국에 하나의 기정사실을 제시했다. 그것은 워싱턴과 모스크바가 원하든 원하지 않든, 냉전이 제3세계에 진입했다는 사실이었다. 어느 편을 선택할지 결정할 때가 왔다.

첫 단계: 방어 작전과 게릴라 전쟁

1946년의 마지막 날들 동안 만리장성 남쪽 국민당이 통제하는 지역의 대도시들에서 전쟁의 징후는 거의 찾아볼 수 없었다. 한 미국 기자는 베이징의 미국인 사회가 "북부 중국의 청명하고 쌀쌀한 겨울 하늘" 아래에서 크리스마스 휴일을 만끽했다고 썼다. 거리의 포장마차에는 차가운 공기 속에서 김을 내뿜는 음식이 가득 쌓여 있었고, 쇼핑객들이 물건으로 빽빽한 상점의 진열창을 이리저리 지나쳤다. 도시 안에서 국외 거주자들이 휴일을 즐기고 있는 동안, 공산군은 맹렬한 눈보라 속에 몸을 숨기며 베이징 방어선 북쪽 8킬로미터 지점에 있는 류춘젠流村鎮의 수비대를 공격했다. 400만 인구의 상하이에서는 보행자들이 번잡한 인도를 가득 채운 노점상, 인력거, 환전상 무리를 헤쳐 나가야 했다. 전기가 흘렀다 끊어졌다 했지만 네온사인이 러시아 무용수들이 떼 지어 일하는 카바레 입구를 밝게 비췄다. 밀수업자들이 수지맞는 장사를 하고 있었고, 금융계가 혼돈에 빠진 틈을 타 암시장이 계속 번창했다.[3]

당분간 장제스는 여전히 우위를 점하고 있는 것처럼 보였다. 국민당은 병력과 화력을 중국 공산당보다 더 많이 배치했고, 이 둘을 이용해 공산주의자들이 통제하는 도시들에 궤멸적인 타격을 가하려 했다. 장제스의 전략은 만주의 주요 도시들을 탈환하고 이 지역의 철로에 대한 통제권을 확립하는 데 목표가 있었다. 주변의 농촌 지역은 나중에 처리할 수 있었다. 군사력이 열세임을 인정한 마오쩌둥은 자신의 부대에 하얼빈을 제외한 만주의 주요 도시를 전부 버리고 퇴각하라고 명령했다. 국민당이 진입하기 전에 공산주의자들이 사라져 버리자, 장제스와 그의 사령관들은 금방 승리할 것으로 생각했다. 실제로 마오쩌둥이 내린 결론은 그의 군대가 전쟁의 이 첫 단계에서는 방어 자세를 취해야 한다는 것이었다. 공산주의자들은 마주치는 세력을 포위해서 파괴할 수 있다는 확신이 들 때에만 정부군과 대결하려 했지 전면적인 전투는 피하려 했다. 마오쩌둥은 공산주의자들이 압도적으로 우월하고 부대 전체를 섬멸할 수 있을 때에만 그의 사령관들이 정부군과 교전해야 한다고 역설했다. 그는 다음과 같이 설명했다. "우리가 한 개의 연대를 완파하면, [적은] 한 개의 연대를 덜 갖게 될 것입니다. 우리가 한 개의 여단을 완파하면, 적은 한 개의 여단을 덜 갖게 될 것입니다. (…) 우리는 이 방식을 이용해 승리할 겁니다. 반대로 행동하면 패배할 것입니다." 게다가 항복한 정부군이 공산군에 편입되었다. 이러한 전략을 따르며, 공산주의자들은 1947년 초에 약 50개의 국민당 군 여단을 궤멸할 터였다. 장제스의 세력과 틀에 박힌 방식의 전투를 치르는 대신(마오쩌둥은 그렇게 하면 질 거라는 것을 알았다), 마오쩌둥은 상대방을 매우 지치게 하는 소모 전략을 추구했다. 포위, 고립, 섬멸의 이 전술은 대규모 사상자를 발생시키고 적의 전투 의지를 약화하기로 계획되었다. 그것은 매우 효율적인 전술로 밝혀질 터였다.[4] 미국 관리들은 마오쩌둥 세력이 몇 가지 장점이 있다는 데 주목했다. "그들은 오랜 게릴라전 경험이 있고, 작전을 펼칠 수 있는 거의 무한정한 공간이 있다. 따라서 그들이 국민정부군과 결전을 치르겠다고 각오하지 않는 한, 국민정부군은 결코 그들을 진지 속에 고정해 놓고 섬멸적인 타격을 가할 수가 없었다."[5]

사실 1946년 말은 만주에서 국민당 권력이 최고조에 이른 시기였다. 국민당은 서류상으로는 승리를 거두고 있었지만, 중국 공산당을 동북 중국에서 몰아낼 수가 없었다. 장제스의 군대는 위험한 작전을 회피하면서 점점 더 현실에 안주하는 사령관들 아래에서 큰 대가를 치르며, 점령한 만주의 도시들을 계속 지배할 수밖에 없었다. 일반 사병들은 "도시의 환락가"로 빠져 들어갔고 장교들은 지역의 물품 시장에서 투기를 일삼았다. 한편 공산주의 기간요원들은 정부군을 상대로 게릴라 활동과 선전 작전을 계속했다. 1947년 전반기에 공산군 장군 린뱌오가 쑹화강을 건너 연달아 다섯 차례의 공세를 가했을 때 정부가 상황을 통제하고 있다는 환상이 깨졌다. 린뱌오의 목표는 만주에 있는 정부를 대체할 신뢰할 수 있는 대안 세력을 제시하고 국민당 군의 무기와 물자를 포획하는 데 있었다. 린뱌오는 40만 병력으로 정부군이 장악한 영토를 공격하여 수십 개의 작은 도시를 점령한 후 쓰핑시를 포위 공격했다. 국민당 군은 쓰핑에서 약 4만 명의 사상자를 안기면서 공산군의 공세를 멈추게 하는 데 성공했으나 이 전역戰役[1]은 전략적 목표를 달성했다. 공산주의자들은 약 8만 2000명에 달하는 정부군을 섬멸하고 다량의 정부군 무기와 물자를 탈취했다고 주장했다. 그리고 국민당 세력이 장악한 만주의 거의 절반과 그곳에 사는 주민 1000만 명을 해방시켰다. 역사가 스티븐 레빈Steven Levine은 이렇게 기술했다. 가장 중요한 사실로는 이 전역이 "[만주에서] 전략적 주도권이 이제" 공산주의자들에게 "있다는 점을 입증했다"는

1) 국가와 국가, 또는 교전 단체 사이에 무력을 사용하여 싸우는 행위.

것이었다.[6]

만주에서 살육 사태가 더욱 격심해지자, 마셜 사절은 실패하기 직전에 이르렀다. 이 미국 외교관은 장제스가 중국 공산당에 맞서 고집스럽게 군사적 승리를 추구하고 정권의 정치적·경제적 개혁을 실행하지 않으려 한다는 사실에 몹시 화가 났다. 마셜은 첫째, 군사력으로 공산주의자들을 패배시킬 수 없고, 둘째, 부패와 정치적 타락이 국민당 정권을 내부에서부터 갉아먹고 있다고 확신했다. 마셜은 트루먼 대통령에게 보낸 메시지에서 장제스가 "통화와 재정이 개탄스러운 지경인데" 중국 공산당을 상대로 "지금의 전투를 수행하기 위해 [그의] 주요 자원을 [사용하기로]" 결정했다고 불만을 토로했다.[7] 만주에서 장제스가 벌이는 전역戰役은 그의 정부를 파산시킬 것 같았다. 마셜은 만주에서 벌어지는 교전은 전국으로 급속히 확산될 것이고, 중국 전역에서 소련이 지원하는 공산주의 파괴 활동이 더욱 격화하는 길을 열게 될 거라고 총사령관에게 경고했다. 1946년 8월에 마셜은 국민당 정권이 "현재의 교전 행위를 계속함으로써 이득을 얻을 가능성은 거의 없으며, 정부가 무너질 수 있고 경제 붕괴가 거의 확실시되는 마당에 큰 손실을 입을 것이 절대적으로 확실합니다"라고 설명했다. 만주 전역은 국민당을 노련한 게릴라 군대와의 장기전으로 끌어들이고, 국민당 군의 병참선과 통신선을 유지될 수 없는 거리까지 확장시킬 터였다. 마셜은 이러한 상황에서 중국 공산당과 군사적으로 대결하는 것은 "파멸적"이라고 주장했다. 유일한 대안은 장제스가 "너무 크고 강력해서 도저히 무시할 수가 없는 공산당을 꿀꺽 삼키는" 것이었다.[8]

궁극적으로 마셜은 미국의 지원이 장제스의 재앙과도 같은 행동을 북돋우고, 이 지도자가 필수적인 정치적 변화를 꾀하지 못하게 방해하는 역할을 할까 봐 우려했다. 이 정권은 여전히 부패와 무능으로 점철되어 있었다. 미국 대사 존 레이턴 스튜어트[2]는 이렇게 말했다.

> 아마도 가장 심각한 모습은 보통 이 정부의 광범위한 부패와 무능이라고 일컫는 것일 테다. 이것은 내가 접하게 된 인쇄물에서 언급된 것보다도 훨씬 나빴다. 거기에는 실정, 착취, 수뢰, 정실, 무능, 대중의 복지에 대한 냉담한 무관심 등이 포함된다. 또 심한 파시스트 방식을 보이고, 지식인들 사이에서 매우 일반적으로 두려움과 분노를 품게 하는 무자비하고 무책임한 억압이 만연했다. 권위 있는 자리에 앉아 있는 사람들 대다수는 민간인 관리가 아니라 군 간부였다.[9]

민간 자문관인 컬럼비아대학교의 너새니얼 페퍼[3]는 중국 주재 미국 대사에게 다음과 같이 경고했다. "미국이 내전의 원인이에요. 미국의 도움 없이는 이 정부가 군사작전을 계속할 수 없으니까요." 페퍼는 국민당을 계속 지원하는 것은 "시체에 수혈하는 행위"와 같다

---

2) John Leighton Stuart(1876~1962). 미국의 선교사. 1919년에 설립된 옌칭대학교의 초대 총장, 1946~1949년에 중화민국 주재 미국 대사를 지냈다.

3) Nathaniel Peffer(1890~1964). 미국의 극동 문제 연구자. 《뉴욕 트리뷴》의 극동 통신원, 컬럼비아대학교 국제관계학 교수를 지냈다.

고 주장했다.[10] 훨씬 나쁜 것은 미국이 중국에 계속 있으면 스탈린은 이 지역에 대한 소련의 영향력을 확장하도록 자극받을 것이고, 이는 동아시아에서 초강대국의 대리전을 일으킬 위험을 야기하는 결과를 낳을 거라는 사실이었다. 이 모든 이유 때문에 마셜은 미국의 중국 관여를 줄여야 한다고 결론 내렸다. 하지만 이러한 견해는 미국 정부에서 일반적이지 않았다. 해군장관 제임스 빈센트 포리스털[4]은 마셜의 평가와 의견을 달리하며 모스크바가 여전히 이 지역에 관한 계획을 갖고 있다고 역설했다. 미국 육군은 미국이 철수하면 이 지역과 이 지역의 산업 잠재력이 소련의 영향 아래 들어갈 것이라고 예측하면서 포리스털에 동조했다. "그런 다음 미국과 세계는 1941년의 일본의 힘과 유사한 소련의 힘에 (…) 직면할 것이지만, 소련이 아마도 유럽과 중동에서도 압도적으로 강력할 수 있다는 차이가 있다." 한편, 국무부 관리들은 마셜의 평가를 그대로 되풀이했다. 만약 미국의 지원이 장제스에게 자신의 정부를 개혁하게 하는 지렛대로 이용될 수 있다면, 중국 공산당을 스탈린의 품 안으로 밀어넣을 위험은 줄어들 것이었다. 그들은 중국에 필요한 것은 소련의 개입을 자극할 위험이 있는 어설픈 군사적 접근이 아니라, 중국 공산당-국민당 분쟁의 뿌리를 다룰 유연한 정치 프로그램이라고 주장했다.[11]

그러나 장제스는 이 충고를 받아들이지 않았다. 국민당 군의 공세가 가을까지 이어지면서 마셜과 총사령관의 관계는 계속 악화되었

4) James Vincent Forrestal(1892~1949). 미국 해군 출신 고위 관료. 1944~1947년 해군장관, 1947~1949년 초대 국방장관을 역임했다.

다. 마셜은 정치적 합의를 중재하는 데 여전히 집중했고, 국민당이 군사력으로 중국 공산당을 물리칠 수 있다는 생각에 매우 회의적이었다. 거꾸로 장제스는 국민당 군이 만주에서 일련의 승리를 거둔 사실에 고무되었고, 마오쩌둥과 공산주의자들이 국민당이 계속 통제권을 쥐게 할 정치적 합의를 결코 수용하지 않을 거라고 철석같이 믿었다. 10월 초에 마셜은 장제스가 북부에서 군사 기동을 계속하자 화가 나서 미국으로 돌아가겠다고 위협했다. 총사령관은 11월에 미국의 중간선거 결과 공화당이 의회를 다시 통제하게 되면서 더욱 고무되었다. 총사령관은 공화당이 그의 국민당 정부에 더 호의적이기를 기대했다. 하지만 마셜은 국민당은 워싱턴에 "군사 지도자들이 무력으로 문제를 해결하려고 결심하면서 창출하고 있는 진공 속으로" "자금을" 계속 "쏟아붓기를" 기대할 수 없다고 경고하며, 장제스에게 개혁을 실행하라고 끊임없이 압박했다. 국민당은 공산주의자들을 물리치기 오래전에 스스로 무너질 것이라고 마셜은 완고한 총사령관에게 경고했다. 하지만 장제스는 군사력이 중국 공산당과의 투쟁에 대한 유일한 해결책이라고 주장하며 경고를 무시했다. 1947년 1월 7일, 백악관은 마셜 장군이 미국으로 돌아올 것이라고 발표했다. 외교는 실패했다.[12]

마셜(1947년 1월 21일 국무장관이 될 터였다)은 출발 직후 "평화의 가장 큰 장애물은 [중국 공산당과 국민당이] 서로를 철저히, 극단적으로 의심하며 대한다는 사실"이라고 주장하는 성명을 발표했다. 각 당에는 중국의 미래에 진심인 훌륭한 당원들이 있었으나, 두 정당 모두 극단주의자들이 들끓었다. 마셜은 이렇게 말했다. "사실상 국민당인 국민정부 측에는 내가 보기에 진정한 연립정부의 구성에 영향을 주기 위해 내가 했던 거의 모든 노력에 반대한 반동주의자들의 지배적인 그룹이 존재합니다." 반면 공산주의자들은 "악랄한" 선전을 유포함으로써 협상을 훼손했다. 이 선전은 완전히 틀렸을 뿐 아니라, "중국 인민과 세계를 오도하고 미국인들의 격렬한 증오를 불러일으키고자 하는 단호한 목적"을 갖고 있었다. 양측 모두 진정한 정치적 양보를 하지 않으려 했다. "중국을 봉건적으로 통제하는" 데 여념이 없고 군부가 지배하는 국민당은 개혁에 철저히 저항하고 있으며 미국의 지원이 "자신들의 행동과 상관없이" 계속될 거라고 확신하는 것 같았다. 다른 한편으로, 공산주의자들은 현재 "중국 인민의 고통에 대해서는 눈을 감은 채 (…) 정부의 몰락을 초래할 경제적 붕괴를 기대하면서 광범한 게릴라 행동으로 이 몰락을 촉진"하고 있었다. 마셜은 정부가 희망할 수 있는 유일한 구원책은 정치 개혁을 채택하고 일당 통치를 그만두는 것이라고 결론 내렸다. 양측 모두에 대한 마셜의 비난은 중국의 상황이 가망 없으며, 아무리 미국이 뒷받침하더라도 궁극적인 결과가 과연 바뀌겠는지 장군이 의구심을 품고 있음을 암시했다.[13]

마셜 협상의 최종 실패는 공산주의 지도자들에게 놀라운 일이 아니었다. 저우언라이는 10월 10일 옌안 라디오로 마셜의 성명에 응답하는 연설을 하며 이렇게 설명했다. 이 미국 외교관은 "국민당 정부에서 지배적인 그룹을 구성하는 반동 그룹이 국민당 내에 존재함을 인정했습니다. (…) 그들은 연립정부에 반대하고 국내 협력에 확신이 없으며, 무력으로 문제를 해결해야 한다고 믿고 있습니다." 하지만 이

반동 패거리의 상석에 앉아서 중국 공산당 도전자들을 상대로 전면적인 전쟁을 벌이는 데 열중하고 있는 사람은 바로 장제스 자신이라고 저우언라이는 덧붙였다. 한편, 중국 공산당의 정보 책임자인 루딩이[5]는 옌안의《해방일보》에 공산주의자들이 전후 국제 시스템을 어떻게 생각하는지를 엿볼 수 있는 간단한 보고서를 게재했다. 루딩이는 마오쩌둥을 인용하며, 파시즘을 상대로 큰 전쟁(제2차 세계대전)에서 이겼다고 설명했지만, 세계의 민주주의 반파시즘 인민들과 반민주주의 세력 및 파시즘 잔재 사이에 충돌이 다가오고 있다고 지적했다. 소련은 민주주의 세력 편에서 싸웠던 반면, "미 제국주의자들은 [제2차 세계대전 이후] 파시스트 독일, 이탈리아, 일본을 대신해 세계 반동 세력의 요새가 되었다." 중국의 장제스, 영국의 윈스턴 처칠, 프랑스의 샤를 드골[6]과 동맹을 맺은 미국은 "미국 인민을 노예화하고 세계 지배를 [모색하는]" 데 여념이 없었다. 하지만 세계의 민주주의

---

5) 陆定一(1906~1996). 중국 공산당의 지도자. 1944~1952년 중국 공산당 중앙선전부 부장, 1959~1966년 중화인민공화국 국무원 부총리, 1965~1966년 문화부 장관을 역임했다.

6) Charles de Gaulle(1890~1970). 프랑스의 군인이자 정치가. 제2차 세계대전 당시 자유프랑스군을 조직해 연합군에 가담했으며, 1944년 6월 프랑스 임시정부의 총리가 되었다. 전후 프랑스의 최고 지도자로 등장했으나 공산당을 비롯한 여러 당과 대립하여 1946년 1월 총리직에서 물러났다. 1958년 5월 알제리 위기에 즈음해 6월 1일에 다시 총리가 되었고, 헌법을 개정하여 제5공화국의 대통령으로 선출되었다. 그 뒤 10년 동안 경제개혁을 실시하고 알제리 전쟁을 종결하는 한편 핵무기 개발에 착수하고 중국을 승인하는 등 미·소 양대 강국 사이에서 프랑스의 독자적 지위를 주장하는 외교정책을 펴나갔다. 1969년 4월, 지방제도 개혁과 상원 개편 국민투표에서 패배해 대통령직을 사임했다.

세력은 "세계에서 가장 진보적인 국가인 소련의 국제적 위상이 크게 개선됨에" 따라 힘을 내야 한다. 루딩이는 "기껏해야 3~5년 안에 중국과 세계의 운명이 완전히 달라질 것"이라고 결론지었다.[14]

지구적 무대에서는 미국과 소련 사이의 전시 동맹이 해체되기 시작한 것이 분명했다. 조지 케넌과 미국 주재 소련 대사 니콜라이 노비코프 같은 외교관들이 워싱턴과 모스크바 사이의 다가올 경쟁에 대해 경고하면서, 이제 상호 의심의 분위기가 초강대국 관계에 만연하게 되었다. 냉전의 출현이라는 견지에서 볼 때 중국을 위한 투쟁은 새로운 중요성을 띠었다. 트루먼의 봉쇄 전략이 지구적인 교리가 된다면, 중국 전역戰域은 결정적일 터였다. 곧 설립될 중앙정보국CIA은 중국에서 소련의 움직임이 "전쟁을 제외한 온갖 수단을 동원해 가능한 곳, 가능한 때마다 (…) 통제와 영향력을" 확대하고 "다른 주요 열강의 통제와 영향력을 [줄이는]," 좀 더 큰 전략을 따르고 있다고 경고할 것이었다. 만주에서 중국이 승리함으로써 자원과 산업, 그리고 "한국과의 필수적인 전략적 연계"가 소련의 궤도 속으로 들어왔다. 중국 공산당은 "소련의 대중국 정책의 가장 효율적인 수단"을 나타냈다. 내전이 계속되는 한, 중국 공산당은 모스크바와 여전히 동맹 관계에 있을 터였다. 그러므로 내전과 불안정의 지속은 궁극적으로 동아시아에서 소련의 정책에 유리하게 작용했다.[15] 모스크바의 스탈린과 그의 동지들은 확실히 중국 공산당의 잠재적 중요성을 깨닫게 되었다. 6월에 스탈린은 '표도르 쿠즈네초프(전 붉은 군대 사령관)'라는 가명으로 글을 쓰면서, 옌안의 크렘린 요원에게 마오쩌둥과의 만남을 주선해 달라고 지시했다. 스탈린은 이 중국 지도자를 모스크바로

모셔 오기 위해 하얼빈에 비행기를 보내겠다고 제안했다.[16]

아주 낙관적인 관계자들을 제외하고 모두가 이제 외교가 실패했음을 인정했다. 중국을 위한 투쟁은 전장에서 결판날 것이었다. 만주에서 린뱌오의 군대는 국민당에 맞서 계속 전역戰役을 치렀고, 장제스도 공산주의자와의 전쟁을 오래 끌면 위험하다는 것을 깨닫게 되었다. 적들에게 결정적 타격을 가하기를 간절히 바란 총사령관은 옌안의 공산주의 수도 자체를 공격하는 계획을 승인했다. 1947년 3월 후쭝난[7] 장군은 병력 15만 명, 항공기 75대를 동원해 적의 수도를 점령하는 책임을 맡았다. 3월 16일까지 정부군은 쌍안망원경으로 공황에 빠진 도시를 볼 수 있을 만큼 가까이 다가섰다. 국민당 군대가 접근하자 중국 공산당은 수도를 버릴 수밖에 없었다. 5월 19일 후쭝난은 도시를 점령하고 1만 명을 포로로 잡았다. 난징으로 돌아온 장제스는 옌안의 함락이 공산주의자와의 전쟁이 종결되기 시작했음을 암시하는 것이라고 예견하며, 이 소식을 축하했다. 실제로는 중국 공산당이 패배한 듯이 보이는 이 전황은 결코 결정적이지 않았다. 후쭝난 장군의 개인 비서인 한 공산주의자 첩자는 중국 공산당에 정부군의 공세를 미리 알려주면서 마오쩌둥에게 준비할 시간을 벌어주었다. 마오쩌둥은 옌안을 포기하는 데 주저했지만, 옌안을 방어하기 위해 병력을 북부 중국의 전역에서 옌안으로 돌리기를 거부했다. 장제

7) 胡宗南(1896~1962). 국민혁명군 및 중화공화국 군대의 장군. 천청 및 탕언보와 함께 장제스의 3대 심복 중 한 명이었다. 1949년 국민당이 타이완으로 퇴각한 후 1962년 사망할 때까지 총통의 군사전략 자문관을 지냈다.

스와 후쭝난이 공격 준비를 끝내자 공산주의자들은 소개를 시작했다. 당 지도부는 옌안에서 물러나 북쪽과 동쪽으로 이동하여 산시성의 자오링구에 다시 집결했다. 후쭝난이 공산주의 지도부를 뒤쫓자, 마오쩌둥은 국민당 군의 소대들을 고립시켜 파괴하기 위해 게릴라 공격, 매복 기습, 전략적 후퇴로 이루어진 반격을 개시했다. 미국의 한 기자가 썼듯이, "옌안은 [국민당에게] 가치 없는 정도가 아니라 그보다 더 나빴다. 옌안은 정예군 집단 중 하나를 황량한 반半사막 지대로 빨아들였다. 그곳은 식량이나 탄약, 비축품을 보충할 물자가 없었고 사람들도 매우 적대적이었다." 이 쫓고 쫓기는 게임은 국민당 군을 공산주의자들이 통제하는 영토로 더 깊숙이 끌어들였고, 정부 자원을 더욱 소모하는 역할을 했다.[17]

실제로 장제스의 옌안 점령은 피루스의 승리[8]에 그친 것으로 드러났다. 정부가 최정예 부대를 버려진 중국 공산당 수도에 투입한 바로 그 순간에도 공산주의자들은 만주를 계속 방어했다. 만주는 장제스가 이 지역에 사단들을 마구 투입하면서 정부군의 '전략적 덫'으로 발전하고 있었다. 공산군은 국민당 군을 만주로 더 깊숙이 끌어들임으로써 미약한 병참선을 길게 늘이고 난징의 예비 자원을 소모시키는 일련의 양동작전陽動作戰을 벌였다. 게릴라 전술에 의존하고 대규모 교전을 거부하는 공산군 사령관들은 수적으로 우월한 정부군

---

8) Pyrrhic victory. 기원전 279년에 에피루스의 왕 피루스는 큰 희생을 치르고 로마군을 꺾었는데, 이를 빗대어 일반적으로 큰 희생을 치르고 얻은 승리를 '피루스의 승리'라고 부른다.

을 서서히 소모전으로 고사시키는 전략을 따랐다. 한 프랑스인 관찰자는 다음과 같이 언급했다. "공산주의자들은 허우마시를 점령하면서 200명의 사상자를 냈지만, 여단장을 비롯해 1800명을 포로로 잡았다. 신장시를 점령할 때 그들은 네 명이 다쳤으나, 도시를 방어하려고 했던 700명의 의용군 중에서 600명을 포로로 잡았다. 국민당 군 2개 연대가 방어했으나 공산군 3개 연대의 공격을 받은 치위를 점령하면서 공산주의자들은 수비대 전체인 2000명을 사로잡는 전과를 올렸다."

공산주의자들이 높은 사기를 유지하면서 조율되고 잘 실행된 공격을 가할 수 있었던 반면, "평범한 [정부군] 병사는 투지가 결여되었는데, 이를 보면 국민당 군이 어느 정도로 와해되었는지를 알 수 있다." 그 후 공산주의자들이 사로잡은 포로들은 "세뇌 교육과 정치 교육"을 받고, 포획한 무기와 함께 중국 공산당 군대로 편입되었다. 그 결과 북부 중국에서 정부군을 상대로 계속 진행된 공격은 공산주의자들에게 "수지맞는 일"이 되었다. 마오쩌둥의 전략은 잘 작동하여, 국민당 군은 대폭 고갈되고 중국 공산당 군의 수적·물적 위력은 더욱 커졌다.[18]

두 번째 단계: 제한된 반격

1947년 중반에 마오쩌둥과 그의 장군들은 전략적 후퇴와 게릴라 작전에 의존하는 전쟁의 방어적 단계를 버리고, 국민당에 맞선 투쟁에서 제한된 공세라는 새로운 단계를 시작할 태세가 되었다. 그해 여름,

마오쩌둥은 그의 장군 류보칭[9]을 보내 허베이성에서 황허를 가로질러 산둥성의 바다로 뻗어 있는 지역인 중원中原에서 국민당 군을 상대로 공세를 개시했다. 1947년 봄에 국민당은 미국 엔지니어들과 함께 작업하여 황허의 방향을 바꿔 새로운 지반 위로 흐르도록 했다. 그 결과 약 500개의 마을이 침수되었고, 10만여 명이 다른 곳으로 이주하지 않으면 안 되었다. 강의 방향을 돌리는 일은 기술적으로 성공했으나 이미 고통을 받고 있던 주민들을 더욱 심한 곤경에 빠트리고 광범위한 불안의 씨앗을 뿌렸다. 공산군은 봄에 일련의 공격을 가하며 이 지역에서 국민당 진지가 얼마나 허술한지를 알았다. 마오쩌둥은 이 공격을 통해 중원이 정부군 진지의 '아랫배'에 해당한다고 판단했다. 류보칭의 군대는 정부군을 기습해 최대한 많은 사상자를 내는 것을 목표로 강을 건널 터였다. 강을 건넌 뒤 공산군은 농민들이 국민당에 대한 공격을 열렬히 지지한다는 것을 알았다. 지역민 수천 명의 도움을 받아 류보칭 부대는 장제스의 제2군과 제4군을 헤집었고, 거의 8만 명을 죽였다. 극심한 공포가 국민당 군을 뒤덮는 가운데 류보칭 부대는 계속 공격을 가해 중원을 피바다로 만들었다. 그런 후 퇴각했는데, 그 과정에서 수많은 중화기를 버릴 수밖에 없었

---

9) 劉伯承(1892~1986). 중화인민공화국의 군인, 정치가. 1926년 중국 공산당에 가입했고, 1927년에 저우언라이, 주더 등과 난창 봉기에 가담했다. 1928년에 소련의 프룬제 군사학교에 입학하여 1930년에 졸업했고, 홍군의 총참모장을 역임했다. 1937년에는 제8로군 제129사단을 이끌고 하북 지역에 해방구를 만들어 일본군의 배후에서 게릴라전을 펼쳤다. 1951년에 인민해방군 군사학원의 초대 원장 겸 정치장교를 맡았으며, 1955년 원수에 등극했다.

다. 그럼에도 7월 말에 마오쩌둥은 이 전투가 전쟁의 전환점이 될 것이라고 예고하면서, 장제스가 5년 안에 패배할 거라고 단언했다.[19]

한편 만주에서 린뱌오는 국민당이 통제하는 도시인 창춘, 지린, 선양을 대상으로 두 차례 대공세를 취했다. 린뱌오의 전략은 도시를 고립시키고 국민당 수비대를 차단하는 데 목표가 있었다. 린뱌오 부대는 베이징과 선양을 연결하며 동북 중국의 많은 지역에서 국민당 부대의 생명선 역할을 하는 철도를 파괴하는 작전을 지속적으로 수행한 후, 9월에 이 생명선을 장악하여 국민당의 공급망을 끊어버렸다. 공산군은 10월 내내 공세를 계속 취해 창춘, 지린, 선양을 에워싼 다음 내부의 정부군을 공격했다. 국민당은 선양과 지린으로 가는 공급 루트를 다시 개설할 수 있었으나 공산주의 장군들은 이미 주도권을 쥐고 있었다. 1947년이 끝나갈 무렵, 중국 공산당의 성장은 동시에 진행된 국민당 군대의 약화에 힘입어 그동안 정부가 누려왔던 수적·물적 이점을 급속히 없애고 있었다. 공산주의자들은 이렇게 만주와 중원에서 성공적인 전역戰役을 치른 뒤 곧바로 국민당 정권에 대해 새로운 공세를 가할 태세를 취했다. 하지만 일부 미국 관리들은 이 위협을 과소평가하는 것이긴 하지만, 여전히 희망의 끈을 놓지 않고 있었다. 창춘의 부영사는 "적어도 순전히 군사적인 관점에서 볼 때" 마오쩌둥의 세력은 "여전히 본질적으로 게릴라"라고 보고했다.[20]

1947년 후반기에 군사적 흐름이 방향을 바꾸기 시작한 바로 그때 국민당 정권은 악화하는 경제적 상황에도 시달리고 있었다. 제2차 세계대전이 종결된 이래 장제스의 정부는 고조되는 경제적 위기와 싸워왔다. 국민당은 나라의 대부분이 일본의 점령과 꼭두각시 기업들의 통제 아래 있던 제2차 세계대전 시기의 경제 상황에서 1945년 이후의 시스템으로 이행하는 과정을 매우 부실하게 관리했다. 통화가 부족해서 장제스의 정부는 더 많은 돈을 찍어내기 시작했고, 이는 가파른 인플레이션을 유발했다. 1947년 초에 상하이의 도매 물가는 30배 상승했다. 게다가 실업률이 전국적으로 높아지고 있었다. 이 위험한 경제 상황은 이제 1946년에만 1700건 이상의 파업이 발생하는 형태로 노동 불안을 일으켰다. 많은 노동 조직에 공산주의자들이 잠입하면서 국민당의 문제는 더욱 악화했다. 만주에서 군사행동을 계속하고자 하는 장제스의 결심으로 국민당은 자원이 점차 고갈되었고, 정권은 본거지에서 악화하는 경제 상황에 어떻게 대처할지 주의를 기울이지 않게 되었다.[21]

1947년 말 미국과 국민당 지도자들은 전년도에 겪었던 일련의 실패를 정면으로 마주해야 했다. 공산군은 만주에서 공세에 나섰고, 중요한 도시들인 창춘·지린·선양에 대한 정부 통제가 위태로워졌다. 스튜어트 대사는 중국 공산당 사단들이 "[창춘이나 지린을] 마음대로 점령할" 수 있는 위치에 있는 것처럼 보인다고 경고했다. 공산주의자들은 선양과 창춘을 차단할 것 같았는데, 그렇게 되면 이곳의 수비대에게는 단지 6개월분의 물자만 남겨질 터였다. 선양의 민간인들은 가장 낙관적으로 추산해도 한 달분의 식량밖에 없었고, 주민들이 굶주리고 있다는 보고가 이미 나오기 시작한 상태였다. 미국 외교관들과 국민당 사령관들은 최근의 공산주의 공세가 완전히 성공을 거뒀다고 결론 내렸다. 중국 공산당은 선양·창춘·지린 사이의 통신과 교통을 끊었고, 정부 물자를 탈취했다. 정부군 사령관들은 "공산주의자들이" 쑹화강 남쪽에 "탄탄히 자리 잡았고," 지금 일곱 번째 공세를 준비 중이라고 결론지었다. 국민당은 최근의 공세에서 약 2만 8000 명의 사상자를 냈지만, 미국 관찰자들은 이 추산이 과소평가되었다고 경고했다. 그와 동시에 물자 부족으로 만주에 남아 있는 정부군의 효율성이 떨어졌다. 중국 공산당은 동북 중국의 95퍼센트를 확고히 통제하며, 전략적으로 더 강한 위치에서 1948년으로 향했다.[22]

12월 중순, 린뱌오는 얼어붙은 쑹화강 건너로 부대를 보내 선양 남쪽에 있는 장제스의 제5군을 공격했다. 물자와 탄약 부족에 시달린 정부군은 한계점으로 내몰렸다. 1947년 크리스마스에 마오쩌둥은 "미국의 주구"인 장제스 정권의 임박한 몰락을 예견하고, "세계 반제국주의 진영"의 위력이 "제국주의 진영의 위력을 이제 넘어섰다"라고 선언했다. 이 공산주의 지도자는 중국의 농민들에게 혁명의 한 지분을 부여하고, 경제에 대한 국가의 통제를 확립하는 데 목표가 있는 농업 개혁 프로그램을 비롯해 자신의 혁명 전략을 개괄적으로 설명했다. 전장에서 마오쩌둥은 시간이 지나면서 위력을 더할 단계적인 투쟁을 재차 요구했다. 혁명가들은 승리를 확신할 때만 정부군과 교전해야 하며, 전술적 후퇴를 이용해 소모전을 피하고 적군으로부터 무기와 물자를 획득하는 데 목표가 있는 "기동전"을 수행해야 했다. 이와 동시에 마오쩌둥은 "미 제국주의"와 장제스 정권에 대한 미 제국주의의 지지를 맹렬히 비난하고, 지구적 공산주의 세력과 연대할 것을 요청했다. 그는 "다양한 동양 국가들의 모든 반제국주의 세력 역시 10억여 명에 이르는 피억압 동양 인민들의 해방을 투쟁의 목표로 삼으며 일치단결해야 한다"라고 역설했다. 장제스의 장군들은 국민당이 동북 중국의 불과 3퍼센트만 통제하고 있다는 사실을 무시하며 만주 위기가 이제 끝났다는 선언으로 이에 응수했다.[23]

중국 공산당과 국민당 지도자들이 서로에게 말로 공격을 퍼붓는 동안 공산주의자들의 '동계 공세'가 계속되었다. 공산군은 창춘을 에워쌌고, 선양을 포위하기 직전에 이르렀다. 이 때문에 수비대에 물자를 공급하려는 정부의 노력은 거의 한계에 도달했다. 선양의 국민당 부대는 공산군이 도시의 서부 교외 지역으로 치고 들어오자 정면공격을 준비했다. 방어 세력은 치열한 시가전을 대비하여 콘크리트와 벽돌로 된 토치카를 구축하고, 얼음으로 보루를 만들었으며, 철조망으로 바리케이드를 쳤다. 정부 수비대는 차단되기 직전이었고, 군사 분석가들에 따르면 상황은 "급속도로 절망적인 단계로 다가가고 있었다."[24]

한편, 민간인들의 불안과 노동 불안이 중국을 휩쓸었다. 장제스는 이렇게 썼다. "사람들이 가는 곳마다 자신감을 잃어가고 있다." 《파이스턴 이코노믹 리뷰Far Eastern Economic Review》는 중국 공산당에 대한 지지가 점점 커지고 있다는 사실에 놀라움을 금치 못했다. 이 잡지에 따르면, 심지어 실업가들조차 "공산주의자들이 통치하나 상대적으로 정직한 전체주의하의 삶이 부패한 국민당이 통치하는 비효율적인 체제하의 삶보다 더 나쁠 수가 없다고 지금 느끼고 있다." 미국이 약속한 4억여 달러의 지원이 승인되었으나, 그것은 만주에서 전쟁의 흐름을 되돌리기에는 너무 때늦었고 중국 공산당의 군사 공세가 계속되었다. 1948년 3월에 정부는 만주의 1퍼센트도 안 되는 지역을 통제했다. 미국 대사 스튜어트는 "북부에서 총체적인 군사적 붕괴가 점점 현실화되면서" 정부의 "군사적 입지가 정말 위태로운 상태[다]"라고 설명했다. 지린과 쓰핑이 함락되었고, 선양과 지난이 위협을 받았다. 뤄양과 시안을 잃을 것 같았고, 산시성이 기근에 직면했다. 장제스는 사실상 예비 자원이 없었다. "대부분의 지역에서 물자 부족은 정부의 능력을 더욱 약화한다. (…) 병력이 급속도로 소모되고 있다." 신병들은 충원할 수 있을 때도 "사실상 훈련을 받지 않은 상태로" 도착했다. 아마도 최악은 "정부의 현 지도부가 남아 있는 약간의 자원이나마 효율적으로 조직해서 사용할 전반적인 계획이 없어 보인다"는 점일 거라고 스튜어트는 경고했다. 미국이 구원해 줄 거라는 믿음을 잃어버린 국민당 지도자들이 점점 많아졌는데, 이들은 내전 패배가 "불가피할 것"이라고 보고 있었다. 요컨대, 스튜어트 대사는 "정부의 군사적 입지가 점점 더 빠르게 악화하고 있고 (…) 지원이 효과를 발휘할 수 있는 시간이 급속도로 사라지고 있다"라고 결론 내렸다.[25]

한편, 1948년 겨울과 봄에 공산군은 계속 공세를 가했고 4월에 옌안을 탈환했다. 다음 달에 마오쩌둥은 1951년 중반까지는 승리할 것이라고 예측했다. 중국 공산당 병력은 전장에서 훨씬 우세했다. 전투를 치를 때마다 국민당 부대는 공산주의 부대보다 열등한 것으로 드러났다. "우리 병력은 (…) 물러졌고, 즐거운 일에만 관심이 있었다"라고 한 정부군 사령관은 한탄했다. "[그들은] 투지가 부족했고, 희생정신이 없었다." 미국의 군 간부들은 장교단의 무능을 비난했다. 더구나 매우 효율적인 방첩 활동으로 국민당 첩자들은 공산군 부대에 잠입할 수 없었지만, 중국 공산당 첩자들은 국민당 지도부의 상당 부분에 침투할 수 있었다. 국민당의 사기는 계속 떨어졌고, 정부는 남자들을 강제 징집하기 시작했다. 많은 신병이 부대에 도착하기도 전에 질병이나 굶주림으로 사망했다. 탈영이 만연했다.[26]

마오쩌둥은 이미 혁명 후의 새로운 중국을 위한 계획을 짜기 시작한 상태였다. 그전 11월에 이 게릴라 지도자는 중국 공산당이 승리한 뒤 야당을 어떻게 다뤄야 하는지 조언을 구하는 메시지를 모스크바에 보냈다. 크렘린이 응답하는 데 거의 6개월이 걸렸다는 사실은 아마도 스탈린이 중국 혁명가들에 전념하는 데 계속 주저하고 있었다는 징후였을 것이다. 스탈린은 마오쩌둥의 열정을 찬양했지만, 반대 집단들이 국민당에 대항하는 한 그들이 "중국 국민의 중간 계층" 대표자로 남을 수 있게 하라고 부추겼다. 그러나 모스크바는 이제 중국 공산당을 좀 더 실질적으로 지지하는 쪽으로 움직이고 있었다. 5월에 소련 군사령관들은 인민해방군에 필요한 물자 목록을 작성하라고 장교들에게 명령했다. 사령관들은 "미국의 광범한 물적 지원이 없다면 중국의 실제적인 해방을 위해 싸우는 사람들에 대한 저항은 이미 오래전에 중단될 수밖에 없었을 것이 분명하다"라고 설명했다. 게다가 "중국 반동주의자들의 성공은 동아시아에서 미 제국주의자들의 위상을 크게 제고할 것이다." 소련 지도자들은 중국 공산당 군대에 대한 지원을 늘려 기갑 장비, 자동차화 대포, 소련에서 훈련받은 승무원들을 보내기로 결정했다. 메시지는 "우리에게 중국은 우호적 관계를 유지하고 싶은 오랜 이웃이나 미국인들에게는 소련에 저항하는 근거지다"라고 결론지었다. "중국 인민들에게, 수천 년 동안의 파렴치한 착취와 굴종의 시기가 끝나고 새로운 시대가 시작되었으며 이제 그들의 운명이 마침내 그들 자신의 손에 있다는 생각이 드

는" 때가 왔다.[27]

해방을 경험한 사람들이 모두 기뻐할 이유를 찾은 것은 아니었다. 공산군의 공세가 도시들을 휩쓸면서 도시 안에 있던 민간인들이 끔찍한 희생을 당했다. 5월에 인민해방군은 5개월에 걸친 창춘 포위 공격을 개시했는데, 이는 린뱌오의 말에 따르면 "창춘을 죽음의 도시로 만들기"로 되어 있었다. 이 공산주의 전략은 내전의 잔혹성을 충분히 보여주었다. 창춘을 방어하는 세력이 7월 한 달을 버틸 식량밖에 없다는 사실을 알고, 린뱌오는 민간인들이 도시를 떠나지 못하게 막았다. 린뱌오의 부대는 두 역사가의 말에 따르면 "도시를 굶겨서 항복하게 할" 계획이었다. 초병들은 피난민들을 굶주리는 도시 안으로 되돌려 보내라는 명령을 받았다. 늦여름에 린뱌오는 "심각한 기근"이 발생했다고 보고했다. "민간 주민들은 주로 나뭇잎과 풀을 먹고 살고 있고, 많은 사람이 굶어 죽었다." 중국 공산당의 '기아 봉쇄'를 용케 벗어난 피난민들은 상황을 섬뜩하게 묘사했다. 시신들이 한때 아름다웠던 수도의 거리에 어지럽게 흩어져 있었다. 생존자들이 장작으로 쓸 만한 재료를 찾아 도시를 샅샅이 뒤지는 바람에, 나무들은 부러져 있었고 집들이 뜯겨져 있었다. 수수 1파운드의 시가는 50달러가 넘었다. 10월에 창춘이 마침내 함락되었을 때, 도시의 인구는 "50만 명에서 17만 명으로 줄어들어 있었다." 한 공산주의자 장군에 따르면, 이 포위 공격 전술은 국민당이 지배하는 다른 도시들에도 적용되었다. 중국을 위한 전쟁은 농촌에서 도시로 이동하기 시작했다.[28]

세 번째 단계: 최후의 공세

1948년 가을에 마오쩌둥과 그의 사령관들은 혁명전쟁의 세 번째이자 마지막 단계로서 정부군에 전면적인 공세를 가할 때가 왔다고 결정했다. 이것은 두 개의 대대적인 공격, 즉 랴오선辽沈 공세와 화이하이淮海 공세의 형태를 띨 터였다. 랴오선 공세는 린뱌오가 만주의 진저우시, 선양시, 창춘시에 있는 약 45만 명의 정부군을 공격하기 위해 약 70만 명의 병력을 보냈던 9월에 시작했다. 국민당 수비대들과 연결되는 철도선이 중국 공산당의 공격으로 끊어졌고, 난징은 거의 50만 명에 이르는 이 세 도시의 정부군에 물자를 공수할 수밖에 없었다. 공산주의 지도자들은 이 공세가 만주를 탈환하려는 장제스의 기도에 결정적 타격을 가하기를 바랐다.[29]

동북 중국의 미국 영사관들로부터 끔찍한 보고가 흘러 들어왔다. 베이징의 관리들은 이 지역에서 국민당의 지위가 "유지될 수 없다"고 경고했다. 창춘은 막 함락될 참이었다. "북중국(화베이)은 이미 최후의 순간을 지났다. 그러나 북중국이 이날 대재앙을 맞기 직전에 있다면, 그것은 주로 지난날 난징이 이 지역을 시종일관 이기적이고 못 미더워 하며 방치했기 때문이다."[30] 다음 날 선양의 관리들은 진저우와 창춘이 함락된 뒤 "사람들이 당황하고 가벼운 히스테리를 일으켰다"고 보고했다. 주민들은 "중국[에서] 현 정부[의] 종말이 이미 가시화된 것은 아니지만 급속히 다가오고 [있다]"고 믿었다.[31] 스튜어트 대사는 만주가 공산주의자들에게 함락되기 직전이라고 경고했다. 정부군은 26개 사단을 잃고 진저우와 창춘을 함락당했다. "인민해방군이 가을 공세를 시작한 이래 만리장성 남쪽에서 발생한 [정부군] 사상자를 포함해, 지금까지 [국민당] 사상자 수는 전부 45만 명에서 거의 50만 명에 이른다." 공산주의자들은 지금 만주를 거의 완전히 장악했다.[32]

만주에서 장제스의 군대가 급속도로 붕괴하자, 마오쩌둥과 그의 장군들은 양쯔강 북쪽의 중국 전역을 장악하기 위해 공세를 확대하는 모험을 벌이고 마주치는 국민당 군대를 파괴하기로 했다. 그 결과 화이하이 공세는 제2차 세계대전 종전 이래 가장 큰 군사작전이었다. 화이하이는 가장 치열했을 때 거의 200만 명의 병사가 1900여 킬로미터에 이르는 전선에 퍼져 있었다. 전투의 많은 부분은 장제스가 지역 본부로 변모시켰던 쉬저우시에 집중될 터였다. 9월과 10월에 공산주의자들이 성공을 거둔 후, 쉬저우는 중국 공산당이 통제하는 영토 안으로 튀어 들어온 북쪽 돌출부로 드러났다. 어느 미국인 기자는 쉬저우시를 이렇게 묘사했다. "우리는 [쉬저우가] 보기 흉한 오랜 시장 마을이라는 것을 알았다. 도로는 바큇자국이 깊이 패어 있었고, 다 허물어져 가는 2층 건물들에는 피난민이 들끓었다. 병원은 방치된 부상자들로 몹시 붐볐고, 비행장은 극심한 공포에 허둥대는 민간인으로 넘쳐났다. 이들은 물자를 싣고 들어와서 나가는 수송기를 타기 위해 뇌물을 먹이며 서로 싸우는 등 난리를 쳤다."

쉬저우는 "난징과 상하이의 운명이 걸려 있는 중심축"을 형성했다. 마오쩌둥과 그의 장군들은 덩샤오핑[10]이 지휘하는 부대를 도시 남쪽

---

10) 鄧小平(1904~1997). 중화인민공화국의 최고 지도자. 1934년 대장정에 참여했다. 1945년 공산당 중앙위원이 된 후 정무원 부총리, 재정부장, 당 정치국 상무

으로 보내 국민당이 쉬저우에서 빠져나갈 퇴로를 차단하기로 했다. 쉬저우에 주둔하던 장제스의 사령관은 이 위험을 간파하고 남부에 있던 덩샤오핑의 소규모 부대를 공격할 것을 제안했으나, 총사령관은 이를 거부하고 북부에 있던 중국 공산당 주력을 공격할 것을 고집했다. 11월 중순까지 덩샤오핑의 작전은 성공을 거뒀다. 쉬저우의 거대한 국민당 수비대가 고립되었다. 중국 공산당의 통신사는 중국의 군사력 균형이 깨졌다고 선언했다. "오랫동안 질적으로 우세했던 인민해방군은 수적으로도 우세해졌다. 이는 중국 혁명이 승리하고 중국에서 평화가 실현될 날이 머지않았다는 표시다." 공산군 사령관들은 자신들의 부대를 이용해 정부군 부대를 포위하고 고립시켰다. 공산주의자들은 국민당 부대들을 차단하자마자 적에 맞서 훈련을 제대로 받지 못한 의용병들을 투입했다. 이 첫 번째 물결이 국민당의 방어 사격을 정면에서 감당한 후, 노련한 정규 병사들의 두 번째 물결이 적의 전열을 공격했다.[33]

전투가 가까이 다가오자 난징은 절망에 빠졌다. 물가를 통제함으로써 경제에 대한 통제력을 다시 확보하려는 정부의 필사적인 시도는 엄청난 사재기와 그에 뒤이은 급격한 구매 감소를 촉발했다. 한 달 동안 상점주들은 처음에는 물건을 숨겼다가 그 후에는 손님이 없다고 불평하게 되었다. 한편, 좀 더 부유한 수도의 시민들은 전쟁에서

위원 겸 중앙서기처 총서기 등을 역임했다. 1968년 문화대혁명 이래 여러 번 마오쩌둥의 박해를 받았으나 이를 극복하고 1978~1983년에는 중국인민정치협상회의 주석, 1981~1989년 중화인민공화국 중앙군사위원회 주석을 지냈다.

공산주의자들이 예상대로 승리할 경우 홍콩과 상하이의 피난처로 옮길 준비를 했다. 외국인들의 두 번째 탈출은 주택 시장에서 공급 과잉을 유발했다. 한 미국 통신원은 난징의 분위기를 '으스스하다'고 묘사했다. 툭하면 전기가 나갔다. 계엄령과 밤 11시 정부 통행금지를 시행하는 가운데 경찰관들이 착검한 총을 들고 거리를 순찰했다. 대부분의 주민은 오후 5시 30분에 해가 지기 시작할 때까지 집으로 향했다. 실로 누가 봐도 알 수 있는 유일한 활동 현장은 영화관이었다. 영화관은 자신들을 둘러싼 어수선한 현실에서 도피하고 싶어 한 중국인들로 여전히 혼잡했다.[34]

베이징의 정부군 부대 역시 공산군의 공격에 대비했다. 박격포의 포격 소리가 멀리서 쿵쿵하고 들리자 국민당 병사들은 포위된 도시의 교외 지역에 방어선을 구축했다. 폭파 특공대가 베이징으로 들어가는 진입로에 늘어선 상점들을 완전히 파괴했다. 적군의 수중에 떨어지는 것을 막기 위해서였다. 한편, 국민당 관리들이 도시로 들어가는 성문 밖에서 피난민 그룹을 정지시켜 침투하는 중국 공산당원을 가려낼 요량으로 대열을 수색했다. 도시 성벽 내의 삶은 서서히 멈췄다. 정전과 함께 저녁 8시 통행금지가 어두운 거리에서 사람들을 쫓아냈다. 베이징의 화려한 호텔은 대부분 비었고, 전차도 운행이 중단되었다. 그러나 주민들은 여전히 식량이 충분히 공급되고 수도꼭지에서 물이 흘러나온다는 사실에 감사한 마음이었을 것이다.[35]

1948년 말에 자신만만한 마오쩌둥은 스탈린에게 보낸 전신에서 인상적인 증강을 보고했다. 중국 공산당은 33개 국민당 사단을 에워싸고 베이징, 톈진, 탕구 항을 장악하는 데 목표가 있는 대공세에서 40만 명의 지원 인력과 함께 약 90만 명의 병사를 지휘했다. 그곳으로부터 공산군은 남부에 있는 장제스의 요새들을 전면적으로 공격할 수 있을 것이었다. 마오쩌둥은 대중이 공산주의자들 쪽으로 넘어오는 등 국민당 통치가 붕괴하고 있다고 썼다. 한편, 마오쩌둥은 스탈린에게 "미국 정부의 뻔뻔한 침략 정책이 이미 파탄 지경에 이르렀다"라고 말했다. 마오쩌둥은 이 성공에 비춰 볼 때 3년 반 내에 승리를 거둘 거라고 예견했다. 그의 평가는 너무 비관적인 것으로 밝혀질 터였다.[36] 1949년 1월 말에 중국 공산당은 인구가 2억 1000만 명에 이르는 지역을 통제했다. 이에 비해 국민당이 통제하는 영토는 인구가 2억 6000만 명이었다. 마오쩌둥의 군대는 약 220만 명이었는데, 이는 국민당보다 두 배 많았다. 1949년 1월에 마오쩌둥은 소련 관리에게 "중국 혁명의 군사적 단계는 완수된 것으로 간주되어야 합니다"라고 말했다. 마오쩌둥은 20년간의 투쟁에서 승리를 거두기 직전이었는데도 여전히 겸손했다. 적어도 크렘린의 대표들에게 이야기할 때는 그랬다. 그럼에도 불구하고 소련 관리들은 중국 공산당의 기여가 얼마나 가치 있는지를 알게 되었다. 소련 관리들은 "중국 혁명은 그 자신에게 반제국주의 혁명의 모습을 부여하는 자신만의 길이 있다"고 설명했다. 그들은 중국 혁명이 "아시아 국가들의 혁명 운동에 이론적 가치"를 틀림없이 지니고 있다고 결론 내렸다.[37]

마오쩌둥은 이제 쉬저우의 포위된 수비대와 다시 연계를 맺기 위해 북쪽으로 행군하고 있던 국민당의 제12군을 공격하는 쪽으로 주의를 돌렸다. 중국 공산당 군은 화이허의 강둑을 따라 국민당 군에 함정을 설치하고 북쪽과 동쪽의 강과 언덕 사이로 국민당 군을 몰아넣을 수 있었다. 국민당 사령관들은 이제 상황이 곧 위험해질 것임을 깨닫고 부대에 후퇴하라고 명령했다. 국민당 부대는 1948년 12월 1일 동이 트기 전에 도시에서 철수했다. 12월 15일, 치열한 전투 끝에 인민해방군은 12만 명의 국민당 병사들을 죽이며 제12군의 항복을 받아냈다. 1949년 1월 6일 중국 공산당 사령관들은 쉬저우 수비대에 최후의 공격을 개시했고, 나흘 뒤 약 20만 명의 정부군이 항복했다. 화이허淮河 전투에서 공산주의자들의 결정적인 승리는 놀라운 속도로 다가왔다. 마오쩌둥과 그의 사령관들은 "기쁨에 넘쳤다." 그러나 그들은 이제 자신들이 정복한 거대한 영토를 통치해야 하고, 혁명을 농촌의 기원으로부터 도시의 미래로 옮겨야 하는 이중의 난제에 직면했다.[38]

동북부에서의 패배 소식이 난징에 있던 장제스의 귀에 들어가자 총사령관은 자신이 직면한 재앙의 규모를 비로소 깨닫게 되었다. 그는 "패배한 전투들에 대한 보고가 눈보라처럼 휘몰아치며 들어온다"고 탄식했다. "북중국과 만리장성 아래 지역은 붕괴 직전이다." 장제스는 이제 두 가지 과감한 행동을 고려하기 시작했다. 하나는 정부를 난징에서 타이완으로 옮기는 것이었고, 다른 하나는 사임하는 것이었다. 마오쩌둥 세력과 장제스의 수도 사이에는 장벽이라고 할 만한 게 없었다. 중국 본토 연안에서 약 180킬로미터 떨어져 있는 타이완섬은 장제스의 마지막 요새가 될 터였다. 정치적으로 그의 최후의 휴양지는 사임일 것이었다. 장제스는 하야함으로써 "무능력한 당, 군부, 정부 기구를 뒤흔들고 정치의 교착상태를 타개하며 무에서 새롭게 시작하기 위해 정비할 준비를 할" 수 있을 것이라고 썼다. 1949년 첫 몇 주 동안 중국의 항구들로부터 국민당의 자원과 관리들이 점점 더 많이 빠져나갔다. 장제스의 전기 작가는 다음과 같이 설명했다. "정부 관리, 상인, 실업가와 그들의 가족들이 화물선, 연락선, 예인선 등 타이완해협을 건너는 데 사용할 수 있는 온갖 종류의 배에 빽빽하게 올라탔다. 엄청난 군부대도 무기와 함께 부두를 가득 메웠다."[39]

마오쩌둥의 사령관들이 화이하이 공세로 장제스의 군대에 궤멸적인 타격을 가한 바로 그 순간에도 린뱌오는 북부에서 공세를 계속했다. 양쯔강 북쪽으로 국민당이 통제하는 마지막 지역은 대도시인 톈진과 베이징으로 이뤄져 있었는데, 이 도시들은 푸쭤이[11] 장군과 남아 있던 일부 국민당 최정예 부대가 장악하고 있었다. 푸쭤이와 린뱌오 둘 다 남쪽에서 정부군이 궤멸적인 패배를 당한 후 두 도시의 함락이 불가피하다는 것을 알았다. 공산주의자들은 두 도시의 산업 기반 시설을 파괴하고 싶지 않았고, 푸쭤이는 유서 깊은 수도인 베이징이 전투로 폐허가 될까 봐 머뭇거렸다. 그리하여 푸쭤이는 중국 공산당과 명예로운 항복 협상을 시작했다. 1949년 1월 15일 톈진이 공산군에 함락당했다. 엿새 뒤 푸쭤이는 베이징을 사실상 고스란히 공산주의자들에 넘겨준, 린뱌오와의 '타협'을 수용했다. 푸쭤이의 군대는 인민해방군에 편입되었고, 장군 자신은 중국 공산당의 사령관이 되었다.[40] 난징에서는 스튜어트 대사가 공산군이 마음만 먹으면 일주일

---

11) 傅作義(1895~1974). 중국의 군사 지도자. 중일전쟁 당시 쑤이위안성을 일본군으로부터 방어한 것으로 유명해졌다. 국공 내전 막바지에 베이징 인근에서 공산군에 항복했다. 그 후 중화인민공화국 정부에서 수리부장으로 일하며 수자원을 관장했다.

베이징에 입성하는
중공군. (1949년)

내에 도시를 차지할 수 있을 것 같다고 보고했다. 공산주의자들은 막 남쪽으로 이동하려 하고 있고, 어떤 것도 그들을 막을 수가 없는 것처럼 보인다고 스튜어트는 설명했다.[41]

공산주의자들이 북중국 평원(화베이 평원)을 확고히 통제하자 장제스는 내밀 카드가 거의 남지 않았다. 장제스는 양쯔강을 북부 방어선으로 이용하면서 남부 중국에서 정권을 유지하려 애쓴다든지, 남서쪽으로 후퇴해서 마오쩌둥의 정권에 맞서 저항한다든지, 아니면 타이완으로 도주할 수 있었다. 총사령관이 난징을 방어하는 결정을 내렸다고 용감하게 선언했지만, 타이완으로 정권이 도피하는 작업은 이미 무리 없이 진행 중이었다. 제2차 세계대전이 끝난 이래 국민당은 식민지에 대한 통제를 확고히 해왔다. 1947년 2월부터 반국민당 폭동에 대응해 장제스의 세력은 수천 명의 지식인과 공동체 지도자들을 섬에서 일소하는 등 타이완 저항자들을 야만적으로 탄압했다. 1949년 초까지 장제스는 섬을 자신의 최후 보루로 변모시켰다. 그사이 본토는 전쟁으로 황폐해졌다. 리버먼은 완전한 파괴의 현장을 다음과 같이 묘사했다. "대포로 맹공당한 마을은 연기를 내뿜었으며, 원시적인 초가집은 사람이 떠나 아무도 없고 들판은 경작되지 않은 채로 방치되었다. 장쑤성, 안후이성, 허난성의 전쟁터에는 군복 차림의 무지한 사람들이 죽어 있었다. 뒤틀린 시신을 보니 그들이 무엇을 위해 싸웠는지 과연 알고나 있었는지 궁금했다. 부상자들은 엎드려 기고 다리를 절며 전선으로 되돌아오거나, 군대가 징발한 학교의 차가운 맨바닥에 긴 열을 이루며 보살핌도 받지 못하고 누워 있거나, 아니면 톈진과 상하이의 거리에서 구걸을 했다."

북부에서 전열을 정비한 후 중국 공산당은 짧은 기간 장제스의 총통 권한대행을 맡은 리쭝런[12]과 일련의 강압적인 협상을 개시했다. 장제스는 1949년 1월 21일 총통직을 사임했다. 4월 15일, 공산주의자들은 리쭝런에게 최후통첩을 전달했다. 닷새 뒤 리쭝런은 최후통첩을 거부했고, 마오쩌둥의 사령관들은 국민당 수도를 향해 다시 돌진할 준비를 했다.[42]

공산군에게 남아 있는 최대 장애물은 중국 대륙의 5분의 1에 물을 대는, 길이 6300킬로미터의 양쯔강이었다. 마오쩌둥의 부대는 북부 강기슭을 차지했다. 남부 강기슭에는 장제스의 수도인 난징이 자리해 있다. 4월 20일, 마오쩌둥은 자신의 군대에 강을 건너 도시를

12) 李宗仁(1890~1969). 중화민국의 군인, 정치가. 1948년 4월 중화민국의 부총통이 되었고, 1949년 1월 21일 장제스가 사임하면서 총통 권한대행을 맡았다. 1950년 미국으로 망명했으나 1965년 중화인민공화국으로 입국해 베이징에서 사망했다.

점령하라는 명령을 내렸다. 한 미국인 기자는 공산주의 부대가 "수천 척의 정크, 삼판, 발동기정에 빽빽이 올라타고" 520킬로미터 길이의 양쯔강 전선을 돌파했다고 썼다. 거의 32만 5000명에 이르는 이 지역의 국민당 병사들은 제대로 저항도 하지 못했고, 중국 공산당 사령관들은 최소한의 손실만 입은 채 도강에 성공했다. 난징의 서방 기자들은 4월 23일 아침 포격 소리에 잠을 깼다. 국민당 수비대는 난징을 포기했다. 도시의 북부 성문들은 무방비 상태로 열려 있었고, 약탈자들이 국민당 수도를 휩쓸었다. 도시의 경찰관들이 제복을 벗고 군중 속으로 사라지면서 거리에는 대혼란이 발생했다. 지역 지도자들이 공산주의자들이 권위를 물려받을 때까지 질서를 회복하려 애를 썼지만, 폐허로 변한 건물들에서는 후퇴하는 국민당 부대가 지른 불이 곳곳에서 타올랐다. 국민당 사령관들이 탄약과 연료 창고를 파괴하면서 폭발이 양쯔강변을 뒤흔들었다. 그사이에 남아 있던 마지막 국민당 관리들은 귀중품과 호화로운 가구, 심지어 피아노까지 끌고서 상하이로 향하는 비행기에 앞다퉈 올라탔다. 미국 대사는 다음과 같이 불만을 토로했다. "우스꽝스럽게도 공산주의자들이 양쯔강을 손쉽게 넘을 수 있었던 것은 핵심 지점에서의 태만과 상급 사령부에서의 의견 충돌, 효과적인 지원에 실패한 공군 덕분[이었다]."[43]

인민해방군은 공세를 계속 취해 5월 3일 항저우를 점령하고 상업 중심 도시인 상하이에 다가섰다. 상하이의 장제스 사령관들은 해자를 파고 3미터 높이의 방책을 세우며 도시를 '제2의 스탈린그라드'로 만들겠다는 의향을 공표했다. 한 미국인 기자에 따르면, 폭파 특공대가 "중국에서 가장 멋진 몇몇 주택"이 있는 상하이 교외에서 폭 800

미터의 땅에 들어서 있는 모든 것을 완전히 파괴했다. 국민당은 방어 시설의 '마지노선'을 만드는 노력의 일환으로 농촌 마을과 함께 탑과 대저택, 온실, 다리, 과수원을 남김없이 무너뜨렸다. 그러나 도시에 있던 국민당 부대 대부분은 저항보다는 소개에 더 관심이 있었다. 5월 25일에 중국 공산당은 상하이로 진격했고, 10만여 명을 포로로 잡았다. 경찰서와 토치카에 있던 국민당의 방어 진지는 백기를 내걸었다. 버려진 비행장에서 석유에 불이 붙으면서 걷잡을 수 없이 커져버린 붉은 화염이 밤하늘을 가로질러 퍼져 나가는 가운데, 미국 영사관 직원들은 쑤저우허蘇州河의 강둑을 따라 마지막으로 소규모 접전이 벌어지는 것을 지켜보았다. 양쯔강을 건넌 후 대략 4주 만에 인민해방군은 전부 합해 프랑스 영토보다 더 큰 영토를 점령했다.[44]

3주 뒤 마오쩌둥은 스탈린에게 전신으로 그의 세력이 거둔 군사적 성과를 보고했다. 그는 3년 동안 전투를 치르면서 인민해방군이 '559만 명'을 죽였다고 자랑했다. 마오쩌둥은 국민당 세력은 불과 50만 명밖에 남지 않았다고 추산했다. 그는 "이들은 국민당 세력의 미미한 잔당입니다"라고 썼다. "그들을 궤멸하는 데 그렇게 오래 걸리지 않을 것입니다."[45] 미국 CIA 관리들은 얼마간 이에 동의했다. 1949년 4월에 작성된 보고서에서는 모스크바가 중국을 "세계 지배" 추구의 일환으로 소련 궤도에 진입시키려 하고 있다고 경고했다. 보고서는 다음과 같이 덧붙였다. 크렘린은 "중국을 소련의 동남아시아 침투와 (…) 인도-파키스탄 및 전략적으로 중요한 중근동 지역의 측면 포위, 그리고 종국적으로는 아시아 대륙 전체와 서태평양의 통제를 촉진하는 전진기지로" 이용하기를 바라고 있다.[46]

국민당의 방어가 무너졌다. 정부군이 남서부와 장제스의 타이완 기지로 도주하자 마오쩌둥과 공산주의자들은 네 가지 새로운 난제에 직면했다. 첫 번째 난제는 본래 농촌 혁명이었던 이 변혁을 중국의 대도시들로 옮기는 과업과 관계되었다. 마오쩌둥과 그의 사령관들은 그들의 부대가 이 새로운 도시 환경에서 타락해 서서히 은밀하게 퍼지는 일련의 새로운 위험에 직면할 수 있다고 우려했다. 중국 공산당 지도부는 또 미국이 곧 전쟁에 개입할 수도 있다고 걱정했다. 양쯔강 도강, 상하이 함락, 국민당 권력의 붕괴는 미국 지도자들로 하여금 중국을 공산주의자들로부터 '구원'하는 최후의 노력으로 이 싸움에 뛰어들게 할 수도 있을 터였다. 게다가 마오쩌둥은 중국 남부와 서부 지역을 장제스 정권의 잔당들에게 그냥 내맡길 수도 없다고 확신했다. 그렇게 하면 장제스나 다른 국민당원들이 중국의 주변부에 독립적인 정권을 세울 위험이 커지며, 이는 마오쩌둥의 혁명을 끊임없이 위협하게 될 것이었다. 하지만 장제스 세력을 추적하면 피를 흘릴 수밖에 없을 터였다. 6월에 산시성으로 떠난 중국 공산당 원정군은 15만 명의 병사를 잃는 등 거의 전멸당할 뻔했다. 끝으로, 장제스의 타이완 요새에 대한 최후의 공격(1949년 중국 공산당이 진먼섬을 점령하는 데 실패하면서 더욱 골치가 아파졌다)은 마오쩌둥과 인민해방군에게 매우 벅찬 도전이었다. 그럼에도 심지어 가장 열렬한 장제스 지지자들에게도 그들이 전쟁에서 패했다는 사실은 분명했다. 마오쩌둥과 중국 공산당은 승리를 거뒀다.[47]

옌안에서 세계로

1949년 10월 1일, 10만 청중이 승리한 게릴라 사령관 마오쩌둥이 공산주의 혁명의 승리를 선포하는 것을 듣기 위해 베이징의 자금성 앞 광장을 가득 메웠다. 오후의 태양이 군중의 머리 위로 뜨겁게 내리쬐고 있는 가운데 마오쩌둥은 선언했다. "우리 4억 7500만 중국 인민은 떨쳐 일어섰고, 우리의 미래는 한없이 밝습니다." 군중은 인민해방군이 "마오쩌둥 주석 만세"라고 외치며 열병식을 거행하는 모습을 지켜보았다. 그 후 어둠이 도시에 찾아오자 새로운 중국의 탄생을 축하하는 불꽃놀이가 밤하늘에 펼쳐졌다. 이튿날 소련은 중화인민공화국을 인정했고, 전 세계의 공산당들로부터 축하의 인사가 서서히 들어오기 시작했다.[48] 1945년 이후 중국 내전의 이 마지막 단계에서 모두 합해 200만 명 이상이 죽었지만, 혁명이 아직 확실히 안정된 것은 아니었다. 마오쩌둥은 중화인민공화국이 공산주의 세계의 가장 약한 전선으로서 서방 개입의 표적이 될 가능성이 가장 큰 나라가 될까 봐 우려했다. 장제스 역시 두 초강대국 사이의 충돌이 머지않았다고 예측했다. 총사령관은 그의 부관들에게 용기를 내라고 말하며 임박한 제3차 세계대전이 중국 공산당의 지배에서 중국을 해방할 것이라고 약속했다. 그리하여 마오쩌둥과 장제스 모두 내전에 대한 관심이 중국 자체의 정치적 운명보다 더 크다고 인정했다. 실제로는 중국의 운명은 국제 시스템 전체에 중요했다.[49]

마오쩌둥의 세력은 잘 조직된 소규모의 헌신적 혁명가들의 기간요원들이 훨씬 많은 자원에 접근할 기회가 있는 수적으로 우세한 정부 세력에 도전할 수 있다는 사실을 보여주었다. 중국 공산당의 승리는 주로 장제스 정권의 비효율성과 무능력에 의존했으나, 전 세계의 야심 찬 혁명가들에 전하는 메시지는 명확한 것 같았다. 역사의 흐름이 민족 해방에 유리한 쪽으로 움직이고 있다는 것이었다. 막 발생하고 있는 냉전 투쟁의 맥락에서 해석된 중국 내전은 국제 공산주의에 분명한 승리의 신호처럼 보였다. 마오쩌둥은 국제 정세에서 중화인민공화국이 어떤 역할을 할 것인지 그 계획을 짜면서 모스크바와 베이징 사이의 동반자 관계를 상정했다. 모스크바가 국제 공산주의 운동의 중심으로 남아 있는 동안, 베이징은 공산주의를 동아시아 전역으로 확산하는 책무를 맡았다. 마오쩌둥의 마음속에서 중국은 제일 앞장서서 일본, 한국, 버마, 필리핀 같은 곳에 사회주의혁명을 확산하는 나라였다. 마오쩌둥 목록의 제일 위에는 인도차이나와 60세의 베트남 공산당 지도자 호찌민[13]이 있었다.[50] 1950년 1월에 CIA는 중국 공산주의자들이 "동남아시아를 위한 그들의 혁명 프로그램을 즉시 가동하라"는 모스크바의 격려를 수용한 징후가 있다고 경고했다.[51] 중국 공산당의 승리는 중국에서뿐 아니라 더욱 광범한 세계에서 냉전

13) Ho Chi Minh(1890~1969). 베트남의 정치가. 베트남민주공화국 초대 대통령이다. 1930년에 홍콩에서 베트남 공산당(뒤에 인도차이나 공산당)을 창설한 뒤 1941년 베트남에 잠입하여, 인도차이나 공산당을 주축으로 베트남독립동맹(베트민)을 결성하고 총투쟁을 준비했다. 1945년 8월 하노이를 점령한 뒤 베트남민주공화국을 선포하고 대통령에 취임했다. 1954년 제네바협정이 체결되어 그의 북베트남 정권이 확인되었지만, 1955년 남베트남에 반공산주의 베트남 정권이 수립되자 베트남 재통일을 위한 투쟁을 전개했다. 미국과의 치열한 전투를 계속 진행하다 1969년 9월에 사망했다.

의 역동성을 변화시켰다.

초강대국들은 중국 내전에 내키지 않아 하면서 제한적으로 개입했다. 트루먼도, 스탈린도 내전에 폭넓게 개입하려 하지 않았다. 또 그들은 중국을 세계의 4대 경찰국 중 하나로 대우한 얄타협정의 조항을 폐기하고 싶어 하지 않았다. 실제로 1946년 현재 워싱턴과 모스크바는 최소한 서류상으로는 국민당과 동맹 관계에 있었다. 게다가 양 정부는 경쟁자를 자극하여 중국에 좀 더 많이 관여하게 만드는 행동을 취하지 않도록 조심했다. 냉전 초기에 초강대국들의 경쟁이 중국 같은 세계의 구석진 곳으로 확산될지는 분명하지 않았다. 이런 의미에서 냉전 투쟁의 시합에 제3세계를 참여시킨 사람은 트루먼과 스탈린이라기보다는 마오쩌둥과 장제스였다. 두 중국 지도자는 초강대국들을 각자 자기 정당의 의지에 따르게 함으로써 그들의 후원을 획득하고 유지하려 했다. 이란과 튀르키예에서 위기가 발생했지만, 중국은 포스트식민주의 세계에서 진정으로 냉전의 결정적인 전투가 처음 벌어진 곳이었고, 지역 행위자들이 미국-소련 경쟁을 지구의 새로운 지방으로 끌어들이는 데 중심적인 역할을 했다.

지역 행위자들이 내전에서 주도권을 쥐고 있었음에도 불구하고, 이 충돌은 두 초강대국에 극적인 반향을 일으켰다. 장제스 정권의 붕괴는 미국의 정치 시스템에 충격파를 보내, 트루먼 행정부와 민주당이 중국을 '잃었다'는 비난을 초래했다. 리처드 밀하우스 닉슨[14](그

14) Richard Milhous Nixon(1913~1994). 미국의 정치가. 1953년 1월 아이젠하워 정권의 부통령으로 취임했고, 1956년에 재선되었다. 1960년의 대통령 선거에 공

리고 뒤에는 조지프 레이먼드 매카시[15]) 같은 워싱턴의 저명한 공화당원들은 국내 정치에서 이득을 얻으려고 이 상황을 이용했고, 그 과정에서 미국에 '적색 공포'를 불러일으켰다. 이 피해망상 분위기는 상당수의 지역 전문가들을 국무부에서 쫓아냄으로써 아시아에서 미래의 미국 외교를 방해하는 장기적인 충격을 가할 터였다. 그것은 또 워싱턴에서 트루먼 행정부에 동아시아의 공산주의와 일반적으로는 소련에 대해 점점 더 대결적 자세를 취하도록 추가 압박을 가하는 정치 환경을 창출하는 데도 일조했다. 미국은 1948년에는 중국에 대한 대규모 군사적 개입을 거의 생각할 수도 없었지만, 1950년에는 한국에서 바로 그와 같은 행동을 개시할 태세가 되어 있을 터였다.

중국 공산주의자들의 승리는 모스크바도 깜짝 놀라게 했다. 소련 지도자들은 동양에서 일어난 사태의 전환을 찬양할 수밖에 없었으나, 마오쩌둥의 승리는 마르크스주의 이론을 뒤집는 듯이 보였다. 중국은 고도로 산업화된 국가가 아니었고, 중국 혁명은 프롤레타리아 혁명이 아니었다. 게다가 중국 공산당은 소련 공산당의 중국 지부로

화당 후보로 출마해 근소한 표차로 케네디에게 패했지만, 1968년 선거에서 제37대 대통령으로 당선되어 정계에 복귀했다. 그러나 3대 공약인 베트남전쟁 조기 해결, 경제 회복, 국내 통합은 실현하지 못했다. 중국 방문으로 실질적인 국교 회복을 이루었고, 소련과의 데탕트를 추진했다. 1972년 대통령에 재선되었으나 '워터게이트 사건'으로 1974년 8월에 사임했다.

15) Joseph Raymond McCarthy(1908~1957). 미국의 정치가. 위스콘신주의 연방 상원의원을 지냈다. 1950~1954년 동안 미국 역사상 유례가 없는 극단적인 반공산주의 사상을 표명하며, 공산주의 색채를 의심받은 미국 유명 인사에 대한 청문·고발·추방 활동을 벌인 일로 악명이 높다.

기능하지 않았다. 마오쩌둥의 혁명가들은 모스크바와는 관계없이 활동했는데, 이 사실은 스탈린을 애먹이고 일부 미국 관리들에게 희망을 주었다. 상하이의 미국 총영사는 다음과 같이 주장했다.

> 중국 공산주의자들이 백 퍼센트 크렘린에 복종하는 것은 아니다. (…) 그들의 당은 서방과의 관계 같은 중차대한 문제에 관해 기본적인 사고가 획일적이지는 않으며 (…) 소련은 중국 공산주의의 성공이 그리 기쁜 것도 아니다. (…) 역사적 시각에서 상황을 보면, 소련이 대체로 [그들] 자신의 노력으로 권좌에 오르고 무력으로 거의 굴복시킬 수 없는 중국 공산주의자들을 통해 중국에 무한정 통제력을 발휘하는 일은 본질적으로 일어날 것 같지 않다. 필수적인 질문은 결별이 2년 후에 올 것인가, 아니면 200년 후에 올 것인가다. 우리 자신의 정책은 이것에 깊이 영향을 미칠 것이다.[52]

미국 지도자들이 베이징과 모스크바의 이 균열을 이용하는 데는 또 다른 20년이 걸릴 터였다. 당분간 중국의 승리는 모스크바가 베이징에 대한 보호와 지원을 확대하고 그럼으로써 공산주의 블록의 방어선을 확장하게끔 만들었다. 향후 중국은 몇백만 명의 병사로 이루어진 가공할 군대를 통솔하면서, 혼자 힘으로 세계 무대에 강력한 행위자로 나타날 것이었다.

궁극적으로 중국 공산당이 옌안에서 베이징으로 이동한 것은 지구적인 의의를 지녔다. 마오쩌둥은 냉전을 제3세계로 가져왔다. 한 역사가는 그럼으로써 중국 공산당-국민당 충돌은 "동아시아를 냉전의 주요 전장"으로 만들었다고 설명한다. 마오쩌둥의 승리는 최초의 대전환점을 나타냈다. 1945년 이후 중국 혁명의 부활은 냉전의 킬링 필드에서 최초의 주요 전선을 불붙이는 데 일조했고, 이것은 서방 열강에는 공산주의가 동아시아에서 총공세에 나선 것처럼 보였다. 못지않게 중요한 것은 중국 공산당의 혁명이 냉전을 지구적인 탈식민지화 투쟁과 연결시켰다는 사실이었다. 마오쩌둥식 사회주의혁명은 식민지 억압에 맞서 투쟁하는 사람들에게 하나의 무기가 되었다. 마오쩌둥의 체계에서는 탈식민지화와 민족 해방에 대한 요구가 계급투쟁이라는 수사를 대신했다.[53]

중국 공산당의 승리를 뒤쫓아 한국, 프랑스령 인도차이나, 알제리, 중동, 라틴아메리카의 반식민주의 혁명가들은 전부 그들 자신의 무장투쟁을 위한 영감의 원천으로서 마오쩌둥의 게릴라 모델에 주목했다. 중국 공산당의 승리는 냉전 국제 시스템 주위에 크게 울려 퍼지면서, 주요 행위자로서 베이징의 등장을 나타내고 개발 도상 세계에 들어맞는 새로운 방식의 사회주의혁명이 출현했음을 알렸다. 아시아의 남부 가장자리 전체에서 호弧 모양으로 발생한 일련의 포스트식민주의 해방전쟁은 중국에서 중국 공산당이 승리를 거두는 것으로 시작했다. 마오쩌둥의 혁명 세력은 옌안에서 초라하게 시작했지만, 이 시작으로 이제 세계를 완전히 바꿔놓을 예정인 하나의 운동을 풀어놓았다.

4

한국 개입

1945~1950

"우리가 한국의 기대를 저버린다면,
소련은 아시아를 한 조각 한 조각 계속 삼켜버릴 것입니다.
만일 우리가 아시아를 포기한다면 근동이 무너질 것이고,
유럽에서 무슨 일이 벌어질지 아무도 모릅니다."

해리 S. 트루먼

4

1950년 여름에 냉전과 중국 혁명이 풀어놓은 힘들이 가장 그럴 것 같지 않은 장소인 한국에 집중되었다. 외부인들에게 '은둔의 왕국'이라고 불리던 20세기 전의 한국은 외부 세계로부터 대체로 고립된 상태였다. 한 서방 기자는 이 반도 국가를 다음과 같이 묘사했다. "작은 나무들이 그루터기처럼 남은 바위산들이 뒤얽히고 뒤틀려 있으며, 북쪽에는 눈이 덮여 있고 많은 시내와 강이 흐른다. (…) 계곡과 계단 모양의 언덕 위에는 녹색과 황금색, 노란색의 굉장히 멋진 무늬를 이룬 논들이 있다. 이 무늬 사이에 이따금 조지아주의 찰흙처럼 붉고, 달에 있는 산들처럼 주름진 황무지가 끼어 있다."[1] 1910년 일본의 한국 점령은 이 고립을 36년 동안의 야만적인 식민주의로 대체했다. 1945년에 미군과 소련군이 갓 해방된 한반도를 점령했다. 어느 초강대국도 전략적으로 하찮은 세계의 구석이라고 믿는 이 지역을 위해 야심 찬 계획 같은 것은 마련하지 않았다. 하지만 비극적이게도 중국 혁명의 충격과 증가하는 냉전 투쟁의 중요성은 세계정세에서 한국의 위상을 극적으로 변화시킬 터였다.

1950년부터 1953년 사이에 한반도는 아시아에서 미국이 벌인 대對공산주의 전쟁의 중심 무대이자 냉전 동안 개발 도상 세계에서 초강대국이 진행한 직접적인 군사적 개입의 첫 사례 역할을 했다. 중국 혁명은 워싱턴과 모스크바가 아시아에서 막 발생하고 있던 냉전의 중대함에 눈뜨게 했다. 스탈린과 마오쩌둥이 한국과 포스트식민주의 세계에서 민족주의 요소들을 이용하려 애쓰는 동안, 트루먼과 그의 자문관들은 그들이 폭넓은 공산주의의 맹공격이라고 우려한 것에 맞서 주요 성채들을 강화할 준비를 했다. 워싱턴도, 모스크바도 처음에는 한반도를 필수적인 이해관계가 걸린 지역으로 여기지 않았으나 냉전의 렌즈를 통해 한국을 중추적인 지역으로 보게 되었다. 한국인들은 초강대국의 개입과 세계에서 가장 인구가 많은 국가의 침공으로 대학살이 벌어지는 가운데 계속 내전을 치를 터였다.[2] 트루먼의 개입 결정은 1945년 이후의 시기에 개발 도상 세계에서 일어난 일련의 전쟁 중 첫 번째 전쟁 속으로 미국을 끌어들였다. 한국전쟁은 미국의 봉쇄정책을 실질적으로 군사화했고, 냉전이 제3세계의 전장들에서 벌어지도록 보장하는 데 일조했다.

이 싸움은 3년 동안 (한반도 인구의 10퍼센트에 상당하는) 300만 명 이상을 죽이는 등 아마도 1945년 이후 시기에 가장 격렬했을 폭력을 분출시켰다. 양측은 수천 명씩 민간인들을 학살했으며, 악랄한 잔혹행위를 일삼았다. 한국에서 세계의 두 강대국이 충돌할 것이며, 그중 하나인 미국은 채 10년도 되지 않아 두 번째로 핵무기를 사용하는 방안을 심사숙고할 터였다. 수만 명에 이르는 보병들이 인해전술, 시가전과 참호전, 장기 전역戰役, 긴 한반도를 오르내리며 진행된 참혹한 후퇴 속에서 사망했다. 남한 정부가 자리한 서울은 북적거리는 수도에서 연기만 풀풀 나는 폐허의 미로로 변했다. 3년 동안 벌어진 야만적인 지상전과 공중폭격은 수십 개의 도시와 마을을 지도에서 지워버렸다.[3] 태평양의 가장자리인 이곳에서 워싱턴은 개발 도상 세계로 공산주의가 팽창하는 것을 막기 위해 처음으로 전면적인 개입을 단행했다.

분단과 내전

1945년 가을 미군 병사들이 서울에 입성했을 때 누구도 이와 같은 대재앙을 예측하지 못했다. 서울은 산으로 둘러싸여 있고 100만여 명이 거주하는 550년 역사의 유서 깊은 도시였다. 한 서방 기자는 다음과 같이 썼다. "가을 공기는 상쾌하고 깨끗했다. 독수리들이 하얀 구름을 배경으로 머리 위를 선회했고, 그들의 그림자가 궁전과 오두막집, 다 쓰러져 가는 절과 서양식 건물들을 가로질렀다." 미군 차량들이 손수레와 자전거, 보행자들로 붐비는 거리를 지나갔고, 휴가 나온 병사들이 미로 같은 골목길과 옆길을 이리저리 쏘다녔다.[4]

중국의 전쟁처럼 한국에서 벌어진 충돌도 냉전과 초강대국의 개입 이전에 시작되었다. 한국전쟁은 그 발단이라는 면에서 일본 제국의 붕괴로 야기된 하나의 혁명이었다. 일본은 1910년 태평양 제국을 건설하기 위한 시도의 일환으로 한반도에 대한 군사적 통제를 수립했다. 그 후 36년 동안 도쿄는 대체로 빈곤하고 교육을 받지 못한 농업 사회를 지배했다. 이 사회에서 모국어는 억압당했고, 수백만 명의 농민들은 거의 노예와 다름없게 되었다. 점령된 한국 내부에서는 민족주의자들과 공산주의자들이 일본과 싸우면서 서서히 정치적 기반을 다지는 동시에 1945년 이후 내전으로 비화할 토대를 놓고 있었다. 하지만 제2차 세계대전에서 미국이 일본 제국을 파괴하자 이 식민 통치는 갑자기 종언을 고했고, 연합국이 한반도를 통제하게 되었다.[5]

미국과 소련 지도자들은 전쟁 이후의 점령에 대해서는 별로 생각해 본 적이 없었다. 일본이 항복한 날인 1945년 8월 14일 저녁 늦게 미국 관리들인 데이비드 딘 러스크[1)]와 찰스 하트웰 보네스틸[2)] 대령이 회의를 마치고 옆방으로 들어가 소련 점령군과 미국 점령군이 한국을 분할하는 제안서를 작성했다. 한국에 대해 잘 알지 못했던 그들은 《내셔널 지오그래픽National Geographic》에 있는 지도를 이용해 서울을 미국의 통제 아래 두는 식으로 민족을 둘로 나눴다. 러스크는 38도선이 "경제적으로나 지리적으로나 말도 되지 않는 선이었다"라고 회고할 테지만, 시간이 절대적으로 중요했다. 러스크와 보네스틸은 계획을 제안했고, 그들의 상관들과 소련은 이를 수용했다. 모스크바와 워싱턴은 각각 이 지역에서 경쟁자의 영향력이 커질 것을 우려했고, 북부 아시아의 후미라고 여겨지는 이곳을 공동으로 신탁 통치하는 구상을 흔쾌히 받아들였다.[6]

그러나 남한의 미국 당국은 포스트식민주의 국가 건설이라는 복잡한 과제를 시작할 준비가 잘 되어 있지 않았다. 36년간의 일본 통

---

1) David Dean Rusk(1909~1994). 미국의 정치인. 1961~1968년에 케네디 대통령과 존슨 대통령 밑에서 국무장관을 지냈다.

2) Charles Hartwell Bonesteel(1909~1977). 미국의 군인. 제2차 세계대전에 참전했으며, 1961~1962년에 제24보병사단 사단장, 1962~1963년에 제7군단 군단장, 1966~1969년에 주한 미군 사령관을 역임했다.

치는 사회를 혁명 직전 상태로 만들어놓았다. 일본군이 물러나자 인민위원회가 한반도 전역에 결성되어 독립과 대대적인 정치적·경제적 개혁을 요구했다. 미국 점령군은 급변하는 사회적 상황에 직면했다. 농촌에서 소작농이 지주와 싸우는 동안 도시에서는 서로 경쟁하는 정치적 파벌들이 권력을 자치하려고 다퉜다. 점령군 사령관이었던 존 리드 하지[3] 장군은 남한을 "일촉즉발의 상태"라고 묘사했다. 하지는 가장 큰 위협이 크렘린과 한국의 좌익분자들 사이의 협력 가능성으로부터 비롯할 것으로 판단했다. 거세지는 급진주의를 우려한 하지는 한국 민족주의자들을 제쳐놓고 그 대신 일본군 잔재 세력 및 지역 협력자들과 일하는 쪽을 선택했다. 게다가 하지는 나라의 남쪽 절반에 별개의 행정 및 방위 조직을 설립하기 시작했는데, 워싱턴의 일부 관리들은 이를 보고 북한을 소련 영향력 아래 둘 영구 분단의 위험에 대해 걱정했다.[7]

즉각 이 임시 행정 조치는 한국을 북한과 남한으로 영구히 나누는 토대가 되었다. 남한에서 중도파와 보수주의자들로 이뤄진 연립정부를 수립하려는 시도가 실패로 돌아간 뒤, 미국 관리들은 친서방 정치인인 이승만을 새 체제의 지도자로 선택했다. 70세의 이 민족주의자는 조지워싱턴대학교, 하버드대학교, 프린스턴대학교에서 공부했다. 일본으로부터 한국을 독립시킬 것을 옹호한 이승만은 1896년

---

3) John Reed Hodge(1893~1963). 미국의 군인, 정치인, 외교관. 제1차 세계대전과 제2차 세계대전에 모두 참전했고, 1945년 제2차 세계대전 종전 당시 미국 육군 제24군단장이었다. 1945~1948년에는 주한 미군 사령관 및 미군정청 군정 사령관으로 활동했다.

부터 적극적으로 정치 활동을 했다. 미국이 일본에 승리하자 이승만은 새로운 독립 한국을 건설하는 데 역할을 하기를 간절히 바라면서 본국으로 귀환했다. 하지만 이승만은 단순히 미국의 꼭두각시가 아닌 것으로 밝혀졌다. 이승만은 은행가와 지주들 사이에서 지지를 얻기 위해 열심히 일했고, 나라에서 가장 유력한 보수주의 지도자 중 한 사람이 되었다. 이러한 위치에서 이승만은 1946년부터 1947년 사이에 진행된, 통일 한국을 형성하기 위한 미국-소련 사이의 협상을 훼손하고자 했다. 광범한 연립의 가능성을 공격함으로써 이승만은 좌익 정권이 주도하는 통합 한국과 보수주의 정부가 서울에 들어선 분단 한국 사이에서 미국이 선택할 수밖에 없게 하는 데 일조했다. 워싱턴은 1948년 이승만의 리더십 아래 남한, 즉 대한민국 정부가 수립되는 것을 묵인했다.[8]

미국이 남한에서 친서방 정권을 수립하는 사이 모스크바는 북한에서 공산주의 시스템을 위한 토대를 놓았다. 평양에서 지도자가 될 사람은 김일성이었다. 김일성의 젊은 시절이 정확히 어땠는지는 불분명하고 북한의 칭송 일색인 전기와 남한의 반공 선전으로 왜곡되어 있지만, 일반적인 이야기는 잘 알려져 있다. 1912년 평양 외곽의 만경봉 기슭에 자리 잡은 아름다운 마을에서 태어난 김일성은 1920년 가족과 함께 만주로 이주했다. 1932년 무렵 김일성은 만주와 한국에서 일본군을 상대로 활동하던 게릴라 무리에 가담했다. 중국에서 싸우면서 그는 중국인 상관이었던 웨이정민[4]에게서 마오쩌둥주의 정치

---

4) 魏拯民(1909~1941). 1927년 중국 공산당에 입당하여 항일 무장투쟁에 적극

교육을 받았다. 김일성은 게릴라 사령관으로서 특출했으며, 1937년 6월 일본이 점령한 한국의 마을 보천보를 습격할 때 공격을 이끈 것으로 명성을 얻었다. 김일성의 반란자들은 일본 경찰 수 명을 죽이고 관공서 건물 몇 채를 파괴했으며, 4000엔을 탈취해 급히 현장을 떠났다. 이 성공으로 김일성은 일본 관리들이 그의 머리에 현상금을 거는 영예를 얻었다. 일본군에 쫓긴 김일성과 나머지 게릴라들은 1940년 혹은 1941년에 아무르강을 건너 소련으로 도피했다. 김일성은 소련에서 붉은 군대로부터 훈련을 추가로 받았다. 제2차 세계대전이 끝난 뒤 소련 점령지의 관리들은 김일성을 권좌에 올려놓았다.[9]

그러나 김일성과 평양의 당 지도부는 크렘린의 단순한 꼭두각시가 아니었다. 그들은 공산주의 정치 구조를 한국 문화와 사회에 접목하는 데 능숙한 것으로 밝혀졌다. 김일성은 북한 농민들을 당 시스템으로 끌어들이고 주민들을 동원하며 급진적인 토지개혁을 실시하고, 중공업을 국유화하기 위해 애썼다. 향후 몇 년 동안 정권은 김일성이라는 인물에 대해 지속적으로 개인숭배를 도모하고, 교육 시스템·출판사·영화 산업을 이용해 주민들 사이에 강력한 민족주의 경향을 촉진할 것이었다. 끝으로, 정권은 거대하고 효율적인 국가 보안 기관을 설립했다. 그 결과 북한에서 포괄적인 공산주의 혁명이 진행되었으며, 이는 한국 민족주의를 스탈린주의적 정치·경제 시스템과 결합하는 데 놀랍도록 성공적인 혁명인 것으로 드러났다.[10]

적으로 참여했다. 1936년 이후 동북항일연군 제1로군 부총사령관을 지내다 병사했다.

공산주의 북한과 비공산주의 남한으로 한국이 분단된 일은 초강대국의 이익에 봉사했지만, 한국 역사에서 분단은 어떤 근거도 없었다. 실제로 한국은 아주 오랫동안 응집력 있는 문화적 독립체로서 존재해 왔다. 서울과 평양은 나라를 양분하는 인위적 경계에 이의를 제기하도록 운명 지어져 있었다. 남한에 활발한 좌익 운동이 존재했는데, 이는 분단에 대한 정치적 불만에 기름을 부었고 나라를 내전 상태로 몰고 갔다. 한국인들이 국경 바로 너머 중국에서 혁명이 전개되는 광경을 지켜보면서, 많은 이들은 한반도에서 이 과정을 복제하기를 열망했다. 심지어 대한민국 정부가 공식적으로 수립되기도 전에 게릴라전의 형태로 충돌이 벌어질 판이었다.

이 전쟁의 최초의 주요한 발화점은 제주도 남서부에서 좌익 봉기가 발생했던 1948년 4월에 나타났다. 봉기는 1945년부터 제주 정부를 이끌었던 인민위원회가 주도했다. 미군 점령 당국이 좌익 세력을 주류에서 몰아내는 사이, 제주도를 다시 통제하려는 서울의 시도는 반란을 촉발했고, 서울은 야만적이고 압도적인 무력을 사용해 이 반란을 분쇄하기로 결정했다. 대對반란전이 개시되면서 섬의 내륙은 적군 지역으로 지정되었으며, 정부군은 농민들을 해안 지대로 강제 소개하고 반란 지역의 마을을 불태우기 시작했다. 미국 관리들은 평양 라디오가 "미군이 철수하자마자 나라를 휩쓸기로 되어 있는 광범한 무장 저항의 선구"라며 반란에 환호했다고 언급했다. "제주도가 남한에서 혼란과 공포의 씨앗을 뿌리려는 소련의 주요한 노력의 장소로 선택된 것은 소련이 통제하는 라디오에서 뿜어져 나오는 선전의 성격을 볼 때 분명한 사실이다."

한국 군경에 포로가 된 제주도민들. (1948년)

소련 요원들이 작은 북한 어선을 타고 제주도에 침투하고 있었고, 소련의 선박과 잠수함이 앞바다에 숨어 있었다(관련 내용 아래 각주 참조).[5] 미국 관리들은 다음과 같이 경고했다. "제주도에서의 군사행동을 찍은 사진을 보면 정부군도, 게릴라 세력도 모두 비상한 가학적

---

5) 소련이 제주 4·3 사건에 직접 개입했음을 암시하는 저자의 이 진술은 신빙성이 없어 보인다. 저자는 이 진술의 근거를 위해 당시 트루먼 대통령의 특사로 한국에 파견되었던 존 무초가 미 국무장관에 보낸 전신문의 내용을 인용한다. 무초는 전신문에서 소련의 개입을 주장하는 국방장관 신성모의 발언을 보고하는데, 신성모의 발언은 당시 좌익 활동이나 반체제 활동을 소련이 사주하는 것으로 몰아가던 남한 정부와 미군정 당국의 분위기에서 한국 정부의 한 고위 관료가 근거 없이 제기한 일방적인 주장에 지나지 않는 것으로 생각된다. 실제로 이 주장은 지금까지 러시아의 자료를 비롯해 어떤 다른 자료로도 확인되지 않는다.

경향을 보이고 있음이 드러난다. 부녀자와 아이들을 포함하여 마을 사람들을 대량 학살하고, 그런 후 광범한 약탈과 방화가 뒤따랐던 현저한 잔혹 행위가 보고되었다. 때로는 군이 비무장 상태의 마을 사람들에게 앙갚음을 하는 대게릴라 보복 작전을 벌였다."

봉기를 도와준 혐의를 받은 사람들은 정부의 보복, 고문, 심지어 학살의 위협에 직면했다. 1949년 봄에 정부군이 우위를 점했을 무렵, 제주도 마을의 거의 70퍼센트가 불에 탔고 주민의 3분의 1이 정부가 통제하는 마을로 강제 이주된 상태였다. 봉기로 2만 8000명을 조금 밑도는 사람들이 사망했다고 공식 추정되었으나, 제주도 지사는 미국 관리들에게 실제 숫자는 6만 명에 가깝다고 말했다. 이는 주민 다섯 명 중 한 명꼴로 목숨을 잃었음을 의미했다.[11]

제주도에서 유혈 사태가 절정으로 치닫고 있을 때 또 하나의 사건이 국제 헤드라인을 장식했고, 새로 들어선 이승만 정권을 무기력하게 만들 것 같았다. 남한 경찰이 제주도에서 일어난 반란을 진압하려 안간힘을 쓰는 가운데, 서울에서는 군대에 나라 내부의 공산주의 반란자들에 맞서 대게릴라전을 강화하라고 지시했다. 1948년 10월 19일, 막 제주도로 이동하라는 명령을 받은 남한군 제14연대에서 폭동이 발생했다. 폭동을 일으킨 병사들은 남부의 여수시를 장악하여 수천 정의 무기를 수중에 넣고, 약 500명에 이르는 경찰·병사·정부 관리·민간인을 처형했다. 그 후 봉기는 인근의 순천시로 확산했으며, 순천 역시 반란군에게 점령되었다. 서울의 정권은 약 5000명의 충직한 병력으로 이루어진 11개 대대에 여수와 순천을 포위해 폭동을 분쇄하라고 명령을 내리는 단호한 행동으로 이에 대응했다. 1주일 동안의 치열한 시가전 끝에 정부군은 반란군의 요새들을 탈환할 수 있었지만, 이 반격으로 시가지 전체가 폐허로 변했다. 미군은 지원과 정찰, 재보급, 정부군을 위한 공격 계획을 제공했다. 10월 27일까지 폭동은 진압되었다. 순천에 있던 미국인 기자는 이렇게 회고했다. "도시는 죽음의 악취로 가득했고, 공포의 흔적으로 신음했다." 시신들이 거리에 아무렇게나 흩어져 있었고, 친지들은 경찰의 보복이 두려워 시체를 인수하지 않으려 했다. 한편 공공건물에서는 성인 남자와 사내아이들이 길게 줄지어 심문을 받으려고 기다렸다. 이 반란으로 2500~5000명이 죽었다.[12]

제주도, 여수, 순천에서 일어난 봉기로 이승만은 보안부대를 극적으로 확대할 때가 왔다고 확신했다. 1948년 11월, 정권은 10만 명의 육군과 1만 명의 해군 창설을 인가하는 국군조직법을 통과시켰다. 한편 남한의 국가경찰은 5만 명으로 증가했는데, 이는 한반도 전체를 점령했던 일본군의 두 배 규모였다. 이승만은 이 경찰을 정권의 정치적 반대자들을 분쇄하고 남한 사회에 대한 지배를 강화하는 데 이용했다. 12월에 정권은 국가보안법을 통과시켰는데, 이 법으로 이승만은 정치적 반체제 인사들을 상대로 대한민국 군대를 동원할 수 있는 권한을 얻었다. 한 오스트레일리아 외교관은 이렇게 설명했다. "한국 사정에 대해 오랜 경험이 있는 모든 관찰자는 지금 남한에 부도덕한 지주와 긴밀히 연관되고 포악한 경찰의 지지를 받는 반동적인 정부가 들어서 있다는 의견을 갖고 있다." 이승만의 대규모 보안 기구는 비용이 싸게 먹히지는 않을 것이었다. 서울의 보안 세력 규모가 팽창하자 대한민국은 미국의 군사 지원으로 약 2억 달러를 요청했다.

워싱턴이 이 요청을 거부한 후 서울은 한국은행에서 거액의 대출을 받아 통화를 더 많이 찍어내기 시작했다. 서울의 허울뿐인 동맹자가 점점 더 믿을 수 없게 되어가자, 미국 정부는 대한민국에 헌신하든지 아니면 재빨리 손을 떼든지 양자택일할 수밖에 없는 순간에 더욱더 가까이 다가가고 있었다.[13]

이승만의 보안 세력이 남한의 반란을 진압하려 애쓰는 바로 그 순간, 특히 1949년 5월부터 12월 사이에 북한 접경지대를 따라 맹렬한 국경 충돌이 계속 이어졌다. 두 정권 모두 한국을 궁극적으로 재통일하는 쪽으로 기울어져 있었고, 둘 다 국경을 건너 기습을 가했다. 남한 군대는 이 사건들의 대부분에서 공격을 가하는 쪽이었으나, 미국은 대한민국에 북한을 전면적으로 침공하는 데 필수적인 중화기를 제공하기를 거부함으로써 이들을 제지했다. 한국에서 내전을 방지하는 데 목표가 있는 미국 외교관들은 이승만에게 북한과의 결전을 도발할 생각이라면 워싱턴이 그의 정권을 구해주는 것을 기대해서는 안 된다고 설명했다. 소련도 이와 유사하게 냉전 투쟁을 위한 그와 같은 충돌이 일으킬 더 큰 반향을 두려워하며, 조선민주주의인민공화국을 지지하기를 주저했다. 게다가 수만 명의 북한군이 중국 내전에서 싸우고 있는 상황에서 평양은 대한민국과 전쟁을 시작할 처지에 있지 않았다. 하지만 중국에서 내전이 끝나면서 정세가 변하기 시작했다.[14] 1949년 12월, CIA 관리들은 북한군이 만주 국경을 건너 귀국 중이고 소련이 1월 중순에 남한으로 무기를 밀반입할 준비를 하고 있다고 경고했다. 이 보고서에서는 남한의 게릴라 활동이 증가할 것 같다고 주의를 주었다.[15]

김일성은 한국을 재통일하는 유일한 방법이 군사력을 동원하는 것이라고 확신했다. 그는 다음과 같이 선언했다. "[우리는] 승리할 것이지만, 승리는 저절로 오지 않습니다. 승리를 거둬야만 합니다." 김일성은 한국이 볼셰비키 혁명과 중국 공산당이 거둔 최근의 승리를 남한 정권에 맞선 투쟁의 모델로 삼아야 한다고 주장했다. 남부에서 봉기가 실패하면서 대규모 군사작전을 찬성하는 주장에 더욱 힘이 실렸다. 이를 염두에 두고 김일성은 북한군을 증강하고 북한군을 무장할 군수산업을 육성하기 시작했다. 전쟁으로 가는 이 흐름을 도와준 것은 북한이 실시한 1949년의 2개년 개발계획이 실패하고 조선인민민주주의공화국 경제가 침체될 우려가 있었다는 사실이었다. 김일성은 또 남한에서 일어날 민중 봉기로부터 가장 큰 이득을 얻을 국내의 경쟁자들(특히 남한 공산주의 지도자 박헌영)도 의식했다. 김일성이 재통일된 한국에 대해 자신의 리더십을 확실히 할 수 있는 가장 좋은 방법은 군사력으로 남한을 정복하는 것이었다. 더구나 1950년 중반까지 북한은 마오쩌둥의 혁명전쟁 이론 제3단계에 도달해 있었다. 한국 공산주의자들은 조선인민민주주의공화국이 38도선 북부에서 군사력을 증강하기 이전 몇 년간 남한에서 게릴라 활동을 벌였다. 두 개의 한국이 균형을 이루고 있던 동안에 제한된 국경 충돌이 발생했다. 1950년 여름까지 북한은 이승만을 끌어내리고 한반도를 재통일하기로 되어 있는 최후의 공세를 개시할 만큼 강력해졌다.[16]

모스크바의 태도 변화도 김일성이 공격할 때가 왔다고 확신하는데 일조했다. 1949년 이전에 스탈린은 동아시아에서 공산주의가 성공할 역량이 있는지 회의적이었다. 미국의 상대역과 마찬가지로, 스탈린 역시 자기 나라의 영향력을 유럽으로 확대하는 데 집중하고 싶어 했다. 일부 소련 관리들은 북한군이 남한을 상대로 한 전쟁에서 승리할 만큼 충분히 강력한지 의심을 품었다. 1949년 9월 중순에 그들은 "남한의 빨치산과 주민들이 북한군에게 제공할 도움을 고려하더라도 신속한 승리를 기대할 수는 없다"고 언급했다. 그들은 다음과 같이 경고했다.

> 전쟁이 길어지면 미국이 이승만에게 이에 대응하는 지원을 제공할 가능성이 있다. 중국에서 성공을 거두지 못한 후 미국은 아마 중국에 개입할 때보다 더 단호하게 한국 문제에 개입할 것이고, 두말할 나위 없이 이승만을 구하기 위해 전력을 쏟을 것이다. (…) 게다가 한국에서 전쟁이 길어지면 미국은 반소련 선동을 강화하고 전쟁 히스테리를 더욱 증폭할 목적으로 이를 이용할 수도 있을 것이다. 그러므로 북한이 지금 내전을 시작하는 것은 현명하지 않다.

그러나 중국에서 마오쩌둥이 예기치 않게 승리하자 경기장이 변했고, 스탈린은 이 권고를 무시하기로 했다. 1950년 1월에 스탈린은 마오쩌둥에게 자신은 서방 열강과 전시에 맺은 협정을 유지하는 데 더는 관심이 없다고 말했다. 스탈린은 2월에 중소우호동맹상호원조조약을 맺기 위해 협상을 진행하면서 "얄타가 어떻게 되든 상관없습니다!"라고 큰 소리로 말했다. 모스크바는 주의를 동쪽으로 틀 태세가 되었다. 크렘린은 이제 마오쩌둥과 중국 공산당을 파트너로 대하고 프랑스령 인도차이나의 베트민[6] 세력에 상당량의 원조를 제공하기 시작할 것이었다. 게다가 스탈린은 평양 정권에 대한 지원을 늘리기로 결정했고, 김일성이 남한 공격을 준비하는 것을 승인했다. 마오쩌둥이 승리하고 그전 8월에 소련의 핵폭탄 실험이 성공하자, 이에 고무된 스탈린은 동아시아에서 미국의 지위에 도전할 준비를 마쳤다.[17]

스탈린은 또 워싱턴이 과연 서울을 방어하는 데 전념할지 의구심을 품을 만한 새로운 이유도 있었다. 1950년 1월 소련과 중국의 지도자들이 중소 조약을 협상하기 위해 만났던 바로 그 순간에 애치슨 미 국무장관은 한국을 배제한, 미국의 태평양 안보 이해관계에 대한 비전을 개괄적으로 설명했다. 그는 기자들에게 이렇게 말했다. "이 방어선은 알류샨열도에서 일본으로, 그런 다음 류큐제도로 (…) [그리고] 류큐제도에서 필리핀으로 이어집니다."[18] 애치슨은 유엔이 남한의 안전을 보장할 수 있다고 설명했다. 같은 달, 미국 의회는 서울의 정권에 경제적 원조를 제공하는 법안을 기각했다. 그리고 중국 내전

---

6) Viet Minh. 베트남 독립동맹회의 약칭이다. 1941년에 호찌민을 중심으로 인도차이나 공산당과 다수의 베트남 민족주의 계열 정당의 동맹으로 결성되었다. 당면 목표는 프랑스로부터 베트남의 독립을 쟁취하고 일본 제국에 저항하는 것이었다. 베트민은 1945년 일본 패망 후 베트남 북부 지역을 빠르게 점령하여 베트남민주공화국(북베트남)을 세웠다. 그 후 프랑스와 베트남의 전쟁이 1954년까지 지속되었으나, 1954년 제네바에서 평화협정의 결과 베트남은 독립을 인정받았다. 하지만 아시아의 공산화를 우려한 미국의 주장에 따라 분단되어 북베트남은 베트남민주공화국의 주권이 인정되었고 남베트남에서는 응오딘지엠이 대통령으로 취임했다. 베트민은 이러한 분단을 제국주의의 간섭으로 받아들였으며, 그 후 베트남 전쟁의 불씨가 되었다.

과 관련해 워싱턴이 취하는 행동을 보건대, 지금 트루먼 행정부가 대한민국을 구하기 위해 개입할 것 같지는 않았다. 그러나 이 신호들은 오해를 불러일으켰다. 사실 워싱턴은 심각한 불안의 시기로 이미 접어든 상태였다. 미국 관리들은 1950년의 국제 정세에서 몇몇 우려스러운 신호를 보았다. 1949년 8월, 소련이 최초의 핵폭탄을 터뜨렸다. 몇 주 뒤 마오쩌둥이 세계에서 인구가 가장 많은 나라에서 공산주의가 승리했다고 선언했다. 프랑스는 인도차이나에서 벌어진 대공산주의 게릴라 전쟁에서 이길 수 없을 것 같았다. 말레이반도와 필리핀에서도 공산주의 반란자들이 진군 중이었다. 문제를 더욱 악화시킨 것은 트루먼 대통령의 공화당 국내 반대자들이 중국을 "상실"했다고 민주당을 공격하기 시작했다는 사실이었다.[19]

1950년 4월에 작성된 '국가안전보장회의 보고 제68호$_{\text{NSC-68}}$'보다 이 고조된 불안 분위기를 더 잘 반영한 문서는 없었다. 이 보고서는 민주주의와 자본주의 세력이 새롭게 부상하는 한 권위주의 국가의 힘에 직면하고 있는 양극적 국제 시스템을 어떻게 바라보아야 하는지 그 비전을 설계한 것이었다. 이 권위주의 국가는 "광적인 [공산주의] 신념"에 의해 추동되고 세계 지배에 골몰하는 나라였다. 미국은 크렘린과 세계의 노예화라는 크렘린의 목표 사이에 끼어들어 그 목표의 달성을 방해할 수 있는 유일한 강대국이라고 보고서는 역설했다. 이 보고서는 다음과 같이 주장하며 매우 심각하게 경고했다. "자유 제도에 대한 공격은 지금 세계적 규모로 이루어지고 있고, 힘의 양극화라는 지금의 맥락에서 볼 때 어디서든 자유 제도가 패배하면 그것은 모든 곳에서 패배하는 것이다."[20] 이런 논리에서는 전략적으로 중요하지 않을 것 같은 지역이나 나라가 매우 중요한 이해관계가 걸린 곳으로 탈바꿈할 수 있었다. 제로섬 게임에서는 어떤 공산주의의 승리도 자유와 민주주의 세력의 패배였다. 실제적인 면에서 NSC-68은 공산주의의 확산을 멈추게 하려는 노력의 일환으로 미국의 지구적 책무를 극적으로 확대하고 방위비를 급격히 증액할 것을 요구했다. 조지 케넌이 이전에 정식화한 봉쇄 전략이 소련 영향력의 확산을 막기 위해 일치된 외교적 압박을 요구했던 반면, NSC-68은 필요하면 제한전制限戰의 형태로 군사력을 사용할 것을 제안했다. 워싱턴은 세계 전역에서 냉전의 최전선을 따라 싸울 준비를 해야 했다. 많은 지역이 핵전쟁의 위험을 정당화할 만큼 극히 중요한 것은 아니겠지만, 좀 더 제한된 수단을 동원해 방어할 가치는 여전히 있었다. 요컨대, NSC-68은 냉전 봉쇄정책의 군사화를 요구했다. 그러나 트루먼은 여전히 회의적이었다. 최근 몇 달 동안 냉전의 전선에서 골치 아픈 사건들이 꾸준히 전개되었지만, 대통령은 미국의 자원을 보고서에서 개략적으로 설명된 방대한 작업에 쏟아붓기를 주저했다. 이것은 막 바뀌려 하고 있었다.

공격

1950년 6월 25일 새벽 4시 동트기 전의 하늘에서 가랑비가 부슬부슬 내리고 있을 때, 대포가 남한의 표적을 향해 불을 뿜는 가운데 약 9만 명의 북한 인민군이 갑자기 앞으로 돌진했다. 북한군은 240킬로미터 전선을 따라 여섯 개 지점에서 38도선을 넘었다. 전선 근처에 있던 남한군과 미군은 기습을 당했다. 지난 수개월 동안 국경을 따라 전투가 벌어지면서 서로 상대방을 급습하곤 했지만, 이 정도 규모의 전투가 벌어진 적은 없었다. 남한 대통령 이승만은 아침 6시 30분에야 공격에 대해 알았고, 90분을 기다린 뒤 미국 관리들에게 통보했다. 무슨 일이 벌어지고 있는지 실상을 충분히 이해하는 데는 몇 시간이 더 걸렸다. 북한군이 일제히 국경을 건너 남한군을 서울 쪽으로 신속히 밀어붙였던 것이다. 그들의 계획은 길게 뻗은 38도선을 따라 공격을 가하는 것이었는데, 주공격은 의정부 회랑을 통해 아래로 밀고 내려가 수도를 포위하는 데 목표가 있었다. 북한의 최고 지도자 김일성은 1주일 안에 남한군을 와해하고 서울을 점령해서 전쟁을 끝내기를 기대했다. 일본의 미 점령군 사령관 더글러스 맥아더[7] 장군은 상황의 심각성을 과소평가했다. "이것은 아마 강행정찰[8]에 불과할 겁니다"라고 그는 단언했다. "워싱턴이 방해만 하지 않는다면, 나는 아주 간단하게 그것을 처리할 수 있습니다."[21]

6월 25일에 38도선을 넘어 가해진 북한군의 최초 공격은 놀라운

7) Douglas MacArthur(1880~1964). 미국의 군인이자 정치가. 제1차 세계대전, 제2차 세계대전, 한국전쟁 등에 참전했다. 제2차 세계대전 중인 1941년 7월에 현역으로 복귀함과 동시에 필리핀 주재 미국 극동군 최고사령관, 1942년 3월 서남태평양 방면 연합군 총사령관, 1944년 원수가 되었다. 1945년 일본군을 격파하고 필리핀에 상륙했으며, 그 후 대일 점령 연합군 최고사령관으로서 8월 30일 일본 땅에 첫발을 내디딘 이래 1946년까지 일본을 실질적으로 통치했다.

8) reconnaissance-in-force. 위력정찰이라고도 한다. 일부러 적을 위협하여 적으로 하여금 출동하거나 사격하게 함으로써 그 역량이나 배치 상태를 알아내는 일이다.

성과를 가져왔다. 남한 방어군은 남쪽으로 밀려났고, 수도로 가는 접근로가 열렸다. 그 후 며칠 동안 김일성의 도박은 성공해서 한반도가 공산주의 통제 아래 재통일될 것처럼 보였다. 전선에서 50킬로미터도 채 떨어져 있지 않던 서울 시민들은 전투 보도를 불안한 마음으로 들었고, 대한민국 병사들이 공격군과 맞서기 위해 북쪽으로 이동하는 것을 지켜보았다. 6월 26일 오후에 서울의 라디오가 의정부 북쪽에서 남한군이 승리했다고 발표했다. 하지만 피난민들이 서울의 북부 지역에 도착하고 시민들이 멀리서 우르릉대는 중포 소리를 듣기 시작하자, 이 환호는 저녁 무렵에 중단되었다. 6월 27일 이른 아침, 미국 관리들은 서울을 떠나라는 명령을 받았다. 피난민들이 점점 더 밀려오고 수천 명의 민간인이 한강 다리를 건너 탈주하려 하자, 공포가 도시 전체를 휩쓸었다. 오후 7시 30분경 최초의 북한군이 서울에 당도했으나 몇 시간 동안 서울 방어군에 저지되었다. 밤을 지나 이튿날 아침까지 피난민들이 계속 밀려들었다. 새벽 2시 15분, 극심한 공포에 어쩔 줄 모르던 대한민국 관리들은 다리를 폭탄으로 폭발시켜 강을 건너던 약 1000명의 민간인과 남한군을 죽이고 북쪽 강기슭에 있던 4만 4000명의 대한민국 병력을 오도 가도 못 하게 했다. 공격 사흘 동안 대략 7만 6000명의 대한민국 병력이 행방불명되었다. 남한 사령관들은 2만 2000명의 잔여 병사들만 어디에 있는지 정확한 위치를 알아낼 수 있었다.[22]

한국에서 점점 더 긴박해져 가는 전황 보고들이 워싱턴에 쏟아지자, 트루먼 행정부의 관리들은 개입하는 쪽으로 신속히 움직였다. 북한이 소련의 꼭두각시 국가라고 확신한 트루먼과 애치슨은 서방의 안보 이익에 대한 공산주의의 총공세가 시작되고 있다고 걱정했다. 아시아에서 미군은 더 큰 공격을 각오해야 할 것이었다. 한편 트루먼 대통령은 북한군에 대한 미군의 공습을 인가하고, 미군에 남한의 비행장과 항구를 방어하라고 명령했다. 전선을 방문한 맥아더 장군은 조선민주주의인민공화국의 공세를 역전시키기 위해서는 미군 지상군이 필요할 것이라고 말하며 좀 더 냉철한 판단을 내렸다. 6월 30일, 트루먼은 일본에 주둔한 4개 사단 중 2개 사단을 한국으로 파병해 달라는 맥아더의 요청에 동의했다. 트루먼은 다음과 같이 주장했다. "우리가 한국의 기대를 저버린다면, 소련은 아시아를 한 조각 한 조각 계속 삼켜버릴 것입니다. 만일 우리가 아시아를 포기한다면 근동이 무너질 것이고, 유럽에서 무슨 일이 벌어질지 아무도 모릅니다." 7월에 애치슨은 이 공격이 미국을 겨냥한 "공개적이고 분명하며 직접적인 도전"이었다고 상원 외교위원회에서 말할 것이었다. 애치슨은 크렘린이 미국이 남한을 방어하지 않을 것이라고 믿고 있으며, 지금 중국에서 공산주의의 조기 승리를 목표로 진격하고 싶어 한다고 결론지었다. 그는 같은 달에 이렇게 썼다. "이 공격은 중앙에서 감독하는 공산주의적 제국주의가 독립국가들을 정복하려 하면서 전복 활동을 넘어 이제 무력 침공과 전쟁에 호소하고 [있다]는 사실을 명명백백하게 보여준다."[23] 국무부에는 훨씬 더 극적인 정보 평가도 있었는데, 그것은 북한의 공격이 소련이 후원하는 지구적 공세의 일부이며 일본·타이완·인도차이나·버마·말레이반도의 서방 이익에 영향을 미치고 있다고 경고했다. 그것은 심지어 "독일이나 이란에서 있을 수 있는 소련 움직임"의 서막일 수도 있었다. 한국에서 "미국 '돌출부'"가 파괴되면, 미국은 소련의 동부 지역이나 중국을 "공격하기 위해 지상군을 집결할 수 있는 어떤 지역에도 접근하지 못할 것이다." 게다가 한반도 전역에 대한 통제는 도쿄를 위협하고 극동에서 전쟁이 발발할 경우 사실상 "미국 기지로서 일본의 유용성"을 무효화했다.[24] 도쿄의 미국인 정치자문관은 다음과 같이 경고했다. "한국이 정당한 이유가 없는 무력 공격에 유린되는 동안 가만히 앉아 있기만 하면, 십중팔구 세계전쟁으로 비화할 재앙과도 같은 일련의 사건이 발생하기 시작할 것이다."[25]

그러나 미국 관리들은 북한에 대한 모스크바의 영향력을 과대평가했다. 소련 지도자 니키타 세르게예비치 흐루쇼프[9]가 나중에 설명했듯이, "전쟁은 스탈린의 아이디어가 아니라 김일성의 아이디어였다. 김일성이 처음 시작한 사람이었다." 스탈린은 김일성에게 다음과 같이 말할 것이었다. "귀하가 혼쭐이 나더라도 나는 손가락 하나 까닥하지 않을 겁니다. 귀하는 마오쩌둥에게 모든 도움을 부탁해야 할 겁니다." 부동항의 장기적인 이용을 바란 크렘린은 한반도를 재통일하려는 김일성의 시도를 지지하는 것이 가장 좋은 선택이라고 결론 내렸다. 북한이 승리하면 모스크바는 인천항과 부산항에 접근할 수 있게 되고, 동아시아 전체에 공산주의를 확장하는 또 하나의 발걸음을 내딛게 될 터였다. 어쨌든 워싱턴은 남한을 태평양 방어선에서 이

---

9) Nikita Sergeyevich Khrushchev(1894~1971). 러시아의 혁명가이자 정치가. 1953년부터 1964년까지 소련 공산당 제1서기, 1958년부터는 소련 각료회의 의장을 역임했다. 스탈린주의를 비판했고, 대외적으로는 미국을 비롯한 서방 국가와 공존을 모색했다.

미 제외했다. 김일성의 움직임은 도박이긴 하나 비합리적인 것은 아니었다.[26]

스탈린은 김일성을 마지못해 지지했지만, 마오쩌둥의 역할은 더 복잡했다. 마오쩌둥과 그의 동지들은 1949년부터 미국이 아시아에 군사적으로 개입할 거라고 예상했다. 미국의 한국 개입 역시 중국 공산당에게 중국 본토에 대한 지배를 더욱 공고히 할 기회를 주었다. 1950년 6월 29일, 베이징은 이렇게 썼다. "미국은 전혀 무섭지 않고 중국 인민과 세계를 더욱 각성시킬 뿐인 제국주의 얼굴을 (…) 드러냈다."[27] 그와 동시에 한국에 대한 미국의 군사적 개입은 베이징을 으스스하게 위협했다. 마오쩌둥은 8월에 "만일 미 제국주의자들이 [한국에서] 승리한다면, 성공에 너무 도취되어 우리를 위협할 수도 있을 것"이라고 경고할 터였다. "그러므로 우리는 북한을 도와주러 가기 가장 좋은 때가 언제인지는 두고 보겠지만 의용군의 이름으로 개입해야 합니다." 게다가 아시아의 전장에서 워싱턴의 군대와 대결하는 일은 중화인민공화국의 군사력을 과시할 엄청난 기회이기도 했다. 미국은 무려 40개 사단이나 한국에 파병할 수 있지만 중국군은 그들을 "가루로 만들어"버릴 것이라고 마오쩌둥은 소련 외교관에게 떠벌렸다. 마오쩌둥은 나중에 스탈린에게 한국에서 자신의 목표는 "수년을 보내면서 수십만 미군의 생명을 소모시키는 것"이라고 말했다. 한반도는 냉전에서 지구적 힘의 균형을 무너뜨릴 엄청난 킬링필드로 완전히 바뀔 것이다. 한국에서 미군과 중국군이 전쟁을 벌이게 되면, 전투에 단련된 마오쩌둥의 게릴라들에 맞선 피비린내 나는 전쟁의 수렁 속으로 단지 미국이 끌려들어가는 것 이상으로, 스탈린은 베이

징에 훨씬 더 많은 지원을 하라는 압박을 크게 받을 터였다.[28]

스탈린은 미국이 한국에 대한 피비린내 나는 개입이 될 것 같은 전쟁에 관여하는 모습을 기쁜 마음으로 바라보았다. 스탈린이 1950년 8월에 썼듯이, 미국은 "한국에서 군사적 개입에 휘말렸고" 지금 군사적 위신과 도덕적 권위를 허비하고 있다. 정직한 사람이라면 지금 미국이 한국에서 침략자이자 폭군으로 행동하고 있고, 주장하는 만큼 군사적으로 강하지 않다는 사실을 거의 의심할 수 없다. 게다가 미국이 "현재 극동에서 유럽에 집중하지 못하고 있다는 사실은 분명하다. 그 사실이 지구적 힘의 균형에서 우리에게 이득을 주지 않을까? 의심할 여지 없이 이득을 준다."

더구나 미국은 중국을 전쟁에 끌어들일 수 있다 하더라도 부적절한 지형에서 대규모 군대와 싸우고 있다는 사실을 알게 될 터였다. 스탈린은 말을 이었다. 이런 일이 일어난다면, "미국은 가까운 미래에 제3차 세계대전을 일으킬 수가 없을 것이다. 그러므로 제3차 세계대전은 기약 없이 연기되고, 이는 유럽에서 사회주의를 강화하는 데 필수적인 시간을 벌어줄 것이다. 여기에 미국과 중국 간의 투쟁으로 극동 전역이 혁명화되리라는 것은 말할 필요도 없다. 이 모든 사실은 지구적 힘의 균형이라는 시각에서 볼 때 우리에게 이득을 주지 않을까? 의문의 여지 없이 이득을 준다."[29]

마오쩌둥의 행동 역시 스탈린의 손에 놀아났다. 소련 지도자는 김일성의 계획을 승인했으나 마오쩌둥에게 북한을 보호할 일차적인 책임을 지웠다. 그렇게 하면서 스탈린은 어쨌든 크렘린에 유리한 상황을 조성했다. 만일 북한이 전쟁에서 이긴다면, 한반도는 온전히 공산주의의 통제 아래 들어갈 것이다. 거꾸로 만일 북한의 공세가 수렁에 빠지고 중국이 개입한다면, 마오쩌둥은 스탈린에게 지원을 요청할 수밖에 없을 것이고 그럼으로써 베이징은 모스크바에 더욱더 종속될 것이다. 미국은 그동안 전략적 가치도 별로 없는 지역의 끔찍한 전쟁에 자원을 계속 쏟아부을 것이다. 한국에서 벌어지는 전쟁은 소련의 지정학적 위상에 매우 유익했다.[30]

소련과 중국의 참여를 둘러싼 논쟁은 전쟁에 대한 두 가지 기본적인 역사적 해석을 낳았다. 트루먼과 그의 자문관들이 수용한 첫 번째 해석에 따르면 이 전쟁은 국제적 충돌이었다. 북한의 남한 침공은 한 국가가 다른 국가를 상대로 벌인 공산주의 침공 행위였다. 전쟁은 1950년에 이 침공으로 시작하여 1953년에 휴전으로 끝났다. 공산주의 국가들과 몇몇 서방 학자들이 제시한 두 번째 해석에 따르면, 한국전쟁은 본질적으로 내전이었다. 전쟁은 1945년이나 심지어 1932년에 벌써 시작했고, 1950년 6월까지 약 10만 명의 한국인들을 죽였다. 6월에 조선민주주의인민공화국이 공격을 가한 것은 **침공**이 아니었다. 한국인이 한국을 어떻게 침공할 수 있단 말인가? 오히려 그것은 더 큰 충돌의 한 단계였다. 김일성도 이승만도 국제적 경계로서 38도선의 정당성을 받아들이지 않았으며, 둘 다 한국을 재통일하기 위해 싸우고 있었다.[31] 이 두 해석이 모두 얼마간 타당성이 있지만, 한국에서 일어난 충돌이 내전으로서 시작되었고, 많은 점에서 여전히 내전으로 남아 있다는 생각을 반박하기는 힘들다. 외국 개입의 현실은 서로 경쟁하는 두 한국 정권들 사이의 전쟁이라는, 충돌의 근본적인 성격을 변화시키지는 않는다.

결국 한국에서의 전쟁을 막 중국에서 종결된 충돌과 궁극적으로 구별 짓는 것은 트루먼 행정부가 전쟁에 대대적으로 개입하겠다고 내린 결정이었다. 이는 냉전 시기에 초강대국이 개발 도상 세계에 대규모로 개입한 첫 번째 사례가 될 것이었으며, 동서 충돌의 경로를 극적으로 바꿔놓을 터였다. 트루먼 행정부는 유엔 안보리에 접근해서 개입에 대한 국제적 승인을 요청하기로 했다. 안보리는 6월 25일과 27일에 두 개의 결의안을 통과시켰는데, 각 결의안은 평양에 군대를 철수할 것을 요구하고 유엔 회원국들에게 대한민국을 도와줄 것을 요청했다. 미국 관리들은 스탈린에게서 한국에 관한 회의에 출석하지 말라고 지시받은 소련 대사의 부재 덕분에 안보리에서 우세한 역할을 맡을 수 있었다. 거의 반대를 받지 않은 트루먼 행정부는 이승만의 친서방 정권을 구하기 위한 개입을 두고 유엔의 지지를 확보할 수 있었다. 미국은 오마 넬슨 브래들리[10] 장군이 언급했듯이, "유엔에 대한 지원을 가장하여" 한국에 개입할 터였다.[32]

한국 상황에 대해 트루먼이 보여준 대응의 규모와 속도는 전 세계의 관찰자들을 놀라게 했다. 일본의 미국 점령군 사령관인 맥아더 장군은 대통령이 이 문제를 의회에 제출하지 않음으로써 이후의 냉전 충돌에서 당혹스러운 선례를 남기면서까지 미국을 한국전쟁에 참

10) Omar Nelson Bradley(1893~1981). 미국의 군인. 제2차 세계대전 당시 북부 아프리카와 유럽에서 미국 육군을 지휘한 주요 사령관이었다. 1947~1948년에 미국 육군 참모총장, 1948~1953년에 합동참모본부의 초대 의장을 역임했다.

전시키는 것을 보고 "경악했다." 스탈린 역시 겨우 몇 달 전에 워싱턴이 안보선 밖에 두기로 했던 나라에 미국이 개입하기로 한 결정에 놀랐다. 심지어 마오쩌둥도 트루먼이 그렇게 빨리 행동할 줄 몰랐던 것 같다. 한국이 선봉에 불과할 것 같은 지구적 공산주의 공세에 대한 트루먼 행정부의 우려 때문에 워싱턴은 격렬하고 무모한 행동을 취하게 되었다. 트루먼은 미국인들의 목숨을 지키기 위해서가 아니라 38도선에 서방의 방어선을 다시 설정하기 위해서 미국을 전쟁에 끌어들였다. 한 역사가는 훗날 다음과 같이 기록했다. "해리 트루먼은 자신의 군대에 먼 변경 지대의 전투에 돌입하라고 명령을 내렸다. 이것은 [영국] 제국이 행군하면서, 무수한 부대원들의 뼈가 희게 바래고 태양이 빛나는 곳은 어디든지 수없이 많은 영국인의 무덤을 팠던, 그런 종류의 전쟁이었다." 한국에 개입하기로 결정하면서 미국은 지구적 권력이라는 책무를 떠맡게 되었다.[33]

개입

미국 역사상 훈장을 가장 많이 받은 군사 지도자 중 한 사람이었던 맥아더 장군이 유엔군을 지휘할 것이었다. 미국 육군 장교로서 명예훈장을 받은 군인이었던 아서 맥아더의 아들 더글러스 맥아더는 미국 서부의 군 기지에서 어린 시절을 보냈다. 웨스트포인트에서 동급생 중 1등으로 졸업한 후 맥아더는 필리핀과 일본에서 복무했고, (멕시코) 베라크루스 점령에 참가했다. 제1차 세계대전 동안 맥아더는 마른과 아르곤 숲에서 부대를 지휘하면서 프랑스 무공훈장 두 개,

미국 은성훈장과 수훈십자훈장 각 한 개를 받았고, 준장으로 승진했다. 전쟁이 끝난 뒤 맥아더는 웨스트포인트로 돌아와 육군사관학교 교장으로 근무한 다음 육군 참모총장이 되었다. 1935년에는 새로 창설된 필리핀 육군의 원수로서 다섯 번째 태평양 근무를 시작했다. 제2차 세계대전이 발발하자 맥아더는 미국 육군으로 돌아와 4성장군으로 진급했고, 극동 미군 사령관이 되었다. 수천 명의 미군과 필리핀군을 남겨두고 필리핀에서 후퇴할 수밖에 없었던 맥아더는 종국적으로 태평양 동부에 대한 통제를 일본으로부터 다시 탈취한 작전들을 이끌었다. 전쟁이 끝날 즈음 맥아더는 명예훈장을 받았고, 5성장군으로 진급했다. 1945년에 맥아더는 일본에서 연합국 최고사령관이 되어 패전국의 점령을 관장했다. 한국에서 전쟁이 발발하자 미국의 이익을 방어하라는 요청을 받았고, 그는 이 요청을 기꺼이 수락했다.

7월 13일, 태평양의 미군 지도자들이 도쿄의 인상적인 다이이치 빌딩에 자리한 맥아더의 점령 본부에서 만났다. 좌중을 압도하며 회의를 주재한 맥아더는 담배 연기를 파이프에서 내뿜으며 한국전 개입에 대한 전략적 비전을 제시했다. 맥아더는 미국이 한국에서 결정적인 타격을 가하고, 그럼으로써 환태평양 지역에서 공산주의 공세를 분쇄해야 한다고 역설했다. 목표는 38도선을 단순히 회복하는 데 그치지 않고 조선인민군을 궤멸하는 것이었다. 북한의 공격은 소련이 극동에서 영향력을 얻기 위한 얄팍한 움직임이었다. 스탈린은 전면전을 원하지는 않았으나, 한반도에 대한 김일성의 움직임을 기꺼이 지지했다. 맥아더는 미국이 태평양의 모든 함선 및 대규모 비행단과 함께 한국에 2개 군軍을 파병해야 한다고 주장했다. 맥아더의 계획은 조선민주주의인민공화국 군대를 소련과 중국의 지원으로부터 차단하기 위해, 필요하다면 핵무기를 장착한 미국의 군용기를 이용해 "전장을 고립"시키는 것이었다. 그런 다음 미군 부대가 인천에서 육해군 합동 상륙작전을 전개해 북한군을 측면에서 공격할 터였다. 끝으로, 유엔군은 인천의 부대가 남부를 휩쓰는 동안 남쪽에서 북쪽으로 휩쓸어 올라가면서, 그 사이에 낀 북한군을 격파할 것이었다. 그러나 워싱턴이 북한군을 과소평가해서는 안 되었다. 그들은 쉽게 물리칠 수 없는 사나운 전사였다.[34]

하지만 미국의 일부 민간인 관리들은 좀 더 신중하게 이 위기에 접근해야 한다는 데 찬성하면서 주저하는 태도를 보였다. 워싱턴의 정치 지도자들은 유럽 우선 전략을 계속 추구했고, 냉전의 태평양 전역에 그렇게 많은 인력을 투입하기를 망설였다. 만일 맥아더의 군대가 한국에서 꼼짝 못 하게 된다면 유럽의 서방 방위군은 허약해질 것이다. 게다가 육해군 합동 상륙작전 계획은 실패할 위험도 있었고, 행정부 관리들은 맥아더에게 핵폭탄을 통제할 권한을 부여하기를 당연히 꺼렸다.

화가 난 맥아더는 제2차 세계대전에서 자신을 괴롭혔다고 믿었던 바로 그 논법을 알아차렸다. 즉 워싱턴이 유럽을 위해 병력을 남겨두어야 하기 때문에 자신은 태평양에서 제한된 병력으로 싸울 수밖에 없다는 논법이었다. 이것은 전쟁을 제한하는 문제를 두고 맥아더와 트루먼 사이에 있었던 마지막 이견이 아닐 것이었다.[35]

하지만 당장은 북한군을 멈추기 위해 파병된 첫 미군 병력은 매우 분주했다. 비교적 편안한 일본에서의 점령 임무로부터 갓 벗어나서,

미국 개입의 선봉을 구성한 군부대는 단지 몇 주일 정도만 소요될 것 같은 치안 활동에 종사할 거라는 말을 들었다. 그들의 사령관들은 조선민주주의인민공화국이 단순히 미군의 존재에 겁을 집어먹고, 북한군이 미군과 싸우고 있다는 것을 알게 되면 "방향을 바꿔 돌아갈" 거라고 희망했다. 7월 5일 서울 남쪽 35킬로미터 지점의 간선도로상에서 미군과 조선인민군 사이에 벌어진 교전으로 이 가정이 잘못되었음이 드러났다. '스미스 특수임무부대Task Force Smith'는 34세의 찰스 브래드퍼드 스미스[11] 중령이 지휘하는 수백 명의 병사로 구성되었다. 그들은 북한군 탱크를 멈추게 할 중기갑 장비가 전혀 없었고, 화기도 거의 없었다. 맥아더에 따르면, 그들은 "공산주의자들을 주저시키기 위해 한국으로 미리 보내진 교만한 힘의 과시"였다. 미군은 아침 7시 30분에 첫 탱크 종대를 보았다. 46분 뒤 미군 포대가 다가오는 북한군을 향해 포를 쏘기 시작했다. 북한군 T-34 탱크가 계속 전진하자 미군은 로켓을 발사했으나 그들의 기갑 차량을 뚫는 데는 실패했다. 미국은 이미 탱크의 장갑용 철판을 뚫을 수 있는 로켓을 개발했지만, 스미스 부대에는 아직 공급되지 않은 상태였다. 미군은 다가오는 탱크 종대를 쉴 새 없이 공격했으나, 탱크를 멈출 수는 없었다. 이른 오후에 스미스 중령은 피를 흘리고, 탄약이 부족하며, 적군의 힘에 압도당한 자신의 부대에 철수를 명령했다.[36]

---

11) Charles Bradford Smith(1916~2004). 미국의 군인. 제2차 세계대전과 한국전쟁에 참전했다. 한국전쟁 초기 오산 죽미령에서 조선인민군과 처음 교전한 유엔군 소속 미군 지상군 부대인 일명 스미스 특수임무부대의 지휘관으로 유명하다. 1965년에 육군 준장으로 퇴역했다.

미군은 그들이 정면으로 마주친 힘에 대처할 준비가 되어 있지 않았다. 북한군은 미군의 예상과는 달리 무장이 형편없는 오합지졸이기는커녕 노련하고 헌신적이고 장비를 잘 갖춘 병력이었다. 세 명 중 한 명이 중국에서 마오쩌둥의 군대와 함께 싸웠다. 이제 그들은 자기 민족을 재통일하기 위해 싸우고 있었다. 많은 북한군 병사가 일본을 축출하기 위한 반식민주의 투쟁으로 전쟁을 시작했고, 이는 중국에 공산주의를 가져다주기 위한 전쟁으로 바뀌었으며, 지금은 서울의 친서방 꼭두각시 정권을 궤멸하는 데 집중하고 있었다. 조선인민군 부대는 미군 부대와는 달리 그들이 무엇을 위해 싸우고 있는지 분명한 비전이 있었고, 그 비전을 달성하기 위해 기꺼이 목숨을 바칠 용의가 있었다. 지금 그들은 미군과 남한군을 바싹 뒤쫓고 있었다.[37] 북한군은 소련군의 종심전투 전술을 변형한 전술을 채택했다. 즉 선견대가 정면공격에서 적군과 교전하며 그들을 옭아매는 동안 보조 부대가 적군의 측방을 서둘러 돌아 후방에서 공격을 가하는 식이었다. 일반적으로 이는 적군 종대에 맞서 방어벽과 매복 장소를 구축하는 작업에 해당했다. 이 기법은 보통 기복이 심한 한국의 지형을 가로지르기보다는 도로를 따라 이동할 수밖에 없던 유엔군을 상대로 매우 효과가 있는 것으로 드러났다. 미군 비행기를 피하려고 위장 전술을 구사하고 야간에 공격하면서 조선인민군은 유엔군과 대한민국 군대에 심각한 피해를 줄 수 있었다.[38]

개전 며칠 동안 이러한 후퇴의 대혼란뿐 아니라 전쟁의 특징이 될 잔혹 행위도 발생했다. 이승만이 서울을 빠져나가면서 남한에서 10만 명에서 20만 명에 이르는 정치범이 처형되었다. 정치범들이 진격하는 공산군에 합류하지 못하도록 할 의도였다.[39] 7월에 서방 기자들은 대전 외곽의 한 마을에서 7000명으로 추산되는 사람들이 학살당했다고 보도했다. 희생자들을 총살하거나 칼로 난도질한 뒤 집단 매장지 여섯 곳에 내던졌다. 7월 2일에 미군 정보기관은 남한 경찰이 "모든 공산주의자"를 체포해 "대전 교외에서 처형" 중이라고 보고했다. CIA는 경찰이 "잠재적인 제5열을 제거하고 또 서울에서 북한이 저지른 것으로 보고된 처형 건에 대해 복수하려는 시도로 수원과 대전에서 공산주의 혐의자들을 처형하고" 있는 것 같다고 경고했다. 죄수들은 구덩이 가장자리로 끌려간 뒤 시신이 바로 대기 중인 무덤 속으로 떨어지도록 머리에 총을 맞았다. 미국 관리들은 공개적으로는 학살 소식을 감추거나 책임을 공산군에게 떠넘겼다.[40]

대한민국 공군과 함께 근무하던 미군이 8월에 창원시 진해구 앞바다에 부패한 시신들이 떠다닌다고 보고했는데, 이 시신들은 사로잡힌 공산주의 간첩이라는 말을 들었다고 했다. 미 공군 대령은 "탄약이 부족했다"라고 회상했다. "간첩들을 바다로 끌고 나가 등 뒤로 손을 묶고 배 밖으로 밀어버렸다." 많은 미군 장교들은 대한민국의 죄수 대우를 끔찍하게 여겼다. 어느 미국인은 처형이 예정된 한 무리의 사람들을 보고 다음과 같이 썼다. "그들은 뼈만 앙상했고, 개처럼 잔뜩 몸을 움츠리고 있었다. 쇠사슬로 족쇄가 채워져 있었고, (…) 전형적인 동양적 복종 자세로 쪼그리고 앉아 있지 않으면 안 되었다." 게다가 남한 사람들은 이 행동을 유엔군에게 숨기려고 하지도 않았다. 그 일은 부산의 유엔군 본부 아주 가까이에서 발생했고, "몇 달 동안 계속 진행"되었다. "어느 누구도 말 한마디 하지 않았다."[41]

전쟁 초기 몇 주 동안에 벌어진 대혼란 속에서 미군 역시 학살 사태로 끌려 들어갈 것이었다. 7월 26일, 미군 제7기병연대 소속 부대와 수백 명의 남한 피난민이 서울에서 동남쪽으로 약 170킬로미터 지점에 있는 노근리 마을에서 만났다. 두 그룹인 병사들과 민간인들은 북한군의 진격을 피해 도피 중이었다. 기관총 사수였던 이는 "우리는 그냥 그들을 섬멸해 버렸다"라고 회상했다. 피난민 중에 북한인 잠입자가 있을 것을 우려한 미군 사령관들은 다음과 같이 명령했다. "어떤 피난민도 최전선을 건너게 해서는 안 된다. 전선을 건너려고 하는 사람은 누구든지 발포하라. 부녀자와 아이들이라면 신중을 기하라." 전선에 투입된 지 겨우 사흘째, 겁을 잔뜩 집어먹은 이 일본 주둔 미 점령군 출신 병사들은 자신들이 공산주의 게릴라의 공격이라고 두려워한 뭔가에 직면했다. 인근 마을로부터 일단의 피난민이 미군 진영에 다가오자, 북한 게릴라라고 의심한 미군 군용기들이 민간인들을 향해 기총소사를 가했다고 목격자들은 보고했다. 피난민들은 가까운 철교 아래에 있는 터널에 몸을 숨겼다. 1999년에 이 사건을 보도한 연합통신사Associated Press 취재진은 다음과 같이 보도했다. 미군 병사들이 "피난민들을 각각 길이 24미터, 폭 7미터, 높이 9미터인 쌍굴다리로 인도했고, 어둠이 내린 뒤 근처의 기관총좌에서 그들에게 사격을 가했다." 그 후 사흘 동안 미군 사수들은 다리 아래의 생존자들을 향해 발포를 계속했다. 한 생존자는 이렇게 회고했다. "사람들은 몸을 보호하려고 그들 주위에 시신들을 끌어다 놓았다." 북한군은 이 진지를 점령했을 때 현장에서 400구의 시신을 발견했다고 보고했다.[42]

이와 같은 학살은 충격적이게도 흔했다. 보도가 나오고 거의 6년 뒤 남한의 '진실·화해를 위한 과거사정리위원회'는 전쟁 동안 1222건의 대량 학살을 암시하는 증거를 찾아낼 것이었다.[43] 전쟁은 한반도를 휩쓸고 내려갔다 다시 휩쓸고 올라오면서 그 길에 있던 민간인들에게 끔찍한 희생을 강요했다. 청원군의 주민들은 오전에 네 대, 오후에 세 대, 처형이 예정된 사람들을 실은 트럭이 마을에 속속 도착하는 광경을 1주일 이상 지켜보았다. 훗날 이 마을에서 살해된 사람들의 수는 무려 7000명에 이르는 것으로 추산되었다. 함평군 부근의 공산주의자들을 소탕하기 위해 파견된 남한군 병사들은 그 대신 일단의 농민들을 공격했다. "그들은 우리에게 담뱃불을 붙이라고 말했다"라고 한 생존자는 회상했다. "그러고는 그들은 소총과 기관총을 쏘기 시작했다. 잠시 후 한 장교가 소리쳤다. '살아 있는 사람이 있으면 일어나서 지금 집에 가도 좋다.' 일어선 사람은 다시 총격을 받았다." 인근의 나주에서는 공산주의 혐의자들을 색출하던 남한 경찰이 스스로 조선인민군으로 위장한 다음 공산주의 깃발로 그들을 환영한 마을 사람 97명을 죽였다.[44] 북한군 역시 학살의 책임을 함께 졌다. 이 학살은 놀랄 것도 없이 미국 언론에서 더 잘 보도되었다. 전쟁 초기 몇 주 동안 조선민주주의인민공화국 군대는 미국인과 남한인 죄수들을 약식 처형하는 일로 악명을 얻었다. 손을 묶인 채 살해된 미군들에 대한 보도는 일반 미국인들의 격분을 불러일으켰다. 9월 18일에 제출된 보고서에서 맥아더 장군은 대한민국의 전쟁 포로 대우를 "완벽"하다고 칭찬하면서, 조선민주주의인민공화국의 야만적인 죄수 대우에 주목했다.[45]

한국 민간인들은 전쟁의 첫 단계에서 끔찍한 고통을 겪었다. 서울 시민들은 북한군이 도시를 점거하고 김일성과 스탈린의 포스터를 뿌리기 시작하며 반동주의자 색출을 개시하는 광경을 지켜보았다. 많은 시민이 공산군의 도착에 환호하고 도시의 해방을 찬양했다. 다른 이들은 진격하는 조선민주주의인민공화국 군대를 피해 도망하면서 도시를 빠져나가는 도로로 떼 지어 몰려들었다. 남쪽으로 향하던 피난민들은 공산주의자들이 통제하는 지역의 표적을 노리는 미군 비행기의 산발적인 공격과 북한군 대열을 피하려고 애를 쓰면서, 농촌에서 굶주림과 싸웠다. 피난민 수용소에 도착한 수만 명의 사람들은 불결한 환경과 천연두, 장티푸스, 콜레라의 위협에 직면했다. 200만 명으로 추산되는 피난민들이 유엔이 통제하는 영토로 진입하면서 식품 매장과 의약 용품은 한계에 이르렀고, 안간힘을 쓰고 있던 유엔군에게는 해결해야 할 과제가 늘었다.[46]

7월 말에 미군과 남한군은 한반도 남쪽 끝 부산 주변에 남겨진 아주 작은 근거지까지 밀려났다. 유엔군은 낙동강을 따라 이어진 구릉지를 고수하든지, 아니면 한국에서 완전히 쫓겨나든지 해야 할 판이었다. 사령관이 그들에게 말했다. "더 이상 후퇴는 없다. 우리가 물러설 수 있는 선이 더는 뒤에 없다. 이것은 됭케르크[12)]나 바탄[13)]이 되지

---

12) Dunkirk. 여기서는 1940년 5월 10일에 시작된 프랑스 공방전에서 진격하는 독일군에 맞서 벨기에군과 영국 원정군, 프랑스군 등 총 30만여 명의 병사들을 구출할 목적으로 됭케르크에서 실행한 대규모 철수 작전을 가리킨다.

13) Bataan. 여기서는 1942년 1~5월에 일본군과 미군 및 필리핀군 사이에 벌어진 바탄 전투를 가리킨다. 5월 6일까지 미군과 필리핀군이 일본군에 투항하면서

않을 것이다. 부산으로 후퇴하면 역사상 가장 극렬한 대학살이 벌어질 것이다." 그러나 마지막 미군 부대가 강을 건넜을 때 북한군이 바싹 그들의 뒤를 쫓고 있었다. 미군은 폭 800미터의 강을 따라 고지대에 방어선을 구축하고 북한군의 공격에 대비했다. 미군은 초기 몇 주 때보다 지형적으로 훨씬 더 우세한 위치에 있었다. 강력한 자연 방어물 뒤에 집결했고, 그곳에서 조선민주주의인민공화국 군대에 맞서 우월한 화력을 더 효과적으로 집중할 수 있었다. 게다가 전선이 안정되면서 남쪽으로 이동하는 북한군 대열을 공격하는 데 더욱더 많은 미군 군용기를 동원할 수 있었다. 그동안 부산항에서는 유엔군의 방위력을 증강할 인력과 무기, 물자를 계속 하역했다. 8월 초에 한반도의 유엔군은 북한군보다 수가 더 많았다. 부산이 유엔 원정군의 최후의 저항지라면, 그곳은 적어도 강력한 거점일 것이었다. 다음 6주 동안 평양의 군대는 미국이 자원을 총동원할 수 있기 전에 부산 지역을 완전히 분쇄하는 데 목표가 있는 일련의 대규모 야간 공격으로 유엔군의 방어선에 덤벼들었다. 일부 가장 격렬한 충돌이 낙동강 벌지[14]라고 불리던 강의 굽이에서 벌어졌는데, 이 전투에서 북한군

일본이 필리핀을 완전히 점령하게 되었다.

14) Bulge. 벌지는 영어로 '불룩 튀어나온 부분'이라는 뜻이다. 제2차 세계대전 당시 독일군의 진격에 의해 전선의 일부가 돌출된 것을 가리켜 미군이 붙여준 이름에서 유래했다. 1944년 12월~1945년 1월에 서부전선에서 독일군이 최후의 대반격을 가할 때 연합군이 이를 가리켜 '벌지 전투'라고 칭했다. 독일군의 이 공격을 작전 입안자인 독일 원수의 이름을 따 '룬트슈테트 공세' 혹은 지명을 따 '아르덴 공세'라고 부르기도 한다.

은 유엔군 진지를 거의 괴멸시킬 뻔했다. 낙동강을 따라 전투가 치열하게 전개되는 동안 유엔군 탱크와 조선민주주의인민공화국 탱크가 대구 북쪽의 가파른 계곡('볼링 앨리Bowling Alley'라고 불렸다)에서 1주일 동안 격전을 벌였다. 북한군 T-34와 미군 퍼싱 전투 탱크가 계곡 전역에서 철갑탄을 교환했다. 그러나 유엔군은 방어망이 뚫리지 않았고 성공적인 반격을 가함으로써 8월 24일 계곡을 차지하기 위한 전투가 마침내 종결되었다. '부산 교두보 전투'는 9월 중순까지 계속되었다.[47] 유엔군은 이 부산 지역을 안정화하고 대참사를 막았다. 이제 맥아더는 다음 움직임을 계획하기 시작했다.

1950년 여름 동안 냉전 투쟁이 근본적으로 변했다. 공산주의 중국과 핵무기를 갖게 된 소련의 위협에 직면해 미국 지도자들은 자신들의 군사 자원을 포스트식민주의 세계에 대한 개입에 투입하기로 결심했다. 끈질긴 정치적·경제적 투쟁으로서 봉쇄라는 조지 케넌의 비전과 결별한 미국은 이후로 군사적 노력이 주요한 모습이 될 냉전 전략을 채택했다. 모스크바와 베이징 역시 좌익 혁명가들을 지지하는 데 전념하는 모습을 보여주었다. 베이징과 함께 일하면서 스탈린은 한국과 같은 주변 지역에서 소련군을 전개하지 않고도 북한에 더 큰 영향력을 행사할 수 있었다. 또한 중소 파트너십으로 마오쩌둥은 동아시아 전역에서 혁명 운동에 대한 베이징의 지지를 확대할 수 있었다. 끝으로, 한국 개입은 무엇이 냉전의 지속적인 동력이 될 것인지를 잘 보여주었다. 그것은 주변적인 전략적 중요성밖에 없는 것 같은 지역이 주요한 지정학적 발화점이 될 수 있다는 사실이었다.

5

제3차 세계대전의 예행연습

1950~1954

"1950년 6월 25일 한국 정치의 중간 지대가 영원히 사라졌다.
이기느냐 지느냐는 죽느냐 사느냐의 문제가 되었다."

앨런 밀릿

5

서방 군대는 진격하는 북한군이 자신들을 한반도 밖으로 거의 몰아내는 상황을 가까스로 막아낼 수 있었다. 미국과 동맹국들이 운명을 뒤바꾸기를 바란다면 극적인 반격을 가할 필요가 있을 터였다. 그리고 맥아더 장군에 따르면, 이 지역보다 더 많은 판돈이 걸린 데는 없었다. 장군은 세계가 일치된 공산주의 공세가 아시아에서 진행되고 있는 상황을 목격하고 있다고 역설했다. 맥아더는 일단의 미국 군사지도자들에게 말했다. "아시아의 이곳은 공산주의 음모가들이 지구적 정복을 노리고 확보하기로 한 지역임이 누가 봐도 분명합니다. 시험대는 베를린이나 빈, 런던, 파리, 워싱턴이 아닙니다. 시험대는 지금 당장 이곳입니다. 시험대는 남한의 낙동강 일대입니다. (…) 우리는 무기를 들고 유럽의 전쟁을 여기서 치르고 있는 반면, 유럽에서는 여전히 전쟁이 말에 그치고 있습니다. 우리가 아시아에서 공산주의에 패전한다면 유럽의 운명은 매우 위태로워질 겁니다. 전쟁에서 이기면 유럽은 아마도 전쟁에서 구조되어 계속 자유로울 겁니다. 여기서 잘못된 결정, 무기력이라는 치명적 결정을 내리면, 우리는 끝장날 겁니다. 나는 운명의 초침이 째깍거리는 소리를 들을 수 있습니다. 우리는 지금 행동해야 합니다. 그렇지 않으면 우리는 죽을 겁니다."

맥아더는 전쟁 초기부터 인천항을 눈여겨보고 있었다. 그는 장기간 북쪽으로 밀어붙이는 싸움을 피하고 싶었다. 그렇게 되면 미군은 기복이 심하고 길게 뻗은 한반도에서 대격전을 벌이며 수많은 조선민주주의인민공화국 보병과 교전하지 않으면 안 될 터였다. 이와는 대조적으로 북한군 전선 뒤에서 대규모 육해군 합동 상륙작전을 감행하면 미군은 화력을 집중해서 그들의 기술적 우월을 이용할 한 번의 펀치를 신속하게 날릴 수 있을 터였다. 서울의 주요 항구인 인천은 수도에서 서쪽으로 약 40킬로미터, 부산 전선에서 북쪽으로 240킬로미터 지점에 자리해 있었다. 확실한 선택인 것 같았지만, 인천은 일련의 벅찬 난제를 제기했다. 항구로 접근하려면 포좌를 설치하기 좋은 고지대가 있는 좁은 물길을 지나야 했으며, 물살이 매우 거셌다. 4미터가 넘는 방파제가 해안을 따라 길게 늘어서서 적군의 상륙을 추가로 방해했다. 항구 자체는 세계에서 조수간만의 차가 가장 큰 지역 중 하나였다. 썰물 때 유엔군은 적어도 900미터의 진창을 적군의 총격에 노출된 채 터덜터덜 걸어야 할 것이었다. 작전을 위해 가장 빠른 두 날짜를 잡는다면 9월 15일과 10월 11일인데, 이날 바다는 상륙정이 움직일 수 있을 만큼 충분히 수심이 깊을 터였다. 맥아더는 8월 말 그의 최고위 장교들과 가진 회의에서 10월 11일 일자를 거부했다. 그는 북한군이 앞으로 7주 동안 계속 부산을 공격할 수 있게 내버려 두지 않으려 했다. 맥아더는 3주 후인 9월에 상륙해야 한다고 고집했다.[1]

인천

9월 15일 동틀 무렵, 침공의 선봉인 미 해병 대대가 인천항의 중앙에 있는 월미도에 상륙했다. 육해군 합동 부대는 월미도가 주변 항구의 많은 부분을 바라볼 수 있는 전략적 위치에 자리해 있어서 월미도를 우회할 수가 없었다. 그러나 심한 조수 때문에 미군 부대는 주력군이 인천을 보호하는 방파제를 공격할 수 있기 10시간 전에야 섬에 상륙할 수 있었다. 미 해병대는 대략 90분 뒤에 섬을 점령할 수 있었지만, 그렇게 하면서 그들은 기습의 이점을 포기했다. 다음 9시간 동안 미군 포함과 항공기가 인천의 북한군 방어망을 맹공격했다. 비구름이 인천 상공을 뭉게뭉게 떠도는 가운데 오후 5시 33분에 최초의 해병들이 인천의 방파제를 앞다투어 올라 인천 시가지로 진격했다. 한 기자는 다음과 같이 회상했다. "짙은 먹구름 같은 연기가 인천 상공을 뒤덮었고, 공기는 연기와 재로 숨이 막혔다." 새벽 1시 30분까지 미군은 도시를 포위했다. 인천 상륙은 깜짝 놀랄 만한 성공을 거뒀고, 유엔군은 서울을 타격할 수 있는 거리 안에 교두보를 마련했다.[2]

유엔군의 반격은 인구가 밀집한 한반도에 파괴의 두 번째 물결을 풀어놓았다. 미국 군함들의 공격으로 인천시의 많은 부분이 완전히 폭삭 주저앉았다. 몇몇 상륙 병사들은 시의 일부 건물이 여전히 서 있는 것을 보고 경이로워했다. 나중에 어떤 병사는 "상당수의 시민이 여전히 살아" 있다는 데 놀란 것 같았다. "그들은 폐허의 잔해로부터 비틀거리며 걸어 나왔다. (…) 그들 중 많은 이들이 밤새 쏟아진 포격으로 일종의 마비성 치매에 걸린 것이 분명했다." 남한군과 마찬가지

남한의 인천항에서 방파제를 공격하는 미군 해병들. (1950년 9월 15일)

남한의 인천 월미도에서 붕괴된 건물 사이를 순찰하고 있는 미군 해병들. (1950년 9월 15일)

로 북한군도 후퇴를 준비하면서 정치범들을 학살하기 시작했다. 인천 상륙에 뒤이어 조선민주주의인민공화국 관리들은 수천 명의 남한 포로들을 북한으로 압송하고 움직일 수 없는 사람은 처형하는 등 서대문 형무소를 비웠다. 훗날 미국 자료에 따르면, 약 1000명이 학살당한 것으로 추정된다. 유엔군이 북한군이 점령했던 영토로 진격하면서 다른 잔혹 행위에 대한 보고도 조금씩 알려졌는데, 전부 3만 명가량이 살해된 것으로 추산된다.[3]

맥아더는 9월 25일까지는 서울을 탈환할 것을 고집했다. 이날은 개전 3개월 기념일이었다. 이렇게 하려면 서울과 거의 2만 명에 이르는 방어군을 상대로 덜 파괴적일 것 같은 측방 공략 전술보다는 매우 가혹한 정면공격이 필요할 터였다. 남한의 부산 주변 방어선을 뚫고자 하는 공격 때문에 지나치게 확장한 북한군은 맥아더의 서울 진격을 저지하기 위해 할 수 있는 일이 거의 없었다. 9월 20일에 미군은 대거 한강을 건너기 시작해, 도시의 서쪽 접근로를 보호하는 구릉지로 진격하기 시작했다. 9월 22일, 유엔군은 서울 교외에서 북한 방어군과 교전했다. 나흘간의 격심한 전투 이후 조선민주주의인민공화국 군대는 격파되고, 미군 부대가 서울의 서쪽 관문들을 점령했다.[4] 아침 안개에 몸을 숨긴 유엔군 대열은 좀 더 인구가 밀집한 서울의 구역들로 진입하여 도시의 가스공장, 기차역, 병영을 향해 돌진했다. 미국의 해군 및 해병 함재기가 북한군 방어선을 향해 폭격 비행을 실시하자 불붙은 석유 저장고에서 피어오른 화염이 검은 연기 기둥을 하늘로 날려 보냈다.[5]

예정대로 맥아더는 9월 25일에 서울에서 승리를 공표했다. 《뉴욕 타임스》는 서울의 함락은 "극동 지역 전체에서 공산주의의 위신에 놀랄 만한 타격을 가하고 승리의 군대를 수천 킬로미터 바다 너머로 데려갈 수 있는 미국의 위신을 엄청나게 고양했다"라고 선언했다. 이 매체는 서울이 "세계의 어디 지방에서든 공산주의 통치로부터 자유로워진 최초의 수도"라고 언명했다. 실제로는 서울의 많은 부분에서 유엔군과 맹렬하게 저항하는 북한 고립군 사이에 치열한 전투가 계속되었다.[6] 사상자를 줄이기 위해 미군은 도시에 집중포화를 퍼부었고, 이는 시민들에게 치명적인 결과를 가져왔다. 어느 기자는 이렇게 썼다. "전화선과 전기선이 거리에 꽃줄처럼 늘어져 있거나 기이한 모습의 크리스마스트리를 닮은, 산산이 부서진 전봇대에 매달려 있었다. 조그마한 사람이 (…) 비틀거리며 거리를 내려갔다. 미군 백린탄 파편에 맞아 그녀의 얼굴과 팔, 다리는 화상을 입고 거의 부식되어 버린 것 같았다. 그녀는 눈이 보이지 않았지만, 어쨌든 살아 있었다." 미군은 진격하면서 우세한 화력을 최대한 활용했다. "저격수 한 명을 쫓아내느라 마을 몇 개가 파괴되었다"라고 역사가 캘럼 맥도널드 Callum MacDonald는 썼다. 한 영국 기자는 "거의 어느 누구도 그렇게 끔찍한 해방을 겪은 적이 없었다"라고 언급했다.[7]

또 다른 기자는 "도시가 해방되었지만 남아 있던 북한 방어군들은 이 사실을 몰랐다"라고 보도했다. 9월 26일, 미군 탱크가 서울의 대로에 침투해 북한군 탱크와 바리케이드, 저격수들을 상대로 시가전을 벌였다. 발사 속도가 너무 빨라 미국 탱크 승무원들은 연기 때문에 숨을 쉴 수 없어서 교대를 해야 했다. 미군 부대는 민간인 사상자들이 병원에 쏟아져 들어오는 가운데 한 구역 한 구역 불타는 도시로 더욱 깊숙이 밀고 들어갔다.[8] 《타임Time》 기자는 다음과 같이 썼다. "3개월 전 마포 [대로]는 분주하고 쾌활한 플라타너스 가로수 길이었다. 복선 전차와 식료품 가게, 술집과 찻집이 늘어서 있었고, 주택들이 드문드문 있었다. 오늘 아침 마포는 모습이 달랐다. 시커멓게 불탄 대로의 가게와 집들의 잔해에서 나오는 매캐한 연기 구름이 도시 위로 피어올랐다. 여전히 불길에 휩싸인 건물들은 불꽃과 재를 공기 중으로 높이 뿌려댔고, 이것들은 눈이 빨갛게 충혈되고 검댕으로 얼굴이 까매진 해병대원들에게 폭포처럼 쏟아져 내렸다."[9]

9일 동안 유엔군은 미군 해병 포대와 공중폭격, 탱크를 동원한 치명적인 합동작전을 벌여 서울을 탈환하려고 분투하는 지상군을 지원했다. 이 '제2차 서울 전투'에서는 엄청난 희생자가 발생했다. 미군은 약 3500명의 병력을 잃었고, 북한군은 1만 4000명이 죽거나 다쳤으며, 또 다른 7000명이 포로로 잡혔다. 조선민주주의인민공화국 군대도, 대한민국 군대도 서울의 지배자가 바뀜에 따라 민간인들을 처형했다. 이를 비판하는 사람들은 희생이 너무 컸다고 주장할 터였다. 즉, 유엔군은 9월 25일까지 서울을 서둘러 점령하려 하면서 도시를 포위해 조선민주주의인민공화국 수비대의 항복을 강요하기보다는 정면공격을 감행했던 것이다. 게다가 미군은 도시의 방어군을 소탕하기 위해 대규모 화력을 동원했고, 이는 전투의 대량 살육을 더욱 부추겼다.[10]

확전

맥아더의 극적인 승리는 전쟁의 흐름을 바꿨다. 인천 상륙과 서울 함락은 북한과 남한의 조선민주주의인민공화국 부대 사이를 잇던 주요 병참선을 끊어버렸다. 유엔군은 후퇴하는 북한군을 궤멸하기 위해 전면적 공세를 개시했다. 그러나 미국 지도자들은 이제 결정적인 선택에 직면했다. 북한과 남한의 경계로서 38도선을 복원하여 국제법의 승리를 주장할 것인가, 아니면 한국에서 공산주의를 더 멀리 밀어붙여 서울의 친서방 정권 리더십 아래 한반도를 재통일하기 위해 공세를 강화할 것인가? 미국의 정치 지도자와 군사 지도자들이 전자를 선택한다면, 한국은 아마도 서방 동맹의 승리로서 기억될 것이었다. 즉, 공산주의의 진격을 막고 대한민국을 복구하기 위해 미국이

북한군 포로들을 감시하는 미군 해병들. (1950년)

한 한국 여성이 서울에서 폐허 더미를 뒤지고 있다. (1950년 11월)

유엔의 적법한 재가라는 지지를 받아 군사력을 사용한 순간이라는 것이었다. 그 대신 미국은 시선을 북쪽으로 돌리는 쪽을 택했다.

확실히 트루먼 행정부는 전쟁의 목표를 확장하라는 엄청난 압박에 직면했다. 인천상륙작전 때까지 미국 지도자들은 북한군이 후퇴할 경우 어떻게 할 것인지가 아니라 북한군의 맹공격을 어떻게 극복하고 살아남을지에 몰두했다. 인천에서 맥아더가 거둔 승리는 현대전에서 가장 놀라운 군사 작전 중 하나였고, 생존뿐 아니라 좀 더 크고 의미 있는 승리의 가능성도 시야에 넣게 되었다. 군사적으로, 대부분의 미국인들에 따르면 침략자였던 김일성에게 전열을 가다듬어 대한민국에 또 다른 잠재적 공격을 준비할 수 있게 허용하는 것은 말도 안 되는 짓이었다. 애치슨은 "부대에 측량기사의 선까지만 올라가서 멈추기를 기대할 수는 없을 것입니다"라고 할 터였는데, 이 말은 곧 유명해진다. 실제로 맥아더는 후퇴하는 조선인민군을 쫓아 북한으로 들어갈 수 있도록 해달라고 고집했다. 게다가 공세를 중단하는 데 드는 정치적 비용도 만만치 않을 것이었다. 인천 상륙에 뒤이어 실시된 갤럽 여론조사에 따르면, 약 64퍼센트의 미국인이 38도선 북쪽으로 유엔군의 작전을 확대하는 데 찬성했다. 중국을 상실했다고 여전히 트루먼을 질책하던 공화당은 확실히 민주당이 한국에서 허약함을 조금이라도 보이면 그것을 이용할 터였다. 실제로 트루먼과 자문관들이 북한 침공에 찬성하는 쪽으로 흐르는 강력한 조류를 막기는 어려웠을 것이다. 애치슨은 한국이 "서방 민주주의 체제가 혜택을 못 받은 세계의 국가들을 도와주기 위해 무엇을 할 수 있는지를 입증하는 무대"가 될 것이라고 자신 있게 선언했다.[11]

그러나 대통령은 이미 전쟁을 북쪽으로 확대하기로 비밀리에 결정한 상태였다. 9월 11일, 트루먼은 NSC-81을 승인했다. 이것은 전쟁의 다음 단계를 위한 미국 정책을 개괄적으로 설명한 문서였다. 미국은 유엔과 협력해 중국 및 소련과 전쟁의 위험을 무릅쓰지 않는 한에서 "한국의 완전한 독립과 통일"을 모색해야 한다. 워싱턴의 지도자들은 모스크바와 베이징이 남한에 개입할 것이라고 믿지는 않았지만 공산주의 열강이 북한 방어에는 나설 것이라고 예상했다. 미군과 유엔군은 소련이나 중국의 주요 대응을 도발하지 않고 할 수 있는 한에서 38도선 북쪽으로 올라가야 한다. 한국에서 치러지는 전쟁이 지구적 충돌로 확대되도록 허용해서는 안 된다. NSC-81의 논조는 신중했지만, 근본적인 메시지는 미군이 더 큰 전쟁을 도발하지 않고 전쟁을 단계적으로 확대할 수 있다면 그렇게 해야 한다는 것이었다. 하지

만 이 한계는 트루먼이나 맥아더가 파악하는 것보다 더 알아차리기가 힘들 것이었다.[12]

북한군이 후퇴하자 맥아더는 계속 밀고 나갈 준비를 했다. 9월 27일에 전달된 맥아더의 새로운 명령은 소련이나 중국의 개입을 주의 깊게 지켜보는 가운데 조선인민군을 궤멸하고 이승만의 리더십 아래 한국을 재통일하는 것이었다. 맥아더는 "적이 항복할 때까지 나는 한국 전역이 우리의 군사작전 지역이라고 생각한다"라고 선언했다. 10월 1일, 장군은 북한군의 항복을 요구했다. 그는 답변을 받지 못했다. 유엔군 척후대가 10월 7일에 주력부대에 앞서 38도선을 넘었고, 주력부대가 이틀 뒤 북한으로 이동하기 시작했다.[13]

38도선을 넘는 유엔군. (1950년)

하지만 맥아더, 트루먼, 애치슨이 모두 이해하지 못한 점은 38도선을 건넘으로써 사실상 베이징이 개입할 수밖에 없도록 만들었다는 것이었다. 마오쩌둥과 부관들은 한국의 사태 전개를 점점 더 우려스러운 눈으로 지켜보고 있었다. 그들은 조선민주주의인민공화국의 남한 공격을 앞두고 10만 명의 북한 사람들이 중국 내전에서 중국 공산당과 함께 싸웠던 사실을 김일성에게 시인한 바 있었다. 그러므로 한국인들이 중국을 해방하기 위해 목숨을 바쳤는데, 그들이 자신들의 모국인 한국을 해방하기 위해 싸우는 것을 어떻게 막을 수 있단 말인가? 그러나 마오쩌둥은 전쟁이 새로 수립된 중화인민공화국에 가할지도 모를 충격을 걱정했다. 이 전쟁은 미국이 타이완의 장제스 정권에 대한 지원을 늘리고, 동아시아에서 미군의 배치를 극적으로 확대하며, 이 지역에서 사회주의혁명을 강화하고자 하는 중국 공산당의 비전을 위협하는 것을 정당화하는 근거를 제공했다. 더구나 마오쩌둥은 한국에서 벌어진 싸움이 중국 자체를 위협하는 쪽으로 쉽게 확산될 수 있다는 점도 알았다. 그와 동시에 베이징은 만일 중화인민공화국이 한국에서 "미 제국주의의 침략"에 맞서 싸울 수 있다면, 그것은 정권의 국내적 정통성과 국제적 위신을 크게 진작할 것으로 인식했다. 마오쩌둥에게 한국전 참여는 위험이 큰 도박이었다. 만일 성공하다면 워싱턴의 영향력을 동아시아에서 축출하고, 이 지역을 베이징이 그리는 모습으로 개조하는 데 결정적인 발걸음을 내디딜 수 있을 터였다.[14]

8월에 마오쩌둥은 한국에서 미국이 승리하면 서방 제국주의자들이 대담해질 거라고 동지들에게 경고했다. 미국이 승리하면, 그것은 미국이 만주를 공격하고 국민당이 타이완해협을 건너 중국 본토를 습격하며, 어쩌면 프랑스가 인도차이나에서 공세에 돌입하는 서곡이 될 수도 있을 것이다. 중국은 북한을 지원하기 위해 개입할 준비를 해야 한다. 미군이 인천을 공격할지 모른다고 의심하던 베이징은 전쟁에 참여하는 준비로 만주에 부대를 보내기 시작했고, 김일성에게 "귀하는 제국주의 최고 국가와 싸우고 있다"는 사실을 잊지 말고 "최악에 대비하시오"라고 경고했다. 맥아더의 군대가 인천에 상륙하고 서울을 장악하자 김일성은 마오쩌둥에게 개입해 달라고 간청하기 시작했다. 중국 사령관들은 개입하면 첫해에 중화인민공화국은 적어도 6만 명이 죽고 14만 명이 다칠 것으로 추산했다. 그러나 한국 전장은 중국인들에게 어떤 이점을 제시했다. 베이징의 군대는 혼란스럽고 불균등하고 끊임없이 이동하는 전선을 따라 "조각그림 맞추기식 전투"를 수행함으로써 서방의 화력을 상쇄할 수 있었다. 중국군은 서방 군대에 끔찍한 피해를 입히고 전쟁에 대한 일반 미국인들의 열정을 식히기로 계획된 전략의 일환으로서 미군 부대를 포위해 궤멸하는 데 집중할 것이었다.[15]

하지만 외교를 위한 마지막 기회가 단 한 번 있었다. 9월 29일에 네덜란드 외교관이 국무부에 베이징이 한국에 개입할 것을 고려하고 있다고 알려주었다. 이튿날 저우언라이 총리는 이렇게 선언했다. "중국 인민은 외국의 침략을 절대 용인하지 않을 겁니다. 또한 그들은 이웃 국가가 외국 세력에 무참히 공격당하는 것을 누워서 보고 있지도 않을 겁니다." 10월 2일에 저우언라이는 중화인민공화국 주재 인도 대사에게 미국의 북한 침략은 중국의 개입을 촉발할 것이라고 경고했다. 애치슨은 이 경고를 엄포에 불과하다고 일축했다. 미국 지도자들은 중화인민공화국의 위협을 과소평가했다. 내전에서 승리한 지 불과 몇 개월밖에 되지 않은 베이징은 내부 도전과 타이완 문제에 정신이 팔려 있다고 생각했다. 게다가 만일 중화인민공화국이 실제로 모스크바의 꼭두각시라면(워싱턴의 많은 이들이 잘못 믿은 대로), 미국은 단호히 맞서야 한다.[16]

중국이 개입할 거라는 소문에 구애받지 않은 미군은 길을 재촉했다. 인천 작전의 여파 속에 트루먼 대통령은 맥아더를 대면할 때가 왔다고 판단했다. 맥아더가 이미 워싱턴을 방문해 달라는 요청을 두 번 거절했으나, 다가오는 의회 선거와 전쟁 자체의 극적인 전개 때문에 대통령은 10월 15일에 직접 장군을 만나러 갔다. 회담 장소로 웨이크섬이 선택되었는데, 그곳으로 가려면 맥아더보다 트루먼이 훨씬 긴 시간을 여행해야 할 판이었다. 트루먼의 일부 보좌관들은 이 사실에 불편해했다. 일정 담당 비서가 물었다. "언제부터 왕이 왕자한테 간다던가요?" 딘 애치슨은 이렇게 빈정댔다. "맥아더 장군이 외국 원수의 속성을 많이 갖고 있고 아주 까칠하기는 하지만, 그를 외국 원수로 인식하는 것은 현명하지 않은 것 같습니다." 국방장관 조지 마셜은 맥아더를 만나러 가기를 거절했는데, 그를 개인적으로 싫어한 것이 그 까닭 중 하나였다. 가장 강력한 반대는 인천 작전의 영웅 본인에게서 나왔다. 맥아더는 자기가 보기에 분명히 정치적인 이유로 전쟁을 치르느라 바쁜 자신을 불러내는 것에 분개했다.[17]

장군의 경멸은 두 사람이 만났을 때 잘 드러났다. 맥아더는 의전을 위반하고 대통령에게 거수경례를 하지 않았다. 트루먼은 모욕을 알아차리지 못한 것 같았다. 그는 중국의 한국전 개입 준비처럼 보이는 것에 대해 우려를 표명했지만, 맥아더는 이 위험을 일축했다. 맥아더는 다음과 같이 설명했다. 만일 중화인민공화국이 개전 처음 몇 달 안에 개입했더라면 "그것은 결정적이었을 겁니다. 우리는 더는 그들의 개입을 두려워하지 않습니다." 중국군이 평양을 점령하려 한다면 "인류 역사상 가장 큰 살육 사태가 벌어질 겁니다"라고 맥아더는 대통령에게 말했다. 장군의 일부 언급을 보면 그가 실제로는 마오쩌둥의 군대와 싸울 기회를 원하고 있었던 것으로 생각된다. 8월에 맥아더는 당시 워싱턴에서 펜타곤 직원으로 일하고 있던 매슈 벙커 리지웨이[1] 장군에게 베이징의 한국전 참전을 환영한다고 말한 바 있었다. 왜냐하면 그것은 "세계의 결정적인 전투 중 하나가 될 만큼 참패를 안길" 기회를 줄 것이기 때문이었다. "이 재앙은 너무나 커서 아시아를 뒤흔들고 아마도 공산주의를 되돌려보낼 겁니다. (…) 나는 매일 밤 그들이 돌아갈 것을 기도합니다. 나는 무릎을 꿇곤 합니다." 리지웨이는 훗날 다음과 같이 말했다. "자신을 공산주의 용을 죽일 검객으로 보는 이러한 시각 때문에 그가 결국 무모하게 만주 국경으로 돌진하게 된 것인지는 물론 지금 누구도 알 수 없다. 그러나 나는 그것이 맥아더가 꾼 승리의 꿈에 광채를 더하지 않았을까 의심한다." 여하튼 맥아더가 트루먼을 위해 내놓은 10월의 메시지는 분명했다.

---

1) Matthew Bunker Ridgway(1895~1993). 미국의 군인. 제2차 세계대전 당시 제82 공수여단, 제18 공수여단을 지휘했다. 한국전쟁에서는 맥아더를 이어 유엔군 사령관을 지냈다.

전쟁은 "한국에서 이겼다"는 것이었다. 평양은 1주일 안에 함락될 것이고, 연말까지는 모든 것이 마무리될 터였다. 회담이 잠시 휴회했을 때 트루먼은 이렇게 말했다. "나는 대통령이 된 이래 이보다 더 만족스러운 회의를 한 적이 없었습니다." 둘 중 누구도 몰랐지만, 한국에서 미국 전쟁의 전성기는 막 지나가려 하고 있었다.[18]

나흘 뒤 평양이 대한민국 군대에 함락되었다. 한 미국 기자는 다음과 같이 썼다. "포위된 북한 수도는 공중에서 보면 죽음이 왕인 텅 빈 성채 (…) 검게 변해버린 죽은 자들의 공동체, 모든 살아 있는 자들이 갑자기 닥친 역병 앞에서 도망간 시커먼 유령 도시 같았다." 하지만 지상에서는 이야기가 달랐다. 유엔군이 극심한 공격을 받은 도시에 들어갔을 때 그들을 맞이한 것은 남한 국기를 흔들면서 환호하는 군중이었다. 또 다른 기자는 이렇게 썼다. "어떤 교차로에서 우리는 모래주머니로 쌓은 바리케이드를 지나느라 속도를 낮췄다. 거리에 늘어선 군중은 우리 주위로 몰려들었고, 깨강정을 주면서 악수를 청했다." 확실히 바로 이 시민 중 많은 이들이 6주 후에 공산군이 돌아오면 북한 국기를 흔들며 그들을 환영할 터였다. 하지만 당분간 서방 관찰자들은 "자유세계의 군대에 의해 해방된 최초의 공산주의 수도"에 들어가면서 가슴이 두근거렸다. 그들은 도시가 공산주의와 소련 선전으로 장식되어 있음을 알았다. 공공건물과 주택의 벽은 스탈린과 레닌의 사진으로 도배되어 있었다. 김일성의 집무실은 "화려한 양탄자와 비싼 가구가 넘쳐났고 (…) 엄청난 크기의 마호가니 책상이 떡하니 자리 잡고 있었다. 책상 왼쪽에는 높이가 30센티미터쯤 되는 김일성 석고 흉상이, 오른쪽에는 스탈린 흉상이 놓여 있었다."[19]

김일성과 조선민주주의인민공화국 정부는 유엔군이 진격함에 따라 북한으로 후퇴했다. 남한군 병사와 미군 병사들은 일본 총독의 옛 관사에 있던 버려진 김일성의 집무실을 터덜터덜 걸어 지났고, 거의 텅 빈 거리를 배경으로 기념사진을 찍었다. 한 남한 장교는 다음과 같이 회상했다. "우리는 전쟁이 끝났다고 생각했다. 북한군은 우리를 만나면 무기를 내던져 버리는 등 이제 완전히 소탕되었다." 그러나 미국 관리들은 서방 민주주의의 미덕을 보여줄 모범적인 북한 점령이 이루어질 것으로 예견했지만, 현실은 완전히 딴판이었다. 미군은 게릴라 저항 세력의 공격을 받은 계곡과 마을 전체에 소이탄을 퍼부었다. 사로잡힌 게릴라들은 대한민국 군대에 넘겨져 가혹한 심문을 받았다. 공군 비행기가 들판에서 일하는 농부들에게 기총소사를 가했다. 아마도 무엇보다 가장 치명적이었던 것은 남한의 보안군이었을 것이다. 노동당원들을 근절하고 말살하는 임무를 부여받은 대한민국 방첩 장교들은 15만 명으로 추산되는 사람들을 처형하거나 강제 노동에 종사하게 했다. 북한은 나중에 1만 5000명이 평양에서 학살당했다고 주장할 터였다.[20]

중국의 참전

미군 병사와 남한군 병사들이 북한의 수도에서 승리를 축하하고 있던 바로 그때 중국군 대열이 압록강과 북중 국경을 향해 나아가고 있었다. 약 25만 명의 중국군 병사들은 야음을 틈타 18일을 행군했고, 낮에는 유엔군 정찰기에 탐지되지 않도록 위장한 채로 몸을 숨겼다. 베이징의 사령관 펑더화이[2]는 유리한 위치를 차지하고 유엔군이 가까이 올 때까지 기다리라고 부대에 명령했다. 중국군 부대는 진격하는 유엔군이 지나는 길에 일련의 덫을 설치하고 적을 포위 섬멸할 것이었다.[21]

펑더화이는 장시江西 소비에트와 대장정에서 마오쩌둥, 린뱌오와 함께 싸운 노련한 공산주의 사령관이었다. 중국 내전 마지막 몇 년 동안 그는 서북 야전군을 지휘하면서 산시성 주변에서 전투를 치르고, 중국 공산당이 옌안에서 후퇴할 때 중추적인 역할을 했다. 펑더화이는 후난성의 비천한 농민 가족의 일원으로 태어나 16세에 국민당 군에 입대했다. 그는 "화통하고 원기왕성한 얼굴"을 했고, 완강한 전사의 명성을 얻었다. 해리슨 솔즈베리Harrison Salisbury는 다음과 같이 설명했다. "펑더화이는 정면공격에서 적과 맞바로 부딪쳤고, 격렬하게 싸워 몇 번이고 연달아 적을 궤멸했다. 그는 적의 총기를 압수하고 전쟁 포로를 홍군의 충직한 신병으로 전향시킴으로써 피해를 그대로, 아니 그 이상으로 복구할 수 없으면, 전투를 잘 치렀다고 믿지 않았다." 이제 펑더화이는 압록강 남부에서 중국인민지원군[3]을 이끌며 복

---

2) 彭德懷(1898~1974). 중화인민공화국의 군인, 정치인. 1950년 10월 중국인민지원군 총사령관으로 한국전쟁에 참전했고, 1953년 7월 27일 공산군 대표로 휴전협정에 조인했다. 1954~1959년에 중화인민공화국 국무원 부총리이자 국방부 장관을 지냈다.

3) Chinese People's Volunteer Army, PVA. 한국전쟁에 참전해 조선민주주의인민공화국을 지원한 중화인민공화국의 군대. 대한민국에서는 중국 공산당의 군대라는 의미로 중공군(中共軍)이라고 표기하나 정규군인 중국인민해방군과는 성격이 약간 다르다. 대부분의 병사가 중국인민해방군 출신으로 구성되었지만, 당시 신생

병을 대거 배치해 유엔군을 기다렸다.[22]

북한군은 미군의 인천 상륙을 예상했고, 그들의 부대가 부산에서 밀려날 것 같으면 "대대적인 전략적 후퇴"를 감행할 준비를 했다. 게다가 조선인민군 병력은 38도선에서 완강히 버티지 못하고 계속 후퇴했고, 맥아더의 부대가 북쪽으로 더욱 치고 올라오자 베이징에 개입해 달라고 간청했다. 압수된 어느 북한군의 공책에는 다음과 같이 적혀 있었다. 유엔군은 "우리 군의 힘을 충분히 깨닫지 못했고, 그들의 보병을 압록강까지 (…) 멀리 전진시켰다. 이는 그들이 우리를 과소평가하고 있음을 가리켰다. 이 모든 상황이 그들을 근처로 유인하는데 유리했다." 또 다른 북한군 포로는 철수가 계획된 것이라고 설명했다. "우리는 유엔군이 우리를 따라 [압록강으로] 올라올 것이고, 이 거대한 지역에 그들의 병력을 드문드문 펼쳐놓을 것임을 알았기 때문에 철수했습니다. 이제 우리가 이 부대를 포위해서 섬멸할 때가 왔습니다."[23] 중국군은 펑더화이가 채택한 전략을 따랐다. 그 전략은 "우리가 일부러 허약하게 보여서, 적들을 더욱 교만에 빠뜨려 닥치는 대로 행동하게 하고, 그런 다음 우리 지역으로 유인하는 것이었다."[24]

유엔군은 앞으로 밀고 나갈수록 분산될 것이고, 그들의 병참선은 더욱 늘어질 것이었다. 베이징의 덜 유능한 부대가 적의 최고 부대와 교전하는 동안 가장 강력한 중국군 부대가 더 허약한 유엔 분견대에

공산주의 국가였던 중화인민공화국이 유엔군과 공식적으로 전쟁을 치르는 인상을 피하려고 중화인민공화국의 정규군인 중국인민해방군과는 직제와 편제를 달리했다. 공식적으로는 모두 '지원병'인 것처럼 꾸몄으나, 사실상 만주에 주둔했던 인민해방군의 제4야전군이 이름만 바꿔 참전했다.

집중할 터였다. 이렇게 함으로써 펑더화이는 적군이 균형을 잃고, 두 세 개의 미군이나 대한민국군 사단에 궤멸적 타격을 가하며 유엔군을 패주시킬 수 있기를 바랐다. 하지만 중국군 병사들은 이런 식으로 공세를 취하는 데 매우 애를 먹을 것이었다. 극심한 추위 속에 유엔군 공중정찰을 지나 최전선의 부대에 물자를 이동시키는 데 따르는 어려움은 중국군 부대에 매우 심각한 위협을 제기했는데, 영양실조가 그것이었다. 역사가 앨런 밀릿Allan Millett은 "[중국] 정치장교들의 투지 넘치는 웅변에도 불구하고, 중국군 병사들은 보통 다음 끼니를 찾아 공격을 가하곤 했다"라고 설명한다.[25]

남한군은 10월 말에 처음 중국군과 부딪혔다. 이틀 후 미군이 중국군과 조우했다. 11월 1일, 미확인 부대의 맹렬한 공격에 대한 보고가 유엔군 사령부에 서서히 들어오기 시작했다. 중국군은 대한민국군 부대와 미군 부대를 공격해 유혈이 낭자하게 했으나, 그런 다음 후퇴하는 것처럼 보였다. 한 영국군 병사는 "내가 이전에 봤던 다른 적군과는 달랐던" 부대와의 조우를 이렇게 묘사했다. "그들은 두꺼운 솜옷을 입었는데, 마치 작은 미쉐린맨[4)]처럼 보였다. 발로 시신을 뒤집었더니, 모자 앞 챙에 붉은 별 배지가 달려 있었다. 이 병사들은 중국군이었다." 사로잡은 중국군 포로들을 심문했으나, 그들은 무슨 일이 벌어지고 있는지 명확히 설명하지 못했다. 11월 초에 미국 지도자들은 베이징의 군대가 북한에서 작전 중이라는 것을 알았지만, 그

---

4) Michelin man. 프랑스 미쉐린사의 공식 모델로, 타이어로 만든 캐릭터다. '비벤덤(Bibendum)'이라고 부른다.

중국군 포로들을 감시하는
미국 해병들. 남한 횡성. (1951년 3월 2일)

것이 전면적인 개입인지는 아직 불분명했다. 유엔군과 대한민국군 부대는 압록강으로 계속 치달았다.[26]

11월 23일에 미군 부대는 수천 명의 중국군 병사들이 자신들을 포위하고 있다는 사실을 알지 못한 채 칠면조와 으깬 감자, 크랜베리 소스, 호박 파이로 이루어진 추수감사절 특별 저녁을 맛보았다. 미군이 양껏 먹고 있는 동안 중국군은 소량의 수수밥 군용식으로 연명했다. 이튿날 맥아더는 한국전쟁 최후의 공세로 계획된 공격을 개시했다. 압록강을 점령하고 크리스마스까지는 미군 병사들을 집으로 돌려보낼 심산이었다. 하지만 맥아더의 부대가 북쪽으로 밀고 올라갈 때, CIA는 "조율되고 잘 조직된 후방 지역의 대규모 게릴라 세력"에 대해 경고했고, 유엔군 조종사들은 공산주의 병사 대열이 "시골 마을을 온통 떼를 지어 다니고 있다"고 보고했다.[27] 베이징은 11월 25일 미군과 남한군이 자고 있을 때 덫을 놓았다. 미군 부대는 중국군이 미군 진지를 습격하면서 내는 나팔 소리와 따다다 하는 총소리에 잠이 깼다. 맥아더의 전선은 이 기습으로 혼란에 빠졌다. 전쟁의 마지막 주요 작전이라고 생각한 전투에 나섰던 유엔군은 이제 전투 경험으로 다져진 중화인민공화국 부대의 기습에 뒤로 쫓겨났다. 중화인민공화국 부대는 외국 침략자들을 몰아내기 위해 대규모 희생을 마다하지 않을 작정이었다.[28]

맥아더는 병력을 후퇴시키면서 11월 28일 합동참모본부에 이렇게 보고했다. "우리는 완전히 새로운 전쟁에 직면해 있다." 베이징은 전투에 돌입했고, 미국은 이제 한국에서 사실상 중국과 전쟁을 벌이게 되었다. 장군은 "중국의 선전포고 없는 이 전쟁에 대처하는 데" 필요한 자원이 부족하다고 설명했다.[29] 베이징의 개입에 대한 대응 방법을 둘러싸고 워싱턴에서 격론이 촉발됐다. 애치슨은 대통령 및 국가안전보장회의와 대화할 때 미국이 직면한 주요 문제들을 제시하면서 맥아더가 북한에서 철수해야 한다고 주장했다. 그는 이렇게 설명했다. "우리는 한국에서 중국군을 물리칠 수가 없습니다. 그들은 우리보다 더 많은 것을 투입할 수 있습니다." 이와 유사하게 유엔군은 전쟁이 만주로 확대되지 않도록 극도로 조심해야 했다. 이런 사태가 벌어지면 확전될 위험이 있을 것이다. 애치슨은 미국이 지금 "전면전의 위험에 훨씬 더 가까이" 다가섰다고 경고했다. 그는 "우리는 한국을 따로 떼어내서가 아니라 소련을 적으로 마주하는 세계적 차원의 문제로 고려해야 한다"라고 역설했다.[30] CIA 역시 전면전의 위험을 경고했다. CIA는 베이징이 모스크바의 인지와 승인 속에 행동하고 있는 것이 거의 확실하며, 두 공산주의 열강은 한국의 상황이 더 큰 전쟁으로 비화할 가능성을 인식하고, 아니 어쩌면 희망하고 있는 것이 틀림없다고 설명했다. 한국에서 전쟁이 더 커지면 미국은 군대를 "승패가 가려지지 않는" 냉전의 "전역戰域"으로 돌리게 될 터였다. 그리고 그곳에서 미군은 "소모와 견제"를 당할 것이었다. 궁극적으로 CIA는 다음과 같이 경고했다. "소련 통치자들은 미국의 권력 위상을 상대로 매우 적극적으로 세계적 규모의 공격을 추구하기로 다짐했다. (…) 그 결과 지구적 전쟁이 발발할 수도 있겠지만, 전혀 개의치 않는다." 미국은 "유럽과 아시아에서 소련이 직접적 공격이나 간접적 공격을 가하리라고" 한층 더 예상해야 하며, 크렘린이 "이미 지구적 전쟁을 촉발하기로 결심했을" "가능성"에 대비해야 한다.[31]

백악관은 중국 공산주의의 공세를 단호하게 계속 중지시키려 했다. 11월 30일, 트루먼 대통령은 기자회견에서 다음과 같이 선언했다. "우리는 군사적 상황에 대처하는 데 필수적인 조치는 무엇이든지 취할 겁니다. (…) 거기에는 우리가 갖고 있는 모든 무기가 포함됩니다." 그것이 핵폭탄을 의미하느냐는 질문을 받자 대통령은 이렇게 대답했다. "핵폭탄 사용을 항상 적극적으로 고려해 왔습니다. 나는 핵폭탄이 사용되는 것을 보고 싶지 않습니다. 그것은 끔직한 무기이고, 아무 잘못도 없는 남자와 여자, 아이들에게 절대 사용해서는 안 됩니다." 몇 시간 뒤 백악관은 미군이 전투를 벌일 때마다 핵무기를 선택지로 고려하지만 그것을 당장 사용할 생각은 없다고 하면서 재빨리 그 말을 철회했다. 트루먼은 핵폭탄 사용이 필수적이지는 않았으나, 모스크바와 베이징에 워싱턴이 여전히 핵폭탄을 갖고 있음을 상기시켰던 것 같다.[32]

현지에서는 유엔군의 후퇴가 또 다른 물결의 잔혹 행위를 촉발했다. 남한군은 중국군과 북한군이 공산주의 협의자들을 해방하기 전에 서둘러 가능한 한 많이 그들을 살해했다. 남한 보안 기관은 공산주의자들을 지역에서 몰아내려는 시도의 일환으로 유엔군 뒤를 따라 북한으로 들어갔다. 이승만 대통령은 기자에게 이렇게 말했다. "우리는 불도저로 엄청난 크기의 구덩이와 도랑을 판 다음 공산주의자로 그것을 가득 채울 것이오." 미 국무부는 "피바다"를 막기 위해 남한군의 고삐를 죌 수단을 찾는다고 애를 태웠다. 이와 마찬가지로, 영국 관리들은 대한민국이 북한 전역에서 "공산주의자와 부역자들을 색출해 죽이려" 하고 있고, 그럼으로써 국제적인 스캔들을 야기할 위험을 무릅쓰고 있다고 결론 내렸다.

중국군이 남쪽으로 내려가면서 학살의 속도가 빨라졌다. 대한민국 군대와 유엔군이 후퇴하면서 수백 명의 남자, 여자, 아이들이 살해되어 집단 매장지에 버려졌다. 평양을 떠나기 전에 한 미국 기자는 남한 장교들이 조선민주주의인민공화국 포로 수백 명을 즉결 처형하라고 명령하는 것을 목격했다. "한쪽으로 몇몇 북한군이 땅에 박힌 튼튼한 기둥에 헝겊 인형처럼 걸려 있었다. 처형된 이 사람들은 햇살을 받으며 매달려 있었다. 땅에 앉아 있는 포로들에게 전하는 메시지는 분명했다."[33] 평양 동남쪽으로 약 80킬로미터쯤 떨어진 신천에서 대한민국 군대는 약 400명의 부녀자와 아이들을 창고로 몰아넣은 뒤 아들과 남편이 숨어 있는 장소를 대라고 윽박지르며 심문했다. 음식과 물을 주지 않았고, 물을 달라고 간청하자 인분을 던져 주었다. 며칠 후 건물에 석유를 뿌려서 불태워 버렸다.[34]

미군 역시 훨씬 덜 개인적인 형태이긴 했지만 그들 자신의 학살 형태에 책임이 있었다. 유엔군이 중국군의 공격에 전열이 흐트러지자, 맥아더는 공군에 "교통수단 전부와 모든 시설, 공장, 도시, 마을을 파괴하라"고 명령을 내렸다. "이 파괴는 만주 국경에서 시작하여 남쪽으로 내려갈 것이다." 장군은 공산군을 그 자리에서 소각할 공중 파괴의 물결을 일으키길 원했다. 그러나 이것은 한국 상공에서 지속된 공중전에서 가장 근래에 수행된 전역戰役에 불과했다. 이 공중전은 충돌 내내 계속될 터였다. 유엔 항공기는 소련군이 일부 기체를 조종하는 중국군 미그기의 도전에 직면했지만, 전쟁 대부분의 기간에 하늘을 제패할 것이었다. 그들은 이 공중에서 차지한 우위를 이용해 전쟁이 이어진 3년 동안 북한군과 철도, 강의 댐, 인구 중심지에 폭탄과 총탄을 비 오듯이 퍼부었다. 유엔군 병기고에 있는 무기 중 가장 끔찍한 것은 네이팜탄이었다. 그것은 다우케미컬사가 만들어 소이탄 폭격을 위해 이용한 끈적거리는 화염성 물질이었다. 한 헝가리 기자는 폭격 작전의 효과를 이렇게 묘사했다. "북한에서 움직이는 것은 모두 군사적 표적이었다." "북한에는 도시가 더는 없었다." 전쟁이 끝날 때까지 미국 항공기는 한국에 63만 5000톤의 재래식 폭탄과 함께 3만 2000톤의 네이팜탄을 떨어트렸다. 북한의 22개 대도시 중에서 18개 도시가 적어도 50퍼센트 파괴되었다. 평양은 75퍼센트가 파괴되었고, 함흥은 80퍼센트가 주저앉았다.[35]

그러나 이 야만적인 폭격 작전으로는 중국군과 북한군의 전진을 막을 수가 없었다. 낮에는 위장을 해서 숨고 밤에 이동하면서 공산군 보병은 미군 항공기를 피해 유엔 방어선을 계속 공격했다. 전쟁의 가장 격렬한 전투 중 하나가 장진호 주위에서 벌어졌다. 장진호는 북한 중앙에 위치한, 험준한 산들로 둘러싸인 인공 호수였다. 이 지역의 미군 해병대 사령관은 훗날 인터뷰에서 다음과 같이 회상했다.

"장진 주위의 지역은 군사작전을 수행할 만한 곳이 아니었지요. 칭기즈칸조차 그렇게 하려 하지 않았을 겁니다."

중국군 보병은 산들을 통과할 수 있었지만, 유엔군의 차량화 부대는 이 산악 지방에 난 약간의 도로를 따라 이동하지 않으면 안 되었다. 유엔군에게 이 지역을 들고나는 유일한 길은 호수의 남쪽에서 이 지역을 흥남항과 연결하는 하갈우리를 통과하는 것이었다. 바로 여기에 마오쩌둥의 군대가 서방의 한국 개입에 궤멸적 타격을 가할 기회가 있었다. 그들은 고립된 미군을 포위하고, 워싱턴의 지도자들이 철수할 필요가 있음을 수긍할 정도로 엄청난 수의 사상자를 안기는 데 성공했다.

상황을 더욱 악화시킨 것은 중국군이 공격하기 전 며칠 동안 한랭전선이 북쪽으로부터 진입했다는 사실이었다. 한랭전선은 기온을 영하로 떨어뜨리면서 이 지역을 눈으로 뒤덮인 채 이리저리 뻗어 있는 커다란 덫으로 만들었다. 12월 1일, 유엔군은 중국군 보병이 주변의 고지에서 그들을 공격하자 얼어붙은 산길을 뚫고 나아가려 하면서 호수로부터 안간힘을 쓰며 퇴각하기 시작했다.

열흘 후 심한 공격을 받은 유엔군 잔여 세력이 흥남항에 도착했다. 항구에서는 상륙정이 그들을 실어 나르려고 대기 중이었다. 미군 해병대는 전투 과정에서 4418명의 사상자를 냈고, 수천 명이 동상으로 고통을 겪었다. 이 전역에서 중국군의 사상자는 3만 7000여 명이었는데, 이는 전투가 매우 치열했음을 보여주는 동시에 베이징의 부대가 기꺼이 대규모 희생을 수용할 의사가 있었음을 나타내는 것이었다. 미군 해병들의 영웅적인 후퇴로 사태가 훨씬 더 심각한 재난으

항공기가 근접 지원으로 공산군을 산비탈의 참호에서 몰아낸 뒤 미군 해병들이 전진하고 있다. 표적 지역으로부터 자욱한 연기가 피어오르고 있다. 북한 하갈우리. (1950년 12월 26일)

로 비화하지는 않았다. 하지만 미군이 경무장한 농민 군대에 격파된 사정은 부인할 수 없는 사실로 남았다.[36]

맥아더의 해임

유엔군이 후퇴하는 가운데, 맥아더 장군은 트루먼에게 자기가 보기에 한반도에서 승리를 막았던 군사적 제약을 풀어달라고 압박을 가했다. 12월 7일, 장군은 미 육군 참모총장에게 상당한 증강이 없다면 '한국에서 유엔군의 지위가 유지될 수 없다고 생각한다'고 말했다. 맥아더는 유엔이 "공산주의의 위협"에 대처하기 위해 "전력"을 기울일 때가 왔다고 역설했다. 유엔군에 중국을 상대로 공습을 단행하고 중화인민공화국을 해상 봉쇄할 수 있는 권한을 부여해야 한다. 게다가 베이징의 부대에 대처하기 위해 국민당 군대를 타이완에서 한국으로 데려놓아야 한다. 이 조치는 한국전쟁을 마오쩌둥과 장제스 사이의 대리전으로 바꿔놓을 것이었다. 맥아더는 만일 중국으로 확전이 허락되지 않는다면 한국에서 유엔은 지위를 잃어버릴 것이라고 경고했다. 한국전쟁이 진정으로 냉전에서 미국의 결의를 보여주는 시험대, 워싱턴과 모스크바 사이의 지구적 투쟁에서 결정적인 전역戰役이라면, 미국은 한반도와 그 주변 지역에 전력을 쏟아부어야 한다.[37]

그러나 트루먼은 여전히 주저했다. 대통령의 자문관들은 11월 후반부터, 전쟁이 확대되어 중국과 충돌하면 미국은 대재앙을 맞을 것이라고 경고했다. 개전 첫 몇 달 사이에 벌어진 전투는 미국 군대가 큰 전투를 치를 준비가 되어 있지 않다는 사실을 보여주었다. 게다가 워싱턴이 중국에 공격을 개시하면 한국에 개입한 데 대한 국제적 지지가 약화될 터였다. 말하자면, 미국의 동맹국들은 중화인민공화국과의 전쟁이 아니라 38도선을 복구하는 노력에 동의했던 것이다. 최악의 경우 중국에 대한 공격은 미군을 태평양 전역戰域으로 돌릴 것이고, 그럼으로써 서유럽은 소련의 공격 가능성에 노출될 터였다. 애치슨은 또다시 미국이 지구적 관점을 갖고 생각해야 한다고 강조했다. "우리는 세계 전역에서 소련과 마주하고 있다는 사실을 잊어서는 안 됩니다." 모스크바는 미국의 만주 공격을 확전의 구실로 환영할 것이었다. 애치슨은 이렇게 경고했다. "러시아인들이 우리를 자신들의 경계선 안에 가둬놓기를 허용한다면, 우리는 바닥이 안 보이는 지옥 속으로 빨려 들어갈 위험을 각오해야 할 겁니다. 그것은 끝이 없고, 우리가 가진 모든 자원을 쥐어짤 겁니다." 그는 워싱턴이 "선을 긋고" 그 선을 넘지 말아야 한다고 대통령에게 말했다. 냉전의 경계로서 38도선의 복원은 다시 뚜렷하게 유엔 개입의 목표가 되었다.[38]

12월 23일, 미 제8군 사령관이던 월턴 해리스 워커[5] 장군이 지프차를 타고 가다 남한군 트럭과 부딪히면서 사망했다. 그의 후임인 매슈 리지웨이는 자신의 지휘를 받는 군을 증강하고 격렬한 소모전을 준비하는 작업에 즉각 착수했다. 하지만 리지웨이가 제8군을 재건하는 바로 그 순간에 중국군의 공세가 느려지고 있었다. 앞서 북한군과 유엔군이 그러했듯이, 중국군도 한반도로 더 깊숙이 돌진하면서 병참선이 더욱 길어진다는 사실을 알게 되었다. 베이징의 군대가 남쪽으로 이동함에 따라 이 병참선은 유엔군의 공습 위협에 항상 시달리며 점점 더 취약해졌다. 2월 중순에 리지웨이의 군대는 서울 남쪽의 한 전선에서 중국군의 공세를 막아냈고, 인천에 대한 통제를 되찾았다. 2월 21일, 제8군은 '킬러 작전'을 시작했다. 이 작전으로 공산군에 다수의 사상자를 안기고 한강과 서울로 향하는 길을 낼 계획이었다. 폭우가 쏟아지면서 강들이 범람하고 도로가 진창으로 변했으며, 유엔군이 지나가는 길에 진흙 더미가 흘러내릴 위험이 있었다. 그럼에도 리지웨이는 공격을 계속했다. 다음 2주 동안 미군과 남한군은 약

---

5) Walton Harris Walker(1889~1950). 미국의 군인. 제1차 세계대전과 제2차 세계대전에 참전했다. 한국전쟁에서 미군 제8군 사령관으로 재임하다 1950년 말 교통사고로 순직했다.

1만 명으로 추산되는 사상자를 안기고 아군 병력은 2500명을 상실하면서 중국군을 뒤로 밀어냈다. 킬러 작전이 성공한 뒤 리지웨이는 서울의 측면을 공격해 희생이 큰 정면공격 없이 도시를 점령하고, 대략 38도선을 따라 방어선을 수립하기로 계획된 '리퍼 작전'을 개시했다. 리퍼 작전이 성공을 거둔 뒤 리지웨이는 '러기드 작전'과 '돈틀리스 작전'을 실시해 북한 쪽으로 50킬로미터를 밀고 들어가 중국군의 반격에 맞서 방어선을 구축했다.[39]

트루먼 행정부는 한국에서 적군을 적극적으로 뒤로 밀어붙인다는 자신들의 비전에서 물러섰으나, 맥아더 장군은 한반도가 미국이 공산주의에 결정적인 타격을 가해야 하는 싸움터라고 여전히 확신했다. 12월 24일에 중국군이 38도선을 넘으려는 태세를 취하자, 맥아더는 한반도에서 중국군의 작전을 막기 위해 북한과 만주 사이의 국경을 봉쇄할 수 있도록 핵무기 사용을 승인해 달라고 요청했다. "나라면 30기에서 50기의 핵폭탄을 떨어뜨렸을 겁니다"라고 맥아더는 설명했다. 그런 다음 맥아더는 "동해에서 황해에 이르기까지 우리 뒤에" 반감기가 60년에서 120년인 "방사성 코발트 지대를 펼쳐놓았을" 것이라고 덧붙였다.[40]

백악관이 보기에 훨씬 더 골치 아픈 것은 장군의 공개 발언이었다. 2월 중순에 맥아더는 진지전을 통해 38도선을 복원한다는 관념을 "완전히 비현실적이며 환상적"이라고 일축했다. 오히려 그는 다음과 같이 단언했다. "우리는 선전포고 없이 우리를 상대로 활개를 치며 전쟁을 벌이고 있는 중국 공산주의 적들이 누리는 기존의 우위를 실질적으로 줄여야만 합니다. (…) 그들은 중국 땅에 대한 우리의

미군 병사들이 남한의 서울 북쪽에 있는 산을 넘고 있다. (1951년 1월 31일)

반격에 맞서 성소聖所의 보호라는 전례 없는 군사적 이점을 갖고 있습니다." 그달 말에 맥아더는 아시아에서 공산주의의 움직임이 "유럽과 미국의 심장부"를 위협하며, "그것을 단호하게 물리쳐야" 한다고 미국인들에게 경고했다. 1주일 뒤 맥아더는 "반격을 가할 우리의 자유를 계속 제한하는 것"은 유엔군이 북쪽으로 대대적인 공격을 가하지 못하게 한다고 큰 소리로 말했다. 맥아더는 "필수적인 결정은 아직 내려지지 않았습니다. 이 결정은 군사령관으로서 내게 부여된 권한의 범위를 훨씬 뛰어넘는 것이며," 이 결정으로 전쟁이 승리로 돌아설지 아니면 교착상태에 빠질지가 정해질 것이라고 설명했다. 38도선은 천연 방어물이 없고, 방어하려면 인력이 대규모로 필요할 것이라고 맥아더는 그다음 주에 덧붙였다. 그와 같은 교착상태를 방지할 유일한 길은 트루먼이 한국에 더 많은 부대를 보내기로 결정하고, "만주의 중국 기지에 전략 폭격을 가하는 데 대한 제한"을 제거하는 것일 테다. 이러한 결정을 내릴 때 "오래 끌고 우유부단하게 진행되는 전역戰役이 동맹국들에 안길 큰 희생을 무시해서는 안 됩니다"라고 그는 덧붙였다.[41]

하지만 가장 큰 충격은 3월 24일에 있었다. 맥아더는 중국의 "큰 수적 잠재력"이 유엔군에 도전했지만, 서방의 "대량 파괴 방식"은 경기장을 완전히 무너뜨렸다고 설명했다. "아무리 광적으로 용감하더라도 혹은 아무리 인명 손실에 철저히 무관심하더라도" 화력 면에서 유엔군이 가진 이 이점을 극복할 수는 없을 것이다. 그런 다음 맥아더는 이렇게 말을 더했다. "그러므로 적은, 유엔이 우리의 군사작전을 그들의 연안 지역과 내륙의 근거지로 확대함으로써 전쟁을 한국 지역에 국한하려는 관대한 노력을 그만두는 결정을 내린다면, '붉은 중국'은 군사적 붕괴가 임박할 위험을 무릅쓸 운명에 처할 것임을 이제 고통스럽게 깨달아야만 합니다." 하지만 장군은 만일 베이징이 이 현실을 인정하고 충돌의 평화적 해결을 기꺼이 수용하는 쪽을 택한다면, "나는 적군 총사령관과 전장에서 기꺼이 협의할 (···) 태세가 되어 있습니다"라고 선언했다. 맥아더는 워싱턴의 인가 없이 중국에 위협도 하고, 휴전도 제의했다.[42]

미국 주재 영국 대사는 유엔군 사령관에 대해 점점 커지고 있는 의구심을 표명했다. 이 의구심은 서방 동맹국의 많은 이들이 공유했다. "우리의 주요 어려움은 맥아더 장군입니다. 그는 중국과 전쟁을 원하는 것 같지만, 우리는 원하지 않습니다." 끝으로, 4월 5일에 미국

공화당 의원 조지프 윌리엄 마틴[6]은 맥아더가 하원에 보낸 편지를 이렇게 읽어 내려갔다.

> 이상하게도 일부 사람들은 다음과 같은 사실들을 깨닫기가 어려운 것 같습니다. 공산주의 음모가들이 지구적 정복을 위해 공격하기로 했고, 우리가 여기 전장에서 제기된 쟁점을 결정해 온 이곳 아시아에서, 바로 이곳에서 우리가 무기로 유럽의 전쟁을 치르고 있는 동안 외교관들은 저곳에서 말로만 유럽의 전쟁을 여전히 치르고 있다는 사실 말입니다. 또 만일 우리가 아시아의 이 전쟁에서 공산주의 세력에 패한다면 유럽의 함락은 필연적이고, 이 전쟁에서 이겨야 유럽이 십중팔구 전쟁을 피하고 자유를 보존할 것이라는 사실도 말입니다. (…) [우리는] 이겨야 합니다. 승리를 대신할 수 있는 것은 아무것도 없습니다.

트루먼은 맥아더의 말을 듣고 일기에 "이건 인내의 한계를 넘는 것처럼 보인다"라고 적었다. "어처구니없는 불복종." 다음 주 월요일인 4월 9일에 백악관과 합동참모본부는 유엔군 사령관을 해임하는 데 동의했다. 이튿날 도쿄의 맥아더 본부에 이 소식이 전해졌다. 한국에서 유엔군 사령관은 해직되었고, 매슈 리지웨이가 그를 대체할 터

6) Joseph William Martin(1884~1968). 미국 공화당 정치인. 1953~1955년 하원 의장 등을 지냈다.

였다.[43] 맥아더가 불복종을 거듭하고 핵무기를 사용하도록 백악관에 압박을 가하려 한 것은 미국 헌법의 가장 기본적인 조항 중 하나, 즉 군에 대한 민간의 지휘를 거부하는 것이었다. 맥아더를 해임하면서 트루먼이 미국 건국의 근거가 된 헌정 체제를 방어하기 위해 행동했고, 일부 역사가들이 이름 붙인 '미국의 카이사르'가 대두하는 사태를 막았다고 말하는 것은 그리 과장이 아니다. 트루먼은 훗날 이렇게 썼다. "나는 맥아더가 대통령의 권위를 존중하지 않을 것이기 때문에 그를 해임했다. 나는 맥아더가 멍청한 개자식이긴 하지만, 그런 이유로 그를 해임한 것은 아니었다. 장군들에게 멍청한 개자식이라는 것은 법에 어긋나는 일이 아니다. 만일 그것이 법에 어긋난다면 장군 넷 중 두셋은 감옥에 갔을 것이다."[44]

맥아더의 해임은 또 전쟁을 한반도에 국한하려는 트루먼의 결심을 확인해 주었다. 백악관은 충돌을 공산주의에 대항하는 지구적 전쟁은 고사하고 아시아의 더 큰 전쟁으로 비화시킬 가능성에도 강력하게 반대했다. 하지만 전쟁을 제한하려는 이 결심이 불가피한 것은 아니었다. 만일 유엔군이 한국에서 금방이라도 축출될 가능성—덩케르크 시나리오—에 직면한다면, 트루먼 행정부는 그들을 구하기 위해 핵폭탄을 떨어뜨릴 수밖에 없었을 것 같다. 한국에서 완패하면 그것이 정치적·국제적으로 함의하는 바는 너무나 파멸적이어서 백악관은 중국군을 핵무기로 공격하고 싶은 유혹을 아마 견딜 수 없었을 것이다. 그러나 트루먼이 중화인민공화국에 핵공격을 가하지 않고 맥아더를 해임하는 결정을 내리는 데 어쩌면 가장 중요했던 요인은 한국 현지에서 진행되던 상황의 변화였다.

교착상태

맥아더의 해임은 핵전쟁의 벼랑 끝에서 트루먼이 물러난 일과 맞물리면서 충돌의 다음 단계가 시작되었음을 알리는 신호가 되었다. 한반도를 따라 이루어지던 극적인 공격과 후퇴의 시기는 끝났다. 전쟁의 나머지 기간은 정적인 소모전의 형태를 띨 터였다. 전쟁의 첫 6개월은 유엔군과 공산군 모두에게 38도선을 훨씬 넘어 공세를 유지하기는 불가능하다는 피의 교훈을 가르쳐주었다. 유엔군은 남쪽으로 밀려나면서 부산 주위의 보급기지에 더욱 가까워졌고 병력은 더욱 집중되었다. 한편, 공산군의 전선은 늘어졌고 점점 더 미군의 공습에 취약해졌다. 거꾸로 유엔군은 북쪽으로 밀고 올라갈 때는 병참과 장비가 더 좋아서 진격하는 동맹군들을 괴롭힐 수 있었던 중국군과 맞닥뜨렸다. 전쟁은 교착상태에 빠졌다. 만주에 대한 미군의 대규모 공격과 소련의 참전을 막으면서 계속 그런 식으로 진행될 것 같았다. 그것은 지리라는 면에서, 또 사용되는 무기와 수정된 개입 목표라는 면에서 여전히 제한된 전쟁이었지만, 궁극적으로 사상자 수라는 면에서는 그렇지 않았다.

극적인 공세와 후퇴가 더는 없었는데도 유혈 사태는 계속되었다. 참호, 터널, 개인호, 벙커의 복잡한 네트워크가 유엔군과 공산군 사이의 최전선을 특징짓는 구릉을 따라 나타났다. 겨울 몇 달 동안, 서로 싸우는 양 군대는 극심한 추위와 얼어붙은 장비, 동상에 시달렸다. 여름에는 숨이 턱턱 막히는 열기와 벌레 떼, 참호에 퍼지던 질병으로 고생했다. 낮에는 미군의 공습이 단단한 공산군의 요새를 두드렸고, 밤에는 공산군이 인해전술로 유엔군 전선에 공격을 가했다. 수천 명이 구릉지와 전술 진지를 둘러싸고 벌어진 전투에서 사망했으나 대체적인 전략적 균형은 여전히 동일했다. 펑더화이가 마오쩌둥에게 "불필요한 대량 사상자"가 발생했다고 불평했지만, 그의 우려는 무시되었다. 주석은 장군에게 장기 소모전을 예상하라고 말했다. 나중에 마오쩌둥은 스탈린에게 "적은 대량으로 절멸되기 전에는 한국을 떠나지 않을 겁니다"라고 언급했다. 마오쩌둥은 대량 사상자의 발생을 수용함으로써 인력 면에서 지닌 엄청난 이점을 최대한 이용할 용의가 있었다. 마오쩌둥은 다음과 같이 썼다. 중국은 이미 "10만 명 이상의 사상자"를 냈고, "올해와 이듬해에 사상자가 30만 명 더 발생할 거라고 예측하고 있습니다." 마오쩌둥은 피에 젖은 한국의 구릉들에서 미군을 완전히 지치게 할 준비가 되어 있었다.[45]

양측이 휴전 협상을 최종적으로 타결하는 데는 2년이 더 걸렸다. 1952년 리지웨이의 뒤를 이어 유엔군 사령관이 된 마크 웨인 클라크[7] 장군은 1953년 7월 27일 무거운 마음을 안고 휴전협정에 조인했다. 그는 훗날 이렇게 썼다. "나는 내 동포들이 한국에서 공산주의자들을 무찌르는 결정을 내렸더라면 치렀을 희생보다 훨씬 더 많은 피의 대가를 언젠가 치를 수밖에 없을 것이라고 심각하게 염려했다."[46]

---

7) Mark Wayne Clark(1896~1984). 제2차 세계대전과 한국전쟁에 참전했던 미 육군의 장군. 1952년 5월 12일부터 유엔군 사령관직을 수행했으며, 1953년 북한·중국·유엔 간의 휴전협정에 유엔군 대표로 참석했다.

전쟁에서 빠져나온 한국의 인민들은 조국이 황폐해지고 냉전 세계에서 가장 위험한 국경 중 하나로 양분되었다는 사실을 알게 되었다. 국가의 주요 도시 대부분은 연기만 풀풀 나는 폐허로 변했고, 수십 개 마을이 지도상에서 사라졌다. 전쟁은 300만여 명의 목숨을 앗아갔고, 그중 많은 이들이 잇단 정치적 억압의 물결 속에서 학살당한 사람이었다. 임의적이었던 북한과 남한 사이의 경계는 냉전의 가장 영속적인 국경으로 변했다. 한반도는 이제 고도로 군사화되고 초강대국이 후원하는 정권을 관장하는 두 라이벌 독재자들의 철권 아래 놓였다. 이제부터 두 개의 한국이 영구적인 전쟁 상태로 존재할 것이었다. 워싱턴은 한국에서 공산주의를 적극적으로 격퇴하기 위해 전쟁을 확대하다가 중화인민공화국의 함정에 빠지면서 승리를 놓쳐버렸다. 트루먼과 맥아더가 38도선에서 멈췄더라면 전쟁은 국제법, 유엔, 서방 동맹의 승리로 기억되었을 것이다. 그 대신 워싱턴은 한국을 양분한 냉전 국경을 복원하는, 적지 않게 중요한 성과를 내는 데 만족했다. 38도선은 북태평양 지역에서 공산주의의 확산에 맞서는 중무장한 방어벽이 되었다.

베이징은 희생이 컸지만 중요한 승리를 거뒀다. 중국군은 서방 동맹에 맞섰고, 맹공격을 이기고 살아남았다. 야만적인 2년 반 동안의 전투 끝에 중국은 서방 제국 열강과 싸워 꼼짝달싹 못하게 만들었다. 이러한 성과는 마오쩌둥의 위신을 더욱 올려주었고, 베이징은 전쟁을 통해 동아시아의 강대국으로 거듭나면서 세계정세에도 훨씬 더 큰 영향력을 발휘했다.[47] 그러나 진짜 승리자는 김일성과 이승만이었다. 충돌은 두 개의 야만적인 독재 체제, 즉 평양의 공산주의 정권과 서울의 권위주의 정권을 공고히 하는 데 일조했다. 김일성은 21세기에도 살아남을 전체주의 왕조의 토대를 강화했다. 이승만은 초강대국 투쟁을 자신에게 유리하게 교묘히 조종하는 데 능숙한 것으로 밝혀졌다. 역사가 그레그 브래진스키Gregg Brazinsky가 지적했듯이, 전쟁은 이승만 정권에 "더욱 안전한 영토와 충돌 전에는 상상할 수도 없었던 군사 체제, 그리고 사회에 대한 훨씬 큰 통제력"을 남겨놓았다.[48] 이승만은 냉전 동안 미국이 지지할 인기 없는 마지막 반공 독재자가 아닐 터였다.

한국의 군사적 교훈 역시 뒤섞였다. 워싱턴의 개입 결정은 초강대국들이 실제로 개발 도상 세계에서 주변적으로 생각하는 지역을 방어하기 위해 전쟁에 돌입할 용의가 있다는 사실을 보여주었다. 이 점에서 한국은 NSC-68의 메시지를 확인하는 데 도움을 주었다. 즉 미국은 세계의 어디서든 공산주의 팽창과 싸울 태세를 갖춰야 한다는 것이었다. 그러나 미국 지도자들이 건널 의사가 없는 파괴의 문턱이 있었다. 미국은 개발 도상 세계에서 승리를 추구할 때 핵공격을 가하지 않는 쪽을 택했다. 제3세계에서 초강대국의 개입은 적어도 이 점에서는 제한적일 터였다. 전쟁은 또한 마오쩌둥의 장기적인 게릴라전 전략과 포위·섬멸 전술을 초강대국 군대에 대항해 구사했을 때 발휘한 위력도 입증했다. 마오쩌둥주의 게릴라들은 제3세계와 좀 더 폭넓은 국제 정세의 풍경에서 무서운 존재로 이제 새롭게 등장했다. 서방 열강의 의지를 소진시키기 위해 대량의 사상자를 기꺼이 용인하고자 하는 중국의 태도는 그 자체로 미국의 정책 결정자들을 망설이게 하기에 충분했다.

실제로 동아시아에서 공산주의 권력이 대두하자 워싱턴은 제3세계에서 제한전을 수행하고 마오쩌둥주의 반란과 싸우는 효과적인 전략을 개발할 필요를 두드러지게 느꼈다. 미국은 공산주의 천형으로부터 세계를 지키기를 바란다면 냉전 세계의 먼 변경 지대에서 소규모의 혈전을 벌일 수단을 개발해야 했다.[49] 그러나 워싱턴의 모든 사람이 이러한 시각을 같이한 것은 아니었다. 많은 이에게 한국전쟁은 또 미국 화력의 잠재력을 과시하는 것이기도 했다. 미국의 화력은 올바른 상황에서 사용되면 공산주의 열강이 기꺼이 대량 사상자를 수용할 용의를 상쇄할 수 있는 가능성을 제시했다. 하지만 이 전략은 심한 대가를 치를 수밖에 없었다. 엄청난 화력을 퍼부은 결과 민간인 사망자가 급격하게 증가했다.

궁극적으로 한국에서의 전쟁은 이른바 제한전이 민간인들에게 가한 충격이 얼마나 끔찍한지를 잘 보여주는 증거로 기능했다. 맹렬한 폭격, 도시 전투, 야만적인 대학살이 한반도를 철저히 파괴했다. 그리고 앨런 밀릿이 썼듯이, "1950년 6월 25일 한국 정치의 중간 지대가 영원히 사라졌다. 이기느냐 지느냐는 죽느냐 사느냐의 문제가 되었다."[50] 맥아더는 해임된 뒤 미 의회에서 자신이 본 파괴 정도는 유례가 없는 것이었다고 말했다. "나는 살아 있는 어느 누구보다도 더 많은 유혈과 참변을 (…) 보았고, 그것은 내 위장을 긁어놓았습니다. 이 잔해, 수천 명의 저 부녀자와 아이들 등등을 쳐다보고 나서 나는 토해버렸습니다." 북한을 이곳저곳 둘러본 오스트레일리아 기자는 다음과 같이 언급했다. "아주 작은 마을조차도 멀쩡한 게 없었다. (…) 마을의 흔적은 평평한 검은 땅 조각들로만 남아 있었고 (…) 도시 전체가 원시적인 동굴 피난처로 옮겨진 상태였다."[51]

트루먼의 개입은 환태평양을 따라 공산주의 블록과 서방 동맹 사이에 군사화된 새 국경을 세웠다. 이것은 중부 유럽의 철의 장막과 쌍을 이루는 것이었다. 그러나 한국은 동아시아를 위한 전투에서 마지막 피해자가 아닐 터였다. 한반도에서 목격된 이 악몽 같은 폭력의 많은 부분이 동남아시아에서 이미 진행되고 있던 전쟁에서 되풀이될 것이었다.

6

프랑스령 인도차이나와 식민주의의 죽음

1945~1954

"그리하여 프랑스 제국주의 늑대는
마침내 일본 파시스트 하이에나에게 잡아먹히고 말았습니다."

호찌민

6

동아시아를 위한 전투에서 세 번째 충돌은 무너져 가던 프랑스 제국 구조물의 한가운데 있던 인도차이나에서 발생했다. 중국과 한국처럼 인도차이나는 제2차 세계대전 동안 일본 제국의 통제 아래 들어갔다. 비교적 단명에 그쳤지만 일본의 점령은 프랑스 식민 통치의 많은 제도를 약화했고, 서방 통제의 취약성을 드러냈으며, 인도차이나 내에 존재하던 사회적 분열을 악화시켰다. 점령은 재빨리 수백 개 저항 조직을 집결시키는 계기로 작용했는데, 이 조직 중 많은 것이 공산주의 지도자들의 통제를 받았다. 프랑스 식민 당국이 일본이 패배한 뒤 복귀하자 반일본 저항 세력은 자신의 에너지를 서방 제국주의의 굴레를 벗어던지는 데 쏟아부었다. 중국의 마오쩌둥 승리와 그의 게릴라전 사례는 베트남군에게 유사한 투쟁을 벌이라고 부추겼다. 그러나 한국을 위한 전투처럼 인도차이나를 위한 전투도 초강대국 투쟁의 한가운데에서 발발했다. 두 세대 동안 인도차이나는 1945년 이후 시기에서 가장 심하게 피비린내가 나는 전쟁터가 될 터였다. 운이 다한 제국을 복구하는 데 필사적이었던 프랑스 지도자들은 환태평양을 따라 진행된 또 하나의 공산주의 혁명에 미국을 더욱 깊숙이 끌어들이려고 워싱턴의 냉전 공포를 이용할 것이었다. 이러한 압박에다, 중국에서 마오쩌둥이 승리한 뒤 동양에서 공산주의가 총공세를 가할 것이라는 두려움이 고조되면서 미국은 이 싸움에 참여해야겠다고 확신했다. 잔혹한 전쟁들이 이어지면서 인도차이나는 프랑스 제국주의의 무덤, 미국의 힘에 대한 제3세계의 가장 큰 도전, 미국 군부와 공산주의 세력 사이의 매우 폭력적인 대결의 현장이 될 터였다. 한국에서와 마찬가지로, 그중 어느 것도 제2차 세계대전이 종결될 즈음에 예상되지 않던 일이었다.

프랑스령 인도차이나 전쟁

1945년 3월 9일 저녁 7시에 비시 프랑스[1]의 인도차이나 총독 장 드쿠[2]는 사이공 집무실에서 일본 대사 마쓰모토 슌이치[3]의 방문을 받았다. 일본 대사는 드쿠에게 최후통첩을 전달했다. 임박한 미국의 인도차이나 공격에 맞서려는 노력의 일환으로 일본 제국은 식민지의 모든 프랑스 보안군을 일본 통제 아래 둘 것을 요구했다. 밤 9시 15

---

1) Régime de Vichy. 제2차 세계대전 중에 필리프 페탱 원수를 수반으로 하는 프랑스의 일반적인 명칭이다. 보통 나치 독일의 꼭두각시 정권으로 묘사되나, 독립된 국가로 보는 시각 또한 존재한다. 남부 프랑스를 1940년부터 1944년까지 통치하면서 프랑스 본토의 자유 지대와 식민지의 민간 행정을 책임졌다.

2) Jean Decoux(1884~1963). 프랑스의 해군 제독. 1940~1945년 비시 정부의 프랑스령 인도차이나 총독을 지냈다.

3) 松本俊一(1897~1987). 일본의 외교관. 1944~1945년에 프랑스령 인도차이나 일본 대사, 1952~1955년에 영국 주재 대사, 1955~1963년에 일본 중의원을 역임했다.

분, 일본군은 드쿠를 체포하고 도시 전역에서 프랑스 식민지 관청을 장악하기 시작했다. 프랑스군은 잠시 저항했고 일부는 가까스로 인접한 중국으로 도주할 수 있었지만, 일본의 승리는 의심의 여지가 없었다. 일본이 식민지에 대한 통제를 확고히 하고 예상된 연합국의 공격에 대비하자, 베트남 민족주의자들은 기회가 왔음을 감지했다. 호찌민은 나중에 미국의 정보장교들에게 말했다. "그리하여 프랑스 제국주의 늑대는 마침내 일본 파시스트 하이에나에게 잡아먹히고 말았습니다."[1]

1890년에 태어난 호찌민은 1919년에 베르사유에 가서 토머스 우드로 윌슨[4] 대통령에게 대통령의 베트남 자결에 대한 호소를 확인해 줄 것을 요청했던 베테랑 혁명가였다. 왜소한 몸집과 야윈 볼, 날카로운 눈매 뒤에는 불같은 정치적 의지가 숨겨져 있었다. 호찌민은 가장 강력한 반란 그룹인 베트민의 지도자였다. 그는 망명 정치 활동가로 생애의 많은 부분을 보냈지만, 제국의 굴레가 벗겨지기 시작하면서 혁명 지도부의 역할을 떠맡을 '경쟁'에서 승리할 것이었다. 베트민은 반식민 민족주의와 혁명적 사회주의의 조합을 지지하며, 프랑스

---

4) Thomas Woodrow Wilson(1856~1924). 미국의 제28대 대통령(재임 1913~1921)을 지낸 정치가이자 학자. 1911~1913년 뉴저지주 주지사를 거쳐 1912년 대선에 출마해 당선되었다. 대통령으로서 윌슨의 외교정책은 19세기까지 국제정치를 지배하던 '힘의 균형' 원리에 대립되는 도덕주의와 이상주의에 근거했다. 제1차 세계대전 이후에 설립된 국제연맹은 그의 이런 정치적 신념에 기초한 것이었지만, 다시 고립주의 전통으로 복귀를 결정한 미국 의회가 국제연맹 조약 비준을 거부함으로써 좌절되었다.

식민주의와 일본의 점령, 베트남에서의 농민-지주 농촌 정치를 거부했다. 일본이 직접 통제한 5개월 동안(1945년 3~8월), 베트민 전사들과 미국은 동맹이 되었다. 전략사무국[5] 요원들이 저항 활동을 조율하고 격추당한 미군 조종사들을 구출하기 위해 베트민과 함께 일했다. 'OSS 요원 제19호'라는 이름이 부여된 호찌민은 그들에게 "정말 사랑스러운 녀석"으로 통했다.[2]

호찌민이 일본군에 도전하기 위해 세력을 조직하던 바로 그때, 더 큰 비극이 베트남에 찾아왔다. 1944년 동안 심해지고 1945년 봄에 절정에 올랐던 심각한 기근이 그것이었다. 1943년부터 1945년 사이에 쌀 가격은 생산 감소와 투기 때문에 이 주식을 찾기가 점차 힘들어짐에 따라 1400퍼센트나 올랐다. 남부의 코친차이나에서 남은 쌀을 실어 나르려 했지만 계속되는 전쟁으로 쉽지 않았다. 농촌에서 기근이 악화하면서 어떤 이들은 곡물 껍질, 뿌리, 나무껍질, 토끼풀을 먹기 시작했고, 다른 사람들은 식량을 찾아 길을 떠났다. 인육을 먹는다는 소문이 나라 전체에 퍼져 나갔다. 한 생존자는 시로 고통을 묘사했다.

> 큰길에서는 어디서나 굶주린 육체가 신음했고,
> 햇볕 속에, 먼지와 오물 속에 웅크리고 누워 있었구나…….

---

5) Office of Strategic Services, OSS. 1941년에 설립된 미국의 첩보 기관이자 특수작전부대. CIA의 전신이다.

날마다, 도시를 향해, 하노이를 향해

파리 떼를 몰고 악취를 풍기며,

더 많은 시체들이, 점점 더 많은 시체들이 발을 질질 끌며 걸어갔고,

그러고는 길거리에 풀썩 쓰러졌구나.

베트민은 정부 식량 창고를 열고 곡물에 세금 물리는 것을 유예하라고 요구하는 것으로 기근에 대응했다. 이 지역 전체에서 기간요원들은 마을 사람들에게 곡물 창고를 점거하라고 부추기고 협력을 거부하는 지역 관리들을 위협했다. 그러는 동안 이 그룹은 계속 새로운 구성원들을 모집했다. 지역 차원에서 조직적인 구호 기관으로 활동하면서 베트민은 베트남 사회에서 위상을 극적으로 제고할 수 있었다. 하노이에서 기근으로 희생된 이들은 100만 명에서 200만 명(전체 주민의 10~20퍼센트)으로 추산되었고, 이는 곧 베트민 아래 사람들을 결집시키는 동력이 되었다. 베트민은 대재앙의 발생을 일본과 프랑스 식민지 당국 모두의 탓으로 돌렸다.[3]

일본의 패배로 점령은 끝났으나, 베트남을 위한 전투는 막 시작되고 있었다. 베트민이 일본으로부터 독립을 축하하던 바로 그 순간, (미국의 지지를 받은) 프랑스는 인도차이나에서 잃어버린 제국을 복구할 준비를 했다. 이 결정에 대해 미국은 의구심을 가졌다. 1943년 프랭클린 루스벨트가 스탈린에게 설명했듯이, 미국은 프랑스 제국의 옹호자가 아니었다. "100년 동안 프랑스가 인도차이나를 통치했는데, 그 후 주민들은 이전보다 더 궁색해졌죠." 하지만 일본이 항복한

후 워싱턴은 프랑스의 권리 주장을 지지하는 쪽으로 기울었다. 막 발발하고 있던 소련과의 냉전, 서방의 냉전 동맹('북대서양조약기구', 즉 나토[6]가 될 터였다)에 프랑스가 참여하는 것을 확실히 할 필요, 프랑스 본국 내에서 공산당의 힘이 커져가는 데 대한 우려 때문에 트루먼 행정부는 인도차이나에서 프랑스 지배를 회복시키는 쪽으로 밀고 나갈 터였다.[4]

1945년 8월 29일, 호찌민은 하노이에 입성했다. 중세 다이비엣[7] 왕조의 유서 깊은 수도인 하노이는 프랑스인들에 의해 근대적인 도시로 탈바꿈했다. 전차가 가로수가 늘어선 대로를 따라, 그리고 아른거리는 호수들 사이로 덜컹거리며 지나갔다. 거리는 전후 베트남에서 새로운 생활을 찾아 최근에 농촌에서 도시로 온 수천 명의 농민으로 바글거렸다. 호찌민과 동지들은 낙관주의에 가득 젖은 채 하노이에 도착했다. 일본은 2주 전에 항복했고, 프랑스 제국은 파괴되었으며, 베트남은 독립 직전에 있었다. 나흘 전 프랑스와 일본 통치자들의 변

---

6) North Atlantic Treaty Organization, NATO. 1949년 4월에 유럽의 여러 국가와 미국 및 캐나다 사이에 체결된 북대서양조약에 의거하여 설립된, 북아메리카와 서유럽을 연결하는 집단 안전 보장 기구다. NATO는 1989년까지 소련 및 중부 유럽 공산주의 국가들의 방위 체제인 바르샤바조약기구와 군사적·정치적 균형을 이루는 데 기여한 것으로 평가된다. 냉전 종식 후 1990년대 말부터 폴란드, 체코, 헝가리, 루마니아, 불가리아, 슬로베니아, 에스토니아, 알바니아 등 중부 유럽 및 북유럽 등지의 12개국이 추가로 회원국이 되었다.

7) 대월(大越, Dai Viet). 1054~1804년에 사용된 베트남의 국호. 리 왕조의 성종(1054~1072년)이 즉위할 때 사용한 공식 명칭이다. 1804년 이후는 남비엣에서 유래하는 현재의 베트남 곧, '월남(越南)'이라는 국호가 쓰이게 되었다.

덕에 영향을 받고 사실상 실권이 없는 명목상의 최고 권위자에 불과한 바오 다이[8] 황제는 폐위되었고, 국가의 다음 지도자로 호찌민을 지지한다고 공표했다. 9월 2일, 호찌민은 바딘 광장에서 수천 명의 군중에게 다음과 같이 연설했다. 그는 토머스 제퍼슨[9]의 말을 빌려, "모든 사람은 평등하게 창조되었습니다"라고 말했다. "사람들은 창조주로부터 몇몇 양도할 수 없는 권리를 부여받았습니다. 그중에는 생명, 자유, 그리고 행복 추구가 있습니다. (…) 지상의 모든 민족은 태어날 때부터 평등하며, 모든 민족은 살 권리, 행복하고 자유로울 권리가 있습니다." 축제가 계속되면서, 군중은 조그만 비행기가 광장을 맴도는 것을 지켜보았다. 비행기가 충분히 낮게 날아서 지상에 있던 사람들이 날개에 그려진 미국 국기를 보자, 군중은 갑자기 환호성을 터뜨렸다.[5]

베트남 사람들이 바딘 광장에서 독립을 축하하고 있는 사이, 프랑스 당국은 인도차이나에서 권력을 되찾기 위해 움직였다. 8월 말에 군 병력이 중국으로부터 통킹으로 다시 들어갈 준비를 하고 있는 동안 프랑스 식민지 관리들이 통킹, 안남, 코친차이나, 캄보디아로 낙하산을 타고 강하하기 시작했다. 다음 달에 영국군 부대가 사이공에 도착해 일본군의 항복을 받고 투옥된 프랑스군을 석방시켰다. 석방

8) 保大, Bao Dai(1913~1997). 베트남의 마지막 국왕(재위 1925~1945)이자 베트남국(베트남공화국)의 국가원수(재임 1949~1955). 재위 기간 중 프랑스와 일본의 식민 통치하에서 형식적으로 왕위를 유지했다.

9) Thomas Jefferson(1743~1826). 미국의 정치인. 미국 독립선언서의 기초자이며, 제3대 미국 대통령(재임 1801~1809년)을 지냈다.

된 프랑스군은 그 후 다시 무장했다. 사이공에서 벌어진 사건의 소식이 전해지자 9월 17일 하노이에서 총파업이 발생했다. 호찌민은 "피할 길 없는 맹공격을 멈출 방법이 있다면 좋을 텐데"라고 썼다. 1946년 3월, 프랑스군 1200명이 자크필리프 르클레르[10] 장군의 지휘 아래 하노이에 도착했다. 의기양양한 프랑스 식민주의자들이 거리로 나와 자신들의 귀환을 축하하는 사이, 베트민은 전쟁을 준비했다. 호찌민은 동료들에게 말했다. "그들은 허약합니다. 식민주의는 죽어가고 있습니다. 백인은 아시아에서 끝났습니다."[6]

1946년 말에 오랫동안 예상되던 대결이 마침내 벌어졌다. 11월 22일에 하이퐁 항만도시에서 프랑스 보안군과 베트민 부대 사이에 격렬한 소규모 접전이 발생해 베트남인 240명과 프랑스인 일곱 명이 사망했다. 이틀 후 프랑스 관리들은 "우리를 배신하고 공격한 자들에게 매서운 교훈을 가르치기"로 결정했다. 아침 10시가 막 지난 후 프랑스 함선과 비행기들이 하이퐁에 포탄을 퍼붓고 폭격을 가하기 시작했다.

하이퐁 베트남인 지구의 상당 부분이 파괴되었고, 민간인 사상자 수는 수백 명에서 수천 명까지 이르는 것으로 추산되었다. 전면전으로 가는 마지막 초읽기가 시작되었다. 12월 19일 저녁 8시에 폭발이 도시를 뒤흔들면서 하노이의 거리에 늘어선 가로등이 깜빡하고 꺼졌

10) Jacques-Philippe Leclerc(1902-1947). 프랑스의 장군. 제2차 세계대전 당시 노르망디 상륙작전과 파리 해방에 참여한 사단의 사령관이었다. 1946년 3월에 프랑스가 점령한 인도차이나에 파견되었고, 1946년 7월에는 북아프리카에 주둔한 프랑스군의 감찰관이 되었다.

다. 베트민 요원들은 도시의 발전소를 공격해 총공세가 시작되었다는 신호를 보냈다. 그 후 며칠 동안 전투가 나라 전역의 다른 도시들로 확산되었다. 호찌민이 한 미국 기자에게 말했듯이, 충돌은 "코끼리와 호랑이의 전쟁"이 될 터였다. "만일 호랑이가 계속 조용히 서 있다면, 코끼리가 강력한 상아로 호랑이를 깨부술 겁니다. 그러나 호랑이는 그냥 있지 않습니다. 호랑이는 낮에는 정글에 숨어 있다가 밤에만 나타납니다. 호랑이는 코끼리의 등에 훌쩍 뛰어올라 가죽을 찢고 살덩어리를 물어뜯을 겁니다. 그런 다음 어두운 정글 속으로 다시 훌쩍 되돌아갈 겁니다. 코끼리는 서서히 피를 흘리며 죽어갈 겁니다. 인도차이나의 전쟁은 바로 이렇게 될 겁니다." 호찌민은 프랑스 관리들에 대해서는 더 직접적이었다. "우리는 싸워야 한다면 싸울 겁니다"라고 그는 경고했다. "당신네는 우리를 10명 죽일 것이고, 우리는 당신네 한 명을 죽일 겁니다. 결국 기진맥진해지는 것은 당신네입니다."[7]

하노이의 거리에서 전투가 치열하게 진행되자, 베트민은 인민들의 민족해방전쟁을 요구했다. 이 그룹은 마오쩌둥의 3단계 모델에 기반을 둔 전략을 따를 터였다. 방어 전쟁, 균형, 그리고 최후의 공세가 그것인데, 국제 정세에서 공산주의 세계의 영향력이 강화되고 있다는 점을 특별히 강조할 것이다. 베트남 혁명가들은 자신들의 투쟁이 냉전의 흐름과 연결되어 있다는 사실을 인식하고 있었다.

베트민 전사들은 농촌의 게릴라 부대에서 자신들의 전력을 다시 공고히 할 목표로 도시로부터 전략적 철수를 시작했다. 프랑스군이 전쟁 첫 몇 달 동안 상당수의 게릴라들을 죽일 수 있었으나, 베트민 지도부는 여전히 건재했다. 반란자들의 신병 모집 노력이 열매를 맺으면서 대열은 팽창했다.[8] 베트민 전략의 주요 설계자는 보응우옌잡[11]이었다. 1911년 안자라는 작은 마을에서 태어난 보응우옌잡은 역사에 열렬한 관심을 가진 유망한 학생이었다. 그는 하노이대학교를 다녔고, 정치학과 경제학 학위를 받고 졸업했으며, 그런 뒤 교사로서 사회생활을 시작했다. 보응우옌잡은 1931년 공산당에 가입했고, 제2차 세계대전 동안 중국으로 도피하여 최종적으로 옌안에 정착했다. 옌안의 중국 공산당 근거지에서 그는 마오쩌둥의 사령관들에게서 게릴라전 기술을 배울 것이었다.[9]

다음 7년에 걸쳐 보응우옌잡은 인도차이나에서 프랑스 코끼리를 상대로 베트남 호랑이의 전쟁을 수행했다. 베트민 군은 프랑스군을 상대로 한 소모전이라는 더 큰 전략의 일부로서 게릴라 전술에 의존할 터였다. 야전野戰을 피하고, 지역 지형의 엄폐물을 이용하며, 복병을 배치하고, 적군의 약한 곳을 공격함으로써 보응우옌잡의 게릴라들은 프랑스군의 결의를 소진시키려 했다. 거꾸로 프랑스군 사령관들은 베트민을 함정에 빠뜨려 궤멸하기로 되어 있는 일련의 협공 작전을 꾀하면서 반란자들을 회전會戰[12]으로 끌어들이려 했다. 그와 동

11) Vo Nguyên Giap(1911~2013). 베트남의 군인, 정치인. 호찌민과 더불어 베트남 독립 전쟁을 승리로 이끄는 데 결정적인 역할을 한 군사 지도자였다. 1948~1980년 베트남 국방부 부장, 1955~1991년 베트남 부총리를 역임했다.

12) pitched battle. 'set-piece battle'이라고도 한다. 전투에 임하는 양측이 특정 시기에 일정 장소에 모여서 벌이는 대규모 전투를 일컫는다. 산병(散兵)들 간에 우연히 만나서 벌어지는 소규모 접전(skirmish)이나 공성전(攻城戰)처럼 어느 한쪽에게 전투 시공간을 선택할 권리가 없는 경우는 회전이라고 하지 않는다.

시에 프랑스 관리들은 바오 다이 황제 치하의 우호적인 사이공 정권에 대한 인민들의 지지를 확대하려고 용을 썼다. 프랑스인들에게 이것은 '더러운 전쟁la guerre sale', 대체로 보이지 않는 적을 상대로 진행되는 답답하고 막연한 전투였다. 프랑스군은 도시와 주요 소도시들을 통제했지만, 주변의 농촌은 여전히 베트민의 수중에 있었다. 즈엉반마이 엘리엇Duong Van Mai Elliott은 다음과 같이 썼다. "외진 지역에서는 내부로부터 썩어 들어가는 일pourriture이 시작될 것이었다. (…) 이 지역의 주둔 부대는 고립될 것이다. 밤에 자위 민병대원들은 순찰하러 나가는 것을 두려워하여 그들 자신의 증강된 부대 안에 감금될 터였다. 밖에서는 밤의 지배자인 베트민이 마음대로 오갈 것이다."[10]

도시에서 철수를 끝낸 베트민은 1947년 내내 힘을 점점 더 비축했다. 1948년 1월, 당은 투쟁의 균형 단계가 시작되었음을 알렸다. 베트민은 이제 식민지 군대에 반격을 개시할 터였다. "만일 적이 위로부터 우리를 공격하면 우리는 아래로부터 적을 공격할 것이다. 만일 적이 북베트남에서 우리를 공격하면 우리는 중부 베트남이나 남베트남에서, 혹은 캄보디아나 라오스에서 대응할 것이다. 만일 적이 우리의 영토 근거지 중 하나에 침투하면 우리는 즉각 그의 복부와 등을 강력히 타격하고 (…) 다리를 잘라 버리고 도로를 파괴할 것이다." 그것은 장기간 계속된 투쟁에서 프랑스의 힘을 서서히 빼는 게릴라전 전략이었다. 반란자들의 공격이 늘어나면서 베트민은 새로운 영토를 장악하고 지난해에 상실했던 지역을 탈환할 수 있었다.

1950년 보응우옌잡 장군은 베트민 기지와 새로 수립된 중화인민공화국 사이에 새 병참선을 개설할 목적으로 북부 국경 지대의 통제권을 확보하기 위한 군사행동을 개시했다. 중국의 원조에 고무된 장군은 1951년에 최후의 공세를 시작할 때가 왔다고 판단했다. 베트민 군은 홍강 삼각주의 가장자리를 따라 벌어질 야전에서 프랑스군과 교전한 다음 하노이를 탈환하기 위해 움직일 터였다. 1월 13일, 21개의 베트민 대대가 빈옌의 프랑스군 수비대를 공격했다. 나흘 동안 보응우옌잡이 방어군을 제압하려고 인해전술을 구사했지만, 프랑스 부대는 반란자들의 맹공격을 뚫고 나아갔다. 그 뒤 1월 17일에 베트남군은 심각한 피해를 입고 격퇴당했다. 3월에 보응우옌잡은 마오케에서 다시 프랑스 부대와의 회전에서 승리하려고 애쓸 터였다. 두 번째에도, 베트민 군은 돌파구를 찾는 데 실패했다. 재래식 전투에서 프랑스군을 분쇄하려는 보응우옌잡의 세 번째 시도는 5월에 닌빈에서 있었다. 전투가 1주일 이상 치열하게 벌어졌으나 프랑스군은 공격을 이겨내고 베트민에 대규모 손실을 안길 수 있었다. 이 공격에서 충격적인 손실을 입은 보응우옌잡은 게릴라 전술로 돌아갈 필요가 있다고 확신했다. 그리고 승리를 거두지 못한 그는 전쟁을 계속할 수밖에 없을 터였다.[11]

디엔비엔푸

이제 프랑스가 인도차이나에서 이 유혈이 낭자한 교착상태를 끝낼 길을 찾을 차례였다. 프랑스는 이 교착상태로 말미암아 자원이 계속 유출되고 있었고, 본국에서는 정치적 논쟁이 점점 더 격렬해지고 있었다. 1953년 5월, 파리는 인도차이나의 최고위 장교로 라울 알뱅 루이 살랑[13] 대신에 앙리 유진 나바르[14]를 임명했다. 뛰어난 전략가로 존경받았던 나바르는 프랑스의 많은 이들이 전쟁에서 질 것 같다고 우려하던 상황의 흐름을 바꿀 책무를 부여받고 사이공에 도착했다. 나바르는 프랑스군의 병력을 크게 늘리고 그와 동시에 친서방 베트남군을 증강함으로써 베트민과의 충돌에서 주도권을 되찾기를 원했다. 그는 이렇게 선언했다. "우리는 공격을 해야 정복할 수 있다."[12] 이 공세 전략의 일부로 나바르는 '고슴도치' 시스템을 채택할 것이었다. '고슴도치'는 적지의 전략적 위치에 설치된 요새화된 전초기지들을 일컫는 말이었다. 나바르는 프랑스 군사력을 라오스를 지키기 위해 중부 베트남과 북서부 베트남에 투입하기를 희망했다. 나바르는 훗날 이 시스템이 "썩 좋은 해결책은 아니었[지만], 유일하게 가능한 해결책인 것처럼 보였다"고 인정했다. "그것은 기민한 적군 분견대가 농촌 지역을 이리저리 돌아다니는 것을 막지는 못하겠으나 우리 수중에 핵심 지점은 남겨두면서 [전면적인] 침공은 막을 수 있을 터였다." 장군은 베트남의 북서쪽 끝 구석에 자리 잡은 고립된 디엔비엔푸 전초기지가 이 지역에서 공군기지를 설치하기에 가장 좋은 장소일 것으로 판단했다. 프랑스 기지는 서쪽으로는 라오스, 북쪽으로는 중국

13) Raoul Albin Louis Salan(1899~1984). 프랑스의 육군 장성. 제1차 인도차이나 전쟁 동안 프랑스 사령관으로 복무했다. 1961년 프랑스 장군들의 실패한 쿠데타인 '알제 폭동'을 일으킨 네 명의 장군 중 한 명이었고, 그 후 프랑스 극우 준군사조직인 '육군비밀조직'의 지도자가 되었다.

14) Henri Eugène Navarre(1898~1983). 프랑스의 육군 장성. 양차 세계대전에 참전했고, 제1차 인도차이나 전쟁의 마지막 프랑스 사령관이었다.

으로 가는 산길을 통제했다. 기지 그 자체는 기복이 심한 고지대로 둘러싸인 계곡 바닥에 자리 잡았다. 소수 인종인 타이족의 고향인 이 계곡은 이 지방을 통과하는 아편 거래 루트에서 중요한 연결 고리였으며, 베트민은 이 아편 거래로 자금을 충당했다. 1939년에 건설된 간이 활주로는 반일본 저항 활동에 도움을 주었고, 지금은 프랑스가 베트민을 상대로 대반란 작전을 벌이는 비행장으로 기능했다. 석회석 산들이 계곡을 둘러쌌고, 산봉우리들은 프랑스군 요새와 인접한 마을을 내려다보았다. 주변의 고지는 활주로에서 충분히 멀리 떨어져 있었다. 그래서 기지를 마주 보고 있는 구릉의 어느 지점에서든 적군 포대가 설치되는 것을 방지할 수 있었고, 게다가 설치되더라도 그 지점은 공격에 매우 취약했다. 나바르는 이렇게 썼다. "포대는 [프랑스군] 관측소의 시야에 들어올 것이다. (…) 그러므로 우리의 대對포대 사격이나 우리의 폭격기로 그 포대들을 침묵시킬 수 있을 것이다." 장군은 디엔비엔푸가 "적의 후방 지역을 깊숙이 찌르는" 역할을 할 거라고 힘주어 말했다. 이 요새는 북서부 베트남에서 프랑스군 방어의 중심이었고 "어떤 희생을 치르더라도 유지되어야 한다." "승리는 자신을 데려가는 법을 아는 사람들에게 몸을 맡기는 여자 같은 것이다." 장군은 참모들에게 떠벌렸다.[13]

보응우옌잡 장군은 디엔비엔푸를 점령하겠다는 나바르의 결정 소식에 신중하게 반응했다. 그는 "이것은 우리에게 유리하게 작용하는 작전이다"라고 선언했으나, 함정 가능성을 경계했다. 보응우옌잡은 1951년에 프랑스 진지를 상대로 정면 공격을 가했을 때 고통스러운 교훈을 배웠고, 실수를 되풀이하려 하지 않았다. 게다가 프랑스군 기지에 대한 공격은 엄청난 도전이기도 했다. 험준한 지형을 가로질러 약 500킬로미터를 행군하는 일이 디엔비엔푸와 라오스의 그의 군대 사이에 놓여 있었다. 프랑스 항공기의 공격 위협이 상존하는 가운데 장비와 식량, 인력, 탄약, 물자 전부를 힘든 지형을 헤치며 어마어마하게 멀리 (보통은 도보로) 이동시켜야 했다. 그러나 만일 베트민 군이 확고히 자리를 잡을 수 있다면, 고립된 기지를 에워싸서 내부의 수비대를 포위 공격할 수 있을 터였다. 1953년 말에 양측은 디엔비엔푸에서 최후의 결전을 준비했다. 프랑스 부대는 크리스티앙 드 카스트리[15] 대령의 지휘 아래 계곡 바닥에 여덟 개의 성채를 준비했다. 안마리, 베아트리스, 클로딘, 도미니크, 엘리안, 프랑수아즈, 가브리엘, 위게트가 그것인데 전부 카스트리 정부情婦의 이름에서 따왔다고 한다. 보응우옌잡의 병사들은 주변의 고지에 마련된 진지로 이동했다. 그의 군대는 1954년 2월을 지나 3월에도 힘들게 작업을 하며 포병 진지를 강화하고, 프랑스 방어 시설 주위에 일련의 참호를 팠다.[14]

1954년 3월 13일 오후 5시에 베트민은 공격을 개시했다. 베아트리스 방위 거점의 방어군은 포탄이 그들 주위에 날카로운 소리를 내며 떨어지는 가운데 방어선에서 불과 200미터 거리에 있던 참호에서 적군 병사들이 일어서는 것을 보았다. 90분 뒤 베트민은 베아트리스의 지휘 벙커에 직접적인 타격을 가해 내부의 병력 대부분을 죽였다. 밤 9시까지 베아트리스에 있던 장교는 모두 전사했다. 자정이 지난 직후

---

15) Christian Marie Ferdinand de la Croix de Castries(1902~1991). 프랑스의 군인. 1954년 베트남의 디엔비엔푸 전투 때 프랑스군의 사령관을 지냈다.

라오스에서 작전 중인 프랑스 공수부대. (1953년)

이 방위 거점은 공격군에게 함락당했다. 한편 최북단의 방위 거점인 가브리엘의 프랑스 부대는 최초의 공격을 견뎌냈으나, 맹렬한 일제 포격에 방어가 무너지기 시작했다. 반격이 실패한 후 15일 아침에 가브리엘이 보응우옌잡의 군대에 함락되었다. 이틀 뒤 베트민은 북서쪽의 안마리를 점령해 계곡에 남아 있는 프랑스 방어군 주위를 완전히 포위했다. 세 개의 외딴 주둔지가 함락되면서 프랑스군 진지는 점차 방어할 수 없게 되었다. 보응우옌잡의 대공對空 포대가 이제 활주로를 마음 놓고 공격했다. 활주로는 곧 베트민 특공대에 파괴되어 수비대에 물자를 재보급하는 데 어려움을 더할 것이었다. 프랑스군은 점점 더 뒷걸음질 치는 방어선 내부에 갇혔고, 주변의 고지에서 엄청난 포

격을 받았다.[15]

다음 7주 동안 프랑스 병사와 베트민 병사는 계곡 바닥의 폐허가 된 땅을 둘러싸고 서로 싸웠다. 베트민이 서서히 수비대 주위로 전선을 조여오자 프랑스 장교들은 공중 투하된 물자를 어떻게든 통제하려 했다. 몬순 비가 자주 전장을 뒤덮으면서 프랑스 항공기의 효과적인 이용을 막고 지상에서 싸우는 사람들의 고통을 더욱 가중했다. 용맹한 반격을 연속적으로 가했는데도 프랑스군은 자신들의 방어선이 계속 쪼그라드는 것을 보았다. 5월 1일까지 전투선은 위게트, 도미니크, 엘리안, 프랑수아즈의 프랑스 방위 거점을 뭉개버렸다. 5월 7일, 보응우옌잡은 최후의 공격을 가할 것을 명령했다. 2만 5000명의 베트민이 남아 있던 3000명의 프랑스 방어군을 향해 돌진해 그들을 제압했다. 보응우옌잡의 부대가 다가오자 프랑스 사령관은 하노이의 상관에게 무전으로 전투에서 패했다고 보고했다. 오후 5시 30분. 베트민 부대가 지휘 벙커를 장악하자 한 프랑스 하사관은 무전으로 이렇게 알렸다. "5분 안에 여기 있는 모든 것이 폭파될 겁니다. 베트민 병사들이 불과 몇 미터밖에 떨어져 있지 않습니다. 모두 안녕." 10분 뒤 베트남 병사들은 벙커 위에 붉은 베트민 깃발을 내걸었다. 전부 2242명의 프랑스 병사가 전사하고, 거의 1만 2000명이 포로로 잡혔다. 베트민의 사상자 수는 2만 명 이상으로 추산되었다.[16] 보응우옌잡은 훗날 다음과 같이 회상했다. 디엔비엔푸의 승리는 "세계에 지대한 영향을 미쳤다. (…) 우리 군과 인민이 거둔 승리의 소식은 (…) 세계 전역의 진보적 인민들을 크게 고무했다."[17]

디엔비엔푸는 인도차이나에서 프랑스 제국의 조종弔鐘을 울렸다.

보응우옌잡의 총포가 잠잠해진 뒤 어느 날 미국, 소련, 중화인민공화국, 영국, 프랑스, 베트민의 외교관들이 한국과 인도차이나에서의 충돌을 해결하기 위해 열린 1954년의 제네바 회담에서 인도차이나 문제를 거론했다. 탈진하고, 피투성이가 되고, 치욕을 맛본 프랑스 지도자들은 인도차이나에서 악몽을 끝낼 자세가 되어 있었다. 비록 그들은 여전히 인도차이나의 많은 부분을 통제하고 있었지만, 디엔비엔푸의 패배는 견딜 수 없게 된 마지막 한계인 것으로 드러났다. 소련과 중국 역시 종전을 추진했다. 모스크바는 1953년에 스탈린이 사망한 뒤 체제를 공고히 할 시간이 필요했고, 베이징은 한국에서 야만적인 전투를 치른 뒤 평화를 맞이할 준비가 되어 있었다. 더구나 두 공산주의 열강은 미국이 인도차이나에 개입할 가능성을 우려했다. 제네바협정은 17도선을 따라 베트남을 임시로 분할할 것을 요구했다. 북부에서는 호찌민의 베트남민주공화국이 권력을 차지할 것이었다. 남부에서는 바오 다이 정부가 권위를 유지할 터였다. 두 개의 베트남은 1956년 7월에 실시될 총선거를 통해 재통일될 것이었다. 베트남민주공화국의 이 부분적 승리는 호찌민이 신중하게 결정한 결과였다. 전면적인 승리를 추진하다 보복을 불러일으키는 것보다 베트남민주공화국이 거둔 이득을 확고히 하고 미래의 재통일을 준비하는 것이 더 낫다는 판단이었다. 실제로 디엔비엔푸에서 패배했는데도 거의 50만 명의 프랑스군이 인도차이나에 남아 있었다. 더욱 우려스러운 일은 또 다른 훨씬 더 강한 힘이 대기하고 있다는 사실이었다. 미국은 공산주의 팽창을 억제하고 냉전 동맹국으로 프랑스를 강화하려는 열망에 프랑스 전쟁에 깊은 관심을 가졌다. 충돌이 끝날 즈음 워싱턴은 프랑스 전쟁에 자금을 80퍼센트나 대고 있었고, 미국인 조종사들이 프랑스군을 위한 지원 임무를 수행하고 있었다. 미국은 중국을 제압하고 한국을 거의 점령할 뻔했던 혁명적 공산주의의 바로 그 불길이 동남아시아를 이제 위협하고 있다고 우려했다. 그러나 아이젠하워 대통령은 프랑스 식민주의를 구하기 위해 미국 군사력을 사용하기를 망설였고, 중국이 충돌에 군사적으로 개입할까 봐 촉각을 세웠다. 따라서 아이젠하워는 디엔비엔푸에서 개입 직전에 물러났는데, 개입 조치에는 보응우옌잡의 세력에 전술적인 핵 타격을 가하는 것도 포함되었던 것 같다. 그럼에도 미국 지도자들은 이 지역에서 프랑스의 역할을 대신하고 공산주의가 더욱 확산되는 것을 막는 방어벽을 제공할 준비를 하고 있었다. 베트남민주공화국이 제네바에서 승리를 축하하는 동안 또 다른 충돌의 씨앗이 뿌리를 내렸다.[18]

중소 분열

1954년 7월 21일 아침 하노이·베이징·모스크바·평양·서울·파리·런던·워싱턴의 대표들이 앉아서 제네바협정에 서명했을 때, 아시아의 공산주의 세력은 괄목할 만한 성과를 열거할 수 있었다. 7년 전에 마오쩌둥의 부대는 모스크바와 워싱턴 모두에게서 중요하지 않은 세력으로 여겨졌고, 한국은 양분된 채 대체로 무시되었으며, 베트민 군은 압도적으로 우월한 프랑스군을 상대로 투쟁했다. 그러나 그사이에 동아시아는 모습이 바뀌었다. 마오쩌둥의 공산주의자들은 세계에서 인구가 가장 많은 나라의 통제권을 장악했다. 베이징의 군대와 평양의 군대는 한국에서 미국과 싸워 그들을 꼼짝 못 하게 했다. 베트민은 막 프랑스를 인도차이나에서 축출하고 북베트남에 그들의 국가를 세우려 하고 있었다. 한편 서방 세력은 후퇴하는 것처럼 보였다. 장제스와 국민당은 자신들의 타이완 요새 섬에서 상처를 치료했다. 미국은 중국과 인도차이나에 개입하지 않으려 했고 한국에서 피를 흘렸으며, 프랑스군은 디엔비엔푸에서 항복했다. 대부분의 설명에 따르면, 1954년은 개발 도상 세계 전역에서 좌익 혁명 세력에게 축하의 해였다. 그러나 공산주의 세계에서 일어난 깊은 균열은 겉으로 보기에 기세가 날로 더해가던 중소 동맹을 찢어버리고, 그렇게 함으로써 냉전의 모습을 다시 한번 바꿔놓을 것이었다.

하노이의 지도자들이 통일된 공산주의 베트남을 창설하기 위해 미완의 투쟁을 계속하기를 바랐던 반면에, 중국과 소련 지도자들은 그들 자신의 더 큰 정책 목표를 위해 베트민의 염원을 희생시킬 태세가 되어 있었다. 모스크바와 베이징에게 제네바 회담은 서방 열강의 인정을 추가로 얻고, 중국·한국·동남아시아에서 거뒀던 동아시아 공세의 상당한 성과를 확고히 할 기회를 제공했다. 소련 지도자들은 인도차이나에 거의 관심이 없었지만, 마오쩌둥과 동지들은 베트남이 완전히 해방되려면 기나긴 투쟁이 필요하다고 확신했다. 더욱 심각한 것은 동남아시아에서 전쟁이 확대되면 워싱턴이 인도차이나에 군사적으로 개입할 틈을 갖게 되리라는 점이었다. 중국 총리 저우언라이는 제네바 회담을 사전 준비하는 과정에서 니키타 흐루쇼프에게 이렇게 말했다. "우리는 이미 한국에서 너무 많은 사람을 잃었습니다. 우리는 지금 또 다른 전쟁에 휘말릴 상태가 아닙니다." 제네바에서 소련과 중국 지도자들은 그들 자신의 국익을 동남아시아에서 공산주의 공세를 계속한다는 목표보다 위에 두었다. 그리고 중소 동맹은 베트남 공산주의자들 중에서 좀 더 호전적인 정파를 억제하는 데 도움을 주었다.[19]

그러나 싸움의 이 소강상태는 두 공산주의 대국의 동맹이 계속되는 한에서만 지속될 것이었다. 베이징과 모스크바는 그 모든 승리에도 불구하고 양쪽의 정치적·이념적 이해관계 속에 뿌리박힌 극심한 차이를 극복할 수가 없었다. 또한 마오쩌둥은 중국 내전 동안 스탈린이 했던 미온적인 지원을 결코 잊지 않을 터였다. 공산주의자들이 전장에서 거둔 승리는 이 긴장을 완화하는 당장의 위안거리를 제공했으나 적대감은 훨씬 심해졌다. 중국 지도자들은 또한 개발 도상 세계의 사회들에 소련 모델을 적용할 수 있다는 가능성에 여전히 회의적이었다. 1950년대에 제3세계 혁명 운동의 리더십을 두고 두 공산주의 열강 사이에 경쟁이 싹트기 시작했다.[20]

워싱턴의 관찰자 대부분은 베이징과 모스크바 사이의 긴장이 안중에 없는 것 같았다. 1954년, CIA는 보고서에서 "아시아에서 공산주의의 모든 행위는 크렘린에 그 발단이 있고, 크렘린으로부터 의미와 지시를 받는다"라고 주장했다. 중국 공산당 지도자들은 "세계 공산주의, 즉 모스크바의 꼭두각시"에 불과했다. "그들은 꼭두각시라는 데 완전히 만족한다."

이 보고에 따르면, 마오쩌둥은 "백 퍼센트 꼭두각시였다. (…) 그는 소련과의 현재 관계를 결코 바꾸지 않을 것이다." 중국 공산당 지도부 전체에게도 그렇게 말할 수 있었다. "중국 공산당은 세계 혁명 지도부, 즉 모스크바가 그들에게 말하는 것을 그대로 수행할 것이다." 중국은 여전히 정치적으로 복종하고, 경제적으로 종속되며, 군사적으로 소련에 부속될 것이었다. 중국은 "중국 공산당 치하에서는 자신의 독립을 보장해 줄 중공업을 결코 육성하지" 않을 것이다. 미국은 모스크바와 베이징 사이에서 불일치점을 찾으려고 시간을 낭비하지 말아야 한다고 문서는 주장했다. "가까운[문자 그대로] 장래에 분열은 없을 것이다."[21] 공산주의가 단단한 단일암석이라는 이 신화는 쫓아버리기 힘든 것으로 밝혀질 터였다. 실제로 미국 지도자들이 모스크바와 베이징 사이의 커져가는 균열을 이용할 수단을 발견할 때까지는 또 다른 15년이 지나갈 것이었다.

한편, 제네바 이후 10년 동안 중소 관계의 모습이 바뀌었다. 베이징과 모스크바는 한국과 인도차이나에서 전쟁이 치열하게 진행되는 동안 그들의 차이를 숨길 수 있었으나, 평화는 새로운 도전을 제기했다. 1953년 스탈린이 사망함으로써 마오쩌둥은 지구적 공산주의 운동의 지배자가 되었지만, 크렘린은 리더십을 베이징에 넘겨줄 생각이 없었다. 1956년 2월, 스탈린의 후임자인 니키타 흐루쇼프가 모스크바의 제20차 공산당 대회에서 오늘날 유명해진 '비밀 연설'을 했을 때 훨씬 더 큰 논쟁점이 나타났다. 이 연설에서 흐루쇼프는 스탈린 시대의 억압을 비난하고, 스탈린의 개인숭배를 부인했으며, 소련 국가의 제도들을 변모시키려는 포괄적 운동에 착수했다. 그 연설에 중국 지도자들은 경악했다. 그들은 흐루쇼프가 공산주의 프로젝트를 탈선시킬 위험이 있는 새로운 '수정주의'에 찬성하여 레닌주의와 스탈린주의를 거부하고 있다고 비난했다. 중국, 북한, 북베트남의 공산당들은 각자 개인숭배를 고안하고 스탈린주의 모델을 조직의 기반으로 이용했다. 흐루쇼프는 소련 당을 겨냥해 연설했지만, 연설이 함의하는 바는 소련 국경을 넘어 훨씬 멀리 퍼져 나갔다. 바로 그해에 발표되고 자본주의 세계와의 화해를 요구하는 듯이 보였던, 서방 열강과의 평화적 공존이라는 흐루쇼프의 또 다른 정책은 문제를 더욱 악화시켰을 뿐이었다.[22]

마오쩌둥과 동지들은 그들이 흐루쇼프의 온건한 냉전정책이라고 여겼던 것에 멈칫했다. 1958년 타이완해협 위기[16] 동안 크렘린이 중국에 신중한 태도를 취할 것을 요구하자 중국 지도자들은 한층 화가 났다. 소련이 중화인민공화국과 핵무기 기술을 공유하기를 거부했을 때도 마찬가지였다. 마오쩌둥이 대약진운동[17]을 벌이겠다고 결정하자 공산주의 열강 사이에 심해지던 적개심이 한동안 표면에서 사라졌다. 포괄적인 토지개혁 운동인 대약진운동은 국가의 대규모 노동 자원에 의지한 대대적인 농업 집단화를 상정했다. 마오쩌둥은 한

---

16) 제2차 타이완해협 위기. '진먼 포격전'이라고 한다. 1958년 8월 23일부터 10월 5일까지 진먼(金門) 섬에 주둔하고 있던 중화민국 국군에 중국 인민해방군이 포격을 가하면서 벌어진 전투다. 중국 인민해방군은 8월 23일부터 10월 5일까지 47만 발에 달하는 포탄을 퍼부었으나, 중화민국 진먼 방위사령부 사령관이었던 후리엔(胡璉)은 미국 해군의 해상 수송 지원을 받으며 진먼 섬을 사수하고 8인치 유탄포로 샤먼의 중국 인민해방군에 반격을 가했다. 그 후 공격의 횟수가 점차 줄어들다가 1979년 1월 1일 미·중 국교 정상화 이후 포격전이 완전히 멈췄다.

17) 大躍進運動, Great Leap Forward. 마오쩌둥의 주도로 중화인민공화국에서 부강한 사회주의국가를 만드는 것을 목적으로 1958년부터 1962년 초까지 실시된 농공업의 증산 정책. 무리한 농업 집단화와 농촌에서의 원시적인 철강 생산 등을 진행한 결과 수천만 명에 이르는 아사자를 내는 등 큰 실패로 끝났다.

세대 안에 중국 경제가 영국 경제를 재빠르게 앞지르기를 원했다. 그 결과는 대참사였다. 부실하게 계획된 개혁에 야만적인 억압이 더해지면서, 역사가 프랑크 디쾨터Frank Dikötter에 따르면, 4500만 명이나 되는 "불필요한 죽음"을 낳은 대규모 기근이 발생했다. 운하와 댐을 건설하고 엄청난 면적의 나무를 베는 거대한 프로젝트를 시행하자 농촌이 황폐해졌다. 정부군은 250만 명으로 추산되는, 개혁에 저항하는 사람들을 처형했다. 이를 두고 한 역사가는 대약진운동을 나치의 홀로코스트, 스탈린 치하 소련의 대테러, 캄보디아의 제노사이드에 버금가는 재앙으로 평가했다.[23]

베이징은 4년 동안 수천만 명의 죽음을 초래한 뒤 이 처참한 대약진운동을 포기했지만, 1962년 10월에 이번에는 인도와 국경 전쟁에 휘말렸다. 중국군과 인도군이 국경 지역을 따라 소규모 교전을 벌이는 동안, 미국과 소련 지도자들은 쿠바의 소련 미사일을 두고 서로 다퉜다. 1962년 말의 쿠바 미사일 위기에서 흐루쇼프가 쿠바에서 미사일을 철수하는 결정을 내리자 베이징은 모스크바를 상대로 한 선전전에서 새로운 무기를 얻었다. 중국 지도자들은 크렘린이 영웅적인 쿠바인들을 미 제국 권력의 먹잇감으로 던져 주었다고 주장했다. 1962년 중국-인도 전쟁에서 흐루쇼프가 베이징을 지지하기를 거부한 것은 마오쩌둥의 불만 목록에 또 하나의 불만을 더했다.[24] 이 문제 중 어느 한 가지만으로 공산주의 열강 사이의 분열이 야기되지는 않았을 것이다. 하지만 모두 합쳐서 그것들은 중소 축을 산산조각 내고 봉쇄의 전쟁들에서 새로운 단계를 열었다.[25]

ASIA 1945-1990

The Cold War's Killing Fields

: Rethinking The Long Peace

제2부

인도-아시아의 대학살과 제3세계 공산주의의 몰락

1964-1979

1954년부터 1961년 사이의 7년 동안 지구적 폭력의 전반적인 수준이 급격히 감소했다. 1950년에 거의 60만 명으로 정점에 올랐던 연간 전쟁 사망자 수는 1955년에는 5만 명 이하로 줄어들었다. 그러나 1950년대 후반부는 수많은 위기와 한 가지 중요한 반식민주의 전쟁으로 점철되었다. 1956년 11월, 소련군은 부다페스트의 소련 꼭두각시 정권에 맞서 일어난 반란을 분쇄하려고 헝가리로 돌진했다. 소련 위성국에서 처음 발생한 대규모 봉기인 이 반란은 서방 블록에 주요한 선전 거리였을 테지만, 세계의 이목은 동유럽이 아니라 중동 지역에 쏠려 있었다. 중동에서 영국군, 프랑스군, 이스라엘군은 가말 압델 나세르[1]의 이집트를 공격하면서 식민지 시대의 마지막 대규모 군사

1) Gamal Abdel Nasser(1918~1970). 이집트의 군인, 혁명가, 정치가. 1956년부터 1970년까지 이집트의 두 번째 대통령을 지냈다. 무함마드 나기브와 더불어 1952년 이집트 쿠데타를 주도했으며, 이집트를 왕정에서 공화국으로 바꾸고 산업화를 추진했다. 1964년 팔레스타인해방기구 설립과 비동맹운동에 지대한 역할을 했으며, 알제리·리비아·이라크·예멘 등에서 반식민주의와 범아랍주의 혁명을 일으키도록 아랍 민족을 고취했다. 나세르주의라고도 불리는 그의 범아랍주의와 사회주의, 세속주의, 민족주의 성향의 정책은 1950~60년대에 걸쳐 아랍 세계로부터 많은 지지를 얻었다.

원정을 단행했다.

이 전쟁은 이 민족주의 지도자로부터 수에즈운하에 대한 통제권을 뺏으려는 시도였지만, 그들은 뜻을 이루지는 못했다. 수에즈 위기는 식민지 시대의 종언을 알렸고, 미국이 이 지역에서 핵심 서방 강대국으로서 영국의 역할을 대신하기를 촉구했다. 2년 뒤인 1958년 미군이 중동 지역에 처음 군사적으로 개입하기 시작했다. 미군 해병대가 베이루트의 비틀거리는 마론파[2] 기독교 정권을 떠받치기 위해 레바논에 들어갔다. 같은 해에 중국과 타이완 사이의 포격전이 두 국가를 야전 직전까지 몰고 갔다. 극적이었지만, 이 사건 중 어느 것도 중국, 한국, 프랑스령 인도차이나의 전쟁에서 보였던 대량 사상자를 낳지는 않았다.

1950년대 말의 가장 큰 충돌인 알제리 독립 전쟁은 지구적인 탈식민지화 투쟁의 상징이 되었다. 1954년부터 1962년 사이에 프랑스군은 알제리 혁명가들을 상대로 혈전을 치렀다. 북아프리카에서 프랑스 식민주의를 보존하려는 시도였으나 실패로 돌아갔다. 프랑스 제국주의의 최후를 가져온 야만적인 이 식민지 전쟁에서 약 50만 명이 살해당했다. 그 과정에서 알제리 전사들은 국제적으로 유명해졌고, 포스트식민주의 문제는 국제정치에서 더욱 뚜렷한 역할을 하게 되었다. 1960년대가 시작되면서 알제리 혁명의 승리, 아프리카에서 새로

---

2) Maronites. 시리아에서 태동한 기독교의 한 교파. 시리아의 수도자 성 마론(?~410)의 이름을 땄으며, 동방 가톨릭교회에 속해 있다. 오늘날 레바논과 시리아에서 가장 유력한 기독교 공동체다.

냉전 중기의 인도-아시아 대학살, 1960~1979

운 국민 국가의 급증, 비동맹운동의 성공으로 유엔 같은 국제 포럼에서 포스트식민주의 국가들에 세간의 이목이 집중되었다. 제3세계 혁명가들은 체 게바라,[3] 호찌민, 야세르 아라파트[4] 같은 게릴라 지도자들이 누구나 아는 사람이 되어가면서, 점점 더 가시적인 역할을 맡게 되었다. 그와 동시에 워싱턴, 모스크바, 베이징은 모두 제3세계에서 자신들의 영향력을 확대하는 쪽으로 움직였다.

혁명 세력이 급속도로 대두하면서 지구적인 폭력이 비교적 잠잠했던 시기가 끝났고, 냉전이 새로운 시대로 접어들었다. 1960년대와 70년대 내내 미국, 소련, 중국 사이에 힘의 균형이 변하면서 남중국해와 인도양의 해안을 따라 새로운 치명적 전쟁들이 불타올랐다. 모스크바와 베이징 사이의 관계 악화는 중국 지도자들이 민족해방전쟁을 충분하게 지원하지 못했다고 소련 총리 니키타 흐루쇼프를 공격하기 시작한 후, 포스트식민주의 세계에서 영향력을 확보하기 위한 경쟁을 유발하는 데 일조했다.

흐루쇼프는 제3세계 혁명가들에 대한 크렘린의 지지를 과시하고

---

3) Che Guevara(1928~1967). 쿠바혁명의 지도자. 아르헨티나 출신이다. 1959년 카스트로와 함께 바티스타 정권을 무너뜨린 뒤 쿠바의 시민이 되어 국가농업개혁연구소의 산업부장, 쿠바 국립은행 총재, 공업장관을 역임했다. 1965년 4월 쿠바의 전사들과 함께 콩고로 가 내전에 참전하고 있는 루뭄바 부대의 조직을 도왔다. 1966년 볼리비아로 잠입해 산타크루스 지역에서 게릴라 부대를 조직·통솔하던 중 1967년 10월 정부군에 체포되어 총살당했다.

4) Yasser Arafat(1929~2004). 팔레스타인의 독립운동가, 정치인. 1969~2004년, 팔레스타인해방기구 의장, 1996~2004년 팔레스타인 자치 정부의 초대 수반을 역임했다.

개발 도상 세계의 진보적인 국가들에 대한 외국 원조를 강화하는 것으로 이에 대응했다. 또한 소련의 사회과학자들은 포스트식민주의 국가들에서 근대화 프로젝트를 시행할 희망으로 사회주의 발전 모델을 개선하는 데 에너지를 집중했다. 만일 국가 기반의 급속한 산업화라는 모스크바의 경험이 아시아와 아프리카의 개발 도상 나라들에서 복제될 수 있다면, 소련 시스템과 세계 리더십에 대한 소련의 주장은 정당화될 것이었다.[1]

한편 마오쩌둥과 동지들은 흐루쇼프로부터 리더십의 역할을 빼앗기 위해 아프리카와 아시아 전역의 전사들에게 중국 혁명의 상징적 중요성을 강조했다. 베이징과 모스크바 사이의 균열이 깊어지면서 개발 도상 세계에서 경쟁이 더욱 치열해졌다. 쿠바 미사일 위기 동안 미국과 최후의 대결을 벌이면서 의기소침해진 흐루쇼프는 포스트식민주의 세계에서 소련의 자세를 더욱 행동주의적으로 취함으로써 제3세계 동맹자들에게 모스크바의 신뢰를 회복시킬 필요에 직면했다. 한편 중국 지도자들은 처참한 대약진운동의 경험을 잊어버리고 제3세계 혁명 프로젝트의 리더십에 대한 그들의 권리 주장을 강화하기를 바랐다. 1960년대라는 새로운 10년이 시작되면서 베이징도, 모스크바도 비서방 세계에서 자신들의 위상을 드높이기 위해 교묘하게 움직였다. 둘 다 새로운 혁명적 폭력이 또 한 차례 시작되기 직전이었던 동남아시아에서 그렇게 할 이상적인 기회를 발견할 터였다. 1961년 1월에 흐루쇼프는 민족해방전쟁들에 대한 크렘린의 지지를 선언했다. 소련 지도자는 알제리, 쿠바, 베트남의 혁명가들을 칭송했고, 식민주의와 억압에 맞서 투쟁하는 운동을 지원하겠다고 약속했다.

미국 지도자들은 존 피츠제럴드 케네디[5]가 취임하기 불과 이틀 전인 1961년 1월 18일에야 흐루쇼프 연설의 전문을 보았다. 흐루쇼프가 중국의 비판에 그냥 대응하고 있을 뿐이라는 미국 정보기관 관리들의 경고에도 불구하고, 새로 구성된 행정부는 (흐루쇼프) 총리의 말을 액면 그대로 받아들였다. 케네디와 그의 자문관들은 모스크바와 베이징에서 나오는 신호가 제3세계에서 새로운 공산주의 공세의 개시를 나타내는 것이라고 우려했다. 케네디는 취임 연설에서 이에 대응하며 미국인들에게 세계 전역에서 "생존과 자유의 성공을 보장하기" 위해 "어떤 대가라도 치를" 것을 요구했다. 케네디는 말을 이었다. "지구 절반의 오두막과 마을에 사는 사람들에게 (…) 우리는 그들이 스스로 해볼 수 있도록 돕기 위해 최선의 노력을 기울일 것을 굳게 약속합니다." 케네디의 말은 제3세계에서 냉전을 이기기 위한 새로운 미국의 운동이 시작되었음을 나타냈다.[2]

그 후 몇 달 동안 미국은 세계 전역에서 좌익 혁명과 싸우기 위해 일련의 선제 조치를 단행했다. 미군은 제3세계에서 해방 전사들을 정면 공격할 때 대對반란전을 수행하는 지역 세력의 군사자문관으로 행동할 것이었다. 그와 동시에 미국의 사회과학자·엔지니어·경제학자들은 전통 사회를 근대화하고, 공산당의 모집 수단으로 기능하는

5) John Fitzgerald Kennedy(1917~1963). 미국의 제35대 대통령(재임 1961~1963). 1960년 대통령 선거에 민주당 후보로 출마해 공화당 닉슨 후보에게 승리했다. 내정에서는 그다지 업적이 없었다. 외교 면에서는 쿠바 침공을 시도했다가 실패했으나, 1962년 10월 쿠바 미사일 위기 때 흐루쇼프와 대결하여 쿠바 불침공을 조건으로 미사일과 폭격기 철수를 수락받았다. 1963년 11월에 암살당했다.

빈곤·불평등·고통을 완화하기로 계획된 개발 프로젝트를 실행했다. 이런 식으로 미국 관리들은 한 역사가가 일컬었던 이른바 "올바른 종류의 혁명"을 퍼뜨릴 것이었다. 그들은 제3세계 전역에서 근대적이고 번영하며 친서방적인 국가들의 발전을 촉진하기 위해 미국의 군사력과 과학의 힘, 그리고 경제력을 전개할 터였다. "미국의 해외 주둔군 내부 방어 정책"이라는 제하의 1962년 문서는 이러한 활동을 위한 좀 더 상세한 개략도를 내놓았다. 이 문서는 공산주의 혁명가들과의 전쟁은 "보통 결정적인 사회적·정치적 조직 수준을 나타내는 마을들이 동참"해야 한다고 주장했다. 개발 도상 세계의 마음을 얻기 위한 전투인 이런 유형의 충돌에서는 **"궁극적이고 중차대한 목표는 인민들이다**[강조는 원문]. 사회 자체가 전쟁 중이고, 투쟁의 자원과 동기, 표적은 거의 전적으로 주민들 내부에서 발견된다." 이러한 이론적 설명을 이용해 미국은 동남아시아에 집중된 일련의 대반란전에 착수했다.[3]

냉전 경쟁은 여러 방식으로 지역 폭력의 모습을 형성했다. 제3세계에서 영향력을 확보하기 위한 중국과 소련의 경쟁은 동남아시아에서 몇몇 충돌에 이미 기름을 붓기 시작했다. 중국과 소련이 제네바협정을 지지함으로써 얼마간 억제되었던 하노이의 공산주의 지도자들은 모스크바와 베이징의 잠정적인 동맹이 붕괴하자 남베트남을 해방하기 위한 전투를 재개할 기회가 왔다는 사실을 깨달았다. 인접한 캄보디아의 공산군은 베트남에서 확대되는 전쟁을 이용해 자신들의 권력을 장악하려는 노력을 개시했다. 남쪽에서는 인도네시아 공산당이 점점 증가하는 베이징의 지원을 이용해 이 지역의 가장 큰 나라에서 영향력을 확대했다. 한편 남베트남과 인도네시아에서 우익 군대에 대한 미국의 지원이 늘어나면서 사이공과 자카르타의 지도자들은 온건파와 좌익 운동을 한층 더 엄중하게 단속했다. 그리고 10년도 채 지나지 않아, 중국 병사들과 소련 병사들 사이의 극심한 국경 충돌에 자극받아 베이징과 워싱턴 사이에 예상 밖의 협력 분위기가 조성되자, 미국과 중국은 방글라데시에서 제노사이드를 저지르는 파키스탄군을 지지하는 쪽으로 선회할 것이었다. 그 결과 냉전 시대 중반 내내 개발 도상 세계의 사회들은 강대국들 사이에 벌어진 3자간 경쟁의 한복판에 있었다. 남아시아와 동남아시아의 몬순 지역 사회들은 피비린내가 매우 진동하는 냉전 단계로 막 진입하려 하고 있었다. 인도-아시아의 대학살이 공산주의 세계를 찢어놓는 동시에 인종적·종파적 전쟁이 포스트식민주의 세계에 다시 등장할 터였다.

7

베트남에서 수렁 만들기

1961~1965

"부대가 행군해 들어가고, 악대가 연주할 것이며, 군중은 환호하겠죠.
그러고는 나흘 뒤 모든 사람이 잊어버릴 겁니다.
그런 뒤 우리는 병력을 더 많이 파병해야 한다는 말을 들을 겁니다.
이건 술 마시는 것과 같아요.
효과가 점차 사라지면 당신은 또 한 잔을 들이켜야 하는 거죠."

존 F. 케네디

7

베트남은 북위 17도선에서 양분된 나라였다. 남부에서는 서방의 영향력이 여전히 지배적이었다. 프랑스 군사 지도자들의 이름을 땄고, 화려한 외관의 식민지 건물이 늘어섰으며, 무성한 나무로 그늘진 사이공의 거리는 바삐 움직이는 사람들로 북적거렸다. 카페는 코냑과 식용달팽이, 팬케이크를 내놓았고, 멋진 양품점은 파리에서 수입한 최신 비키니, 보석, 향수를 팔았다. 도심은 여전히 프랑스 병사와 유럽인 사업가들로 바글거렸지만, 화려한 시 중심부를 에워싸고 있던 베트남인 지구와 중국인 지구는 사이공 원주민들과 농촌에서 최근에 피난 온 사람들로 넘쳐났다. 이 구역들에서는 향냄새와 쌀국수를 요리하는 냄새가 습한 공기 속을 떠돌아다녔다.

한 미국인 기자는 이 "거대한 열대 도시"에는 저 멀리 북베트남에서 "마침내 승리하여 단단히 자리 잡은 공산주의의 불길한 그림자가 어른거리고 있다"고 경고했다. "광적인 헌신과 열정, 철의 규율, 무서운 효율성"으로 가득한 베트민은 남베트남을 탈환할 음모를 꾸미고 있었다. 공산주의 기간요원들은 이른바 야생의 남부에서 하노이의 영향력을 퍼뜨리며 베트남인 거주 구역을 누비고 다녔다. 한편, 사이공 주민들은 도시의 부패와 무너져 가는 유럽 식민지 권력의 구조

속에서 삶을 이어갔다.[1]

북쪽으로 1100킬로미터 떨어진 곳에 하노이시가 있었다. 호찌민 세력은 프랑스 원정군이 도시를 버리고 떠남에 따라, 1954년 10월 9일 통킹의 프랑스 식민지 행정 당국이 있던 자리를 차지했다. 공산군이 수도에 도착하자 프랑스군이 철수할 때 도시를 뒤덮었던 몬순 비가 그쳤다. 수천 명의 하노이 시민이 거리로 쏟아져 나와 베트민 병사들을 맞이했다. 베트남 민주공화국의 녹색 군복을 입은 공산군이 일부는 소련제 트럭·지프차·자전거를 타고, 또 일부는 걸어서 도시로 들어왔다. 공산주의자들을 환영하면서 주민들은 "호찌민 주석 만세" 같은 구호로 장식된 현수막을 펼쳤다. 군중은 베트민 병사들이 무기를 휘두르며 디엔비엔푸와 도시 중심부의 호안끼엠 호수에서 포획한 미제 대포를 끌고 가는 것을 보고 환호성을 질렀다. 권력이 프랑스인들의 수중에서 공산주의자들로 넘어가자 상당수가 베트남 가톨릭교도인 약 80만 명의 사람들이 남부로 도피했다. 그와 동시에 10만 명의 베트남인들이 남베트남에서 북베트남으로 이주했다. 하지만 1만 명의 혁명가들이 여전히 남베트남에 은신해 있었다.[2]

다음 10년이 시작될 때 워싱턴과 모스크바의 새 지도자들은 개발도상 세계에서 냉전을 수행하는 새로운 활동에 자원을 투입하기로 했다. 흐루쇼프가 제3세계의 민족해방전쟁들에 지지의 목소리를 냈던 반면, 케네디는 미국 육군 특전부대[1)]의 능력을 확대하고 포스트

---

1) United States Army Special Forces(Airborne). 미국 육군 특수작전 사령부 예하의 특수부대. 흔히 그린베레(Green Berets)라는 별명으로 알려져 있다. 1952년에 창

식민주의 세계에서 공산주의 혁명의 흐름을 되돌리기로 계획된 일련의 개발 프로그램을 시행했다. 이곳 남중국해의 해안을 따라 미국은 가장 큰 규모로 냉전 개입을 수행할 터였다. 그러나 1945년 이후 시대에 가장 치명적인 충돌이었던 베트남전쟁은 궁극적으로 지정학적인 측면에서 부수적인 사건에 불과한 것으로 드러날 터였다. 1970년대 후반 베트남전쟁이 거의 끝나갈 무렵 냉전과 포스트식민주의 세계의 전략적 풍경이 근본적으로 변했다. 이 변모는 하노이와 사이공 사이에 벌어진 혈전의 결과라기보다는 베트남의 주변과 그 너머인 인도네시아, 캄보디아, 방글라데시 같은 곳에서 일어난 사태의 결과였다. 그럼에도 워싱턴의 베트남 내전 개입은 인도-아시아 대학살의 주 전장을 형성했다.

두 개의 베트남

프랑스령 인도차이나 전쟁과 제네바협정으로 두 개의 급진화된 정권이 양분된 베트남을 지배하게 되었다. 하노이의 공산주의 정권이 피비린내 나는 사회주의혁명을 개시해 수천 명에 이르는 정권의 적들을 처형하며 나라에 대한 장악력을 공고히 하는 동안, 사이공의 친서방 정권은 중국의 국민당과 남한의 이승만 정권을 괴롭혔던 많은 문제들에 똑같이 시달렸다. 부패, 무능, 인기 없음, 권위주의가 사이공 지도부를 괴롭혔다. 1954년 이후 거의 6년 동안 지속된 충돌의

설되었다.

소강상태는 모스크바와 베이징 사이의 경쟁이 적지 않게 부채질한 한바탕의 새로운 냉전 폭력의 장을 마련해 주었다. 그러나 주도권을 쥔 쪽은 지역 세력이었다. 사이공도, 하노이도 나라의 분단을 베트남의 문제들에 대한 영구적인 해결책으로 보지 않았다. 양쪽 모두 평화적 수단, 또는 필요하다면 폭력적 수단을 통해 궁극적인 재통일을 희망했다.

워싱턴은 사이공을 지지했다. 아이젠하워 행정부는 프랑스 식민주의를 구하기 위해서는 직접적 개입을 삼갔지만, 지금은 극동 지역을 휩쓰는 혁명적 물결을 견뎌낼 수 있는 사이공 정권을 건설하는 쪽으로 미국 자원(재정적·군사적·기술적·도덕적 자원)을 돌리기를 희망했다. 아이젠하워가 디엔비엔푸 전투가 한창일 때 기자들에게 말했듯이, 미국은 공산주의의 추가 확산으로부터 동남아시아를 방어해야 했다. 인도차이나가 쓰러진다면 미국과 동맹국들은 "'쓰러지는 도미노' 원리"에 직면할 것이라고 대통령은 설명했다. "여러분, 도미노를 한 줄 세워서 첫 번째 도미노를 눕혀 보십시오. 그러면 마지막 도미노에 무슨 일이 벌어질지 확실합니다. 그 도미노는 매우 빨리 넘어질 거예요. 따라서 여러분은 매우 심대한 영향을 미칠 붕괴를 개시했을 수도 있습니다. (…) 여하튼 아시아는 이미 4억 5000만 명의 인민을 공산주의 독재 체제에 갖다 바쳤고, 우리는 정말로 더 큰 손실을 감당할 수가 없습니다."

남베트남의 몰락은 일본, 타이완, 필리핀의 "도서 국가 방어 체인"을 위협하고, 오스트레일리아와 뉴질랜드에 위협을 제기했다고 아이젠하워는 경고했다. 프랑스가 실패한 곳에서 미국은 성공하기로 결심했다. 대통령은 이렇게 주장했다. "우리는 이 사람들과 함께 일해야 하고, 그러면 그들은 스스로 우리가 친구이고 우리 없이는 살 수 없다는 것을 곧 알게 될 겁니다." 미 국무장관 존 포스터 덜레스[2)]는 "과거를 슬퍼하는" 것은 의미가 없다고 썼다. 지금 미국은 "북베트남의 상실로 동남아시아와 남서태평양 전역에서 공산주의 확산이 초래되는 사태를 막을 미래의 기회를 움켜쥐어야" 한다.[3]

미국은 남베트남의 반공산주의 보루를, 응오딘지엠[3)]의 어깨 위에 건설하기로 했다. 1901년에 교육받은 집안에서 태어난 응오딘지엠은 유교에 깊은 친밀감을 가진 독실한 가톨릭교도(불교가 지배적인 나라에서)였다. 그는 명민한 학생이었고 사제가 될 생각을 품었으나, 그 대신 하노이에서 법학을 공부하기로 했다. 1940년대에 응오딘지엠은 베트남에서 프랑스 식민주의와 베트민 공산주의 사이의 중간 대안인 '제3의 힘'을 결집하고 싶어 했고, 프랑스로부터 베트남 자치의 확대를 요구하는 주창자로 유명해졌다. 응오딘지엠은 1946년에 베트민의 기간요원에 사로잡혔고, 호찌민은 그를 직접 만나 혁명정부에 참여해 달라고 요청했다. 이 만남은 호찌민이 그와 얼굴을 맞댄 유일한 자리였다. 응오딘지엠은 이 만남에서 베트민이 몇 달 전에 그의 형인

2) John Foster Dulles(1888~1959). 미국의 외교관, 정치가. 1949년에 뉴욕주 상원의원이 되었고, 1953~1959년에는 미 국무장관을 지냈다.

3) Ngo Dinh Diem(1901~1963). 남베트남의 정치인. 1954년 제네바협정 이후 프랑스군이 철수하자 미국의 지원으로 총리가 되었고, 같은 해 10월 26일에는 베트남공화국 초대 총통에 취임해 1963년 11월 즈엉반민 장군의 군사 쿠데타로 처형될 때까지 재임했다.

응오딘코이Ngo Dinh Khoi를 처형한 사실을 거론하면서 그 요청을 거절했다. 1940년대에 응오딘지엠의 활동은 비록 성공적이지는 않았지만, 자신이 대체로 일본이나 프랑스, 베트민과의 협력으로 때가 묻지 않은, 점점 그 수가 줄어드는 베트남 지도자 중 한 명이라는 사실을 확실히 각인해 주었다.

1950년에 베트민이 자신을 암살하라는 명령을 내린 사실을 알게 된 뒤 응오딘지엠은 베트남을 떠나 일본으로 향했다. 그는 4년 동안 해외에 있게 되는데, 그동안 캘리포니아·워싱턴 DC·바티칸·파리·뉴욕을 여행하고 미국의 학자, 미국과 프랑스 관리, 미 국무장관 딘 애치슨, 그리고 교황 비오 12세[4]를 만날 것이었다. 응오딘지엠은 최종적으로 뉴저지주에 정착해서 일반인을 대상으로 미국의 베트남 개입 확대를 고무하는 강연을 시작했다. 응오딘지엠은 미국에서 몇몇 보수주의 그룹과 개발 도상 세계의 냉전 동맹을 열심히 찾았던 일부 정부 관리들의 이목을 끌게 되었다. 응오딘지엠이 강연 순회를 계속하자 미국 지도자들도 그를 주목하게 되었다. 베트민에 대한 비판, 그가 프랑스 및 일본과의 협력이라는 오점에서 비교적 자유롭다는 사실, 그리고 근대화에 대한 그의 요구 때문에 응오딘지엠은 프랑스 이후의 남베트남에서 친미 지도자의 역할을 수행하는 데 점점 더 매력

4) Pius XII(1876~1958). 제260대 교황(재위 1939~1958). 본명은 에우제니오 마리아 주세페 조반니 파첼리(Eugenio Maria Giuseppe Giovanni Pacelli)다. 제2차 세계대전 동안 세계 평화 회복과 자선 사업에 노력했으며, 전쟁이 종식된 뒤에는 평화와 화해를 외치며 유럽의 재건에 힘썼다.

적인 후보가 되었다. 한편 응오딘지엠의 동생인 응오딘뉴[5]는 다양한 지역의 정파 및 정치적 네트워크 사이에 동맹을 형성하며 베트남 내부에서 정치적 지지 기반을 구축하기 위해 애썼다.[4]

1954년 봄에 디엔비엔푸의 프랑스 수비대가 와해되자, 응오딘지엠과 그의 미국 지지자들은 기회가 왔다는 것을 깨달았다. 바오 다이 황제는 인도차이나에서 프랑스의 시간이 지나갔고 미국의 시간이 이제 시작될 거라고 이해했다. 응오딘지엠을 베트남공화국의 총통으로 선택함으로써 바오 다이는 자신과 미국의 관계를 확대하고 싶어 하는 희망을 드러냈다. 하지만 프랑스 관리들은 황제의 결정에 크게 실망했다. 그들은 응오딘지엠이 "전문적인 능력이 거의 완전히 결여되어" 있고 "효율적인 정부를 만들 기회를 갖기에는 (…) 너무 협소하고, 뻣뻣하고, 탈세속적"이라고 경고했다. 피에르 망데스프랑스[6] 총리는 더욱 간명하게 표현했다. "응오딘지엠은 광신자다."[5]

광신자든 아니든, 응오딘지엠은 벅찬 과업에 직면했다. 베트남은 말 그대로 나라가 양분되었다. 무너져 가는 프랑스 식민주의의 피조물로서, 그리고 기대 수명이 비교적 짧은 베트남공화국은 존립을 주장할 수 있는 역사적 권리가 거의 없었다. 호찌민과 공산주의자들이

---

5) Ngo Dinh Nhu(1910~1963). 베트남의 정치인. 베트남공화국 초대 총통 응오딘지엠의 동생으로 총통 고문을 맡았다. 1963년 11월 1일 즈엉반민 장군의 군사 쿠데타가 발생하여 형 응오딘지엠 총통과 함께 처형되었다.

6) Pierre Mendès-France(1907~1982). 프랑스의 정치가. 1954~1955년, 8개월 동안 프랑스 총리를 지냈다. 급진당을 대표했으며, 그의 정부는 공산당의 지지를 받았다.

민족을 재통일하기 위해 1956년에 제네바 회담이 요구한 선거에서 승리하는 데 큰 어려움이 있을 거라고 예상하는 관찰자는 소수에 불과했다. 사이공의 지도자들도, 워싱턴의 지도자들도 모두 국민투표를 승인하거나 거기에 참여하려 하지 않았고, 이 거부는 베트남공화국이 대중적 정통성이 있다는 주장을 약화할 것이었다. 정부 상층부에도 분열이 존재했다. 응오딘지엠과 바오 다이 황제 사이의 껄끄러운 관계는 1940년대부터 시작되었고, 두 사람은 기꺼이 권력의 고삐를 나눠 가지려 하지 않을 터였다. 하지만 가장 급박한 문제는 남베트남 사회 내부의 분열로부터 왔다. 역사가 제시카 채프먼Jessica Chapman은 다음과 같이 기록했다. "야생의 베트남 남부는 서로 경쟁하는 작은 무장 행정 단위로 분열하는 것으로 프랑스 식민 통치와 일본 점령이 야기한 혼란에 대응했다." 대부분의 농촌 지역에서 공산주의 반란자들은 얼마간 자유롭게 움직이면서 불만과 혁명적 불안의 씨앗을 뿌렸다. 공산주의자들 외에도 경쟁하는 종교 분파인 까오다이교[7]와 호아하오교[8]가 사설 군사 단체를 지휘했는데, 이들은 메콩강 삼각주 지역에서 베트남공화국의 통제에 도전했다. 도시에서는 조직범죄 집단인 빈쑤옌[9]이 국가경찰에 대해 상당 정도 통제력을 발휘하

7) Cao Dai. 1926년 베트남 남부의 떠이닌에서 응오반찌에우에 의해 창시된 혼합적 유일신교로서 호아하오교와 함께 베트남의 양대 신흥종교이다. 유교, 불교, 기독교, 도교, 이슬람교를 절충하여 만들어졌다.

8) Hoa Hao. 베트남 남부에서 기원한 베트남의 신흥종교. 불교에 바탕을 두었으며, 1939년 후인푸소가 창시했다.

9) Bin Xuyen. 1945~1960년에 존재한 베트남 국군 내부의 독자적인 군대. 지도

면서 매춘 집단, 카지노, 아편굴을 운영하고 갈취 공갈로 돈을 벌었다. 빈쑤옌은 사이공강의 맹그로브[10] 습지를 돌아다니던 해적들에서 유래했다. 미국 외교관들은 이 상황을 "시카고시가 알 카포네[11]가 전성기를 누릴 때 그의 수중에 경찰력을 쥐어 준 꼴"이라고 비유했다. CIA 분소 소장은 응오딘지엠은 "그 [자신의] 관저 공간만 통제했을 뿐"이라고 개탄했다.[6]

1955년 봄에 국내의 이 긴장이 절정에 이르렀다. 3월에 까오다이, 호아하오, 빈쑤옌은 점점 커져 가는 사이공 정부 권력에 대항하기 위해 '민족주의 세력 연합 전선'으로 뭉쳤다. 이 위협을 깨달은 응오딘지엠은 이 경쟁 세력을 분쇄하고 자기 권력을 확고히 하려고 움직였다. 사이공에서 산발적인 폭력 사태가 벌어진 뒤 응오딘지엠은 빈쑤옌의 경찰서장을 해임한다고 발표했다. 이튿날 빈쑤옌 세력과 베트남 국군 사이에 전면적인 충돌이 발생했다. 정부 낙하산 부대가 빈쑤옌 진지를 공격하고, 방어자들이 응오딘지엠의 관저에 박격포 공격을 가하면서 이른바 '사이공 전투'가 이틀 동안 격렬하게 전개되었다. 4월 30일 동이 틀 무렵, 반란 세력은 사이공에서 후퇴하기 시작해 수도 남쪽

자들은 한때 베트민 편을 들기도 했으나 전성기 때는 사이공의 조직범죄 활동에 자금을 대면서 공산주의 세력과 싸웠다.

10) mangrove. 아열대와 열대 지방의 해안, 또는 하구의 해수와 담수가 혼합되는 습지에서 자라는 나무를 일컫는다. 조수에 따라 물속에 잠기기도 하고 물 밖으로 나오기도 한다. 맹그로브 숲을 홍수림(紅樹林)이나 해표림(海漂林)으로 부르기도 한다.

11) Alphonse Gabriel 'Al' Capone(1899~1947). 1920~1930년대 미국의 금주법 시대에 시카고를 주 무대로 활동했던 폭력 조직의 두목.

의 늪지대에서 전열을 재정비했다. 다음 몇 달 동안 정부군은 응오딘지엠이 사이공 정부를 확고히 통제하게 되면서 저항 세력을 완전히 소탕할 터였다. 응오딘지엠의 승리는 또한 미국 정부의 남아 있던 의구심도 대부분 제거했다. 미국 정부는 종파들과 최후의 결전을 치르기 전에 응오딘지엠을 버릴 것을 고려하고 있던 상태였다. 한 국무부 관리는 다음과 같이 언급했다. "이 위기가 전개되면서 우리는 응오딘지엠을 점점 더 분명하고 강력하게 지지할 수밖에 없었다." 이 승리 후 즉시 응오딘지엠은 사이공의 다음 국가수반을 결정할 총선을 실시하고, 북베트남과 남베트남을 재통일하기 위해 예정된 1956년 선거에 참여할 생각이 없다고 발표했다. 1955년 10월에 실시된 총선은 부패로 얼룩졌다. 응오딘지엠은 총 투표 중 의심스러울 정도로 높은 98퍼센트의 득표로 승리해, 바오 다이를 물리치고 국가수반직에 대한 권리를 주장했다. 그와 동시에 응오딘지엠은 북베트남과 남베트남의 공산주의 반란자들을 모스크바와 베이징의 꼭두각시라고 매도하며 7월에 "공산주의자 고발 운동"을 개시했다. 다음 몇 년간 약 2만 5000명의 불온 활동 혐의자들이 체포되어 응오딘지엠의 감옥에 갇혔다. 1955년 말에 응오딘지엠은 집권할 가능성이 매우 적었지만, 사이공 정권의 정상에 올랐다. 그렇게 하며 응오딘지엠은 미국 관리들이 보는 앞에서 자신의 위신을 극적으로 높였다. 응오딘지엠은 《라이프》의 표현에 따르면, "베트남에서" 미국의 "기적을 행하는 사람"이 되었다.[7]

미국 지도자들은 이제 남베트남이 공산주의의 확산에 맞서 더 크게 동남아시아를 방어하는 데 주춧돌 역할을 할 것으로 기대했다.

그리고 응오딘지엠은 국내 입지를 확고히 하긴 했지만, 남베트남을 공산주의 북부의 전복 활동을 이겨낼 수 있는 안정되고 번영하는 국가로 탈바꿈시켜야 한다는 엄청난 과업에 여전히 직면해 있었다. 그를 가장 소리 높여 옹호하는 사람 중에 미시간주립대학교의 정치학자인 웨슬리 R. 피셸[12]이 있었다. 그는 국가 건설과 근대화 원조를 제공하기 위해 미시간주립대학교, 미 국무부, 사이공 정부 사이에 설치된 '미시간주립대학교 베트남 자문단'이라는 협력기구를 이끌 것이었다. 피셸은 사이공 정부가 국민들 사이에 "민족의식의 급속한 발전을 자극하고 강력한 지지를 불러일으켜야" 한다고 주장했다. 이것은 작은 위업이 아닐 터였다. 오랫동안 식민주의와 점령, 전쟁으로 피폐해진 남베트남은 보수주의 엘리트가 거대한 면적의 토지를 통제하는 국가였다. 인구의 0.25퍼센트가 남베트남에서 쌀 경작지의 40퍼센트를 소유했다. 남베트남 농민들에게 응오딘지엠과 생존의 이해관계를 맺게 하려면 혁명적 근대화 프로그램이 필요할 터였다. 워싱턴의 지도자들에게 남베트남은 그야말로 "민족해방전쟁"과 싸울 수 있는 미국의 능력을 가늠할 "테스트 사례"가 될 것이었다. 1955년부터 1961년 사이에 미국은 베트남공화국을 원조하기 위해 약 16억 5000만 달러를 쏟아부을 터였다. 농촌 공동체 개발 프로젝트가 이 근대화 계획의 중심이었다.

---

12) Wesley R. Fishel(1919-1977). 미시간 주립대학교 정치학 교수. 1956~1958년에 '미시간주립대학교 베트남 자문단'의 수석 자문관을 지냈다. 남베트남의 지도자 응오딘지엠의 막역한 친구였다.

1959년에 정권은 농촌 전역에 '농업도시Agroville'를 조성하는 야심 찬 정책을 시행했다. 농촌 개발의 중심으로 선전된 이 계획된 공동체 내로 농민들을 재정착시켰다. 그와 동시에 공산주의 침투에 맞서 농업도시를 더 쉽게 방어할 수 있도록 설계했다. 3년 뒤 케네디 행정부는 '전략촌 프로그램Strategic Hamlet Program'을 채택했다. 이 프로젝트는 약 1500만 명의 마을 사람들을 정부가 통제하는 정착촌으로 이주시키기로 계획했다. 버나드 폴[13] 기자는 이 프로젝트를 "비공산주의 세계에서 시행된 가장 거대한 '사회공학'의 사례"라고 묘사했다. 이 요새화된 공동체 내에서 국가는 농민들을 면밀히 감시했고, 전략촌 밖의 지역에서는 자유롭게 총격을 가할 수 있을 것이었다. 야심 차긴 했지만, 이 공동체 개발 프로젝트는 농민들을 뿌리째 뽑아버렸다. 농민들은 흔히 집을 버리고 정부 공동체 내에서 새로운 집을 건설하면서, 대대로 물려받은 땅, 더 나아가 쌀농사를 짓던 논을 두고 떠나지 않으면 안 되었다. 실제로 응오딘지엠의 농업도시와 케네디의 전략촌 때문에 많은 농촌 주민이 정부를 불신하게 되었다.[8]

17도선 북부에서 하노이도 근대국가를 건설하는 노력을 집중적으로 기울이고 있었다. 남부에서처럼 토지개혁이 이 프로그램의 중심에 자리 잡았다. 당은 농촌에 거주하는 주민 80퍼센트에 대해 통제를 확대하는 데 여념이 없었다. 하노이의 지도자들은 지역의 마을 사람들을 중앙의 당에 더욱 종속시키는 한편으로, 농촌 지주들의 권

---

13) Bernard B. Fall(1926~1967). 1950~60년대 미국의 저명한 인도차이나 전문가로 종군기자, 역사가, 정치학자였다.

력을 약화하는 것을 목표로 삼았다. 이 운동은 마을 사람들이 이웃을 고발하고 강화된 정부 통제에 반발해 산발적으로 봉기를 일으키면서, 곧 농촌 지역 전체에 공포시대를 열어젖혔다. 1956년에 국가의 토지개혁 운동에 반대하는 폭력적 움직임이 군대를 동원해 진압해야 하는 광범위한 반란의 물결로 비화했다. 처참한 토지개혁 운동의 결과 수천 명이 사망했다. 8월에 호찌민은 운동의 실수를 공식적으로 인정했으나, 이미 피해가 막심했다. 토지개혁 정책을 밀어붙였던 하노이의 지배 집단(즉 쯔엉찐,[14] 호찌민, 팜반동,[15] 응우옌잡)은 심각한 타격을 받고 이제 이전의 이 "오류들"을 바로잡는 "교정" 운동을 벌였다. 이 운동은 하노이의 권력이 호찌민과 응우옌잡에서 당내의 새로운 인사들로 크게 이동하는 사태를 낳았다. 이 재편성의 주요 승리자는 교정 운동의 지도자인 레득토[16]와 레주언[17]이었다. 이 두 사람은 함께 북베트남에서 가장 강력한 지도자로 등장할 터였다.[9]

---

14) Troung Chinh(1907~1988). 베트남의 독립운동가, 공산주의 정치인, 사회주의 경제 이론가. 1941~1956년 북베트남 노동자당 총서기, 1981~1987년 베트남사회주의공화국 국가주석 등 여러 요직을 역임했다.

15) Pham Van Dong(1906~2000). 베트남의 정치인, 독립운동가, 공산주의 사상가. 1955~1976년 북베트남 정부 총리, 베트남의 재통일 이후인 1976~1987년에는 베트남 정부 총리를 지냈다.

16) Le Duc Tho(1911~1990). 베트남의 정치가, 독립운동가. 1956~1973년 북베트남 노동자당 중앙위원회 중앙조직부장, 1976~1980년 베트남 공산당 중앙위원회 중앙조직부장을 지냈다.

17) Le Duan(1907~1986). 베트남의 노동운동가, 독립운동가, 공산주의 지도자. 1960~1986년 호찌민에 이어 북베트남 노동자당(1976년부터는 베트남 공산당)의 중앙위원회 총서기를 지냈다.

1907년 변변치 않은 집안에서 태어난 레주언은 인도차이나 공산당의 창립 당원이었다. 그는 1930년대의 대부분을 프랑스 감옥에서 보냈다. 1937년 석방된 뒤 레주언은 당내 고위직으로 진출하기 시작했으나, 1940년부터 1945년까지 다시 감옥에 갇혔다. 그가 두 번째로 석방되었을 때는 마침 프랑스 식민 통치에 대항하는 베트민의 1945년 8월 혁명이 진행되던 중이었다. 레주언은 '남베트남 지방위원회'의 당서기로, 그 후에는 대프랑스 전쟁에서 '남베트남 중앙국' 수장으로 일할 수 있었다. 프랑스가 패배한 뒤 레주언은 남베트남에 머무르면서 공산주의 저항을 조직하는 비밀 활동을 책임졌다. 거기서 그는 1956년에 선언문《남부에서 혁명으로 가는 길The Path to Revolution in the South》을 썼다. 역사가 리엔항응우옌Lien-Hang Nguyen은 이 저술은 "남부에서 경쟁자들의 허를 찌르고 동시에 북부에서 그의 운동을 명확히 제시하는" 레주언의 시도를 나타냈다고 주장한다. 이 저술은 당이 실패한 토지개혁과 한창 악전고투하는 와중에 발표되었고, 매력적인 대안을 제시했다. 하노이는 북부에서 개발이라는 힘든 과업에 에너지를 쏟기보다는 남부에서 혁명을 완수하는 데 우선순위를 둘 수 있다는 것이었다. 레주언의 남부 혁명은 당이 북베트남의 국내 곤경으로부터 베트남을 재통일하는 목표로 주의를 돌릴 수 있도록 해주었다. 레주언의 영향력은 다음 4년간 꾸준히 커져 1960년 9월에 그는 정치국 총서기가 되어 당을 사실상 장악했다.[10]

레주언의 등극을 가져온 몇 년 동안 하노이의 지도부는 두 정파로 분열되었다. 북베트남에서 사회주의혁명을 진전시키려 한 이른바 '북부 우선파'와 17도선 남쪽의 베트남을 해방하는 일에 먼저 노력을 기울이자는 '남부 우선파'가 그것이다. 정치적 선동 운동은 1954년 이후에도 계속되었고, 제네바협정 뒤에도 남부에 머무르던 수천 명의 베트민 기간요원들이 이 운동에 참여했다. 응오딘지엠 정권의 광범위한 정치적 억압 역시 상당수의 국민 사이에서 공산주의자들에 대한 대중적 지지를 불러일으켰다. 1959년, 남부의 혁명에 대한 요구가 너무나 거세고, 또 사이공의 억압에 직면해 남부 반란이 처한 곤경이 너무 심각해지자 정치국은 결의안 제15호를 발표해 남부를 해방하기 위한 무장투쟁을 승인했다. 하노이는 남부에 4600명의 의용군을 전개하고, '호찌민 트레일'[18]이라고 알려지게 될, 라오스와 캄보디아를 통과하는 병참로 네트워크를 확장하기 시작했다. 하노이는 여전히 신중했고, 미국을 자극해 피후원국을 구하기 위해 개입하는 일이 없도록 전면적인 침공보다는 서서히 단계적으로 확전하는 쪽을 선호했다. 1960년에 하노이는 '남베트남 민족해방전선'의 결성을 발표했다. 남베트남 민족해방전선은 공식적으로는 반란 그룹들의 광범위한 연합으로 분류되지만, 실제로는 대체로 공산당의 부속물로 기능했다. 조직 회원의 많은 부분은 남부 혁명가들로 이루어졌으나, 그 지도부는 보통 하노이의 지시대로 움직였다.[11]

1959년 말과 1960년 내내 북부에서 지원이 계속 흘러 들어오면서

---

18) Ho Chi Minh Trail. '호찌민 루트'라는 명칭으로도 불린다. 라오스와 캄보디아를 통과하는, 북베트남과 남베트남을 이어주는 병참 도로와 오솔길의 복합망이다. 이 루트를 통해 베트남전쟁 동안 베트콩과 베트남 인민군에게 병력과 군수품을 제공했다. 루트 건설은 1959년 7월 북베트남이 라오스를 침공하면서 시작되었다.

남부의 반란은 단계적으로 확대되었다. 공산주의 기간요원들은 지방에서 농촌 봉기를 선동하려고 애를 썼다. 요새화된 정부 촌락은 그들의 주요 목표 중 하나였다. 혁명 세력은 마을 관리들과 정부 요원들을 공격해 사이공 "꼭두각시" 정권의 "폭군과 반역자들"을 제거했다. 반란군과 정부군 사이의 전투가 격화하자, 공산주의 기간요원들은 남베트남 전역에서 "산재 점령 지역" 기지 역할을 할 해방구를 발전시키려 했다. 북베트남군의 공식 역사가 설명하듯이, "군사 투쟁이 주요 역할을 할 산악 지대에서 우리는 우리의 해방구를 넓히고 기지를 건설하며 우리 군대를 확대하기 위해 적군을 소탕할 것이었다. 농촌 저지대에서는 군사적·정치적 투쟁이 동등한 역할을 할 것이었다. (…) 도시 지역에서는 정치 투쟁이 우위를 차지할 터였다."

공산군은 오지에 병력 기지를 세웠고, 사람들이 거주하는 지방을 통과할 수 있게 하기 위해 마을 사람들과의 유대를 강화했으며, 응오딘지엠 정권의 영향력이 여전히 아주 강한 도시 지역에서는 정치 요원들의 네트워크를 건설할 것이었다. 한편 북베트남은 거대한 후방기지 역할을 하면서 지원과 예비군을 남부의 전쟁에 쏟아부을 터였다. 1961년 말에 공산주의 병력은 10만 명의 게릴라로 팽창했다.[12]

수령 만들기

남베트남에서 전투가 격화하던 바로 그 순간에 두 초강대국은 개발도상 세계의 좀 더 광범한 충돌로 주의를 돌렸다. 1961년 1월 초, 니키타 흐루쇼프는 평화공존 구상에 대한 지지를 재확인했다. 미국과 소련의 전쟁은 재앙을 불러일으킬 것이며, "수백만 명이 죽을 것이다." 국지전 역시 양 초강대국의 더 큰 충돌을 일으키지 않도록 신중하게 다뤄야 했다. 하지만 모스크바는 "민족해방전쟁"을 계속 지지할 것이었다. 이 충돌은 "제국주의가 존재하는 한 필연적"이었고, 전투원들은 소련으로부터 지원을 받을 터였다. CIA 분석관들은 이것이 크렘린이 "모든 '식민' 지역에서 더욱 공격적인 프로그램을 추구"하리라는 것을 의미한다고 판단했다. 두 초강대국 사이의 평화공존은 제3세계에서 충돌이 종식되는 것을 의미하지는 않았다. 실제로 동서 분계를 가로지르는 충돌의 부재는 개발 도상 세계에서는 충돌의 격화로 전환될 것이었다. 그러나 소련 총리만 '글로벌 사우스'[19]로 고개를 돌린 것은 아니었다.[13]

같은 달, 제3세계의 냉전에서 승리하기 위해 결의를 새롭게 다질 신임 지도자가 백악관에 입성했다. 지금까지 선출된 미국 대통령 중에서 가장 젊었던 존 피츠제럴드 케네디는 대통령 집무실에 활기를 불어넣었다. 케네디는 취임 연설에서 굳게 맹세했다. "자유의 생존과 성공을 보장하기 위해 어떤 대가도 치를 것이며, 어떤 짐도 질 것이며, 어떤 고통도 마다하지 않을 것이며, 어떤 친구도 지지할 것이며, 어떤 적과도 싸울 것입니다." 이 노력의 일환으로 신임 대통령은 개발 도상 세계로 손길을 뻗을 것이었다. "새로운 국가들이 자유세계의

---

19) Global South. 주로 북반구의 저위도와 남반구에 위치한 아시아·아프리카·남미·오세아니아의 개발도상국과 신흥국을 총칭한다. 미국·유럽·일본·호주·한국 등 선진국을 일컫는 글로벌 노스(Global North)와 대비되는 개념이다.

대열에 합류한 것을 환영하면서 우리는 이 국가들에 식민 통치 형태가 사라지면서 훨씬 더 악랄한 폭정으로 그냥 대체되지는 않을 것임을 우리의 말을 걸고 다짐합니다." 케네디는 또 이 국가들에 공산주의 블록의 지지를 구하는 위험에 대해서도 경고했다. "지난날 호랑이의 등에 올라타는 것으로 어리석게 권력을 추구했던 자들이 결국 호랑이에게 잡아먹힌 사실을 기억하시오."[14] 흐루쇼프가 민족해방전쟁에 대한 지지를 선언하던 그 순간에 케네디는 공산주의의 영향력이 더 확산되지 않도록 제3세계를 방어할 준비를 했다. 케네디 행정부는 이를 위해 냉전 투쟁에서 새로운 전략, 즉 대반란전을 전개할 터였다. 공산주의 혁명가들이 인민의 지지에 의존한다면, 미군과 동맹군은 주민의 "마음"을 얻고 반란자들로부터 이러한 지지의 근거지를 빼앗을 것이었다. 백악관이 제3세계에서 냉전을 수행하는 새로운 전략을 시험할 이상적인 장소를 발견하는 데는 오랜 시간이 요구되지는 않을 터였다.

취임하고 8일 뒤, 케네디는 자리에 앉아 베트남에서 최근 귀국한 대반란전 전문가 에드워드 기어리 랜스데일[20] 장군의 보고서를 검토했다. 장군의 보고는 심란했다. 남베트남의 현재 상황을 그냥 두고 볼 수 없다는 것이었다. 친서방 응오딘지엠 정권은 사이공 정부를 쓰러뜨리고 하노이의 통치하에 나라를 재통일하는 데 목표가 있는 공

---

20) Edward Geary Lansdale(1908~1987). 미국의 공군 장교. 미국에서 비밀공작과 심리전의 개척자로 평가된다. CIA와 긴밀히 협력하며 필리핀에서 후크발라합 반란을 진압하는 데 일조하고, 그 후 북베트남에 반체제의 씨앗을 뿌렸다.

산주의 반란의 격화에 맞서 위험한 전투를 벌이고 있었다. 랜스데일은 이렇게 주장했다. "미국은 베트남이 위기에 처해 있고, 베트남을 냉전의 전투 지역으로 취급해야 한다는 것을 인정해야 합니다." 케네디는 정신이 번쩍 들게 하는 이 소식을 마음에 새겼다. 케네디는 "처음"으로 "베트남 문제의 위험과 긴급함"을 알게 되었다고 장군에게 말했다.[15] 랜스데일은 국방장관 로버트 맥너마라[21]에게 다음과 같이 설명했다. "미국 및 베트남의 정보 요원들과 함께 상황 평가 지도를 대충 훑어보니" 공산군이 "남베트남의 가장 생산적인 지역에 침투해 군사행동으로 보호되는 좁은 회랑을 제외하고 거의 모든 곳에 대한 통제권을 획득할 수 있었던" 사실을 알고 "나는 매우 충격을 받았습니다." 랜스데일은 베트남의 상황 악화에 대해 백악관에 어느 때보다 크게 경고의 목소리를 합창하는 대열에 합류했다. "상황은 거의 매주 지속적으로 악화되고 있습니다"라고 시어도어 해럴드 화이트[22] 기자가 케네디에게 말했다. "게릴라들이 지금 거의 모든 남부 삼각주 지

---

21) Robert McNamara(1916~2009). 미국의 기업가이자 제8대 미국 국방장관(재임 1961~1968). 베트남전쟁과 관련하여 미국 정부에서 큰 역할을 했다. 그는 케네디 정권 시절과 그 후 존슨 정부에서도 베트남 군사 개입을 계속 확대했으나, 시간이 지남에 따라 전쟁에 승리할 수 있을지 점점 의심을 갖게 되었다. 그 결과 베트남 현지 군사령관이 요구한 병력 증원에 대해 소극적으로 되었으며, 1967년 11월에는 북베트남에 대한 공습 중단, 베트남 주둔 미군의 단계적 축소를 제안했지만 존슨 대통령에게 거절당하기도 했다. 국방장관을 그만둔 뒤에는 1968년부터 1981년까지 세계은행 총재를 지냈다.

22) Theodore Harold White(1915-1986). 미국의 기자, 역사가. 제2차 세계대전 동안 중국에서의 활동으로 잘 알려졌다.

역을 통제하고 있습니다. 심지어 낮에도 군 호송대가 없으면 나를 자기 차에 태워 사이공 밖으로 나가려는 미국인을 한 사람도 찾을 수 없을 정도였습니다. (…) 나를 몹시 당혹스럽게 한 것은 공산주의자들이 그들 편에서 그들의 대의를 위해 기꺼이 죽을 용의가 있는 사람들을 발견할 수 있을 것 같다는 사실입니다."[16]

남베트남에서 게릴라 전쟁이 격화하자 냉전 초강대국들은 더욱 깊숙이 관여하기 시작했고, 충격적으로 익숙한 양상이 베트남에서 다시 등장했다. 중국과 한국에서도 그랬듯이, 미국은 협소한 대중적 지지 기반을 가진 억압적 반공산주의 정권을 뒷받침하기로 한 반면, 소련은 무자비하긴 하지만 좀 더 폭넓은 대중의 추종을 누리고 훨씬 더 효율적인 권력 구조를 가진 토착 공산주의 세력을 지지했던 것이다. 중국과 한국에서처럼 다가올 베트남에서의 투쟁은 엄청난 유혈 사태를 낳을 터였다. 그러나 중국과 한국을 생각나게 하는 양상을 베트남에서 식별할 수 있다면, 개발 도상 세계에서 미국의 냉전에 나타난 새로운 역동성도 마찬가지로 식별 가능했다. 그것은 동남아시아에서 근대화를 실행하는 과제에 미국의 사회과학적 지식을 쏟아붓겠다는 결의였다. '국가안전보장 부자문관' 월트 휘트먼 로스토[23]는 포트브래그Fort Bragg에서 게릴라전은 "혁명적 [근대화] 과정과 그것을 이용하고자 하는 공산주의 노력 및 의향의 산물"이라고 청중에게

23) Walt Whitman Rostow(1916~2003). 미국의 경제학자. 저명한 반공 사상가로 자유기업과 자본주의의 효율성을 크게 신뢰했다. 존 F. 케네디와 린든 존슨 행정부에서 국가안전보장 자문관으로 일했다.

말했다. 근대화가 초래한 불안정을 이용하려 하는 공산주의 세력은 "근대화 과정에서 발생한 쓰레기를 먹어치우는 동물"에 지나지 않았다. 케네디 행정부 내의 로스토와 그의 동맹자들은 군사작전으로 뒷받침되는 근대화를 이용해 개발 도상 세계에서 혁명 세력을 공산주의의 영향력으로부터 떼어놓기를 희망했다.[17] 케네디의 자문관들은 남베트남을 구조할 가치가 있다고 확신했다. 1961년 11월, 맥너마라와 국무장관 딘 러스크는 이렇게 주장했다. "남베트남을 공산주의에 빼앗기면, 인구 2억 명의 국가를 자유세계에서 공산주의 블록으로 이양하게 될 것이다. 남베트남을 상실하면, 동남아시아가 자유세계에 얼마나 중요한지 더 논의하는 일이 무의미해질 것이다. 우리는 동남아시아의 나머지 국가와 인도네시아가 공산주의 블록에 공식적으로 편입하지는 않을지라도 공산주의와 완전히 화해하는 쪽으로 움직일 거라는, 거의 분명한 사실에 직면해야 할 것이다."[18]

베트남은 쿠바와 라오스에서, 1961년의 케네디와 흐루쇼프의 빈 정상회담에서, 그리고 1961년 베를린장벽 건설 이후의 유럽에서 패배와 좌절을 겪은 뒤에 신뢰를 강화할 기회를 이 신임 행정부에 부여했다. 베트남 전장은 케네디 행정부에 제3세계의 공산주의에 맞선 지구적 투쟁의 최전선들에서 힘을 과시할 기회를 제공할 터였다. 대통령의 자문관들에 따르면, 이 전선은 "자유 세력과 공산주의 [사이의] 주 전장"이었다. 이런 맥락에서 게릴라전은 미국이 근절해야 하는 "국제적 질병"을 나타냈다. 근대화를 시행하는 노력과 더불어 워싱턴은 공산주의 반란자들의 군사적 능력을 무디게 할 일련의 새로운 대반란전 작전을 채택할 것이었다. 로스토는 케네디에게 미군 헬리콥터와 남베트남에 대반란전 훈련과 지원을 제공할 책무를 진 육군 '특전 부대'인 '그린베레'를 동원하라고 압박을 가했다. 로스토는 "크누트 케네스 로크니[24]의 명언을 빌려, 우리는 고등학교 댄스파티를 위해 그들을 아껴두는 것은 아니다"라고 주장했다. 1961년, 남베트남 민족해방전선의 작전이 급격히 확대되는 데 대응해 대통령은 10월에 상황을 평가하기 위해 로스토와 대통령의 군부 대표이자 합동참모의장이 될 맥스웰 대븐포트 테일러[25] 장군을 남베트남에 보냈다. 놀랄 것도 없이 그들이 발견한 것은 정신을 번쩍 들게 했다. 응오딘지엠 정권은 대체로 무능했고, 대중의 지지를 받지 못했으며, 정권이 직면한 도전들에 대처할 수 없을 것 같았다. 사이공은 "깊고 만연한 신뢰의 위기와 국민적 의욕의 심각한 상실"에 사로잡혀 있었다. 정부군은 국가의 안보를 개선하기 위해 행동을 취하기보다는 위기에 대응하는 "방어적 관점"을 채택했다. 로스토와 테일러는 미국이 남베트남에 더욱 깊이 개입해야 한다고 주장했다. 그들은 워싱턴이 남베트남군의 전투 능력을 향상하고 정권이 대반란전 공세를 계속할 수 있도록 남베트남에 8000명의 자문관을 추가로 보낼 것을 권고했다. 그들의

24) Knute Kenneth Rockne(1888-1931). 노르웨이 태생의 미국인 미식축구 선수, 코치. 13년 동안 노트르담 대학교에서 뛰면서 100차례 이상 승리하고, 세 차례 전국대회에서 우승했다.

25) Maxwell Davenport Taylor(1901~1987). 미국의 장군. 제2차 세계대전과 한국전에 참전했으며, 그 후 미국 육군참모총장과 합동참모의장을 지냈다. 쿠바 미사일 위기 때 대책회의의 일원으로 쿠바의 미사일 기지를 공습하는 데 찬성했고, 1964~1965년에는 남베트남 주재 미국 대사로 재임했다.

보고는 워싱턴과 사이공 사이의 "제한된 파트너십"을 촉구했다. 미국 군사원조 자문단은 "전쟁 지역에서 작전 본부 그 자체는 아니지만, 작전 본부와 더 비슷한 것"으로 변모해야 한다고 테일러는 대통령에게 말했다. "미국은 한편으로는 공식화된 자문을 피하고, 다른 한편으로는 전쟁을 관리하려 애쓰면서, 전쟁에서 제한된 파트너가 되어야 합니다."[19]

케네디는 테일러의 권고를 충분히 실행하기를 주저했다. 케네디는 역사가 아서 마이어 슐레진저 2세[26]에게 이렇게 말했다. "부대가 행군해 들어가고, 악대가 연주할 것이며, 군중은 환호하겠죠. 그러고는 나흘 뒤 모든 사람이 잊어버릴 겁니다. 그런 뒤 우리는 병력을 더 많이 파병해야 한다는 말을 들을 겁니다. 이건 술 마시는 것과 같아요. 효과가 점차 사라지면 당신은 또 한 잔을 들이켜야 하는 거죠." 베트남은 1만 킬로미터 이상이나 멀리 떨어져 있는 나라였고, 대부분의 미국인은 이 나라에 신경도 쓰지 않았다. 워싱턴은 이미 사이공에 엄청난 원조 자금을 투입했으나 개선의 징후는 거의 보이지 않았다. 그렇지만 대통령은 이 정권을 그냥 포기할 수 없었다. 그것은 사실상 동아시아에서 공산주의자들에게 또 하나의 승리를 안겨 주는 것이었다. 케네디는 미적거리는 쪽을 택했다. 워싱턴은 사이공에 원조를 늘리고 이웃한 라오스의 반공 세력을 계속 지지하겠지만, 충돌을 크게 확대하지는 않을 것이었다. 이와 동시에 케네디는 응오딘지엠에게

26) Arthur Meier Schlesinger Jr.(1917~2007). 미국의 역사가, 사회평론가. 1961~1963년에 케네디 대통령의 특별보좌관으로 일했다.

정권의 대중적 지지 기반을 강화하는 데 목표가 있는 자유주의 개혁을 실시하라고 압박을 가할 터였다. 케네디 행정부는 여전히 망설이는 중이었다. 워싱턴은 베트남에서 전쟁에 승리하는 데 필수적일 정도로 개입하지도 않을 것이고, 더 피해를 보기 전에 철수하는 일도 하지 않을 것이었다.[20]

케네디 정권에서, 승패가 나지 않는 충돌이 남베트남에서 격화했다. 남베트남의 민족해방전선 세력은 1960년 4000명에서 1963년에는 2만 5000명으로 증가했다. 민족해방전선 대열이 커져감에 따라, 전술은 단순히 치고 도주하는 식의 공격에서 더 큰 부대들이 잘 조율된 급습을 가하는 식으로 진화했다. "자위대"가 부비트랩을 설치하고, 땅굴을 파고, 세금을 징수하는 동안 베트남인민군 부대는 남베트남으로 투입되는 침투 요원들의 흐름을 조정했다. 반란 대열이 커져 가면서 호찌민 트레일을 구성하는 병참 루트도 더욱 복잡해졌다. 전쟁이 지속되는 내내 하노이는 도보나 수레, 자전거로 이 트레일을 따라 진행되는 물자와 기간요원들의 꾸준한 흐름을 감독했다. 그것은 평균 두 달이 걸리는 극히 힘든 여정이었다. 호찌민 트레일로 이동한 사람 중에서 평균 1.7퍼센트가 피로와 질병으로 사망했는데, 특히 말라리아가 가장 큰 희생을 안겨 주었다. 이에 대한 대응으로, 증강된 미국 베트남 주둔군은 '특수전' 전략을 실행하고자 했다. 미국 군사자문관들은 전투를 정면으로 담당할 '베트남공화국군' 부대에 훈련과 전술 지원을 제공할 터였다. 1962년에 미군은 공산주의 반란자들과 싸우는 남베트남 부대에 헬리콥터와 공중 지원을 제공하기 시작했다. 그해 말까지 1만 1000명의 미국 자문관들이 베트남공화국에서 활동하고 있었다. 상당수의 자문관들과 미국 헬리콥터 지원은 베트남공화국군의 기동과 전투력을 크게 향상했지만, 남베트남 지도자들은 점차 미국의 지원 없이는 그들의 병력을 투입하지 않으려 했다. 상황을 더욱 악화시킨 것은 미군이 그들 임무의 전략적 차원 문제로도 허우적댔다는 사실이었다. 골치 아플 정도로 미군 사령관들은 가장 근래에 벌어진 아시아의 이 큰 전쟁에서 어떻게든 이길 방법을 찾고 있는 것 같았다. 특히 재래식 군대인 베트남인민군 부대가 한국처럼 17도선을 넘어 침공할 수 있다고 생각한 미국 자문관들은 베트남공화국군을 이러한 가능성에 대비시키고 싶어 했다. 하지만 "진짜 위협은 마을 수준에서 고도로 훈련된 게릴라 부대(…)의 형태로 [존재합니다]"라고 베트남공화국군 장교는 불만을 토로했다. "크고 느린 재래식 부대는 마을 수준에서는 효과적으로 활동할 수 없습니다. 프랑스인들은 이미 우리에게 이것을 입증했습니다. 우리는 우리가 왜 미국인들을 위해 이 실수를 되풀이해야 하는지 궁금합니다."[21]

1962년이 끝나갈 때 미국은 베트남에서 급속히 확대되는 게릴라 전쟁으로 조용히 빠져들어 가고 있다는 것을 알았다. 응오딘지엠 정부는 비효율적이고 인기가 없었으며, 미국이 후원하는 전략촌 프로그램은 농촌 전체에서 농민들을 소원하게 만들었다. 또 미국의 군사 자문관들은 진압될 조짐을 전혀 보여주지 않는 공산주의 반란에 맞선 전투에서 점점 역할을 확대하고 있었다. 하노이 역시 열심히 활동했다. 1962년 여름에 북베트남 지도자들은 마오쩌둥으로부터 미국-남베트남 침공이 있을 때 베이징은 정권을 방어하기 위해 개입할 것이라는 확약을 받았다. 더 나아가 중국은 북베트남에 대한 원조 프로그램을 확대해 미국의 확전을 상쇄할 것이었다.[22]

1963년의 첫 며칠 동안 워싱턴도, 사이공도 상황이 얼마나 엄중한지를 가리키는 우려스러운 징후를 보았다. 한동안 미군 장교들은 민족해방전선 반란자들이 게릴라 공격을 선호해서 일반적으로 베트남공화국군과 재래적인 방식으로 교전하지 않으려 한다고 개탄했다. 미군 장교들은 만일 민족해방전선이 "일어나 싸우기"만 한다면, 남베트남 병사들이 그들을 대량으로 살상할 수 있을 거라고 주장했다. 그러나 1963년 1월 2일 사이공 남서쪽으로 60여 킬로미터 떨어진, 메콩강 삼각주에 있는 압박Ap Bac 마을에서 미국인들이 틀렸음이 드러났다. 1주일 전 민족해방전선 세력이 이 지역에 침투해, 정부군을 괴롭힐 근거지인 "해방구"를 세웠다. 정권이 상당히 통상적이라고 예상한 작전에서 미국 자문관들과 중무장 헬리콥터의 지원을 받은 2000명의 베트남공화국군 병력은 게릴라들을 그 지역에서 축출하기로 계획된 공격으로 이에 대응했다. 약 350명의 민족해방전선 전사들이 마을의 요새화된 진지에서 준비 상황을 지켜보았고, 그들의 지휘관들은 유리한 지형을 이용해 베트남공화국군 병사들을 상대로 커져가는 자신들의 힘을 시험해 보기로 결정했다.[23]

자욱한 안개가 나무와 마을의 초가지붕에 걸려 있던 아침 7시에 미군 헬리콥터들이 지상에 내려앉아 타고 있던 남베트남군 보병들을 풀어놓았다. 45분 뒤 베트남공화국군 첨병들이 민족해방전선의 방어선 30미터 지점까지 접근하자 게릴라들이 총격을 가하기 시작했다. 베트남공화국군과 미군이 공산주의 방어군을 몰아내려는 전투가 14시간 동안 치열하게 벌어졌다. 보병들이 게릴라들의 측면을 공격하려고 애쓰는 동안 M113 강습 차량들이 그들의 전열을 공격하고, 포병들이 진지를 맹포격했다. 미군 전폭기들과 무장 헬리콥터들이 포격에 합류하는 한편, 헬리콥터들이 증원병을 전장으로 실어 날랐다. 밤 10시에 야음을 틈타 민족해방전선 지휘관들은 병력을 빼내 '갈대평원'의 기지들로 철수하는 데 성공했다. 민족해방전선은 18명이 사망하고 39명이 부상했다. 베트남공화국군 병사는 80명이 죽었고 미군도 세 명 전사했다. 공격군은 이에 더해 100명이 다쳤고 헬리콥터 5대를 상실했다. 압박의 베트남공화국군 사령관의 미국 자문관이었던 존 폴 밴John Paul Vann 중령은 이 참변에 실망을 금치 못했다. 그는 전투가 끝난 뒤 씩씩댔다. "정말 참담한 싸움이었죠. 이 사람들은 말을 들으려 하지 않습니다. 똑같은 식으로 빌어먹을 똑같은 실수를 자꾸 되풀이하고 있어요."[24] 압박 전투는 케네디 행정부에 주의를 환기하는 경고였다. 민족해방전선은 압박에서 병력도, 화력도 열세였다. 미군 항공기의 지원을 받은 중무장한 남베트남 부대는 재래식 전투에서 게릴라들에게 수천 발의 탄약을 퍼부었지만, 그런데도 바보같이 싸움에서 졌다. 이 전투는 사이공의 전쟁 수행 노력에 깊은 문제가 있다는, 정신이 번쩍 들게 하는 징후이자 남베트남의 상황이 막 악화하려는 중이라는 경고로 작용했다.

1963년 6월 11일 아침, 연한 하늘색 오스틴웨스트민스터 세단 자동차를 수행하는 수백 명의 불교도 항의대가 사이공의 분주한 거리를 가득 메웠다. 그들이 혼잡한 교차로에 멈추고 보호선을 만드는 동안 틱꽝득Thich Quang Duc이라는 76세의 수도승이 자동차에서 내려 거리 한복판에 앉았다. 다른 수도승이 틱꽝득에게 석유를 흠뻑 부었고, 모여든 군중이 지켜보는 가운데 이 노승은 성냥에 불을 붙여 스스로 몸을 불살랐다. 남베트남에서 전개되고 있는 재앙을 상징하게 될 틱꽝득의 이 놀라운 자기희생적 저항 행위는 최근 전국적으로 벌어지고 있는 불교도들에 대한 사이공 정권의 일제 단속에 항의하는 처절한 몸짓이었다. 압박에서 군사적 대참사를 당한 뒤 불교도가 대부분인 국가에서 가톨릭교도 통치자였던 응오딘지엠은 곧바로 베트남공화국 국기가 다른 깃발보다 항상 더 크고 더 높이 게양되어야 한다고 규정한, 거의 사문화된 법률을 강력하게 시행하기로 했다. 1963년 5월 후에시의 보안부 부부장은 이 법률에 따라 불교 깃발을 내릴 것을 요구했다. 지역 종교 지도자들이 이를 거부하면서 경찰과 대치했고, 그 와중에 어린이 두 명을 포함해 아홉 명이 사망했다. 후에시에서 시작된 소요는 곧 전국적인 봉기로 비화했고, 틱꽝득의 순교는 그 정점을 극적으로 보여주었다. 응오딘지엠은 계엄령을 선포하고 시위대를 민족해방전선의 앞잡이로 매도했으며, 독신인 총통의 제수로서 사실상 남베트남의 퍼스트레이디 역할을 하던 마담 뉴[27]는 "또 다른 수도승이 바비큐 쇼를 하는 모습을 보면 박수를 칠" 거라고 기자들에게 말했다. 결국 시위대와 국가보안군 사이의 충돌로 약

27) Madame Nhu(1924~2011). 본명은 쩐레쑤언으로 남베트남의 정보부장관 응오딘뉴의 부인이다. 1955~1963년에 남베트남의 퍼스트레이디 역할을 했다. 공산주의자에게 두 오빠가 살해당하면서 극단적인 반공주의자가 되었다. 1963년 11월 군사 쿠데타 이후 두 딸과 함께 국외로 망명했으며, 유럽 각지를 전전하다 2011년 이탈리아에서 사망했다.

1400명이 죽었다.[25]

응오딘지엠과 마담 뉴는 대학살 사태에도 여전히 꿈쩍도 하지 않았지만, 워싱턴의 지도자들은 그렇지 않았다. 압박에서 베트남공화국군이 당한 치욕적인 패배와 함께 불교도들의 봉기는 남베트남의 상황이 걷잡을 수 없어지고 있음을 시사하는 것 같았다. 1963년 찌는 듯한 여름 동안 케네디 행정부의 관리들은 사태를 어떻게 수습할지를 두고 논쟁을 벌였다. 8월 말에 남베트남 군부가 반反응오딘지엠 음모를 꾸미고 있다는 소문이 돌면서 쿠데타 가능성이 제기되었다. 남베트남 주재 미국 대사 헨리 캐벗 로지 2세[28)]는 쿠데타를 막지 말자고 주장했다. 그는 다음과 같이 썼다. "첫째, 다음 정부가 지금 정부만큼 엉망진창이지 않을 거라는 확률이 적어도 반은 되는 것 같다. 둘째, 특히 쿠데타 기도가 막 시작 단계에 있을 때 우리가 찬물을 끼얹는 것은 장기적으로 극히 현명하지 못한 일이다."[26] 케네디 대통령은 여전히 마음이 어지러웠다. 응오딘지엠은 허둥대고 있지만, 새 정부가 더 효율적일 거라고 믿어도 좋을 이유는 없었다. 케네디는 "우리는 그곳에서 엉덩이까지 진창에 빠져 있어요"라고 한탄했다. 그러나 마지못하긴 했지만, 대통령은 응오딘지엠을 무너뜨릴 가능성을 수용하는 쪽으로 가닥을 잡았다. 10월에 베트남공화국군 사령관들이 사이공의 국무부 관리들에게 정권에 반대하는 쿠데타를 일으킬 계획

---

28) Henry Cabot Lodge Jr.(1902~1985). 미국의 외교관이자 공화당 상원의원. 1953~1960년에 유엔 주재 미국 대사, 1965~1967년에 남베트남 주재 미국 대사, 1968~1969년에 서독 주재 미국 대사, 1970~1977년에 교황청 주재 대통령 인격 대리인을 역임했다.

을 알려주면서 워싱턴의 반응을 떠보았다. 로지는 이 소식을 백악관에 전달했고, 10월 9일 긍정적인 답변을 받았다. 답변은 다음과 같았다. "우리는 쿠데타를 고무하지 않기를 바라지만, 또한 미국이 정부의 변화에 반대한다는 인상을 남기거나, 혹은 새로운 정권이 [베트남공화국의] 군사적 노력의 효율성을 높일 수 있는 것처럼 보이더라도 이 정권에 경제적·군사적 지원을 하지 않을 거라는 인상을 남기는 것도 바라지 않는다." 케네디 행정부는 음모가들의 계획을 승인했다.[27]

쿠데타는 1963년 11월 1일 오후 일찍 시작했다. 베트남공화국군 부대가 사이공의 경찰본부를 비롯한 관공서를 포위하자 응오딘지엠과 동생 응오딘뉴는 자롱궁 정원에 있는 보안 벙커로 도피했다. 그날 오후 늦게 쿠데타의 지도자들이 응오 형제가 항복하기를 계속 거부한다면 궁에 포격을 가하겠다고 위협하자, 응오딘지엠은 로지 대사에게 미친 듯이 전화를 걸었다. 로지는 응오딘지엠에게 이렇게 말했다. "나는 귀하의 용기와 귀하가 귀국에 크게 공헌한 사실을 존중합니다. 지금 나는 귀하의 신체적 안전을 걱정합니다." 대사는 응오딘지엠에게 항복하기를 촉구했으나, 총통은 "질서를 다시 확립하려 애쓰고" 있다고 우겼다. 몇 시간 뒤 응오 형제는 작은 시트로엥 차를 타고 궁을 떠나 도시의 쏠론 지구로 향했고, 그곳에 있는 성당에 몸을 숨겼다. 다음 날 아침 응오딘지엠은 쿠데타의 지도자들과 접촉해 항복할 준비가 되었다고 알렸다. 응오딘지엠과 응오딘뉴는 군 호송대에 체포되어 손을 결박당한 채 M113 병력 수송 장갑차의 뒷좌석에 실렸다. 호송대가 합동참모부로 되돌아가고 있을 때, 장갑차 안에 있던 장교들이 가까운 거리에서 응오딘지엠과 응오딘뉴에게 총을 쏘았다.

20일 후 댈러스에서 또 다른 암살범이 케네디 대통령을 쓰러뜨렸다. 3주 동안 베트남전쟁에서 주요 지도자였던 세 사람 중 두 사람이 현장에서 사라졌다. 유일한 생존자 레주언이 막 행동을 취하려 하고 있었다.[28]

전쟁을 선택하다

미국인들이 케네디 암살의 충격에 휘청거리고 사이공의 장군들이 응오딘지엠을 상대로 거둔 승리를 축하하고 있을 때, 하노이의 지도자들은 역사적인 기회가 왔음을 깨달았다. 1963년 11월 말, 북베트남 공산당 중앙위원회는 사이공과의 투쟁에서 급변하는 상황에 어떻게 대응할지를 고찰하기 위해 제9차 총회를 소집했다. 그 결과물인 '결의안 제9호'는 북베트남과 남베트남을 재통일하기 위해 당의 전쟁을 더욱 치열하게 전개하고, 또 중국에 경도한다는 중요한 결정을 내렸음을 암시했다. 하노이의 결정은 미국과 긴장 완화를 모색하던 소련 정책과 충돌했다. 북베트남 지도자들은 만일 순전히 크렘린의 지지에만 의존할 수밖에 없었더라면, 아마도 자제했을 것이다. 소련 지도자들은 하노이가 조금이라도 공격적인 움직임을 보이면 미국이 남베트남에서 전쟁을 확대하고 냉전 긴장을 고조시킬 것 같다고 주장했다. 그러나 중소 분열은 하노이에 새로운 기회를 열어주었다. 모스크바가 하노이의 전쟁 계획을 승인하는 데 주저한 반면, 베이징은 좀 더 적극적이었다. 마오쩌둥과 중화인민공화국의 동지들은 결의안 제9호를 지지함으로써 하노이와 관계를 강화하고 소련과의 정치적 충돌에서 승리를 거두며 동남아시아에서 미국의 힘에 맞서 공세를 취할 기회가 왔다는 사실을 알았다. 따라서 베이징은 하노이에 대해 군사적·경제적 지원을 늘리고, 세계혁명의 대의를 진전시켰다고 베트남 공산주의자들을 칭찬했다.[29]

확대되는 베이징의 지원은 중화인민공화국의 선전 공세와 맞물리면서 소련이 동남아시아의 동료 혁명가들을 버린 것으로 보이지 않게 더 많은 자원을 투입하도록 모스크바에 압박을 가했다. 1964년 흐루쇼프가 축출되자 하노이와 크렘린의 새로운 집단 지도부 사이의 관계를 더욱 가깝게 할 문이 열렸다. 레오니트 일리치 브레즈네프[29)]는 몇 년 내에 크렘린의 핵심 지도자로 등장할 터였다. CIA 보고서에 따르면, "흐루쇼프 치하에서 소련은 하노이 및 베이징과 (…) 날카롭게 불화했고" 미국과 직접 대결할 가능성에 대해 경고했다. 보고서에서는 "흐루쇼프의 전술은 북베트남을 베이징의 품에 안기게 하는 효과를 가져왔다"라고 주장했다. "아마도 전적으로 베이징에 의존할 수밖에 없다는 사실이 마냥 기쁘지만은 않았을 북베트남은 더 많은 책략의 자유와 협상에서 더 좋은 위치를 확보할 기회를 기꺼이 잡고 싶어 했던 것처럼 보인다."[30] 모스크바와 베이징을 서로 싸우게 함으로써 하노이는 중소 분열을 지렛대 삼아 공산주의 두 열강으로부터 긴요한 군사적 지원을 확보하고자 했다.

12월에 총서기 레주언은 내년에 사이공 정권에 총공세를 가할 계

---

29) Leonid Ilich Brezhnev(1906~1982). 소련의 정치가. 1964~1982년에 소련 공산당 총서기, 1977~1982년에 소련 최고소비에트 간부회 의장을 역임했다.

캄보디아 국경선 인근에서 작전 중인 베트남공화국군 특수부대. (1964년)

획이라고 당 지도자들에게 말했다. 마오쩌둥의 3단계 게릴라 전쟁 이론을 참을성 있게 적용하기보다는 하노이는 투쟁의 힘든 균형 단계를 우회하려는 노력의 일환으로 한번에 "모든 것을 걸" 터였다. 총서기는 군사적 총공세가 남베트남 도시들에서 대중 봉기를 촉발할 것이라고 설명했다. 시위대가 거리로 쏟아져 나오면 사이공 정권을 압도하면서 벼랑 끝으로 몰고 갈 터였다. 레주언은 마오쩌둥의 이론에 이 극적인 혁신을 도입해 남부 혁명의 속도와 강도를 더하기를 희망했다. 쿠데타 이후 사이공에서 진행된 격변은 '총공세-총봉기' 전략이 미국이 무력으로 개입할 수 있기 전에 베트남공화국 정권에 결정적인 타격을 가할 수 있다는 레주언의 확신을 강화했다. 하노이는

1964년에 중부 고원 지방에서 대규모 공세를 실시할 것을 대비해 베트남인민군 주력부대를 비롯하여 물자와 병력을 남베트남으로 더욱 투입할 것이었다.[31]

레주언이 남부에서 전쟁을 확대하기로 선택한 바로 그 순간에 워싱턴의 새 지도자 린든 베인스 존슨[30)]은 베트남에서 자신의 국가가 마주할 미래를 고심했다. 이 텍사스 출신 정치인은 몸집이 컸는데, 이는 그의 강인한 성격과 잘 어울렸다. 존슨은 미국 상원에서 강력한 존재였고, 정치인으로 활동하는 동안 대외 정책보다는 국내 정책에 집중했다. 무엇보다도 존슨은 새로운 민권법을 통과시키고, 사회 개혁을 그의 "위대한 사회" 프로그램의 핵심 의제로 삼기를 바랐다. 이 "위대한 사회" 프로그램은 뉴딜[31)] 사회정책을 실질적으로 확대한 것이었다. 그렇지만 존슨은 자신의 정치적 신뢰와 국내 개혁을 통과시키는 능력이 대외 정책의 효과적 수행에 달려 있음을 알고 있었다. 존슨은 케네디의 모든 최고위 대외 정책 자문관들을 그대로 유지하고 사이공 정권을 계속 지지하는 쪽을 택하면서, 베트남에서 전임자가 시행했던 정책을 계속 시행하기로 결정했다. 그는 동남아시아에서

---

30) Lyndon Baines Johnson(1908~1973). 미국의 제36대 대통령(재임 1963~1969). 민주당 대통령 후보 경선에서 케네디 후보에게 패했으나 케네디 정부의 부통령이 되었다. 1963년 케네디가 피살되자 제36대 대통령직을 승계했다. 1964년 선거에서 공화당의 배리 골드워터 후보를 꺾고 재선되었으나 국내에서 베트남전 반대 운동이 격화하면서 인기를 잃었고, 임기 종료와 함께 퇴임했다.

31) New Deal. 대공황으로 침체된 경제를 되살리기 위해 프랭클린 루스벨트 대통령이 1933~1938년에 추진했던 일련의 정책을 가리킨다.

역전 사태가 일어나는 일을 용납하지 않을 터였다. 훗날 존슨은 전기 작가에게 다음과 같이 말했다. "나는 해리 트루먼과 딘 애치슨이 공산주의자들이 중국에서 정권을 탈취한 그날부터 그들의 유효성을 상실했다는 것을 알고 있었죠. 나는 중국의 상실이 조지프 레이먼드 매카시[32)]가 대두하는 데 큰 역할을 했다고 믿었습니다. 그리고 이 모든 문제가, 전부 다 합치더라도, 베트남을 상실할 경우 발생할 수 있는 일에 비해 아주 사소한 것에 불과하다는 사실을 알았습니다." 남베트남 지도자들, 자신의 장군들, 사이공의 미국 대사관에 보내는 존슨의 메시지는 분명했다. "린든 존슨은 베트남을 상실한 대통령으로 기억되지 않을 겁니다. 그 점을 잊지 마십시오." 하지만 존슨은 이기는 전략을 고안하는 것보다 패배를 인정하지 않는 것이 더 쉽다는 사실을 곧 알게 될 터였다.[32]

1964년 8월 2일, 북베트남 어뢰정 세 척이 통킹만에서 작전 중이던 미국 군함 USS 매독스호를 공격했다. 미국 전함은 북베트남 어뢰정에 대응 사격을 가했고, 인근에 있던 항공모함에서 미국 군용기 네 대가 어뢰정을 추격했다. 이틀 후 매독스호는 또다시 공격당했다고 보고했다. 이 두 번째 공격은 나중에 사실이 아닌 것으로 밝혀졌는데, 잘못된 보고가 나간 것은 이 지역의 날씨가 나빠 헷갈렸기 때문이다. 미국 관리들은 증거 없는 추정상의 이 공격이 정당한 이유

32) Joseph Raymond McCarthy(1908-1957). 미국의 정치가. 위스콘신주의 연방 상원의원을 지냈다. 1950~1954년에 미국 역사상 유례가 없는 극단적인 반공산주의 사상을 표명하며, 공산주의 색채를 띤다고 의심받은 미국 유명 인사를 대상으로 청문, 고발, 추방 활동을 벌인 일로 악명 높다.

가 없다고 주장했지만, 사실 매독스호는 이 지역의 북베트남 시설을 급습하는 남베트남 특공대를 지원하고 있었다. 역사가 존 프라도스 John Prados가 설명했듯이, "특별 임무는 일방적으로 미국의 통제를 받았다. 그들은 미국이 자금을 대는 작전에서 미 해군이 조달하고 유지하는 선박을 이용했으며, CIA가 선별한 목표물을 공격했다." 8월 4일 자정이 지난 직후 존슨 대통령은 텔레비전으로 방송된 대국민 연설에서 북베트남의 공격을 알리고 미군이 지금 보복 타격을 가하고 있다고 설명했다. "우리 병력을 직접 겨냥한 이 새로운 침공 행위는 미국에 있는 우리 모두에게 또다시 동남아시아의 평화와 안전을 위한 투쟁이 얼마나 중요한지 뼈저리게 느끼게 해줍니다"라고 존슨은 국민들에게 말했다. "남베트남의 평화적인 마을 사람들을 상대로 끔찍한 공격을 가한 것에 더해 이제 공해상에서 미국을 상대로 노골적인 공격을 가하고 있습니다." 사흘 뒤 미 의회는 하원에서 414:0, 상원에서는 88:2의 표결로 '통킹만 결의안'을 통과시켜 백악관이 "미국군에 대한 무장 공격을 격퇴하고 더 이상의 침공을 막기 위해 필요한 모든 조치"를 취할 수 있게 해주었다. 의회는 사실상 대통령에게 베트남에서 선전포고 없는 전쟁을 수행할 수 있는 백지수표를 준 셈이었다.[33]

통킹만 사건은 존슨에게 하노이에 보복할 구실을 주었다. 미국 관리들은 보복 문제를 두고 한동안 논의를 진행했다. 존슨의 위태로운 정치적 입지는 대통령 재임 첫해에 베트남에 대한 강경한 접근법을 형성하는 데 중심적인 역할을 했다. 존슨은 케네디가 암살된 덕분에 권좌에 올랐고, 동남아시아에서 전임 대통령이 취한 정책을 계속해야 한다고 생각했다. 게다가 존슨은 1964년에 현대 미국 보수주의의 대부이자 열렬한 냉전 전사인 공화당의 대통령 후보 배리 모리스 골드워터[33]와 치열한 전투에 직면했다. 하지만 11월 선거에서 압도적인 승리를 거둔 뒤 존슨은 더는 자신에게 주어진 정치적 신임을 의심할 이유가 없었다. 그럼에도 1964~1965년 겨울에 대통령은 동남아시아에 대한 미국의 개입을 확대하기 시작했다. 요컨대 역사가 프레드릭 로게벌Fredrik Logevall이 설명했듯이, 존슨은 베트남에서 "전쟁을 선택했다."[34] 미국의 확전은 서서히 진행될 것이다. 존슨과 자문관들은 국민을 전쟁에 친숙하게 하고, 전쟁이 미국 경제에 가하는 충격을 제한하고자 했다. 또한 그들은 모스크바나 베이징의 보복을 불러일으킬 어떤 행동도 피하고 싶어 했다. 존슨은 미국의 참전을 서서히 진행함으로써 미국을 피비린내 나는 아시아의 또 다른 전쟁으로 이끄는 결정적인 조치를 조용히 취했다. 그런 뒤 1964년에 워싱턴과 하노이에서 남베트남을 위한 전쟁을 확대하는 중요한 결정이 내려졌다.

1965년 2월 7일 아침 이른 시간에 민족해방전선 전사들은 중부 고원 지방의 쁠래이꾸에 있는 미군 헬리콥터 기지를 공격하기 시작했다. 게릴라들은 미군 여덟 명을 죽이고 126명에게 부상을 입혔다. 그리고 항공기 10대가 파괴되었다. 쁠래이꾸 공격은 베트남 음력설인 테트를 축하하는 휴전이 끝날 때 시작된 좀 더 광범위한 물결의 민족해방전선 작전의 일부였다. 확실히 매우 많은 미국인이 전사한

---

33) Barry Morris Goldwater(1909~1998). 미국의 정치인. 1953~1965년, 1969~1987년에 애리조나주 상원의원을 지냈다. 1964년 대통령 선거에 공화당 후보로 나서 민주당의 린든 존슨과 대결했으나 큰 차이로 패했다.

사실은 쁠래이꾸에 특별한 중요성을 부여했다. 하지만 더 중요한 것은 미국의 대응이었다. 이 공격은 백악관이 베트남에서 전면적인 전쟁을 개시할 때 이용한 도발 행위가 되었다. 공격 당시 남베트남을 방문 중이던 국가안보 자문관 맥조지 번디[34)]는 다음과 같이 빈정댔다. "쁠래이꾸는 전차죠. 한 대를 놓치면 다른 한 대가 곧 도착할 겁니다." 하지만 존슨은 기다리지 않기로 했다. 미군은 응징 공격을 가하기 위해 총 132대의 군용기를 보내 쁠래이꾸에 대한 앙갚음으로 북베트남에 최초의 보복 물결을 일으켰다. 그것은 시작에 불과했다. 6일 뒤 존슨은 북베트남에 대대적인 전략 폭격을 가하는 '롤링 선더 작전Operation Rolling Thunder'을 개시했다. 워싱턴은 공중전을 확대해 남부에서 반란을 지속할 하노이의 능력을 고갈시켰으면 했다. 롤링 선더는 게릴라 작전을 수행하는 데 "더욱 비싼 값을 치르게" 해서 "그런 모험을 억제하는 우리의 능력을 증대할" 것이라고 주장했다. 게다가 번디는 이 전역戰役이 "남베트남에서 베트콩[35)] 기간요원들의 사기를 크게 꺾는 효과"를 발휘하기를 희망했다. 하지만 이 점에서 롤링 선더는 실패할 터였다. 포로로 잡힌 게릴라는 심문관에게 다음과 같이 말했다. 북부의 황폐화 소식에 "우리는 더욱 가열차게 싸웠습니다. 남부가 곧 완전히 해방되고 북부가 더 파괴되지 않게 말입니다."[35]

폭격은 3년 반 동안 계속될 것이었다. 미국은 롤링 선더 작전의 일

34) McGeorge Bundy(1919~1996). 미국의 학자. 1961~1966년에 케네디 대통령과 존슨 대통령의 국가안보 자문관을 지냈다.

35) Viet Cong. 베트남 공산주의자, 즉 남베트남 민족해방전선을 일컫는다.

남베트남 사이공 남쪽에서 네이팜탄이 폭발하고 있다. (1965년)

미군 병사들이 전사한 전우를 소개할 헬리콥터를 기다리고 있다. 남베트남 롱카인. (1966년)

부로 전부 합쳐 약 64만 3000톤의 폭탄을 북베트남에 투하했다. 미국의 전폭기(F-105 선더치프, F-4 팬텀, A-4 스카이호크)가 공격의 대부분을 담당했다. 결과는 엄청난 손상이었다. 역사가 마크 클로드펠터Mark Clodfelter에 따르면, 이 작전으로 북베트남 석유 시설의 65퍼센트, 교량의 거의 60퍼센트, 차량 9821대, 거의 2000량의 열차가 파괴되었다. 전략적인 면에서 롤링 선더는 미국 공군력을 대대적으로 과시했으나, 효과는 대체로 없었다. 북부에 1달러 손실을 입힐 때마다 워싱턴은 6.6달러를 썼다. 1000여 명의 미군이 작전을 수행하다 전사하거나 포로로 잡혔다. 롤링 선더는 하노이의 수송 능력을 겨냥했지만, 북부로부터 게릴라 침투는 계속되었고 어떨 때는 증가하기까지 했다. 실제로 레주언과 동지들은 미국의 폭격 작전을 이용해 모스크바와 베이징에 하노이에 대한 지원을 늘려달라고 압박을 가했다. 존슨 행정부가 민간인 살상 규모를 제한하려 애썼으나, 롤링 선더 작전으로 약 5만 2000명의 민간인이 사망할 터였다.[36]

미국인들 중에 그 사실을 깨달은 사람은 별로 없었지만, 그들의 국가는 냉전 시대의 가장 피비린내 나는 충돌이 될 전쟁에 이미 돌입한 상태였다. NSC-68의 논리에 떠밀려 트루먼, 아이젠하워, 케네디, 존슨은 인도차이나에서 미국의 개입을 점점 확대했다. 베트남에서 전쟁을 일으키겠다는 존슨의 결정은 수년 동안 시행되어 왔던 정책의 정점을 나타냈다. 다음 10년 동안 동남아시아는 공산주의의 확산을 막으려는 미국의 반혁명적 노력이 집중된 초점으로 기능했다. 그러나 역설적이게도 다른 곳에서 발생한 사건들이 이 지역과 광범한 냉전의 전략적 풍경을 막 바꿔놓으려 하고 있었다. 실제로 냉전 중반기의 가장 큰 지정학적 변모 가운데 많은 것이 베트남 밖에서 일어났다. 남베트남에서 일어난 싸움이 주목받고 있는 사이에 일련의 대학살이 인도양 주위에서 벌어졌고, 이는 향후 10년 동안 강대국 관계를 재편하는 데 일조할 터였다. 베트남에서 전쟁이 치열하게 전개되고 있는 동안 중소 분열이 공산주의 세계를 찢어놓았고, 개발도상 세계에서 일련의 학살을 촉발하는 데 기여했다. 냉전의 가장 폭력적인 단계가 이미 시작되었었다.

8

인도네시아 공산당 학살

1965

"정치적 이유로 발생하는 학살 중 많은 것들은
실제로는 개인적 복수나 문중 간의 복수가 주된 동기다."

인도네시아 주재 미국 대사관 관리

8

미국이 남베트남에서 군사적 임무를 강화하고 있던 바로 그 순간, 인도네시아에서 악몽 같은 일이 막 벌어지고 있었다. 1만 7000개 이상의 섬이 넓은 지역에 퍼져 있는 동남아시아 군도인 인도네시아는 세계에서 다섯 번째로 인구가 많은 나라임을 자랑했다. 이들은 700여 개의 언어를 사용하는 약 300개의 인종 집단으로 나뉘어 있었다. 이 군도는 인도양과 태평양을 연결하는 핵심적인 전략적 수로를 가로질러 자리를 잡고 있었고, 군도를 구성하는 섬들은 천연자원이 풍부했다. 세계에서 무슬림이 인구의 대다수를 차지하는 나라 가운데 가장 큰 나라인 인도네시아는 중국 공산당과 소련 공산당에 뒤이어 세계에서 세 번째로 큰 공산당의 본거지이기도 했다. 워싱턴, 모스크바, 베이징이 모두 이 섬나라가 동남아시아를 비롯해 더 넓은 제3세계에서 영향력을 확보하기 위한 투쟁의 큰 전리품이 될 것임을 알았다. 역사가 브래들리 심프슨Bradley Simpson에 따르면, 냉전이 시작되었을 때부터 미국 관리들은 인도네시아를 이 지역에서 미국이 펼칠 봉쇄 전략의 핵심 국가로 보았다. 1960년대 중반에 케네디 행정부와 존슨 행정부는 인도네시아를 심지어 베트남보다 전략적으로 더 중요한 나라로 여겼다. 국무장관 딘 러스크는 1964년에 "베트남에 걸려 있는 것보다 더 많은 것이 인도네시아에 관련되어 있습니다"라고 말했다.[1] 인도네시아는 또 제3세계에서 영향력을 확보하기 위해 중소 경쟁이 가장 치열하게 전개된 국가 중 하나로도 등장했다. 인도네시아는 더 나아가 베트남에 가까운 곳에 위치해 있어 확전의 영향도 받았다.

1965년 10월 중순부터 1966년 중반까지 인도네시아군, 준군사 집단, 학생 단체, 무슬림 청년 무리가 인도네시아 공산당을 지지한다고 의심되는 민간인 약 50만 명을 학살하면서, 세계 현대사에서 가장 극렬했던 대규모 정치 폭력 행동 중 하나를 저질렀다. 이 가공할 폭력 사태로 미국과 긴밀히 협력하는 야만적인 군사정권이 수립되었고, 동아시아와 더 넓은 제3세계에서 냉전의 전략적 풍경이 바뀌었다. 그것은 또 제3세계에서 공산주의 운동의 몰락과 많은 이들이 냉전 세계에서 거의 사라졌다고 생각한 종교와 인종 세력을 포용한 새로운 혁명 전사들의 대두를 보여주는 조짐으로 기능했다.

1965년 말에 인도네시아에서 벌어진 사건으로 "[아시아에서] 지역적 힘의 균형이 크게 변하고 베트남에 대한 미국의 진정한 이해관계가 상당히 줄어들었다"라고 훗날 국무장관 로버트 맥너마라는 썼다. 그는 "동남아시아에서 가장 크고 인구가 많은 이 나라가 방침을 바꾸면서", 이 지역에서 중국의 영향력에 재앙과도 같은 타격을 가했다고 언급했다.[2] 맥너마라가 말한 방침의 전환은 바로 세계에서 세 번째로 큰 공산당의 대량 학살을 수반했다.

수카르노[1]의 인도네시아

1949년 네덜란드로부터 독립한 이후 인도네시아는 열렬한 민족주의자이자 제3세계 연대의 옹호자인 수카르노가 통치했다.[3] 1901년 동東자와Jawa의 하급 귀족 집안에서 태어난 수카르노는 '반둥기술대학교'에서 토목공학을 전공하고 건축가로 일했다. 젊을 때부터 정치를 시작했으며, 1929년 반식민 활동가들과 함께 일하다가 체포당했다. 1930년대에는 네덜란드인들을 인도네시아에서 축출하기 위해 애쓰는 저명한 민족주의자로 등장했다. 그러나 유럽 제국주의로부터 인도네시아의 해방은 예상치 않은 형태를 띨 것이었다. 1942년 일본이 군도를 침공하자, 수카르노는 네덜란드의 권위를 약화할 기회가 왔음을 알았다. 수카르노는 일본 점령군과 협력하기로 하는 한편, 그와 동시에 인도네시아의 민족 정체성에 관한 자신의 비전을 밀어붙였다. 1945년의 일본 패배는 프랑스령 인도차이나에서처럼 일본 점령의 종식을 강제

---

1) Sukarno(1901~1970). 인도네시아의 정치가. 1928년 인도네시아 국민당을 결성하여 네덜란드에 맞서 독립운동을 벌이다 1929년 식민지 당국에 체포되었다. 1942년 일본군에 의해 석방되어 대일 협력에 의한 독립을 지향했고, 1945년 8월 17일 독립을 선언하고 초대 대통령에 취임했다. 1955년 제1회 아시아·아프리카회의(반둥회의)를 주최하여 비동맹 중립 외교로 각광받았지만, 내정에서는 다당 난립으로 단명 내각이 계속되었다. 이러한 상황을 극복하고자 1957년 촌락민주주의에 입각한 '교도민주주의'를 제창하고 공산당과 군부라는 양대 세력과의 제휴를 강화했다. '말레이시아 분쇄'라는 대결 노선을 선택했고, 1965년에는 유엔에서 탈퇴했다. 1966년 수하르토 장군이 이끄는 반공 육군에게 실권이 이양된 후, 1967년 대통령직에서 물러났다.

했으나, 그와 동시에 유럽 식민주의의 복귀 가능성을 제기했다. 네덜란드 관리들이 인도네시아에 대한 통제를 다시 확립하려고 앞다투어 애씀에 따라, 수카르노와 동료 민족주의 지도자들은 독립을 위해 전쟁을 일으킬 가능성에 직면했다. 수카르노는 계속 망설였다. 일본군이 여전히 섬들을 점령 중이었고, 네덜란드군은 싸우지 않고 그냥 그들의 식민지를 포기하지 않을 것이었다. 지도자의 결단력 부족에 실망한 민족주의 인사들은 수카르노를 납치해 그에게 해방을 요구할 것을 강요했다. 1945년 8월 17일 아침에 수카르노는 중앙자카르카에 있는 자택의 베란다에 나와 인도네시아의 독립을 선포했다.

다음 몇 주 동안 인도네시아 독립 전사들은 유럽인과 서방의 자산에 공격을 가했고, 그 결과 일련의 유혈 사태가 벌어졌다. 10월에 영국 부대가 인도네시아의 대도시들을 점령해 네덜란드 제국 세력의 복귀를 준비하기 시작했다. 다음 달 수라바야에서 영국군과 인도네시아군 사이에 심각한 교전이 벌어졌고, 다른 곳에서도 산발적인 충돌이 발생했다. 1946년 내내 자신들의 부대를 철수하고 싶었던 영국 관리들은 서둘러 통제권을 네덜란드인들에게 다시 넘겨주었다. '네덜란드 인도 제국諸國 민정청'[2]의 후원을 받아 네덜란드 관리들은 섬들에 대한 자신들의 권위를 재확립하기 위해 움직였던 반면, 민족주의 게릴라 세력은 해방전쟁을 수행하기 위해 단결했다. 다음 3년 동

2) Netherlands Indies Civil Administration. 1944년 4월에 설립된 준군사조직으로 제2차 세계대전 후 네덜란드 동인도제도에서 일본군이 항복한 후 민사 행정 및 네덜란드 식민 통치를 복원하는 임무를 맡았다.

안 치열한 전투가 벌어졌고, 수천 명이 사망했다. 네덜란드군은 대도시들을 장악했으나 농촌 지역은 반란 세력에 속했다. 그사이 국제 여론은 인도네시아에 대한 통제를 되찾으려는 네덜란드의 노력에 반대하는 쪽으로 돌아섰다. 1949년 초에 미국 정부는 만일 헤이그가 인도네시아에 주권을 부여하기를 거부한다면, 네덜란드에 제공되는 마셜 플랜[3] 지원을 중단하겠다고 위협했다. 거세지는 압력에 직면해 네덜란드는 누그러졌고, 그해 말 군도에 독립을 부여했다.

수카르노 대통령은 다음으로 새 인도네시아 국가의 기구를 건설하는 작업에 착수했다. 인도네시아는 인종적·문화적·언어적 다양성이라는 면에서 지구상에서 필적할 나라가 거의 없을 정도였고, 덕분에 지도자의 과업은 훨씬 더 도전적이었다. 이 과업에 대처하기 위해 수카르노는 민족주의적인 판차실라[4] 이념을 선포했다. 수카르노는

---

3) Marshall Plan. 정식 명칭은 유럽부흥계획이다. 제2차 세계대전 후 유럽의 황폐화된 동맹국을 위해 미국이 수립한 재건·원조 계획이다. 미국의 국무장관 조지 마셜이 제창했기 때문에 그 이름을 따 마셜 플랜이라고 불리며, 공산주의의 확산을 막는 것이 목적이었다. 1947년 6월에 있었던 서유럽-미국 회의에서 조직되었다. 미국은 소련과 그 동맹국에게도 "정치적 개혁과 외부 감독을 받는 조건하에" 동일한 원조 계획을 제시했고, 소련은 이 제안을 거절했다.

4) Pancasila. 인도네시아의 건국 5원칙으로, 산스크리트어인 "판차(Panca, '다섯'이라는 뜻)"와 "실라(Sila, '원칙'이라는 뜻)"의 합성어다. 다섯 가지 원칙은 다음과 같다. 첫째 일신교 신앙, 둘째 정의롭고 문명화된 인간성, 셋째 인도네시아의 단합, 넷째 대표들 사이의 숙의에 의한 만장일치 속에서 내적 지혜에 바탕을 둔 민주주의, 다섯째 인도네시아의 모든 인민을 위한 사회정의. 수카르노는 1945년 6월 1일에 열린 독립준비위원회에서 '판차실라의 탄생'이라는 주제의 연설을 하면서, 판차실라가 이슬람교도와 민족주의자, 기독교도 사이의 분쟁을 해결하기 위해 만든

인도네시아인들은 종교, 인간성, 인도네시아의 단합, 민주주의, 사회 정의라는 다섯 가지 핵심 원리를 바탕으로 단결해야 한다고 주장했다. 인도네시아 정치에서 서로 경쟁하는 정파들 사이에 충돌이 벌어지고 여기에 미국이 지지하는 일련의 반란들이 발생하면서, 이 나라 최초의 의회민주주의 시도는 실패로 돌아갔다. 1958년 반란자들이 수마트라에 분리주의 정부를 세웠을 때, 미국 관리들은 수카르노의 집권에 도전할 기회를 보았다. CIA는 반란자들을 지원하는 단기 비밀 프로그램을 세웠다. 인도네시아군이 CIA의 B-26기를 격추해 미국인 조종사를 생포한 뒤, 워싱턴은 비밀 프로그램을 중단하고 인도네시아 군대에 대한 지원 프로그램을 확대하는 쪽을 택했다. 그사이에 수카르노는 수중의 권력을 공고히 하려고 애를 썼다. 1957년 수카르노는 새로운 '교도민주주의'[5] 정책을 발표했다. 3년 후 그는 민족주의, 종교, 공산주의를 인도네시아 국가의 초석으로 여기는 나사콤[6] 정치철학을 제안했다. 현실에서 교도민주주의는 수카르노를 정점으로 하고, 군대와 인도네시아 공산당이 각각 서로 경쟁하는 보조적인 두 다리를 맡는 3각 권력 구조를 창출했다.

이념이라고 주장했다.

5) Guided Democracy. 수카르노가 제창하여 인도네시아에서 1959~1965년에 실행된 정치 시스템. 지도자의 교도에 의한 질서 있는 토론과 만장일치를 원칙으로 하는 인도네시아 전통의 민주주의 체제라고 주장되었다.

6) Nasakom. 민족주의(nasionalisme), 종교(agama), 공산주의(komunisme)의 합성어(Nas-A-Kom). 수카르노가 제안한 통치 개념이며, 인도네시아 정치의 주요 세 정파인 군대, 이슬람 집단, 공산주의자들을 만족시키기 위해 고안되었다.

이 허약한 균형 상태는 일련의 국제적 도전이 없었더라면 유지되었을 수도 있었을 것이다. 수카르노는 국가 구조를 세부적으로 계획하고 있던 바로 그때 세계정세에서 차지하는 인도네시아의 위상을 완전히 바꿔놓으려고 애를 썼다. 그는 1955년 반둥회의를 주최했을 때 국제적으로 저명한 인물로 떠올랐다. 반둥회의는 아프리카와 아시아의 연대를 과시하기 위해 이집트의 가말 압델 나세르와 인도의 자와할랄 네루[7] 같은 유명한 제3세계 지도자들을 초대한 자리였다. 수카르노, 네루, 나세르는 냉전의 영향력을 의도적으로 거부하는 제3세계 비동맹운동을 창시했다. 세계의 포스트식민주의 국가들은 모스크바와 워싱턴이 설계한 경로가 아니라 그들 자신의 길을 따라갈 것이었다. 그와 동시에 수카르노는 인도네시아 자체의 국경을 확대하려고 크게 애를 썼다. 1960년에 수카르노는 뉴기니의 서쪽 절반에 대한 지배권을 확립하기 위해 외교적·군사적 공세를 폈다. 3년 뒤 수카르노는 말레이시아 국가의 창설을 막을 요량으로 영국군과 말레이시아군을 상대로 군사행동을 개시했다. 수카르노의 정책은 국제 정세에서 자카르타의 존재감을 증대시켰으나, 외부 열강의 주목 또한 끌게 되었다. 반둥회의 이후 몇 년 동안 수카르노는 베이징·모스크바·워싱턴 DC를 떠들썩하게 방문했고, 자카르타에서 중국·소련·미국 특사를 맞이했다. 미국 관리들은 수카르노의 활동을 점점 관심을

7) Jawaharlal Nehru(1889~1964). 인도의 독립운동가이자 정치가. 사회주의 성향인 네루는 비폭력 평화주의자인 마하트마 간디와는 달리 적극적인 파업 등 투쟁적인 독립운동에 헌신했다. 1947~1964년에 인도의 초대 총리를 지냈다.

갖고 지켜보았다. 인도네시아는 개발 도상 세계에서 가장 큰 나라 중 하나였고, 동남아시아에서 전략적으로 가장 중요한 국가라고 할 수 있었다.

미국이 남베트남에서 군사 활동을 확대하자, 수카르노는 미국의 개입을 비난하고 베이징과 모스크바 쪽으로 더 가까이 다가섰으며 인도네시아 공산당의 성장을 응원했다. 교도민주주의 아래에서 수카르노는 인도네시아 내의 경쟁하는 정파들을 서로 싸우게 만들어 인도네시아 정치의 중심인물로서 자기 위상을 지키고자 했다. 수카르노를 제외하면 인도네시아 공산당과 군부가 인도네시아에서 가장 강력한 정파를 대표했다. 인도네시아 군부는 여전히 무시할 수 없는 세력으로 남아 있었다. 1949년 이후 몇 년 동안 군대는 인도네시아 사회에 대한 광범한 정치적·사회적·경제적 권력을 축적했다. 국가의 수호자를 자임하는 군 장교들은 상당한 금융적 이권을 유지했고, 민간 영역에 여전히 개입할 용의가 있었다. 1965년 4월에 공포된 독트린은 군부의 이해관계 영역이 "이념적·정치적·사회적·경제적·문화적·종교적 분야"를 아우른다고 설명했다. 수카르노는 인도네시아 공산당(베이징과의 더욱 돈독한 관계에 더해 정치권력의 확대를 모색했다)을 군부의 정치적 영향력을 막는 방어벽으로 성장시켰다. 그러나 그렇게 하면서 수카르노는 인도네시아에서 정치를 양극화하고 군대의 지위를 위협했다.[4] 수카르노가 이 취약한 줄타기를 유지하는 한 그의 권력 장악은 여전히 확고했다. 미국 관리들은 점차 수카르노를 공산주의에 부드러운 태도를 취할 가능성이 있는 성가신 인물로 보게 되었다. 그럼에도 미국의 정치 문제 담당 국무부 차관인 윌리엄 애브렐 해리

먼[8]이 1964년에 주장했듯이, 워싱턴은 "물론 일부 우리 친구들이 그를 전복시키기를 원하지 않는다면", 이 골칫덩어리 지도자를 계속 상대할 것이었다. 하지만 군은 모종의 도발을 당하지 않고서는 움직이지 않을 것 같았다. 수카르노가 말레이시아를 상대로 선전포고 없는 전쟁을 벌이고 또 격렬한 반식민주의를 표방한다는 사실에 분노를 키우고 있던 영국 관리들은 1964년 11월에 "수카르노의 생애 동안에 [정부에 맞서] 인도네시아 공산당이 쿠데타를 조급하게 일으키도록 응원할 충분한 이유가 있을 수도 있다"라고 주장했다. 그러한 쿠데타는 군대가 공산주의자들을 분쇄할 구실을 제공할 터였다.[5]

인도네시아 공산당은 1960년대 초 내내 인도네시아 사회와 정치에서 여전히 주요한 세력이었다. 당은 당원이 350만 명, 관계자가 2300만 명이라고 주장했다. 그중 많은 이들은 인도네시아 공산당이 인도네시아 사회의 대중 교육과 대규모 정치적 동원을 내걸자, 그 요구에 부응하여 결집한 노동자·농민·교사·하급 관료였다.[6] 인도네시아 공산당은 또 동남아시아에서 가장 큰 나라에서 중국이 영향력을 발휘할 수 있는 발판을 제공했다. 인도네시아 공산당에 대한 베이징의 힘은 상당했으나 그것을 통제할 정도는 아니었다. 《뉴욕 타임스》 기자 닐 시언Neil Sheehan은 1965년에 이렇게 썼다. "베이징은 간접적으로 인도네시아 공산당의 돈줄을 쥐고 있다. 당의 운영 자금 대부분

8) William Averell Harriman(1891~1986). 미국의 민주당 정치가, 사업가, 외교관. 1943~1946년에 소련 주재 미국 대사, 1946년에 영국 주재 미국 대사, 1946~1948년에 상무장관, 1955~1958년에 뉴욕 주지사, 1961~1963년에 동아시아 태평양 문제 국무차관보, 1963~1965년에 정치 문제 담당 국무부 차관을 역임했다.

을 [인도네시아에 있는] 크고 부유한 중국인 재계로부터 쥐어짜고 있다는 것은 공공연한 비밀이다."[7] 베이징이 인도네시아 공산당에 자금을 댄 반면, 모스크바는 인도네시아 공군과 해군에 지원과 훈련을 제공했고, 워싱턴은 인도네시아 육군과 연계를 확대했다. 실질적으로 인도네시아는 미국, 소련, 중국의 정치 세력들이 서로 겨루는 3자 전쟁터였다.

1963년에 인도네시아 공산당은 '일방 행동'을 개시했다. 이는 토지개혁 프로그램 시행을 강제하기 위해 인도네시아 농민들을 동원하기로 계획된 유사 마오쩌둥주의 운동이었다. 이 프로그램이 아주 크게 성과를 거두면서, 인도네시아 대지주들의 적대감이 고조되었을 것이다. 이 대지주 중 많은 이들이 무슬림 종교 지도자와 귀족이었다. 당이 급속히 성장하고 더욱 전투적으로 되자, 군부와 무슬림 조직들 사이에서 적들이 생겨났다. 알 수 없는 공격자들이 인도네시아 공산당 사무실을 산발적으로 습격하고 군부와 충돌했다는 보고들이 1965년 봄과 여름 동안에 나돌았다. 1960년대 전반에 인도네시아 공산당이 힘을 얻자 당의 반대자들이 결집하기 시작하면서 인도네시아 공산당의 두 경쟁 단체인 '인도네시아 국민당'[9]과 '나들라툴 울라마'[10]를 오른쪽으로 내몰았다. 인도네시아 공산당의 성장은 심해지

---

9) Indonesian National Party. 1927년 수카르노, 칩토 망운쿠수모가 창설한 인도네시아의 정당. 인도네시아의 독립 이후인 1950년대와 60년대에 총리를 배출하고 다수당으로 내각에 참여했다. 1973년 인도네시아 민주당과 합당했다.

10) Nahdlatul Ulama. 1926년에 설립된 인도네시아의 이슬람 단체. 2019년 현재 회원 수가 9000만 명에 이르는 세계 최대의 이슬람 조직이다. 나들라툴 울라마는

던 인도네시아 사회의 양극화를 더욱 부채질했고, 군대와 인도네시아 국민당, 나들라툴 울라마는 공산주의자들의 정권 장악 가능성을 점점 더 경계하게 되었다. 인도네시아 공산당이 인민들의 민병대 창설을 요구하고 이에 더해 중국의 무기가 공산주의자들에게 전달되고 있다고 CIA가 흑색선전(인도네시아 공산당을 비방하고 허위 정보를 퍼뜨리는 것이 목표였다)을 펼치자, 이러한 두려움은 더욱 강해졌다.[8] 또한 수카르노가 "인도네시아 정치 전체를 왼쪽으로 몰고", 군대 내의 "반동적" 요소들을 근절할 계획이라고 말한 것도 이러한 우려를 더욱더 짙게 했다.[9]

인도네시아가 왼쪽으로 흘러가자, 이미 남베트남에서 공산주의의 진전을 우려하던 미국 관리들은 수심이 가득 찼다. 1964년에 미국의 정부 기관들이 발행한 '국가정보평가National Intelligence Estimate'는 수카르노가 인도네시아 정치를 확고히 장악하고 있으며, 자기 권력을 이용해 말레이시아를 상대로 선전포고 없이 위험한 전쟁을 치르고 있고 인도네시아 공산당을 강화하며 공산주의 중국과 더욱 긴밀한 관계를 구축하고 있다고 설명했다. "인도네시아의 앞길은 국내 사정의 악화와 대외적 침략, 그리고 전반적인 공산주의의 이득이라는 걱정스러운 길"이라고 보고서는 경고했다.[10] 1965년 1월, 말레이시아가 안보리에 진출한 데 항의해 자카르타가 유엔에서 철수하겠다고 결정하자 우

말 그대로 '울라마의 부흥'이라는 뜻이다. 울라마는 '학자들'을 뜻하는데, 이들은 이슬람 교리와 법을 비롯한 이슬람 종교 지식의 수호자·전달자·해석자 역할을 한다.

려가 더욱 깊어졌다. 존슨 대통령은 영국 총리 제임스 해럴드 윌슨[11]에게 보낸 서한에서 "인도네시아가 대외적으로는 더욱 공격적인 정책 쪽으로, 국내에서는 공산주의 지배 쪽으로 급속히 움직이고 있는 것 같습니다"라고 걱정했다. 존슨 대통령은 이 좌익 쪽으로의 흐름에서 벗어나도록 수카르노를 설득하기 위해 외교가 필요하다는 것을 강조했지만, 뭔가 조치를 취해야 한다고 확고히 생각했다. 대통령은 다음과 같이 말을 이었다. "나는 우리가 인도네시아가 대재앙에 빠지지 않도록 가능한 모든 조치를 다하는 일 없이 지금의 길을 따라가게 내버려 둘 수는 없다고 강하게 느낍니다."[11]

다음 달에, 워싱턴이 베트남에서 폭격 작전을 강화하는 데 대응해 인도네시아 공산당이 이끄는 조합들이 미국인들이 소유한 플랜테이션 농장을 인수하는 데 목표가 있는 운동을 개시하자 상황은 더욱 악화했다. 당은 또 자카르타와 그 밖의 여러 도시에 있는 미국 안내소와 도서관을 몇 차례 체계적으로 공격하고, 좀 더 폭넓은 반서방 운동의 일환으로 미국 영화 상영을 반대하는 시위도 조직했다. 공산주의자들은 미국인들의 부동산을 몰수하며 전국적으로 미국 재산을 직접 공격하기 시작했다.[12] CIA는 수카르노가 동남아시아에서 미국의 위상이 궁색해지는 상황을 이용하고 싶어 한다고 의심했다. 그들은 수카르노의 목표가 이 지역에서 영향력을 인도네시아와 중국이 나눠 갖는 것이라고 예상했다. 수카르노는 "베이징과 계속 놀아

11) James Harold Wilson(1916~1995). 영국의 노동당 소속 정치인. 1964~1970년, 1974~1976년에 영국의 총리를 지냈다.

날" 것이었다. 수카르노는 앞으로 중국의 영향력을 잘 다루고 싶어 하는데, CIA가 보기에 이 희망은 잘못된 생각이었다. CIA는 공산주의 탈취의 위협이 임박한 것처럼 보이지는 않지만, "다음 한두 해 사이에 미국의 정보 활동 및 계획 입안에서 특별한 주의가 필요한 사태가 진행될 가능성이 충분하다"라고 설명했다.[13] 정보 활동은 이미 시작되었다. 부분적으로 수정된 1965년 2월의 국가안전보장회의 보고서에서 국무부는 친서방 요소들을 강화하고, 인도네시아 공산당에 대응하며 인도네시아에서 베이징의 영향력을 줄이기로 계획된 비밀 원조 프로그램과 관련해 익명의 단체와 함께 일해왔다고 언급했다. 미국 관리들은 "흑색 편지 작전, 흑색 라디오 같은 것을 포함한 미디어 작전, 기존 인도네시아 조직과 기구들 내에서의 정치 활동"을 위한 계획을 개발했다. 이 모든 행동의 의도는 인도네시아 공산당을 "야심이 많고 위험한" 정당이자 "중국 신제국주의의 도구"로 색칠하는 것이었다. 원조 프로그램은 또 "인도네시아 공산당의 활동을 방해할 수 있고, 방해할 준비가 되어 있는 개인과 조직에 은밀한 지원"도 제공할 터였다.[14]

인도네시아에서 반수카르노 감정이 고조되고 있었다. 4월 말에 미국 대사 하워드 팔프리 존스[12)]는 반수카르노 쿠데타가 임박했다는 소문을 들었다고 워싱턴에 말했다. 존스는 이 나라에서 "중요한 민간인과 군인들"이 수카르노가 나라를 떠나는 5월이나 6월에 행동을 고

12) Howard Palfrey Jones(1899~1973). 미국의 외교관. 주로 동남아시아와 동아시아에서 활동했다. 1958~1965년에 인도네시아 주재 미국 대사를 지냈다.

려하고 있다고 경고했다. 대사는 미국의 개입 징후가 조금이라도 있으면, 그것은 쿠데타와 그 가담자들에게 "죽음의 키스"가 될 수 있으니 특히 주의하라고 말했다. 한 달 뒤, 존스는 진행 상황을 더 알아보면서 계획이 "서서히 무르익고" 있으며, 연기되었다고 보고했다.[15] 워싱턴은 수카르노가 무너졌더라도 속상하지 않았을 것이다. 자카르타의 미국 총영사 프랜시스 조지프 갤브레이스[13)]는 인도네시아 정부가 미국 대외 정책에 "매우 적대적"으로 되었다고 경고했다. 그는 "만일 [인도네시아 바이러스가] [아프리카-아시아] 세계에서 아무 방해도 받지 않고 확산된다면, 그것은 특히 제일 앞에서 모르는 사이에 서서히 국제 공산주의를 퍼뜨리는 병균이 될 수 있다"라고 주장했다. 갤브레이스는 아마도 가장 큰 위협은 종교적·민족주의적·공산주의적 요소들을 섞어놓은 수카르노의 시각이 중국의 야심을 숨기는 위장막 역할을 할 것이고, 확실히 이슬람 중동 지역에서 더 큰 호소력을 지닐 것이라는 사실이라고 말을 이었다. 그러나 이를 막을 기회가 여전히 존재했다. 갤브레이스는 이렇게 썼다. "우리는 미국이 조용하지만 열정적으로 효과적인 역선전 노력과 여타 수카르노의 정책에 반대하는 대응 행동을 취할 준비를 시작해야 한다고 믿습니다."[16]

1965년 찌는 듯한 여름 내내 수카르노는 계속 워싱턴을 도발했다. 7월 말에 그는 가까운 미래에 핵폭탄을 제작하겠다는 의향을 드러냈다. 미국 관리들은 인도네시아가 자체적으로 핵폭탄을 제작할 능

13) Francis Joseph Galbraith(1913~1986). 미국의 외교관. 1966~1969년에 싱가포르 주재 미국 대사, 1969~1974년에 인도네시아 주재 미국 대사를 역임했다.

력이 있을지 의심했으나 중국이 개입할 가능성에 주목했다. 베이징이 인도네시아의 핵무기 개발을 도와줄 것을 고려하거나 인도네시아 땅에서 중국 핵폭탄 실험을 계획할 수도 있을 것이다. 워싱턴으로서는 어느 시나리오도 반갑지 않았다.[17] 1965년 8월에 수카르노가 반제국주의 "베이징-평양-하노이-프놈펜-자카르타 축"을 선언하자 인도네시아가 중국 진영으로 넘어갈 수도 있다는 미국의 두려움이 걷잡을 수 없이 증폭했다.[18] 미국 관리들은 1965년 여름 동안에 벌어진 상황을 경계하며 주시했다. 워싱턴의 자카르타 주재 신임 대사인 마셜 그린[14)]은 수카르노가 "인도[네시아] 사회의 모든 세력을 왼쪽으로, 좀 더 분명하게는 인도네시아 공산당[의] 정책 방향과 유사한 방향으로 이동시키려 하고" 있다고 썼다. 그는 이 과정에서 인도네시아는 "거의 철저하게 폐쇄된 사회"가 되었다고 말을 이었다. 공무원·라디오·신문·텔레비전은 미국을 비난하고, "베이징·평양·하노이·모스크바"에서 내뿜는 반미 수사를 앵무새처럼 따라 하면서, "습관처럼 되풀이하는 선전에 지속적으로" 국민을 노출시켰다.[19] 8월 말에 최고위 대외 정책 자문관들의 회의에서 미 국무부 차관 조지 와일드먼 볼[15)]은 수카르노 행동의 함의에 대해 걱정했다. "인도네시아가 인도차이나 전체만큼 중요하지 않나요?"라고 그는 물었다. "인도네시아가 거침

---

14) Marshall Green(1916~1998). 미국의 외교관. 1965~1969년에 인도네시아 주재 미국 대사, 1973~1975년에 오스트레일리아 주재 미국 대사, 1974~1975년에 나우루 주재 미국 대사를 역임했다.

15) George Wildman Ball(1909~1994). 미국의 외교관. 1961~1966년에 미국 국무부 차관, 1968년에 유엔 주재 미국 대사를 지냈다.

없이 공산주의적으로 되어가고 있지 않았습니까?" 그런 다음, 볼은 CIA가 이 상황에 대해 무슨 일이든 할 수 있는지를 물었다. 국가안보 자문관 맥조지 번디는 볼에게 그렇지 않다고 했고, 회의는 정회했다.[20]

인도네시아 정치 시스템이 전복되기까지 채 한 달도 안 남았던 1965년 9월 1일, 미국 정보기관들은 인도네시아에서 공산주의자들이 정권을 장악할 가능성과 그 함의를 짚은 특별 평가서를 배포했다. 그들은 수카르노의 최근 행동은 자카르타의 대외 정책을 "아시아 공산주의 국가들의 대외 정책에 긴밀하게 맞추는 것"이었다고 설명했다. 수카르노가 오래 권좌에 있을수록 공산주의자들의 "권력 장악"은 더욱더 가능해질 것 같았다. 보고서에 따르면, "만일 수카르노가 살아 있다면, 2~3년 안에 인도네시아 국가는 아마도 공산주의 국가로 불릴 수 있을 만큼 충분히 공산주의자들의 통제를 받게 될 것이다." 하지만 수카르노가 가까운 미래에 죽거나 무력해진다면, "권좌를 향한 인도네시아 공산당의 질주는 아마도 한동안 느려질 것이다." 인도네시아처럼 "인구가 많고 자원이 풍부하고 전략적인 위치에 자리 잡은 큰" 국가는 많은 이해관계가 걸려 있었다. 베이징과 하노이는 둘 다 "베트남에서 미국과 투쟁하며 더욱 고무되겠지만, 라오스·태국·남베트남의 자신감은 약해질 것이다." 인도네시아는 남아시아에도 더 큰 영향력을 발휘할 수 있을 것이다. 자카르타에서 공산주의자들이 권력을 장악하면 "동남아시아에서 서방이 가진 지위와 중요한 해로 및 항공로에 잠재적 위협"이 가해질 것이다. 말레이시아와 필리핀은 특별한 위험에 봉착할 것이다. 그와 동시에 공산주의 인도네시아는 모스크바와 베이징이 모두 자카르타에서 더 큰 영향력을 앞다투어 확보하려고 함에 따라 "더욱 격렬한 중소 경쟁의 목표물이 될 터였다." 게다가 자카르타에서 공산주의자들이 권력을 장악하면 확실히 "세계 정치에 큰 충격"을 가할 것이다. "그것은 정치 세력의 국제적 균형에서 주요한 변화로 간주될 것이고, 공산주의가 미래의 물결이라는 테제에 새로운 활력을 주입할 것이다."[21] 베이징으로 향하는 자카르타의 경향을 뒤집을 기적을 바란 미국 관리들의 소원이 막 이루어지려 하고 있었다.

9월 30일의 쿠데타

1965년 10월 1일, 자정에서 90분이 지난 밤 1시 30분, 무장 병력 7개 분대가 자카르타 교외의 할림 공군기지를 떠났다. 그들을 태운 트럭들은 수도의 텅 빈 거리를 덜컹거리며 통과해 인도네시아 육군의 최고위 장군 일곱 명의 저택 바깥에 위치를 잡았다. 새벽 4시, 병력은 행동에 돌입했다. 그들은 저택으로 난입해 경비원들을 제압하고 수카르노와 회의를 하기 위해 장군들이 호출되었다고 주장했다. 납치범들은 목표 인사 중 셋을 사로잡고, 구경하던 두 사람과 함께 다른 세 사람을 살해했다. 압둘 하리스 나수티온[16] 장군은 다섯 살 딸이 치명상을 당하긴 했지만, 가까스로 도피할 수 있었다. 공격자들은 포

---

16) Abdul Haris Nasution(1918~2000). 인도네시아의 장군, 정치인. 1959~1966년 인도네시아 국방보안장관, 1966~1972년 국민협의회(인도네시아 입법부) 의장을 역임했다.

로로 잡힌 장군 세 사람과 살해된 장군 시신 세 구와 함께 공군기지로 돌아왔다. 그 직후 그들은 포로들을 구타하고, 칼로 찌르고, 총으로 쏴 죽였다. 그런 뒤 처형자들은 시신 여섯 구를 사용하지 않는 우물에 내던진 다음 우물을 봉해버렸다.[22] 이 작전의 기획자들은 자신들을 스스로 '9월 30일 운동'이라고 부르는 실체가 불분명한 그룹이었다. 지도부에는 대통령 경비사령관, 육군 대령, 공군 소령, 그리고 인도네시아 공산당 '특수부' 부원이 두 명 포함되었다. 아침 7시 15분, 인도네시아 라디오는 장군 몇 명을 체포했음을 공표하고 추가 행동이 있을 거라고 경고하는 운동의 성명을 방송했다. 이 운동은 자카르타 라디오 방송국을 장악했고, 대략 1000명 정도의 병력을 수도 중심부의 메르데카 광장으로 이동시켰다. 대표들은 또 수카르노에게 작전에 대해 알리고 대통령을 자신들의 "보호" 아래 두기 위해 대통령궁을 방문했으나, 그를 찾아낼 수 없었다.[23]

이 그룹의 정확한 동기는 여전히 역사적 논쟁의 문제로 남아 있다. 9월 30일 운동의 지도자들은 자신들이 수카르노에 반대하는 군사 쿠데타를 미연에 방지하기 위해 작전을 단행했다고 역설했다. 하지만 장차 사건에 대한 인도네시아의 공식 입장이 될 해석은 인도네시아 공산당이 국가를 장악하기 위해 쿠데타를 일으켰다고 주장했다. 이 이론은 국가 당국이 운동의 지도자들에게서 자백을 강요한 후 지지를 얻었다. 코넬대학교에서 인도네시아를 연구하는 석학 베니딕트 앤더슨Benedict Anderson과 루스 맥베이Ruth McVey는 이 이른바 쿠데타는 실제로는 현실에 안주하는 최고위 간부들을 제거하는 데 목표가 있는 군 내부 문제라고 주장했다. 다른 사람들은 수카르노 자신이 인도네시아 정치를 왼쪽으로 이동시키는 운동의 일환으로 이 작전을 배후에서 조종했다고 추측했다. 그러나 또 다른 이론에서는 보수적인 군사 지도자들이 군의 정상을 차지한 온건한 장군들을 제거하는 동시에 인도네시아 공산당을 공격하는 구실로 이 작전을 기획했다고 강조한다. 마찬가지로, 미국의 개입 정도를 밝히는 완전한 그림도 여전히 불분명하다. 핵심 가담자들이 처형되었고 미국 문서들이 계속 기밀로 분류되는 한 전모는 여전히 뜨거운 논쟁거리로 확실히 남겠지만,[24] 그 후에 벌어진 사건들은 인도네시아 정부의 설명을 뒷받침하는 데 거의 도움이 되지 않았다.

군의 최고위 장성 여섯 명은 우물 바닥에 죽은 채 쓰러져 있었다. 일곱 번째 장군 나수티온은 깊은 정신적 외상을 입었다. 하지만 이상하게도 9월 30일 운동은 반격을 주도할 가능성이 매우 짙은 육군 장교 수하르토 소장을 체포하려고 시도하지 않았다. 또 운동은 반격의 선봉에 설 군 엘리트 조직인 '낙하산 특공연대'를 무력화할 조치도 취하지 않았다. 44세의 수하르토는 '육군 전략예비군사령부'를 이끌었고, 종종 자신보다 높은 고급 장교들이 여행할 때 그들을 대신해 일하곤 했다. 9월 30일 음모가들이 할림 공군기지로 돌아간 뒤 수하르토는 전열을 가다듬고, 낙하산 특공연대 사령관 사르워 에디 위보워[17] 에게 병력을 결집해 10월 1일 밤 자카르타의 라디오 방송국을 탈환

17) Sarwo Edhie Wibowo(1925~1989). 인도네시아의 군사 지도자. 1956~1966년 인도네시아 학살에서 큰 역할을 했다. 1973~1978년 대한민국 주재 인도네시아 대사, 1987~1988년 인도네시아 인민대표의회(인도네시아 하원) 의원을 지냈다.

하라고 촉구했다. 그러고는 메르데카 광장에 집결해 있는 부대에 해산 명령을 내렸다. 이튿날 낙하산 특공연대 병력은 할림으로 밀고 들어가 수하르토에게 자카르타 주변 지역 대부분에 대한 통제권을 쥐어주었다.[25] 수하르토와 동지들은 그의 병사들이 수도 주위에 포진한 가운데 9월 30일 운동 그룹을 '게스타푸Gestapu'라고 부르면서 이 운동에 반대하는 선전 활동을 개시했다. 게스타푸는 운동의 인도네시아어 명칭에서 따온 것으로 나치의 게슈타포를 연상시키게 하려고 말장난을 한 것이었다. 수카르노에 따르면, 협의자들은 인도네시아 공산당과 인도네시아 공군의 일부였다. 장군들의 시신이 발견되고 10월 5일 수하르토가 직접 주관한 그들의 국장이 성대하게 치러지면서, 군은 이를 소재 삼아 더욱 활발하게 선전 활동을 벌였다. 군은 라디오 방송과 신문 기사를 이용해 장군들을 "혁명의 영웅"으로 칭송하고, 인도네시아 공산당 여성 당원들이 시신들을 성적으로 훼손했다는 거짓 소문을 퍼뜨렸다.[26]

미 국무부 관리들은 자카르타에서 벌어진 사태에 허를 찔린 것 같다. 10월 2일, 국무장관 대리 조지 볼은 수하르토가 상황을 통제하고 있는 것 같으며, 상황이 "썩 나빠 보이지는 않는다"고 언급했다. 국무장관 딘 러스크는 인도네시아에서 발생한 격변이 미국에 "유리하게 작용할 수 있다"고 주장하기까지 했다.[27] 이틀 후 볼은《뉴욕 타임스》의 제임스 배럿 레스턴James Barrett Reston에게 다음과 같이 말했다. "지금은 군에 결정적으로 중요한 순간입니다. (…) 만일 군이 움직인다면 그들은 지상에서 인도네시아 공산당을 쓸어버릴 힘이 있으며, 만일 움직이지 않는다면 또 다른 기회를 갖지 못할 겁니다."[28] 자카르타에서 보고하기를, 그린 대사는 워싱턴이 인도네시아에서 "우리와 군부의 접촉을 확대하고", 미국의 개입이 은밀하게 이루어지기만 한다면 "가능한 한 도와주고 싶은 우리의 바람"을 나수티온과 수하르토에게 전달하기 위해 이 기회를 잡을 것을 권고했다. 그린은 "우리가 군에 제공할 수 있는 즉각적인 지원 가운데 가장 시급한 것은 인도네시아 공산당이 저지른 죄악, 반역, 만행의 이야기를 퍼뜨리는" 것을 도와주는 일일 거라고 주장했다.[29] 이러한 노력은 이미 진행 중이었다. 미국의 라디오 방송국들은 "인도네시아 공산당을 손가락질하고 9월 30일 반란자들의 만행을 강조하는 '라디오 자카르타'와 인도[18)] 신문에서 나온 (…) 자료"를 송출하기 시작했다.[30]

한편 기자와 관찰자들은 미국 정부가 적어도 쿠데타에서 간접적인 역할을 했음을 암시했다. 10월 말에 칼럼니스트 앤드루 툴리Andrew Tully는 "CIA 요원들이 빨갱이들을 어쩔 수 없이 행동에 나서게 했다"는 것이 워싱턴의 상식이라고 보도했다. 툴리는 최근 몇 년에 걸쳐 CIA는 "수카르노와 공산주의 사이의 제휴 관계를 약화하기로 계획된 어떤 움직임에 대해서도" 미국의 지원을 약속했으며, 스위스 은행 계좌를 통해 약 1500만 달러를 인도네시아 군 장교들에게 전달했다고 썼다. 툴리는 인도네시아 군을 건설하려는 이러한 노력이 인도네시아 공산당으로 하여금 쿠데타를 조급하게 단행하도록 강제했으며, 쿠데타는 결국 실패했다고 주장했다. "그리하여 미국은 베이징과 벌인 지하 세계 전투에서 제1라운드를 승리했다"라고 설명했다.[31]

---

18) Indo. 인도네시아에 살거나 인도네시아와 관련된 유라시아 사람을 가리킨다.

인도네시아 공산당 대학살

인도네시아 공산당에 대하여 커져가는 분노에 군의 선전이 기름을 붓는 동안, 수하르토는 자신의 군사력을 확고하게 다졌다. 며칠 후 수하르토는 심각하게 명성이 손상된 수카르노에게(수카르노는 1967년까지 공식적으로 대통령직을 유지하게 된다) 자신을 인도네시아군의 수장으로 임명하라고 강요하고, 사르워 에디의 낙하산 특공연대 부대에 중앙 자와의 인도네시아 공산당을 공격할 준비를 하라고 명령했다. 10월 19일, 낙하산 특공연대 부대가 북서부 자와의 스마랑시에서 무력시위를 했다. 사르워 에디의 병사들은 불온 분자로 의심받는 사람들 1000명을 체포하고, 나들라툴 울라마 소속 무슬림 청년들에게 스마랑의 인도네시아 공산당과 중국인 소유 건물들을 파괴하라고 선동했다. 이러한 행동은 낙하산 특공연대가 인도네시아 공산당의 하부구조를 파괴하는 운동을 수행할 때 다른 지역에서도 하나의 패턴이 될 터였다.

인도네시아 공산당 지부는 전화선을 자르고 도로를 차단하고 반공주의자들을 공격하는 등 일부 마을에서 저항했으나, 전반적으로 무장이 더 좋은 군인들에게 제압당했다. 그럼에도 낙하산 특공연대 병력은 여전히 수적으로 크게 뒤졌다. 사르워 에디는 자신의 임무가 막중하다는 사실을 깨닫고 10월 말에 청년, 종교 조직, 민족주의 그룹의 도움을 얻기로 결정했다. 그는 "우리는 그들을 2~3일 훈련시킨 다음 공산주의자들을 죽이러 보냈다"라고 회고했다. 낙하산 특공연대 부대는 반공산주의 청년들을 죽창, 농기구, 긴 칼, 단도, 새총, 활

리처드 닉슨 대통령이
수하르토 인도네시아 대통령과
악수하고 있다. (1970년)

로 무장한 "국방시민군"으로 조직하기 시작했다. 무슬림 청년들은 이마에 "신은 위대하다"라고 쓴 스카프를 두른 반면, 민족주의자들은 붉은색과 흰색으로 이루어진 깃발을 자랑스럽게 내걸었다. 이 자경단원들은 공산주의자로 의심되는 사람들을 납치해서 심문한 다음 죄가 있는 것으로 밝혀진 사람을 즉결 처형했다.[32]

대부분의 학살은 농촌 지역에서 발생했으나, 살육 소식은 자카르타에 있는 미국 대사관의 귀에도 들어갔다. 10월 말에 대사관 관리들은 아체의 무슬림 그룹이 "소수의 인도네시아 공산당 당원을 제외하고 전부 활동을 못하게 만들어버린 것 같다"라고 썼다. "아체 사람들은 인도네시아 공산당 당원을 참수해서 머리를 길을 따라 세워놓은 말뚝에 매달았다. 인도네시아 공산당 희생자의 시신은 아체 사람들이 '아체 땅을 오염시키지' 않으려고 강이나 바다에 던져버렸다고 한다." 11월의 전신문에 따르면, 군은 청년 단체와 함께 일하면서 "북부 수마트라에서 보고된 대량 학살을 자행하는 가운데 인도네시아 공산당을 파괴하려고 조직적으로 노력했다." 지역 경찰은 "군의 승인"을 받고 일하는 반공 그룹이 동자와와 중앙 자와에서 매일 밤 인도네시아 공산당 당원 50~100명을 살해하고 있다고 평가했다. 한편, 수라바야에서 활동하는 선교사는 11월 초에 인근 지역에서 거의 4000명이 학살당했다고 보고했다. 잔혹 행위에 대한 소식이 자카르타에 쏟아져 들어오자 대사관 관리들은 전국적 차원에서 인도네시아 좌파가 학살당하고 있는 광경을 목격 중이라는 사실을 깨달았다. 관리들은 1966년 2월에 유구한 "유혈 반목의 전통"이 폭력 사태에 기름을 붓고 있다고 결론지었다. "정치적 이유로 발생하는 학살 중 많은 것들은 실제로는 개인적 복수나 문중 간의 복수가 주된 동기다."[33]

인도네시아 민간인 수천 명의 학살을 조직하는 데 군이 어떤 역할을 했는지를 알려주는 보고는 워싱턴에서 격분을 불러일으키기는커녕 군사적 지원을 확대하도록 미국 관리들을 고무했다. 러스크는 이렇게 주장했다. "우리는 인도네시아가 혼란을 극복할 수 있으며, 군대는 인도네시아를 구원하는 주된 도구라는 그들의 확신을 강화해야 합니다. 우리는 인도네시아와 군대가 그들을 도와줄 태세가 되어 있는 진정한 친구들을 갖고 있다는 사실을 알게 해줘야 합니다." 더 나아가 러스크는 미국은 군에 "인도네시아 공산당을 처리하는" 것을 도울 무기와 장비를 제공할 수 있다고 암시하기까지 했다. 실제로 국무장관은 수하르토의 반좌익 활동이 군대에서 모스크바와 베이징의 영향력을 제거할 기회를 워싱턴에 부여할 것이라고 넌지시 말했다.[34] 10월 30일, 국무부와 펜타곤[19]의 관리들은 "국방부가 최소한의 노출

19) Pentagon. 미국 국방부를 가리킨다. 미국 버지니아주 알링턴에 본청 청사가

위험을 보증[문자 그대로]하려고 애쓸[원문 중 1줄 정도가 기밀 해제되지 않았다] 은밀한 지원 계획"을 수립하기로 결정했다. 특히, 군은 "인도네시아 공산당 게릴라[들]를 상대로 이루어지는 지속적인 작전을 지원할" 전술적인 "단거리 통신 장비"가 필요했다.[35] 국무부 관리들은 "결정적으로 인도네시아 공산당과 사생결단의 투쟁을 벌이고 있는 군대는 우리의 지원을 받을 자격이 있다"라고 결론 내렸다. 11월 3일에 있었던 한 보고에서는 인도네시아가 미국을 여전히 미심쩍어하는 것 같지만, 워싱턴은 이제 모스크바 및 베이징과 자카르타의 관계를 약화할 기회를 갖게 되었다고 주장했다.[36]

워싱턴이 인도네시아 군대와 더욱 긴밀한 관계를 맺기 위해 서두르는 동안, 수하르토의 병력은 인도네시아 민간인들의 대량 학살을 계속 지휘했다. 10월과 11월 내내 자와와 수마트라의 광대한 지역을 짓밟았던 낙하산 특공연대는 12월 초에 발리로 이동하기 시작했다. 발리섬에서는 폭력 사태가 이미 벌어지고 있었지만, 가장 큰 규모의 학살은 병사들이 섬에 도착하면서 본격적으로 발생했다. 낙하산 특공연대 부대는 학살의 대부분을 수행한 민간인들에게 군수 지원을 제공하는 데 핵심적인 역할을 했다. 수하르토의 병력은 반공 그룹에 무기와 탄약을 지원했고 통신을 도왔으며, 군 트럭을 이용해 이른바 인도네시아 공산당 당원들을 수송했다. 어느 지역 역사가는 "젬브라나[군郡]에서만 수천 명이 살해된 피의 강"을 묘사했다. 마을 전체가 학살에 가담했다. 목격자는 이렇게 회고했다. "한 사람이 희생자를

있으며, 건물이 오각형의 모습을 하고 있다.

칼로 찌르는 사이에 다른 사람은 돌로 그 사람의 머리를 내리치곤 했다." 다른 희생자들은 총으로 쏴 죽였다. 일부는 살해당하기 전에 고문을 받았다. 처형자들은 수천 구의 시신을 바다나 집단 매장지에 던져버렸다. 한 학자는 지역적 증오가 살육에 기름을 부었지만, 수하르토의 군대는 살육을 가능케 하는 구실, 조직화, 군수 지원을 제공했다고 결론지었다.[37]

살해당한 사람들의 수는 여전히 미스터리다. 낙하산 특공연대 사령관 사르워 에디는 자기가 지켜보는 가운데 300만 명이 살해당했다고 주장했다. 사망자 수를 가장 체계적으로 세려고 시도한 자료에서는 100만 명이 살해당한 것으로 제시했다. 그러나 학자들이 가장 흔히 인용하는 수치는 50만 명이다. 학살의 성격은 학살의 불분명함을 더욱 강화했다. 학살자들은 야음을 틈타 작은 그룹을 지어 끔찍한 작업을 수행했다. 군대가 많은 학살을 세심히 조직했지만, 지역민들이 실제 살해의 대부분에 책임이 있었던 것 같다. 지역민들은 칼과 몽둥이 같은 단순한 무기를 사용했다. 희생자들은 집 근처에서 죽임을 당했고, 시신은 인근에 버려졌다. 인도네시아 군도는 시신을 매장할 수 있는 땅이 전혀 부족하지 않았다. 학살자들은 시신을 인도네시아의 많은 강과 우거진 숲, 석회동굴, 그리고 멀리 떨어진 들판에 내다버렸다. 인도네시아의 습한 열대기후 때문에 사체는 급속히 부패했다. 나치 독일과 민주캄푸치아[20]처럼 대량 학살을 부추긴 다른

---

20) Democratic Kampuchea. 1975년부터 1979년까지 존속한 캄보디아의 공산정부. 크메르 루주에 의해 수립되었으며, 이 시기에 악명 높은 폴 포트의 킬링필드

국가와는 달리, 인도네시아는 이에 대한 기록이 거의 없다. 용케 남은 문서도 읽기가 섬뜩하다. 동자와에서 군 기획자들과 함께 작업한 무슬림 청년 무리는 인도네시아 공산당 당원으로 의심되는 사람들에게 센통 마을 외곽에 구덩이를 파게 했다. 희생자들은 매장지로 끌려가 목이 졸리고, 그런 다음 철봉으로 맞아 죽었다. 그 뒤 처형자들은 시신의 머리를 잘랐고, 매장지를 가득 채웠으며, 바나나 나무를 심었다. 다른 보고에 따르면, 희생자들이 칼로 난도질을 당하거나 지프차 뒤에 매달려 죽임을 당했다고 한다. 살해자는 여성 희생자를 처형하기 전에 강간하곤 했다. 웅아슴 마을에서 무슬림 청년들은 교사를 사로잡아 거리 이곳저곳을 끌고 다닌 다음 머리를 잘라 교차로 옆에 세운 말뚝에다 매달았다.[38]

잔학 행위에 대한 보고가 이어졌지만, 인도네시아 군대에 대한 미국의 지원을 단념시키는 데는 아무 도움도 되지 않았다. 10월 18일, 그린 대사는 군대가 인도네시아 공산당을 살육하고 있다고 워싱턴에 주의를 환기했다. 11월에 그린은 "낙하산 특공연대가 포로를 잡지 않고 있습니다"라고 썼다. "나는 이 말을 그들이 인도네시아 공산당을 발견하는 즉시 바로 총을 쏴 죽이고 있다는 뜻으로 이해합니다."[39] 그럼에도 그린은 KAP-Gestapu[21]를 재정적으로 지원하자는 제안을 지지하는 목소리를 냈다. 이들은 "군대의 응원을 받고 있으나 민간인들

가 자행되었다.

21) 'Kesatuan Aksi Pengganyangan Gerakan 30 September.' '9월 30일 운동 진압 행동 연합'이라는 뜻이다.

로 이루어진 행동 그룹"으로, "인도네시아 공산당을 겨냥해 현재 진행되고 있는 억압적 활동의 부담을 여전히 지고 있다"라고 그린은 썼다.[40] 게다가 최소한 한 사람의 미국 관리가 수하르토의 병력이 인도네시아 공산당 당원들을 끝까지 추적하는 데 도움을 주었다. 1965년 12월 17일, 자카르타의 미 대사관 행정관 로버트 J. 마틴스Robert J. Martens는 인도네시아 군 당국에 인도네시아 공산당 정치 지도자들의 명단을 전달했다. 마틴스는 1966년 3월에 또 다른 명단을, 8월에 세 번째 명단을 보냈다. 그는 이 전신문들에 포함된 이름은 전부 합쳐 수천을 헤아렸다고 나중에 보고했다. 반공 세력이 그중 많은 이들을 살육한 것은 거의 확실하다.[41] 그린 대사는 12월에 인도네시아의 새 질서는 "10월 1일 이전에 우리가 겪었던 것보다 훨씬 더 **건강하고** 유망할[저자의 강조]" 것이라고 주장했다. 그린의 전신문에는 사태를 비판적으로 바라보는 내용이 전혀 없었다.[42] 다음날 자카르타의 오스트레일리아 대사관은 대략 "9월 30일부터 매일 1500건의 암살"이 인도네시아에서 자행되었다고 평가했다.[43]

인도네시아 공산당의 대학살은 냉전 중반기에 발생한 매우 중요한 사건 중 하나로 밝혀졌다. 존슨 대통령의 국가안보 담당 참모진의 핵심 구성원인 로버트 윌리엄 코머[22]는 "수카르노에 대한 군의 명백한

---

22) Robert William 'Blowtorch Bob' Komer(1922~2000). 미국의 국가안보 자문관. 1968~1969년 튀르키예 주재 미국 대사, 1979~1981년 정책 담당 국방부 차관을 역임했다.

승리가 갖는 잠재적 중요성을 과대평가하기는 어렵다"라고 주장했다.[44] 1966년의 CIA 보고서에 따르면, "최근 해외에서 중국이 겪은 모든 패배 중에서 아마도 가장 심각한 것은" 인도네시아에서 "친공산주의 요소들이 제거된 일일 것이었다." "중소 분쟁에서 베이징을 지지하는 가장 큰 공산주의 정당"인 인도네시아 공산당의 상실은 중국인들에게 "외교적 대참사"를 나타냈다. CIA는 "베이징에 동정적인 해외의 공산주의자들이 중국에 너무 긴밀하게 동조하는 것에 대해 다시 생각하기 시작할" 것으로 예견했다.[45] 역사가 오드 아르네 베스타Odd Arne Westad는 인도네시아 공산당의 궤멸은 "아마도 1960년대에 제3세계에서 있었던 공산주의의 가장 큰 실패"였을 거라고 주장했다.[46] 인도네시아 학살은 베트남에서 미국 전쟁이 확대되고 중화인민공화국이 문화대혁명[23)]의 사회적 혼란과 정치적 숙청으로 치닫고 있던, 냉전의 결정적인 국면에 발생했다. 게다가 대학살로 수카르노의 좌경화는 종식을 고했고, 그의 친서방 군부가 동남아시아에서 가장 큰 나라이자 무슬림 세계에서 인구가 가장 많은 나라의 권좌에 올랐다. 한 학자의 말을 빌리면, 이 대학살의 결과 "사회 세력이 재편되고 인

---

23) Cultural Revolution 혹은 Great Proletarian Cultural Revolution. 1966년 5월부터 1976년 12월까지 중화인민공화국에서 벌어졌던 사회·문화·정치상의 대변혁. 공식 명칭은 '무산계급 문화대혁명'이며, 중국에서는 이 기간을 '십년 동란'이라고 부르기도 한다. 이 운동은 1966년 5월 16일 중국 공산당 중앙위원회 주석이었던 마오쩌둥의 제창으로 시작되었다. 마오쩌둥은 투철한 프롤레타리아 혁명으로 중국 공산주의 내 부르주아 계급의 자본주의와 봉건주의, 관료주의 요소를 제거해야 한다고 주장했는데, 이는 중국 전역에서 벌어진 홍위병의 움직임으로 구체화되었다.

도네시아는 자본주의 세계 경제로 재통합되었다."[47] 인도네시아에서 새 질서가 50만 명쯤 되는 민간인들의 무덤 위에 건설되었다는 사실은 거의 기록되지 않았다. 국무부 관리는 훗날 다음과 같이 적었다. "공산주의자인 한, 그들이 도륙당하고 있다는 사실에 누구도 신경 쓰지 않았다."[48]

1966년 7월《타임》은 인도네시아 공산당의 숙청과 수카르노의 붕괴를 "아시아에서 지난 수년 동안 서방이 들었던 소식 중 가장 좋은 소식"이라고 기뻐했다. 확실히 가장 강경한 미국 관리들은, 집권 정당은 아니지만 세계에서 가장 큰 공산당의 소름 끼치는 절멸을 반길 수 있었다. 새 정권은 수카르노를 권좌에서 축출해 1970년 신장 질환으로 사망할 때까지 가택 연금에 처했다. 향후 수하르토 정권은 뜨거운 쟁탈전이 벌어지는 남부 아시아의 냉전 국경 지대에서 미국의 방어를 떠받치는 데 도움을 주는, 새로운 유형의 친서방 권위주의 정권의 모델로 등장할 것이었다. 그러나 인도네시아 공산당의 대학살은 냉전 시대 전쟁의 정치에서 하나의 전환점으로도 작용했다. 1965년 이전에 그 시대의 가장 큰 전투는 정치 이념 간의 충돌에 초점이 맞춰져 있었다. 인도네시아 학살도 바로 이와 같은 분쟁과 관련되었지만, 또한 종교 집단을 전례 없는 규모로 킬링필드로 끌어들였다. 공산주의 정파와 비공산주의 정파 사이의 투쟁이 인도네시아 학살의 중심에 자리 잡고 있었으나, 나들라툴 울라마 출신의 무슬림 청년들로 구성된 민간인 암살대를 군대가 동원한 일은 포스트식민주의 세계에서 종파 폭력의 선구로 기능했다. 다음 수십 년 동안 종교적 열정과 인종적 경쟁은 냉전 후기의 몹시 피비린내 나는 수많은 일화를 끌고 나가는 원동력이 되어 세속적인 정치 이념을 대체할 터였다. 전 세계의 친서방 세력은 폭력의 이 곤혹스러운 차원을 무시한 채, 인도네시아에서 있었던 이 사태의 전환을 동남아시아를 위한 투쟁에서 대승리를 거둔 일로 환호하며 맞이했다.[49]

9

테트 공세와 우수리강 충돌

1967~1969

"강간하고, 머리를 자르고,
휴대용 전화기의 전선을 인간 생식기에 연결해 전기를 켜고,
팔다리를 자르고, 몸을 폭파하고, 민간인들에게 닥치는 대로 총을 쏘고,
칭기즈칸이 떠오를 정도로 마을을 쑥대밭으로 만들고,
재미로 소와 개를 쏘고, 식량에 독을 타고,
전반적으로 남베트남의 농촌을 폐허로 만들었습니다."

존 포브스 케리

9

수하르토가 인도네시아를 확고히 통제하게 되자, 미국 관리들은 안도의 한숨을 내쉴 수 있었다. 동남아시아에서 가장 크고 전략적으로 가장 중요한 나라가 서방 진영 내에 단단히 자리 잡았다. 인도네시아 공산당 대학살은 베트남전쟁의 지정학적 위험을 극적으로 줄였다. 하노이가 이기더라도 동남아시아의 가장 큰 전리품인 인도네시아는 완강한 반공 군사정권의 수중에 있었다. 그러나 이 놀라운 반전은 미국의 베트남전쟁 확전을 피하기에는 너무 때늦게 찾아왔다. 또 역설적이게도 인도네시아 공산당이 궤멸되자 모스크바와 베이징은 베트남에 더욱 관심을 갖게 되었다. 역사가 브래들리 심프슨의 말을 빌리면, 베트남은 동남아시아에서 인도네시아를 대신해 공산주의 국가들이 "혁명 권력으로서 그들의 신뢰성"을 보여주기 위해 경쟁을 벌이는 초점이 되었다.[1] 비록 수하르토의 대두가 베트남에서 전쟁이 더 이상 우선 사항이 아니라고 초강대국들을 수긍시키는 데 일조했을 것이지만, 미국·소련·중국 지도자들은 이미 이 국가를 냉전의 전장으로 바꾸는 데 전념하고 있는 상태였다. 비극적이게도 베트남이 1945년 이후 시대에 초강대국이 가장 대규모로 개입하는 장소가 되면서, 아시아에서 나타나는 사태 변화는 제3세계를 위한 초강대국 투쟁을 거의 누구도 예측하지 못한 방식으로 바꿔놓을 것이었다.

1968년 1월부터 1969년 9월 사이의 20개월 동안 냉전의 동력이 근본적으로 변했다. 이 기간에 하노이는 베트남전쟁에서 가장 결정적인 군사행동을 단행해 충돌에서 승리를 거두고 싶어 하는 미국의 희망을 여지없이 꺾어버렸다. 그러나 워싱턴의 계획이 와해하던 그 순간에 중소 분열은 소련군과 중국군이 극동 국경을 따라 충돌하면서 폭력적 긴장감이 최고조에 도달했다. 그리하여 베트남에서 미국의 전쟁 수행 노력이 파탄난 일은 모스크바와 베이징을 핵전쟁 직전까지 몰고 간 중소 분열의 확대와 시기적으로 일치했다. 중소 관계가 바닥으로 곤두박질하자, 워싱턴과 베이징이 외교적으로 화해할 가능성이 시야에 들어왔다. 미국과 중국의 관계가 개선된다면 그것은 냉전 투쟁의 토대 자체를 뒤흔들 것이었다. 1949년처럼 마오쩌둥과 동지들은 초강대국 경쟁의 경로를 바꿀 힘을 쥐게 되었다.

수색 토벌

미국 관리들은 인도네시아에서 냉전 승리를 거둔 뒤, 베트남전쟁을 점차 확대하는 작업에 착수했다. 미군 폭격기들이 북부에서 목표물을 공격하는 동안, 남부에서는 미군 부대가 지상전에서 승리하기 위한 노력을 강화했다. 전쟁에서 미군 전략을 입안하는 책임을 전적으로 진 사람은 윌리엄 차일즈 웨스트모얼랜드[1] 장군이었다. 사우스

1) William Childs Westmoreland(1914~2005). 미국의 육군 대장. 1964년부터

캐롤라이나주 출신으로 웨스트포인트를 졸업한 웨스트모얼랜드는 1964년 6월 '미국 주베트남 군사원조사령부MACV'를 지휘하게 되었다. 많은 미국 관리들은 유점oil spot 대반란전 전략, 즉 미군과 베트남공화국군이 전략적 지점을 장악해 그곳으로부터 자신들의 영향력을 서서히 확대하는 전략을 지지했다. 웨스트모얼랜드는 이 전략을 마땅치 않아 했다. 그 전략은 너무 소극적이고, 남베트남 농촌 지역을 거의 민족해방전선에 갖다 바치는 것이었다. 웨스트모얼랜드는 게다가 "그것은 미군을 고정 진지를 방어하는 불리한 위치에 둔다"라고 주장했다. 그 대신 장군은 평정平定 활동과 수색 토벌 임무를 결합한 소모 전략을 선호했다. 베트남공화국군 부대는 더 좋은 장비를 갖추고 지역민과 상호 작용하면서 평정 활동을 책임질 것이었다. 이렇게 하면 미군을 민족해방전선의 군사력을 파괴하기로 계획된 공세 작전에 동원할 수 있을 터였다. 공산주의 게릴라들은 특히 미군 부대와의 대규모 교전을 회피하기 때문에 미군은 민족해방전선 부대를 추적해서 제거하기로 되어 있는 수색 토벌 임무를 수행할 수 있을 터였다. 육군 제1보병 사단 사령관 윌리엄 유진 드푸이[2] 장군은 다음과 같이 설명했다. "정글에서의 게임은 소규모 병력을 미끼로 보내 적으로 하여금 공격하게 한 다음, 부근에 예비로 남겨둔 대규모 병력으로 대응

1968년까지 베트남전쟁을 이끈 것으로 유명하다. 1968~1972년 미국 육군 참모총장을 지냈다.

2) William Eugene DePuy(1919~1992). 미국의 육군 대장. '미 육군 훈련교리사령부' 초대 사령관을 지냈다. 베트남전쟁 이후 미 육군 교리를 재정비하는 주요 설계자 중 한 명으로 널리 알려졌다.

하는 것이다." 한 기자는 베트남 농촌 지역에서의 전쟁을 본질적으로 "숨바꼭질 게임"으로 묘사했다.[2]

시간이 흐르면서 수색 토벌 작전은 웨스트모얼랜드의 전략에서 중심적 역할을 하게 되었다. 미군은 1967년 초에 이른바 '철의 삼각지대'를 상대로 '시더 폴스Cedar Falls' 같은 매우 큰 작전을 실행했다. 사이공 북쪽으로 40킬로미터 지점에 있는 민족해방전선 요새인 이 지역은 위장한 기지와 땅굴이 사방팔방으로 복잡하게 얽혀 있는 곳이었다. 프랑스 전쟁 때 처음 건설된 철의 삼각지대는 반란을 위한 전략적 연계와 미군의 결정적인 표적을 나타냈다. 1월에 거의 3주 동안 미군은 이 지역에 B-52 폭격기의 공습으로 맹공을 가하는 한편, 3만 명의 병력으로 이 지역을 샅샅이 훑고 군 불도저들을 동원해 드넓은 땅을 완전히 쓸어버렸다. 작전이 진행되는 동안 미군 부대와 베트남공화국군 부대는 수천 명의 농민을 집에서 쫓아내 정부가 통제하는 새 전략촌으로 이주시켰다. 워싱턴은 처음에 성공을 거뒀다고 주장했지만, 미군이 철수하고 며칠도 지나지 않아 민족해방전선 기간요원들이 이 지역으로 다시 서서히 돌아왔다. 한 기자는 미군의 전술을 물에 뜬 코르크 마개를 대형 해머로 내리치는 짓에 비유했다. "아무튼 코르크 마개는 가라앉아 있지 않으려 했다."[3]

수색 토벌 임무의 좀 더 광범한 논리는 베트남 공산주의자들에 대항하는 전쟁에서 교차점crossover point을 찾아낸다는 희망에 달려 있었다. 만약 미군과 베트남공화국군이 게릴라들을, 그들이 대체되는 속도보다 더 빨리 죽일 수 있다면, 하노이의 지도자들은 남부에서 혁명을 포기할 수밖에 없을 터였다. 베트남에서 전쟁은 계량적 분석을 통해 사무적으로 효율성을 따지며 관리될 수 있을 것이다. 궁극적으로 전쟁에서 성공은 살해한 민족해방전선 전사의 수로 측정되고, 사망자의 수를 가리키는 도표로 진척 정도를 나타낼 수 있을 것이다. 포드 자동차 회사의 회장이었던 국방장관 로버트 맥너마라는 이 기술 관료적 신조의 가장 강력한 옹호자로 등장했다. 전쟁을 숫자로 재단하려는 이 접근법에는 깊은 결함이 있었다. 첫째, 원통계는 전쟁 수행의 진척 정도를 제대로 보여줄 수 없는 빈약한 지표였다. 1966년, 한 기자는 이렇게 말했다. 숫자 "그 자체는 아무 의미가 없다. (…) 통계적으로 보면 이미 몇 번이나 전쟁에서 승리했다." 또 그 문제에 관해서는 총사망자의 수도 사이공 정권에 대한 남베트남 농민들의 충성도를 측정한다거나 투쟁을 계속하려는 하노이나 민족해방전선의 의지가 얼마나 꺾였는지를 가늠하는 수단이 되지 못했다. 요컨대 사망자의 총수는 남베트남에서 미군이 이루고자 하는 진정한 목표, 즉 평정의 진척 정도를 결정하는 측정 기준이 아니었다. 더구나 펜타곤의 통계적 초점은 야전사령관들이 죽인 적들을 부풀려 추산하게끔 강력한 유인 동기를 제공했다. 인상적인 숫자를 달성할 수 있는 부대의 능력에 달려 있는 포상, 진급 등의 보상과 함께 민족해방전선 사상자 수를 과장하려는 충동은 제어하기가 힘든 것으로 밝혀졌다.[4]

하지만 미국의 대반란전 전략에서 가장 골치 아픈 문제는 이 전략이 베트남 민간인들을 상대로 무차별 폭력을 부추기는 경향이 있다는 사실과 관련 있었다. 한 퇴역 군인은 이렇게 회고했다. "그들은 시합을 벌일 겁니다. 가장 많은 사망자 수를 들고 들어온 중대에게는 국내 휴가나 추가 맥주 박스가 주어지곤 했습니다. 지금 당신이 열아홉 살밖에 되지 않은 아이에게 사람을 죽여도 좋을 뿐 아니라 살인하면 **보상을 받을** 거라고 말한다면, 당신은 **그것이** 이 아이의 심리에 무슨 영향을 줄지 생각해 봤나요?" 반대로, 할당량을 달성하지 못한 부대는 총사망자 수를 늘리려고 포로들을 그냥 처형해 버렸다. "자유사격" 지대를 지정하는 펜타곤의 관례는 무차별적 살육 사태를 더욱 악화시킬 뿐이었다. 이 지역에서는 "남녀노소를 불문하고 모두가 [정당한 표적으로] 간주될 수 있었습니다"라고 한 병사는 설명했다. "당신은 무고한 민간인들을 향해 총을 쐈다고 해서 문책받을 수가 없을 겁니다. 왜냐하면 정의상 그곳에는 아무도 없으니까요." 나중에 의회에서 조사한 바로는 1968년까지 최소한 30만 명의 남베트남 민간인들이 자유 사격 지대에서 죽거나 다친 것으로 추산되었다. 최종 결과, 닉 터스Nick Turse 기자의 설명을 빌리면, 산업적 규모로 "고통의 시스템"이 창출되었다.[5]

이 시스템의 잔혹한 현실은 1968년 3월 16일 (미라이 부락을 포함한) 손미 마을에 집중되었다. 미 육군 제23 보병사단 소속 부대는 민족해방전선 요새로 의심되는 곳을 알아내 토벌하려고 이 지역을 철저히 수색하기 시작했다. 병사들은 주민들 사이에 은신하고 있는 것으로 의심되는 게릴라들을 찾아내라는 명령을 받고 헬리콥터로 마을에 투입되었다. 미군 부대는 마을 사람들을 집에서 쫓아내 마을의 공동지로 몰아넣었고, 그 과정에서 몇 사람을 죽였다. 사람들을 계속 몰면서 산발적인 폭력이 전면적인 대학살로 확대되었다. 한 병사는 "숨을 쉬는 것은 모조리 죽이라"는 명령을 받았다고 회고했다. 학살은 네 시간 동안 계속되었다. 일부 병사들이 노인과 아이를 살육하고 있는 사이 다른 병사들은 부녀자를 강간하고, 집을 불태우고, 죽은 자들을 절단해 노획물로 삼았다. 주로 부녀자와 아이로 구성된 마을 사람 50명이 총을 맞고 용수로에 쓰러졌다. 잔학 행위를 목격한 병사는 다음과 같이 기억했다. "용수로에 있던 사람들은 빠져나오려고 기를 썼고 일부는 위로 올라가는 데 성공했으나, 완전히 빠져나가기 전에 다시 총격을 받았다." 용수로에서 기어 나오려는 두 살배기 남자 아이를 다시 밀어 넣고 총을 쐈다. 학살에 대한 공식 설명은 "베트콩" 128명을 작전 과정에서 죽였다고 보고했다. 그 후의 추산에서는 사망자가 500명 이상이며, 그 대부분은 부녀자와 아이라고 밝혔다. 1968년의 미라이 학살은 베트남전쟁에서 미국이 저지른 끔찍한 만

미군 병사들이 남베트남 미토에서 게릴라 캠프로 의심되는 곳을 불태우고 있다. (1968년 4월)

행이자, 충돌 과정에서 범한 모든 잘못의 으스스한 사례로 민중의 기억 속에 자리 잡을 터였다. 하지만 미라이는 너무나 자주 일탈적 행동, 단발적 사건으로만 제시되고 있다. 만일 미라이가 일탈이라면, 그것은 이 사건이 너무나 널리 알려졌기 때문이다. 실제로 남베트남에서 민간인 학살은 충격적일 정도로 흔한 일이었다. 학살을 폭로하는 데 중심적 역할을 한 미군 병사 로널드 리든아워Ronald Ridenhour는 "이것은 일탈이 아니라 작전이었습니다"라고 설명했다.[6]

실제로 미라이는 남베트남에서 보고된 수백 건의 대학살 중 하나의 사례에 불과했는데, 이 대학살 가운데 일부는 손미에서 벌어진 학살을 능가했다. '타이거 포스'라고 불리는 미국 제101 공수사단의 정예부대가 1967년 7개월 동안 베트남 중부 고원 지방에서 공포 작전을 실시했다. 표면적인 목적은 게릴라 공급 루트를 찾고 마을 사람들을 전략촌으로 강제 이주시키는 것이었다. 《톨레도 블레이드Toledo Blade》의 기자들은 상을 받은 일련의 기사에서 타이거 포스가 이 기간에 수백 명의 비무장 민간인을 살육했다고 추산했다. 많은 사람이 총에 맞았거나 칼에 찔렸다. 또 다른 이들은 병사들이 부녀자와 아이들이 무리 지어 있는 벙커에 수류탄을 던졌을 때 죽었다. 병사들은 포로를 고문했고, 시신을 훼손했다. 부대원들은 시신의 귀를 잘라 전투화 끈에 묶어 목걸이로 만들었다. 한 위생병은 이렇게 회고했다. "거의 모든 병사가 귀목걸이를 하던 때가 있었지요. 우리는 마을로 들어가서 무턱대고 아무한테나 총을 갈기곤 했어요. 구실이 필요 없었죠. 사람들이 보이면 그냥 죽였습니다." 성폭행, 참수, 재미로 민간인 살해하기에 대한 보고가 잔혹 행위의 목록을 더했다. 또 다른 부대원이 설명했다. “기억하세요. 정글에 들어가면 경찰관이 없다는 사실을. 판사도 없고, 법과 질서도 없습니다. 누군가 뭔가를 하고 싶을 때마다 그들은 그렇게 했습니다. 그들을 막을 사람은 아무도 없었지요.” 그러나 타이거 포스는 “독자적으로 행동하는 외톨이” 부대가 아니었다고 전직 부대원들이 주장했다. “사람들은 이 부대가 농촌 지역을 짓밟는 무자비한 무리라고 말하지만, 우리는 그렇게 하라는 명령을 받았어요.” 실제로 11월 말 이 작전이 끝날 때 부대원들은 그들의 행위에 대해 잘했다고 상을 받았고, 타이거 포스는 캄보디아 근처 기지로 새로 배치되었다. 그러나 이런 짓을 타이거 포스만 저지른 건 아니었다. 전직 병장은 다음과 같이 기억했다. “나는 베트남에서 타이거 포스를 주일 학교처럼 보이게 하는 잔혹 행위를 보았습니다. 나는 모두를 죽였어요. 살아남기 위해 죽였지요. 사람들은 타이거 포스를 하나의 잔혹한 집단으로 이해하는데, 글쎄요, 그정도는 애교에 불과합니다. 왜냐하면 어느 누구도 내가 봤던 악행을 알지 못할 테니까요.”[7]

1968년 말, 미군 사령관들은 ‘스피디 익스프레스Speedy Express’라는 작전을 개시했다. 작전의 목표는 메콩강 삼각주의 공산군을 궤멸하는 것이었다. B-52 폭격기가 수천 톤의 폭탄을 떨어뜨리는 사이, F-4 팬텀기가 네이팜탄을 비 내리듯 투하했고 중무장 헬리콥터가 게릴라 진지로 의심되는 곳에 기관총으로 총탄을 퍼부었다. 해군은 강을 따라 쾌속선을 운용했다. 해군 특수부대인 네이비실 대원과 수천 명의 보병이 24시간 매복 공격할 수 있도록 야간 투시 장비를 사용하며 삼각주를 수색했다. 미군 병력이나 항공기로부터 도주하는 사람은 누구든 적대적인 목표물이 될 수 있다고 간주되었다. 공격은 민간인들에게 심각한 피해를 주었다. 손상 평가 임무를 맡은 한 공군 대위는 공습이 한 차례 있은 뒤 시신 62구를 헤아렸다. "보고에서 나는 그들이, 15세에서 25세 사이의 너무나 많은 여성들, 보통은 어머니의 품이나 어머니와 아주 가까운 곳에 죽어 있던 너무나 많은 아이들과 그리고 너무나 많은 노인들이라고 묘사했다." 펜타곤은 사망자들이 베트콩이라고 기록했다. 한 육군 사령관은 일부 지방에서는 "농촌 지역이 베르됭[3] 전장처럼 보였다"라고 회상했다. 스피디 익스프레스 작전을 목격한, 이름이 알려지지 않은 병장은 웨스트모얼랜드 장군에게 살육을 비난하는 편지를 보냈다. "제가 입수한 정보에 따르면, 지금의 학살은 포로들을 한 번에 총살하는 것보다 더 나쁩니다. 누구도 베트남 사람들을 신경 쓰지 않고 있습니다. 제가 10퍼센트만 옳다 하더라도 (…) 1년 동안 매달 미라이[같은 학살]가 있다는 겁니다." 펜타곤은 이 작전에서 적이 전부 합쳐 거의 1만 1000명 살해되었다고 계산했다. 미군은 무기를 겨우 748점 노획했는데, 많은 관찰자들은 이를 보고 실제로는 사상자가 대부분 민간인이라고 결론 내렸다. 그럼에도 미국 군부는 이 작전을 성공한 것으로 간주했다.[8]

베트남에서 지상전은 민간인을 상대로 한 끔찍한 수준의 폭력을 수반했다. 《뉴스위크Newsweek》 기자가 썼듯이, "미라이는 베트남의 인

---

3) Verdun. 프랑스 북동부 뫼즈주에 있는 소도시. 제1차 세계대전 당시인 1916년 2월 프랑스군과 독일군 사이에 격전이 벌어진 곳이다. 이 전투로 독일군은 33만여 명, 프랑스군은 37만여 명의 사상자가 발생했다.

민들을 제외한 모든 사람에게 충격이었다." 1971년에 (2004년에 민주당 대통령 후보가 된) 전직 해군 장교 존 포브스 케리[4]는 미군 병사들이 "강간하고, 머리를 자르고, 휴대용 전화기의 전선을 인간 생식기에 연결해 전기를 켜고, 팔다리를 자르고, 몸을 폭파하고, 민간인들에게 닥치는 대로 총을 쏘고, 칭기즈칸이 떠오를 정도로 마을을 쑥대밭으로 만들고, 재미로 소와 개를 쏘고, 식량에 독을 타고, 전반적으로 남베트남의 농촌을 폐허로 만들었습니다"라고 의회에 말했다.[9] 궁극적으로 이 전시의 잔혹 행위는 워싱턴의 전략에 만연한 문제, 즉 전쟁 수행 노력의 진척 상태를 측정할 수가 없다는 근본적인 문제와 연결되었다. 분명한 전선이 없는 충돌에서, 미국의 군사 및 정치 지도자들은 유의미한 성공을 계측하는 것은 고사하고 규정도 하지 못해 허우적거렸다. 승리는 언제나 그냥 손이 닿지 않는 곳에 있는 것처럼 보였다.

결말이 나지 않는 이 유혈 전쟁은 도처에서 정치 지도자들에게 타격을 가했다. 1967년 말까지 약 2만 명의 미군이 베트남에서 죽었다. 베트남 사람은 민간인도 전투원도 훨씬 많은 사상자를 냈다. 남베트남에서 미군 평정 프로그램을 책임졌던 로버트 코머 같은 일부 미국인들은 여전히 계속 진척을 보고 있고 성공적인 종결이 눈앞에 있다고 주장했지만, 다른 미국인들은 매우 회의적이었다. 비공식적인 자

---

4) John Forbes Kerry(1943~). 미국의 정치인. 1983~1985년에 미국 매사추세츠주 부지사, 1985~2013년에 매사추세츠주 연방 상원의원을 역임했다. 2004년 미국 대통령 선거에 민주당 후보로 출마했으나 공화당 후보 조지 W. 부시에게 패했다. 2013~2017년에 오마바 행정부의 국무장관을 지냈다.

리에서 휴버트 허레이쇼 험프리[5] 부통령은 워싱턴이 사이공의 정권을 지지함으로써 "썩어빠진 쥐구멍에 목숨과 돈을 던져 넣고" 있다고 걱정했다. 게다가 미국의 국제적 위신 역시 타격을 받았다. 로버트 맥너마라는 이렇게 말했다. "세계에서 가장 큰 초강대국이 그 가치를 두고 뜨거운 논쟁이 벌어지는 문제에 대해 아주 작은 후진국을 맹공격해 굴복시키려 하면서, 매주 비전투원 1000명을 죽이고 심하게 다치게 하는 광경은 보기 좋은 광경이 아니다." 11월에 점점 더 의기소침해진 맥너마라는 전쟁에 대해 심각한 우려를 표명하는 글을 대통령에게 보냈다. 그는 병력 수준을 더 확대하면 전쟁에서 상당한 진전을 볼 수 있을 거라는 생각을 의심했다. 게다가 병력을 늘리면 폭력의 규모도 그만큼 커지고, 미군 사상자의 수도 한국전쟁 수준으로까지 증가할 터였다. 그는 다음과 같이 덧붙였다. "또 우리가 꾸준히 진척 같은 것을 이룬다거나, 엄청난 수의 사상자를 계속 안겨준다거나, 혹은 공중폭격의 응징을 심하게 가하기만 하면, 북베트남과 베트콩의 전투 지속 의지가 쉽게 꺾일 거라고 믿을 이유는 전혀 없습니다. 자기들이 성공할 수 없다는 확신 말고는 어떤 것도 이 의지를 꺾을 거라고 기대할 수 없습니다. 이 확신은 미국이 남베트남 인민들의 자주적인 선택을 보장하는 데 얼마나 긴 기간이 필요하든 그동안 베트남에 남아 있을 것이라고 그들이 결론을 내리지 않는 한, 생겨나지

5) Hubert Horatio Humphrey(1911~1978). 미국의 민주당 정치인. 1965~1969년 린든 존슨 대통령 아래에서 부통령을 지냈다. 1968년 미국 대통령 선거에서 민주당 후보로 출마했으나 공화당 후보 리처드 닉슨에게 패했다.

않을 겁니다." 그러나 미국민들은 전쟁을 계속할 의지가 부족했다. 그들은 더딘 진척에 "실망"했고, 확전을 두려워했다. 맥너마라는 미국민들이 "지속의 의지를 갖고 있는 모습을 보여주지" 않는다고 주장했다.[10]

맥너마라는 전쟁에 환멸을 느끼게 된 미국인들에 합류했는데, 이들은 점점 늘어나고 있었다. 1967년에 절대다수의 미국인이 베트남에서 치르고 있는 전쟁을 여전히 지지했으나, 일부 국민은 소리 높여 전쟁에 반대하는 쪽으로 돌아섰다. 10월 말, 7만 5000명의 반전 시위대가 워싱턴 DC에 모여 미국이 개입을 그만둘 것을 요구했다. 시위대는 호찌민과 체 게바라(아르헨티나 출신의 게릴라 사령관으로서 쿠바 혁명의 핵심 인물이었으며, 2주 전 볼리비아에서 살해당했다)의 사진이 박혀 있고 "우리의 미군들을 지지하자, 그들을 당장 집으로 데려오자!"라는 구호가 적힌 현수막을 내걸었다. 시위대는 경찰과 산발적으로 충돌하며, '링컨기념관' 앞에서 대중 집회를 조직하고 펜타곤을 에워쌌다. 존슨 대통령의 법무장관인 니컬러스 카첸바흐[6]는 펜타곤을 향한 행진이 "반전운동 전체가 과열되기 시작한 순간"이었다고 훗날 돌아보았다. 11월에 존슨의 전 국가안보 자문관 맥조지 번디는 다음과 같이 경고했다. "전쟁에 대한 일반인들의 불만이 지금 넓고 깊습니다. 우리를 당장 도와주는 몇 가지 중 한 가지는 열렬한 온건파에 대한 일반인들의 혐오입니다. 그러나 저는 사람들이 전투가 끝없이 계

6) Nicholas deBelleville Katzenbach(1922~2012). 미국의 법률가. 1962~1965년 법무부 부장관, 1965~1966년 법무장관, 1966~1969년 국무차관을 역임했다.

속되는 상황에 정말 진절머리를 치고 있다고 생각합니다." 불안 상태가 커져가자 이에 대응해 존슨 대통령은 연방수사국Federl Bureau of Investigation, FBI과 CIA에 반전 그룹에 대한 감시를 강화하라고 지시했다. FBI의 코인텔프로[7]가 시위대에 더 많은 자원을 투입하는 한편, CIA는 나중에 카오스 작전[8]으로 통합되는 일련의 국내 감시 프로그램을 개발했다. 코인텔프로는 민권 단체를 염탐하기 위해 이용되었던 비밀 방첩 프로그램이었는데, 때로는 불법도 서슴지 않았다.[11]

그러나 존슨만 국내의 반체제 인사들을 엄중 단속한 것은 아니었다. 하노이에서 레주언 역시 지속되는 충돌에서 비롯한 정치적 압박을 느끼고 있었다. 확전이 미국의 개입을 촉발한 것은 말할 것도 없고, 확전을 통해 전쟁에서 승리하려는 노력이 실패한 일은 베트남민주공화국 지도부 대열에 불화의 씨앗을 뿌리는 데 일조했다. 레주언과 지지자들이 전면적인 승리를 목표로 하는 대부대 작전을 선호한 반면, 호찌민과 보응우옌잡은 장기전과 협상 전략을 밀고 나갔다. 중소 분열의 긴장 역시 하노이에서 전개된 드라마와 밀접히 연관되었다. 레주언은 미국과 싸우려면 북베트남이 베이징과 모스크바 모두로부터 지원을 받아야 한다는 것을 알았다. 그런데 소련이 더 자원이 많았지만 크렘린은 하노이에 사이공 및 워싱턴과 평화 협상을 개시

---

7) COINTELPRO. 'Counter Intelligence Program'의 약칭이며, FBI가 국내의 저항 정치단체를 조사하여 파괴하려는 목적으로 1956~1971년에 운용한 프로그램이다.

8) Operation CHAOS 혹은 Operation MHCHAOS. 1967~1974년에 미국민들을 대상으로 CIA가 운용한 국내 정탐 프로젝트.

하라고 압박을 가했다. 한편, 중국은 국경을 넘는 원조 물자의 수송을 관리했으며, 하노이의 전쟁에 더 큰 열의를 표명했다. 1963년부터 하노이는 서로 반목하는 두 공산주의 열강 사이에서 정교한 균형을 모색했다. 베트남 공산당 대열 내의 정파들은 민주주의의 확대와 정부의 투명성을 요구하기 시작했고, 이는 레주언의 지위를 더욱 곤란하게 했다. 1967년에 저명한 당내 반체제 인사인 호앙민친[9]이 "베트남에서의 교조주의"라는 200쪽짜리 선언문을 발표해 당의 민주주의 결여를 맹비판했다. 당 지도부는 호앙민친을 반역자로 고발하고 당 대열과 장교단, 의학계, 학계, 지식인들 사이에서 반체제 협의자와 언론인 및 예술가들을 상대로 일련의 숙청을 단행하는 것으로 이에 대응했다. '수정주의 반당 사건'으로 알려진 이 사태로 하노이의 중·상급 지도자 수백 명이 체포·수감되었다. 둘 다 국민적 영웅이었던 호찌민과 보응우옌잡은 너무 유명해서 체포되지는 않았지만, 레주언은 그들의 지지자를 상당수 숙청할 수 있었다. 숙청은 북베트남이 소련으로부터 원조를 더욱 많이 받게 되었는데도, 전쟁 수행 노력을 축소할 의향이 없다는 신호를 베이징에 보내는 것이었다. 레주언은 단번에 하노이에서 권력을 더욱 확고히 장악하고 호찌민과 보응우옌잡을 주류에서 몰아낼 수 있었다. 또 그는 중소 분열의 틈바구니에서 북베트남의 지위를 확보하고, 이듬해 또 한 번의 총공세를 단행하기 위한 길도 열 수 있었다.[12]

---

9) Hoang Minh Chinh(1920~2008). 베트남의 반체제 인사. 베트남 민주당 총서기, 마르크스·레닌주의 철학연구소 소장을 지냈다.

테트 공세

1968년 1월 31일 새벽 3시 직전, 19명으로 이루어진 민족해방전선 게릴라 부대가 사이공의 미국 대사관 밖에서 화약을 폭발시켜 대사관을 둘러싼 담에 1미터가량의 구멍을 냈다. 공산주의 전사들은 구내를 급습했고, 내부의 해병 경비병들과 6시간에 걸친 총격전을 시작했다. 대사관 공격은 베트남 구정인 테트 명절이 끝날 즈음 공산주의자들이 단행한 전국적 규모의 공세에서 가장 극적인 작전이었다. 8만여 명의 병력이 남베트남의 큰 도시 대부분과 전국의 주도州都 중 4분의 3을 공격했다. 그들은 미국과 베트남공화국 권력의 심장부를 타격했다. 대사관은 공산주의 침투로부터 안전하다고 여겨지는, 인구가 조밀한 성채에 자리해 있었다. 공산군 병사들은 도시의 비밀 세력 및 선전 팀과 연계해 농촌으로부터 밀고 들어왔다. 반란자들은 도시 내로 진입하자마자 주민들 사이에서 정부군에 반대하는 전면적인 폭동을 일으키려 했다. 미군이 미국 대사관에 대한 통제를 되찾으면서 사이공의 쩌런 지구에서 전투가 치열하게 전개되었다. 공산군은 거의 한 달 동안 점령할 수 있었던 유서 깊은 제국 수도인 후에에서 가장 큰 성과를 거뒀다. 후에의 19세기 성채는 공산주의 요새로 변모했다. 미군은 항공기가 공산군 진지에 폭격과 기총소사를 가하는 사이 보병이 사람들로 붐비는 지역에서 격렬한 시가전을 벌이는 등 도시를 탈환하기 위해 대대적인 반격을 가했다. 후에시의 가옥 1만 7000채 중에서 거의 1만 채가 파괴되었다. 한 미국 통신원은 다음과 같이 언급했다. "한국전쟁 때나 지금까지의 베트남전쟁에서 내가 봤던 어떤 것도 파괴와 절망이라는 면에서 후에에서 봤던 것만큼 끔찍하지는 않았다." 후에시를 탈환한 뒤 미군과 남베트남군은 폐허로 변한 거리 아래에서 일련의 섬뜩한 발견을 했다. 공산군이 2800명에서 5700명에 이르는 민간인들을 학살해 집단 매장지에 버렸음을 보여주는 광경이었다. 희생자 중 많은 이들이 반혁명 분자로 고발되어 손을 결박당한 채 땅에 묻혔다. 일부는 고문당했고, 일부는 산 채로 매장당했다.[13]

테트 공세에 대한 계획은 1967년 하노이에서 시작되었다. 수정주의 반당 사건으로 보응우옌잡 장군의 참모들이 숙청되자, 레주언은 1968년 초에 전쟁의 흐름을 바꾸게 될 군사작전을 대대적으로 벌일 수 있는 위치에 있게 되었다. 총서기의 '총공세-총봉기' 정식에 따라 공산군은 테트 공격을 통해 남베트남 전역에서 사이공 정권을 쓸어버릴 일련의 도시 봉기를 촉발하려고 했다. 이 점에서 테트는 공산군의 참담한 실패를 나타냈다. 크고 작은 모든 도시에서 민족해방전선과 베트남인민군 부대는 대규모 화력을 동원하는 미군과 베트남공화국군의 반격을 받았다. 특히 남부의 봉기는 반격으로 큰 손상을 입었다. 민족해방전선은 약 5만 명의 사상자가 났는데, 이는 병력의 거의 80퍼센트에 해당했다. 공세는 이 싸움에 서둘러 참여했던 비밀기간요원들을 노출했고, 그들은 이제 남베트남 보안군의 손쉬운 목표물이 되어 있었다. 군사적인 면에서 레주언의 총공세는 대참사였다. 민족해방전선은 결코 회복하지 못할 피해를 겪고 궤멸되었다. 그 후로 베트남인민군 정규 부대가 남부에서 전투의 대부분을 치를 것이고, 하노이의 정치 지도부가 실권을 쥘 것이었다.[14]

테트 공세 동안 검은 연기가 남베트남 사이공 상공을 뒤덮고 있다. (1968년)

하지만 정치적인 면에서는 이야기가 달랐다. 이 공세에서 미군 1100명이 민간인 1만 2500명과 함께 사망했다. 공산군이 그처럼 큰 피해를 주는 공격을 가할 수 있다는 사실은 전쟁의 종결이 눈앞에 있다고 했던 백악관과 펜타곤의 발언이 거짓임을 보여주었다. CBS 앵커 월터 릴런드 크롱카이트[10]는 "도대체 무슨 일이 벌어지고 있습니까?"라고 화를 냈다. "저는 우리가 전쟁에서 이기고 있다고 생각했습니다!" 베트남에서 벌어진 대학살에 관한 뉴스 방송을 본 많은 미국인은 이에 동의했다. 사이공 경찰서장이 거리에서 민족해방전선 포로를 즉결 처형하는 장면을 찍은 사진은 1963년에 있었던 틱꽝득의 자기희생 사진과 더불어 동남아시아에서 혼란과 파괴를 시각적으로 나타내는 상징이 되었다. 미 육군의 한 소령은 벤째 마을 폭격이 있은 후 AP 통신원에게 "도시를 구하기 위해 도시를 파괴하는 것이 불가피해졌습니다"라고 말했다. 많은 관찰자에게 이 발언은 베트남에서 미국의 전쟁 수행 노력이 확대되는 것을 점점 더 적절하게 은유하는 것처럼 보였다. 백악관은 의기소침해 있었던 반면, 웨스트모얼랜드 장군은 테트가 민족해방전선에게는 군사적으로 패배한 작전이었다고 주장했다. 공산군은 패주했고, 미국은 공세를 취해야 한다. 2월 말에 웨스트모얼랜드와 합동참모의장 얼 길모어 휠러[11]는 미국이 이

10) Walter Leland Cronkite, Jr.(1916~2009년). 미국의 언론인, 뉴스 캐스터. 〈CBS 이브닝 뉴스〉의 진행자로 유명하며, 대표적인 보도 사건으로는 케네디 암살 사건, 베트남전쟁, 아폴로호의 달 착륙 순간 등이 있다.

11) Earle Gilmore Wheeler(1908~1975). 미국의 육군 대장. 1962~1964년 미 육군참모장, 1964~1970년 합동참모의장을 지냈다.

미 이겼다고 생각되는 전쟁을 위해 20만 6000명의 병력을 추가로 요구했다. 크롱카이트는 2월 27일 텔레비전 시청자들에게 이렇게 말했다. "우리가 오늘 더욱 승리에 가까워졌다고 말하는 것은, 증거에도 불구하고, 과거에 틀렸던 낙관주의자들을 믿는 것입니다. 우리가 교착상태에 빠져 있다고 말하는 것이 합리적이지만 불만족스러운 유일한 결론인 것 같습니다." 11일 후 《뉴욕 타임스》는 펜타곤이 20만 6000명의 병력 증강을 요구한 사실을 터뜨렸고, 일반인들은 이에 격렬하게 반응했다. 백악관이 웨스트모얼랜드의 요청을 이미 거절하기로 결정했는데도 타격은 컸다. 이제 미국민 중 78퍼센트가 미국이 전쟁에서 진척을 보지 못하고 있다고 믿었다. 존슨의 지지율은 26퍼센트까지 추락했다.[15]

미국인들이 인원을 정리할 때가 왔다. 3월에 웨스트모얼랜드는 육군참모총장으로 승진하는 방식으로 해임되었다. 그를 대신한 크레이튼 윌리엄스 에이브럼스[12)]는 웨스트모얼랜드와 완전히 대조적인 인물이었다. 전임자인 웨스트모얼랜드가 말끔하게 다린 제복을 입고 언론인들과 세심하게 따뜻한 관계를 유지하는 "현대적인 소장의 모델 자체"인 것 같았던 반면, 에이브럼스는 제2차 세계대전 당시 조지 패튼[13)] 장군 아래에서 탱크 사령관으로 복무한 거친 군인이었다. 웨

---

12) Creighton Williams Abrams(1914~1974). 미국의 육군 대장. 1972~1974년에 미 육군참모총장을 지냈다.

13) George Smith Patton(1885~1945). 미국의 육군 대장. 제2차 세계대전 중인 1943~1945년에 북아프리카, 시칠리아, 프랑스, 독일에서 전투를 지휘했고, 노르망디 상륙작전에서도 크게 활약했다.

스트모얼랜드는 수석으로 웨스트포인트를 졸업했고, 에이브럼스는 같은 해에 중간 정도의 성적으로 졸업했다. 한 기자는 에이브럼스에 대해 빈정대며 이렇게 말했다. "만일 그가 민간인 복장을 하고 공원 벤치에 앉아 있으면, 아마 경찰관이 비켜달라고 말할 것이다."

지도부가 바뀌면서 전략도 크게 변했다. 사망자를 집계하는 일이 중단되었고, 그 대신 평정 작전이 시작되었다. 적 중심의 수색 토벌 임무가 힘을 잃었고, 주민 중심의 대반란전 '소탕 확보' 전술이 힘을 얻었다. 에이브럼스는 '급속 평정 작전'을 시행했는데, 작전은 농촌 지역에서 정부의 존재를 강화하고 미군 부대, 베트남공화국군 부대, 그리고 다양한 정부 보안군 간의 통합 정도를 확대하기로 계획했다. 이러한 노력의 일환으로, 전쟁에서 베트남공화국군 병사들에게 좀 더 뚜렷한 역할을 부여하고자 하는 바람으로 그 병사들을 훈련하는 문제에 특히 주의를 기울일 터였다. 이러한 노력은 농촌 지역에서 좀 더 큰 존재감을 사이공에 부여하는 등 나름대로 결실을 맺었으나, 큰 대가를 치르기도 했다. 1968년 테트 공세 이후의 12개월은 가장 유혈이 낭자한 전쟁 기간이었다.[16]

이 피의 적지 않은 양이 '피닉스 프로그램'에서 흘러나올 터였다. CIA가 개발하고 1967년에 시행한 피닉스 프로그램은 베트남에서 새로운 평정 전략의 또 다른 요소를 구성할 것이었다. 피닉스 팀은 '임시 정찰 부대', 선전 전문가, 공산주의 탈주자, 네이비실 특공대로 이루어졌다. 6~12명의 인원이 작은 분대로 활동하는 이 팀들은 공산주의 정치 기간요원으로 의심되는 자들을 추적하고 체포하는 비밀 작전을 수행했다. 혐의자들은 심문과 고문을 일상적으로 당했고, 수천 명이 체포 전후로 살해당했다. 미군 부대와 베트남공화국군 부대가 공산군을 공격하는 동안, 피닉스는 반란의 정치적 토대인 민간인들을 겨냥했다. 이 프로그램은 많은 요원이 부인하긴 했지만, 암살단의 명성을 곧 얻었다. 미 군부는 피닉스의 결과 베트남인 2만 6000명 이상이 '변사'했다고 계산했다. 피닉스를 비판하는 사람들은 이 프로그램이 무고 가능성이 있는 수천 명의 민간인을 살육한 사실을 넘어, 그물망에 걸려든 지역 민간인들을 더욱 소원하게 만듦으로써 실제로는 공산주의자들을 도와주었을 것이라고 주장했다. 하지만 피닉스의 옹호자들은 그것을 공산주의 반란의 정치적 토대를 약화하는 데 효과적인 것으로 드러난 성공적인 대반란전 전략의 사례로 제시했다.[17]

최종적으로 레주언의 테트 공세도, 에이브럼스의 급속 평정 작전도 상대방에게 결정적 타격을 가한다는 목표를 달성하지는 못했다. 실제로 테트 공세와 그 후의 12개월은 전쟁이 사실상 유혈의 교착상태에 빠져 있음을 보여주었다. 공산주의자들은 미군과 베트남공화국군의 진지를 완전히 압도하는 화력이 부족했고, 워싱턴과 사이공은 농촌 지역을 다시 확고히 통제하기 위한 노력과 조정이 부족했다. 어느 편도 결정적인 승리를 거둘 수가 없었다.[18] 하지만 전쟁이 현지에서 교착상태에 빠졌다는 바로 그 사실은 미국에서 정치적 흐름의 변화를 초래할 터였다.

처음으로 다수의 미국인이 베트남의 전쟁에서 이길 수 없다고 우려하기 시작했다. 미국은 직접 개입해 5년 동안 피비린내 나는 전투를 벌였고 20년 동안 상당한 지원을 했지만, 반공 세력이 승리에 더 가까워진 것처럼 보이지는 않았다. 3월 26일, 존슨 대통령은 베트남의 정세를 논의하기 위해 '현자들(전 국무장관 딘 애치슨, 전 합동참모의장 오마 브래들리, 전 육군 참모총장 매슈 리지웨이 장군, 전 남베트남 주재 대사 헨리 캐벗 로지 2세를 포함하는 노장 정치인들)'의 회의를 소집했다. 이 그룹의 일부 구성원은 군부의 계속된 독려로 전쟁에서 상당한 진척이 이루어졌다고 믿었던 반면, 대다수는 근본적으로 대의를 상실했다고 판단했다. 애치슨은 미국은 "우리가 남겨놓은 시간 안에 하려고 했던 일을 더는 할 수 없으며, 우리는 철수 조치를 취하기 시작해야 한다"라고 주장했다. 결론은 의기소침한 것이었다. "주류 기득권 놈들이 빠져나갔군." 실의에 빠진 린든 존슨은 씩씩댔다. 실망했지만 대통령은 현자들의 권고를 마음에 새겼다. 닷새 후 존슨은 텔레비전으로 방송된 역사적인 연설에서 전쟁 종식을 목표로 하는 평화 협상을 개시하고자 지금부터 북베트남에 대한 폭격을 제한할 거라고 발표했다. 방송이 끝날 때 존슨은 국민에게 말했다. "저는 여러분의 대통령으로서 또 한 번의 임기를 위한 제 당의 지명을 모색하지도 않을 것이고, 수용하지도 않을 것입니다." 1964년 선거에서 압승을 거뒀던 그는 전쟁으로 정치적 자산이 소진되면서, 권좌에서 내려오는 중이었다.[19]

1968년은 베트남에서 가장 유혈이 낭자했던 전쟁의 해였다면, 미국에서는 가장 폭력적인 한 해이기도 했다. 4월 4일, 미국 민권운동에서 가장 저명한 인물인 마틴 루서 킹[14)]이 테네시주의 멤피스에서

14) Martin Luther King, Jr.(1929~1968). 미국의 인권 운동가, 흑인 해방 운동가.

백인 우월주의자의 총격을 받고 쓰러졌다. 킹의 암살은 미국 전역의 수십 개 도시에서 격렬한 저항의 물결을 촉발했고, 그 결과 수백만 달러의 손실이 발생하고 수많은 사람이 죽고 다쳤다. 6월에 민주당 대통령 후보이자 존 F. 케네디의 동생인 로버트 F. 케네디[15]가 로스앤젤레스에서 개최된 정치 집회에서 정신이 이상한 팔레스타인인에게 암살당했다. 8월에 시카고에서 열린 민주당 전당대회 행사는 수백 명이 부상당한, 경찰과 반전 시위대 간의 시가전으로 빛이 바랬다. 이처럼 충격적인 사건들이 전국적으로 범죄율이 높아지는 상황과 맞물리면서 많은 미국인은 이전 시대로 돌아가기를 열망했다. 실제로 많은 미국인에게 미국은 마치 혁명 직전에 있는 것처럼 보였다.

특히 다가오고 있는 무정부 상태에 대한 두려움과 민주당의 혼란을 이용할 사람이 있었는데, 바로 리처드 닉슨이었다. 캘리포니아주의 요바린다에서 노동계급 가족의 일원으로 태어난 닉슨은 1940년대 말 '적색 공포'[16]의 암흑 시절에 열성적인 반공주의자로서 전국적으로 유명해졌다. 닉슨은 아이젠하워 밑에서 부통령을 지냈고, 1960년에 공화당 대통령 후보가 되었다. 미국의 거리에서 벌어진 폭력 사

미국의 민권운동을 이끈 개신교 목사 중 한 사람으로 손꼽힌다. 1964년에 노벨 평화상을 받았다.

15) Robert Francis Kennedy(1925~1968). 미국의 정치인. 1961~1964년 존 F. 케네디 행정부의 법무장관, 1965~1968년 뉴욕주 상원의원을 지냈다.

16) Red Scare. 공산주의, 무정부주의, 급진주의, 노동조합주의 등 '비미국적' 사상과 행위에 대한 전국민적 공포 히스테리 열풍을 가리킨다. 미국 역사에서는 강력한 반공산주의 시기였던 1917~1920년과 1947~1957년 두 차례에 걸쳐 나타났다.

태에 경악하고, 반전 활동가들의 행동에 질린 유권자들에게 닉슨은 안정을 가져다주고, 덜 혼잡한 시대를 상기시키는 인물로 보였다. 닉슨은 대다수 미국인들처럼 베트남전쟁을 끝내기를 원했으나, 미국이 패배하기를 원하지는 않았다. 닉슨은 선거운동을 하며 '명예로운 평화'라는 모호한 공약을 발표했는데, 이는 미국이 패배를 인정하지 않고도 이 참담한 전쟁에서 확실히 탈출하게 해줄 터였다. 닉슨은 대통령 후보 때는 전쟁을 종결하는 비밀 계획에 대해 말했으나 대통령이 된 뒤에는 전쟁을 확대하는 쪽을 선택할 것이었다. 닉슨은 동남아시아에서 평화 대신에 폭력의 증대를 가져왔다. 닉슨은 또 하버드대학교의 국제정치학 교수 헨리 앨프리드 키신저[17]가 이끄는 새 대외 정책 팀도 꾸렸다. 키신저는 외교 지휘자, 오늘날의 미국의 마키아벨리[18]라고 자부했다. 또 최근의 증거에 따르면, 닉슨과 키신저가 작당해 존슨이 대통령 임기 말에 수행했던 평화 공세가 확실하게 아무 성과도 거두지 못하게 한 것으로 보인다. 닉슨은 선거운동을 벌이면서 거의 반역에 가까운 행동으로, 사이공의 지도자들에게 메시지를 보내 자기가 백악관에 입성하면 남베트남은 자기와 더 나은 거래를 하게 될

17) Henry Alfred Kissinger(1923~). 독일 태생의 미국 정치가이자 외교관. 1969년 닉슨 행정부가 출범하자 대통령 안보 자문관으로 합류하여 1977년까지 현실정치의 주창자로서 미국 외교정책에 뚜렷한 족적을 남겼다. 1973~1976년에 국무장관을 지냈다.

18) Niccolo Machiavelli(1469~1527). 르네상스 시대 이탈리아의 사상가, 정치철학자. '정치가 실제 세계에서 작동하는 방식은 무엇인가?'라는 지극히 현실적인 관점에서 근대 정치철학을 개시한 인물로 평가된다.

거라고 확약했다. 닉슨은 1967년 남베트남 총통으로 선출된 응우옌 반티에우[19]에게 협상 테이블에서 의사 진행을 방해하라고 촉구했다. 그럼으로써 닉슨은 전쟁이 계속될 것임을 보장하고 공화당 후보로서 백악관으로 가는 순조로운 길을 열었다. 존슨의 평화 협상을 방해하면서 닉슨과 키신저는 그들의 전임자가 실망과 교착상태만 발견했던 베트남에서 승리를 거두고자 했다.[20]

전쟁을 종식하는 닉슨의 계획은 주요 구성 요소가 세 가지였다. 베트남화, 대통령의 이른바 '광인 이론', 그리고 연계가 그것이다. 그중 첫 번째인 베트남화는 지상전 전투의 짐을 베트남공화국군에게 이관하는 것이 목표였다. 훈련 프로그램을 강화하는 동시에 평정 작전에 훨씬 더 집중함으로써 닉슨 행정부는 미군 부대를 점차 철수하고 그들을 남베트남 병력으로 대체하기를 바랐다. 두 번째 구성 요소는 광인 이론이었는데, 닉슨은 하노이·모스크바·베이징의 지도자들에게 만일 공산주의 열강이 협상을 거부한다면 북베트남에 핵공격을 가할 정도로 무모하게 행동할지도 모른다고 확신시키기를 희망했다. 닉슨은 비서실장인 해리 로빈스 핼드먼[20]에게 이렇게 말했다. "나는 북베트남이 내가 전쟁을 중단시키기 위해 **어떤 짓도** 할 수 있는 지경에 이르렀다고 믿기를 원하네. 우리는 다음과 같이 그들에게 말을

19) Nguyen Van Thieu(1923~2001). 베트남의 군인, 정치인. 1967~1975년에 남베트남의 제2대 총통을 지냈다.

20) Harry Robbins Haldeman(1926~1993). 미국의 공화당 정치인. 1969~1973년에 리처드 닉슨 대통령 밑에서 백악관 비서실장을 지냈으며, 워터게이트 사건에 깊이 연루되었다.

슬쩍 흘릴 거라네. '아무쪼록 당신네는 닉슨이 오로지 공산주의 생각만 하고 있다는 사실을 알고 있지 않나. 그가 화가 나면 우린 말릴 수가 없어. 그리고 닉슨은 핵 단추를 누를 태세야.' 그러면 호찌민 자신이 이틀 안에 평화를 간청하러 파리에 오겠지."

닉슨 전략의 세 번째 차원인 연계는 협상 테이블로 나오라고 하노이에 압박을 가하도록 소련을 설득하는 것이 목표인 외교 활동을 나타냈다. 연계는 베트남의 평화 협상을 중동·중국·유럽·라틴아메리카에서의 외교 문제, 그리고 무역 및 핵무기에 관한 협상과 결부할 것이었다. 사실상 이는 초강대국들 사이의 '지구적 주고받기'로서 기능할 수 있을 것이다. 만일 모스크바가 베트남에서 워싱턴과 함께 일한다면, 미국은 무역 문제나 중동 지역의 긴장과 관련해 소련을 도와줄 수 있을 것이다.[21] 중소 국경에서 발생한 사건은 닉슨 행정부에 이 새로운 접근법을 시험할 완벽한 기회를 막 제시할 터였다.

중소 국경 전쟁

베트남이 세계의 주목을 독차지하고 있는 사이에, 상이하고 거의 틀림없이 훨씬 더 지대한 영향을 가져올 드라마가 공산주의 블록 내부에서 전개되고 있었다. 마오쩌둥의 중국은 1966년 문화대혁명이 시작하면서 지속적인 국내 혼란의 국면으로 진입했다. 대약진운동의 실패, 커져 가는 중소 분열의 압박, 혁명이 활력을 잃어버렸다는 느낌은 중국의 정치사회를 다시 활성화하기 위한 포괄적인 프로그램을 실시하도록 베이징의 지도자들을 자극했다. 중국 지도자들은 마오쩌등의 개인숭배를 확대하고, 점점 더 급진적으로 되어 가는 청년 그룹들에게 구사상·구문화·구관습·구습관을 공격함으로써 중국 사회에 다시 활기를 불어넣을 수 있게 도와줄 것을 요청했다. 홍위병 그룹들로 조직된 급진적 학생들은 책을 불태우고, 역사 유적을 파괴하고, 시위를 벌이며 전국을 뒤흔들었다. 수천 명의 관리와 지식인이 숙청되고 고문당하고 많은 경우 살해되었다. 이 혁명적 열정이 중국 사회를 사로잡고 있는 동안 베이징은 전 세계 국가들과 관계를 극적으로 축소하면서 지구적 문제로부터 후퇴했다. 인도네시아에서 벌어진 인도네시아 공산당 학살의 충격, 베트남에서 확대되는 폭력 사태, 모스크바와 계속되는 불화는 베이징으로 하여금 국내에 에너지를 집중하게 했다.

이미 중소 불화에 시달리던 세계 공산주의 운동은 바르샤바 협정[21] 군이 체코슬로바키아를 침공한 1968년 8월 20~21일 밤에 또 다른 충격을 받았다. 소련이 주도하는 개입이 이른바 '프라하의 봄'을 진압했던 것이다. 프라하의 봄은 체코슬로바키아에서 사회주의 시스템에 포괄적인 자유주의 개혁을 도입했던 지역 운동이었다. 프라하에서 벌어진 사태가 바르샤바 협정을 위협할까 봐 우려한 소련 지도자들

---

21) Warsaw Pact. 바르샤바조약기구라고도 한다. 1955년 5월 14일 폴란드 바르샤바에 모인 동구권 8개국이 니키타 흐루쇼프의 제안으로 결성한 군사동맹 조약기구로, 정식 명칭은 우호·협력·상호 원조 조약이다. 바르샤바조약기구가 창설되기 이전에 서유럽 국가와 미국, 캐나다가 북대서양조약기구(NATO)를 창설하자, 소련이 이에 대응해 동구권 국가들과 집단 군사동맹 기구를 창설했다. 1991년에 핵심 국가인 소련이 붕괴되어 조약이 유명무실해지면서 그해 7월 1일 공식 해체되었다.

은 군대를 보내 운동을 분쇄하고, 그 지도자들을 체포했다. 바르샤바 협정의 군사작전은 성공적이었지만, 침공은 공산주의 세계의 많은 사람을 놀라게 했다. 크렘린은 프라하의 개혁주의자들을 진압함으로써 전 세계의 동료 공산주의자들에게 어떤 반대 의견도 용납하지 않겠다는 신호를 보냈다. 결국 체코슬로바키아 침공은 모스크바의 신뢰성에 심각한 타격을 가했다. 11월에 레오니트 브레즈네프는 이른바 '브레즈네프 독트린'을 발표했을 때 이 정책을 공식화하게 된다. 소련은 다른 사회주의 국가들의 정부가 공산주의를 포기하는 것을 막기 위해 그 국가들에 개입할 권리를 주장할 것이었다.

베이징은 체코슬로바키아 침공을 "소련 수정주의 배교자 도당에 의한 파시스트 권력 정치의 뻔뻔스러운 (…) 표본"이라고 맹비난했다. 《베이징 리뷰Peking Review》는 다음과 같이 주장했다. 모스크바가 "직접적인 무장 침공에 노골적으로 호소했고 (…) 총포의 힘으로 꼭두각시를 창조하려 하고 있다. 그것은 바로 과거에 히틀러가 했던 짓이며 (…) 오늘날의 미 제국주의가 베트남을 공격하면서 하고 있는 짓이다." 프라하의 봄과 브레즈네프 독트린 선언 이후 베이징의 지도자들은 소련 지도자들을 두려워할 타당한 이유가 있었다.[22] 중소 긴장이 격화하면서 베이징은 소련과의 국경에서 일련의 도발을 감행했다.

1969년 3월 2일 아침 9시 직전, 30명으로 이루어진 일단의 중국 병사들이 우수리강에 있는 작은 무인도에 상륙했다. 러시아인들이 다만스키섬이라고 부르는 전바오섬은 우수리강에 있는, 면적이 0.8제곱킬로미터가 채 안 되는 섬으로 동북 중국과 소련 사이의 경계를 표시했다. 오랫동안 베이징은 이 국제적 경계가 19세기에 러시아 제국과 청국 사이에 있었던 불평등 협상을 바탕으로 획정되었다고 주장하며 이의를 제기했다. 모스크바는 베이징의 불만을 무시했고, 이 지역에 소규모 국경 수비대를 계속 주둔시켰다. 1968년 말부터 이 지역은 소련군 부대와 중국군 부대 사이에 가벼운 실랑이가 정기적으로 벌어지는 장소가 되었다. 3월 9일 소련 경비병이 중국 병사들을 목격했고, 차량 네 대를 보내 그들에 맞섰다. 중국 보고에 따르면, 9시 17분에 소련 경비병들이 사격을 개시했고 그 결과 중국 증원군을 끌어들이는 전면적인 총격전이 벌어지면서 거의 60명에 이르는 소련군이 전사했다.[23] 소련의 보고는 중국군이 먼저 총격을 시작했다고 단언했는데, 이는 CIA가 나중에 동의하게 되는 주장이었다. 모스크바는 잘 무장된 일단의 중국군 병사들이 습격을 했고, 이 사실은 고의적인 도발임을 나타낸다고 힘주어 말했다. 지역 인근에서 발견된 군사 장비, 전화, 전화선은 중국군이 국경 경비대에 매복 공격을 가했음을 시사했다. 소련 분석관들은 베이징이 4월에 있을 제9차 중국공산당 전당대회를 준비하면서 정권에 대한 국내의 지지를 결집하려는 시도의 일환으로 이 사건을 도발했다고 추정했다.[24]

2주 후 모스크바는 전바오 섬의 중국군 진지를 상대로 보복 작전을 실시했다. 3월 15일 아침 8시가 지난 직후 소련군 사령관들은 장갑차 여섯 대와 병사 약 30명을 동원해 중국군을 공격했다. 중국군은 이미 대전차 지뢰를 매설해 놓은 상태라서 소련군의 속도를 늦출 수 있었다. 두 번째 공격이 오전 9시 40분에 있었고, 이 뒤를 이어 오후까지 포 사격과 더 많은 공격이 진행되었다. 베이징은 공식 성명을 발표해 중국군이 상당한 사상자를 안겼고, 소련 차량 몇 대를 파괴했다고 주장했다.[25] 전투가 격렬해지는 것처럼 보이자 마오쩌둥은 중국 국민들에게 전국적으로 민병대를 동원할 것을 요구했다. "전쟁이 터지면 이들은 야전군을 보충할 것입니다"라고 마오쩌둥은 발표했다.[26]

여름 내내 양측이 국경을 따라 병력을 유지하면서 높은 긴장감이 계속되었다. 신장의 국경에서 소련군이 응징의 의도로 급습을 가해 중국 국경 순찰병을 살해했던 8월 중순에 전투가 재개되었다.[27] 며칠 뒤 미 국무부의 북베트남 문제 담당 특별보좌관인 윌리엄 로이드 스티어먼[22)]은 소련 대사관의 제2서기인 보리스 N. 다비도프Boris N. Davydov와 워싱턴 DC의 아메리카 호텔에서 점심 식사를 같이 했다. 스티어먼은 대화의 추이에 충격을 받았다. 스티어먼은 상관들에게 이렇게 말했다. "다비도프는 소련이 중국의 핵 시설을 공격해서 파괴한다면 미국은 어떻게 할 것인지 단도직입적으로 물었습니다. 그는 정말 진지한 이야기라고 제게 확언했습니다." 이 소련 외교관은 그런 타격은 1964년에 무기화된 중국의 핵 프로그램을 수십 년 동안 후퇴시킬 것이고, 베이징에서 "마오쩌둥 도당"을 약화해 "반체제적인 고위 장교와 당 간부들"에게 권력을 장악할 기회를 열어줄 것 같다고 설명했다. 깜짝 놀란 스티어먼은 다비도프에게 자신은 확정적인 답변을 줄 위치에 있지 않으나, 그런 공격은 "누구도 결과를 예측할 수 없기에 상당히 중요한" 문제일 것으로 확신한다고 말했다. 어쨌든 미국은 소

---

22) William Lloyd Stearman(1922~2021). 미국의 정부 관리, 비행사. 제2차 세계대전 당시 필리핀 전역, 보르네오 전역에 참여했다. 전쟁 후에는 빈, 베를린, 본, 사이공 등지에서 외교관으로 활동했다. 1971~1976년, 1981~1994년 국가안전보장회의에 참여했고, 국무장관 키신저의 자문관을 지냈다.

련과 중화인민공화국 간의 전쟁에 휘말리고 싶지 않았다. 다비도프는 중국 핵 시설의 파괴가 마오쩌둥의 위상을 크게 약화할 것이기 때문에 기습 공격이 전쟁을 확대할 위험은 거의 없다고 대답했다. 크렘린에 관한 한, 전바오섬에 대한 최근의 공격은 "인내의 한계를 넘게 하는 최후의 결정타(…)이며, 이런 행동에 대해 그냥 넘어갈 수 없다는 것을 중국에 보여주어야 했다."[28]

다비도프의 질문은 워싱턴에서 한바탕 소동을 일으켰다. 국무부의 분석관들은 모스크바가 "비축된 중국 핵무기 전체를 파괴할 수 있다고 확신할 수 없기" 때문에 소련이 공격할 가능성을 낮게 보았다. 게다가 중화인민공화국에 대한 공격은 필시 "장기적이고 어쩌면 전면적인 전쟁"을 촉발할 수 있을 것이다.[29] 그럼에도 국가안전보장회의 관리인 윌리엄 조지 하일런드[23)]는 그와 같은 충돌이 일어나면 미국이 이익을 볼 거라고 넌지시 말했다. 그는 8월 말에 다음과 같이 적었다. "많은 사람이 지적하듯이, 한정된 기간에는, 그리고 범위가 한정되어 있다면 중소 전쟁은 미국에 결코 재앙이 아니다. 그것은 베트남전쟁의 조기 합의로 가는 길일 것이다. 그것은 또 중국 핵 문제의 '해결'일 수도 있다." 하일런드는 워싱턴이 엄격한 중립을 모색하기보다는 국익을 고려할 것을 제안했다. 키신저는 이 분석을 "일급"이라고 여겼다.[30] 그러나 국무부의 학자 자문위원들은 충돌이 확대될 위험에 대해 걱정했다. 그들은 중국에 대한 소련의 공격이 중국 민족

---

23) William George Hyland(1929~2008). 미국의 정부 관리. 1960년대와 70년대에 미국의 국가안보 관련 전문가로 일했다.

주의를 북돋우고 마오쩌둥의 지위를 강화하며, 아시아와 서유럽 모두를 "불안정하게 할" 위험이 있을 것 같다고 경고했다.[31]

국무부의 정보 요원들은 9월에 모스크바와 베이징 간의 전쟁은 "공산주의 악몽"에 다름없을 것이라고 결론 내렸다. 중국과 소련 바깥의 공산당들은 두 강대국 간에 벌어질 수 있는 갈등을 "엄청난 재앙"이라고 말했다. 분석관들은 전 세계의 다른 공산주의 국가들이 모스크바나 베이징을 위해 결집하기보다는 "전통적인 강대국들에 특유한" 충돌을 쏙 빼닮은 갈등을 어찌할 바를 모르며 지켜보았다고 언급했다. 이 전쟁 공포는 권위를 모스크바와 베이징으로부터 그들 국경 바깥의 무수한 공산당들로 분산시키는 결과를 가져오면서 붕괴를 더욱 가속화했다.[32]

이렇게 긴장이 고조하는 가운데 마오쩌둥은 8월 28일 총동원을 요구했다. 이 명령은 "중국 내의 적대 계급과 (…) 미 제국주의자, 소련 수정주의자, (…) 인도 반동분자"의 외부 위협에 직면해 파벌주의를 끝내고 단결할 것을 요청했다. 가장 큰 위험은 "우리 국경에서 무장 도발을 일삼는" 소련군에게서 비롯했다. 이제 "군대와 인민들 사이의 단결"이 필요한 때라고 그는 역설했다. "우리의 힘을 분열시키는 모든 활동에 반대해야 한다."[33] 중국의 군사 지도자들은 "소련 수정주의자들이 중국을 그들의 주적으로 삼으면서, 우리 안보에 미 제국주의자들보다 더 심각한 위협을 가했다"라고 경고했다. 이 새로운 지정학적 상황에서 워싱턴과 베이징은 모스크바에서 공동의 적을 발견했다. 전쟁 공포는 또 중국 지도자들로 하여금 문화대혁명을 억제하도록 설득하는 데 일조했다. 이 운동이 종결되려면 여전히 몇 년 더 필요했지만, 운동의 가장 급진적인 국면은 끝나가고 있었다. 베이징은 또 짧은 고립 시기를 끝내고 더 넓은 세계에 다시 관여하는 문제를 고려하기 시작했다. 중국 지도자들은 공산주의 블록과의 관계가 낮은 수준에 머물러 있는 가운데 눈을 돌려 태평양 너머 미국을 바라보았다. 1969년 9월 외교부장 천이[24]는 다음과 같이 구상했다. "우리는 전략적 의미에서 미국과 소련 사이의 모순을 활용하고 중미 관계에서 돌파구를 찾을 필요가 있다."[34]

1968년 1월부터 1969년 9월 사이의 기간은 냉전의 분수령을 나타냈다. 워싱턴도, 모스크바도 참담한 실패를 맛보았다. 1968년의 테트 공세는 베트남에서 미국의 전쟁 수행 노력을 완전히 좌절시켰고, 워싱턴 봉쇄 전략의 핵심을 위기에 빠뜨렸다. 점점 더 많은 수의 미국인이 베트남에서 패배할 가능성을 인정하기 시작했다. 그러나 크렘린도 타격을 받았다. 우수리강에서 일어난 충돌은 아마도 중소 분열에서 최종적이고 가장 폭력적인 단절로 작용했을 것이다. 모스크바와 베이징은 세계 사회주의혁명의 선두에서 힘을 합치기는커녕 어쩌면 핵전쟁으로 비화할 수도 있는 전면적인 동족상잔의 벼랑 끝에 앉아 있었다. 1969년 가을, 워싱턴과 베이징의 지도자들은 관계 회복

---

24) 陳毅, Chen Yi(1901~1972). 중화인민공화국의 정치가, 외교관, 군인. 중화인민공화국 성립 이후 초대 상하이 시장을 지냈고, 1954년에 국무원 부총리를 지냈다. 1955년에는 원수에 임명되었다. 1958년부터 외교부장과 전국정치협상회의 부주석 등의 요직을 맡았으나 문화혁명 때 실각했고, 그 후 복당했으나 암으로 곧 사망했다.

의 가능성을 고려하기 시작했다. 베트남전쟁이 가장 유혈이 낭자한 국면으로 진입한 바로 그 순간에, 더 넓은 세계에서 진행될 지정학적 변화는 동남아시아에서 벌어진 전투를 대체로 무의미하게 만들 것 같았다. 만일 마오쩌둥과 동지들이 닉슨 및 키신저와 제휴하기로 선택한다면, 냉전의 전략적 풍경은 완전히 변할 터였다. 미국은 베트남에서는 지겠지만 더 넓은 제3세계를 위한 전쟁에서는 이길 것이었다. 하지만 이런 일이 일어날 수 있기 전에 대학살이 또 한 차례 발생할 터였다.

10

방글라데시의 선별적 제노사이드

1971

"여기 다카에서 우리는 [파키스탄] 군부의 공포 정치를

몸서리를 치며 바라보는 무언의 목격자다."

아처 켄트 블러드

10

1970년대 초 미국과 중국의 관계 회복으로 가는 길은 곳곳에 함정이 파여 있었다. 워싱턴은 1949년 이후 마오쩌둥의 정권을 인정하기를 거부했고, 양 정부는 그사이 20여 년 동안 대외 정책의 많은 부분을 서로의 영향력과 싸우는 데 썼다. 미군과 중국군은 한국에서 서로 피 터지게 싸웠고, 베이징은 계속 진행 중인 베트남전쟁에서 워싱턴과 사이공에 대항하는 하노이의 주요 후원자였다. 게다가 베이징과 워싱턴의 지도자들은 모두 강력한 국내 도전에 직면했다. 마오쩌둥이 문화대혁명의 과도한 행위를 억제하려고 애를 쓰는 동안, 닉슨은 미국의 대학 캠퍼스와 도시를 휩쓸고 있는 정치적·사회적 항의의 물결을 저지하려고 분투했다. 간단히 말해, 어느 지도자도 거절될 뿐인 올리브 가지를 태평양 너머로 건넬 여유가 없었다. 그러므로 관계 회복이 이루어지려면, 닉슨과 마오쩌둥은 연락 담당자의 역할을 할 제3자가 필요할 터였다. 닉슨은 이처럼 중재자를 찾고 또 초강대국 투쟁에서 우위를 점하려고 결심하면서, 한창 자국민을 대량 학살하고 있던 제3세계 정부를 지지하게 될 것이었다. 더 큰 냉전에서 워싱턴이 정한 우선순위는 백악관으로 하여금 제노사이드 정책에 책임이 있는 친서방 정권을 후원하게 했는데, 이런 일은 처음도 아니었고 마지막

도 아니었다. 따라서 닉슨의 대중국 문호 개방은 상당 정도는 민간인 수십만 명의 피로 대금을 치르고 구입한 것일 터였다. 그리고 이 학살은 인도네시아에서처럼 혼란스러운 인종·종교적 성격을 띠었다.

닉슨과 마오쩌둥 사이에서 세심한 밀사의 역할을 가장 잘할 후보는 파키스탄 국가였다. 파키스탄은 미국과 중국 사이에서 독특한 지위를 누렸다. 냉전에서 미국의 동맹국인 파키스탄은 중국의 주요 경쟁국 중 하나인 인도와도 적대적인 관계를 유지했다. 1950년대부터 파키스탄은 워싱턴이 남아시아와 중동에서 소련의 영향력을 억제하고자 했을 때 중요한 행위자로 활동했다. 또 모스크바와 인도의 따뜻한 관계도 미국과 파키스탄 지도자들을 더욱 가까이 다가가도록 떠미는 힘으로 작용했다. 게다가 드와이트 아이젠하워 아래에서 부통령으로 재직하는 동안 닉슨은 이슬라마바드에 대한 친밀감과 뉴델리에 대한 특별한 경멸감을 발전시켰다. 닉슨은 파키스탄 지도자들을 정직하고 '진솔'하다고 여겼던 반면, 인도 지도자들은 교만하고 일부러 겸손한 체한다고 생각했다. 그러나 1965년의 인도-파키스탄 전쟁[1] 이후 워싱턴과 이슬라마바드는 긴장 관계에 들어갔는데, 이는 미국이 전쟁을 개시한 파키스탄에 실망한 결과였다. 닉슨은 동맹을 부활시키기로 결심하고 대통령에 취임했다. 미국이 대모스크바 투쟁에 필요한 동맹자를 구했다면, 파키스탄 지도자들은 그들이 인도를 상대로 벌이는 지역 투쟁에서 워싱턴이 후원자 역할을 해주기를 기대

1) 1965년 인도와 파키스탄 사이에 벌어진 전쟁으로, 1947년에 있었던 제1차 인도-파키스탄 전쟁에 이어 카슈미르 지방의 영유를 둘러싸고 진행되었다.

했다. 그러므로 워싱턴과 이슬라마바드의 지도자들은 미국-파키스탄 동맹이 태어날 때부터 목적이 매우 달랐다.[1]

그러나 이슬라마바드는 자체의 문제가 있었다. 파키스탄은 1947년에 인도에서 영국 제국이 인종적·종파적 선을 따라 인도와 파키스탄이라는 두 국가로 붕괴할 때 벌어졌던 20세기의 대학살로부터 등장했다. 인도는 힌두교도가 다수인 국가이고, 파키스탄은 무슬림이 다수인 국가일 터였다. 인도의 분할(1947년)은 약 1000만 명이 서둘러 이동하면서 인류 역사상 가장 큰 이주를 불러일으켰다. 그사이 대규모 폭동이 인도 전역에서 발생했고, 수십만 명이 사망했다. 파키스탄이 분단된 국가로 탄생했다. 이 나라는 동부와 서부가 거의 1600킬로미터에 이르는 인도 영토에 의해 분리되어 있었다.

한 파키스탄 지도자는 이 국가를 "지리적으로 기괴한 나라"라고 불렀다. 그냥 영토만이 파키스탄을 두 개로 분리시킨 것이 아니었다. 매우 건조한 산악 풍경이 서파키스탄에 지배적이었던 반면, 동파키스탄은 초목이 무성하고 열대성 기후에다 평지였다. 동파키스탄은 벵골인들이 다수인 지역이었으나 서파키스탄은 펀자브인, 파슈툰족, 신드족 및 여러 소규모 인종으로 나뉘어 있었다. 우르두어는 서파키스탄에서 가장 널리 쓰이는 언어였지만, 동파키스탄 사람들은 대부분 벵골어를 말했다. 동파키스탄 사람들은 국경 너머의 인도 서벵골주에 사는 수백만 명의 벵골인들과 이 언어를 함께 썼다. 동파키스탄은 또 파키스탄 전체 인구의 다수를 차지했다. 동파키스탄은 인구가 약 7500만 명이었고, 서파키스탄은 약 5500만 명이었다. 그러나 정치적·군사적 권력의 고삐를 쥐고 있는 것은 서파키스탄의 지도자들이었다.

이 불균형은 파키스탄의 두 부분 사이에서 항상 긴장의 원천으로 남아 있었다. 파키스탄의 국부인 무함마드 알리 진나[2]가 우르두어가 공식 국가 언어가 될 거라고 발표하자, 벵골 지도자들은 서파키스탄의 제1당인 '무슬림연맹'에서 떨어져 나와 1949년에 자신들의 정당인 '아와미 무슬림연맹'을 창설했다. 아와미 연맹은 동파키스탄에서 가장 큰 정치 조직이자 파키스탄에서 가장 중요한 야당으로 급속히 성장했다. 당수는 셰이크 무지부르 라만[3]이었다. 두터운 안경과 시커먼 콧수염을 한 50세의 벵골 사람으로, 추종자들이 그냥 무지브라고 부르던 무지부르는 동파키스탄에서 민족주의 운동의 최고 지도자로 부상했다. 무지브의 지도 아래 아와미 연맹은 1966년에 자치안을 제출했다. 이 제안에서는 파키스탄의 양 절반이 국방과 국제 문제는 협력하는 가운데 각자 자치 정부를 구성할 것을 요구했다. 동파키스탄의 대다수는 이 제안을 받아들였지만, 서파키스탄 지도자들은 이를 거부하고 무지브를 체포했다. 동파키스탄에서 민족주의 운동에 가속

2) Mohammad Ali Jinnah(1876~1948). 인도의 독립운동가, 인도 이슬람교 정치인, 파키스탄 정치인. 인도 독립운동 과정에서 인도 국민회의의 비폭력주의를 비판했고, 인도 국민회의가 자치권 행사 및 지방의회 구성에서 이슬람 세력을 배제하자, 이에 반발하여 이슬람 국가 건설 운동에 동참했다. 1947년 7월 12일에 영국령 파키스탄의 초대 총독으로 취임했고, 그 후 초대 국회의장에도 선출되었다. 생전에 파키스탄의 완전 독립을 보지는 못했지만 파키스탄의 자치 독립을 이끌어낸 인물로 평가되어, 파키스탄의 국부로 불린다.

3) Sheikh Mujibur Rahman(1920~1975). 방글라데시의 건국 지도자. 1971~1972년 방글라데시 초대 대통령, 1975년 제2대 총리와 제4대 대통령을 역임했다.

도가 붙던 바로 그 순간 정치적 동요가 나라를 강타했다. 1969년에 무슬림연맹의 아유브 칸[4] 대통령은 자신의 리더십에 대한 반대가 커져 가자 대통령직을 사임하고 아그하 무함마드 야히아 칸[5] 장군에게 권좌를 넘겨주었다. 야히아는 군사정부를 세우고 계엄령을 선포했으며, 1970년에 있을 총선거를 준비하기 시작했다. 선거에서 아유브 칸을 승계할 가장 두드러진 두 도전 세력은 무지브의 아와미 연맹과 야당 지도자 줄피카르 알리 부토[6]가 이끄는 '파키스탄 인민당'일 터였다. 파키스탄 인민당은 군부 통치의 종식, 민주주의의 확대, 사회주의 경제정책을 요구한 중도 좌파 강령을 내세웠다. 총선거를 불과 몇 주 앞두고 대참사가 발생했다.

1970년 11월 12일 밤, 엄청난 사이클론이 동파키스탄의 저지대 해안 지대를 할퀴고 지나갔다. 시속 190킬로미터의 바람으로 생긴 높이 6미터의 파도가 세계에서 가장 인구가 밀집한 지방의 해안을 강타했다. 가장 좋을 때에도 평평한 연안 지방의 주민들은 바닷물이 가까이 오지 못하도록 제방을 건사하면서 바다에 맞서 싸웠다. 그러나 당시 주민들은 20세기 최악의 폭풍 앞에서 무력하기 짝이 없었다.

---

4) Ayub Khan(1907~1974). 파키스탄의 군인. 1958~1969년 파키스탄의 제2대 대통령을 지냈다.

5) Agha Muhammad Yahya Khan(1917~1980). 파키스탄의 장군. 1969~1971년 파키스탄의 제3대 대통령 지냈다.

6) Zulfikar Ali Bhutto(1928~1979). 파키스탄의 정치인. 1962~1967년 파키스탄 외무장관, 1971~1973년 제4대 대통령, 1973~1977년 제9대 총리를 역임했다. 1966년에 파키스탄에서 가장 큰 정당인 파키스탄 인민당을 창당했다.

폭풍이 지나간 뒤, 수십 개의 연안 지대 섬들이 물속에 잠겼고 국가 당국과 연락이 끊겼다. 수십만 명의 주민이 물이 빠지면서 바다 속으로 휩쓸려 들어가는 바람에 종적을 알 수 없게 되었다. 밀려든 바닷물 때문에 나무에 걸렸던 시체 가운데 많은 시체가 여전히 그 자리에 남아 있었다. 정부 관리들은 무려 50만 명이나 되는 사람들이 죽었을 거라고 추산했는데, 이로써 '볼라 사이클론'은 역사가 기록된 이래 최악의 자연재해 중 하나가 되었다. 항공기를 타고 상공을 날았던 기자들은 죽음의 악취를 맡을 수 있었고, 살아남은 사람들은 죽은 이들을 찾아 물에 잠긴 폐허를 샅샅이 훑고 다녔다. 폭우로 물바다가 된 들판에는 죽어 나자빠진 수천 마리의 소가 여기저기 흩어져 있었다. 짠 바닷물이 수 킬로미터에 이르는 논에 들러붙어서 지역 주민들의 생계가 달린 수확은 흉작을 면치 못했다. 사이클론에서 가까스로 살아남은 사람들은 이제 기근, 콜레라, 장티푸스, 이질의 위협에 직면했다.[2] 바닷물이 빠져나가자 절망적인 생존자들은 이슬라마바드의 관리들에게 구호를 기대했다. 사이클론은 파키스탄의 두 절반 사이의 불균등을 드러냈으나, 그것은 동파키스탄을 휩쓸어버릴 훨씬 더 큰 폭풍우의 첫 번째 물결에 불과했다. 앞으로 몇 달 동안 벌어질 사건들은 남아시아와 더 넓은 냉전 세계의 모습을 바꿀 것이었다.[3]

정치적 불안에 이미 사로잡혀 있던 국민은 이제 역사적인 대재앙에 직면했다. 정부의 대응은 문제를 더욱 악화시킬 뿐이었다. 야히아 칸 대통령은 폭풍우가 몰아치고 이틀 후 중국에서 귀국하는 길에 잠깐 다카에 머물렀다. 기내에서 제공된 음료에 아무래도 취한 것 같았던 대통령은 공항에서 짧은 연설 내내 말을 더듬으면서 상황이 "그렇게 나쁘게 보이지는 않습니다"라고 언급했다. 이는 일부 황폐화된 지역을 공중 시찰한 일과 함께 재난으로 피폐해진 지역을 대통령이 처음 방문했을 때 보여준 것의 전부였다. 동파키스탄 언론은 구조 활동을 돕는 서파키스탄군 인력이 부족하다고 불만을 터뜨리고, 또 재난에 적절하게 대처하지 못했다고 대통령을 비판하는 등 정부의 대응을 맹비난했다. 무지브는 열정적으로 연설하면서 서파키스탄 지도자들이 "거의 잔인무도한 살인을 저지르고 있다"고 분노를 터뜨렸다. 다카의 미 영사관 직원들은 이슬라마바드가 재난에 "무관심한" 데 당황했다. 총영사인 아처 켄트 블러드[7]는 동파키스탄과 서파키스탄 사이에 적대감이 점점 커져 가는데 정부가 손을 놓고 있다고 비난했다. 나중에 블러드는 이렇게 썼다. "야히아에게 재난 구호라는 공동 사업을 통해 두 날개를 더욱 가까이 다가가게 할 수 있는 황금 같은 기회가 주어졌지만, 그는 그 기회를 날려버렸다."[4]

미국은 원조 물자와 함께 그것을 나눠 줄 헬리콥터를 보내는 등 국제 구호 노력에 동참했다. 그러나 국가안보 자문관 헨리 키신저가 예측했듯이, 워싱턴의 구호 노력은 문제가 있는 것으로 드러날 수도 있었다. 이슬라마바드는 확실히 재난에 서투르게 대응하고 있었다. 키신저는 다음과 같이 주장했다. "미국이 독자적으로 재난을 처리하

7) Archer Kent Blood(1923~2004). 미국의 외교관, 학자. 1970~1971년에 방글라데시 다카의 미국 총영사를 지냈다. 그 후 그리스, 알제리, 독일, 아프가니스탄, 인도에서 외교관으로 활동했다.

고 있다는 매우 가시적인 모습은 서파키스탄의 야히아 대통령 정부가 이러한 동파키스탄의 상황을 효과적으로 처리할 수 없거나 처리하지 않을 거라는 함의를 지닐 것이다." 총선거가 다가오면서 키신저는 미국의 원조가 야히아의 정치적 지위를 약화할 거라고 걱정했다. 앞으로 있을 냉정한 태도를 미리 보여주는 징후로서 국가안보 자문관은 동파키스탄의 생명들을 구하는 일보다 이슬라마바드의 군사정부를 지지하는 것에 더 큰 가치를 두었다.[5]

많은 관찰자는 재난의 규모를 감안해 야히아가 총선거를 내년으로 연기할 것으로 예상했다. 그러나 야히아 장군은 선거를 하면 표가 경쟁하는 정당들 사이에 분산되어 의회를 갈라놓을 것이고, 그 덕분에 자신은 새 민간 정부를 통제할 수 있을 거라고 확신했다. 1970년 12월 7일, 파키스탄 국민들은 텔레비전 앞에 모여 생방송으로 개표 결과를 지켜보았다. 국민들은 그 결과에 깜짝 놀랐다. 사이클론에 대한 이슬라마바드의 대응에 분노가 계속 이어지는 데 힘입어 아와미 연맹은 동파키스탄에서는 국민의회 162 의석 중 160석을 석권했지만, 부토의 파키스탄 인민당이 81석을 차지한 서파키스탄에서는 단 한 석도 얻지 못했다. 선거는 아와미 연맹의 압승을 넘어 동파키스탄과 서파키스탄이 정치적으로 서로 크게 갈라져 있는 현실도 드러냈다. 미 국무부의 정보 분석관들은 "절대다수를 차지한 아와미 연맹은 서파키스탄이 수용할 준비가 되어 있는 것보다 더 많은 자치를 아주 강력히 추진하고 싶어 하게 될" 거라고 경고했다. 자치를 모색하는 동파키스탄과 나라를 온전히 유지하는 데 필사적인 서파키스탄 사이에 최후의 결전이 점점 더 벌어질 것처럼 보였다. 이슬라마바드의 지도자들은 만일 무지브와 아와미 연맹이 국민의회에서 다수 의석을 갖게 되면, 그들은 합법적으로 파키스탄에서 분리 독립하거나 군부의 힘을 축소시킬 것이라고 우려했다. 권력을 넘겨주기를 꺼리는 야히아는 무지브, 부토와 타협점을 찾고자 했다. 하지만 무지브와 아와미 연맹이 정권이 그들의 선거 승리를 인정하고 1969년 야히아가 정권을 장악한 때부터 계속 시행 중인 계엄령을 중단할 것을 요구함에 따라 대화는 거의 성과를 낳지 못했다. 협상이 교착상태에 빠지자 서파키스탄 군부 지도자들은 아와미 연맹을 분쇄하기 위해 동파키스칸에 개입할 계획을 꾸미기 시작했다.[6]

서치라이트 작전: 동파키스탄 침공

1971년 3월 25일 늦은 시간에 군부대가 공격을 개시했다. 벵골인 학생들이 다카 거리에 급하게 얼기설기 세워 놓은 바리케이드를 거침없이 짓밟으며 통과한 군은 먼저 지역 보안군에 타격을 가했다. 동파키스탄의 주요 국경 방호대로서 서파키스탄 군부에 반란을 일으킨 '동파키스탄 소총부대'의 막사가 포위되었고, 부대원들이 조직적으로 학살당했다. 또 다른 분견대는 탄티 바자르와 사카리 바자르를 포위하고 주민들이 여전히 안에 있는데도 가옥을 파괴하기 시작했다. 군은 또 다른 공격을 가해, 벵골 일간지인 《이테파크Ittefaq》 신문사에 불을 지르고 그 안에 있던 40명의 사람들을 불태워 버렸다. 파키스탄 부대는 다카의 민간인들을 상대로 대포와 중기관총도 동원했고, 이는 잔혹한 결과를 낳았다. 아처 블러드는 자기 집 지붕 위에서 밤을 지새우며 예광탄이 도시 상공에서 깜박거리는 광경을 지켜보고 기관총이 연달아 발사되는 소리를 들었다. 《뉴욕 타임스》 기자였던 37세의 시드니 힐렐 샨버그Sydney Hillel Schanberg는 끊임없는 집중포화 소리가 온 도시를 뒤덮는 가운데, 인터콘티넨털호텔에서 다카대학교 캠퍼스에 대규모 총격이 가해지는 것을 보았다고 보도했다. 대학살을 목격한 유엔 관리는 5000~7000명의 민간인이 살해되었다고 좀 더 보수적이긴 하나 여전히 끔찍한 추산을 보고했다. 그는 비밀 보고서에 이렇게 썼다. "셀 수 없을 정도로 많은 불길이 일었고, 극빈층이 사는 (…) 거의 모든 처소가 군에 의해 고의로 불태워졌다. 그 후 이 불타버린 주거지에서는 어떤 살아 있는 것도 찾을 수 없었다." 다음 날 아침, 도시는 조용했다. 군 차량이 거리를 돌아다녔고, 정부가 통제하는 라디오는 아와미 연맹이 불법화되었다고 발표했다. 정권은 무지브를 반역자로 낙인찍었고, 도시 전역에 통행금지를 실시했다. 반란 세력이 통제하는 라디오는 적어도 30만 명의 사람들이 첫 48시간 동안 살해당했다고 보도했다.[7]

《데일리 텔레그래프Daily Telegraph》 기자 사이먼 드링Simon Dring은 파키스탄군이 미국에서 제작된 M-24 탱크를 몰고 다카로 진입하는 광경을 직접 보았다. 드링은 처음에 죽거나 다친 자들은 자동차, 가구, 나무 그루터기 등으로 거리에 얼기설기 바리케이드를 세우려 했던 사람들이라고 설명했다. 대학교는 소름 끼치는 살상 지대로 바뀌었는데, 호수에는 시신들이 떠다니고 불타버린 기숙사에는 시체들이 까맣게 그을려 연기를 피우고 있었으며 잔디밭에는 학생들이 총을 맞고 쓰러져 있었다고 드링은 보도했다. 그는 이크발 홀 안에 있던 30

구의 시신이 "복도에 흥건한 피 전부를 절대 설명할 수 없을" 것이라고 썼다. 그사이 군부대는 셰이크 무지브의 저택을 포위하고 지도자를 체포했다. 경호원들을 구타하고, 건물을 샅샅이 뒤졌으며, 밖에 걸려 있던 벵골 깃발을 총을 쏴 끌어내렸다. 이튿날 정오, 부대는 다카의 구지구에 집결해 "미로처럼 뻗어 있는 좁고 구불구불한 골목길" 안으로 불길을 쏟아붓기 시작했다. 석유통을 든 병사들이 건물을 석유로 흠뻑 적시는 동안 다른 부대는 사격 위치를 잡았다. 드링은 "도망가려고 하는 사람들은 총에 맞았다"라고 썼다. "그 자리에 있던 사람들은 산 채로 불태워졌다." 병사들은 일이 끝나면 인근의 다른 지역으로 이동해 이 과정을 되풀이했다.[8]

이와 유사한 보고들이 도시의 다른 지역에서도 올라왔다. 방글라데시 독립이 선포된 3월 26일 아침에 파키스탄 부대가 사다르가트의 구시가 부두에서 배를 기다리던 민간인들을 공격했다. 병사들은 여객 터미널의 지붕에 기관총을 설치한 뒤 모여 있던 사람들에게 총격을 가했다. 현장을 방문한 목격자들은 터미널 바닥에 말라붙은 피 웅덩이와 "버스 안으로 끌려가 불태워졌던" 사체, 그리고 강에 떠다니던 시신들을 보았다고 회상했다. 군부대는 또 '람나 경마장' 중심부에 있는 '람나 칼리바리' 힌두교 사원 단지도 공격했다. 파키스탄군은 안에 있던 수십 명의 민간인을 학살한 다음 기관총으로 사격당한 시신 더미에 불을 질렀고, 그런 뒤 이 고대 사원을 허물어뜨렸다.[9]

다음 며칠 동안 아처 블러드와 그의 직원들은 군이 도시에 대한 통제를 강화하고, 주요 교차로에 군 검문소를 설치하며 반체제로 의심되는 사람을 대거 검거하는 광경을 지켜보았다. 군의 다카대학교 공격에 관한 보도들이 특히 섬뜩했다. 이 도시 캠퍼스는 아와미 연맹의 학생 지지자들이 모이는 집결지였다. 블러드는 군 부대가 "기숙사의 학생들을 생포하지 않고 모두 죽일" 계획으로 대학교를 공격했다고 썼다. 기숙사에 있는 학생들은 방에서 총에 맞거나 "무리를 지어 건물에서 나올 때 무차별 살육당했다." 한편, 병사들은 여학생 기숙사에 불을 지르고 도망가려는 여자들에게 기관총을 난사했다. 3월 29일 밤에 비가 온 뒤 블러드는 이크발 홀과 로케야 홀 바깥에서 집단 매장지의 증거를 보았다고 보고했다. 그는 나중에 "악취가 끔찍했다"라고 썼다. 군 지도자들은 또 대학 교수들도 겨냥했고, 그들을 끝까지 추적해 집에서 사살했다. 철학, 통계학, 역사학, 영문학과 학과장들이 전부 살해당했다. 미국 영사관 직원은 이것을 "미리 계획된 숙청"이었다고 추측했다. 벵골 지식인들은 대학교에 대한 공격을 "'말썽 부리는' 지금 세대의 흔적을 모조리 지워버리는 것"을 목표로 하는 작전으로 보고 있다고 블러드는 워싱턴에 타전했다. 또 다른 군부대는 1952년 벵골어 운동[8]의 순교자들을 기리기 위해 세운 기념물인 '센트럴 샤히드 미나르'를 무너뜨렸다. 영사관의 미국 관리는 군이 포로들을 총살하기 위해 트럭에 태워 필카나에 있는 '동파키스탄 소총부대'로 끌고 가는 것을 보았다.[10]

3월 28일, 블러드는 그와 직원들이 목격하고 있는 소름 끼치는 사

8) 1952년 2월 21~22일 벵골어의 공식 언어 지정을 요구하는 다카대학교와 다카의과대학의 학생과 정치활동가로 이루어진 시위대에 경찰이 발포해 수십 명의 사망자가 발생했다. 그 후 벵골어 운동이 더욱 세차게 진행되어 결국 1956년에 벵골어는 우르두어와 함께 파키스탄의 공식 언어가 되었다.

건들을 워싱턴의 국무부에 타전했다. 그는 "여기 다카에서 우리는 [파키스탄] 군부의 공포 정치를 몸서리를 치며 바라보는 무언의 목격자다"라고 썼다. 정권은 아와미 연맹의 지지자들, 대학 교수진, 학생 지도자들을 추적해서 살해하는 중인 것처럼 보였다. 그사이 군부의 지원을 받는 비벵골 무슬림들은 다카의 빈민가를 습격해 "벵골인과 힌두인을 살해했고", 이에 피난민들이 수도에서 대대적으로 탈출했다. 블러드는 "[파키스탄] 군부의 잔혹 행위가 낳은 참상의 전모가 조만간 드러날 것이다"라고 상관들에게 경고했다. 블러드는 워싱턴이 이슬라마바드의 부인을 계속 "믿는 척할" 이유가 없다고 주장했다. 그는 최소한 미국 정부는 학살을 끝내라고 파키스탄에 비공식적으로 압박을 가해야 한다고 간청했다.[11]

파키스탄 군부가 전국적인 차원에서 테러 작전을 실시했다는 사실이 점점 분명해지고 있었다. 동파키스탄에서 두 번째로 큰 도시인 치타공을 빠져나간 피난민들은 그곳에서 군으로부터 유사한 공격을 받았다고 보고했다. 그들은 군대가 도시의 빈민가 대부분에 불을 질렀고, 그 결과 대나무로 만든 오두막 수천 채가 연기만 풀풀 나는 폐허로 변해버렸다고 주장했다. 도시를 빠져나온 한 학생은 강 한쪽에 떠다니는 시신이 400구에 이른다고 보고했다. 어느 네덜란드인 목격자는 "그들은 모든 것을 죽이고 파괴하는 것을 즐기고 있는 듯했다"라고 언급했다.[12] 한 영국인 목격자는 다음과 같이 보고했다. "매일 나는 인도에 죽은 사람들의 시신이 새로 쌓여 있는 것을 볼 수 있었다. (…) 남자, 여자, 심지어 아기도 총검과 총격으로 인한 상처가 나 있었다. 일부는 으깨진 것처럼 보였다."[13] 다카의 미 영사관 행정관인

1971년 학살에 대한 책임을 묻는 방글라데시인들.

스콧 부처Scott Butcher는 "시신들이 들판에서 썩고 있는 광경"을 보았다고 기억했다. 그는 "대로에" 시체 한 구가 썩고 있는 것을 보았는데, 이는 "본보기로 그곳에 남겨둔 것이 분명했다." 농촌 지역을 여행하던 또 다른 관리는 사람들을 줄 세워 수백 명씩 총살하던 힌두 마을들을 방문한 일을 보고했다. 군대는 방앗간을 불태우고, 수확한 쌀을 전부 못 쓰게 만들어 생존자들을 굶겨 죽이려 했다. 마을에서 도주할 수 있었던 사람 중 많은 이들이 인도를 향해 서쪽으로 이동하는 피난민들의 흐름에 합류했다.[14]

이 맹공격에 직면해 아와미 연맹은 할 수 있는 일이 거의 없었다. 그러나 좀 더 장기적으로 아와미 연맹 지도자들은 동파키스탄이 이슬라마바드의 통제에서 해방될 수 있다고 확신했다. 무지브가 체포되자 직무를 대행한 아와미 연맹 지도부는 독립을 선포하고 세계 공동체에 지원을 간청했다. 4월 11일, 방글라데시 임시정부 총리 타주딘 아흐마드[9]는 '자유 벵골 라디오 방송국'을 통해 새로 건국한 나라의 인민들에게 해방 투쟁을 지지할 것을 요청하는 메시지를 방송했다. 야히아가 그의 군대에 "제노사이드를 명령"했는데도 벵골 인민들은 저항하고 있다고 아흐마드는 알렸다. 이 과정에서 "새로운 벵골 국민이 전장의 폐허 속에서 탄생했다." 군부의 강력한 탄압이 야만적으로 진행되었지만, 나라의 대부분은 군의 통제 밖에 있었고 외국 기자들에게 열려 있었다. 새 총리는 외부 세계에 해방 투쟁을 계속하기 위한 무기와 원조를 요청하며, 특히 소련과 인도의 지원을 기대했다. 아흐마드는 다음과 같이 말했다. "7500만 인민을 학살하고 자유를 위한 그들의 투쟁을 억압하려고 하는 것은 이제 이 지역의 평화만큼이나 양심을 위협하는 매우 중요한 국제적 문제입니다." 총리는 "우리의 역경이 세계에서 더욱 폭넓게 인정을 얻으면서 우리의 힘이 매일 크게 증대하고 있기에 전투는 오래 지속되지 않을 것입니다"라고 역설했다. "그러나 우리는 이 잔인한 도살자들이 해방군에 소탕되기 전에 이들로 인해 많은 피를 흘릴 것이고, 무자비한 파괴와 약탈을 수없이 보게 될 것입니다."[15]

9) Tajuddin Ahmad(1925~1975). 벵골의 정치인. 방글라데시의 초대 총리로 1971년 방글라데시 독립전쟁 당시 전시 임시정부를 이끌었다. 1975년에 군부 쿠데타 세력에게 살해당했다.

미국의 대응

동파키스탄에서 벌어진 잔혹 행위에 대한 보고가 백악관으로 흘러들어오자, 닉슨 행정부의 관리들은 대응 방안을 논의했다. 파키스탄은 이슬라마바드가 바그다드 협정[10)]에 가입했던 1950년대부터 남아시아에서 중요한 미국의 동맹국이었다. 바그다드 협정은 다르다넬스 해협부터 히말라야산맥까지 소련의 남부 국경을 따라 뻗어 있는 서남아시아 국가들의 동맹이었다.[16] 자와할랄 네루 같은 인도 지도자들은 냉전 비동맹을 축하했던 반면, 파키스탄 정부는 이 지역에서 친미 성채의 역할을 했다. 그러나 닉슨은 이 남아시아 동맹국을 위해 훨씬 더 야심 찬 계획을 갖고 있었다. 닉슨은 1969년 8월 초에 이슬라마바드를 방문했을 때 야히아와 비공식적으로 만난 자리에서 그에게 베이징과 비밀 채널을 개설하는 데 워싱턴의 중개자가 되어 줄 것을 요청했다. 닉슨은 중화인민공화국과 20년 동안 적대적으로 지낸 뒤 이 공산주의 국가와 관계를 수립하고 싶어 했다. 그는 중국에 접근할

10) 중앙조약기구(Central Treaty Organization, CENTO). 1955년 11월 이라크 왕국의 바그다드에서 체결된 중동 지역의 국제기구로, 바그다드조약기구라고도 불린다. 1955년 2월 이라크와 튀르키예 간 상호방위조약에 영국, 파키스탄, 이란이 참가하여 중동조약으로 확대되었고, 이에 의해 같은 해 11월 바그다드조약기구(METO, 중동조약기구)라는 이름으로 CENTO의 전신이 설립되었다. METO는 1958년 7월 이라크가 탈퇴를 선언함으로써 와해 위기를 맞았지만, 미국의 조정으로 1959년 3월 CENTO로 개칭해 본부를 앙카라로 옮겨 재출범했다. 1979년 3월 이란과 파키스탄이 비동맹운동을 위해 탈퇴함으로써 붕괴 직전에 이르렀고, 결국 튀르키예의 요구로 1979년 9월 27일 정식 해체되었다.

으로써 모스크바와 베이징 사이에 커져가는 균열을 이용해 세계에서 인구가 가장 많은 이 나라를 냉전에서 잠재적인 동맹국으로 만들기를 원했다. 하지만 이렇게 하려면 닉슨은 중화인민공화국과의 비밀 채널이 필요할 텐데, 야히아가 이 채널을 제공할 수 있을 것 같았다. 이 파키스탄 지도자는 파키스탄과 미국의 유대를 강화할 기회가 너무 반가울 뿐이어서 이를 기쁘게 받아들였다. 다음 날 열정적인 닉슨은 야히아에게서 "매우 머리가 좋고 러시아-중국 관계에 대해 대단한 통찰력을 가진 진정한 지도자" 같은 인상을 받았다고 수석 참모에게 말했다.[17]

동파키스탄에서 발생한 유혈 사태가 날로 심각해지자 닉슨의 계획은 꼬여버렸다. '백악관은 왜 이 잔혹 행위를 비난하려 하지 않는가?'라고 점점 더 많은 관찰자들이 물었다. 닉슨 행정부는 다카에서 폭력 사태를 지켜본 통신원들의 신문 기사는 못 본 체할 수도 있었지만, 미국 외무 직원들의 소름 끼치는 보고는 쉽게 묵살할 수가 없었다. 특히 아처 블러드의 전보는 남아시아의 동맹국이 자행하고 있는 학살을 무시하고 싶었던 백악관에 두통거리를 안겨주었다. 닉슨과 키신저는 3월 29일에 있었던 대화에서 둘 다 야히아가 아와미 연맹을 성공적으로 진압하는 것을 지지하는 의견을 표명했다. "곤경 같은 것에 맞서서 힘을 사용하고 있는데, 성공을 거두고 있습니다"라고 키신저는 주장했다. 닉슨은 다음과 같이 대꾸했다. "빌어먹을, 국가들의 역사를 대충 훑어보면 규율이 잘 잡힌 3만 명이 7500만 명을 언제라도 장악할 수 있지요. 스페인 사람들이 들어와서 잉카인들을 비롯해 모든 사람을 장악했을 때 그들이 어떻게 했는지를 보세요. 영국인들이 인도를 점령했을 때, 그들이 어떻게 했는지 보세요. (…) 그러나 여하튼 그가 잘하기를 바랍니다. (…) 그냥 (…) 내 말은 그것이 쪼개져야 하는 것보다 쪼개지지 않게 하는 것이 더 낫다는 겁니다." 다음 날 닉슨과 나눈 대화에서 키신저는 남자다움을 과시하면서 블러드를 조롱했는데, 이는 그렇게 기괴한 것까지는 아니더라도 우스꽝스러웠을 것이다. "다카의 이 영사는 담력이 아주 세지는 않군요." 닉슨은 워싱턴이 계속 거리를 두어야 한다고 확신했다. "중요한 것은 냉정을 유지하고 아무것도 하지 않는 것입니다. 어느 쪽이든 우리에게 큰 차이가 없어요."[18]

닉슨이나 키신저와는 달리 블러드와 다카의 직원들은 미국의 동맹국이 수천 명의 비무장 시민을 도륙하는 동안 말없이 지켜보려고만 하지는 않았다. 1971년 4월 6일, 블러드는 대외 정책 기관을 뒤흔든 전신을 워싱턴에 보냈다. 29명의 영사관 직원이 서명한 이른바 이 '블러드 전보'는 동파키스탄에서 벌어지는 잔혹 행위에 대해 워싱턴이 침묵을 지키고 있는 것을 신랄하게 비난했다.

> 우리 정부는 민주주의의 탄압을 비난하지 못했습니다. 우리 정부는 잔혹 행위를 비난하지 못했습니다. 우리 정부는 미국 시민들을 보호하기 위해 강력한 조치를 취하지 못하는 동시에, [서파키스탄의] 집권 정부를 달래고 부정적일 것 같고 부정적일 만한 국제 여론이 그들에게 미칠 영향을 줄이기 위해 안간힘을 썼습니다. 우리 정부는 많은 이들이 도덕적 파탄이라고 생각할 태도를 여실히 보여주었습니다.

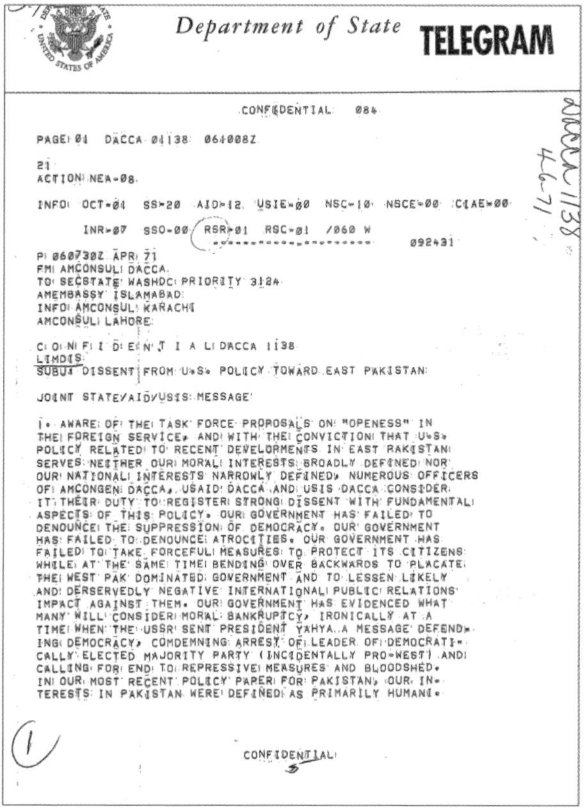

Department of State TELEGRAM

CONFIDENTIAL 084

PAGE 01 DACCA 01138 060008Z

21
ACTION NEA-08

INFO OCT-01 SS-20 AID-12 USIE-00 NSC-10 NSCE-00 CIAE-00
INR-07 SSO-00 RSR-01 RSC-01 /060 W
092431

P 060730Z APR 71
FM AMCONSUL DACCA
TO SECSTATE WASHDC PRIORITY 3124
AMEMBASSY ISLAMABAD
INFO AMCONSUL KARACHI
AMCONSUL LAHORE

C O N F I D E N T I A L DACCA 1138
LIMDIS
SUBJ: DISSENT FROM U.S. POLICY TOWARD EAST PAKISTAN

JOINT STATE/AID/USIS MESSAGE

1. AWARE OF THE TASK FORCE PROPOSALS ON "OPENESS" IN THE FOREIGN SERVICE, AND WITH THE CONVICTION THAT U.S. POLICY RELATED TO RECENT DEVELOPMENTS IN EAST PAKISTAN SERVES NEITHER OUR MORAL INTERESTS BROADLY DEFINED NOR OUR NATIONAL INTERESTS NARROWLY DEFINED, NUMEROUS OFFICERS OF AMCONGEN DACCA, USAID DACCA AND USIS DACCA CONSIDER IT THEIR DUTY TO REGISTER STRONG DISSENT WITH FUNDAMENTAL ASPECTS OF THIS POLICY. OUR GOVERNMENT HAS FAILED TO DENOUNCE THE SUPPRESSION OF DEMOCRACY. OUR GOVERNMENT HAS FAILED TO DENOUNCE ATROCITIES. OUR GOVERNMENT HAS FAILED TO TAKE FORCEFUL MEASURES TO PROTECT ITS CITIZENS WHILE AT THE SAME TIME BENDING OVER BACKWARDS TO PLACATE THE WEST PAK DOMINATED GOVERNMENT AND TO LESSEN LIKELY AND DERSERVEDLY NEGATIVE INTERNATIONAL PUBLIC RELATIONS IMPACT AGAINST THEM. OUR GOVERNMENT HAS EVIDENCED WHAT MANY WILL CONSIDER MORAL BANKRUPTCY, IRONICALLY AT A TIME WHEN THE USSR SENT PRESIDENT YAHYA A MESSAGE DEFENDING DEMOCRACY, CONDEMNING ARREST OF LEADER OF DEMOCRATICALLY ELECTED MAJORITY PARTY (INCIDENTALLY PRO-WEST) AND CALLING FOR END TO REPRESSIVE MEASURES AND BLOODSHED. IN OUR MOST RECENT POLICY PAPER FOR PAKISTAN, OUR INTERESTS IN PAKISTAN WERE DEFINED AS PRIMARILY HUMANI.

CONFIDENTIAL

닉슨 행정부가 파키스탄 정부의 잔혹 행위를 비난하기를 거부한 데 항의하여 아처 블러드와 동파키스탄 다카의 미국 영사관 직원들이 작성한 이른바 블러드 전신문. (1971년 4월 6일)

국가안보 문서보관소는 블러드 전신문의 위 사진과 함께 다음의 인용문을 포함할 것을 요청했다.

Document 8. U.S. Consulate (Dacca) Cable, Dissent from U.S. Policy Toward East Pakistan, April 6, 1971, Confidential, 5 pp. Includes Signatures from the Department of State. Source: RG 59, SN 70-73 Pol and Def. From: Pol Pak-U.S. To: Pol 17-1 Pak-U.S. Box 2535. The Tilt: The U.S. and the South Asian Crisis of 1971, National Security Archive Electronic Briefing Book No. 79, Edited by Sajit Gandhi, December 16, 2002

(…) 우리는 유감스럽게도 진부한 제노사이드라는 용어가 적용될 수 있는 아와미 충돌이 순전히 주권국가의 내정 문제라는 이유로 심지어 도덕적으로도 개입하지 않기로 했습니다. 전문적인 공무원으로서 우리는 현 정책에 대한 반대 의사를 표명하고, 자유세계의 도덕적 지도자로서 우리 국가의 지위를 지키기 위해 이곳에서 우리의 진정하고 지속적인 이익을 밝히고 우리의 정책을 재정립할 수 있기를 간절히 희망합니다.

인도주의적 관심은 차치하더라도, 블러드는 이슬라마바드가 현재의 충돌에서 승리한 것 같지도 않다고 언급했다. 그는 아마도 이 충돌의 결과 독립적인 동파키스탄이 창건될 것이라고 주장했다. "현재 우리는 아와미 연맹의 호의를 유지하고 있습니다"라고 블러드는 결론을 내렸다. "패배할 것 같은 쪽을 일방적으로 지지하는 융통성 없는 정책을 추구함으로써 이 자산을 잃어버리는 것은 어리석은 짓일 것입니다."[19]

전신을 받자마자 격분한 국무장관 윌리엄 피어스 로저스[11]는 키신저에게 전화를 걸어 "다카의 우리 사람들로부터 온 이 빌어먹을 메시지에 대해 이야기"했다. 키신저는 이 전신이 민주당 상원의원으로서 1972년 대통령 후보가 될 것으로 예상되는 에드워드 무어 '테드'

11) William Pierce Rogers(1913~2001). 미국의 정치인, 외교관, 법률가. 1953~1957년 미국 법무차관, 1957~1961년 법무장관, 1969~1973년 국무장관을 역임했다.

케네디[12]에게 유출될 것 같다고 우려했다.[20] 로저스는 답변으로 워싱턴이 동파키스탄의 미국 시민들을 보호하는 조치를 취하지 않았다는 비난을 부인하고, 이 강력한 탄압에 대해 워싱턴이 공식적 반응을 내놓지 않은 이유는 미국인들을 위험에 빠뜨릴지도 모를 어떤 행동도 피하고 싶었기 때문이라고 설명하는 날선 전신을 다카에 보냈다. 게다가 그는 미 국무부는 동파키스탄에서의 전투를 "파키스탄 정부의 내정 문제"라고 본다고 썼다. 로저스는 이 문제에서 손을 떼는 추가 시도로, 워싱턴은 "양측을 동일시할" 만큼 뻔뻔스럽지는 않지만, 양측 모두 잔혹 행위를 저질렀다는 보고를 받았다고 덧붙였다.[21] 블러드와 직원들은 신랄한 답변으로 쏘아붙였다. 블러드는 동파키스탄의 상황은 정당한 정부가 반란을 일으킨 시민들에 대해 질서를 회복시키고 있는 것으로 취급해서는 안 된다고 주장했다. 왜냐하면 이슬라마바드는 정당한 권위를 거의 갖고 있지 못했기 때문이다. "야히아가 몇 표나 얻었습니까?"라고 블러드는 따졌다. "우리는 이 문제를 순전히 내정 문제라고 보지 않습니다. (파키스탄 힌두인들의) 제노사이드(웹스터 사전의 정의에 따르면, 이 용어는 맹렬히 추적당하고 [있는] 아와미 연맹 추종자들에게도 마찬가지로 적용될 수 있을 것 같습니다만)를 규탄할 국제적인 도덕적 의무 외에도," 이 충돌은 "분명히 식민 측면 대 반식민 측면"을 갖고 있다고 그는 썼다.[22]

---

12) Edward Moore "Ted" Kennedy(1932~2009). 미국의 법률가, 정치인. 미국 대통령 존 F. 케네디와 법무장관 로버트 F. 케네디의 동생. 1962~2009년에 미국 매사추세츠주 상원의원을 지냈다.

백악관은 다카발 전신을 신경이 약한 관료들의 히스테리로 매도했을 것이지만, 블러드와 그의 직원들만 동파키스탄에서 벌어진 전투가 초래할 수 있는 결과를 우려한 것은 아니었다. CIA 분석관들은 이슬라마바드가 파키스탄의 동쪽 절반에 대한 통제를 회복할 희망이 거의 없다는 점을 분명히 했다. 군부가 아와미 연맹의 최고 지도부 대부분을 체포했지만, 평회원들 대부분은 여전히 건재했다. 더구나 동파키스탄 소총부대의 많은 병사들이 도주해서 인근 농촌 지역으로 사라져버렸다. 군대는 가장 큰 도시인 다카와 치타공만 통제했다. 미국 분석관들은 다음과 같이 언급했다. "3만 명 남짓한 서파키스탄 부대가 반란을 일으킨 7500만 명의 벵골인들에 대한 통제를 다시 확고히 하는 것은 물론이거니와 그들의 상태를 크게 개선할 가능성은 거의 없다. (…) 파키스탄의 군부 지도자들이 [1970년의 총선거를] 존중하기를 거부하고 벵골인들을 위협해 굴복시키려 하자, 동벵골에서 파키스탄 통합이 지속되는 것을 보고 싶어 하는 어떤 일반적인 바람도 거의 확실히 종언을 고했다." 보고서에서는 문제를 더욱 악화시킨 것은 이슬라마바드가 인도와의 국경을 봉쇄할 수 없어서 뉴델리가 이미 벵골 게릴라 전사들에게 원조를 제공하기 시작한 것 같다는 사실이라고 덧붙였다. 장기적인 게릴라 충돌이 동파키스탄에서 더욱 급진적인 지도부를 탄생시킬 수도 있다고 우려한 인도는 동파키스탄에 있는 서파키스탄군을 거의 확실히 압도할 전면적인 군사적 개입을 단행하고 싶은 마음이 생겼을 것이다. 미 국가안전보장회의 직원들도 유사한 결론에 도달했다. 파키스탄 군부가 수개월이나 심지어 수년 동안 억압 조치를 통해 용케 권력을 고수할 수 있을지라도,

"통일된 국가로서 파키스탄이 생존할 수 없다는 것이 우리의 평가다" 라고 4월 중순에 작성된 한 보고서에서는 단언했다.[23]

백악관은 확실한 대응을 피하고 있었지만, 미국 정부 안팎에서는 행동을 요구하는 목소리가 계속 나왔다. 닉슨과 키신저가 우려한 대로, 테드 케네디는 실제로 동파키스탄에서 발생한 학살 문제를 지속적으로 거론하기를 원했다. 7월에 케네디는 "현대에 들어서 가장 끔찍한 악몽 중 하나를 감추려" 한다면서 닉슨 행정부를 맹비난했다. 8월에 케네디는 동인도의 방글라데시 피난민 수용소를 방문했다. 케네디는 현장을 보고 경악했다. "3월 25일 밤에 파키스탄 군대가 자행한 조직적인 테러 작전과 그 결과 발생한 제노사이드보다 더 명확하거나 더 쉽게 입증되는 것은 아무것도 없다"라고 그는 보고했다. "이 모든 것은 계엄령하에서 이슬라마바드로부터 공식적으로 인가되고 지시되고 실행되었다. 이슬라마바드에 대한 미국의 굳건한 지지는 동벵골의 인적·정치적 비극을 함께 모의한 것이나 마찬가지다."[24]

이 공모에는 동파키스탄에서 민간인 학살을 자행한 정부를 적극적으로 무장시키는 일도 포함되었다. 4월 10일 《뉴욕 타임스》는 워싱턴이 이슬라마바드에 예비 군사 부품과 탄약을 여전히 보내고 있다고 보도했다. 기자는 "파키스탄군이 자치 운동을 진압하기 위해 미국산 탱크, 제트기 및 여타 장비를 사용해 온 증거가 늘어나고 있다" 라고 언급했다.[25] 비록 워싱턴은 이슬라마바드에 무기를 수송하는 것을 미루기는 했으나, 탄약과 예비 부품(파키스탄이 상당히 많이 비축한 미국 군사 장비를 유지하는 데 필요한)은 계속 반입되었다. 닉슨과 키신저는 이를 부인하고 싶었겠지만, 그들은 야히아가 강력한 탄압을 하지 못하도록 그에게 사용할 수 있는 영향력은 유지했다. 그러나 닉슨과 키신저는 이슬라마바드에 억압을 완화하도록 압박을 가하는 대신에, 오히려 자신들의 정책에 대한 비판이 커져가는 것에 불만을 터뜨렸다. "다카 영사관은 공개적으로 반란을 일으키고 있다"라고 키신저는 불평했다. 워싱턴 안팎에서 점점 더 거세지는 비판의 목소리는 이제 미국에 벵골인들의 지원에 나서라고 요구하고 있었다. 닉슨은 키신저의 불만을 공유했다. 그는 "우리가 그들이 내전이라고 말하는 것에 개입했다는 이유로 베트남에 대해 투덜거리는 자들이 그것에 대해 투덜거리고 있습니다"라고 씩씩댔다. "지금 이 똑같은 놈들이 (…) 우리가 이곳에 개입하기를 원합니다. 둘 다 내전인데도 말입니다." 이 동일한 목소리 중 많은 목소리가 또 서파키스탄에 대한 미국의 원조를 중단할 것도 요구했다고 키신저는 덧붙였다. "우리가 원조를 끊으면 서파키스탄 사람들이 불같이 화를 낼 겁니다."[26]

그러나 국무부 관리들은 파키스탄군이 "벵골인들에 대한 통제를 다시 확고히 하는 것은 물론이거니와 그들의 상태를 크게 개선할" 수 있을지를 의심했다. 게다가 이슬라마바드는 그렇게 할 수 있다 하더라도 동파키스탄에서 대의제 정부 비슷한 것을 만들 수도 없을 터였다. 다른 한편 만일 동파키스탄이 독립을 신속히 확보할 수 있다면, 온건한 정치 지도부가 들어설 것 같았다. 하지만 투쟁이 지연되면 동파키스탄의 지도자들이 급진적으로 될 것 같다고 그들은 경고했다.[27] 어쨌든 점점 더 "파키스탄의 분할은 불가피해" 보였다.[28] 1971년 4월 28일, 키신저는 대통령에게 자신의 권고안을 보냈다. 서파키스탄을 무조건 지지하면 이슬라마바드는 이에 용기를 얻어 "현 상황을 질질 끌면서 그들과 우리에게 정치적·경제적 비용을 증가시킬" 것이며, 반면에 원조를 중단하면 동파키스탄에 유리한 방향으로 사태가 진행될 것이다. 키신저는 그 대신 미국은 서파키스탄 지도자들이 협상으로 모종의 해결을 보도록 도와주는 데 목표가 있는 중간 길을 따라가야 한다고 주장했다. 예비 군사 부품을 계속 수송하겠지만, 새로운 무기 시스템은 의회의 분노를 불러일으키지 않도록 금수 조치될 것이었다. 닉슨은 키신저의 추론에 동의했고, 다음과 같이 손으로 쓴 언급을 덧붙였다. "**모두에게.** 지금 야히아를 압박하지 **마시오**[강조는 원문]."[29]

닉슨과 키신저가 야히아를 압박하기를 거부한 것은 몇 가지 요인에서 비롯했다. 파키스탄을 냉전 동맹국으로 바라보는 그들의 시각이 확실히 결정적이었다. 닉슨과 키신저는 '워싱턴이 소련에 경도된 국가인 인도, 그리고 뉴델리와 동맹을 맺을 것 같은 좌익 방글라데시 반란자들을 돕기 위해 왜 친미 정부를 비판해야 하는가?'라고 물었다. 키신저는 닉슨에게 이렇게 말했다. 인도는 "우리를 위해 손가락 하나 까딱하지 않은 개새끼들인데, 왜 우리가 동파키스탄의 난국에 휘말려야 합니까? 나는 만일 동파키스탄이 독립한다면 오물 구덩이가 될 것이라는 지적에 절대 동의하기 때문에 더더욱 그렇습니다. 동파키스탄은 곧 1억 명이 될 테고, 그들은 아시아에서 생활수준이 가장 낮습니다."[30] 하지만 백악관이 1971년에 도모했던 중심적인 외교적 책략, 즉 중화인민공화국에 개방을 준비하는 일보다 더 시급한 관심사는 없었다. 1969년의 우수리강 충돌에서 절정에 이른 베이징과 모스크바의 관계 악화는 닉슨에게 중국과의 관계 수립이라는 장기적인 목표를 이룰 명확한 기회를 제시했다.

방글라데시의 인민들에게 아마도 타이밍이 이보다 더 나빴을 수는 없었을 것이다. 파키스탄은 중국과 비공식 채널을 열기 위해 노력하던 닉슨과 키신저를 결정적으로 도와줌으로써 방글라데시에서의 강력한 탄압을 백악관이 비난하지 않게 할 수 있었다. 확실히 닉슨과 키신저는 동맹자들이 저지르는 인권 남용에 넓은 아량을 보였다. 그러나 백악관이 제3세계 학살을 보고도 못 본 체한 적이 있었다면, 이 경우가 바로 그때였다. 베트남에서 계속되는 전쟁의 참사, 중국에 문호를 개방하는 문제와 관련된 지정학적 이해관계, 워싱턴과 파키스탄의 동맹 강화 가능성은 닉슨의 백악관에 손쉬운 선택을 제시했다. 방글라데시는 닉슨과 키신저가 꾀한 냉전 전략의 피해자가 될 터였다.

11

인도-파키스탄 전쟁

1971

"미국 의회, 상원, 미디어, 국민 일반은 파키스탄의 잔혹 행위를 비난하고
방글라데시 해방전쟁을 지지했지만, 닉슨과 키신저는 파키스탄을 지지했다.
만일 닉슨과 키신저가 야히아 칸을 지지하지 않았더라면,
방글라데시 제노사이드는 피했거나 적어도 최소화되었을 것이다."

누란 나비

11

닉슨과 키신저가 동파키스탄의 악몽을 못 본 체하려고 애쓰는 동안, 이 잔혹 행위는 인접 국가들에 훨씬 더 직접적인 문제를 발생시켰다. 학살은 피난민들의 탈출을 촉발했고, 이들이 국경을 넘어 인도로 도피하면서 세계에서 두 번째로 인구가 많은 국가를 서쪽의 인접 국가와 전쟁을 벌이기 직전 상황까지 몰고 갔다. 남아시아에서 가장 큰 두 국가 사이에 충돌이 일어나려고 하자 베이징도, 워싱턴도 파키스탄을 지지하며 수십만 명의 민간인을 살육하는 데 분주한 정권을 방어하고자 했다. 방글라데시를 창건한 1971년의 인도-파키스탄 전쟁은 공산주의 세력과 친서방 세력의 충돌이라는 냉전 패러다임의 전개와 제3세계에서 새로운 인종적·종교적 폭력 정치의 등장을 이전의 어떤 충돌보다도 더 잘 보여줄 것이었다. 동파키스탄에 걸려 있는 문제는 공산당이 제3세계 국가에 대한 통제권을 장악할 것이냐가 아니었다. 오히려 인종적·종교적 정체성을 둘러싼 충돌이 동서의 이념적 분쟁을 가리기 시작했다. 그럼에도 불구하고 남아시아에서 폭력이 확대되자, 두 냉전 초강대국은 그들 각자의 동맹자들을 지지하는 데 여전히 강한 관심을 보였다. 그리고 또다시 중소 분열은 베이징에 균형 상태를 한쪽으로 기울게 할 수 있는 위치를 부여할 것이었다.

1971년이 끝나기 전에 동파키스탄에서 자행된 학살은 지역 전쟁을 촉발하고, 이 지역 전쟁은 다시 더 광범위한 국제적 충돌을 점화할 것 같았다. 한국이나 베트남과 마찬가지로, 동파키스탄은 직접적인 초강대국 대결의 가능성을 불러일으키는 전쟁을 치르는 기이한 장소처럼 보였다. 그러나 다툼이 벌어지는 냉전 아시아의 국경 지대에 파키스탄이 자리 잡고 있다는 사실은 이 가난한 남아시아 국가의 지정학적 중요성을 더욱 부각했다.

하지만 동파키스탄의 학살은 또 다른 포스트식민주의 강국인 인도에 당장 심각한 위험을 가져왔다. 인도 총리 인디라 간디[1]는 인상적인 인물이었다. 둥근 눈썹과 회색 머리칼이 섞인 검은 머리를 한 51세의 간디는 인도 최초의 여성 국가수반이었다. 그녀와 자문관들은 파키스탄에서 벌어지던 충돌에 처음에는 신중했지만 곧 고무되었다. 한편으로 그들은 아와미 연맹의 선거 승리가 인도에 더욱 우호적인 파키스탄 정부를 탄생시키기를 희망했다. 1947년 인도의 분할과 좀 더 최근의 영토 분쟁의 폭력적 경험으로까지 거슬러 올라가는, 인도에 대한 깊은 분노를 품은 서파키스탄 관리들과는 달리, 동파키스탄 지도자들은 뉴델리와 더 좋은 관계를 유지했다. 하지만 간디 행정부는 독립국 방글라데시가 창건되는 것을 보고 싶지는 않았다. 그런 움직임은 이 지역에 얼마간의 불안정을 가져올 것 같았다. 게다가 독립국 방글라데시는 국경 너머 인도의 서벵골주에서 마오쩌둥주의

1) Indira Gandhi(1917~1984). 인도의 정치인. 인도 초대 총리인 자와할랄 네루의 딸이다. 1966~1977년, 1980~1984년에 인도 총리를 지냈다.

반란을 부추길 수도 있었다. 서벵골주는 동파키스탄의 다수 주민인 벵골인과 언어를 함께하는 수백만 벵골인의 본거지였다. 비록 야히아와 이슬라마바드의 그의 동료들이 동파키스탄의 반란을 비밀리에 지원하고 있다고 간디를 비난했지만, 인도 정부는 동파키스탄에서 전면적인 혁명이 일어나는 것보다 점진적인 개혁이 진행되는 쪽에 훨씬 더 관심이 있었다. 서치라이트 작전에서 발생한 폭력에 대한 보고가 뉴델리에서 우려를 불러일으켰으나, 많은 이들은 강력한 탄압이 일시적인 조치에 불과할 것이라고 믿었다. 확실히 인도 지도자들은 이슬라마바드가 병력을 동원해 동파키스탄의 분리주의 운동을 영원히 억압할 수는 없음을 깨닫고 있다고 추정했다. 더구나 인도의 개입은 위험이 상당했다. 간디는 국제사회의 대부분이 파키스탄의 내정 문제라고 볼 것 같은 사태에 개입하는 데 신중했다. 그녀의 행정부는 "파키스탄의 내부 사태에 간섭하는 것은 국민국가 대다수로부터 양해나 호의를 얻지 못할" 거라고 경고했다. 그러므로 동파키스탄 개입 문제가 인도에서 공공 토론의 주제가 되지 못하게 하는 것이 뉴델리에 이익이었다.[1]

하지만 동파키스탄 사태는 통제를 벗어나고 있었다. 아와미 연맹이 선거에서 승리한 뒤이고 서치라이트 작전이 시작되기 몇 주 전인 1971년 3월 초에 간디는 독립국 방글라데시를 인정할 가능성에 대한 연구를 의뢰했다. 만일 동파키스탄 지도자들이 분리를 선택한다면, 독립국 방글라데시는 식량과 의료 지원, 군사적 원조가 간절히 필요할 터였다. 그러나 공식적 개입은 거의 확실히 서파키스탄의 군사적 대응을 촉발할 것이라고 인도 관리들은 예측했다. 뉴델리는 닉슨 행정부 관리들에게 대참사를 초래할 것이 확실한 야히아의 강력 탄압을 자제시키라고 촉구했으나, 파키스탄은 이미 동원 상태에 있었다. 3월 19일, 간디의 자문관들은 총리에게 "파키스탄군 2.5개 사단이 동[파키스탄 사람]을 대량 살상할 태세가 되어 있다"라고 경고했다. 폭력이 확대되고 국경을 넘어 인도로 향하는 피난민들의 흐름이 커지자, 뉴델리에 이에 대응하라는 압력이 고조되었다. 많은 인도인이 파키스탄의 인권 남용에 움찔했지만, 간디의 행정부는 국경을 넘어 피난민이 쏟아져 들어오면 기근·참상·혁명의 위협을 인도로 퍼뜨릴 것임을 알았다. 파키스탄의 잔혹 행위는 뉴델리에 매우 현실적인 안보 우려를 자아내고 있었다. 인도 군부 지도자들은 가장 좋은 행동 방향을 둘러싸고 서로 의견이 맞지 않았다. 일부는 신속한 개입을 요구하면서, 심지어 야히아의 정권이 무장이 형편없는 벵골인들에게 패배하는 수치를 당하기보다 인도와의 재래식 전쟁에서 지는 쪽을 바랄 거라고 암시하는 정도까지 갔다. 그러나 인도 육군 참모총장 삼 마넥쇼[2] 장군은 신중을 기할 것을 촉구했다. 몬순 장맛비가 닥치면서 침공군은 동파키스탄의 드넓은 늪에서 오도 가도 못 하게 될 것 같았다. 비가 그치고 도로가 메마르면서, 중국으로 가는 산길이 눈에 막혀서 중국의 개입이 훨씬 어려워질 가을까지 기다리는 편이 더 낫다고 마넥쇼는 주장했다. 그는 간디에게 이렇게 말했다. "제가 계속 일을 진행시키기를 바라신다면, 그렇게 하겠습니다. 그러나 저

2) Sam Hormusji Framji Jamshedji Manekshaw(1914~2008). 인도의 군인. 1969~1973년에 인도 육군 참모총장을 지냈다.

는 귀하께 백 퍼센트 패배를 보장합니다." 그리고 덧붙였다. "6개월만 시간을 주십시오. 그러면 귀하께 백 퍼센트 성공을 보장하겠습니다." 총리는 기다리는 쪽을 택했다.[2]

"이것은 제노사이드다"

동파키스탄에서 살육이 계속되면서 잔혹 행위에 관한 보고가 세계 전역에 퍼져 나갔다. 카라치를 근거지로 활동하던 언론인 네빌 앤서니 마스카렌하스Neville Anthony Mascarenhas는 파키스탄 병사들과 함께 동파키스탄을 돌아보며 6월에 충격적인 폭로 기사를 썼다. 파키스탄에서 이 기사를 결코 발표할 수 없을 것임을 안 마스카렌하스는 런던의 《선데이 타임스Sunday Times》에 글을 게재했다. "**이것은 제노사이드다.** 놀랍도록 무심하게 자행되었다." 파키스탄군은 도시에서도, 농촌에서도 힌두 주민들을 조직적으로 학살하는 중이었다. 정규군과 준군사 조직이 지역공동체를 황폐화하는 "죽이고 태우기" 임무를 수행했다. 마스카렌하스는 들판에 아무렇게나 쓰러져 있는 살해당한 벵골인들의 시신과 대학 건물 지붕에 있는 참수된 학생들의 머리, 그리고 살려달라고 애원하며 몸을 웅크리고 있는 포로들을 보았다. 그는 "트럭에 실린 다른 인간 목표물과, 그들을 '처분하기 위해' 트럭에서 끌어낼 때 끌려 내려가는 이들을 도와주려는 인간성을 지닌 사람들"을 지켜보았다. 마스카렌하스는 맹공격 앞에서 다카의 힌두 주민들이 "사라져버렸다"라고 적었다. 마스카렌하스가 따라다니던 그룹을 지휘한 파키스탄 소령은 "우리는 힌두 남성만 죽이고 있습니다"라고 주장했

으나 부녀자와 아이들의 시신은 다른 이야기를 전했다.[3]

언론인, 정치 지도자, 미 국무부 관리들의 제노사이드에 대한 고발이 1971년 여름 동안 쌓였다. 정치적 학살과는 별개로, 파키스탄군이 힌두인을 겨냥하고 있다는 증거는 인종적 폭력이라는 망령을 환기시켰다. 계속되는 학살이 희생자를 낳는 동안, 기근과 질병의 그림자가 불안스럽게 다가오기 시작했다. 폭력 사태로 생겨난 수백만 명의 피난민이 가장 취약했다. 그중 많은 사람이 동파키스탄에서 인도로 건너간 이들이었다.《뉴욕 타임스》의 시드니 샨버그 기자는 6월에 다음과 같이 썼다. "그들은 동파키스탄과 맞대고 있는 2160킬로미터의 인도 국경을 따라 학교, 관청, 맨땅에 인간 사슬처럼 무리를 지어 지금 모여 있다." 피난민들은 지역 병원을 가득 채우고, 식품 가격을 올렸으며, 위생 시설을 감당하지 못하게 했다. "이질이 창궐하고 있다"라고 샨버그는 보도했다. "콜레라와 천연두가 발생했다." 전염병이 너무 무서워 치우지 못한 시신들이 도로를 따라 방치되어 있었고, 독수리·까마귀·개가 시체를 두고 서로 싸웠다. 샨버그는 20개의 병상으로 100명 이상의 환자를 돌보려고 애쓰는 한 병원을 방문했다. 그는 독자들에게 이렇게 말했다. "기침 소리, 토하는 소리, 끙끙대는 소리, 우는 소리 같은 전염병의 소리들이 작은 벽돌 건물 전체와 잔디밭 너머로 울려 퍼진다." 소문은 국경 건너편의 동파키스탄 상황이 이보다 훨씬 더 끔찍하다는 것을 시사했다. 몬순 장마가 닥치면서 피난민들의 곤경은 더욱 악화될 것 같았다. 뉴델리는 당장의 인도주의적 관심을 넘어 정치적 불안의 가능성을 걱정했다. 피난민들과 지역 주민들 사이에 이미 긴장감이 생겨났고, 힌두교도와 무슬림 공동체 간 갈등 가능성이 여전히 위험 요인으로 남아 있었다. 많은 인도 지도자들은 피난민 수용소가 반란 그룹과 분리주의 운동의 온상이 될까 봐 두려워했다.[4]

1971년 여름 내내 개입을 요구하는 압력이 점점 더 거세게 간디 행정부에 가해졌다. 샨버그는 1인당 연소득 80달러로 겨우 먹고사는 가난한 나라인 인도가 아마도 300만 명 이상의 피난민을 먹이고 돌보는 부담을 질 수 없을 것이라고 보도했다. 더 나아가 궁핍한 피난민 무리는 지역의 인도 시민들과 긴장을 야기했다. 피난민들은 식품 가격을 끌어올리고, 임금을 끌어내렸다. 이 불화는 쉽게 공동체 간 폭력으로 발전할 수 있었다. 특히 인도 지도자들은 인도의 다수 국민인 힌두교도들이 무슬림들이 동파키스탄의 힌두교도들에 대한 공격을 주도하는 데 자극받아 인도 안에 살고 있는 거의 6000만 명에 달하는 무슬림에 보복을 가하지 않을까 우려했다. 결국, 아무리 지원을 퍼부어도 문제를 해결하지 못할 터였다. 샨버그는 "종양은 군의 포그롬[3)]이 계속 진행되고 있는 동파키스탄에 있다"라고 썼다.[5]

1971년 5월 13일, 간디 총리는 백악관에 인도의 딜레마를 설명하는 메시지를 보냈다. 동파키스탄에서 벌어지는 "살육 사태"는 대량 난민 문제를 야기했고, 이는 다시 인도에 대한 안보 위협으로 발전했다. 피난민들은 인도 땅 중에서 "너무나 붐비고" 정치적으로 불안한

---

3) pogrom. 인종이나 종교를 이유로 행해지는 집단 학살을 말한다. 이 용어는 제정러시아 시대에 유대인들을 겨냥하여 벌어진 광범위한 폭력 사태를 가리키는 데서 비롯했다.

지역에 들어왔고, 이제 상황이 "폭발적"으로 될 가능성이 있었다. 간디는 단언했다. "그러므로 피난민들의 유입은 심각한 안보 위험을 제기하며, 어떤 책임 정부도 이 위험이 커지는 것을 허용할 수 없습니다." 간디는 이 위기가 사전에 계획된 인종 청소 정책을 나타낸다고 주장했다. "파키스탄은 동[파키스탄]의 인구 크기를 줄이고, 조직적·선별적 축출 프로그램으로 그 공동체의 구성을 바꿈으로써 내부 문제를 해결하려 하고 있습니다." 이 정책은 인도에 인종적·종교적 긴장의 씨앗을 뿌리는 이득도 이슬라마바드에 추가로 가져다주었다고 그녀는 주장했다.[6]

전쟁이 곧 터질 듯하자, 닉슨 행정부는 뉴델리와 이슬라마바드에 자제할 것을 촉구했다. 국무부 관리들은 파키스탄 부대와 인도 부대가 국경을 따라 집결하고 있다고 경고했다. 340만 명으로 추산되는 피난민들이 국경을 건넜고 수백만 명이 더 뒤를 따를 것이었다. 인도 국경보안군은 약 1만 명에 이르는 동파키스탄 게릴라들을 위해 훈련 캠프를 설치했다. 그사이 인도 군용기들이 상공에서 정찰비행을 했다. 이러한 상황이 계속된다면, 뉴델리든 이슬라마바드든 서로를 상대로 선제공격을 가할 수도 있었다. 게다가 전쟁이 발발한다면 중국과 소련이 각각 파키스탄과 인도를 지지하며 개입하는 "2차적인 확전"이 일어날 확실한 가능성이 여전히 남아 있었다.[7] 뉴델리의 대사 락슈미 칸트 자[4]는 인도 서벵골주의 상황이 "매우 폭발적"이며, 뉴델

4) Lakshmi Kant Jha(1913~1988). 인도의 경제학자, 외교관. 1967~1970년 인도 준비은행 총재, 1970~1973년 미국 주재 인도 대사를 지냈다.

리가 피난민들을 귀환시킬 방법을 찾을 필요가 있다고 헨리 키신저에게 경고했다. 그러나 거만한 키신저는 "귀하는 피난민 때문에 전쟁을 벌일 수는 없어요"라고 주장하며 이의를 제기했다. 뉴델리의 일부 사람들이 제시한 한 가지 시나리오는 피난민들을 무장시킨 다음 동파키스탄으로 돌려보내 게릴라 활동에 참여하게 하는 것이라고 대사는 대꾸했다. 여하튼 이런 상황이 계속된다면 남아시아 전체가 충돌 속으로 끌려들어 갈 위험이 있었다. 키신저는 이렇게 위협했다. "이 문제가 완전히 손에서 벗어나 감당할 수 없게 되면 우리는 몹시 후회하게 될 거라고 지금 당신에게 말할 수 있습니다."[8] 닉슨과 키신저는 비공식적으로 대화하면서 뉴델리에 대한 실망감을 표출했다. "인도인들은 대규모 기근이 필요해요. 그들에게 정말로 필요한 것은 대규모 기근이라니까요." 대통령이 씩씩댔다. "그들은 개자식들이에요"라고 키신저가 끼어들었다. "그들은 그 지역에서 가장 호전적인 빌어먹을 사람들입니다."[9]

닉슨과 키신저가 울분을 터뜨리고 있는 동안, 파키스탄군은 동파키스탄에서 계속 사람들을 살육했다. 강간, 굶주림, 학살에 관한 보고가 계속 흘러나왔다. 할루아갓 마을에서 병사들은 헌혈이 필요하다고 젊은이들을 전부 불러 모았다. 《뉴스위크》는 다음과 같이 보도했다. "젊은 남자들이 임시로 만든 간이침대에 누웠고, 정맥에 주삿바늘이 꽂혔다. 그 후 사람들이 죽을 때까지 피가 서서히 몸에서 빠져나갔다." 한 벵골 언론인은 "10여 개의 마을을 통과"하면서 집으로 돌아가는 여행길에 대해 다음과 같이 말했다. "마을은 불타고 버려졌는데, 까마귀들이 곳곳에 흩어져 있는 시체를 쪼아 먹고 있었다.

그 냄새! 그 끔찍함이란!"[10]

동파키스탄에서 사망자가 증가하고 있었지만, 백악관은 여전히 베이징을 연결하는 비공식 채널로 이슬라마바드를 이용하기로 결정한 상태였다. 닉슨의 대중국 문호 개방은 행정부의 최우선 과제로 남아 있었다. 5월에 키신저는 파키스탄 주재 미국 대사에게 미국의 "자유주의 공동체 전체"가 파키스탄에 등을 돌렸다고 불평했다. 그는 미국 총영사 아처 블러드의 입장을 지지한 델리 주재 미국 대사가 "미쳐 날뛰는 것 같다"라고 씩씩댔다. 한편, 다카에서 전하는 보고들은 "그곳에서 벌어지는 학살과 유혈 사태를 과장하고" 있었다. 핵심은 베이징과의 비공식 채널을 계속 유지해야 하는 것이라고 키신저는 주장했다. 그는 "야히아가 6개월을 더 버틸 수 있어야 합니다"라고 역설했다. 닉슨과 키신저는 이슬라마바드를 뒤에서 받치고, 미국 무기가 파키스탄으로 계속 반입되는 것을 보장할 터였다. 키신저는 파키스탄이 방글라데시에서 계속 살육을 벌이고 있는 와중에 중국과 비밀외교를 주선한 데 대해 소름 끼칠 정도로 기뻐하기까지 했다. "야히아는 지난 힌두인 대학살 이래 그런 재미를 본 적이 없었죠!" 키신저가 직원들에게 말했다.[11]

게릴라전

다카에 여름이 찾아왔을 무렵, 수도는 거의 정상 생활로 돌아가고 있는 것 같았다. 잔해는 치워졌고 차량이 거리를 가득 메웠으며, 도시의 주민들은 모두 생업에 바빴다. 그러나 어둠이 내리고 전등의 불빛이 꺼지면 다른 광경이 펼쳐졌다. 다카의 주민들은 밤중에 탕탕하는 총소리에 잠을 깼고, '자주 정전'에 시달렸다. 한편, 반란자들의 비밀 라디오 방송국은 '해방군'의 승리를 축하하는 보도를 내보냈다. 농촌 지역 역시 다른 이야기를 전했다. 서방 기자들은 베트남의 게릴라전과 동파키스탄의 게릴라전의 유사점을 끌어내지 않을 수 없었다. 파키스탄군은 도시와 주요 도로를 장악했으나, 게릴라들은 배후지를 돌아다니며 다리를 폭파하고 발전소를 공격했다. 《뉴욕 타임스》 통신원은 "심지어 초목이 무성하고 쌀을 재배하는 갠지스강 삼각주의 지형도 베트남의 메콩강 삼각주의 지형과 비슷하다"라고 썼다.[12]

3월의 강력 탄압이 있고 몇 주 뒤 인도 지도자들은 그들의 군대와 국경보안군 부대에 동파키스탄에서 망명해 온 사람들로 군대를 조직해 훈련시키는 일을 승인했다. 묵티 바히니Mukti Bahini, 즉 '해방군'이라고 불린 이 반란자들은 전前 '동벵골 연대' 군인, '동파키스탄 소총부대'의 생존자, 탈주한 경찰관, 학생 자원자들로 이루어졌다. 많은 이들이 군사훈련을 전혀 받지 못했고, 게릴라전 훈련을 받은 적이 있는 사람은 더더욱 없었다. 장기 게릴라전을 위한 이 오합지졸 부대를 준비하기 위해 인도군은 59개소로 추산되는 훈련 캠프를 세웠다. 캠프의 수가 늘어나자, 인도 자문관들은 수중 특공대 작전에 참여할 정예 반란자 그룹을 훈련시키기 시작했다. 다른 반란자들은 게릴라 작전을 위한 교습과 소화기, 박격포, 로켓 사용법 교습 같은 기술적 훈련을 받았다. 하지만 묵티 바히니 전사들은 구식 무기를 받았고, 서벵골 무기 시장에서 좀 더 최신의 장비를 구매하지 않으면 안 되었다. 6월 말까지 인도 장교들은 약 3만 명의 저항 전사들을 훈련시켰다. 이 수는 11월까지 두 배로 늘어나게 된다.

묵티 바히니의 최초 작전들이 대체로 효과가 없었는데도, 인도의 지원은 군을 좀 더 만만찮은 게릴라 세력으로 만드는 데 일조했다. 또 6월에 몬순 장마가 닥치자 방글라데시의 전장은 반란자들에 유리하게 바뀌었다. 폭우로 흙길이 씻겨 없어져 버렸고, 파키스탄 기갑부대를 오도 가도 못 하게 하는 진창이 곳곳에 만들어졌다. 질척거리는 땅 때문에 공급 루트의 이동 속도가 느려졌고, 도시의 본부와 농촌의 많은 지역을 잇는 통신 연결이 끊어졌다. 게릴라들은 파키스탄군의 기동성이 제한되고 통신이 붕괴된 상황을 이용해 다리, 주유소, 발전소, 통신망을 파괴하는 활동에 나섰다. 그사이 묵티 바히니 수중 공작대원들은 치타공 항구에 정박된 선박을 공격했다. 10월 중순, 인도군은 반란자들에 대한 포 지원을 늘리기 시작하면서 그들의 게릴라전에 새로운 치명적 차원을 더했다.[13]

파키스탄 군부 지도자들은 인민들의 지지를 받고 인접한 큰 강국의 지원까지 받는 반란 세력을 파괴해야 한다는 벅찬 과제에 봉착했다. 뉴델리는 거의 5000킬로미터에 달해 봉쇄가 불가능한 국경을 따라 게릴라들에게 물자를 공급할 수 있었다. 그런데도 파키스탄 사령관들은 주요 도시들에 대한 통제를 확립하고, 묵티 바히니를 국경에서 밀어내고, 도로·철도·강 접속로를 개설하고, 그런 다음 산개해서 남아 있는 농촌 지역을 확보하는 다단계 작전을 시행했다. 이렇게 하기 위해 파키스탄 사령관들은 1950년대 시기의 F-86 제트기 1개 비행대대의 지원을 받는 1개 사단 병력을 동원하기를 희망했다. 게다가

이 모든 목표는 5월 15일까지 완수되어야 했는데, 돌이켜 보면 이 계획은 가망 없이 낙관적인 것 같았다. "우리는 적국에 있는 외국 군대처럼 되었다"라고 파키스탄군 사령관은 보고했다. 그는 다음과 같이 다소 미심쩍은 주장을 했다. "벵골인들은 우리를 '점령군'으로 부르곤 했다. 묵티 바히니는 지역 벵골인뿐 아니라 인도의 경제적·정치적·군사적 기구 전체의 지원도 받았으며, 이에 더해 러시아 참모들의 도움도 받았다."[14]

9월에 CIA는 방글라데시의 상황에 관한 보고서를 발간했다. 파키스탄군은 약 8만 명을 헤아렸고, 이들은 낮 동안 도시 중심지와 일부 농촌 지역을 통제했다. 그러나 어둠이 내리면 뉴델리의 지원을 받는 수만 명의 묵티 바히니 게릴라들이 공세를 가했다. 느슨한 저항 전사들의 연합 세력은 파괴 작전, 수송 시설 공격, 정치적 암살과 함께 파키스탄 부대에 꾸준히 피해를 입히는, 국경을 넘는 습격을 실행했다. CIA 분석관들은 인도의 묵티 바히니 캠프와 튀니지의 '알제리 민족해방전선' 기지의 유사점을 끌어냈다. 동파키스탄에서 학교는 비어 있었고, 경제활동은 3월 이전 수준의 약 3분의 1로 떨어졌다. CIA 분석관들은 적어도 20만 명이 살해당한 것으로 추정했다. 한편, 대학살과 계속되는 게릴라전은 "현대 시기에 있었던 가장 크고 급속한 인구 이동 중 하나"를 야기했다. 800만 명이 넘는 피난민이 인도로 도피했는데, 최고조에 달했을 때는 그 수가 매일 10만 명에 이르렀다. 또한 피난민의 80~90퍼센트는 힌두인이었다고 보고서는 말을 이었다. 이는 파키스탄 당국이 힌두 주민들을 겨냥했다는 것을 명확히 보여주었다. 이 대규모 이동은 이 지역 모든 국가의 안정을 위태롭게 했다. 보고서에서는 "많은 점에서 피난민 문제는 이 아대륙의 평화에 주요한 위협 요소"라고 경고했다. 위기가 계속되면서 기근의 위험도 커졌다. 분석관들은 만족할 만한 정치적 해결이 가능한지 의구심을 표했다. 파키스탄군이 도전장을 던진 상황에서 동파키스탄과 서파키스탄이 타협에 이를 수 있을 것 같지 않았다. 묵티 바히니 반란자들은 온건파가 선출된 대표 기관 그 어디에서도 일하지 못하게 할 것 같았고, 군부가 세운 어떤 기구도 "아무 실체가 없는 이름뿐인 조직일 것 같았다." 보고서에서는 다음과 같이 언급했다. "벵골은 인도, 파키스탄, 그리고 세계 전체에 심각한 문제로 남을 것이다. 너무나 많은 사람으로 과도하게 붐비고, 천연자원이 없으며, 폭력에 괴로워하는 벵골 인민들은 아마도 지금보다 훨씬 더 쉽게 극단주의와 자포자기적 행동에 빠지게 될 것이다."[15] 이러한 상황이 더는 계속될 수 없다는 점이 분명한 듯했다.

전쟁으로 가는 길

인도 지도자들은 이미 그와 같은 것을 말했다. 6월 중순, 인도 외무장관 사르다르 스와란 싱[5]은 전쟁을 옹호하는 것이나 다름없는 주장을 펼쳤다. "인도에 있는 우리는 3월 25일부터 동벵골에서 계속되고 있는 테러와 학살 시대의 결과를 받는 쪽이 되었습니다." 이슬라마

5) Sardar Swaran Singh(1907~1994). 인도의 정치인. 1962~1974년에 인도의 철도부, 농무부, 외무부, 국방부 장관을 연이어 역임했다.

바드의 행동은 피난민 위기를 야기함으로써 "우리 사회와 국가의 경제적·사회적·정치적 구조"를 위태롭게 했다. "이 행동은 우리 지역을 갈등에 휩싸이게 할 것 같습니다." 싱은 다음과 같이 선언했다. 뉴델리는 "우리의 정치적 안정과 경제적 안녕의 체계가 위협받고 있다면 한가롭게 앉아 있을 수가 없습니다." 그는 이슬라마바드의 지도부가 지금 어쩌면 "우리 아이들을 위한 평화와 진보의 가능성을 파괴할" 수도 있을 위기를 야기했다고 기자들에게 말했다. 인도는 현재의 상태가 무한정 계속되는 것을 허용하지 않을 터였다. "어떤 책임 정부에게도 이는 참을 수 없는 상황일 것입니다."[16]

10월 초에 CIA는 뉴델리와 이슬라마바드가 각각 인도 북서부 국경을 따라 약 20만 명의 병력을 집결했다고 보고했다. 군은 경계 상태에 있었고, 큰 전쟁을 촉발할 수 있는 오판의 가능성은 여전히 컸다. CIA 국장 리처드 맥개러 헬름스[6]는 인도가 지금 약 900만 명의 사람들이 떠돌고 있는 이 피난민 위기를 끝낼 요량으로 동파키스탄을 침공하는 쪽을 선택할 수도 있다고 경고했다. 한편, 야히아가 앞으로 몇 주 내에 선제공격을 단행할 계획이 있다는 소문이 파키스탄 지도부에 퍼지고 있었다. 몬순 장마가 끝나고 물이 빠지자 묵티 바히니는 일련의 새로운 공격을 가했다. 헬름스는 인도가 해방구를 건설하기 위해 앞으로 두 달 내에 10만 명의 게릴라를 국경 너머로 보낼 것이라고 경고했다. 이 행동은 "거의 확실히 파키스탄을 전쟁에 돌입

---

6) Richard McGarrah Helms(1913~2002). 미국의 정부 관리, 외교관. 1966~1973년 CIA 국장, 1973~1976년 이란 주재 미국 대사를 지냈다.

하게 만들 것이었다."[17]

인도 주재 워싱턴 대사 케네스 바너드 키팅[7]은 싱 장관에게 게릴라 활동의 증가 보고에 대한 우려를 표명하고, 뉴델리에 추가 급습을 막기 위해 국경을 폐쇄하는 조치를 취할 것을 촉구했다. 키팅은 워싱턴은 교전이 계속되면 전면적인 전쟁으로 비화할까 걱정한다고 설명했다. 그러나 싱은 파키스탄의 지속적인 "군사적 억압"이 여전히 방글라데시에서 긴장이 이어지는 근본 원인이라고 항의했다. 매일 약 3만 3000명의 피난민이 국경을 계속 넘어와 이미 인도 내에 있는 950만 명의 피난민 대열에 합류했다. 이들 가운데 불과 4만 5000명의 군 탈영자와 적의를 품은 젊은이들만 반란 세력의 폭력 행사에 가담했다. 달리 말해, 1퍼센트도 안 되는 피난민이 억압자들을 공격하는 데 참여했다고 그는 역설했다.

뉴델리는 이 상황을 완전히 통제할 능력이 없었다. 싱은 키팅에게 말했다. "우리는 피난민들이 인도로 유입되는 것도, 목적이 무엇이든 일부가 동파키스탄으로 돌아가는 것도 막을 수가 없습니다. 우리는 오거나 가는 사람에게 총을 쏴 쓰러뜨릴 수가 없습니다. (…) 인도는 그런 사람들의 이동을 막을 수가 없고, 차마 그렇게 할 수도 없습니다." 게다가 현 상황에 책임이 있는 것은 인도가 아니라 미국이었다. "역사는 미국이 현 상황에 가장 큰 책임이 있음을 보여줄 것입니다.

---

7) Kenneth Barnard Keating(1900~1975). 미국의 정치인, 외교관, 판사. 1953~1959년 뉴욕주 하원의원, 1959~1965년 뉴욕주 상원의원, 1969~1972년 인도 주재 미국 대사, 1973~1975년 이스라엘 주재 미국 대사를 역임했다.

왜냐하면 [이슬라마바드에 대한 미국의] 지원이 [파키스탄의] 군사적 억압 정책이 확고해지고 지속하는 데 기여했기 때문입니다." 싱은 또 인도가 파키스탄을 공격할 계획이 없다고 역설했다. 하지만 만일 파키스탄군이 교전을 시작한다면 인도는 "가능한 수단을 모두 써서 스스로를 방어할" 것이다. 이 위협에는 뉴델리가 1974년에 획득하게 될 핵무기는 아직 포함되지 않았다.[18]

다카 영사관의 미 국무부 관리들은 게릴라전이 계속 확대되고 있다고 경고했다. 주요 도시 지역은 안전하나, 반란자들은 매복 공격과 유격 공격 전술을 수행했다. 게릴라들은 자유롭게 이동하고, 그들 자신의 행정기관을 설립하는 등 일부 지구를 거의 완전히 통제하는 것처럼 보였다. 특히 묵티 바히니는 잔혹 행위로 이름을 날리던 동파키스탄의 준군사 의용병인 라자카르들[8]을 공격하기 시작했다. 한편, 파키스탄 당국은 인민의 지지를 구하는 데 실패했다. 계속되는 잔학 행위는 이슬라마바드에 대한 광범위한 분노만 키웠을 뿐이다. 국무부 관리들은 반란자들의 위력이 커진 원인이 인도의 지원이라고 보았다. 국무부 관리들이 추산하는 대로 매일 10~12명이 죽어 나가는 등 파키스탄 병력이 서서히 소진되면서 군도 꾸준히 약해졌다. "장기간 이 수치가 계속되면, 집에서 멀리 떨어져 몹시 지치게 하는 다른 기후 환경에서 비우호적인 사람들과 생활하는 부대는 심각한 사기 문제를

8) Razakar. 1971년 방글라데시 해방전쟁 동안 동파키스탄(지금의 방글라데시)에서 티카 칸(Tikka Khan) 장군이 조직한 준군사 세력. 이들은 대체로 당시 방글라데시에 거주하던 반(反)방글라데시, 친(親)파키스탄 벵골인과 우르두어를 말하는 이민자들로 구성되었다. 라자카르는 말 그대로 '자원자, 의용병'이라는 뜻이다.

겪게 될 것이다."[19]

긴장이 계속 고조되자 간디 총리는 1971년 11월에 워싱턴을 공식 방문해 백악관의 대통령 집무실에서 닉슨과 비공식 회담을 했다. 표면적으로 두 국가 정상의 회담은 어색했으나 화기애애했다. 닉슨은 남아시아에서 일어나는 전쟁이 모든 관계자의 이익에 반할 것이라고 강조한 반면, 간디는 미국이 이슬라마바드를 군사적으로 지원하는 것에 우려를 표명하고 피난민 위기가 몰고 온 문제들을 다시 거론했다. 대화는 수십만 사람들의 고통과 죽음에 초점을 맞추지 않았더라면 지극히 평범했을 것 같았다.[20] 그러나 그 후 닉슨과 키신저는 사적인 대화를 나누면서 총리에 대해 악의적이고 성차별적인 일련의 공격을 퍼부었다. 두 사람은 간디가 "개 같은 년"이라는 데 동의했다. 키신저는 9분 동안 대화를 하면서 세 차례 욕설을 했다. "우리는 이 늙은 마녀에게 정말 군침을 질질 흘렸지." 닉슨이 떠벌렸다. 키신저는 이렇게 말했다. "난 그녀의 온몸에다 단도를 막 던졌어요. 여하튼 인도 사람들은 개자식들입니다." 그러고는 뉴델리가 전쟁을 시작했다고 비난했는데, 방글라데시에서 계속되는 살육 사태는 전혀 개의치 않는 것 같았다.[21]

한편, 방글라데시에서 지속되고 있는 파키스탄의 잔혹 행위를 개괄적으로 설명하는 미국 관리들의 보고가 계속 흘러 들어왔다. '미국 국제개발처' 부처장은 11월 중순의 보고에서 방글라데시의 파키스탄 군사령관들이 마음대로 이슬라마바드 정치 지도자들의 명령을 따르거나 무시하면서, 거의 독자적으로 행동하고 있다고 언급했다. 군사 통치가 "민간 주지사의 외양 뒤에서" 작동했으며, "벵골 주민들을 점점 더 매우 소원하게 만들고" 있었다. 사령관들이 다카에 진정한 대의제를 구현하는 민간 정부를 세우려 할 거라고 믿을 이유가 거의 남아 있지 않았다. 군부는 다가올 선거를 위해 후보를 마음대로 골랐다. 그들 중 70퍼센트는 단독 출마였다. 한편, 힌두인들에 대한 공격이 계속되었다. 군대는 "주민과 마을을 상대로 공포의 급습 작전"을 실시했고, "지역 자경단"과 게릴라들은 공공질서 같은 것을 완전히 파괴했다. 대혼란 속에서 주민들은 농촌을 떠나 도시에서 피난처를 구했다.[22]

1971년 11월 22일, 워싱턴은 제소르 지구에서 인도가 보병, 기갑부대, 항공기를 동원하여 방글라데시를 대규모 급습했다는 보고를 받았다. 키신저는 인도가 동방글라데시에 추가 작전을 위한 근거지로 이용할 수 있는 게릴라 은신처를 만들려 하는 것 같다는 견해를 내비쳤다. 국무부는 이 사건이 또 야히아에게 정치적 양보를 추가로 강제하거나, 이슬라마바드를 도발해 인도를 공격하게 함으로써 간디가 전면적인 전쟁을 일으킬 구실을 얻을 수 있도록 하려는 뉴델리의 시도일 것이라고 추측했다.[23] 키신저는 인도가 승리할 것임을 확신했고, 그런 승리가 가져올 지정학적 충격에 대해 걱정했다. 워싱턴은 "하나의 강국이 이 지역을 지배하기"를 원치 않으며, "파키스탄의 패배는 확실히 소련의 지위를 강화할" 거라고 키신저는 언급했다.[24] 닉슨은 위기의 책임을 뉴델리에 물었으나, 인도가 "의문의 여지 없이 이길" 것이라고 확신했다. 닉슨은 이렇게 주장했다. "파키스탄은 궁극적으로 붕괴할 겁니다. 그래서 할 수 있다면 이 망할 놈의 사태를 가라앉히는 것이 우리에게 무조건 이득입니다."[25] 그러나 전쟁으로 가는 흐름은 이제 돌이킬 수 없는 것 같았다. 11월 30일, 백악관은 파키스탄이 인도에 선제공격을 가할 계획을 꾸미고 있음을 암시하는 정보를 받았다.[26]

"전쟁을 시작하는 기막힌 방법"

1971년 12월 3일 오후 5시 9분, 파키스탄 F-86 세이버 전투기 12대가 페샤와르 공항에서 이륙했다. 이슬라마바드는 펀자브, 스리나가르, 아완티포라, 암리차르, 파탄코트의 인도 비행장과 레이더 기지를 파괴하는 임무를 띤 항공기를 20대 더 발진시켰다. 파키스탄은 1971년 인도-파키스탄 전쟁의 첫 일제 폭격에서는 278대의 군용기 중에서 32대만을 보냈다.[27] 워싱턴의 관리들은 헷갈렸다. 합동참모의장은 이렇게 말했다. "나는 파키스탄이 그렇게 낮은 수준으로 공격을 가한 것에 놀랐습니다." 키신저가 당혹해하며 말을 덧붙였다. "이것들은 중요한 비행장이 아닌 거지요. 전쟁을 시작하는 기막힌 방법이군요."[28] 파키스탄이 공격을 개시하고 수천 명이 방글라데시에서 살육당했는데도 백악관은 여전히 야히아에 공감했다. 닉슨은 "파키스탄 일로 속이 쓰리겠군요"라고 키신저에게 말했다. "인도인들이 그들이 그렇게 할 수밖에 없게 했어요. 우리가 그전에 이년에게 경고를 했는데도 말이죠."[29] 키신저는 자신이 "우리 친구를 강간하는 인도-소련의 공모"로 보는 이 사태에 개탄했다. 최종적으로 키신저는 "만일 소련이 이 아대륙에서 이런 짓을 벌인 데 대해 아무 벌도 받지 않고 그냥 넘어간다면, 우리는 중동전쟁의 리허설을 본 겁니다"라고 경고했다.[30]

공격이 있던 날 발간된 CIA의 보고서에서는 크렘린의 인도 지지 정책이 제3세계를 위한 중국-소련 다툼에서 우위를 차지하려는 욕구에서 비롯한다고 주장했다. 분석관들은 다음과 같이 썼다. "소련은 인도의 5억 5000만 인구에서 7억 5000만 중국인에 대한 평형추를 보고, 잠재적으로 강력한 이 두 국가가 소련에 반대해 힘을 합치는 일이 절대 없기를 간절히 바란다." 보고서에서는 닉슨의 중국 방문 계획 소식에 크렘린의 근심이 더욱 깊어지고 있다고 추측했다. "아대륙에서 소련은 강대국의 지원을 받을 필요가 있는 뉴델리의 현 상황뿐만 아니라 미국의 대중국 접근에 대한 인도 자신의 우려를 이용해 인도가 소련과 긴밀한 관계를 맺도록 못 박을 수 있었다." 보고서에서는 소련 지도자들은 파키스탄과의 전쟁이 인도와 중국 간의 어떤 관계 회복 가능성도 막기를 바라고 있다고 주장했다. 게다가 예상되는 파키스탄의 패배는 "중소 규모 국가들의 수호자"로서 베이징의 명성에 타격을 가할 것이며, "중국이 진짜 '종이호랑이'에 불과하다는 사실을 온 세계에 보여줄 것이다."[31]

자정이 지난 직후, 간디 총리는 인도가 공격받고 있음을 국민들에게 알리는 메시지를 방송했다. "오늘 방글라데시에서의 전쟁이 인도와의 전쟁이 되었습니다." 간디는 3월부터 인도는 "민주주의를 위해 투표한 죄밖에 없는" 방글라데시 "전 인민의 절멸"에 대해 평화적인 해결책을 찾으려 애써왔다고 설명했다. 그러나 세계는 그들의 곤경을 거들떠보지도 않았다. "그래서 우리는 오늘 영토 보전을 위해서뿐 아니라, 우리나라에 힘을 주고 우리 혼자 힘으로 더 나은 미래로 나아갈 수 있게 해주는 기본적인 이상을 위해서도 싸웁니다."[32] 다음 날 야히아는 파키스탄 국민들에게 인도가 먼저 공격했다고 주장하는 성명을 냈다. "최근에 인도가 우리를 상대로 자행한 중대한 침략은 인도가 우리에게 가한 가장 크고 결정적인 맹공격입니다. 이제 우리가 적에게 궤멸적인 타격을 가할 때가 왔습니다. 여러분의 생존과 명예를 위해 일제히 궐기합시다. 철옹성을 쌓아 적을 막아냅시다. 여러분은 공정과 정의의 편에 서 있습니다. 신앙과 굳건한 결의의 정신으로 더욱 힘을 내 거짓 세력에 신의 저주 같은 공격을 가합시다."[33] 뉴델리가 민주주의와 인권이라는 대의를 환기했다면, 이슬라마바드는 신과 정의에 호소했다.

파키스탄의 선제공격이 실패하자 인도군은 오랫동안 계획해 온 그들의 반격을 실행할 만반의 태세를 갖췄다. 인도군의 최초 공격은 공중이나 지상이 아니라 바다를 통해 이루어졌다. 전쟁 발발 직후 비샤카파트남 앞 해상에서 작전 중이던 인도 군함이 항구 바깥에서 미확인 수중 음파를 탐지했다. 군함은 폭뢰를 투하했고, 한 시간 뒤 폭발 소리를 들었다. 잠수부들이 해저에서 파키스탄 잠수함인 가지호號의 잔해를 발견할 것이었다. 뉴델리는 공군을 대기시켰다가 자정이 되었을 때 방글라데시와 이슬라마바드, 사르고다, 카라치에 있는 파키스탄 비행장에 보복 공격을 단행했다. 파키스탄의 주저하는 습격과는 대조적으로 인도는 대규모 공격을 가했고, 심각한 손실을 입었으나 방글라데시에 있는 파키스탄 공군의 거의 절반을 파괴했다. 그 사이 인도 해군은 카라치의 파키스탄 석유 시설을 공격하기 위해 미사일 탑재정 함대를 꾸렸다. 12월 4일 저녁, 인도 공군 제트기들이 카라치를 공격해 일부 목표물에 타격을 가했다. 다음 날 아침 일찍

어둠을 틈타 미사일 탑재정이 카라치항에 접근해 파키스탄 방어군이 대응할 틈을 주지 않고 전면적인 공격을 단행했다. 그날 아침 파키스탄 잠수함이 인도의 소형 구축함인 쿠크리호를 용케 격침시켰으나, 뉴델리는 극적인 성공을 거뒀다. 이 공격으로 뉴델리는 이슬라마바드가 비축한 석유를 고갈시켜 파키스탄 중기갑 부대에 꼭 필요한 연료를 없애버렸다.[34]

동파키스탄 국경 안쪽으로 약 20킬로미터쯤 떨어진 곳에 있는 수디 마을에서는 일단의 인도 탱크와 보병이 15시간의 전투 끝에 파키스탄 방어군 2개 중대를 분쇄했다. 시드니 샨버그는 다음과 같이 썼다. "파키스탄 병사 22명의 시신이 그들의 벙커 참호 안에 이리저리 흩어져 있었다. 포탄이 떨어진 대나무 숲에 시신 2구가 아무렇게나 쓰러져 있었고, 깨지지 않은 손거울과 면도 장비가 그들 주변에 흩어져 있었다." 파키스탄군이 마을을 통과하며 후퇴하자, 인도군은 대포로 그들을 공격했다. 많은 움막이 완파되었고, 이 지역 전체가 불타올랐다.[35]

뉴델리가 처음에 거둔 성과는 신중한 준비의 결과였다. 전쟁을 개시하기 몇 주 전부터 인도군은 방글라데시 접경 부근에 전략적 진지를 설치했다. 11월 21~25일, 인도군은 소규모 급습을 감행하여 12월 6일에 계획된 전면적 침공을 위한 발판을 추가로 마련할 수 있었다. 파키스탄의 미미한 선제공격은 뉴델리에게 선물을 안겨주었다. 인도 지도자들은 파키스탄이 전쟁을 시작했다고 비난하며 방글라데시 침공을 정당화할 수 있었다. 그 결과 인도군은 침공을 하루 이른 12월 5일로 앞당겼다. 방글라데시 안으로 진입한 인도군은 파키스탄군의 방어를 압도했다. 병력도 화력도 열세인 파키스탄군은 적대적인 주민, 묵티 바히니 게릴라, 인도 게릴라도 상대하지 않으면 안 되었다. 인도 공군이 하늘을, 인도 해군이 바다를 지배하면서 사태가 더욱 악화되었다.[36]

이슬라마바드는 인도와의 전쟁에서 최선의 희망이 억지 전략에 있다고 믿었다. 동파키스탄을 거의 방어할 수 없다는 사실을 깨달은 파키스탄 지도자들은 공격을 분쟁 중인 서쪽의 카슈미르 국경 지역[9]에 집중할 계획을 세웠다. 파키스탄군이 서쪽에서 공세를 취하는 동안 동파키스탄의 부대는 방어에 초점을 맞출 터였다. 전쟁이 장기화되면 이슬라마바드는 히말라야산맥 지방에서 중국의 개입을 구할 것이었다.

인도군은 당연히 이 전략을 뒤집어 작전을 짜서 서부 국경의 방어에 초점을 맞추는 한편 동파키스탄에서는 공세를 더욱 강화했다. 동쪽에서 인도군이 명확히 우세를 보이자 파키스탄 지도자들은 서쪽에서 거두는 성과를 이용해 전쟁이 끝난 후 영토를 맞바꿀 수 있기를 희망했다. 이슬라마바드는 또 인도가 군사적·인구적 우월을 전면적으로 활용할 수 있기 전에, 더 큰 충돌을 야기할 남아시아의 위험이 외부의 외교적 개입을 불가피하게 할 만큼 크다고 미국과 유럽 지도자들을 설득하기를 바랐다. 파키스탄에게 군사적 승리는 자신의

---

9) 카슈미르(Kashmir) 분쟁. 카슈미르 지방을 둘러싸고 인도, 파키스탄, 중화인민공화국 3개국이 서로 영유권을 주장하는 지역 분쟁을 일컫는다. 이 분쟁으로 인도는 파키스탄과 1947년, 1965년, 1971년 등 세 차례(인도-파키스탄 전쟁), 1962년에 중국과 한 차례(인도-중국 전쟁) 전쟁을 치렀다.

병사들이 동쪽에서 인도군의 진격을 저지하는 동안 서쪽에서 신속하게 영토를 획득할 능력에 달려 있었다.[37]

파키스탄군은 카슈미르와 펀자브의 서쪽 전역戰域에서 약간의 성과를 거둘 수 있었다. 남쪽에서는 4000명의 보병과 미국제 셔먼 탱크 대대가 지원하는 중국제 T-59 탱크 연대가 인도 국경을 넘어 약 16킬로미터를 뚫고 들어가 롱게왈라를 향해 나아갔다. 그들은 카라치 철도를 공격하던 인도 제12보병사단을 견제했고, 병참선을 붕괴시켰다. 하지만 인도군은 영국제 헌트 전폭기를 이용해 파키스탄 탱크 25대를 파괴하며 이 진격을 멈출 수 있었고, 그런 다음 인도 지상군을 투입하여 나머지 파키스탄 병력을 소탕했다. 북부 구역에서는 파키스탄 사령관들이 참 주위의 인도 돌출부를 대대적으로 공격했고, 12월 6일 인도 방어군은 퇴각할 수밖에 없었다. 밤사이 "피비린내 나는 백병전"을 벌이며 앞으로 나아간 파키스탄군은 전투로 결딴난 땅으로 둘러싸인 유령 도시를 발견했다. 산비탈은 심한 포격에 "검게 변해" 있었고, 풀밭은 시커멓게 그을려 있었다. 한 기자는 "깔끔하고 단단해 보이는 단층 석조집이나 벽토집에는 남아 있는 사람이 아무도 없다"라고 썼다. 이튿날 파키스탄 부대는 그들의 우세를 밀고 나가면서 타위강을 건넜고, 인도 여단은 계속 후퇴할 수밖에 없었다.[38]

이 얕은 강을 둘러싼 치열한 전투로 양측에서 수백 명이 사망했다. 어느 기자는 이렇게 기록했다. "오늘 이 넓고 먼지가 풀풀 나는 평원에는 부서진 탱크와 지프차, 트럭, 그리고 수십 구의 파키스탄군 시신이 어지럽게 흩어져 있었다." 참호에서 트랜지스터 라디오로 시타르[10] 음악을 들으며 한 인도군 병장이 또 다른 언론인에게 말했다. "그들이 고함을 치고 괴성을 지르며 우리를 향해 대거 몰려왔지요." 방어군은 이때까지 방어선을 지킬 수 있었다. 주변의 마을에서 사람들이 소개되었으나, 발포 소리와 상공에서 날카로운 소리를 내는 전투기 소음에도 아랑곳하지 않고 들판에서는 소들이 여전히 풀을 뜯었다.[39] 남쪽으로, 인도군은 엄중하게 요새화된 샤카르가르 돌출부에 대규모 반격을 개시했다. 지뢰밭은 인도군의 진격을 더디게 했고, 미국제 패튼으로 구성된 2개 탱크 연대로 이 구역을 보강할 시간을 이슬라마바드에 주었다. 전쟁에서 가장 큰 탱크전이었던 이 전투에서 인도군은 최종적으로 750제곱킬로미터의 영토를 점령했다. 양측은 전쟁 중 가장 치열한 일부 전투에서 큰 피해를 입었다.[40]

인도 부대가 서쪽에서 파키스탄군의 공세를 저지하려 분투하는 동안, 동쪽의 인도군은 국경을 넘어 방글라데시로 쇄도했다. 일련의 조율된 공격을 가하며 묵티 바히니 게릴라와 국경보안군이 파키스탄 부대와 교전을 벌이는 사이, 인도 정규군 부대는 방어군을 포위하는 쪽으로 움직였다. 그와 동시에 인도군은 다카로 돌격하기 위한 준비로 헬리콥터를 이용해 병사들을 파키스탄 방어선 뒤로 공수했다. 파키스탄군은 인도군의 돌격을 늦추고 방위 거점으로 물러나는 등 일련의 전략적 후퇴를 시행할 계획이었다. 파키스탄 계획가들은 이 전략을 통해 인도군 부대를 소진하는 한편 그들의 전력은 보존하기를 희망했다. 하지만 실제로 파키스탄군은 가장 중요한 전장을 조직적

10) sitar. 기타 비슷한 인도의 현악기.

으로 버리고, 실렛과 자말푸르 같은 곳의 요새에 은신하게 되었다. 다른 전투에서 인도 사령관들은 견실한 계획을 통해 파키스탄군을 차단하고 이슬라마바드의 작전을 좌절시킬 수 있었다. 인도군 부대는 제나이다와 메구라를 점령하고 제소르로 가는 도로를 막으면서 방글라데시로 돌진했다. 파키스탄 107여단 사령관은 철수를 택해 싸우지도 않고 이 지구 대부분을 포기했다. 힐리에서는 더 치열한 전투가 벌어졌으나, 인도군의 우세한 병력과 화력 때문에 파키스탄 부대는 결국 후퇴할 수밖에 없었다.[41]

"매우 어려운 상황에 부딪히다"

12월 8일, 시드니 샨버그는 최근에 해방된 제소르 지구에 들어갔다. 젊은 여성은 대부분 파키스탄 병사들의 성폭행이 두려워 숨어 있었다. 그러나 다른 주민들은 전투의 상흔 속에서도 갓 만든 방글라데시 국기를 흔들며 인도군의 승리를 축하했다. 파키스탄군은 후퇴하며 도로와 다리를 파괴했고, 불탄 차량과 침구, 잡다한 물건을 남겨 놓았다. 샨버그는 다음과 같이 기록했다. "서파키스탄의 한 소년이 군인인 아버지에게 보낸 편지에서 '인도를 짓밟아 버리세요'라고 말한다." 전선에 더 가까워지자 기자들은 들판에 쓰러져 있는 벵골인 민간인 두 명의 시신을 "개들이 뜯어 먹고 있는" 광경을 보았다. 전투에 뒤이어 발생한 충격적인 폭력 현장이었다. "파키스탄군이 후퇴하면서 벵골인들을 학살하고 있고, 이에 묵티 바히니와 여타 벵골인들이 파키스탄군과 그들의 민간인 협력자들에 복수를 가하고 있다는 증거가 점점 늘어나고 있다." 인도군 장교들은 훼손된 파키스탄 병사들의 시신을 발견했다고 보고했다. 이들은 계속해서 되풀이되는 폭력과 보복의 희생자였다. 한편, 엄청나게 많은 방글라데시 피난민들이 2~3킬로미터 뒤처져, 진격하는 인도군의 뒤를 따라 집으로 돌아갔다.[42]

병력과 화력이 열세임을 알고 있던 파키스탄 지도자들은 상황을 타개하기 위해 외부의 개입을 기대했다. 서쪽에서 그들의 군대가 신속히 성과를 거두고 동쪽에서 그들의 부대가 버틸 수 있다면, 유엔이 중재하고 미국과 중국이 밀어붙이는 휴전이나 인도에 맞선 중국의 개입이 그들이 바라는 최선의 희망 사항일 것이었다. 파키스탄 지도자들은 워싱턴을 충돌에 끌어들이기 위해 냉전 불안감을 이용하려 했다. 야히아는 군사적 상황이 급속히 악화하면서 동파키스탄의 파키스탄 부대가 버틸 수 있을지 의심스럽다고 닉슨에게 경고했다. 그는 다음과 같이 썼다. "만일 인도가 목표 달성에 성공한다면, 인구 7000만 명의 동파키스탄을 상실하면서 러시아가 동파키스탄을 지배하게 되고, 이는 남아시아의 안보도 위협할 것입니다. 그렇게 되면 아삼Assam, 버마, 태국, 말레이시아 지역이 소련의 지배하에 들어가게 될 것입니다. 그와 같은 사태 전개가 아시아의 미래에 가져올 중대한 결과는 언급할 필요도 없습니다."[43]

미국 관리들은 이슬라마바드를 무조건 도와주고 싶었으나, 닉슨 행정부의 영향력은 제한적이었다. 백악관은 특히 전쟁이 지구적 힘의 균형에 가할 충격을 걱정했다. 키신저는 대통령에게 경고했다. "러시아는 이곳에서 큰 도박을 하고 있어요. 모든 허튼소리, 《뉴욕 타임스》의 모든 사설을 고려해 볼 때, 소련과 인도가 이에 대해 벌도 받지 않고 그냥 넘어간다면 중국과 미국은 체면을 구긴 채로 그곳에 있게 될 겁니다."[44] 게다가 남아시아의 위기는 최근에 워싱턴과 베이징 사이에 진행되고 있는 관계 회복 움직임에도 충격을 가할 것 같았다. 키신저가 대통령에게 말했듯이, "중국은 미국과의 친선이 진정으로 무엇을 의미하는지를 보려고 주시하고 있을 터였다." 더구나 전쟁은 소련의 대중동 정책을 위한 "예행연습"일 수도 있었다.[45] 인도의 승리를 미연에 방지하기 위해 닉슨은 기꺼이 판돈을 올리고 전쟁이 크게 확대될 위험을 각오했다. 닉슨은 키신저에게 이렇게 말했다. "난 [중국에다] 우리가 생각하기에 인도 국경 쪽으로 그들이 이동하게 되면 매우 의미심장한 일이 일어날 수 있다고 말해야 한다고 생각해요. (…) 빌어먹을, 만일 중국이 이동을 시작한다면 인도는 겁을 먹게 될 거라고 확신해요. 그들은 겁에 질릴 겁니다." 그러나 백악관은 위험한 게임을 하고 있었다. 인도 국경 쪽으로 중국군이 대규모로 이동하게 되면 소련의 대응을 촉발할 위험이 있었고, 이는 다시 초강대국 대결을 더욱 격화할 수 있었다.[46]

동쪽에서 파키스탄군이 무너지자, 키신저는 인도가 카슈미르를 장악하고 서파키스탄을 '속국'으로 만들지도 모른다고 우려했다. 그는 이렇게 주장했다. "문제는 동맹국이 약탈당할 때 미국이 우리 동맹국에 대한 봉쇄를 시행하는 데 계속 참여해야 하는지, 말아야 하는지입니다." 키신저는 1965년 인도-파키스탄 전쟁[11] 이래 시행 중이

11) 1965년에 벌어진 제2차 인도-파키스탄 전쟁을 가리킨다. 이 전쟁 역시

던 미국 무기의 금수 조치를 위반하는 것이긴 하지만, 파키스탄을 방어하기 위해 요르단이 미국제 전투기를 이슬라마바드에 보내는 것을 승인할 것을 제안했다. 그러나 키신저의 측근들은 미국 행정부가 워싱턴이 할 수 없는 것을 (요르단의 수도) 암만이 하게 합법적으로 승인할 수 없다고 설명했다.[47] 이제 키신저는 최악의 사태를 두려워했다. 그는 뉴델리가 서파키스탄을 분할해 카슈미르를 합병할 계획이라고 대통령에게 말했다. 키신저는 이런 일이 발생한다면 중국 지도자들이 미국이 너무 약해서 동맹국을 보호할 수 없다고 결론 내릴 거라고 경고했다. 그렇게 되면 베이징은 워싱턴과의 제휴에 관심을 잃을 터였다. 그는 "그래서 저는 이 문제가 유감스럽게도 큰 분수령이 되었다고 생각합니다"라고 닉슨에게 말했다. 미국은 "인도에 겁을 줄" 만큼 최선을 다하지 않았다. 유일한 선택지는 "사태가 확대될 거라고 인도를 설득하고, 엄청난 대가를 치를 거라고 러시아를 설득하는 것"이라고 키신저는 주장했다. 닉슨은 여기서는 중국의 공격적인 움직임이 필요할 거라고 대꾸했다. 그는 키신저에게 다음과 같이 말했다. "이 일을 살펴보니, 중국은 저 빌어먹을 국경으로 움직여야 해요. 인도가 약간 겁을 먹어야 합니다." 키신저는 미국이 요르단 군용기를 파키스탄으로 이송하도록 주선하고, 항공모함 기동부대를 벵골만으로 보낼 수 있을 거라고 덧붙였다.[48]

닉슨 행정부가 대응 방안을 모색하려고 애쓰는 동안, 방글라데시

1947~1948년의 제1차 인도-파키스탄 전쟁과 마찬가지로 카슈미르 지방의 영유를 둘러싸고 진행되었다.

의 인도군은 앞으로 나아갔다. 수로가 교차하고 물에 잠긴 땅은 파키스탄 방어군만큼이나 인도군의 진격을 늦추는 데 크게 기여했다. 공격군은 지역을 장악하고, 그런 다음 계속 전진하기 전에 강을 건너는 데 필요한 가교 장비를 가져와야 한다는 과제에 직면했다. 10월 10일, 인도군 부대는 메그나강 기슭에 당도했다. 이 강 너머에 다카로 가는 접근로가 있었다. 그사이 제소르를 통과한 부대는 수도로 가는 남쪽 접근로를 지키는 파드마강에 다가서고 있었다.[49] 키신저는 이렇게 언급했다. "동쪽에서의 전쟁은 마지막 단계에 이르렀습니다." 인도군은 다카를 포위해 "최후의 공격을 준비하고" 있었다. 동쪽에서 파키스탄군 사령관은 선출된 관리들에게 권력을 이양하고 군대를 철수할 수 있도록 휴전을 요청했다. 서쪽에서는 인도 방어군이 이슬라마바드의 맹공을 견디는 한편, 공습을 가해 파키스탄의 비축 석유를 대폭 고갈시켰다. 일부 분석관들은 이슬라마바드가 2주 내에 연료가 바닥날 거라고 예측했다. 그사이 인도는 INS 항공모함 비크란트호로 해상 봉쇄를 단행해 동쪽의 파키스탄군에게 물자를 공급하지 못하게 막았다.[50]

"우리는 이 빌어먹을 간교한 인도가 그냥 무사히 넘어가도록 내버려 둘 수 없어요"라고 닉슨은 악을 썼다. "그들은 이곳에서 강간과 살인을 자행하고 있어요. 그들은 서파키스탄에 대해 이야기합니다. 이들 인도군은 악랄하기 짝이 없어요."[51] 인도군은 파키스탄군이 허둥대며 정신없이 후퇴하자 방글라데시 깊숙이 치고 들어갔다. 키신저는 대규모 탱크전이 카슈미르에서 격렬하게 진행되고 있다고 보고하며, 소련군 미사일 순양함과 순항 미사일 잠수함이 벵골만을 향할

거라고 경고했다.[52]

긴장이 고조되면서 닉슨과 키신저의 근심은 종말론적 어조를 띠기 시작했다. 닉슨은 백악관이 침략자라고 낙인찍으려 한 뉴델리를 소련이 지원하는 문제를 두고 모스크바에 압박을 가하고 싶어 했다. 키신저가 대통령에게 말했다. "그건 전형적인 닉슨 계획이군요. 제 말은 그게 대담하다는 것이고 (…) 적어도 우리는 남자답게 잘 해낼 겁니다." 닉슨과 키신저는 베이징이 미국 관리들과의 긴급 회동을 요구했다는 사실을 알자마자, 중국이 군사적 행동을 취할 태세가 되었다고 결론 내렸다. 두 사람은 이 충돌이 키신저의 표현에 따르면, "최후의 결전"인 미국과 소련 간의 핵 대결로 번질 가능성을 우려했다. 만일 소련이 중국과 싸우고 인도가 파키스탄에 승리한다면 "우리는 매우 어려운 상황에 부딪칠 겁니다"라고 그는 경고했다. 키신저는 남아시아에서 힘의 균형이 변하면 "무시무시한 전쟁"이 중동에서 발발할 것이고, 유럽은 모스크바의 영향력 아래 들어갈 것이며, 미국에는 라틴아메리카 일부만 남겨질 거라고 말을 이었다. "귀하는 혼자가 될 겁니다." 키신저가 대통령에게 말했다. "우리는 이전에도 혼자였지요." 닉슨이 대꾸했다.[53] 몇 시간 뒤 간디가 전면적으로 서파키스탄을 침공하지는 않겠다고 약속한 사실을 모스크바가 확인하자 긴장이 수그러들었다. 키신저는 닉슨의 자부심을 치켜세울 기회를 다시 한번 잡았다. "대통령님, 귀하가 오늘 아침에 [모스크바와 벼랑 끝 전술을 구사하면서] 했던 것은 영웅적인 행동이었습니다." 대통령은 이 말에 다음과 같이 대꾸했다. "난 그렇게 해야 했어요."[54]

닉슨과 키신저가 아마겟돈을 계획하는 동안 USS 엔터프라이스호는 벵골만을 향하고 있었고, 인도군은 다카에 다가서고 있었다. 수도 안의 주민들은 맹공격에 대비했다. 관리들은 식량과 석유를 배급하기 시작했지만, 차茶는 여전히 풍부했다. 도시는 인력거, 승용차, 가끔 나타나는 소들로 북적거렸다. 이층버스와 쓰레기 수거차가 진흙으로 위장한 도시를 느릿느릿 다니고 있었다. 일꾼들이 방공 참호를 팠고, 수십 명의 민간인을 죽인 인도군의 폭격이 남겨놓은 돌무더기에서 쓸 만한 것을 고르고 있었다. 람나 경마장의 마부는 인근 공항을 공격하는 군용기 때문에 신경이 매우 날카로워진 말을 운동시켰다.[55] 12월 14일, 인도군 부대는 수도에서 11킬로미터 떨어진 지점까지 진격해 라키아강을 건너 후퇴하려고 애를 쓰는 파키스탄 후위 부대와 전투를 벌였다. 포병이 무너져 내리는 방어 시설에 포탄을 퍼붓는 동안, 인도 군용기들이 상공을 쌩하고 날아다니며 정부 청사에 폭격을 가했다. 도시 안에서는 부상당한 병사들이 병원에 물밀듯이 밀려들고 있었고, 적십자는 인터콘티넨털 호텔에 중립지대를 설치했다.[56]

인도군이 가까이 다가오자, 방글라데시의 파키스탄군 사령관인 아미르 압둘라 칸 니아지[12] 장군은 미국 영사관에 전화를 걸었다. 그의 군대는 무사히 그대로 남아 있었지만, 그는 상황이 절망적이라고 생각하고 이제 휴전을 협의하고자 했다. 인도 사령관들이 그들의 안전과 정권과 함께 일했던 사람들의 안전을 보장한다면, 니아지는 부

---

12) Amir Abdullah Khan Niazi(1915~2004). 파키스탄 육군 대장. 방글라데시 해방전쟁과 1971년의 인도-파키스탄 전쟁 때 동파키스탄(지금의 방글라데시)의 파키스탄 동부 사령부를 지휘했다. 인도군에 항복한 뒤 전쟁 포로로 구금되었다가 1975년 델리 조약에 따라 파키스탄으로 송환되었다.

대에 작전 중지 명령을 내릴 준비가 되어 있었다.[57] 이슬라마바드의 미국 대사관은 야히아 대통령이 휴전을 모색할 수밖에 없다고 확인했다. 야히아는 동쪽의 군사적 상황이 "돌이킬 수 없다고" 판단했고, 휴전이 "홀로코스트"를 막는 유일한 방법인 것 같았다.[58] 12월 16일, 공식적인 항복 의식이 람나 경마장의 잔디밭에서 열렸다. 니아지와 인도 동부 사령부 수장인 자그짓 싱 아우로라[13] 중장이 탁자에 앉아 항복 문서에 서명하면서 공식적으로 동쪽에서의 전쟁이 끝났다. 하지만 수도 근교에 있는 부대는 전쟁을 계속했다. 한 무리의 지역민들이 쳐다보는 가운데 바르파의 논에 있던 인도군 포병대가 파키스탄 진지를 포격했다. 라키아강의 다른 편에 있던 파키스탄군은 벙커에서 대기하며 공격을 준비했다. 마지막 포성이 멈춘 뒤에도 긴장이 여전히 높았다. 마음을 놓지 못한 파키스탄 병사들은 보복에 여념이 없는 묵티 바히니 세력에 눈을 떼지 않고 계속 지켜보았다. 라자카르 준군사 의용병이 복수를 원하는 방글라데시인들의 표적 명부에서 상위를 차지했다.[59]

이틀 후 다카의 미국 기자단은 끔찍한 광경을 보았다고 보도했다. 수도 외곽의 들판에서 시신이 수십 구 발견되었다. 등 뒤로 손이 묶인 희생자들은 총검에 찔리거나 목이 졸리거나 총에 맞았다. 그들은 파키스탄군이 사로잡고 라자카르들이 지키던 300명가량의 방글라데시 지식인 중 일부였다. 파키스탄 보안군은 전쟁이 끝나기 전에 마

---

13) Jagjit Singh Aurora(1916~2005). 인도의 육군 대장. 1971년의 인도-파키스탄 전쟁 때 동부 사령부의 총사령관을 지냈다.

지막으로 방글라데시 지식인들을 대대적으로 공격하면서 의사, 교사, 교수, 작가들을 겨냥했다. 군중은 학살에 연루되었다고 여겨진 사람 가운데 두 명을 공격해서 죽을 때까지 두드려 팼고, 시신을 구덩이에 던져 버렸다. 그사이 일단의 무장한 라자카르들이 모스크를 요새화해 장례식에 참석한 사람들에게 총을 쏘고 있었다.[60] 다른 곳에서는 게릴라들이 운이 없게도 사로잡힌 파키스탄 병사들과 그들의 협력자로 의심받는 사람들에게 복수를 하는 가운데, 약탈자 무리가 도시를 휘젓고 다녔다. 특히 파키스탄 당국을 도왔던 비하르인 무슬림들이 같은 나라의 복수심에 불타는 이들의 위협에 직면했다.[61]

이슬라마바드에서는 다른 종류의 파괴가 진행되었다. 서파키스탄 수도에서 성난 군중이 거리로 쏟아져 나와 야히아를 규탄했다. 치욕적인 패배가 그의 탓이라는 비난이 갈수록 거세지자 야히아는 대통령직을 사임했다. 중도 좌파의 파키스탄 인민당 지도자 줄피카르 부토가 즉각 권력의 고삐를 쥐었고, 자신의 정권을 공고히 하기 시작했다. 신임 대통령은 야히아를 가택에 연금하고 무지브를 석방했다. 무지브는 다카로 돌아갔고, 군중은 그의 귀환을 열렬히 환영했다. 부토가 제일 먼저 해야 하는 과제 중 하나는 방글라데시에서 진행 중인 파키스탄 동맹자들의 학살을 비난하는 내용으로 닉슨에게 보낼 편지를 작성하는 것이었다. 부토는 "다카에서 들려오는 소식은 음울하기 짝이 없습니다"라고 썼다. 여러 보고가 수도와 동파키스탄에서 벌어지고 있는 "비인간적인 잔혹 행위와 대규모 살인"에 대해 이야기했다. 부토는 닉슨에게 뉴델리에 압박을 가해 "대학살"을 막아달라고 간청했다.[62] 그러나 백악관은 파키스탄군에 의한 방글라데시인의 학살을 진정시키기 위해 움직이지 않았듯이 보복 살인에 대해서도 대응을 삼갔다.

동파키스탄은 냉전의 역사에서 특이하게 비극적인 역할을 맡았다. 방글라데시가 될 이 자치령은 아마도 가장 좋지 않은 시간에 가장 좋지 않은 장소에 있었던 것 같다. 이들은 비밀에 집착하는 닉슨 행정부가 중국과 관계 회복을 향해 나아가던 바로 그때 대량 폭력의 희생자가 되었다. 묵티 바히니의 전 구성원이 회상했듯이, "냉전은 방글라데시의 창건에 직접적 역할을 했으나, 우리의 해방은 메인 쇼의 사이드 쇼의 사이드 쇼였다. 메인 쇼는 냉전이었다." 개발 도상 세계에서 냉전은 흔히 믿을 수 없을 정도로 폭력적이었으나, 초강대국에게는 권력정치의 "체스 게임에 불과했으며," 파키스탄은 "국무부가 제국적 책략을 부릴 때 사용하는 무기 중에서 졸卒"에 지나지 않았다.[63] 학생 활동가이자 자유의 전사로 활동했던 또 다른 이는 이렇게 주장했다. "미국 의회, 상원, 미디어, 국민 일반은 파키스탄의 잔혹 행위를 비난하고 방글라데시 해방전쟁을 지지했지만, 닉슨과 키신저는 파키스탄을 지지했다. 만일 닉슨과 키신저가 야히아 칸을 지지하지 않았더라면, 방글라데시 제노사이드는 피했거나 적어도 최소화되었을 것이다."[64]

궁극적으로 백악관에게 남아시아 위기의 이해관계와 영향은 인도, 파키스탄, 방글라데시를 넘어섰다. 인도를 위협하는 데 중국의 도움을 얻으려는 닉슨의 노력은 중소 관계가 완전히 파탄 난 뒤 워싱턴과 베이징 사이의 협력 가능성을 시험해 본 진정으로 의미 있는 첫 사례를 나타냈다. 닉슨과 마오쩌둥은 1972년에 공개적인 관계 회복을 달성하기 위해 파키스탄 비공식 채널을 이용할 것이고, 이를 바탕으로 워싱턴과 베이징은 모스크바에 맞서 서로 제휴를 맺을 터였다. 정반대로 1971년의 인도-파키스탄 전쟁은 두 남아시아 국가의 극심한 경쟁에서 또 하나의 고통스러운 사건으로 기록될 것이었다. 앞으로 두 나라는 각자 핵무기를 개발하게 된다.

이 에피소드에서는 또 미군, 중국군, 파키스탄군의 새로운 연합이 탄생하는 것도 목격했다. 비록 그 연합은 1971년 인도-파키스탄 전쟁에서 패배했지만, 막 발생한 이 제휴 관계는 향후 10년에 걸쳐 진화하여 1980년대에 소련-아프가니스탄 전쟁에서 성숙기를 맞이할 터였다. 소련-아프가니스탄 전쟁에서 이슬라마바드는 아프가니스탄의 저항과 그와 연계된 초국적 지하드[14] 운동의 성격을 형성하는 데 중심적 역할을 할 것이었다. 권위주의적인 이슬람 정권, 세계에서 인구가 가장 많은 공산주의 국가, 자유민주주의 초강대국이 이슬람 반란자들을 지지하기 위해 불가능할 것 같은 동맹을 맺은 사실은 포스트식민주의 혁명의 정치에서 구조적인 변화가 일어날 것임을 보여주었다. 냉전의 마지막 10년 동안 미국과 동맹국들은 포스트식민주의

---

14) Jihad. 아랍어로 고투나 분투를 뜻한다. 좁은 의미에서는 이교도의 이슬람 국가 침략에 대한 저항을 나타내지만, 넓은 의미에서는 "신앙을 방해하는 욕망의 절제"를 가리킨다. 예컨대 졸음을 참고 새벽에 일어나 예배를 근행하거나, 식욕을 참고 금지된 음식을 먹지 않는 것 등이 모두 지하드에 속한다. 지하드에 종사하는 사람을 무자헤드(mujahid)라고 칭하며, 여러 사람일 때는 무자헤딘(mujahidin)이라고 한다.

세계에서 게릴라 운동의 가장 큰 후원자일 터였다.

방글라데시의 해방과 1971년의 인도-파키스탄 전쟁은 제3세계에서 공산주의의 혁명적 프로젝트가 실패하고 혁명적 세력들의 새로운 응집체가 될 뭔가가 어떻게 대두하는지를 이야기하는 데 결정적으로 중요한 사건이었다. 그와 동시에 방글라데시에서 자행된 파키스탄 제노사이드는 공산주의 혁명의 물결이 퇴조함에 따라 포스트식민주의 세계에서 인종적·종교적 폭력이 부활하는 현상을 미리 보여준 또 하나의 징후로 기능했다.

12

프놈펜과 사이공의 함락

1975~1979

"B-52기는 도시를 가슴 아픈 인간 고통의 잔해로 뒤덮었고 (…)
크메르 루주에게 뜻밖의 선전거리를 주어서, 그들은 이를 최대한 이용했다."

필립 쇼트

12

남아시아의 사건들과 닉슨의 대중국 문호 개방이 제3세계에서 냉전의 지정학적 풍경을 다시 그린 바로 그 순간에 워싱턴, 하노이, 사이공은 베트남에서 계속 전쟁을 치르고 있었다. 1968년, 1969년, 1971년의 전환점은 냉전의 킬링필드에서 살육을 억제하기는커녕 인도차이나에서 대량 폭력의 마지막 물결을 위한 장場을 마련했다. 닉슨과 키신저는 베이징과 관계를 다시 협상하는 한편, 유리한 조건으로 베트남전쟁을 끝내기 위해 분투했다. 이를 위해 그들은 전쟁을 남베트남의 국경을 넘어 캄보디아로 확대하기로 했다. 미국의 침공은 캄보디아에서 계속되고 있는 내전의 형세를 바꾸는 데 일조하고, 또 그 침공에 자극받아 20세기의 가장 잔인한 정권 중 하나가 캄보디아에 대두할 것이었다. 인도네시아 공산당 학살, 우수리강 충돌, 방글라데시의 제노사이드와 더불어 캄보디아 내전과 그 뒤를 이은 사건들은 제3세계 공산주의 프로젝트를 파괴하고 봉쇄 전쟁을 근본적으로 바꿨다.

"푸르디푸른 하늘의 왕국"

한 미국 기자는 다음과 같이 썼다. 캄보디아는 "푸르디푸른 하늘과 선명한 논, 거대한 우림 속 한적한 곳에 위치한 멋진 고대 석조 사원의 왕국이다. 그 왕국에서는 선황색 예복을 입은 승려들이 매일 저녁 독경을 하며 뜨거운 열대의 태양에 작별을 고하고 노곤한 자줏빛 황혼을 맞이한다."[1] 1867년에 프랑스는 캄보디아를 식민지로 삼자마자 그곳을 쌀 생산의 중심지로서 인도차이나 제국에 편입시켰다. 그러나 일본의 대두와 태평양전쟁은 중국, 한국, 베트남에서처럼 캄보디아에서도 식민지 권력 조직을 파괴했다. 1945년 3월 9일 아침에 일본군이 캄보디아의 비시 프랑스 정권을 무력으로 접수하기 시작했다. 베트남 점령과 조율된 이 작전으로 프랑스 식민 통치의 뼈대가 무너지고, 캄보디아는 일본의 직접 통제를 받게 되었다. 캄보디아에서 일본은 대체로 유순한 주민과 노로돔 시아누크[1)] 국왕이라는, 협조를 잘하는 통치자를 발견했다. 캄푸치아 왕가의 자손으로 태어난 시아누크는 1941년 시소왓 모니봉[2)] 국왕의 후임으로 비시 당국에 선택되기 전에 사이공에서 음악, 문학, 연극을 공부한 서글서글한 젊은 통치자였다. 시아누크는 비시 관리들에게 이상적인 선택인 것처럼 보였

---

1) Norodom Sihanouk(1922~2012). 캄보디아의 국왕, 정치인. 1941~1955년, 1993~2004년에 캄보디아의 국왕으로 재위했다. 1955~1993년에는 국가원수와 외무장관 등을 지냈다.

2) Sisowath Monivong(1875~1941). 캄보디아의 군주(재위 1927~1941)이며, 황태자 시절 프랑스군 소령으로 복무했다.

다. 그는 그들이 쉽게 통제할 수 있고, 식민지 지배자들에 도전할 것 같지 않은 사람이었다. 하지만 이런 자질은 이 국왕이 새로운 일본 지배자들도, 마찬가지로 열심히 섬기리라는 것을 의미했다. 쿠데타 이틀 후 시아누크는 80여 년에 걸친 프랑스 식민 통치가 종언을 고했다고 선언하고 왕국의 이름을 캄푸치아로 바꿨다. 국왕은 서구의 식민 통치가 도쿄의 지배로 대체될 거라는 사실을 언급하지 않고 이 통치를 종식했다는 일본의 허구에 동의할 것이었다. 더 강력한 인접국 사이에서 짓눌린 허약한 국가의 지도자인 시아누크는 가장 세찬 바람 쪽으로 몸을 숙일 준비가 되어 있었다.[2]

일본의 공식적인 캄보디아 통제는 단기간에 끝났다. 1945년 8월 미국이 히로시마와 나가사키에 핵폭탄을 터뜨리면서 태평양전쟁이 끝났고, 캄보디아에서 일본의 통치도 종결되었다. 도쿄의 제국이 붕괴하자 시아누크는 자신이 일본군과 죽 싸워왔다고 발표했다. 1945년 이후 캄보디아에서 체제를 회복하기를 간절히 바란 프랑스 식민지 당국은 언제나 선뜻 동의하는 국왕을 계속 권좌에 있게 했다. 시아누크의 리더십 아래에서 캄보디아는 인접한 인도차이나에서 벌어진 프랑스와 베트민 사이의 전투로 말미암아 발생할 수 있는 최악의 사태를 피했다. 국왕은 교전국들이 자신의 영토 안으로 침입해 들어오는 것을 환영하지도, 또 항의하지도 않을 터였다. 시아누크의 목표는 자신의 작은 나라를 옆 나라의 충돌에 휘말리지 않게 하는 것이었다. 인도차이나전쟁에서 패배하던 프랑스는 전쟁의 끝자락인 1953년 캄보디아에 독립을 부여했다.

그러나 캄보디아의 진짜 투쟁은 막 시작하고 있었다. 캄보디아 시민사회는 전반적으로 독립 이후의 정부에서 여전히 과소 대표되고 있던 다양한 정치 그룹을 포괄했다. 시아누크가 프랑스 식민 통치에 대한 공개적 저항을 삼갔던 반면, '크메르 이사락'[3] 저항 전사들은 캄보디아의 숲과 농촌 지역에서 낮은 수준의 반란을 수행했다. 도시에서는 '끄롬 쁘라찌어쫀'[4] 조직이 좌익 정치 후보를 내보냈고, 캄보디아 공산주의자들의 합법적 전선으로 기능했다. 한편, 공산주의 '캄푸치아 노동자당'은 여전히 지하 조직으로 남아 있었다. 정치 스펙트럼의 다른 끝에는 크메르 세레이[5]가 공산주의자들과 싸우면서 동시에 시아누크 정권에 맞서 산발적으로 작전을 펼쳤다. 캄보디아의 보수주의 파벌은 공산주의와 사회주의를 비난하고 서방 열강과 긴밀한 관계를 맺을 것을 요구했다. 시아누크는 식민 통치 아래에서 자신이 누리고 있던 특권을 유지하는 한편 이 그룹들을 전부 통제하기를 바랐다. '국민의회'가 갖고 있던 아주 작은 권력은 1955년의 부정 총선으로 더욱 제한되었다. 선거에서 시아누크의 상꿈[6] 당은 의석을 모조리 독차지했다. 하지만 이 허약한 균형 상태는 곧 깨질 것이었다.

---

3) Khmer Issarak. '독립 크메르'라는 뜻으로 1940년에 창설된 반프랑스·반식민주의 독립운동을 일컫는다.

4) Krom Pracheachon. 1954년에 창설된 캄보디아의 정당. 캄푸치아 공산당의 합법적 전선 조직이었다. 1955년, 1958년, 1972년 의회 선거에 참여했다.

5) Khmer Serei. '자유 크메르'라는 뜻으로, 1959년 캄보디아 민족주의자인 손 응옥탄이 창건한 반공산주의·반군주주의 게릴라 세력을 일컫는다.

6) Sangkum. '공동체'라는 뜻으로 캄보디아의 노로돔 시아누크가 1955년에 설립한 정치단체를 일컫는다. 스스로를 '정당'이 아닌 '운동'이라고 칭했고, 민족주의·보수주의·군주제·불교 등의 이념을 표방했다.

1963년 2월 말, 앙코르 와트 고대 사원 단지의 외곽에 있는 주도 시엠리업Siem Reap에서 고등학생들과 경찰이 충돌했다. 학생과 경찰 사이의 긴장은 지난 몇 달 동안 서서히 고조되고 있었으나, 지역 당국이 한 시위자의 살해 사건을 조사하기를 거부하면서 대결이 벌어졌다. 1000명의 학생으로 이루어진 군중이 경찰 본부를 포위한 뒤 시아누크의 초상화를 짓밟고, 그의 정당을 규탄했다. 경찰이 보복에 나서면서 학생 몇 명이 살해당했고, 이에 자극받아 프놈펜은 질서를 회복시키기 위해 군대를 파견했다. 시아누크는 베이징과 하노이의 분노를 살까 봐 소요를 공산주의자들의 탓으로 돌리기를 삼가고, 그 대신 몇 명의 국민의회 의원을 포함해 이른바 불온 분자 34명으로 구성된 그룹이 사태에 책임이 있다고 확인했다. 이 고발은 프놈펜에서 마녀사냥을 촉발하면서 많은 지식인이 수도에서 쫓겨났다. 그중에는 크메르 루주의 지도자들이 있었다. 크메르 루주는 공산주의 비밀 조직이었고, 그 지도자들은 조심스럽게 행동하면서 신원을 숨기기 위해 무척 애를 썼다. 시아누크가 수도에서 권력 통제를 강화하고 있는 사이에 크메르 루주는 캄보디아의 동부 삼림지대에서 권력 기반을 구축했다. 그들은 이 지역에서 활동 중이던 베트남 공산주의자들의 보호를 받았다.[3]

이 실체가 흐릿한 운동의 사령관은 살롯 사Saloth Sar라는 이름의 남자였는데, 세계는 그를 폴 포트Pol Pot라는 가명으로 알게 될 것이었다. 사는 1925년 깜뽕톰주의 어촌 마을에서 아홉 자녀 중 여덟째로 태어났다. 대부분의 설명에 따르면 사는 특별할 것이 없는 젊은이였고, 그가 성장하여 20세기의 가장 거대한 괴물 중 하나가 될 것을 암시할 만한 것은 거의 없었다. 그의 누나는 모니봉 국왕의 후궁이 되었고, 그 덕분에 사는 궁정을 드나들 수 있게 되었다. 프놈펜에서 고등학교를 다닌 사는 기술학교에 입학하기 위해 1949년 파리로 떠났다. 프랑스 수도에서 사는 좌익 캄보디아 학생 그룹인 '마르크스주의 서클'과 어울렸으며, 곧 정치 활동을 학업보다 중시하게 되었다. 사는 스탈린과 마오쩌둥의 저술에 매혹되었고, 인습 타파적 사회주의에 대한 그의 찬양은 요시프 브로즈 티토[7]의 유고슬라비아를 방문한 후 더욱 강렬해졌다. 청년 사에게 마르크스주의의 매력은 혁명을 약속한 데 있었다. 그가 파리에서 동료 학생 급진주의자인 이엥 사리[8]를 만난 것은 바로 이 무렵이었다. 이엥 사리는 사의 처남으로, 크메르 루주의 지도부에서 2인자가 될 터였다. 본국에서 공산주의 운동을 이끄는 그들의 꿈이 싹트고 있던 동안, 사의 기술 공부는 시들해졌다. 3년 연속으로 시험에서 떨어진 뒤 대학에서 제적된 사는 캄보디아로 돌아갔다.[4]

귀국한 사는 공산주의 운동이 중대한 국면에 처해 있다는 것을 알았다. 프랑스는 불과 몇 달 뒤에 캄보디아에 독립을 부여할 것이었다. 동부 국경 너머에서는 베트민이 프랑스 식민지 군대를 상대로 승

---

7) Josip Broz Tito(1892~1980). 유고슬라비아의 독립운동가, 노동운동가, 공산주의 혁명가. 제2차 세계대전 동안 유고슬라비아를 침공한 나치 독일에 맞서 파르티잔 운동을 이끌었다. 1953~1980년에 유고슬라비아 사회주의공화국 연방의 초대 대통령으로 재임했으며, 비동맹운동의 의장을 지냈다.

8) Ieng Sary(1925~2013). 캄보디아의 정치가. 1976~1979년에 민주캄푸치아의 부총리 겸 외무장관을 지냈다.

리하기 직전이었다. 지역 급진주의자들은 여러 방향으로 흩어지고 있었다. 저항 운동에 참여한 많은 이들에게는 민족 독립이 주요 목표였다. 프랑스가 철수하자 혁명은 거의 필요 없어진 것 같았다. 다른 급진주의자들은 이제 시아누크를 주적으로 삼았다. 한편, 베트남 혁명의 존재는 캄보디아 내의 좌익 정치에 강력한 영향력을 발휘했다. 1953년 1월, 사가 귀국했을 때 이사락 반란자들과 프랑스군 사이에 전투가 계속되고 있었다. 하지만 공산당 지도부 안에서 고속 승진을 하고 싶어 한 사의 희망은 좌절되었다. 그가 가입한 공산주의 세포는 베트남 통제 아래 있었고, 사는 자신의 외국 경험에 비추어 맡을 자격이 있다고 생각한 리더십 역할보다는 하찮은 직무에 배정되었다. 이러한 대우를 받자 사는 베트남에 대한 분노를 더욱 키워나갔고, 캄보디아 혁명가들이 "자립, 독립, 지배"를 위해 노력해야 한다고 한층 확신하게 되었다. 그는 "크메르인들은 스스로 모든 것을 해야 한다"라고 동료에게 말했다.[5]

사는 한 단계 한 단계 위로 올라갔고, 곧 인도차이나 공산당의 크메르 계파 지도자인 뚜 사뭇[9]의 주목을 받게 되었다. 사는 사뭇의 보좌관이 되었고, 그 덕분에 반半비밀 조직 내에서 상당한 권력을 가진 위치에 있을 수 있었다. 공산주의자들과 중앙정부 사이에 갈등이 격화하면서 시아누크는 당 간부들을 강력히 탄압했고, 이를 틈타 사와

9) Tou Samouth(1915~1962). 캄보디아의 정치인. 아짜 속(Achar Sok)으로도 알려져 있다. 손응옥민과 함께 캄푸치아 인민혁명당을 창건했다. 1951~1960년 캄푸치아 인민혁명당 총서기, 1960~1962년 캄푸치아 노동자당 총서기를 지냈다.

파리에서 온 그의 동지들은 조직의 상층부로 올라갈 수 있었다. 당 지도부 내에서 안정되게 자리를 잡은 사는 변화하는 캄보디아의 정치적 흐름 속에서 점차 권력을 구축해 나갔다. 1962년, 캄보디아 내의 힘의 균형은 변곡점에 도달했다. 1월에 시아누크는 캄보디아의 합법적 좌익 정당에 전면적인 공격을 가했다. 그는 당 지도자 12명을 체포했고, 그들을 처형하겠다고 약속했다. 나라 안에서 인가받은 좌파들을 제거하자 비밀 공산당이 캄보디아에서 주요한 좌익 반대 그룹이 되었다. 7개월 후인 7월에 사뭇은 정부군에 체포되었고, 국방장관 론 놀10)의 저택으로 끌려가 고문을 받고 처형되었다.[6]

사뭇이 살해되자, 사는 급속도로 강력해져 가던 공산당을 장악하게 되었다. 시아누크가 계속 좌파를 공격하면서 많은 이들이 지하의 크메르 루주 안으로 숨어들었다. 좌파가 캄보디아의 도시들을 떠나자 혁명 투쟁의 중심지가 숲으로 옮겨갔다. 도시로부터의 탈주는 십수 년 후 크메르 루주가 승리한 뒤 크메르 루주 혁명의 성격을 형성하는 데 핵심적인 역할을 할 것이었다.[7] 시엠리업에서 학생 봉기가 있은 후, 사는 '만형Brother Number One'이 되었다. 사가 파리에 있을 때 동지였던 이엥 사리와 손 센11)은 당을 감독하는 중앙위원회에서 지배적

10) Lon Nol(1913~1985). 캄보디아의 정치인, 군인. 1970년에 미국의 지원을 받아 반(反)시아누크 군사 쿠데타를 이끌어 왕정을 폐지하고 크메르 공화국(1970~1975)을 세웠다. 1966~1967년, 1969~1970년 캄보디아 왕국의 총리, 1970~1971년 크메르 공화국 총리, 1972~1975년 크메르 공화국 대통령을 지냈다. 1975년에 크메르 루주가 프놈펜을 점령하자 미국으로 망명해 그곳에서 사망했다.

11) Son Sen(1930~1997). 캄보디아의 정치인. 1974~1992년에 캄푸치아 공산당,

인 다수파를 형성했다. 그들은 함께 실체가 잘 드러나지 않는 앙까[12]를 결성했다. 앙까는 크메르 루주의 핵심을 구성할 공산주의 조직이었다. 사와 그의 동지들은 다음 8년 동안 베트남인들에게서 피난처를 발견했지만, 이 보호가 친밀감을 낳지는 못했다. 캄보디아 지도자들은 캄보디아 내 베트남 세력에 대한 격렬한 분노를 키워나갔고, 이 분노는 크메르 루주가 집권한 뒤 터져 나올 터였다.[8]

시아누크를 자멸하지 못하게 하기

공산주의 지도자들이 숲에서 조직을 재정비하던 그 순간, 국내에서 좌파를 강력하게 탄압하던 시아누크는 외교 영역에서 균형을 잡아주는 조치를 취했다. 미국은 1955년부터 캄보디아를 경제적·군사적으로 원조하고 있었는데, 1963년 11월 5일 국왕은 미국의 지원을 더는 받지 않겠다고 위협했다. 시아누크는 워싱턴이 11월 1일 남베트남 대통령인 응오딘지엠을 무너뜨리고 그의 처형을 가져왔던 쿠데타에 관여했다고 정확하게 의심했다. 만일 응오딘지엠의 운명이 미국과 맺었던 친선 관계의 결과였다면, 국왕은 미국 없이 지낼 수 있다고 판단했다. 미국이 후원하는 크메르 세레이 세력(남베트남 국경 지역에서 활동하던 반공산주의·반군주주의 저항 그룹)의 라디오 방송은 시아누크

민주캄푸치아당 중앙위원회 위원을 지내면서 당의 보안 기구를 책임졌다. 1997년에 폴 포트의 명령으로 처형되었다.

12) Angkar. '조직'이라는 뜻의 크메르어. 캄푸치아 공산당이 스스로를 일컫는 말이다.

를 더욱더 두렵게 했다. 미국 지도자들은 사이공의 쿠데타에 대응해 국왕이 위협이라고 생각하는 이 행동을 우려했다. 프놈펜의 미국 대사는 다음과 같이 경고했다. 시아누크는 "존재하지도 않는 위기를 창출했고, 그 과정에서 첫째, 그가 두려워하는 바로 그 내부 반대를 불러일으키고 (…) 둘째, 공산주의 정권과 그 자신의 궁극적 제거를 위한 길을 닦는 데 도움을 줄 수 있는 판도라의 상자를 열어젖힐 것입니다." 국왕은 "엄격한 식이요법"과 탈진 때문에 "신경이 매우 과민하고 지나치게 긴장된 정신 상태에 빠졌습니다"라고 대사는 덧붙였다. 하지만 시아누크가 미국 원조를 거부한 일은 응오딘지엠을 붕괴시킨 쿠데타의 악영향이 막 시작된 것일 뿐이었다.[9]

그달 말에 케네디 대통령이 암살당하고 또 시아누크가 결심을 변경하지 않으려 하면서 프놈펜과 관계를 정상화하고자 하는 워싱턴의 노력은 열매를 맺지 못했다. 국가안전보장회의 일원인 로버트 코머는 "불가피하게 압박에 굴복하는 것처럼 보이지만, 우리의 문제는 여전히 시아누크가 자멸하지 못하게 하는 것이다"라고 썼다. 12월 초에 크메르 세레이의 대표 쁘리업 인[13]이 체포되어 처형되면서 상황이 더욱 악화했다. 26세의 이 남성은 정권으로부터 안전을 보장받은 뒤 캄보디아로 귀국했다. 하지만 사면을 받는 대신 쁘리업 인은 경찰에 체포당해 쇠우리에 감금되고 연출 재판[14]을 받았다. 반역자라고 자백

13) Preap In(1938~1964). 캄보디아의 반체제 인사. 노로돔 시아누크 정권에 반대해 결성된 우익 민병대 조직 크메르 세레이의 고위 간부였다.

14) show trial. 사법 당국이 미리 피고의 유죄를 결정해 놓은 공개재판. 재판의 주된 목적은 일반인들에게 피고의 혐의와 평결을 보여줌으로써 반체제의 가능성

하기를 거부한 그는 총살형 집행 부대 앞에서 사형선고를 받았다. 시아누크는 이 젊은이의 처형 장면을 촬영해서 다음 달에 국민들에게 하나의 사례로 영화관에서 상영하라고 명령했다. 하지만 이 잔인한 힘의 과시는 많은 캄보디아인이 정권에 대해 느끼는 소원함을 더욱 증폭할 뿐이었다.[10]

시아누크의 위치는 그가 깨달았든 그러지 않았든, 점점 더 위태로워지고 있었다. 중립을 지키려는 시아누크의 서툰 시도는 친구보다 적을 더 많이 만들었고, 국내의 정적들에 대한 탄압은 정권에 도전하는 사람은 누구든 지하로 내몰았다. 그 후 몇 달 동안 워싱턴과 관계가 계속 악화했고, 1965년 5월 시아누크는 미국과의 외교 관계를 마침내 단절하기로 했다. 이는 《뉴스위크》의 기사에 대응해 취한 조치였다. 《뉴스위크》는 국왕이 후궁들을 거느리고 있다고 비난하고, 왕비가 "돈에 미쳤으며" "도시 변두리에 일련의 매음굴"을 운영하고 있다고 썼다. 특유의 성격대로 국왕의 이 중차대한 결정은 실제적이기보다 감정적이었다. 즉 날카로운 지정학적 계산보다는 개인적인 불쾌함의 결과였다. 국왕은 워싱턴과 관계를 끊어버림으로써 베트남 공산주의자들을 상대로 남아 있던 약간의 장벽 중 하나를 제거했다. 처음에 이 전략은 나름대로 타당성이 있었다. 정권은 1964년 현재 국경 안에서 활동 중이던 베트남 인민군 부대를 용인하기로 했기 때문에 하노이는 캄보디아 내정에 개입할 이유가 거의 없었다. 하지만 장기적으로 이러한 유화 전략은 파멸적인 것으로 밝혀질 터였다. 자신

이 있는 사람들에게 사례를 제시해 미리 경고하는 데 있다.

의 나라를 이웃 국가의 전쟁으로부터 떨어져 있게 하려는 노력의 일환으로 베트남 공산주의자들과 화해함으로써 시아누크는 충돌을 캄보디아로 끌어들였다.[11]

그사이 내내 국왕은 국내의 반대파를 더욱 압박하며, 하노이를 달래려고 하는 국제 전략에 균형을 맞추고자 했다. 1950년대 말부터 프놈펜의 보안군은 좌파를 상대로 광포한 작전을 실행했다. 정권은 특히 언론인들을 겨냥했다. 1959년, 정부 요원들이 좌익 신문《쁘라찌어쫀》의 편집인을 암살했다. 이듬해 경찰은 공산주의 신문《롭세르바퇴르L'Observateur》의 편집인 키에우 삼판[15]을 체포했다. 삼림지대에서 활동하는 공산주의자들을 상대로 한 정부의 작전은 덜 성공적이었다. 반대 세력의 위치를 정확하게 파악하기 힘들었고, 그들은 보통 정권이 공격할 엄두를 내지 못하는 베트남 부대에서 피난처를 찾곤 했다. 야만적이긴 했지만, 프놈펜의 강력한 탄압은 궁극적으로 효과적이지 못했다. 국왕은 현 부총리로서 친서방 보수주의자인 론 놀에게 캄보디아 좌파에 대한 엄중 단속을 지휘하라고 지시했다. 1913년생인 론 놀은 군대에서 이름을 날렸고, 1940년대에 정치에 입문했다. 론 놀이 충직하고 쉽게 통제할 수 있는 부하라고 믿은 시아누크는 독립 후 1955년에 그를 육군 참모총장에 임명했다. 주류 캄보디아 불교를 멀리한 론 놀은 점성술과 신비주의에 빠졌다. 엘리자베스 베커Elizabeth Becker 기자에 따르면, 론 놀은 "종교적 반동주의자, 확고한 비술

15) Khieu Samphan(1931~). 캄보디아의 정치가, 사회주의 혁명가. 1976~1979년에 민주캄푸치아의 국가 간부회 의장을 지냈다.

추종자, 젊을 때 마을 현자한테서 받은 낡은 부적을 지니고 다닌 실천적 신비주의자였다."[12]

국왕의 격려를 받은 론 놀은 1966년에 후보로 나서 총리가 되었다. 그런 뒤 시아누크는 자신이 좌파의 '대항 정부'를 구성할 거라고 발표했다. 다시 한번 국왕은 캄보디아 내의 경쟁하는 정치적 파벌들을 상쇄하고 자신의 리더십에 대한 모든 반대를 무력화하고자 했다. 하지만 론 놀은 시아누크가 깨닫지 못한 정치적 야심을 키워나갔다. 총리가 국왕의 통제 아래 있지 않은 사람들로 구성된 내각을 임명하기 시작했지만, 시아누크는 취미 생활에 여념이 없었다. 시아누크는 정부의 돈을 써서 외설 잡지《쁘셍쁘셍Pseng-Pseng》을 발간했고, 1965년 이후에는 영화를 제작하고 감독하는 데 많은 시간을 보냈다. 시아누크는 다음 4년 동안 아홉 편의 영화에서 집필, 감독, 제작, 때로는 직접 주연을 맡을 것이었다. 영화는 지나치게 화려하고 조악하게 실행된 캄보디아 엘리트들의 축하연이었다. 시아누크의 군주정은 이 축하연을 통해 경기가 하락 국면으로 진입하고 있던 국가의 국민들에게 특권층의 삶을 과시했다. 돌이켜 보면 이 영화들은 시아누크가 당시 현실과 얼마나 유리되어 있었는지를 극적으로 보여주는 것 같다. 1969년 11월, 국왕은 프놈펜에서 국제 영화 축제를 열어 자신의 대작《땅거미》를 상영했다. 다른 영화는 경쟁이 허용되지 않는 가운데 이 영화는 축제의 대상을 받았고, 시아누크는 국립은행에서 주조한 순금 트로피를 집으로 가져갔다.[13]

내전이 시작되다

국왕이 자기 자신에게 상을 수여하는 동안, 캄보디아에서는 내전이 불타올랐다. 북서부의 밧담방주에서 약 2년 전에 격렬한 전투가 발생했다. 부패한 지역 관리들이 쌀을 강제로 판매하자 이에 농민들의 원한이 깊어지면서 1967년 2월에 공공연한 반란이 터졌고, 반정부 시위대가 지역 관리 세 명을 살해했다. 프놈펜이 빠일린시에서 수비대를 철수시키라는 시위대의 요구를 거부하자 폭력이 확산되었다. 4월에 농민들은 정부군 병사 두 명을 살해하고, 숨겨둔 무기를 훔쳤다. 더 많은 공격이 뒤를 이었고, 이에 자극을 받아 시아누크는 봉기를 진압하기 위해 낙하산부대를 보냈다. 그달 말까지 론 놀의 무자비한 평정 작전으로 수백 명이 사망했다. 정부군은 반란자들의 진지로 의심되는 곳에 폭격을 가했고, 잘린 머리를 가득 실은 트럭들이 프놈펜으로 돌아가고 있다는 소문이 수도에 유포되었다.

공산주의자들은 밧담방주의 '삼라웃 봉기'[16]가 금쪽같은 기회라는 것을 알았지만, 이 봉기를 이용할 수가 없었다. 농민 반란은 너무 갑자기 발생했고, 정부의 대응은 너무 잔혹했다. 시아누크는 호 유언,[17]

---

16) Samlaut Uprising. 1967~1968년에 캄보디아 밧담방주 인근 삼라웃에서 발생해 그 후 주변 주들로 확산한 봉기를 일컫는다. 이 혁명운동에는 노로돔 시아누크 국왕의 정치 조직인 상꿈에 대항해 일단의 좌파 지식인들이 이끈 농민들이 주로 참여했다.

17) Hou Yuon(1930~1975). 캄보디아의 공산주의 정치인. 캄푸치아 공산당(크메르 루주) 당원으로서 1960년대와 70년대에 시아누크 정부 각료로 근무했다.

키에우 삼판, 후 님[18] 등 세 의원이 반란을 촉발했다고 비난하고 그들에게 법정에 출석할 것을 요구했다. 처형될 수 있다고 여긴 호 유언과 키에우 삼판은 수도를 떠나 정글의 공산주의 피난처로 도피했다. 그 후 후 님도 뒤를 따랐다. 사라진 이 각료들은 '유령 3인방'으로 알려졌다. 많은 캄보디아인은 이 세 사람이 처형되었다고 의심했다. 혹자는 이들을 황산으로 녹여버렸다거나 불도저로 으스러뜨렸다고 수군거렸다. 훗날 이 전 각료들은 저항 세력의 일원으로 다시 등장한다. 좌익 지도자들을 겨냥한 정부의 보복 행위는 그 후 몇 달 동안 계속 이어졌다. 많은 지식인이 도시를 떠나 숲으로 대피했고, 숲에서 그들 역시 공산주의자들의 통제를 받았다.[14]

시아누크 정권은 이 탈출을 자신의 권력이 회복된 증거로 여겼으나, 국가는 내전에 조금씩 더 가까이 다가갔다. 마지막 지지자들을 프놈펜에서 철수시킨 뒤, 크메르 루주는 본부를 동북부의 외딴 고지대로 이전했다. 정부군이 산개해 농촌 지역으로 들어오자, 공산주의자들은 라따나끼리주의 산악 삼림지대에서 무장투쟁을 개시할 준비를 했다. 공산주의 기간요원들은 지역 부족들은 "논바닥의 마른 짚풀 같아서 불꽃만 있으면 불을 붙일 수 있다"라고 주장하며, 농민들을 무장시킬 터였다. 말라리아가 창궐하는 동북부의 정글에서 당은 이념을 재정비했다. 필연적으로 이 캄보디아인들은 자립과 혁명의 "순수성"을 강조할 수밖에 없었다. 하노이는 그 자신의 전쟁에 몰두

18) Hu Nim(1932~1977). 캄보디아의 공산주의 정치인. 시아누크 정부와 민주캄푸치아 정부 등에서 각료로 일했다.

했고, 베이징은 시아누크를 지지했다. 캄보디아인들의 혁명은 완벽한 공산주의 혁명일 터였다.[15]

그와 동시에 베트남에서 커져가던 폭력의 물결이 국경을 넘어 캄보디아로 넘쳐흘렀다. 1967년 미군은 '살렘 하우스 작전Operation Salem House'을 실시했다. 이 작전에서는 미군과 베트남 공화국군 병사들이 베트남 공산주의 은신처를 찾아 국경을 넘어 침투할 것이었다. 이 임무의 범위와 크기, 수가 증가하고 그사이에 작전 이름도 '대니얼 분Daniel Boone'으로 바뀌면서 두 국가 사이의 국경은 교전 지대가 되었다. 1967년 9월, 미 국무부 법률 자문관은 캄보디아에서 군사작전은 일단 시작하면 중단하기 어렵고 파국으로 치달을 수 있는 위험한 비탈길이라고 보고서에서 경고했다. 미군이 캄보디아에서 대규모 공격을 단행해도 좋다고 승인받으면, 확전의 압력은 상당히 커질 것이었다. 보고서에서는 이렇게 주장했다. "우리는 이 길의 끝이 어디로 향할 것인지를 이제 충분히 깨닫고, 우리가 끝까지 가볼 태세가 되어 있지 않다면 그 길을 내려갈 생각을 하지 말아야 한다."[16]

폭력이 인도차이나 전장 전역으로 확대되자 캄보디아 공산주의자들은 봉기를 단행하기로 했다. 1968년 1월 18일 새벽, 공산군은 바이담람의 군사기지를 공격했다. 다음 몇 주에 걸쳐 공산주의자들과 주변 지역의 부족민들이 일련의 유사한 공격을 수행했다. 공격자들은 무기를 탈취하고, 정부 청사에 불을 질렀으며, 국가 보안군을 죽였다. 이 작전은 전략적 의의보다 상징적인 중요성을 더 띠었다. 국가 통제에 심각하게 도전하기보다는 혁명의 새로운 단계가 시작되었음을 알리는 것이었다. 겨울이 끝나갈 무렵 약 1만 명의 농민이 반란 세력에 합류했고, 이제 그들에게는 크메르 루주라는 새로운 이름이 붙었다. 시아누크는 이 봉기가 정권이 오지를 통제하고 있다는 관념을 조롱할 위험이 있음을 깨달았다. 프놈펜은 반란 세력이 뿌리를 내리고 더 중요한 도전을 제기하기 전에 그들을 분쇄하기로 작정했다. 이를 위해 국왕은 유령 3인방의 도피 사태로 사임했던 론 놀을 다시 불러 반란을 진압하게 했다. 정부군 비행기가 공산주의자들이 통제하는 마을을 공격하고, 반란자들이 장악한 지역으로 가는 식량 공급을 차단하며, 농민들을 정부가 운영하는 전략촌으로 강제 이주시키기 시작했다. 4월에 론 놀의 병사들은 공산주의자들의 '북서부 구역' 본부를 점령하고, 밧담방의 살아남은 세력을 빠일린으로 다시 몰아냈다. 반란 세력은 정부가 방어를 강화하는 가운데 북부와 동부에서도 힘겹게 싸웠다. 외딴 동북부에서는 공산주의자들이 더 잘 싸웠다. 동북부에서는 빽빽하게 들어선 우림이 게릴라들에게 이상적인 환경을 제공했고, 정부군이 효과적인 평정 작전을 조율하지 못하게 방해했다.[17]

외부 지지자들과 크메르 루주의 관계는 또 다른 과제를 제기했다. 당은 자립을 강조했으나, 저항이 성공하려면 외부의 지원이 필수적이었다. 마찬가지로, 캄보디아에서 혁명의 운명은 궁극적으로 남베트남 혁명의 운명과 연결되었다. 하노이와 베이징 역시 이 점에서 딜레마에 부딪혔다. 한편으로 그들은 캄보디아의 혁명 동지들을 지원해야 한다고 느꼈다. 하지만 그들은 또 반란자들에 대한 지원이 시아누크 정권을 소원하게 해서 프놈펜을 미국에 더욱 가깝게 다가가게 하며, 캄보디아에서 활동 중인 베트남군을 강력하게 탄압하는 결과를 가져올 것 같다는 점도 알았다. 저우언라이는 하노이에 신중하게 행동하라고 권고했다. 캄보디아 혁명가들에게 베트남이 인도차이나 해방이라는 더 큰 투쟁에서 첫 번째 전투를 나타낸다는 사실을 이해시켜야 한다고 저우언라이는 주장했다. 저우언라이는 베트남 정치국원들에게 이렇게 말했다. "만약 인도차이나 전체가 미국을 베트남에서 쫓아내는 노력에 힘을 보탠다면, 라오스 혁명과 캄보디아 혁명은 성공할 것입니다." 이상적으로, 캄보디아인들은 "미국과 먼저 싸우고 그다음에 캄보디아의 반동 세력과 싸우는 노력에 동참"할 것이었다.[18]

"가장 순수한 형태의 닉슨 독트린"

반란이 점점 거세지자, 화가 머리끝까지 치솟은 시아누크는 공산주의자들이 지역민들 사이에서 반란을 부추기고 있다고 비난했다. 국왕은 대반란전(공산주의 기간요원보다 농민들에게 더 큰 희생을 입힌)을 절대적으로 필요한 것이었다고 정당화했다. "나는 지옥에 떨어지는 것을 개의치 않는다"라고 그는 일갈했다. "나는 악마에게 직접 적절한 서류를 제출할 것이다." 국왕은 나라가 "총력전" 상태에 있다고 선언하고, 정부군의 손이 닿는 곳에서 남아 있는 좌파들을 억압하는 활동을 확대했다. 키에우 삼판이 크메르 루주를 이끌고 있다고 이미 확신한 시아누크는 이제 하노이와 베이징이 반란을 지원하고 있을 거라고 공개적으로 의견을 내비쳤다. 반란 세력의 규모가 커져갔지만, 신비스러운 "만형" 살롯 사는 여전히 어둠 속에 묻혀 있었다. 향후 몇 년 사이에 그는 폴 포트로 이름을 바꿀 것이었다.[19]

캄보디아 전역이 점점 불안해지자, 국내의 반란 세력과 베트남 공산주의자들의 위협에 직면해 캄보디아 군부가 캄보디아 영토를 완벽히 통제할 수 없다는 사실이 분명해졌다. 이에 대응해 시아누크는 다시 한번 힘의 균형을 자신에게 유리하게 되돌리려는 노력의 일환으로 방향을 바꿨다. 1967년 말에 국왕은 미국과의 관계를 기꺼이 재고하겠다는 신호를 워싱턴에 보내기 시작했다. 전 퍼스트레이디인 재클린 케네디[19]가 11월에 앙코르와트의 폐허를 방문했다. 하노이가 남베트남에서 '테트 공세'를 개시할 준비를 하고 있던 1968년 1월에는 인도 주재 미국 대사 체스터 블리스 볼스[20]가 프놈펜을 찾았다. 워싱턴과 프놈펜은 베트남에서의 충돌을 캄보디아 내로 들이지 않는 데 관심을 같이하고 있었으나, 목표를 어떻게 달성해야 하는지에 관해서는 견해가 달랐다. 시아누크는 소련과 중화인민공화국의 위협이 더 커지고 있는 것 같을 때 미국이 도대체 무엇을 하고 있는지 궁금했다. 볼스는 국경 지역에서 베트남 공산군을 뿌리 뽑기 위해 미국이 캄보디아를 제한적으로 침입하는 것을 허락받는 데 더 관심이 있었다. 볼스는 어느 편도 모든 목표를 달성하지는 못했지만, 회의가 성공

19) Jacqueline Kennedy(1929~1994). 미국의 저술가, 출판업자. 결혼 전 이름은 재클린 리 부비에(Jacqueline Lee Bouvier)다. 미국의 제35대 대통령 존 F. 케네디를 첫 번째 남편으로 두었기 때문에 재클린 케네디 또는 재키 케네디로 많이 알려져 있다. 1968년 그리스의 선박 부호 아리스토텔레스 오나시스와 재혼한 뒤에는 재클린 케네디 오나시스로 불렸다.

20) Chester Bliss Bowles(1901~1986). 미국의 외교관, 정치인. 1949~1951년 코네티컷주 주지사, 1961년 국무장관, 1963~1969년 인도 주재 미국 대사 등을 역임했다.

적이었다는 느낌 속에 프놈펜을 떠났다. 볼스는 이렇게 썼다. "나는 변덕스럽고 예측 불가능한 국왕의 성격을 충분히 의식하고 있습니다. 캄보디아를 다룰 때 우리는 갑작스러운 전환과 신랄하고 부당한 비판을 예상해야 합니다. 하지만 우리는 시아누크의 무절제하고 때로 어린애 같은 감정의 분출 때문에 우리가 당면한 주요 업무를 단념하는 일이 없도록 해야 할 것입니다. 당면한 업무란 캄보디아의 중립을 유지하고, 베트콩과 북베트남군이 캄보디아 영토에 못 들어오게 하며, 미래를 고려해 이 작지만 중요한 국가와 우리의 관계를 개선하는 것입니다."

이런 목적으로 시아누크는 베트남 공산군을 소탕하기 위해 미군이 제한된 타격을 가하는 것을 용인할 터였다. 중요한 논점은 캄보디아 영토에서의 B-52기 폭격 비행 문제인 것 같았다. 남베트남의 미군 사령관 윌리엄 웨스트모얼랜드 장군은 캄보디아에 미국의 중폭격 공습에 상공을 개방하라고 압박했다. 볼스의 파견은 미국-캄보디아 관계를 회복하는 데 중요한 첫걸음이었지만, 이 만남은 훗날의 사건 전개에서 결정적인 전환점으로 기록될 것이었다.[20]

1969년 3월 리처드 닉슨 대통령은 '메뉴 작전Operation Menu'이라는 암호명으로 캄보디아 안의 베트남 공산주의자들을 상대로 대규모 폭격을 가하기 시작했다. 국가안보 자문관 헨리 키신저는 베트남 공산군 약 4개 사단이 캄보디아에서 작전 중이라고 설명했다. 키신저에 따르면, 베트남군은 캄보디아 관리와 대부분의 주민을 이 지역에서 강제로 나가게 했다. 키신저는 메뉴 작전이 캄보디아의 중립을 위반하는 것은 아니라고 판단했다. 국경 지역이 베트남 공산군의 통제 아래 들어가 있기 때문에 그 지역에는 중립이 존재하지 않는다는 것이었다. 게다가 키신저는 시아누크가 메뉴 작전을 묵인했다고 역설했다. 키신저의 주장에 따르면, 국왕은 볼스에게 미국이 "베트콩을 캄보디아에서 나가게 하기"를 원한다고 말했다. 이를 위해 시아누크는 미군이 베트남 기간요원들을 "맹렬히 추적"하도록 허용할 것이었다. "사람이 살지 않아서 캄보디아인들이 없는 지역에서는, 그런 상황이라면 저는 못 본 체할 겁니다"라고 시아누크는 말했다. 닉슨 행정부는 이러한 신호를 전쟁을 캄보디아 국경 너머로 확대하는 것을 승인했다는 식으로 해석한 것 같았다.[21]

그러나 현장에서 나타나는 효과는 백악관이 바라는 것만큼 분명하지는 않았다. 워싱턴과 프놈펜의 지도자들이 모두 잘 깨닫고 있었듯이, 사실 캄보디아인들은 미국이 폭격하고 있는 지역에 거주했다. 합동참모본부의 보고에 따르면, 암호명이 소름 끼치는 메뉴 작전의 일부로서 '브렉퍼스트'라고 명명된 지역에는 1000명으로 추산되는 캄보디아 농민이 있었다. '런치'에는 200명의 민간인이 있었고, '스낵' 지역에도 약 300명의 민간인이 살았다. '디너' 지역에는 700명의 농민이 거주했고, '디저트'에도 민간인이 120명 있었다. 보고서에서는 민간인 사상자가 최소한에 그칠 것으로 추정했으나, 이 예상이 "기껏해야 근거가 빈약"하다고 경고했다. 일반 대중이 캄보디아 공격 소식에 분노할 것 같다는 점을 깨닫고 있던 닉슨과 키신저는 작전을 비밀에 부치려 했다. 백악관은 소수의 관리에게만 작전을 알려주었고, 베트남의 목표물을 공격하는 책임을 진 B-52기를 그곳으로 돌림으로써 폭격 비행을 지휘했다.[22]

미국이 동북부를 맹렬히 폭격하고 있는 동안, 프놈펜의 정치적 상황이 급변하고 있었다. 캄보디아 경제는 허약하기 짝이 없었고, 시아누크 정권은 이를 개선하기 위해 거의 아무것도 하지 않았다. 국왕의 측근들이 "즉흥적 행동, 몽상, 사치스러운 지출을 일거에 끝내"라고 요청했으나, 시아누크는 생각이 달랐다. 1969년 초에 시아누크는 캄보디아에서 성행하는 노름판으로부터 정부 수입을 확보하려고 곳곳에 카지노를 개설했다. 국왕이 자신의 영화《땅거미》를 축하하고 농촌 지역에서 전쟁이 격화하는 가운데 캄보디아인들이 얼마 되지 않는 저축을 도박으로 날리는 모습은, 종말로 다가가는 마지막 몇 달 동안 정권의 타락을 상징적으로 보여주었다. 많은 보수적 비판가들에게 시아누크는 무력해서 국가가 혼란의 수렁으로 빠지는 것을 막을 수 없을 것 같았다. 7월에 국왕은 총리직을 사임한다고 발표함으로써 국민의회에 엄포를 놓았다. 이제 오른쪽에서 그를 비판하는 사람들은 경제를 다루는 국왕의 솜씨가 마음에 들지 않는다면 그들 자신의 해결책을 시도해도 좋았다. 시아누크는 이 조치로 국가의 골칫거리에 대한 책임을 더 이상 지지 않고, 자신을 비방하는 사람들이 조용히 있기를 바란 듯했다. 하지만 이번에는 국왕의 계책이 실패했다. 국민의회는 론 놀을 총리로, 시소왓 시릭 마딱[21] 공公을 부총리로 선출했다. 두 사람은 국왕의 강력한 보수주의 반대자로 밝혀졌다.

---

21) Sisowath Sirik Matak(1914~1975). 캄보디아 왕족, 정치인. 1962~1964년 중국 주재 캄보디아 대사, 1969~1971년 캄보디아 왕국과 크메르 공화국 부총리, 1971~1972년 크메르 공화국 총리를 역임했다.

시아누크의 영향력은 다음 몇 달 동안 시들어갔고, 1970년 1월 그는 치료를 받으려고 캄보디아를 떠났다.[23]

국왕이 외국으로 나가자, 론 놀 장관과 시릭 마딱은 시아누크를 몰아내는 쿠데타를 단행했다. 3월 8일, 군부는 캄보디아에 베트남군이 주둔해 있는 것에 반대하는 시위를 벌였다. 나흘 뒤 의회가 시아누크의 "친공산주의 베트남" 정책을 비난하는 한편, 론 놀은 3월 15일 새벽까지 모든 베트남 부대가 캄보디아에서 철수할 것을 요구했다. 쿠데타 음모를 꾸민 자들은 수도의 정부 청사 바깥에 탱크를 진주시켰고 외부 통신을 차단했으며, 여전히 시아누크에 충성하는 일부 관리들을 체포했다. CIA가 개입했다는 소문이 프놈펜 거리에 퍼졌고, 새 정권은 크메르 공화국 창건을 선포했다. 정권은 첫 조치로서 베트남군을 캄보디아 땅에서 몰아내겠다고 약속했다.[24] 모든 관계자가 인도차이나에서 전쟁이 확대될 것 같다는 사실을 알았다. 비공식적으로 베이징은 시아누크가 공산주의자 및 베트남 게릴라들과 함께 연합 전선에 힘을 보탤 거라는 희망을 피력했다. 론 놀은 북베트남을 공격해야 한다는 압박을 느낄 것이고, 중국은 하노이를 지원할 것이며, 라오스에서는 이미 전투가 시작되었다. 중국 총리 저우언라이는 북베트남 관리들에게 이렇게 해서 "인도차이나는 전쟁터가 될 겁니다"라고 말했다.[25]

캄보디아 부대와 베트남 부대가 공산주의 은신처 주변에서 충돌하자, 론 놀은 캄보디아에 대한 통제권을 재천명하면서 외부의 지원을 요청했다. 남베트남군이 제일 먼저 이러한 상황을 이용하려 했다. 사이공은 3월 20일에 벌써 공습을 가하면서 보병의 급습을 제한적으로 실행하기 시작했다. 워싱턴의 관리들은 공동의 적에 맞서 프놈펜의 새 정권과 제휴할 기회가 왔음을 알았다. 캄보디아 정부군을 직접 지원하면서 B-52기의 폭격 비행을 확대할 가능성은 미국의 군사 계획가들에게 특히 유혹적인 것으로 드러났다. 4월 중순, 미국의 중무장 헬리콥터가 공산주의 진지를 향해 출격하면서 캄보디아군은 미국의 군사 지원을 받기 시작했다.[26]

4월 28일, 닉슨 대통령은 국무장관과 국방장관의 권고를 무시하고 미군과 남베트남군의 합동 캄보디아 침공을 인가하기로 결정했다. 닉슨은 캄보디아의 "낚싯바늘"[22] 지역에 있다고 여겨진 베트남 공산군 본부인 "남베트남 중앙사무국"을 파괴할 작정이었다. 이틀 후 대통령은 국민과 전 세계를 향해 캄보디아 침공—대통령은 이 침공이 이미 진행되고 있는 침공the invasion이지 "새로 개시된 침공an invasion이 아니" 라고 지적할 만큼 조심스러웠다—은 남베트남에서 공산주의자들의 작전 수행 능력에 결정적인 타격을 가함으로써 이 지역에 있는 미군의 단계적 철수를 보호하기로 계획된 것이라고 발표했다. "대다수 미국민은 이 전쟁을 한없이 질질 끌기보다는 끝내기를 원합니다"라고 닉슨은 말했다. "오늘 밤 제가 취한 행동은 이 목적에 부합할 것입니다."[27]

침공 소식이 전해지자, 미국에서는 전국적으로 저항의 물결이 거세게 일어났다. 저항은 켄트주립대학교 캠퍼스에서 오하이오주 방위

22) Fishhook. 베트남의 빈롱주와 떠이닌주 쪽으로 튀어나온 캄보디아 동남부 깜뽕주의 돌출부를 가리키는 이름.

군 병사들이 학생 네 명에게 총격을 가해 죽이는 데에서 절정에 달했다. 미국 전역에서 분노가 타오르는 사이에 미군과 베트남 공화국군은 남베트남 중앙사무국을 찾아 캄보디아 동부의 숲속을 헤치며 나아갔다. 그들은 그렇게 하면서 헬리콥터 착륙 지역을 깨끗이 치우고, 대규모 농장을 파괴했으며, 마을을 무너뜨렸다. 5월 3일, 미군은 24시간 동안 포탄을 퍼부은 끝에 스누올시(약 2000명이 거주하는 곳)를 파괴했다. 먼지가 가라앉자, 시신 일곱 구가 발견되었다. 그중 네 구는 민간인이었다. 메못시와 스레 크뚬시 역시 더 작은 촌락 수십 개와 함께 파괴되었다. 수천 명의 피난민이 진격하는 군대를 피해 도주했다.

하지만 남베트남 중앙사무국과 베트남 공산주의 전사들의 대규모 집결지는 어디에서도 찾을 수 없었다. 미국 관리들은 남베트남 중앙사무국이 고도로 기동성 있는 "다단위 소부대"라서 진격하는 적군을 쉽게 따돌릴 수 있는 현실을 이해할 수 없는 것 같았다. 미군 부대와 베트남 공화국군 부대는 남베트남 중앙사무국이 고정된 장소를 나타내지 않기 때문에 정확한 위치를 잡아낼 수 없었다. 공산주의 전사들의 본부가 정글 속으로 사라졌듯이, 전사들도 마찬가지였다. 침공은 베트남 반란자와 크메르 루주 반란자들을 국경 지역에서 쫓아내 캄보디아로 더 깊이 들어가게 했다.[28]

전투가 격화하자 정권의 분노는 캄보디아 내의 베트남 민간인들에게 떨어졌다. 프놈펜은 수도에서 12만 명의 베트남인들에게 야간 통행을 금지한다고 발표했다. 다른 곳에서 지역 당국은 베트남인들을 체포해 철조망으로 둘러싸인 수감 시설로 강제 이주시켰다. 곧바로 농촌 지역에서 소규모 학살이 벌어졌다는 보고들이 나타났다. 4월 10일, 정부군 병사들이 쁘라사웃시에서 민간인 89명을 살해했다. 론 놀의 보안군이 4월 말에 프놈펜 외곽 쯔로이 짱바에 있는 가톨릭 베트남인들의 큰 마을에 진입해 800명의 노동자를 바삭강에 대기 중이던 바지선에 강제로 태웠다. 다음 날 손이 묶인 수십 구의 시신이 수도 외곽 니억 루엉의 선착장을 둥둥 떠다녔다. 론 놀은 불온 활동을 할 가능성이 있는 사람들을 뿌리 뽑으려고 3만 명의 베트남인을 체포했다. 정권은 약 19만 명을 더 남베트남으로 추방했다. 론 놀의 학살로 프놈펜과 사이공의 관계는 곧바로 틀어져 버렸고, 이는 국경 지역에서 캄보디아 민간인을 상대로 한 베트남 공화국군의 보복을 촉발했다.[29]

1970년 봄의 혼란은 공산주의자들에게 새로운 기회를 주었다. 첫 번째 기회는 시아누크 자신으로부터 왔다. 시아누크는 이제 왕국이 없는 국왕이었다. 그는 폐위되고 망명지에서 생활하며 캄보디아 내에서 영향력을 되찾을 가능성을 열심히 엿보았다. 시아누크는 특유의 전술에 기댔다. 권좌에 다시 앉기 위해 경기에서 편을 바꾸는 것이 그것이었다. 3월 23일, 국왕은 베이징에서 라디오 방송을 통해 상부 저항 조직인 '캄푸치아 국민연합전선National United Front of Kampuchea, FUNK'의 창설을 선포했다. 시아누크는 모든 캄보디아인에게 "반란의 깃발을 치켜들고," "우리의 적," 론 놀 정권에 "맞서 정글에서 게릴라전을 벌일" 것을 요청했다. 갑자기 다시 나타난 유령 3인방인 호 유언, 키에우 삼판, 후 님은 캄푸치아 국민연합전선을 지지했고, 크메르 루주는 시아누크에 대한 모든 비난을 중단했다. 정말 역설적이게도 캄보디아의 플레이보이 군주는 크메르 루주의 명목상의 우두머리가 될 태세였다. 현장에서는 하노이 군과 프놈펜 군 사이의 충돌이 크메르 루주와 북베트남군 사이의 협력을 강화하는 결과를 가져왔다. 크메르 루주 지도자들이 여전히 베트남 동지들로부터 거리와 자율을 유지하려 했지만, 전투 덕분에 그들은 작전의 범위를 확대할 수 있었다.[30]

론 놀은 이제 지배권을 되찾기로 마음먹었다. 8월에 론 놀은 '쩬라 작전 I'을 실행했다. 이 작전은 북베트남에 빼앗긴 상당한 크기의 영토를 탈환하기로 계획된 대규모 공세였다. 정부군은 프놈펜을 동부의 스꾸언 시와 연결하는 도로인 7번 도로를 목표로 삼았다. 결판이 나지 않은 군사행동으로 군대가 소진된 끝에, 론 놀은 승리를 선언하고 수도에서 축하 행사를 열었다. 하지만 정부가 승리한 증거는 농촌 지역에서는 찾기가 더 힘들었다. 농촌 지역에서는 격렬한 베트남군의 반격이 캄보디아군의 방어를 힘들게 했다. 1971년 1월 21일, 베트남군 공병들이 프놈펜 외곽의 뽀쩬똥 국제공항으로 잠입해서 캄보디아 공화국 공군을 거의 모두 파괴했을 때, 론 놀의 승리라는 허구는 유지하기가 불가능해졌다. 몇 주 뒤 론 놀은 뇌졸중을 일으켜 신체 일부가 마비되었고, 정권이 곧 무너질 가능성이 제기되었다. 하지만 론 놀 장군은 3월에 전쟁을 수행하겠다고 다시 굳게 다짐하며 복귀했다. 론 놀은 새로운 공세인 '쩬라 II'를 발표했다. 6번 도로를 따라 북부의 깜뽕톰시와 도로 연결을 재건하기로 계획된 작전이었다. 군의 고위 장교들이 쩬라 I으로 발생한 손실을 만회할 필요가 있다고 하며 반대했지만, 론 놀은 이를 무시했다.[31]

론 놀은 작전을 이끌 사람으로 캄보디아군에서 가장 다채로운 인물 중 한 명인 움 사붓[23] 대령을 선택했다. 윌리엄 쇼크로스William Shawcross 기자는 그에 대해 이렇게 썼다. "사붓은 놀라운 인물이었다. 호리호리하고 구부정한 사람이었던 그는 긴 흰색 지팡이를 짚으며 걸었고, 무서울 만큼 빠른 속도로 지프차를 몰았으며, 거의 항상 취해 있었다." 대령은 한번은 자기 머리 위에 고양이를 올려놓고는 부하에게 고양이에게 총을 쏘라고 명령을 내리기도 했는데, 그 일로도 아주 잘 알려져 있었다. 총탄은 빗나갔고, 그 대신 움 사붓의 두개골에 명중해 몸이 일부 마비되었다. 그 후 고통을 잊기 위해 대령은 거의 항상 술에 취한 상태에 있었다. 쩬라 II는 1971년 8월 몬순 장마 중에 시작되었다. 움 사붓은 자신의 병력을 진흙투성이인 농촌 지역에 보내기보다는 도로에 머무르게 했다. 정부군은 측면을 지키는 데는 실패했지만, 10월 11일에 거의 싸우지 않고 깜뽕톰에 도달할 수 있었다. 남베트남의 미군 사령관은 캄보디아군이 "길이 60여 킬로미터, 폭 60여 센티미터의 전선을 열어주었다"라고 불만을 터뜨렸다. 하지만 프놈펜에서 론 놀은 또 한 차례의 큰 승전을 축하하는 행사를 열었다. 그달 말 북베트남군이 반격을 가해 깜뽕톰으로 가는 도로를 따라 정부군과 격돌했다. 론 놀의 부대는 크게 패했고, 도주하거나 전사했다. 그들은 장비와 중화기 대부분을 버렸다.[32]

이 패배는 정권에 재앙을 불러일으켰다. 약 3000명의 병력이 전사했고, 수천 명이 도주했다. 쩬라 II는 크메르 공화국의 마지막 대규모

---

23) Um Savuth(?~1972). 캄보디아의 육군 장교. 노로돔 시아누크 정권 치하에서 군 경력을 시작했으나 1970년 론 놀의 쿠데타 이후 그의 지지자가 되었다.

공세였다. 정부군은 이제 확실히 수세로 돌아섰다. 프놈펜에서 론 놀은 거의 신뢰를 상실했다. 많은 캄보디아인은 정권 붕괴가 필연적이며, 그때까지 시간만 보낼 뿐이라고 생각했다. 나이 많은 시민들은 국가의 운명을 걱정했으나, 수천 명의 젊은 캄보디아인들이 도시를 떠나 주변 삼림지대에서 활동 중인 크메르 루주에 합류했다. 현지 상황이 걱정스러웠는데도 미국 지도자들은 론 놀에 대한 지지를 거두지 않기로 다짐했다. 11월에 닉슨 대통령은 기자들에게 이렇게 말했다. "캄보디아는 가장 순수한 형태의 닉슨 독트린[24)]입니다." 그는 베트남이나 한국에서와는 달리 미국은 캄보디아 내에서 전투를 벌이지 않을 것이라고 청중에게 확언했다. "우리는 피할 수 있다면, 다시는 그런 실수를 저지르지 않기를 바랍니다." 한편, 3년을 더 지속하고 50만 명에 이르는 캄보디아인들의 생명을 앗아갈 전쟁이 질질 끌며 계속 이어졌다.[33]

프놈펜의 주민들이 앞날을 걱정하는 동안, 크메르 루주 지도자들

---

24) Nixon Doctrine. 리처드 닉슨 대통령이 1969년 7월 25일 괌에서 발표한 미국의 외교정책. 주요 내용은 다음과 같다. ① 미국은 앞으로 베트남전쟁과 같은 군사적 개입을 피한다. ② 미국은 아시아 여러 나라와의 조약에서 한 약속은 지키지만, 핵무기에 의한 위협의 경우를 제외하고 내전이나 침략에 대해서는 아시아 각국이 스스로 협력하여 대처해야 한다. ③ 미국은 '태평양 국가'로서 지역에서 중요한 역할을 계속하겠지만, 직접적·군사적·정치적 과잉 개입은 삼가며, 자기 자신의 의사를 가진 아시아 각국의 자주적 행동을 측면 지원한다. ④ 아시아의 각국에 대한 원조는 경제 중심으로 바꾸며, 여러 나라의 상호 원조 방식을 강화해 미국의 과중한 부담을 피한다. ⑤ 아시아의 각국은 5~10년 내로 상호 안전보장을 위한 군사 기구를 만들기를 기대한다.

은 희망에 부풀어 있었다. 하지만 당분간 그들은 야만적인 미국의 폭격 작전에 직면했다. B-52기는 폭 0.8킬로미터, 길이 3.2킬로미터의 농촌 지역을 연달아 타격하는 등 동부 캄보디아의 넓은 지역에 융단 폭격을 가했다. 베트남 게릴라는 이렇게 회상했다. "그것은 마치 엄청나게 큰 낫이 거대한 티크 나무와 고go 나무를 풀처럼 쓰러뜨리고 수십억 개 조각으로 아주 잘게 썰면서 정글을 휩쓸고 지나가는 광경과 흡사했습니다. 그것은 사물이 파괴되는 것에 그치지 않았습니다. 무시무시한 방식으로 사물은 더 이상 존재하지 않게 되었습니다." 공습은 공습이 가해지는 길에서 오도 가도 못 하고 갇혀 있던 지역 농민들을 공포에 떨게 했다. 살아남은 자들은 "완전히 방향감각을 잃었지요"라고 마을 사람 한 명이 기억을 떠올리면서, "심지어 그들은 식사도 제대로 할 수 없었습니다"라고 덧붙였다. 폭격 작전은 남베트남 중앙사무국과 크메르 루주의 본부를 파괴하지는 못했지만, 캄보디아 농촌 지역으로부터의 대대적인 탈출을 야기했다. 엄청나게 많은 피난민이 살던 마을을 떠나 도시 주변의 다 쓰러져가는 오두막에 눌러 앉았다. 1975년까지 프놈펜의 인구 규모는 전쟁 전의 65만 명에서 250만 명으로 치솟았다. 이에 더해 수천 명이 삼림지대로 도주했고, 그곳에서 많은 이들이 크메르 루주의 통제 아래 들어갔다. 필립 쇼트Philip Short 기자가 썼듯이, "B-52기는 도시를 가슴 아픈 인간 고통의 잔해로 뒤덮었고 (…) 크메르 루주에게 뜻밖의 선전거리를 주어서, 그들은 이를 최대한 이용했다." 이 참화를 캄보디아에 가져다준 것은 론 놀과 그의 미국 동맹자들이라고 기간요원들은 공포에 질린 마을 사람들에게 말했다. 크메르 루주는 국민을 이 전제 정권으로부터 해

방하고 “제국주의자들”을 몰아내겠다고 약속했다.[34]

실제로 북베트남군이 1970년부터 1973년 사이에 대부분의 전투를 치르는 동안, 크메르 루주는 그 기회를 이용해 전력을 증강했다. 크메르 루주 지도자들은 병사와 장교들을 훈련시켰고, 포획한 미군 무기로 커져가는 군대를 무장했다. 반란자들은 자신들이 통제하는 고무 농장의 수익금을 이용해 부패한 정부 관리들에게서 의료 용품과 석유를 구입했다. 공산주의자들은 하노이의 군대가 캄보디아에서 막 발생하고 있던 반란 세력을 보호하면서 했던 역할을 얕잡아보면서 자신들의 운동이 가진 “독자성과 주권”을 내내 강조했다. 운동이 성장함에 따라 북베트남에서 1960년대를 보냈던 캄보디아 공산주의자들과 피난민들이 혁명을 돕겠다는 희망으로 캄보디아로 서서히 되돌아가기 시작했다. 크메르 루주 기간요원들은 이 “귀환자들”을 불신의 눈초리로 맞이했다. 그들은 너무 많은 시간을 베트남인들 사이에서 보낸 터라 충성심이 의심을 받았던 것이다. 귀환자들은 일반적으로 지도부 직위를 차지할 수 없었고, 그중 많은 이들이 북베트남에서 지내는 동안 획득했던 기술적·정치적 기량을 신입 대원에게 가르치는 일에 투입되었다.[35]

농촌 지역에서 전투가 치열하게 진행되는 가운데, 프놈펜의 주민들은 한 관찰자의 말마따나 “정상성과 절망감이 기괴하게 혼합된 상태”에 놓여 있긴 했으나 대체로 전쟁 전에 했던 생활을 계속 영위했다. 나무들이 일렬로 서 있는 복잡한 대로에서 자동차와 자전거가 공간을 차지하려고 보행자들과 다퉜다. 카페에서 사람들은 프랑스산 포도주나 코냑, 얼음처럼 차가운 앙코르 맥주를 홀짝였고, 도시의 남동부에서는 윤락 업소가 성업했다. 도시의 부유한 주민들은 '세르클레 스포르티프' 컨트리클럽의 사치를 누리거나 수영장에서 시간을 보내며 더위를 식혔다. 다른 기분 풀이를 원하는 사람들은 아편굴을 자주 찾았다. 사람들로 붐비는 시장에서는, 노점상들이 연기가 풀풀 나는 숯불 화로 위에 발효된 생선 소스로 양념한 쌀밥을 요리하며 풍기는 맛있는 냄새가 가득한 가운데, 상인들이 각종 공예품을 팔았다. 이러한 평온함은 1972년 3월 베트남 인민군 부대가 처음으로 수도에 대규모 공격을 가했을 때 깨졌다. 포병대를 이동시켜 수도를 사정거리 안에 넣은 베트남 인민군은 3월 21~22일 밤에 대대적인 공격을 개시했다. 100~200발의 포탄이 수도를 강타하면서 수십 명의 주민이 사망했다. 교외의 피난민 빈민촌이 일제 포격을 집중적으로 받았다. 도심에서 멀찍이 떨어진 지역에 포탄을 퍼붓는 사이 특공대가 정부 라디오 방송국을 파괴하고, 프랑스인 부인 및 아들과 함께 책임 장교인 대령의 목을 칼로 벴다.[36]

전쟁이 프놈펜에 조금씩 가까이 다가서는 동안 크메르 루주 기간 요원들은 혹독한 삶을 살았다. 당 지도부는 숲속의 외진 곳에서 경비병들이 철통같이 지키는 가운데 초가집들로 이루어진 막사를 운영했다. 폴 포트와 그의 동지들은 대나무로 엮은 침상에서 잠을 잤고, 엄격한 보안 조치를 시행했다. 이러한 의심과 비밀에 대한 집착은 지도부에서 비롯해 평당원 전체로 퍼졌다. 크메르 루주가 통제하는 지역 내의 민간인 생활은 전반적으로 질서가 잡혀 있었다. 당의 통치는 느슨했고, 농민들은 관습적인 축일과 종교 축제를 계속 지킬 수 있었다. 마을 사람들이 대부분 마르크스주의를 거의 이해하지 못하거나 좋아하지 않는다는 사실을 깨달은 기간요원들은 운동에 대한 시아누크의 상징적인 리더십을 인민의 지지를 고취하는 수단으로 이용했다. 하지만 당은 한 달에 두 번 집회를 개최해 혁명가요를 가르치고 혁명을 찬양하면서 주민들을 이끌었다. 게릴라들은 지역 주민들의 물건을 훔치는 것이 금지되었고, 가능하다면 기초적인 의료 서비스를 제공하라는 명령을 받았다. 전반적으로 마을 수준에서 공산주의 통치는 내전 동안 여전히 상당히 온건했다. 혼외정사, 병맥주, 공장에서 생산한 담배에 대한 당의 금지는 부를 재분배하는 기본적인 노력과 함께, 다가올 거대한 변화를 아주 미묘하게 암시할 뿐이었다.[37]

테트 이후

세계의 대부분에게 캄보디아에서 벌어지는 전투는 베트남에서 벌어지고 있는 더 큰 전쟁의 촌극에 지나지 않았다. 테트 공세의 여파 속에 점점 더 많은 미국인이 이 모든 전투가 궁극적으로 무엇을 위한 것인지 질문하기 시작했다. 닉슨은 1969년 7월에 베트남에서 병력을 철수하기 시작했고, 같은 달에 '닉슨 독트린'이라고 알려지게 될 외교방침을 발표했다. 대통령의 베트남화[25] 계획 확대판인 이 독트린은 개발 도상 세계의 국가들에 공산주의 침공에 맞선 싸움의 부담을 더 많이 질 것을 요구했다. 워싱턴은 필수적인 이익을 방어하기 위해 핵

25) Vietnamization. 베트남에서 미국이 명예롭게 철군할 수 있도록, 전쟁을 남베트남 정부에게 맡기는 방식을 말한다.

억지를 계속하고 주변부의 반공 정권에 재정적·군사적 지원은 제공하겠지만, 전투 병력을 파병하지는 않을 터였다. 지역 권력은 미국이 자금을 대는 경찰을 전선에 배치하면서 지역의 대리로 행동할 것이었다. 이 새로운 봉쇄 전략은 전쟁 중인 다른 제3세계 국가들에 광범위한 영향을 미칠 것이었지만, 남베트남에게는 때가 너무 늦었다. 그리고 닉슨 행정부가 포위된 동남아시아의 동맹국을 위해 정확히 무엇을 할 작정인지 의문은 여전히 남았다.[38]

워싱턴의 정책 결정자들이 베트남 공화국군 부대에 상황을 이해시키려고 애쓰는 동안, 하노이의 지도자들은 승리를 위한 또 다른 시도를 준비했다. 1971년 레주언은 사이공 정권을 무너뜨리기 위해 세 번째 '총공세-총봉기' 계획을 짰다. 베트남 인민군 부대는 그해 초에 베트남 공화국군의 제한된 라오스 침공을 물리쳤고, 그렇게 하는 과정에서 닉슨이 시행한 베트남화 프로그램의 지속적인 문제점들을 드러냈다. 또한 닉슨과 키신저가 소련과 중국에 한 외교적 제안은 워싱턴이 전쟁에서 빠져나갈 길을 모색하고 있음을 분명히 했다. 그러나 레주언은 모스크바와 베이징의 동지들이 협상 테이블에서 자기에게 양보하라고 압박을 가하는 일이 있게 할 생각이 전혀 없었다. 당 지도부는 다시 한번 사이공 정권에 결정적 타격을 가할 계획을 짰다. 역사가 리엔항응우옌이 썼듯이, "만일 베트남 공화국군이 붕괴한다면 미국은 하노이의 조건으로 합의를 볼 수밖에 없을 것이었다." 1972년 3월 30일, 베트남 인민군은 전국적으로 베트남 공화국군 진지를 향해 공격을 가했다. 수천 명의 베트남 인민군 병력이 탱크와 중화기를 동원해 남베트남으로 돌진했다. 미국인들이 '부활절 공세

Easter Offensive'라고 부른 이 군사 기동은 북베트남군이 17도선을 넘어 남베트남으로 대규모 급습을 가하는 한편, 이와 더불어 다른 한편으로 캄보디아와 라오스에 주둔하던 공산군 부대가 사이공과 중부 고원 지방을 공격한 작전이었다. 공세의 첫 몇 주 동안 레주언과 하노이의 동지들은 자신들의 계책이 먹혀들어 가고 승리가 눈앞에 있다고 믿게 되었다.[39]

부활절 공세에 워싱턴의 분위기는 가라앉았다. 1968년의 테트 공세 때처럼, 그와 같은 대규모 공격을 가할 수 있는 공산군의 능력은 미국의 전쟁 수행 노력에 대한 어떤 낙관적 전망도 착각에 불과하다는 사실을 보여주었다. 그럼에도, 닉슨은 이 공산군 공격에 반격을 가하기로 작정하고 그의 말마따나 "조그만 비열한 나라"가 그의 행정부에 굴욕감을 안기는 것을 허용하지 않으려 했다. '라인배커 작전 Operation Linebacker'을 승인한 대통령은 북베트남에 B-52기를 동원해 또다시 대대적인 폭격을 가하라고 명령하고, 남부에서 기동 중인 베트남 인민군 부대를 공격하기 위해 미군 항공기를 보냈다. 닉슨은 다음과 같이 장담했다. "이 개자식들은 이번에 겪을 폭격 같은 그런 식의 폭격을 이전에 당해본 적이 없을 거요." 폭격이 북베트남군의 공세를 늦추는 동안 지상에서는 베트남 공화국군이 예상보다 전투를 잘 치렀고, 이 때문에 워싱턴의 일부 인사들은 확대된 베트남화의 훈련 프로그램이 긍정적인 효과를 보고 있다고 결론 내렸다. 미군과 남베트남군은 가을까지 계속 반격을 가했지만, 전쟁의 흐름 자체를 돌리기에는 역부족이었다. 하노이와 사이공, 워싱턴의 지도자들 전부 베트남 공화국군이 공산주의자들에 맞서 영원히 버틸 수는 없다는 사

실을 알았다. 전장의 불안정한 교착상태가 다시 시작되었다.[40]

하지만 백악관은 진행 중인 평화 회담이 돌파구를 마련하는 데 가까이 다가서고 있던 파리에서는 좀 더 진척을 보고 있는 것 같았다. 1972년 가을에 키신저와 레득토는 미군의 완전한 철수, 그리고 사이공의 응우옌반티에우 정권의 대표자, 민족해방전선의 대표자, 중립적인 관계자들로 이루어진 3자 선거위원회의 구성을 수반할 협정에 원칙적으로 동의했다. 그러나 티에우는 합의를 승인하면 자살행위나 마찬가지라고 주장하며 이를 거부했다. 미국 협상가들이 협정을 조정해 보려고 시도해 보았지만, 이번에는 하노이가 합의를 완전히 거부하면서 외교적 교착상태에 빠졌다. 북베트남의 비타협적 태도에 격분한 닉슨과 키신저는 북베트남을 상대로 폭격 작전을 재개하라고 명령했다. '라인배커 II'라는 암호명의 이 작전은 지금까지 있었던 폭격 중에서 가장 격렬했다. B-52기는 하노이가 결국 협상을 재개하는 데 동의할 때까지 12일 동안 북베트남의 목표물들을 계속 강타했다. 1973년 1월에 맺은 최종 평화협정은 미군의 남베트남 완전 철수를 규정하고 티에우에게 사이공의 정권을 계속 유지하게 해주었으나, 또한 민족해방전선과 베트남 인민군 부대가 남베트남에 잔류하는 것도 허용했다. 티에우는 공식적으로 이 협약을 받아들였지만, 비공식적으로는 자신의 4불가不可 정책을 개괄적으로 설명했다. "중립 불가, 연립정부 불가, 북베트남에 영토 양여 불가, 남베트남에 공산주의자 활동 불가"가 그것이었다.[41]

파리 평화협정은 1968년에 미국인들 대부분에게 분명했던 현실을 반영했다. 즉 미국은 베트남에서 승리할 수도 없고, 베트남에 무한정 전투부대를 유지할 수도 없다는 사실이었다. 4년 동안 이 현실을 바꾸려고 헛된 노력을 하는 가운데 닉슨과 키신저는 전쟁을 계속했고, 이로 인해 2만 명의 미국인이 더 목숨을 잃었으며 수십만 명의 베트남인이 사망했다. 둘 중 누구도 미국이 동남아시아에서 패배했다는 불가피한 현실을 선뜻 받아들이려 하지 않았던 것 같다. 결국 1969년의 종전 제안과 1973년에 도달한 합의는 차이가 별로 없었다. 역사가 래리 버먼Larry Berman은 이렇게 주장했다. "우리는 매우 적은 것을 위해 수많은 사람이 죽었다고 결론지을 수밖에 없다."[42]

닉슨과 키신저가 파리 평화협정에 조인할 때 정확한 의도가 무엇인지 여전히 불분명했지만, 그들은 다른 선택지를 선호했던 것처럼 보인다. 키신저는 '적절한 기간' 해결책을 요구했다. 즉 미국은 미군이 철수한 뒤 붕괴를 막기 위해 적절한 기간 동안 티에우 정권에 충분한 지원을 제공할 것이었다. 이 계획에 따르면 남베트남이 결국 무너지면, 워싱턴은 사이공에 생존 가능한 정권을 남겨두었는데 정권 붕괴를 초래한 것은 닉슨 행정부라기보다는 무능한 지역 지도자나 백악관의 닉슨 후임자라고 주장할 수 있을 터였다. 특별히 마키아벨리적인 이 해결책은 남베트남의 생존을 보장하는 것이 아니라 닉슨 행정부에 패전 책임이 없음을 선언하기 위해 고안되었다. 키신저와는 대조적으로, 닉슨은 베트남에서 상시적인 교착상태를 영구화하는 데 목표가 있는 대안 해결책을 제안했다. 대통령은 미군 전투부대는 철수하겠지만 B-52기의 공습 선택지는 계속 상정하고 있을 것이었다. 워싱턴은 레주언이 사이공의 정권을 약화하려는 노력을 지속할 경우 북베트남에 보복적 폭격 작전을 실행해 사이공을 방어할 것이었다.

키신저의 '적절한 기간' 전략이 미국의 동맹국을 배신하는 행위에 해당한다면, 닉슨의 교착상태 전략은 북베트남을 겨냥한 야만적인 무차별 폭격 작전을 연장할 것이었다. 하지만 최종적으로 두 사람의 해결책은 어느 쪽도 채택되지 않았다.[43]

북베트남 지도자들은 좀 더 신중한 전략을 따르는 것처럼 보였는데, 이 전략은 결국 먹혀들었다. 레주언은 저우언라이와 대화를 나누면서 다음과 같이 전쟁을 평가했다. 워싱턴의 "목표는 남베트남을 그들의 식민지로 변모시키는 것일 뿐 아니라 베트남에서 그들의 지구적 전략을 실현하는 것이었습니다. (…) 그들은 베트남 남부를 통제하고 그런 다음 북부를 공격해 동남아시아의 사회주의 방어 시스템에 타격을 가하고 세계의 민족독립 운동을 위협하고 싶어 했지요."[44] 베트남전쟁은 지속적으로 지구적 영향을 미치겠지만, 그것이 워싱턴이나 하노이가 기대한 식으로는 아니었다.

승리

인도차이나전쟁은 1973년 1월 워싱턴, 하노이, 사이공 사이에 파리평화협정이 체결된 뒤 극적으로 변했다. 미국의 군사적인 베트남 개입이 종결되자 닉슨 행정부는 지역 전력을 캄보디아에 집중할 수 있었다. 그와 동시에 하노이는 캄보디아에서 병력을 철수하고 전장을 정부군과 크메르 루주에게 맡겨놓았다. 남베트남에서 미군이 철수하자 역설적이게도 미군의 캄보디아 폭격이 극적으로 확대되었다. B-52기는 1972년 전 기간 동안 캄보디아에 3만 7000톤의 폭탄을 투하했지만, 1973년 봄 3개월에만 9만 5000톤을 투하했다. 프놈펜으로 가는 피난민의 흐름은 증가했으나, 이 야만적인 공습은 공산군에 거의 타격을 주지 못했다. 미국 공군에 관한 역사서가 경고했듯이, "적은 여전히 강고했지만 론 놀의 부대는 효율성이 계속 떨어졌다." 크메르 루주 지도자들은 미군 공격의 확대를 베트남인들 탓으로 돌렸다. 크메르 루주의 이전 전우들은 미국과 단독으로 화해함으로써 캄보디아인들이 홀로 전투를 수행하도록 내버려두었다. 문제를 더욱 악화한 것은 전쟁에 지친 하노이의 지도자들이 캄보디아 공산주의자들에 대한 지원을 보류함으로써 크메르 루주에게 론 놀 정부와 협상을 개시하라고 압박을 가하려 했다는 사실이었다. "하노이는 우리와 관계를 끊었습니다"라고 키에우 삼판은 불평했다. 이처럼 버림받고 배신당했다는 감정은 베트남인들에 대한 크메루 루주의 분노를 더욱 키우는 데 도움을 줄 뿐이었다.[45]

미국의 폭격과 크메르 루주의 공세가 겹치면서 나라가 결딴나자 론 놀 정부는 한계점에 이르렀다. B-52기의 공습은 공산군의 진군을 늦췄는데도 론 놀 정부에 엄청난 피난민 문제를 일으켰다. 주민들이 농촌을 빠져나오자 식량 생산이 급감했고, 이와 동시에 피난민들은 도시에서 물자 공급에 큰 부담을 지웠다. 절망적인 주민들은 땔감으로 쓰려고 프놈펜의 나무에서 껍질을 벗기는 한편 영양실조가 증가했다. 그사이 크메르 루주는 메콩강과 수도로 진입하는 도로에 대한 통제를 더욱 강화했다. 정권은 이제 미국의 원조에 거의 완전히 의존했다. 도시 전역에서 투기꾼들이 점점 더 값이 비싸지는 물품을 비축하는 동안 주민들은 배를 곯았고, 정권은 파멸을 미연에 방지하기 위해 이들을 엄중 단속했다. 하지만 포위 공격이 계속되면서 거의 누구도 크메르 공화국의 몰락이 다가오고 있다는 사실을 의심하지 않았다.[46] 워싱턴은 제2차 세계대전 동안 일본에 투하했던 폭탄 양의 세 배를 캄보디아에 퍼부은 뒤, 1973년 8월에 폭격 작전을 중단했다. 1974년 3월에 크메르 루주 군은 우동시를 점령하고 2만 명의 주민을 농촌으로 강제 이주시켰다. 공산주의자들은 '적대 계급'으로 확인한 사람들을 처형했고, 나머지 사람들에게 강제 노동을 시켰다. 론 놀은 7월에 도시를 겨우 탈환할 수 있었으나, 정부의 곤경은 심각했다. 9개월 동안 포위되었던 깜뽕세일라의 수비대가 어쩔 수 없이 인육을 먹기 시작했다. 8월에 크메르 공화국의 주요한 국제적 지지자 중 거의 마지막으로 남아 있던 닉슨이 워터게이트 사건[26](1972년 민주당 전국위원회 본부를 불법 침입하고, 그 후 이를 은폐한 결과)의 와중에 대통령직을 사임했다. 1974년이 끝나갈 때 크메르 루주는 프놈펜에 대한 최후 공세를 준비했다.[47]

1975년 새해 첫날, 크메르 루주는 캄보디아에 대한 통제권을 자신들에게 가져다줄 공세를 개시했다. 우동의 정부군은 1월 내내 용감

---

26) Watergate scandal. 1972년부터 1974년까지 2년 동안 미국의 닉슨 행정부가 베트남전에 대한 반대 의사를 표명했던 민주당을 저지하려는 과정에서 권력을 남용함으로써 일어난 정치 스캔들을 일컫는다. 이 사건은 1972년 6월 민주당 선거운동 지휘 본부가 있었던 워싱턴 DC의 워터게이트 호텔에 설치된 도청 장치가 우연히 발견된 데서 시작되었다. 처음에 닉슨과 백악관 측은 "침입 사건과 정권은 관계가 없다"는 입장을 고수했으나, 1974년 8월 '스모킹 건'이라 불리는 테이프가 공개됨에 따라 마지막까지 남아 있던 측근들도 그를 떠나게 되었다. 닉슨은 미 하원 사법위원회에서 탄핵안이 가결되고 4일 뒤인 1974년 8월 9일 대통령직을 사퇴했다.

하게 방어전을 벌이면서 북부 전선을 유지했다. 하지만 공산주의자들은 남쪽에서는 더 잘 싸웠다. 남부에서 공산군은 메콩강에 기뢰를 설치하고 낡은 배를 침몰시켜 수로를 막음으로써 수도로 향하는 강 호송 선단을 차단할 수 있었다. 크메르 루주 병력은 2월 말에 우동을 짓밟았다. 베트남에 파견된 워싱턴 특사는 캄보디아의 상황이 "대학살로 끝날" 것 같다고 경고하고, "무엇이든 유혈극을 피할 방법을 어서 빨리 모색해야 한다"라고 주장했다. 3월 초에 폴 포트는 본부를 프놈펜 30킬로미터 지점까지 가까이 옮겼고, 외국 대사관이 필수적이지 않은 직원을 소개하기 시작했다. 4월 1일에 공산군 병사들이 전략적으로 중요한 니억 루엉의 선착장을 장악하여 크메르 루주에게 수도로 가는 관문을 열어주었다. 공화국에 최후의 날이 다가오면서 도시의 질서가 무너지기 시작했다. 캄보디아의 상층계급은 가져갈 수 있는 만큼 많은 재산을 갖고 도피했지만, 대다수 주민은 걱정스러운 마음으로 그냥 기다릴 뿐이었다. 병원이 점점 줄어드는 의약품을 배급했고, 쌀을 도시로 공수하려는 필사적인 노력은 공산군 포병대의 공격을 받았다. 수천 명이 길거리에서 굶주리고 있었던 한편으로 다른 한편에서는 화려한 고급 레스토랑이 프랑스산 포도주를 고객에게 계속 내놓았다. 4월 12일, 미국 대사와 나머지 직원이 헬리콥터에 올라타 연안에 대기하고 있던 해군 함정으로 향했다. 이와 비슷한 광경이 2주 뒤 사이공에서 되풀이될 것이었다.[48]

론 놀의 정권이 붕괴의 벼랑 끝에서 비틀거리고 있던 바로 그 순간, 북베트남군은 사이공 정권을 향해 최후의 공세를 개시했다. 워싱턴과 사이공, 그리고 세계의 여타 도시들에 있는 관찰자들이 깜짝 놀랐다면, 그것은 오로지 공격이 더 빨리 이루어지지 않았기 때문이다. 1974~1975년 겨울 내내, 베트남 인민군 병력은 베트남 공화국군 부대를 꾸준히 격퇴했다. 4월 27일, 공산군 부대는 사이공 교외에 도달했다. 베트남 인민군이 수도를 향해 돌진하자 수천 명의 남베트남 지지자들이 도피 방법을 찾기 시작했다. 사진사들은 미군 헬리콥터가 사이공의 미국 대사관 구내 지붕에서 외교관과 남베트남 동조자들을 소개하는 극적인 장면을 포착했다. 4월 30일, 마지막 미국인 직원이 소개되고 불과 몇 시간 후 북베트남 탱크가 대사관 구내의 정문을 박살냈다. 역설적이게도, 티에우는 닉슨보다 더 대통령직을 오래 수행했지만 그렇다고 그것이 일부 미국 관리들이 원했을 '적절한 기간' 시나리오는 아니었다. 닉슨이 사임하기 전에 미국 의회는 1973년 '전쟁 권한 결의안'[27]을 통과시켜 백악관의 전쟁 수행에 대한 의회의 권한을 재확인하는 조치를 취했다.

1975년 북베트남 공세의 마지막 몇 주 동안, 닉슨의 후임자인 제럴드 포드[28]는 남아 있는 베트남 공화국군 병력을 강화하기 위해 대

27) War Powers Resolution. War Powers Resolution of 1973 혹은 War Powers Act라고도 한다. 미국 대통령이 의회의 동의 없이 전쟁을 수행하는 권한을 제약하는 연방 법률이다. 1973년 11월 7일 자로 발효되었다.

28) Gerald Ford(1913~2006). 공화당 출신의 제38대 미국 대통령(재임 1974~1977). 1973년부터 리처드 닉슨의 부통령을 지내다 닉슨이 1974년 8월 9일 사퇴함에 따라 대통령이 되었다. 대통령으로서 헬싱키 협정에 서명해 냉전 체제에서 데탕트 움직임을 보였다. 베트남 문제에서는 남베트남이 북베트남에 함락되면서 미국은 최종적으로 베트남에서 물러났다. 국내 문제에서는 대공황 이후 경기후퇴로 최악의 경제 위기를 맞았다. 1976년 대선에서는 민주당의 지미 카터에게 패해

對사이공 원조를 7억 2200만 달러 증액하는 것을 인가해 달라고 의회에 간청했다. 하지만 의회 지도자들은 이를 거부했다. 1965년 이래 미국은 남베트남을 방어하는 데 1110억 달러를 썼다. 따라서 한 번의 마지막 원조가 사이공의 붕괴를 막을 거라는 생각은 터무니없는 것으로 여겨졌다. 그 대신 의회는 남베트남 피난민들의 소개를 돕는 데 쓸 3억 달러의 비용을 승인했다. 뒤에 남은 사람들은 피난민보다 훨씬 나쁜 운명을 겪었다. 사이공이 함락된 뒤 6만 5000명의 남부 사람들이 처형되고, 20만 명이 재교육 수용소로 보내진다.[49]

한편 미국인들은 무엇이 잘못되었는지 궁금했다. 지나고 나서 보니 베트남 공산주의자들은 목표를 달성하기 위해 엄청난 희생을 용인할 각오가 되어 있었던 것처럼 보인다. 워싱턴은 미군이 레주언으로 하여금 공산주의 지배하에 두 개의 베트남을 재통일시키는 투쟁을 포기하게 했을 정도로 북베트남에 타격을 가하는 그런 대망의 "교차점"에 결코 가까이 다가서지 못했다. 사이공의 CIA 지부 책임자가 주장했듯이, "우리 미국인들이 우리 기준으로 베트남전쟁에서 '이겼다' 하더라도 베트남인들은 우리가 승리했다고 믿었을 것 같지 않다. (…) 그들은 자신들의 실패를 패배가 아니라 일시적인 좌절로 취급하고 (…) 그런 다음 다시 한번 기어를 저속으로 바꿔 장기적인 게릴라 투쟁으로 나아갔을 것이다."[50] 레득토는 키신저에게 이렇게 말했다. "우리 세대가 이길 수 없다면 우리의 아들과 조카가 계속할 것이오. 우리는 모든 것을 희생하겠지만 다시는 노예가 되지 않을 것

재선에 실패했다.

이오. 이는 우리의 철의 의지입니다. 우리는 25년 동안 프랑스인 및 당신네들과 싸웠지요. 당신네들은 폭탄과 포탄으로 우리 정신을 억누르기를 원했습니다. 그러나 그것들은 우리를 굴복시킬 수가 없어요."[51]

남베트남에서 미국이 당한 쓰라린 패배는 미국의 대외 정책에 긴 그림자를 드리웠다. 향후 몇 세대 동안 미국 대통령들은 이른바 '베트남 신드롬'과 씨름할 터였다. 베트남전쟁의 고통스러운 경험을 되풀이할까 두려워 미군을 전투에 투입하는 일에 반대하는 대중적·공식적 저항이 바로 그것이었다. 정부 안팎의 많은 미국인이 그들의 국가가 누리던 황금시대가 종언을 고했는지, 그리고 미군이 미래의 충돌에서 효과적으로 싸울 수 있을지 궁금해했다. 하지만 역설적이게도 워싱턴은 놀랍도록 지정학적 위상을 훼손당하지 않은 채 베트남의 대실패로부터 빠져나왔다. 당시 거의 어떤 정책 결정자도 깨닫지 못했지만, 전쟁이 끝난 뒤 미국은 소련을 상대로 10년 전에 누렸던 위상보다 많은 점에서 더 강한 위상을 갖게 되었다. 케네디 행정부, 존슨 행정부, 닉슨 행정부에 매우 커 보였던 베트남의 지정학적 이해관계는 기대한 것보다 훨씬 작은 것으로 드러났다. 실제로는 인도네시아에서 수하르토가 거둔 승리가 동남아시아에서 갖게 될 영향력을 위한 냉전 투쟁에서 훨씬 더 결정적인 것으로 밝혀질 터였다.

그러나 계속되는 중소 분열보다 더 중차대한 문제는 없었다. 공산주의 세계 내의 균열은 점점 커져갔으며, 이는 1970년대 말쯤에는 공산주의가 지난 수십 년 동안 이룩했던 성과를 거의 완전히 무로 돌리고 미국이 이 혼란을 이용할 수 있게 해주었다. 베트남전쟁의 대체로 잊힌 작은 피해자였던 캄보디아는 20세기 역사에서 가장 치명적인 장들 중 하나로 막 진입하려던 참이었다. 다음 4년에 걸쳐 이 작은 국가는 인구의 거의 4분의 1을 상실하고, 동남아시아에서 공산주의 열강 사이에 새로운 한바탕의 전투를 촉발하는 데 일조할 터였다. 그리고 이 전투는 이제 공산주의 제3세계를 갈가리 찢어놓을 것이었다.

13

캄보디아의 악몽

1975~1979

"나는 중국에 폴 포트를 지지하라고 권했다.
폴 포트는 혐오스러운 자였다.
우리는 그를 결코 지지할 수 없었으나 중국은 할 수 있었다."

즈비그뉴 브레진스키

13

1975년 4월 17일, 프놈펜에 새벽이 찾아왔다. 도시의 창문에서는 하얀 천이 펄럭였다. 정부 지도자들은 군대에 작전을 중지하라고 이미 명령을 내린 상태였고, 수도는 이제 공산주의 크메르 루주에게 무방비로 열려 있었다. 검은 옷을 입고 체크무늬 스카프를 한 공산군 부대가 의기양양하게 도시로 행진해 들어갔다. 수도의 주민들에게 병사들은 낯설어 보였다. 대부분의 병사는 농촌 출신이었고, 프놈펜처럼 큰 도시를 본 적이 있는 병사는 거의 없었다. 승리한 병사들에게 프놈펜은 부패와 악덕의 소굴, 정권의 타락을 나타내는 최악의 상징, 외국 영향력의 파멸적인 결과로 보였다. 수도의 전략적 지점을 장악하면서 거의 어떤 병사도 미소를 짓지 않았다. 크메르 루주 그룹은 수개월 동안 지속된 포위 공격 과정에서 부상당한 사람들로 넘쳐나던 도시의 병원에 들어갔다. 병사들은 조금의 자비도 보여주지 않고 환자와 간병인들에게 나가라고 명령했다. 일부 병사는 임박한 B-52기의 폭격을 피하기 위해 소개가 필수적이라고 주장했다. 끔찍한 부상을 입은 남자와 여자 그리고 아이들의 섬뜩한 무리가 줄지어 계단을 내려가 거리로 쫓겨났다. 도시 전역에서 공산군 병사들은 집집마다 문을 두드리면서 안에 있는 사람들에게 즉시 떠나라고 명령했다.

사람들은 모든 것을 버리고 그저 옷가지와 가져갈 수 있는 만큼의 식량만 등에 질 수 있을 뿐이었다. 도시를 빠져나가는 도로는 곧 약 200만 명의 사람들로 꽉 막혀버렸다. 길을 따라 가는 동안 공산주의자들이 나눠 준 약간의 물품은 불충분했다. 물이 제일 먼저 동났다. 쓰러진 사람들의 시신이 도로 양편에 방치되어 있는 가운데, 수천 명의 피난민이 행렬을 지어 지나갔다. 외국인들은 먼저 프놈 호텔로, 그 다음에는 프랑스 대사관으로 대피했다. 당은 모든 비국민들을 2주 안에 출국하게 했다. 0년"이 시작되었다.[1]

바로 이곳 캄보디아, 즉 크메르 루주에 의해 바뀐 국명으로는 '민주캄푸치아'에서 냉전 시대의 가장 암울한 장章이 열릴 것이었다. 대부분의 미국인들에게 사이공 함락은 비극이었다. 프놈펜 함락과 뒤이은 학살은 거의 기록되지 않았다. 정권의 극단적인 고립 때문이었다. 크메르 루주 지도자들은 그들의 국가를 외국의 영향력으로부터 차단하고 그 흔적을 지우기 위해 있는 힘을 다했다. 그러나 1975년까지 권력의 중심부 안팎에 있던 많은 미국인들은 동남아시아에 고통스럽게 연루된 사실을 간절히 잊고 싶어 했다. 이 지역에 사는 사람들에게는 이것을 잊어버리고 넘어가기가 그리 쉽지 않았다. 민주캄푸치아는 지정학에서 최악의 폭풍우 한가운데에 자리 잡았다. 수세기 동안 계속된 베트남과 캄보디아 사이의 적대, 프랑스 식민주의의 경

1) Year Zero. 저자는 여기서 이 용어로 그전과는 비교할 수 없을 정도로 완전히 차원이 다른 대학살의 시기가 개시되었음을 비유적으로 표현했다. 지금 우리가 쓰고 있는 역법인 그레고리력에 원래 '0년'은 없다. 기원전과 기원후를 나누는 '예수 탄생'은 '서기 0년'이 아니라 '서기 1년'이다.

험, 제2차 세계대전 동안 일본의 점령은 캄보디아 독립의 불안한 토대를 이루었다. 캄보디아는 지도자인 노로돔 시아누크 국왕이 중립을 모색했지만, 인접국 베트남을 휩쓴 전쟁의 물결을 피할 수 없었다. 하노이, 사이공, 베이징, 워싱턴이 모두 캄보디아를 베트남전쟁의 부차적인 전장으로 만드는 데 일조했다.

그러나 학살의 대부분을 저지를 사람은 캄보디아인 자신들이었다. 혁명적 공산주의의 사악한 논리는 크메르 루주가 이론과 실천, 유토피아 마르크스주의 환상과 잔혹한 현실 사이의 차이를 없애면서 민주캄푸치아에서 절정에 올랐다가 쇠락을 시작할 것이었다. 크메르 루주는 경직된 공산주의 혁명관을 외국인 혐오증적인 인종적 민족주의와 연결할 터였다.[2] 이 두 갈래가 함께 캄보디아 인구의 거의 4분의 1을 살해한 공포시대를 몰고 왔다. 비극을 더욱 악화시킨 것은 캄보디아가 미국의 폭력적 냉전 개입주의가 무관심과 환멸로 무너져 내리던 바로 그 시점에 있었다는 사실이었다. 닉슨 행정부는 그 후에 무슨 일이 벌어질지 거의 고려하지 않고 미국의 폭탄을 광범한 농촌 지역에 계속 투하했다. 캄보디아 국민은 크메르 루주의 제노사이드와 지구적 냉전 둘 다의 희생자였다. 지구적 힘과 지역적 힘이라는 두 힘의 충돌은 캄보디아를 거대한 공동묘지로 변모시키고 제3세계 공산주의 연대의 관에 마지막 못질을 할 것이었다.

평화

크메르 루주 군이 1975년 4월 17일 아침 프놈펜에 진입했을 때, 소수의 외국 통신원이 남아 있었다. 공산군 부대가 외국인들을 찾아다니고 전 정부 관리들을 추적하며 도시를 샅샅이 훑고 있는 동안, 이 언론인들(프랑스 대사관에 구금되었다)은 모든 비국민들이 캄보디아를 빠져나갈 때까지 보도를 금지하는 데 동의했다. 그들 중에《뉴욕 타임스》기자 시드니 샨버그가 있었다. 샨버그는 도시가 농민 병사들의 군대에 함락되었다고 썼다. "이들은 프놈펜의 동포들보다 더 가무잡잡한 피부에 앞니가 누렜다. 그들에게 이 도시는 방문만 있고 거주는 없는 진기하고 **기이한** 광란의 장소였다." 크메르 루주는 총체적인 농민 혁명을 실행하기 위해 수도로부터 "사람을 녹초로 만드는 엄청난 규모의 대대적인 탈출"을 강요했다. 공산군은 무기를 휘두르고 확성기로 시민들에게 떠나라고 명령하며 도시의 거리를 누비고 다녔다. 겁에 질린 피난민들은 "인간 카펫처럼" 도로로 나섰다. 샨버그는 다음과 같이 썼다. "한때 약동하던 도시는 버려진 차량과 휑뎅그렁하게 비어 있는 가게들이 늘어선 침묵의 거리로 변했고, 소리는 메아리가 되어 다시 돌아왔다. 더 이상 사람을 찾아 볼 수 없는 그곳에는 가로등만이 괴이한 모습으로 환하게 밝혀져 있었다."[3]

도시를 비우려는 시도는 엄청난 피해를 가져왔다. 많은 사람이 집을 버리고 떠나기를 거부하다 즉석에서 총살당했다. 한 목격자는 "민간인 차림의 시신 두 무더기"를 보았다고 전했다. "마치 두 가족이 아기고 어른이고 모두 살해된 것 같았다. 마분지 두 장이 무더기에서 삐죽 나와 있었다. 마분지에는 '떠나기를 거부했기 때문'이라고 숯으로 휘갈겨져 있었다." 다친 사람, 노인, 매우 어린 아이 수십 명이 길을 따라 걷다 탈진과 영양실조, 탈수로 사망했다. 일부 소개된 사람들이 목적지에 도착하는 데 몇 주나 걸릴 것이었다. 피난민들이 터벅터벅 걸어 수도를 빠져나올 때, 크메르 루주 기간요원들이 그들에게 직업을 밝히라고 요구했다. 그들은 일부 숙련 노동자들을 따로 골라, 가서 일하라고 프놈펜으로 되돌려보냈다. 군대나 정부를 위해 일했다고 인정한 사람 중 많은 이들을 도시로 다시 데리고 가서 총살했다. 프놈펜의 주민 모두가 소개된 것은 아니었다. 크메르 루주는 정부 관리, 군 사령관, 경찰을 체포해 대량 처형했다. 역사가 벤 키어넌Ben Kiernan은 즉사한 사람들의 수를 2만 명으로 집계했는데, 그중 절반은 소개 중에 사망했다. 크메르 루주 군은 캄보디아의 다른 도시들에서도 유사한 절차를 따랐고, 다음 몇 주 동안 캄보디아의 주요 인구 중심지를 모두 소개했다.[4]

4월 17일, 정부가 항복했다는 소식을 듣자마자 북서부에 있는 밧담방의 주민들은 환호했다. 그들은 평화가 찾아왔고, 크메르 루주가 식품 가격을 다시 내리기를 희망했다. 그날 밤 늦게 라디오가 프놈펜의 소개를 발표하자 분위기가 어두워졌다. "똑같은 일이 우리한테도 벌어질까?"라고 한 학생이 궁금해했다. 밧담방을 점령한 뒤 크메르 루주 장교들은 4월 18일에 론 놀의 모든 부대에 무기를 소지하고 시청 앞에 집합하라고 명령했다. 다음 며칠 동안 당은 재훈련을 시킬 거라고 하면서 트럭을 보내 이 병력을 모았다. 밧담방을 떠난 뒤 크메르 루주 장교들은 호송 차량을 세우고 트럭에 탄 병사들에게 모두 내리라고 명령했다. 곧 목격자는 중국제 AK-47 소총 소리를 들었다. 4월 24일에 공산주의 기간요원들은 확성기로 남아 있는 모든 민간인에게 3시간 안에 밧담방을 떠나라고 말했다. 어떤 남자가 기억하기를, "그 후에 도시에서 사로잡힌 사람은 누구든지 죽일 것"이라 했다. "심지어 개도 총살할 것이었다." 도시 북부의 도로에는 부패하는 시신들이 이리저리 흩어져 있었다. 더 멀리 도로 저쪽에서는, 소개된 사람들이 손이 등 뒤로 묶인 수백 구의 장교 시체를 발견했다.[5]

피난민들은 낯선 광경에 직면했다. 농촌 지역 대부분이 폭격을 당했고, 많은 마을이 평온해 보이지 않았다. 도시에서 한때 매우 중요했던 삶의 요소들(재산, 교육, 사회적 신분)이 혁명 후의 캄보디아에서는 더 이상 중요하게 여겨지지 않았다. 운 좋은 사람들은 조상 전래의 마을에 자신들을 받아줄 가족이 있었다. 그렇지 못한 사람들은 앞길을 계속 나아가기에 충분한 식량을 긁어모으려고 몸부림쳤다. 일부 장소에서 크메르 루주는 소개된 사람들에게 완전히 새로운 마을을 건설하라고 강요했다.

기간요원들이 캄보디아의 농촌 모습을 다시 만들고 있는 동안, 당 지도자들은 사람들이 떠나버린 수도 프놈펜에서 새 정부를 수립했다. 그들은 대규모로 비축된 군 장비가 없다는 사실에 실망했지만, 수도의 파괴는 캄보디아를 유토피아 마르크스주의 국가로 재건해야겠다는 결의를 더욱 강화했다. 그것은 폐위된 군주 시아누크 국왕의 영향력이 거의 없을 국가였다. 프놈펜을 장악한 후 크메르 루주 지도자들은 국왕이 거의 필요 없었고, 국왕은 생애의 대부분을 나라 밖에서 보낼 터였다. 캄보디아의 진짜 권력은 이제 앙까(조직)와 그 최고 지도자인 폴 포트, 이엥 사리, 키에우 삼판의 수중에 있었다.[6]

폴 포트는 삼엄한 호위를 받으며 비밀리에 수도에 도착했다. 폴 포트와 크메르 루주 지도부는 요새로 바뀐 옛 프랑스 기차역으로 안

내되었다. 식민지 시대의 이 건물 안에서 당 지도자들은 새로운 국가의 기초를 마련했다. 밤이 오면 그들은 바닥에 요를 깔았다. 그들은 훗날 수도에서 암약하는 외국 첩자들을 무력화하기 위해 소개가 필수적이었다고 주장했다. 이런 목적에서 그 조치는 매우 효과적이었다. 사이공의 CIA 관리는 훗날 소개 때문에 "캄보디아 전역에서 미국의 첩보망이 파괴되어 무용지물이 되었다"라고 한탄했다. 공산당 중앙위원회의 연구는 이에 더해, 도시를 비우는 당의 결정이 다음과 같은 일에 도움을 주었다고 보고했다. "기간요원과 전투원들의 정치적 위상을 보존하는 일, [혁명을] 내부로부터 부식시킬 수 있는 평화적 진화라는 해결책을 피하는 일, 부패·타락·방탕과 싸우는 일, 도시민을 [농업] 생산에 참여시키는 일, 시아누크의 지지 기반을 제거하는 일." 이 연구에서는 학생과 지식인들을 단숨에 "제국주의·식민지 문화의 오물로부터 구해내는" 한편 "사유 재산과 물질적 재화 시스템을 일소했다"라고 이어 말했다. 폴 포트는 국가를 농업 최강국으로 변모시킬 작정이었다. "농업은 국가 건설과 국가 방어의 핵심이다"라고 그는 선언했다. 더구나 이 총체적 사회주의혁명은 외국의 도움을 거의 받지 않은 상태에서 일어날 것이었다. 외부의 지원은 크메르 루주 혁명의 순수성을 더럽히고 캄보디아의 독립을 훼손할 터였다.[7] 마오쩌둥이 폴 포트에게 중국 모델을 모방하기보다는 자신의 길을 찾으라고 권고했지만, 크메르 루주는 새로운 국가에 대한 자신들의 비전을 세밀하게 빚는 쪽으로 이미 잘 나아가고 있었다.[8]

한 달 후 폴 포트와 당 지도자들이 모습을 드러내 새로운 민주캄푸치아를 건설하는 계획을 제출했다. 캄보디아 전역에서 모인 당 관리들이 1975년 5월 20일부터 닷새 동안 이어지는 회의를 위해 프놈펜 북쪽에 있는 운동 경기장에 집결했다. 여기서 앙까는 혁명 국가 비전을 내놓았다. 그 비전은 참석자 대부분이 결국 공산주의자들이 집권한 4년간을 견디지 못하고 파멸하는, 그런 국가의 성격을 명확히 보여주는 것이었다. 회의에 대한 설명을 보면 폴 포트 프로그램의 여덟 개 핵심은 다음과 같았다.

1. 모든 도시에서 사람들을 소개할 것.
2. 시장을 전부 폐쇄할 것.
3. 론 놀 정권의 통화를 폐지하고 발행된 혁명 통화를 보류할 것.
4. 모든 불교 승려의 성직을 박탈하고, 그들을 쌀농사에 투입할 것.
5. 최고 지도자들부터 시작하여 론 놀 정권 지도자들을 전부 처형할 것.
6. 공동 식사를 하는 고도의 협동조합을 전국에 걸쳐 설립할 것.
7. 베트남 소수민족을 모조리 추방할 것.
8. 부대를 국경, 특히 베트남 국경으로 급파할 것.

다른 이들도 "돈, 학교, 병원"에 대한 전반적인 적대뿐 아니라 이 핵심 항목도 기억했다. 크메르 루주는 뚜렷한 국가 비전을 개괄적으로 보여주었다. 그것은 반도시, 반불교, 외국인 혐오, 반자본주의 사회였다. 정치기구는 또 민주캄푸치아의 비전에 반대하는 사람은 누구든 뿌리 뽑고 파괴하는 극단적인 조치도 취할 터였다. 훨씬 더 으스스한 것은 당이 인구를 두 그룹으로 나눈다고 발표한 사실이었다. 프놈펜을 함락하기 전에 크메르 루주가 통제하는 지역에 살았던 사람들은 완전한 권리를 누릴 자격을 주었다. 그렇지 않은 사람들은 이러한 신분의 '후보'였다. 수도를 비롯한 대도시에서 소개된 궁지에 몰린 사람들은 새 민주캄푸치아의 일원이 될 만한 가치가 있음을 스스로 증명해야 했다.[9]

당은 캄보디아를 북서부, 북부, 북동부, 동부, 남서부, 서부, 중부의 일곱 개 지구로 나눴다. 이 지구들은 크메르 루주가 농민들을 방위조합으로 몰아넣었던 때인 내전기의 유산이었다. 이 지구들을 넘어 이동하는 것은 엄격하게 규제되었고, 수확은 당의 통제 아래 있었다. 이 행정 시스템 내에서 외부인들은 적대적인 대상이었고, 캄보디아의 국경이 요새화되었으며, 부비 트랩이 설치된 완충지대가 설립되었다. 1975년부터 당은 전시 때 필수적이었던 이런 것들을 민주캄푸치아에서 국가 통제 구조로 바꿔놓았다. 각 지구 내에서 크메르 루주 서기들은 막강한 권력을 쥐고 보안 기구와 지역 경제에 대한 통제권을 행사했다. 각 지구 내의 크메르 루주 지도부는 더 큰 당 구조의 필수불가결한 일부분으로 기능했지만, 프놈펜의 당 중앙으로부터 얼마간의 자율성을 누렸다. 앞으로 폴 포트와 수도의 동지들은 각 지구를 가능한 한 엄중하게 통제하기 위해 애쓸 것이었다.[10]

농촌 지역의 주민들은 혹독한 삶을 살았다. 이미 많은 이들이 내전과 미국의 폭격 작전의 영향에서 벗어나기 위해 고투하고 있던 마을 사람들은 이제 도시에서 온 피난민들을 부양하고 거처를 마련해야 하는 부담을 추가로 지게 되었다. 이 "옛날 사람들"은 완전히 새로운 생활 형태에 적응해야 하는 "새 사람들"보다는 처지가 나았다. 크메르 루주 당국은 국민들을 책임자 한 명이 이끄는 10~15가족들로 이루어진 그룹으로 나눴다. 각 가족에게는 숲의 땅 한 구획이 주어졌다. 이들은 옥수수, 카사바, 얌을 재배하기 위해 그 땅을 개간해야 했다. 당은 대부분의 논을 국유화했다. 캄보디아의 도시에서 온 피난민들은 농기구가 아예 없거나 거의 없었고, 이 사실은 노동의 어려움을 더욱 악화시켰다. 노동자들은 도랑과 경작지를 만들고 숲을 개간하면서 오랜 시간 힘들게 일했다. 전쟁을 치르다 생긴 불발탄 때문에 작업은 더더욱 위험해졌다. 이러한 노력에도 불구하고 식량 공급은 여전히 모자랐다. 한 목격자는 이렇게 보고했다. "프놈스록으로 가는 도로에는 프놈펜에서 온 사람들이 수만 명 있었다. 하나같이 수척하고 맥이 빠진 이들은 수 킬로미터를 줄지어 걸어가고 있었다." 당은 많은 지역에서 쌀 배급을 이틀에 180그램(대략 230칼로리)으로 줄였다. 영양실조와 열악한 위생 관리 때문에 질병이 전 국민에게 급속히 확산되었다.[11]

크메르 루주의 목표는 그야말로 유토피아적이었다. 1976년 봄에 작성된 문서를 보면, 당은 평균 수확을 1헥타르당 쌀 3톤으로 두 배 이상 늘리는 것으로 계획했다. 당 중앙은 처참한 결과를 피하기를 기대하면서, 중국의 사례를 모방해 인정받지는 못했지만 떠들썩한 시도로 그 자신의 대약진운동을 실행하기로 했다. 게다가 문서는 지도부에 당 "대열 안팎(의 인민들)을 분쇄할 수 있는 권한"을 부여함으로써 이 변화를 무지막지하게 효율적으로 시행해야 한다는 점을 분명히 했다.[12] 몇 달 뒤 발간된 보고서에서는 "초대약진운동"을 인용했는데, 여기서 당의 목표는 식량 생산을 극적으로 증가시키고 당의 계획에 대한 인민들의 저항을 약화하는 데 있었다. 한 가지 예를 들면서 보고서는 "넘버 원 비료[인간의 분뇨]"의 사용에 대한 불만 문제를 논의했다. "그들은 사람들이 이전에는 분뇨를 사용해 본 적이 없고, 혁명이 분뇨를 이용해 비료를 만들고 있다고 말한다. (…) 그러나 우리가 직접 아래로 내려가서 사람들에게 원인과 결과를 설명하면 그들은 이해할 것이다." 당은 이러한 노력과 함께, "프롤레타리아적이지 않고 집단적이지 않은, 즉 여전히 사적인 잔재는 모조리" 일소하기 위한 운동을 지속적으로 벌일 터였다.[13]

폴 포트와 동지들은, 한 언론인의 말을 빌리면, 캄보디아를 "노예 국가"로 만들었다. 크메르 루주 치하에서 캄보디아는 거대한 노동수용소로 변모했다. 한 생존자는 그것을 "벽이 없는 감옥"으로 묘사했다. 최종 목표는 완전히 새로운 캄보디아를 창건하는 것, 크메르 사회에 철저한 혁명을 실현하는 것이었다. 농민 혁명, 농업 발전, 국방이라는 세 가지 목표는 크메르 루주 프로그램의 필수적이고 상호 보완적인 측면이었다. 크메르 루주는 갈 길을 막는 사람은 누구나 학살하면서 가차 없이 이 목표를 추구했다. 당은 먼저 폴 포트와 동지들의 주장에 따르면 수세기 동안 국민을 억압해 온, 캄보디아의 "봉건" 엘리트들을 파멸시키고자 했다. 시장, 사유재산, 통화가 모두 폐지되었다. 도시는 비워졌다. 나라는 농민 사회로 바뀌었다. 같은 맥락에서 당은 외국의 영향력을 캄보디아에서 축출하려고 했다. 시아누크의 발전 시도는 대실패로 끝났고, 경제적 자급자족이야말로 캄보디아에 가장 좋은 길인 것 같았다. 크메르 루주의 두 번째 목표는 캄보디아를 부유한 나라로 "건설"하는 것이었다. 시아누크와 론 놀의 산업 근대화 프로젝트와는 대조적으로, 크메르 루주는 집단농업을 통한 농업 발전에 초점을 맞췄다. 당은 국민을 농업 기계로 개조하려고 했다. 폴 포트는 다음과 같이 썼다. "농민은 흔히 태만하고 열정과 자신감이 부족한 것이 특징이다. 그들은 지시를 받아야 어떻게 일하는지를 안다." 이론적으로 일상생활의 모든 측면이 크메르 루주의 통제 아래 들어왔다. 식사, 농사, 수면과 기상, 심지어 결혼도 당의 영역이 되었다. 크메르 루주는 자신들의 권력을 농민 생활의 모든 차원에 쏟아부어서 국민을 당의 통제를 받는 생산도구로 개조하려고 했다.[14]

크메르 루주의 계획에서 세 번째 목표는 국가의 방어였다. 캄보디아는 좀 더 강력한 국가인 태국과 베트남이 양옆에 있는 비교적 허약한 국가였다. 프랑스 식민주의와 최근의 미국 전쟁을 거치면서 독립에 대한 당의 열망은 더욱 불타올랐다. 당이 하노이와 동맹을 맺음으로써 인민들은 캄보디아 땅에 베트남 사람들이 불쑥 들어와 있는 것을 용납할 수밖에 없었다. 론 놀이 워싱턴과 동맹을 맺은 결과 파멸적인 B-52기의 폭격 사태가 벌어졌다. 이처럼 착잡한 상황에 폴 포트와 동지들의 고질적인 외국인 혐오증이 더해졌다. 캄보디아의 하노이 요원들로부터 명령을 받았던 시기에 크메르 루주는 희생을 강요당했다. 크메르 루주가 론 놀 정권에 압승을 거둔 이후 캄보디아가 독립을 주장하고 위대한 국가로 스스로를 새로 세울 때가 왔다.[15] 크메르 루주 지도자들은 이 점에서 낙관적일 이유가 충분히 있다고 믿었다. 예를 들어, 1976년의 공식 보고서에서는 캄보디아가 몇몇 장점이 있다고 주장했다. "다른 나라에 비해 우리는 훨씬 많은 자질이 있다. 첫째, 그들은 건초가 없다. 둘째, 그들은 목초가 없다. 다른 나라에서 그들은 소를 먹이지 않고, 다른 방식으로 다양하게 건초를 사용한다."[16]

"연한(年限)계약 농업 국가"

궁극적으로 당 중앙은 총체적 혁명을 급속도로 달성하고자 했다. 1976년의 또 다른 문서에서는 다음과 같이 역설했다. "사회주의는 가능한 한 신속하게 건설해야 한다. 우리를 5~10년 안에 후진적인 농업에서 현대적인 농업으로, 15~20년 안에 농업 기반에서 산업 기반으로 데려가야 한다." 이것은 나라를 동쪽과 서쪽의 "적들"로부터 방어하기 위해 필수적이라고 당 지도자들은 설명했다. "그들은 우리가 약하면 집요하게 복수를 고집하며 우리 영토에 침투할 것이다."[17]

크메르 루주는 키어넌이 "연한계약 농업 국가"라고 부른 나라를 창조했다. 많은 농민이 초기 단계에 혁명을 지지하는 동안, 폴 포트의 지식인 패거리가 혁명을 이끌었다. 그리고 향후 몇 년 사이에 기근이 시작되자 농민 지지의 대부분이 사라졌다. 국가는 "거대한 작업장"이 되었다. 전국적으로 무지막지한 규율이 강제되면서 국민은 논과 밭에서 몹시 고된 노동을 감수하지 않으면 안 되었다. 임금은 전혀 지급되지 않았고, 여가도 허용되지 않았다. 당은 국민 대다수를 가족과 때로는 배우자와도 분리하여 "초가집이나 막사형 가옥"에 몰아넣었다.

식사는 당이 일상생활에 통제력을 발휘하려는 노력의 일환으로 엄격하게 조직되었다. 농민이, 농민을 위해, 혁명을 이끌기는커녕 크메르 루주가 창출한 시스템은 캄보디아인들에게서 "토지, 가족, 종교라는 세 가지 가장 소중한 생활양식"을 박탈했다고 키어넌은 썼다.[18]

규제는 모든 수준으로 확대되었다. 크메르 루주는 서방 의학을 의심의 눈초리로 바라보았다. 일부 기간요원들은 안경을 쓰거나 피부색이 밝거나 굳은살이 없는 손은 그 사람이 자본가라는 것을 보여준다고 믿었다. 역사가 데이비드 챈들러David Chandler는 당이 위계를 나타내는 언어의 사용을 금지했고, "명령에 대한 달콤한 공손"을 도입했다고 썼다. "끌려가서 살해될 사람들은 (…) '과일을 채집하는 것을 도와달라'거나 '공부를 더 하러 같이 가자'고 요청받았다." 마을 사람들이 예고도 없이 그냥 사라져버리는 일이 드물지 않았다. 또 캄보디아인들이 숲속에 버려진 희생자의 시신을 발견하는 일도 이례적이지 않았다. 폴 포트 정권 치하에서 "앙까는 죽이지만 절대 설명하지 않는다"라는 구절이 널리 퍼졌다. 노동자들은 들판에서 오랜 시간 고되게 일하면서 혁명가요를 다 같이 부르지 않으면 안 되었다. 그렇게 하면 더 기운이 날 거라고 기간요원들은 설명했다. 캄보디아인들은 작업을 끝낸 뒤 거처로 돌아가 쌀이 조금 섞인 귀리죽을 먹었다. 한편 민주캄푸치아 지도자들은 정치 집회나 당이 통제하는 라디오 방송으로 혁명의 미덕을 과대 선전함으로써 세뇌 작업을 꾸준히 계속했다. 반체제 활동에 대비하여, 당은 젊은 남녀를 동원해 마을 사람들을 감시하고 어떤 저항의 조짐도 보고하게 했다. 1976년에 당이 수확한 쌀 중 상당량을 군사적 원조를 받는 대가로 중국에 보냈을 때 국

민의 사기를 치명적으로 떨어뜨리는 일이 벌어졌다.[19]

미국의 지도자들은 심지어 프놈펜이 함락되기 전에도 크메르 루주의 만행을 알고 있었다. 1975년 2월의 한 문서에서는 잔혹 행위의 많은 부분을 캄보디아 내의 베트남 기간요원들 탓으로 돌렸다. 이들은 "사람들을 강제로 징집하고 농민과 승려들을 죽이고 공포에 떨게 하면서," 지역민들을 "엄격한 스탈린주의적 체제"에 종속시켰다. 캄보디아 공산주의자들은 아마도 훨씬 더 악랄했을 것이다. 문서는 주민을 공포에 떨게 하는 그들의 활동이 "나치 시대 이래 아마도 유례가 없었을" 것이라고 보고했다. 미국 관리들은 크메르 루주가 칼, 총검, 화기를 이용해 어린아이를 포함해 수천 명을 살해해서 시신을 숲속의 집단 매장지에 버렸다고 보고한다. "대규모 학살이 (…) 공산주의의 승리 후 틀림없이 공산주의자들의 정책이었을 거라는 증거는 분명하다."[20] 그러나 워싱턴의 지도자들은 그들의 예측이 현실화하는 것을 지켜보던 바로 그 순간에 베트남전쟁과 워터게이트 사건의 결과 신뢰를 거의 잃어버린 상태였다. 키신저는 다음과 같이 한탄했다. "우리는 사람들이 절멸 수용소를 운영하는데도 국제적 사찰이 없다면 [미국이] 자유주의 공동체에 의해 인정받지 못하는 그런 지경에 이르렀다."[21] 1976년, CIA는 크메르 루주 정부가 "세계의 전체주의 정권 중 가장 극단적인 정권"이 되었다고 결론지었다. 캄보디아 도시들의 강제 소개는 "전례 없이 잔인하게" 실행되었고, 그 결과 "교육받은 계층 거의 전체를 포함해" 수십만 명이 사망했다. 크메르 루주는 여타 성공적인 공산주의 혁명과 다른 길을 걸었다. 그들은 "사적 소유의 완전한 폐지와 화폐경제로부터의 이탈"을 세심하게 도모하고 베이

1975년 4월 17일 캄보디아의 프놈펜이 공산군에게 함락되자, 수도에서 한 크메르 루주 병사가 권총을 휘두르며 상점주들에게 상점을 버리고 떠나라고 명령하고 있다. 전하는 바에 따르면, 도시 주민의 대부분이 강제로 소개되었다고 한다.

징이나 모스크바와 제휴하기를 거부했다. 당 지도부를 둘러싼 극단적인 비밀 유지는 아마도 혁명의 가장 두드러진 모습이었을 것이다. 그 결과는 "독특한 '캄보디아 모델'"의 창출이었다고 CIA는 결론지었다.[22]

1975년 5월 국무부의 태국발 보고를 인용하면서, 제럴드 포드 대통령의 안보 자문관 브렌트 스코크로프트[2)]는 캄보디아가 "가능한 한 최단 기간 내에 국가의 사회적·정치적·경제적 구조를 급진적으로 변화시키는 데 전념하면서 외국인을 혐오하는 집단 지도부의 통제

2) Brent Scowcroft(1925~2020). 미국 공군 장교. 1973~1975년 미국 국가안보 부자문관, 1989~1993년 국가안보 자문관, 2001~2005년 대통령 정보자문단 단장을 역임했다.

아래" 들어갔다고 언급했다. 정권은 교사, 학생, 론 놀 치하에서 복무한 병사들을 처형하고 있었다. 또 그 점에 대해서는 "교육받은 티를 조금이라도 내는" 사람은 누구든지 "체포나 처형을 각오한다." 많은 경우, 피의자의 가족도 처형의 대상이 되었다. 살인자들은 보통 "괭이자루나 여타 뭉툭한 몽둥이"를 이용해 희생자를 죽을 때까지 두드려 팼다. 정권은 책을 불태우고, 도서관을 파괴하고, 학교를 폐쇄하는 등 모든 지식을 근절시키려 하는 것처럼 보였다. 크메르 루주 지도자들은 또한 불교 승려들을 사원에서 몰아내고 건물을 곡물창고로 사용하는 등 기성 종교도 겨냥했다. 말라리아, 이질, 콜레라가 확산하면서 정권의 직접적인 징벌을 용케 피했던 사람들을 괴롭혔다. 스코크로프트는 말을 이었다. "몇몇 지역에서는 자녀가 영원히 부모와 분리되고, 남편과 아내가 따로따로 작업 그룹에 배치되면서 가족이라는 단위가 해체되고 있습니다." 총체적인 혁명을 수행하려는 노력의 일환으로 폴 포트와 동지들은 캄보디아 가족의 구조를 뿌리 뽑으려 했다.[23] 정권은 아이들이 특히 쓸모가 있다는 것을 알았다. 크메르 루주 관리는 이렇게 주장했다. "오직 아이들만이 순수하게 혁명에 봉사하고 반동주의를 없앨 수 있다. 왜냐하면 그들은 어리고, 복종적이고, 충직하고, 적극적이기 때문이다." 정권은 경고이자 본보기로 일부러 아이들 앞에서 사람들을 처형했다. 당에게 젊은이들은 백지를 나타냈다. 그들은 상대적으로 소박하고 순종적이며, 혁명 전 캄보디아 사회 구조에 덜 얽매여 있었다. 아이들은 이상적인 첩자이자 정보원 역할을 했다.[24]

하지만 이런 것이 크메르 루주와 워싱턴 사이의 관계 회복을 불가능하게 하지는 않았다. 적어도 미국 정책 결정자들이 관계되는 한 그랬다. 포드 행정부의 관리들은 하노이가 베트남의 영향력을 확대할 가능성을 걱정했다. 지역 권력을 장악하려는 하노이의 시도를 막기 위해 포드 행정부는 크메르 루주와 화해하고 동남아시아에서 중국의 영향력이 커지는 것을 지지하고 싶어 했다. 1975년 말에 키신저 국무장관이 태국 외무장관에게 말했다. "우리의 전략은 베트남에 대한 장벽으로서 중국을 라오스와 캄보디아에 들어가게 하는 것입니다. 나는 중국에 라오스를 통제하라고 요청했습니다. 귀하는 또 캄보디아인들에게 우리가 친구가 될 거라고 말해야 합니다. 그들은 흉포한 악당이지만, 그 때문에 우리 갈 길을 방해받지는 않을 겁니다. 우리는 그들과 관계를 개선할 준비가 되어 있습니다." 그런 뒤 키신저는 덧붙였다. "그들에게 뒷부분을 말해주세요. 그러나 내가 그전에 말한 것은 말하지 말아주세요."[25] 지미 카터[3)] 대통령 행정부도 비슷한 노선을 따를 것이었다. 카터의 국가안보 자문관인 즈비그뉴 브레진스키[4)]는 다음과 같이 기억했다. "나는 중국에 폴 포트를 지지하라고 권

---

3) James Earl 'Jimmy' Carter, Jr.(1924~). 민주당 출신의 제39대 미국 대통령(재임 1977~1981). 이집트와 이스라엘을 중재하여, 캠프 데이비드에서 중동 평화를 위한 캠프 데이비드 협정을 체결했다. 이 협정에 힘입어 1979년 백악관에서 양국은 평화조약을 맺었고, 또 미국은 소련과 제2차 전략 무기 제한 협상에도 조인했다. 카터는 국제적으로 인권을 지키기 위해 노력했으며, 취임 이후 계속해서 도덕정치를 내세웠다. 그러나 이란의 미국 대사관 인질 사건이 터지면서 1980년 대통령 선거에서 공화당의 레이건 후보에게 패배해 결국 재선에 실패했다.

4) Zbigniew Brzezinski(1928~2017). 폴란드계 미국인 정치학자. 폴란드 바르샤바에서 태어나 열 살 때 가족과 함께 캐나다로 이주했다. 1953년에 하버드대학교

했다. 폴 포트는 혐오스러운 자였다. 우리는 그를 결코 지지할 수 없었으나 중국은 할 수 있었다."[26] 냉전 지정학적 투쟁에 초점을 맞추기로 한 미국 지도자들은 지구적 우선 사항을 위해 지역의 만행을 기꺼이 눈감아 줄 용의가 있었다.

킬링필드

한편 캄보디아에서는 살육이 계속 진행되었다. 크메르 루주 악몽의 진원지가 있다면, 그것은 뚜얼 슬렝으로 알려진 악명 높은 감옥이었다. 이 시설은 원래 프놈펜 남서부에 위치한 뚜얼스바이쁘레이고등학교가 있던 곳이었다. 공식 당 문서에서 S-21이라고 명명된 뚜얼 슬렝은 타인이 함부로 들어올 수 없는 민주캄푸치아의 내실內室이었다. 민주캄푸치아가 세계에 문을 걸어 잠갔다면, S-21은 국민으로부터 스스로를 차단했다. S-21의 임무는 재소자들을 감금·조사하고, 판결을 선고하며, 적으로 의심되는 사람들을 상대로 방첩 활동을 수행하는 것이었다. 실제로는 S-21은 고문과 처형을 도맡은 중심 기관 역할을 했다. 이 시설을 운영하는 사람들은 갱생에는 관심이 없었고, 어떤 재소자도 석방이 허락되지 않았다. 오히려 모든 죄수는 몇 개월간 야만적인 심문을 받은 뒤 처형당할 예정이었다. 뚜얼 슬렝은 3년 반

에서 철학박사 학위를 받고 1959년까지 하버드대학교에서 정치학을 강의했으며, 그 후 컬럼비아대학교로 옮겼다. 카터 행정부에서 1977년부터 1981년까지 백악관 국가안보 자문관을 지내며 미국과 중국 간의 외교 관계 성립 등 미국의 대외 정책에서 큰 역할을 했다.

동안 운영되었고, 그동안 1만 4000명 이상의 캄보디아인들이 그곳에서 고문받고 살해될 터였다. S-21의 소장인 깡겍이어우Kang Keck Ieu[일명 둑Duch]는 시아누크의 치세 동안 크메르 루주에 합류한 깜뽕톰 출신의 전직 수학 교사였다. 33지구 보안 수장으로서 둑은 심문을 하면서 직접 죄수들을 폭행했다. 1975년 10월, 둑은 뚜얼 슬렝을 책임지게 되었다. 사람들은 이구동성으로 그가 내부 전복 음모와 그에 대한 두려움에 사로잡혀 있었다고 전한다. 뚜얼 슬렝의 직원은 각각 심문, 서류 작업, 경비 임무를 맡은 세 팀으로 크게 나뉘어 있었다. S-21에서 경비병과 심문관에 대한 훈련은 엄격했고, 몇 시간 동안 계속되었다. 그들이 맡은 다른 책무 중에 경비병은 죄수와 이야기를 나누거나 이름을 알려고 하지 말고, 또 재소자들을 자살하지 못하게 하라는 지시도 있었다.[27]

죄수들은 성별과 중요성에 따라 분리되었다. 가장 중요한 포로는 제한된 특별대우를 받았다. 장기 심문이 필요할 만큼 중요한 사람은 길이 1.8미터 폭 0.75미터의 벽돌 감방의 바닥에 쇠고랑으로 붙들어 맸다. 덜 중요한 재소자는 긴 기둥에 족쇄가 연결된 채 교실 바닥에 묶였다. 여성과 아이는 일반적으로 처형되기 전에 짧은 기간 수감되었다. 중요한 정보를 갖고 있다고 여겨진 남자들은 더 오랫동안 심문에 시달렸다. 심문관은 심문 대상자를 못 자게 했고, 전선줄로 때렸으며, 분뇨를 강제로 먹였다. 그들의 목표는 처형하기 전에 희생자들에게서 적절한 자백을 뽑아내는 것이었다. 혁명의 적들을 뿌리 뽑고 파괴하려는 강렬한 열망 속에 둑은 많은 것을 꼼꼼하게 기록했다. 시설에서 발견된 의료 노트는 직원들이 죄수에게 실험을 했음을 시사한다. 일부 재소자는 분명히 과다 출혈로 죽음을 맞은 것 같다. 캄보디아의 다른 지역에서 교육 목적으로 포로들을 마취시켜 생체 해부를 한 보고서가 있는 것을 보면, 이와 유사한 시술이 뚜얼 슬렝에서도 있었을 거라고 믿을 이유가 있다. 상당수의 죄수들이 S-21의 행정 직원이 자신들을 처형하기 전에 굶주림이나 질병, 혹은 심문을 받는 동안 입은 부상 때문에 사망했다.[28]

처음에 S-21의 직원들은 감옥 구내의 임시 묘지에 희생자를 묻었다. 사망자 수가 늘어나면서 곧 더 많은 공간이 필요해졌다. 크메르 루주는 프놈펜 남서쪽 약 15킬로미터 지점에 있는 쩡엑Choeung Ek에 새 킬링필드를 지정했다. 당은 가장 투철한 기간요원들을 보내 쩡엑에서 일하게 했다. "그 남자들은 뭐든 할 수 있었다." 구내에서 매일 처형되는 사람의 수는 수십 명에서 수백 명에 이르렀다. 목격자들은 훗날 시체와 똥, 오줌에서 나는 고약한 냄새가 코를 찔렀다고 기억했다. 몇 주에 한 번씩 트럭 몇 대가 뚜얼 슬렝에 도착하곤 했다. 운이 다한 죄수들은 차례로 차량에 올라탔다. 킬링필드에 도착하자마자 곧 경비병들이 여전히 묶여 있고 눈이 가려진 희생자들을 트럭에서 땅으로 떠밀었다. 희생자들의 이름을 명부와 대조한 후 처형자들은 희생자들을 소집단으로 분리시켜 미리 준비된 얕은 도랑으로 데려갔다. 처형자 중 한 명은 이렇게 기억했다. "그들은 구덩이 끝에 무릎을 꿇으라고 명령을 받았다. 그들의 손은 뒤로 묶여 있었다. 그들은 달구지 쇠 차축으로 목을 맞았다. 어떤 때는 한 대, 어떤 때는 두 대였다." 이 끔찍한 광경은 땅을 밝게 비추는 전등 불빛 아래에서 밤마다 되풀이되었다.[29]

민주캄푸치아의 쇠퇴와 몰락

총체적 혁명을 추구한 크메르 루주는 수세기 동안 이어져 온 캄보디아 역사를 뒤엎어 버렸다. 크메르 루주는 민주캄푸치아를 농업 최강국으로 건설하려는 노력의 일환으로 나라의 정치적·사회적 구조를 파괴하고 국가를 강제노동수용소로 변모시켰다. 당의 목표는 비현실적인 만큼이나 야심 찼다. 결국 캄보디아 인민들은 크메르 루주의 환상에 대한 대가를 치를 것이었다.

도시의 소개에 이어진 기아 사태는 그 후 오랜 기간 점점 더 악화되었다. 쌀 수확량 부족 문제는 매우 중요한 세수원으로서 계속 곡물을 수출하는 폴 포트의 결정 때문에 더욱 심해졌다. 혁명을 방어하는 데는 강한 군대가 필요했고, 강한 군대는 값싸게 만들어지지 않았다. 하지만 문제의 핵심은 잔인한 역설에 있었다. 중앙집권적 계획과 가혹한 작업 체제에도 불구하고, 민주캄푸치아의 집단농장과 노예노동 시스템은 혁명 전 체제만큼 생산적이지 않았다는 사실이 그것이었다. 당은 신체가 가장 건강한 캄보디아인들을 수확 현장에서 떼어내 도랑을 파고 관개 시설을 건설하게 했다. 사실상의 노예인 남아 있는 사람들은 처벌을 피할 정도로만 열심히 일할 뿐이었다. 국민의 3분의 1에서 2분의 1을 괴롭힌 기근과 질병은 문제를 더욱 악화시켰다. 지역 당 관리들이 정권의 처벌을 모면하기 위해 수확량을 과장하는 경향 역시 그랬다. 일부 추산에 따르면, 민주캄푸치아는 혁명 전 캄보디아에 비해 생산이 겨우 60퍼센트에 불과했다.

기근이 농촌 지역 전체에서 시작되었지만, 폴 포트는 당의 정책을 의문시하려 하지 않았다. 그는 "독립심·주인의식과 자립의 자세를 의문시하는 담당자들이 있다"라고 단언했다. 만일 당이 이 문제를 해결한다면 "우리는 앞으로 나아갈 수 있을 것이다." 당 지도자들에 따르면, 문제는 크메르 루주의 사회정치적 모델이 아니라 실행에 있었다. 크메르 루주가 불필요한 인원을 정리할 때가 왔다.[30]

1976년과 1977년 동안 크메르 루주는 일련의 광범위한 숙청을 실시해 상당수의 최고위 관리들을 삼켜버렸다. 점점 더 고립되고 피해망상적으로 된 크메르 루주 지배 집단은 자신들이 음모가들에 포위되었다고 우려했다. 경제적 곤경이 촉발한 첫 번째 숙청은 '북부 구역'과 그 수장을 겨냥했다. 상무장관 꼬이투언[5]은 북부 구역의 전 수장으로서 당 내에서 상대적으로 온건파였고, 유명한 바람둥이였다. 당은 경제 문제의 근원으로서 꼬이투언에 초점을 맞추게 되었다. 1976년 2월, 이전에 꼬이투언의 통제 아래 있던 도시인 시엠리업에 폭격이 연이어 가해지면서 이러한 의심이 더욱 깊어졌다. 폭발에 관한 설명은 그것이 미국 전폭기의 소행이다, 태국 군용기의 소행이다, 베트남 제트기의 소행이다, 심지어 도시의 반란 용의자들을 소탕하려는 캄보디아 항공기의 소행이다라는 식으로 다양했다. 4월에 프놈펜의 왕궁 바깥에서 수류탄 두 개가 터지면서 반란 가능성에 대한 우려가 한층 커졌다. 머지않아 꼬이투언이 사라졌다. 당은 나중에 그를

5) Koy Thuon(1933~1977). 캄보디아의 정치가. 크메르 루주의 중앙위원회 위원으로서 민주캄푸치아의 경제 담당 장관을 지냈다. S-21 보안수용소에 감금되었다가 1977년에 처형당했다.

가택 연금했다고 주장했다. 꼬이투언은 "소부르주아" 분자들이 민주 캄푸치아에 "침투"해서 강력한 공산주의 경제의 발전을 약화할 수 있게 했다고 비난받았다. 이듬해 1월에 크메르 루주 지도자들은 CIA를 위한 스파이 행위로까지 혐의를 확대해서 꼬이투언을 S-21로 끌고 갔다. 1977년 4월에 북부 구역 관리 112명이 그와 함께 수감되었다.[31]

크메르 루주는 국내에서 상상의 적들을 만들어냈으나, 외국에서는 진짜 적들을 창출했다. 1975년 이후 캄보디아 혁명가들과 하노이 사이의 불편한 제휴 관계가 급속히 나빠졌다. 프놈펜을 함락하고 몇 주 뒤 크메르 루주 군은 베트남과 분쟁을 겪던 타이만의 섬들을 공격했다. 토추섬에서 캄보디아 병사들은 베트남 민간인 수백 명을 학살하고, 마을을 파괴했다. 베트남군이 반격을 가해 섬을 탈환했으나 지역 주민들을 구하기에는 너무 늦었다. 캄보디아 해병들이 영토라고 주장하는 섬들을 장악하기 위해 싸우는 동안, 폴 포트는 캄보디아에서 베트남인들을 쫓아내라는 명령을 내리고 서부 인접국과 접한 국경 방비를 강화했다. 하노이와 프놈펜이 그들의 차이를 곧 미봉책으로 가렸지만, 이 초기의 충돌은 다가올 좀 더 큰 분란을 암시하는 것에 불과했다. 1977년에 산발적인 소규모 접전이 늘어났고, 4월 말에 크메르 루주 군이 베트남의 안장성을 몇 차례 급습했을 때 최고조에 달했다. 약탈을 일삼은 캄보디아 병사들은 민간인 수십 명을 살해하는 등 크메르 루주가 전 후원자들에 품은 적의를 야만적으로 과시했다. 하노이는 보복 공습을 단행하고, 국경을 따라 군대를 동원하는 것으로 이에 대응했다. 양국의 관계는 여름을 지나면서 더욱 나빠졌다.[32]

1977년 9월 24일, 프놈펜은 또 한 차례 대규모 공격을 가했다. 이번에는 대상이 베트남의 떠이닌성이었는데, 프놈펜은 수백 명의 민간인을 학살하고 국경 지역의 마을을 초토화했다. 하노이에 주재했던 헝가리 언론인은 이틀 후 이 마을들을 방문하고 끔찍하기 짝이 없는 현장을 이렇게 묘사했다. "집집마다 부풀고 부패해 가는 남녀노소의 시신이 이곳저곳에 흩어져 있었다. 일부는 머리가 잘려 나가고 없었고, 일부는 배가 찢어져 내장이 드러났으며, 일부는 팔다리가 없었다. 또 일부는 눈이 없었다." 국경 지역에서 벌어진 대량 살육은 민주캄푸치아 내에서 벌어지고 있는 홀로코스트에 대한 최악의 소문을 확인해 주는 것 같았다. 몇 달 뒤에도 이 지역은 여전히 폐허 상태였다. 시커멓게 탄 건물, 버려진 논, "수백 개의 무덤"이 흔히 볼 수 있는 풍경이었다.[33] 폴 포트는 베트남에서 자신의 부대가 싸우고 있을 때, 베이징의 지도자들에게 소련·베트남·쿠바가 캄푸치아를 공격하기 위해 서로 협력하고 있다고 말했다. 침공 계획에 더해 "그들은 초정밀 화기와 독극물로 우리 지도부를 암살할 준비도 하고 있다"라고 폴 포트는 주장했다. 하노이는 동남아시아 전체를 장악하고 싶어 하고, 캄보디아 국민과 라오스 국민은 베이징이 자신들의 저항 노력을 지원해 줄 것을 기대하고 있다고 그는 경고했다.[34]

하노이는 캄보디아를 습격해서 크메르 루주 병력을 국경에서 밀어내고 복수를 단행하는 것으로 이에 대응했다. 베트남 부대는 캄보디아로 치고 들어간 다음 재빨리 퇴각했다. 그들을 추격한 캄보디아 부대는 숨어서 기다리고 있던 다른 베트남 병력에 살육당했다. 12월에 하노이는 보병사단, T-54 탱크, 포병대, 병력 수송 장갑차로 이루어진 좀 더 큰 두 번째 침공을 개시했다. 훨씬 우수한 베트남 부대가 캄보디아군을 학살하면서 캄보디아 깊숙이 밀고 들어갔다. 전황이 점점 암울해져 가자 크메르 루주는 외교 영역으로 시선을 돌렸다. 1977년 12월 31일, 프놈펜의 라디오는 이 침공을 계기로 하노이를 반대하는 대규모 선전 활동을 개시했다. 군사력을 확실하게 과시한 베트남 지도자들은 프놈펜이 이제 잘못을 깨달았기를 바라면서 철수하기로 결정했다. 그들은 실망할 것이었다.[35]

폴 포트와 동지들이 베트남군의 철수를 대승리라고 발표했지만, 당 지도부는 자신들의 군대가 전장에서 압도당한 것을 깨달았다. 이 실패는 두 번째 대규모 숙청을 촉발했는데, 이번에는 초점이 '동부 구역'이었다. 당은 꼬이투언에게서 국가의 초라한 경제 실적을 책임질 희생양을 발견했다. 이제 당은 국경 전쟁의 패배를 책임질 인사가 필요했다. 그 사람은 동부 구역의 수장인 소핌[6]이었다. 폴 포트는 소핌의 반역 행위 결과 베트남이 승리했다고 결론을 내렸다. 즉 소핌은 침략자들에게 "길을 열어주었다." 위험을 감지한 소핌은 1978년 3월 그의 장교들에게 경계심을 늦추지 말라고 경고했다. 당은 몇몇 충직한 관리들을 체포했다. 4월 중순 400여 명의 동부 구역 기간요원들이 검거되어 S-21로 끌려갔다. 5월에 프놈펜의 라디오는 국민에게 "우리의 군, 우리의 당, 인민대중을 정화할" 것을 요청했다. 하지만 소

6) So Phim(1925~1978). 캄보디아의 정치인, 크메르 루주 군사 지도자. 캄푸치아 공산당 중앙위원회 위원을 지냈다. 1978년 6월 3일 동부 구역 서기로 재임하던 중 체포 과정에서 자살했다.

핌은 여전히 폴 포트에 대한 믿음을 버리지 않았다. 그는 빈발한 체포가 뭔가 실수의 결과가 틀림없다고 결론 내렸다. 숙청이 계속되자 소핌은 프놈펜에 사절을 보냈으나 모두 체포되었다. 5월 25일, 당은 동부 구역을 공격해 소핌을 사로잡기 위해 군 병력을 보냈다. 여전히 당이 일종의 실수를 범하고 있다고 믿은 소핌은 폴 포트와 만나는 자리를 마련하려 했다. 이에 대한 응답으로 당은 배 두 척에 해병들을 실어 보냈다. 부대는 소핌을 사로잡는 데는 실패했으나, 가까스로 그의 복부에 총을 쏠 수는 있었다. 정부군이 다가오는 동안 비행기는 소핌을 반역자로 선언하는 전단을 떨어뜨렸다. 소핌은 6월 3일 해 질 무렵 마침내 구석으로 내몰렸다. 최후가 다가왔음을 깨달은 소핌은 총으로 자살했다. 그 후 병사들이 그의 부인과 자녀들을 살해했다.[36]

숙청으로 당 중앙은 책임을 비껴갔지만, 동부에서 크메르 루주의 군사력은 약해졌다. 현실적인 군사전략 대신에 당은 기적적인 승리의 망상에 빠져 있었다. 1978년 5월, 폴 포트는 국민에게 베트남의 전면적인 파괴를 준비하라고 요구했다.

> 우리는 한 사람이 베트남 사람 30명을 죽여야 합니다. (…) 이 숫자를 이용하면 캄보디아 병사 한 명은 베트남 병사 30명과 동일합니다. (…) 우리는 6000만 명의 베트남인들을 위해 200만 명의 병력이 있어야 합니다. 하지만 200만 명의 병력은 베트남인들과 싸우는 데 너무 많을 것입니다. 왜냐하면 베트남은 인구가 5000만 명에 불과하기 때문입니다. (…) 우리는 5000만 명의 베트남인들을 분쇄하는 데 단

> 지 200만 명의 병력만 필요하며, 우리는 여전히 600만 명의 사람들이 남아 있을 것입니다. 우리는 승리하기 위해서 이런 식으로 우리의 전선을 만들어내야 합니다. (…) 우리는 1대 30이라는 구호를 무조건 실행해야 합니다.[37]

숙청이 국경을 넘어 계속되자, 하노이의 지도자들은 민주캄푸치아를 처리할 때가 왔다고 판단했다. 1978년 2월, 그들은 크메르 루주와의 싸움에 도움을 주고 프놈펜에서 새로운 정권의 핵심을 형성할 캄보디아 저항 조직을 꾸리기 시작했다. 1950년대와 60년대에 하노이에서 훈련받은 캄보디아인 대다수가 캄보디아에 귀국해 숙청 과정에서 죽임을 당했다. 하노이는 민주캄푸치아에서 도망 나온 사람들과 함께 베트남에 남아 있던 사람들을 모았다. 봄이 끝날 때까지 베트남인들은 비밀 캠프 네트워크를 건설했는데, 많은 캠프가 옛 미군 기지 자리에 있었다. 4월에 하노이는 캄보디아 망명 군대인 '캄푸치아 구국 연합전선'의 제1여단을 출범했다.[38]

베트남과 캄보디아 사이의 긴장이 고조되자, 하노이는 선전을 강화했다. 9월에 베트남 총리 팜반동은 프놈펜의 정권을 비난하는 연설을 했다. 그는 다음과 같이 선언했다. "그들은 캄푸치아 전체를 지상의 지옥으로 만들어 놓았습니다. 이 거대한 집단수용소에서는 모든 기본 인권, 사회의 모든 평범한 활동, 모든 가족생활 활동, 모든 문화적·종교적 활동이 파괴되었습니다." 크메르 루주 정책은 캄보디아 인민에 대한 "제노사이드"였다. 그러나 폴 포트와 이엥 사리는 크메르 루주를 "동남아시아에서 자신의 강대국적 팽창주의 계획과 패권적 야심을 실행하는 데 적절한 도구"라고 여긴 베이징의 지지를 받았다. 베트남 국경에서의 충돌은 하노이를 약화하려는 베이징 전략의 일부였다. 마을들을 체계적으로 파괴하고, 베트남 마을 사람들을 학살하는 것도 마찬가지였다.[39] 이에 대해 베이징은 하노이가 소련과 "긴밀히 협조하는 가운데" 동남아시아에서 패권적 야심을 품고 있다고 주장했다. 베트남군은 캄보디아를 "합병"하기 위해 캄보디아를 공격하는 것은 물론, 국경을 넘어 중국을 침입해서 변경 지역의 많은 중국 시민을 살해하고 있다고 베이징은 말했다. 하노이는 또 베트남에서 수천 명의 중국인을 "야만적으로 박해하고 쫓아냈다."[40]

12월 중순에 CIA는 "프놈펜의 현 정권과 협정"을 맺으려는 하노이의 노력이 실패로 돌아가고 몇 달 동안 벌어진 국경 충돌로 희생을 치른 뒤 베트남군이 공격할 태세를 갖췄다고 경고했다. 한 보고서에서는 크메르 루주가 취약하고 베이징의 상황 통제가 제한적이라는 사실을 고려해 볼 때 "폴 포트 정권에 대한 예상은 좋지 않다"라고 예측했다. 베트남군은 "몇 시간은 아니더라도 불과 며칠 안에 프놈펜에 쉽게 도착할 수 있을 것이다." 중국은 하노이와 공개적으로 전쟁을 벌이고 싶지 않으나, 그들은 또한 "이 지역에서 베트남이 더욱 팽창하는 것을 저지하고" 동남아시아에서 소련의 영향력이 커지는 것을 막기로 마음먹었다. 1978년 11월, 하노이와 모스크바가 '우호협력조약'을 맺자 베이징의 우려는 더욱 깊어졌다. 동남아시아에서 강대국으로서 중화인민공화국의 신뢰가 이제 위태로워졌다. 긴장이 고조되면서 "동남아시아 영역 밖에서 더 큰 결과"를 가져올 수 있는 전쟁이 일어날 것 같았다. 베트남과 캄보디아 사이의 충돌이 중국을 하노이와의 갈등으로 끌어들인다면, 소련 지도자들은 "중소 국경에서 모종의 군사적 대결"을 도발할 필요를 느낄 것이라고 CIA 보고서는 경고했다. 전쟁 확대의 위험이 이제 시야에 들어왔다.[41]

1978년 12월 21일, 하노이는 침공을 개시했다. 베트남군은 스뜽뜨렝을 향해 북동부 고원지대를 습격했다. 나흘 뒤 하노이의 침공군 주력부대는 국경을 넘어 캄보디아로 밀고 들어갔다. 침공 세력은 전부 합쳐 중기갑 차량 및 공중 지원을 받는 14개의 베트남군 사단으로 이루어졌다. 1975년 사이공 함락 때처럼 "연화개open lotus, 蓮花開" 전술을 이용한 하노이의 부대는 캄보디아 영토 깊숙이 침투하여 크메르 루주의 전투사령부들을 공격하기 위해 방어 요새 주위를 물 흐르듯이 이동했다. 그런 다음 그들은 "꽃이 활짝 피는 것처럼" 병력을 전개해 후방에서 참호에 몸을 숨긴 부대를 공격했다. 이 강습은 폴 포트의 병력을 압도했다. 그러나 이것은 단순히 힘을 과시한다거나 응징하기 위해 벌인 습격이 아니었다. 그렇다기보다 베트남군은 프놈펜의 정권을 거꾸러뜨릴 의도였다. 하노이가 침공에 대한 보도를 부인하며 캄보디아에서 싸우는 부대는 구국 전선 대원들이라고 주장하는 동안, 베트남군은 캄보디아로 더욱 깊숙이 돌진했다. 하노이는 "해방된" 영토에 '캄푸치아 인민공화국'이라는 이름으로 헹삼린[7]이 이끄는 꼭두각시 정권을 세웠다. 크메르 루주의 공포정치를 피해 도주한 피

---

7) Heng Samrin(1934~). 캄보디아의 정치인. 1979~1992년, 2006년~현재, 캄보디아 국민의회 의장을 지냈다. 그사이 하노이가 후원하는 '캄푸치아 인민공화국(1979~1989)'의 사실상의 지도자, '캄보디아국(1989~1992)'의 총서기도 겸했다.

난민들이 캄푸치아 인민공화국의 대열을 채웠다. 크메르 루주의 몰락과 이와 유사한 범아시아 공산주의 운동의 죽음이 도래했다.[42]

제3차 인도차이나 전쟁

1979년 1월 7일, 베트남군이 프놈펜에 입성했다. 크메르 루주 방어군은 하노이의 맹공 앞에 무너졌고, 캄보디아는 이제 침략자들에 완전히 노출되었다. 크메르 루주 지도부는 수천 명의 추종자들과 함께 프놈펜에서 도피했다. 한때 수백만 명이 살던 도시 전역에 기괴한 침묵이 흘렀다. 수도의 거리에는 완전히 부식된 차량과 버려진 기구, 망가진 텔레비전과 타자기, 쓸모없는 지폐가 이리저리 흩어져 있었다. 유일한 생명의 징후는 철조망으로 둘러싸인 소수의 공장과 막사 주변에서 나타났다. 폭력이 이제 정말 종식되기를 바라는 수백 명의 노동자들이 남아서 승리자들을 환영했다. 또한 남아 있던 S-21의 직원들은 베트남군을 보는 것이 즐겁지 않았다. 부패하는 시체에서 나는 악취를 맡은 베트남 언론인 두 사람이 감옥의 존재를 알아챘다. 감옥 내부에서 그들은 최근에 처형된 죄수 14명의 시신을 발견했다. 일부는 목이 찢어진 채 침대에 사슬로 묶여 있었고, 바닥은 여전히 피로 젖어 있었다. 그들은 방마다 족쇄와 아주 작은 감방, 그리고 직원들이 미처 없애지 못한 뚜얼 슬렝의 문서를 발견했다. 베트남 당국이 시신을 불태우고 서류를 샅샅이 훑어나가자 끔찍한 S-21의 실상이 드러나기 시작했다. 더 넓은 세계는 점령된 프놈펜에서 흘러나오는 보고를 받아들이는 데 굼떴다. 국제 사회의 많은 이들에게 하노이의 침공은 더 넓은 지역에 베트남의 권위를 행사하려는 가혹한 시도의 증표였다. 크메르 루주의 만행에 대한 소문은 너무 기괴해서 처음에는 선전으로 치부되는 것 같았다.[43]

중화인민공화국은 베트남의 침공을 우려의 눈으로 바라본 국가 중 하나였다. 베이징은 이 지역에서 자신의 권위를 확고히 하려는 하노이의 의지를 점점 걱정하게 되었다. 11월 말 혹은 12월 초 어느 땐가 중국 지도부는 베트남을 공격하기로 결정했던 것처럼 보인다. 캄보디아의 전쟁은 중화인민공화국의 최악의 우려를 확증해 주는 것 같았다. 다음 몇 달 동안 중국 지도자들은 대對베트남전쟁의 정당성을 주장하기 시작했다. 1979년 2월 12일 유엔 주재 베이징 대표 첸추[8)]는 베트남에 대한 불만 사항을 상세히 열거한 성명서를 중국의 베트남 대사관과 유엔 안보리에 전달했다. 야음을 틈타거나 짙은 안개에 몸을 숨기고 하노이 군대는 중국 국경을 넘어 침투해 지뢰와 도로 방책을 설치했으며, 변경 지역의 중국군 진지에 포격을 가했다. 베트남 부대는 일련의 "격렬한 도발 행위"를 통해 마을 사람과 국경 경비병, 주택을 공격하고 수십 명을 살해했다. "베트남 당국은 중국에 대한 군사적 도발을 멈춰야 한다"라고 첸추는 경고했다. "그렇지 않으면 그들은 향후 발생하는 모든 결과를 책임져야 할 것이다."[44] 하노이는 이에 대응하여 "흉계"와 베트남 침탈의 오랜 역사의 일부로서 중국군이 1974년부터 1977년 사이에 2000차례 이상 침입했다고 비난했다.

---

8) 陈楚(1917~1999). 중국의 외교관. 1973~1976년 일본 주재 중국 대사. 1977~1980년 유엔 주재 중국 상임 대표를 지냈다.

1978년과 1979년 첫 몇 달 동안 베이징의 도발이 극적으로 증가했다고 베트남 관리들은 성토했다. 이 습격은 일제 포격과 함께 수십 명의 베트남 사람들을 살해했다. 중국이 국경 지역에 대규모 병력을 집결하고 있다는 징후는 훨씬 더 큰 충돌이 곧 일어날 것임을 시사했다. 하노이는 "적대적인 속셈"과 "대국 팽창주의 야심"을 추구하면서 베이징이 "동남아시아와 전 세계의 평화와 안정"을 위태롭게 하고 있다고 경고했다.[45]

1979년 2월 17일 프놈펜이 함락되고 약 6주 후 중국인민해방군의 중포 수백 문이 국경 지역의 베트남군을 향해 맹렬하게 일제히 불을 뿜었다. 베이징의 신화통신이 공식 발표했다. "공격받지 않는 한 공격하지 않겠다는 것은 중국 정부와 인민의 일관된 입장이다. 공격을 받으면 확실히 우리는 반격을 가할 것이다. (…) 우리는 베트남 영토를 손톱만치도 원하지 않지만, 중국 영토를 타당한 이유 없이 침략당하는 것도 용납하지 않을 것이다." 전쟁을 개시하는 일제 사격이 있은 뒤, 8만 5000명의 중국군 병사들이 국경 지역의 26개 지점에서 떼를 지어 숲으로 뒤덮인 산을 넘어 베트남으로 진입했다. 한국에서 미군을 상대로 매우 성공적이었던 것으로 판명된 이 "인해 전술" 공격은 이제 변경 지역에 베트남이 구축한 터널과 방어 벙커의 미로에 걸려 피비린내 나는 아수라장으로 변하고 말았다. 은폐된 베트남군 기관총이 진격하는 중국군을 향해 불을 뿜는 가운데 그들은 지뢰밭을 건너다 발이 걸리고 부비 트랩에 목숨을 잃었다. 첫 습격에서 큰 피해를 입은 뒤 인민해방군 사령관들은 좀 더 체계적인 방법을 채택해 중기갑 차량 뒤에서 천천히 나아가며 성도 네 개를 장악했다. 2월 27

일, 중국군은 국경 지역의 마지막 성도인 랑선을 공격하기 시작했다. 한 주의 대부분 동안 인민해방군은 도시 전역에서 격렬한 시가전을 벌였다. 총성이 멈췄을 때, 성도의 대부분은 파괴되었고 시신들이 잔해 속에 흩어져 있었다. 베트남 방어군을 제압한 뒤 베이징은 폭파 특공대를 보내 파괴를 마무리했다. 인민해방군은 "베트남에 교훈을 가르치고", 국경을 따라 하노이의 방어 시설을 파괴하며, 베트남 병력을 캄보디아에서 축출하려는 노력의 일환으로 이 지역에서 학교·병원·정부 청사·교량을 무너뜨렸다.[46]

3월 6일, 베이징은 승리를 선언하고 철군을 시작했다. 하지만 중화인민공화국이 입은 피해(1만~2만 명이 사망했다)는 외관상의 승리와 맞지 않았다. 이전의 프랑스나 미국처럼 중국도 베트남에서 예상을 뛰어넘는 손실을 기록했다. 하노이 역시 승리를 선언했다. 하지만 수천 명의 사상자와 북부 지방의 황폐화가 이른바 이 승전에 그림자를 드리웠다. 결국 제3차 인도차이나 전쟁에서 승자는 없었다. 아마도 크메르 루주로부터 구조되었던 캄보디아 사람들을 제외하면 말이다.

전쟁은 수천 명의 사망자에 더하여 범아시아 공산주의 연대라는 마지막 겉치레도 파괴했다. 하노이와 베이징은 미국보다 서로를 더 두려워했다. 중국 지도자들은 소련의 야심도 걱정했다. 다음 달 베이징의 외교부장 황화[9]는 유엔 사무총장 쿠르트 발트하임[10]에게 세

9) 黃華(1913~2010). 중화인민공화국의 공산주의 혁명가, 정치인, 외교인. 1976~1982년에 중국의 외교부장을 지냈고, 1980년부터는 부총리도 겸임했다.

10) Kurt Josef Waldheim(1918~2007). 오스트리아의 정치가이자 외교관. 1972~1981년 유엔 사무총장, 1986~1992년 오스트리아의 대통령을 지냈다. 유엔 사무

계정세가 점점 더 긴박해졌다고 경고했다. 워싱턴은 "수세적 입장"을 채택한 "반면 소련은 (…) 공세적 자세를 취했습니다." 서방 지도자들은 순진하게 초강대국 간의 데탕트를 믿었으나, 모스크바는 힘을 확대했다. 소련은 "유럽을 누그러뜨리는 데 성공했습니다. (…) 이 초강대국은 측면에서 활동을 늘렸습니다." (소련과 동맹을 맺은) 쿠바군이 아프리카에서 싸우는 동안 크렘린은 "서아시아의 예멘, 아프가니스탄, 이란"에 눈독을 들였다. 더 나아가 모스크바는 하노이를 통해 인도차이나를 "소련 군사 기지"로 만들기를 바라면서 동남아시아를 동요시키려 애쓰고 있었다. 황화는 "베트남은 아시아의 쿠바이지만, 더 위험하다"라고 설명했다. 최근에 동남아시아에서 벌어진 싸움은 세계 각지에서 소련의 침략이 증가한 결과였다. 궁극적으로 크렘린은 페르시아만과 동남아시아로 밀고 들어가서 믈라카해협에서 이 두 공세를 연결시키기를 희망하고 있다고 황화는 경고했다.[47] 베이징이 모스크바를 자신의 이익을 해치는 가장 큰 위협으로 인식하고 있음은 더 이상 의심의 여지가 없었다. 이러한 변화는 냉전 세계에서 갈등의 동력을 근본적으로 바꿨다.

4월에 CIA 분석관은 혼란에 빠진 공산주의 세력을 다음과 같이 묘사했다. 보고서에서는 "베트남이 가장 큰 패배자다"라고 주장했다. "그들은 캄푸치아에서 침략자로, 인도차이나 전역에서 '패권주의

총장으로서 소극적이라는 평가를 받았으며, 중화인민공화국의 반대로 3선에 실패했다. 그 후 1986년 오스트리아 대통령 선거에 출마하여 당선되었으나 제2차 세계대전 시기에 나치 독일 육군 중위로 복무했다는 사실이 밝혀지면서 국제적인 논란을 낳았다.

자'로 받아들여지고 있다. (…) [대부분의 동남아시아 지역 국가는] 베트남을 개별 국가와 지역 전체의 안정을 해치는 주된 위협으로 [간주한다]." 하노이의 주요 지지자로서 소련 역시 위협을 가하는 국가였다. "소련은 아시아가 보기에 한편으로는 베트남에 긴밀하게 동조한다고, 다른 한편으로는 베트남 동맹국에 충분한 지원을 제공하지 못한다고 비판받고 있다." 게다가 "소련 '패권주의'에 대한 중국의 비난은 설득력이 있는 것처럼 보인다." 하노이와의 전쟁은 베이징에 얼마간의 이득을 주었다. 중국은 "종이호랑이"가 아님을 입증했고, 베트남을 상대로 무력을 사용할 용의가 있음을 스스로 보여주었다.[48]

소련, 중국, 베트남, 크메르 루주가 서로 핏대를 올리며 싸우고 있는 사이에 미국이 큰 승자로 등장했다. 베트남에서 치욕적인 패배를 당한 지 채 10년도 되지 않아 미국은 아시아에서 놀랍도록 강력한 지정학적 지위를 갖게 되었다.

동아시아에서 공산주의가 거뒀던 일련의 승리는 마침내 끝이 났다. 1965년부터 1979년 사이에 인도양 가장자리를 휩쓸었던 대량 폭력의 물결은 600만 명 이상을 죽였다.[49] 냉전 시대 중반 인도-아시아의 유혈 사태는 또한 지구적 공산주의 연대도 파괴했다. 이 시기에 폭력이 베이징과 모스크바의 균열을 악화했던 것처럼, 중소 분열은 바로 이 폭력의 대부분에 기름을 부었다. 크렘린에 대한 베이징의 적대감이 증대하고, 인도네시아에서 인도네시아 공산당이 학살당했으며, 중소 국경 충돌이 1969년에 발생하고, 중화인민공화국이 하노이를 통제할 수 없게 되자, 중국 지도자들은 워싱턴과 관계 회복을 모색할 수밖에 없다고 확신하게 되었다. 1971년 방글라데시 해방전쟁부터 1979년의 중국-베트남 전쟁에 이르는 동안 워싱턴과 베이징의 지도자들은 소련과 그 동맹국에 맞선 투쟁에서 불가능할 것 같은 제휴 관계를 형성했다. 인도네시아, 베트남, 방글라데시, 캄보디아의 전쟁은 공산주의 세계를 갈가리 찢어놓았고 제3세계 공산주의 프로젝트를 완전히 파괴했다.

새로운 세대의 혁명가들에게 세속적 급진주의는 매력의 상당 부분을 상실했다. 중국인, 캄보디아인, 베트남인들이 그들의 죽은 자들을 땅에 묻고 있는 사이에, 새로운 무리의 혁명 세력이 서쪽에서, 즉 이란고원 위에서, 메소포타미아 평원을 가로질러, 그리고 지중해 해안을 따라 등장했다. 냉전 시대의 세 번째 거대한 학살의 물결이 이미 시작되었다.

ASIA 1945-1990

The Cold War's Killing Fields

: Rethinking The Long Peace

제3부

냉전 말기의 대종파 반란

1975-1990

냉전 시대의 마지막 10년 동안에는 혁명전쟁의 경로가 동아시아와 동남아시아로부터 새로운 지역으로 두드러지게 이동했다. 모잠비크와 앙골라에서 포르투갈 제국이 붕괴하고, 크렘린이 소말리아와 에티오피아의 마르크스주의 정권에 상당한 재원을 투입하기로 결정하면서 1970년대 중반에 사하라사막 이남 아프리카에서 일련의 전쟁이 불붙었다. 1977년에 모스크바는 에티오피아의 마르크스주의 정부를 구하기 위해 대규모 군사작전을 개시하고, 아디스아바바에 약 10억 달러를 원조했다. 남쪽에서는 격렬한 내전 동안 미국과 중국이 지원하는 반란자들과 남아프리카 부대에 맞서 쿠바군이 앙골라 정부를 지원했다.[1] 대서양 너머에서는 미국이 중앙아메리카에서 벌어진 일련의 잔혹한 게릴라 전쟁에서 친서방 세력을 지지했다. 1970년대 말과 80년대 동안 미국 지도자들은 엘살바도르와 과테말라의 억압적인 우익 정권들을 후원했고, 니카라과에서는 마르크스주의 정권을 상대로 은밀한 게릴라 전쟁을 벌였다.[2] 이처럼 1980년대는 라틴아메리카와 아프리카에서 가장 유혈이 낭자했던 냉전의 10년이 되었다.

그러나 이 10년 동안에 벌어졌던 가장 큰 전쟁, 냉전 말기의 가장 중요하고 파괴적인 충돌은 중앙 이슬람 세계에서, 다툼이 치열한 서남아시아의 변경 지역을 따라 발발했던 갈등이다. 이 중동 지역의 전쟁터에서 두드러지게 나타날 인물인 아야톨라 호메이니, 사담 후세인,[1] 오사마 빈 라덴[2]은 포스트냉전 시대의 국제정치에 긴 그림자를 드리울 것이었다. 이 세 번째 충돌의 물결은 좌익 게릴라들이 친서방 정부와 싸우는 이전의 패러다임에서 벗어났다. 공산주의 혁명가들이 아니라 종교적·인종적 정치에 사로잡힌 새로운 유형의 급진주의자들이 선두를 차지했다. "동도 서도 아닌" 새로운 길을 개척한 이 다음 세대의 전사들은 워싱턴과 모스크바의 영향력을 모두 거부했다. 마르크스주의 교리는 이 전사들에게 거의 매력이 없었다. 세속적 혁명운동과 정부가 실패하자 많은 젊은 혁명가들이 더욱 긴밀한 인종적·종파적 소속을 찾는 쪽으로 향하게 되었다. 광포한 고대의 종교적 분노의 부활과는 거리가 먼 이 혁명적 열정의 다음 물결은 새로운 전쟁 정치를 형성했다. 거대한 종파적 반란인 이 물결은 기존의 인종적·종교적 정체성에 기대어 포스트식민주의 혁명의 새로운 비전을

---

1) Saddam Hussein(1937~2006). 이라크의 정치가. 1979~2003년에 이라크 대통령을 지냈다. 이라크 내 소수 종파인 수니파 출신으로, 세속적 범아랍주의와 아랍사회주의를 추구하는 바트당의 지도자였다. 2003년 미국이 유엔 안보리 결의 제1441호를 근거로 이라크전쟁을 개시한 후 3년 이상 은신했으나, 2006년에 체포되어 그해 12월 30일 사형이 집행되었다.

2) Osama bin Laden(1957~2011). 사우디아라비아에서 태어난 석유 재벌로, 이슬람 근본주의적 성향의 국제 테러리스트 조직 알카에다의 지도자였다. 2001년 9월 11일 뉴욕과 워싱턴 DC에서 약 3000명을 숨지게 한 9·11 테러의 배후로 간주되고 있다. 제로니모 작전을 통해서, 2011년 5월 1일(파키스탄 시간으로는 5월 2일)에 파키스탄의 아보타바드에서 미국 해군의 '데브그루'에 의해 사살된 것으로 보도되었다.

냉전 말기의 대종파 반란, 1975~1990

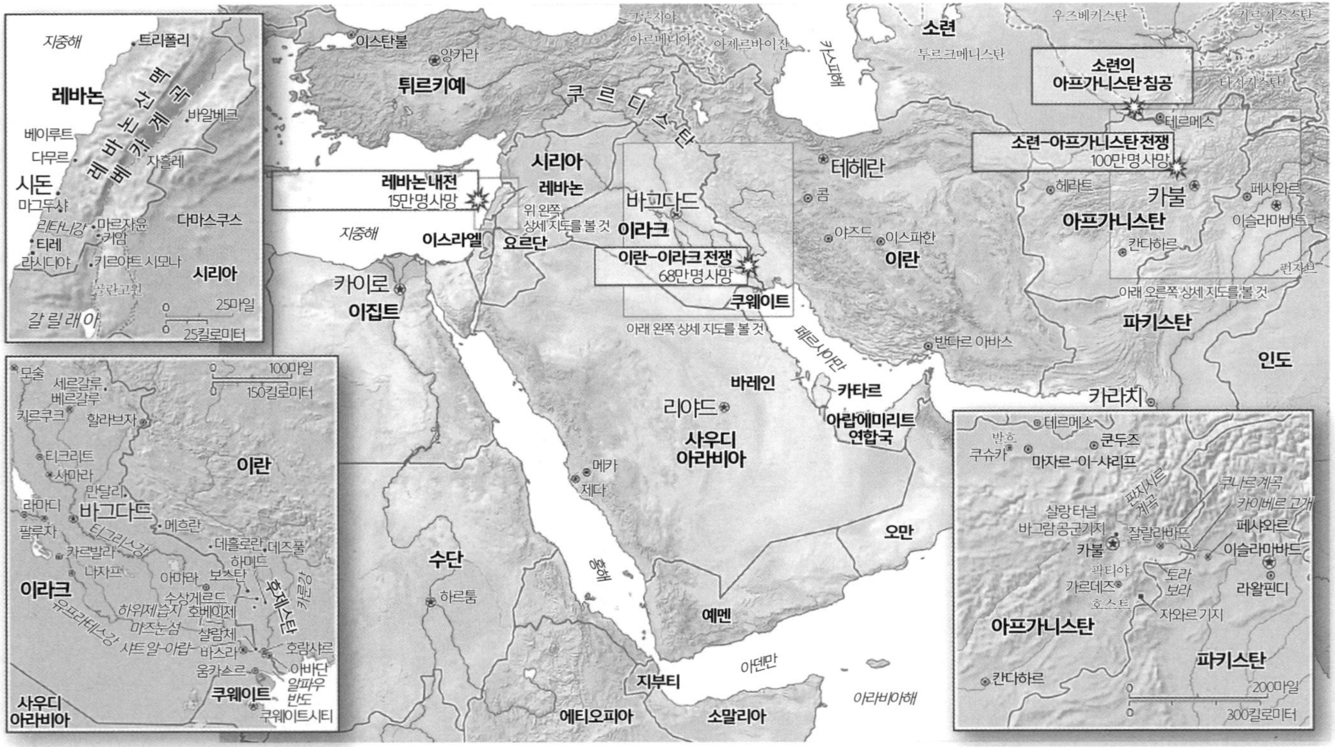

창출했다. 그리고 이전의 포스트식민주의 혁명가들처럼 이 새로운 세대는 단일하지 않았다. 냉전 말기의 종파 전사들은 외부 세력에 맞서서 싸우는 만큼이나 서로를 상대로도 싸웠다.[3]

세 가지 격렬한 충돌이 10년 내내 불타올랐다. 동아시아와 동남아시아가 1945년 이후 폭력의 첫 번째와 두 번째 물결의 핵심 무대였다면, 이제 중동이 냉전 시대의 마지막 주요 전장으로 등장했다. 1975년에 시작한 레바논 내전은 좀 더 광범한 변화의 전조 역할을 했다. 서로 경쟁하는 종파 민병대가 이 작은 공화국을 디스토피아적 전장으로 변모시키자 인접 국가들과 외부 열강이 개입을 단행했다. 레바논이 중동으로부터 혁명 정치의 새로운 세력이 대두했음을 암시했다면, 1979년의 이란 혁명은 가장 큰 나팔 소리였다. 세계가 지켜보는 가운데, 20세기보다는 15세기에 더 어울릴 것 같은 신정 혁명가들이 이 지역에서 가장 크고 가장 강력한 국가 중 하나에서 권력을 장악했다. 이 혁명의 충격파는 시아파 세계와 수니파 세계의 오랜 경계 지역을 따라 이란과 이라크 사이에 격렬한 전쟁을 촉발하는 데 일조했다. 그러나 이 시대의 가장 유혈이 낭자한 충돌은 인접한 아프가니스탄에서 발생했다. 소련은 아프가니스탄에서 이슬람 게릴라들과 싸우는 쇠약해진 마르크스주의 정권을 방어하기 위해 가장 큰 규모의 냉전 개입을 단행했다. 거의 10년 동안 아프가니스탄의 무자헤딘[3)]은

---

3) Mujahedin. 아랍어로 '성스러운 이슬람 전사'를 뜻하며 모자헤딘, 무자히딘이라고도 한다. 보통 이슬람 국가의 반정부 단체나 무장 게릴라 조직이 자기들을 지칭하는 말로 쓰인다. 1979년 소련이 아프가니스탄을 침공한 뒤 산악 지방을 근거지로 한 반정부 이슬람 저항 게릴라들의 활동이 두드러지면서 널리 알려졌다. 그

소련군에 맞서 목숨을 건 지하드를 수행했고, 이는 공산주의 대국을 무릎 꿇게 하는 데 일조했다. 이 세 충돌은 전체적으로 혁명적 폭력의 마르크스주의 패러다임으로부터 인종·종교적 충돌 유형으로 초점을 결정적으로 이동시켰다. 이 거대한 종파 반란은 세계정세에서 21세기 초의 충돌을 지배하게 될 새로운 혁명 정치의 대두를 암시했다.

워싱턴과 모스크바의 지도자들은 이러한 변화를 알아차렸으나 그 의미를 충분히 평가하지 않았다. 1981년에 CIA가 경고했듯이, 최근에 나타난 이슬람 민족주의 부흥 물결은 중동을 불안정하게 하고 이제 미국의 전략적 이익을 위협했다.[4] 그러나 백악관과 크렘린의 관리들은 그들의 냉전 사고방식에 여전히 머물러 있었다. 인종-종교적 전사들이 기존 정권들을 불안정하게 한다면 그들의 냉전 적들이 이득을 볼 것 같다고 미국과 소련 관리들은 우려했다. 미국 국가안보 자문관 브레진스키는 1978년 말에 다음과 같이 경고했다. "위기의 원호圓弧는 인도양의 해안을 따라 뻗어 있다. 우리에게 필수적으로 중요한 이 지역의 취약한 사회적·정치적 구조가 해체될 조짐이 보인다. 그 결과 이곳은 정치적 대혼란이 발생하면서 우리의 가치에 적대적이고 우리의 적들에 동정적인 요소들이 만연하게 될 것이다." 그러나 브레진스키는 이 새로운 행위자들의 힘을 과소평가했다. 국무부 관리 헨리 프레히트[4]는 훗날 이렇게 설명했다. "소련에 맞서 이슬람 세

후 1989년 소련이 철수할 때까지 10년간 미국·아프가니스탄·사우디아라비아 등의 지원을 받으면서 소련군에 대항했고, 소련군은 결국 3만 명의 희생자를 내고 철수할 수밖에 없었다.

4) Henry Precht(1932~2022). 미국의 외교관. 이란 혁명 동안 미 국무부 이란국

력을 이용할 수 있을 거라는 그런 구상이 있었다. 위기의 원호가 존재하고, 그러므로 소련을 봉쇄하기 위해 이슬람 원호를 동원할 수 있다는 이론이었다."[5] 이러한 이론적 설명은 백악관이 이란의 이슬람 혁명에서 비롯한 예기치 않은 결과에 고뇌하면서도 동시에 카터 행정부가 아프가니스탄의 이슬람 전사들을 위한 원조 프로그램을 수립하는, 역설적인 결정을 내리도록 내몰 것이었다.

종파의 부활은 워싱턴에서 문제를 일으켰지만, 딱딱하게 굳어버린 모스크바의 브레즈네프 정권에는 더욱 직접적인 위협을 나타냈다. 소련 지도자들은 이란과 아프가니스탄을 휩쓸고 있는 이슬람 급진주의 물결이 국경을 넘어 소련에 살고 있는 대규모 무슬림 주민들에게로 넘쳐흐를까 봐 걱정했다. 미국, 인도, 영국 관리들은 1979년 중반에 소련 지도자들이 이슬람 "바이러스가 소련의 무슬림 주민들에게 퍼질까 봐" 우려하고 있다고 추측했다. 이슬람 근본주의의 부활은 또한 카불의 신생 마르크스주의 정권도 위협했으며, 이들은 크렘린에 아프가니스탄 개입을 호소하기 시작했다. 소련 지도자들은 국경 지역의 공산주의 정권이 붕괴되는 사태를 보고 싶지 않았지만, 이 다루기 힘든 국가에 군사적 개입을 실행할 가능성을 걱정했다.[6] 결국 냉전의 우선적 필요 때문에 두 초강대국은 거대한 종파 반란에 대해 애초에 발상이 잘못된 대응을 하면서 난투극에 참가했다. 미국 지도자들은 이란 근본주의자들을 비난하면서 동시에 아프가니스탄 지하드주의자들에게 원조와 무기를 제공했다. 그사이 소련 지도자들은

책임자였다.

미국의 베트남전쟁과 놀랍도록 유사한 점들을 지닌 충돌 속으로 뛰어들었다. 포연이 걷혔을 때 거의 300만 명의 사람들이 죽어 있었고, 새로운 유형의 혁명적 폭력이 냉전의 잿더미로부터 대두했다.[7]

14

레바논 내전

1975~1978

"그래서 이스라엘은 왜 침공했는가?"

로버트 피스크

14

냉전 세계의 마지막 대량 폭력의 물결은 예상치 못한 곳에서 나타났다. 반짝거리는 지중해 해안가에 자리 잡은 베이루트는 중동의 파리로 불리곤 했다. 레바논의 수도는 1950년대와 60년대, 70년대 초에 중동에서 일종의 자유도시로 기능했다. 관용과 다양성이 용인되고 비교적 개방된 사회라고 찬양받은 레바논은 많은 외부인에게 제대로 기능하는 다종파 공화국의 모델로 보였다. 말하자면, 레바논은 분쟁 지역의 오아시스였다. 아마도 아랍 세계에서 가장 서구화된 도시였을 베이루트는 부유한 아랍인과 국외에 거주하는 유럽인들의 놀이터였다. 이들은 낮에는 화려한 부티크와 백사장을 자주 찾았고, 북적거리는 나이트클럽에서 새벽까지 춤을 췄다. 정권은 친서방적이었지만, 레바논 민주주의는 국경 내에 다양한 그룹이 활동하는 것을 허용해 주었다. 베이루트는 지식인, 정치 활동가, 피난민, 팔레스타인 게릴라 전사, 그리고 휴가 중인 부유한 아랍인들의 안식처였다. 도시는 또 미국, 소련, 이집트, 팔레스타인, 이스라엘 등 다양한 나라의 정보기관이 활동하는 핵심 무대이기도 했다.

많은 점에서 레바논은 냉전 시대에 개발도상국이 직면한 긴장을 구현했다. 유럽 제국주의로부터 태어난 이 나라는 역동적으로 변화하는 초강대국 투쟁과 아랍-이스라엘 충돌의 지역적 혼란, 그리고 아랍 세계의 혁명과 근대화의 힘에 여전히 시달리고 있었다.[1] 냉전의 전반기 내내 레바논은 미 해병대의 도움을 받아, 막강하게 무장한 더 큰 인접국, 이스라엘과 시리아 사이에 낀 중도 국가로서 살아남았다. 1958년에 워싱턴은 이 지역에 처음으로 군사적 개입을 단행했고, 미 해병대는 이 개입의 선봉에 서 있었다.[2] 레바논 내의 보수적 인사들이 유럽과 미국을 바라보았던 반면, 이 나라의 좌익 세력은 시리아·이집트·소련 같은 진보적 국가와 더욱 긴밀하게 제휴하고자 했다. 그사이 베이루트는 국제 자본이 넘쳐나고 문화, 통신, 교통의 지구적 네트워크와 연결된 현대적인 메트로폴리스로 성장했다. 이 국제적인 중심지 바깥의 레바논 농촌 지역은 여전히 가난했고, 주민들은 매우 종교적이었다. 그리하여 레바논은 냉전 시대의 많은 제3세계 국가에서 발견되는 국제적 요소와 지역적 요소, 근대적 요소와 전통적 요소, 자본주의적 요소와 사회주의적 요소, 세속적 요소와 종교적 요소 사이에서 찢겨 있었다. 따라서 종파주의와 집단 폭력의 원심력이 이 작은 공화국을 엄습하리라는 것은 비극적이긴 하지만 어쩌면 당연했을 것이다. 냉전의 이념적 지주가 인종적·종교적 충돌의 부활로 대체되면서 레바논은 15년 동안 내전 상태에 빠졌다.

1975년부터 레바논의 기독교도, 무슬림, 경쟁하는 군사 지도자, 팔레스타인 게릴라 전사들 사이의 종파적 긴장이 베이루트 중심부를 (레바논의 나머지 지역 대부분과 함께) 전쟁 지역으로 바꿔놓았다. 1980년대 초에 '그린 라인Green Line'으로 알려진, 제멋대로 자란 초목과 불타버린 건물로 뒤덮인 텅 빈 거리의 무인 지대가 '무슬림 서베이루트'와 '기독교 동베이루트'를 분리했다. 서로 싸우는 민병대들의 저격수들이 경계선을 따라 버려진 고층 건물에 자리를 잡고서는, 트랜지스터라디오를 듣고 프랑스산 담배를 피우며 반대편의 적들과 산발적으로 총격을 주고받았다. 남쪽에서는 '팔레스타인해방기구' 전사들이 서베이루트의 파하니 지구에 있는 피난민 캠프를 탱크와 대포를 갖추고 수천 명의 잘 무장된 게릴라들이 지키는 사실상의 요새로 변모시켰다. 함라 거리(한때 중동에서 가장 화려한 고급 쇼핑가였다)의 상점들은 철제 셔터로 보호되었고, 무장한 사람들이 신발·티셔츠·냉동닭·깡통 과일 주스를 파는 허름한 가판대 사이를 북적거리며 이 지역을 이리저리 돌아다녔다.[3]

레바논 내전은 새로운 무리의 혁명 세력이 냉전 패러다임을 무색하게 만들면서, 1980년대와 90년대 그리고 2000년대에 점차 일반적으로 되어 간 새로운 유형의 충돌을 나타내는 전조 역할을 했다. 마르크스주의와 자유자본주의 사이의 충돌이 아니라 인종 간의 다툼, 부족 정치, 종교 분쟁이 부채질한 이 새로운 전쟁은 반란자, 준군사조직원, 국제 평화유지군, 게릴라, 재래식 군대가 싸운 저강도 충돌이었다. 레바논의 전쟁은 또 허약하고 쇠약해진 국가들로 가득 찬 포스트식민주의 세계의 유령을 불러냈다. 레바논의 경우는 유럽 제국주의 아래에서 만들어진 민간-행정 구조가 국내외의 압력이 증가하면서 무정부 상태로 붕괴될 수도 있음을 보여주었다. 이 쇠약한 국가들은 새로운 종류의 끔찍한 전쟁을 위한 온상이 될 터였다. 레바논과 특히 수도 베이루트는 민간인들이 목표물이 되고 도시가 전쟁터인 포스트냉전 질서의 인종-종교 전쟁의 디스토피아적 비전을 제시했다.

중동의 스위스

미국의 오랜 동맹국인 레바논은 1970년대 초에 중동의 스위스로 알려졌다. 레바논은 열린 정치 시스템과 금융 시스템을 가진 문화적으로 다양한 사회, 지역 은행의 본거지, 냉전 중동에서 관광객과 미 국무부 외무국 직원들의 안식처였다. 그러나 이 반짝거리는 외관 뒤에는 레바논 사회의 깊은 긴장이 숨겨져 있었다. 레바논은 20세기 초기에 프랑스 제국 당국이 대충 꿰맞춰 놓은 나라였다. 프랑스는 레바논산맥 지역(수세기 동안 마론파 기독교도[1]와 드루즈파[2] 이슬람교도 같은 소수집단의 피난처였다)을 기본적으로 무슬림 연안 도시들인 베이루트, 시돈, 티레, 트리폴리와 연결했다. 제국 당국은 레바논산맥의 친프랑스 마론파에게 관리될 생존 가능한 국가를 수립하려는 노력의 일환으로 시리아 지향의 무슬림이 다수 주민인 비옥한 땅 덩어리, 베카 계곡도 덧붙였다. 최종 결과, 1943년 '국민협약'에 의해 통치되는

---

1) Maronite Christians. 주로 레바논에 거주하며 동방 의식을 채용하고 있는 로마 가톨릭교회의 일파.

2) Druze. 11세기에 함자 빈 알리 빈 아흐마드와 알하킴 비아므르 알라가 창시했으며, 《지혜의 서간》을 경전으로 한다. 이슬람의 시아파, 그중에서 이스마일파에서 분파했으며 예언자 무함마드의 자리를 11세기 파티마 왕조의 칼리파 알하킴 비아므르 알라가 계승했다고 믿는다. 이슬람교와는 별개의 종교로 취급되기도 한다. 이 종교를 믿는 아랍인을 드루즈인이라고 하는데, 시리아에 65만 명, 레바논에 22만 명, 이스라엘에 14만 명, 요르단에 3만 명 등 전 세계에 총 130만 명 정도를 헤아린다.

종파 국가[3]가 창설되었다. 국민협약은 비율에 따라 여러 종교 공동체가 권력을 나눠 갖는 합의였다.

1932년 총인구조사에 기반을 둔 이 협약은 의회 대의代議 정도를 다섯 명의 무슬림 장관마다 여섯 명의 기독교도 장관의 비율로 고정하고 대통령직은 마론파 기독교도, 총리직은 수니파 무슬림, 국민의회 의장직은 시아파 무슬림, 의회 부의장직은 그리스정교도, 참모총장직은 드루즈파가 차지하도록 보장했다. 실제로는 이 협정으로 레바논의 정치 시스템이 기독교도 주민들에 의해 확실히 지배되는 결과를 가져왔다. 이 지배는 앞으로 수십 년 동안 더 많은 정치권력의 지분을 얻고자 하는 무슬림 집단들의 도전을 받을 터였다.

1958년에 레바논에서 내전이 발발했고, 미국은 중동 지역에 처음 군사적으로 개입하기 시작했다. 미국의 개입은 레바논 정치 시스템의 생존을 보장했으나, 레바논에 여전히 남아 있던 깊은 긴장 문제는 전혀 건드리지 않았다. 레바논의 비기독교 소수 주민들은 1930년대 기독교도들의 과반수 상태가 무슬림의 더 높은 출생률로 무색해졌음을 보여줄 새로운 인구조사와, 레바논 정치에서 무슬림 대의 비율의 확대를 허용할 국민협약의 수정을 계속 요구했다. 그러나 레바논의 기독교도들은 현 상태를 변화시키려는 어떤 시도에도 저항했다.

이러한 긴장에도 불구하고 레바논은 냉전 초기에 번창했다. 이는 일부 사람들이 '레바논 역설'이라고 부르는 것이었다. 깊이 분열된 사회는 중동에서 가장 번영한 나라 중 하나이기도 했다. 그것은 충돌

---

3) confessional state. 특정 종교를 공식적으로 인정하고 실행하는 국가.

의 온상이자 권위주의적 통치자들의 성채로 재빨리 명성을 얻어가던 지역에서 국제적인 다종파 공화국의 훌륭한 본보기였다. 지중해 지역의 노두露頭에 자리 잡은 "아랍 세계의 놀이터" 베이루트는 은행들이 이 지역 너머에서 자금을 유인해 오고 해변과 부티크들이 관광객을 끌어오면서 옛 프랑스 지구를 넘어 성장했다. 그러나 성장은 어두운 면도 지녔다. 농촌 주민들이 수도로 몰려오면서 도시 외곽에 '빈곤 벨트'를 만들어냈다. 빈곤 벨트는 근교로 흡수된 작은 마을들은 물론이고, 1948년 아랍-이스라엘 전쟁[4)] 이후 레바논으로 쏟아져 들어온 수천 명의 팔레스타인 피난민들에게 숙소를 제공하기 위해 만들어진 탈 알자타르, 사브라, 샤틸라, 부르즈 알바라즈네흐 팔레스타인 피난민 캠프들도 포함했다. 1970년대 초에 베이루트 주민의 40퍼센트는 이 벨트 안에 거주했다. 이들은 형편없는 위생 시설과 불충분한 급수 시설, 그리고 훔친 전기로 생활하며 과밀 지역에 떼 지어 모여 살았다. 점점 더 극단적으로 되어 가는 좌익과 우익 정당들의 정치 메시지는 바로 이 도시 근교의 활력 없는 지역에 사는 사람들 사이에서 인기를 끌었다.[4]

1960년대 말과 70년대 초, 이 일촉즉발의 혼합 상태에 야세르 아라파트의 팔레스타인해방기구가 이끄는 팔레스타인 전사들의 존재

---

4) 1948 Arab-Israeli War. 이스라엘과 아랍 국가 간의 전쟁으로 팔레스타인의 통치권을 두고 벌어졌다. 1947~1949년 팔레스타인 전쟁의 두 번째 국면이다. 전쟁의 결과 이스라엘은 유대인 지구 전체와 아랍인 지구의 60퍼센트를 점령했다. 나머지 지역은 요르단이 요르단강 서안 지구를 병합하고, 이집트 왕국이 가자 지구를 정복했다.

가 더해졌다. 1967년 아랍-이스라엘 전쟁[5]의 여파 속에 활기를 띠게 된 팔레스타인 게릴라들은 요르단, 시리아, 레바논에서 활동적으로 되었다. 1970년 9월 암만의 하심가[6] 정권은 게릴라들을 엄중 단속하여 요르단에서 축출하고, 레바논을 팔레스타인해방기구의 대對이스라엘 작전의 주요 무대로 남겨놓았다. 이제 베이루트에 본부를 둔 팔레스타인해방기구는 레바논을 팔레스타인 게릴라들의 힘을 분쇄하는 데 여념이 없는 이스라엘군의 조준 십자선 안으로 확고히 집어넣었다. 그곳에서 레바논 정부의 권위를 약화하는 팔레스타인 공격과 이스라엘 보복의 악순환이 시작되었다. 또한 베이루트, 이스라엘, 미국 사이에 긴장이 더욱 고조되었고, 레바논인들의 사망자 수가 계속 증가했다. 그사이 레바논 안에서는 대체로 수니파인 팔레스타인해방

5) 1967 Arab-Israeli War. 1967년에 아랍연맹과 이스라엘 사이에 벌어진 제3차 중동전쟁을 가리킨다. 6월 5일부터 6월 10일까지 단 6일 동안 진행되었기 때문에 6일 전쟁이라고도 한다. 수에즈 전쟁 이후 중동 분쟁은 1964년 5월 팔레스타인해방기구가 결성되어 아랍 국가들이 그 대표권을 승인함으로써 새로운 양상으로 확대되었다. 팔레스타인해방기구는 그 헌장에서 이스라엘 말살과 팔레스타인 국가 건국을 규정하고 이집트와 시리아 등 아랍 국가의 지원 아래 알파타(Al-Fatah)와 팔레스타인 해방군(PLA) 등의 무장 조직을 동원하여 이스라엘에 대한 무차별 테러 공격을 감행했다. 이에 1967년 6월 5일 이스라엘은 항공기에 의한 공중 기습 공격과 시나이반도에 대한 대공세를 전개해 개전 4일 만에 시나이반도, 요르단강 서안 지구, 골란고원 등을 점령했다. 6월 6일 유엔 안보리의 정전 결의안을 양측이 수락함으로써 6월 10일에 전쟁이 중지되었다.

6) Hashemites. 1921년부터 요르단을 통치해온 하심 왕가를 일컫는다. 요르단 국가의 정식 명칭은 요르단 하심 왕국이다. 하심 왕가는 헤자즈 왕국(1916~1925), 시리아 왕국(1920), 이라크 왕국(1921~1958)을 다스리기도 했다.

기구가 레바논의 비기독교 다수 주민의 정치적 힘을 증대시켰다. 팔레스타인해방기구 내에서 가장 크고 영향력 있는 게릴라 집단인 아라파트의 파타[7]는 조직의 거점인 아랍 국가들의 내정으로부터 거리를 두려고 했지만, '팔레스타인 해방인민전선'[8] 같은 다른 그룹들은 아랍 세계에서 더욱 광범한 혁명을 요구했고 좀 더 온건한 정권들의 권위에 도전하고자 했다. 그와 같은 행동의 결과 1970년에 팔레스타인 게릴라들이 요르단에서 축출당했다. 이제 많은 관찰자가 레바논에서 이와 유사한 엄중 단속을 요구했다.[5]

이처럼 압박이 거세지면 보수적인 레바논 지도자들이 게릴라들의 활동을 실제로 제한하려 들까 봐 아라파트의 팔레스타인해방기구는 드루즈파 우두머리 카말 푸아드 줌블라트[9]가 이끄는 좌익 '레바논 국민운동'[10]과 제휴하는 쪽으로 움직이기 시작했다. 레바논 정치

7) Fatah. 1965년에 창설된 '팔레스타인 민족해방운동'을 일컫는다. 파타는 팔레스타인 민족해방운동이라는 뜻의 아랍어(Harakat al-Tahrir al-Filistiniya) 머리글자를 거꾸로 읽은 것이다. 팔레스타인의 민족주의적 사회민주주의 정당으로서 팔레스타인해방기구의 가장 큰 정파다.

8) Popular Front for the Liberation of Palestine, PFLP. 팔레스타인의 마르크스·레닌주의 정당이자 혁명적 사회주의 단체로 1967년 주르지 하바시가 설립했다. 팔레스타인해방기구를 형성하는 파타 다음의 두 번째로 큰 규모의 그룹이다.

9) Kamal Fouad Jumblatt(1917~1977). 레바논의 정치가. 1949년 진보사회당을 창당하여 1977년 암살당할 때까지 당수를 맡았다. 팔레스타인해방기구의 주요 동맹자였다.

10) Lebanese National Movement(Al-Harakat al-ataniyya al-Lubnaniyya, LNM). 레바논의 범아랍 좌익 정치 블록. 1969년 창설되어 레바논 내전 초기에 적극적으로 활동했으며, 팔레스타인해방기구를 지지했다. 레바논 '진보사회당'의 저명한 드루

의 터줏대감인 줌블라트는 레바논의 종파 대의제 시스템을 개정하려 노력하는 강경 주창자였다. 줌블라트는 좌익 아랍 민족주의 정치 메시지를 내놓은 것에 더해, 팔레스타인 게릴라들에 대한 지지를 확대할 것을 촉구하는 레바논인이었다. 팔레스타인 해방인민전선을 지원하고 팔레스타인해방기구와 좋은 관계를 맺으면서, 줌블라트와 그의 동맹자들은 1970년대 초에 레바논 정치의 주요 세력으로 떠올랐다. 1969년 줌블라트는 레바논에서 결성된 몇몇 우익 기독교 민병대의 대항 세력으로 레바논 국민운동을 창설했다.[6]

레바논 국민운동과 팔레스타인해방기구의 진보적·혁명적 정치에 맞서 싸운 쪽은 레바논의 보수적인 기독교 공동체 세력이었다. 가장 저명한 그룹은 1930년대에 피에르 제마엘[11)]이 준파시즘 단체로 창설한 팔랑헤당이었다. 레바논산맥의 저명한 마론파 가문에서 태어난 제마엘은 팔랑헤주의[12)]자들을 레바논에서 고도로 조직된 강력한 기독교 이익의 방어자이자 팔레스타인해방기구의 주요 적수 중 하나로

즈파 지도자인 카말 줌블라트가 이끌었다.

11) Pierre Gemayel(1905~1984). Jmayyel, Jemayyel, al-Jumayyil이라고도 한다. 레바논의 정치 지도자. 마론파 가톨릭교도로서 레바논의 기독교 정당인 팔랑헤당(카타이브당으로도 알려져 있다)을 창설했다. 1960~1984년에 레바논 국민의회 의원을 지냈다.

12) Phalangism. Falangism으로도 표기한다. 에스파냐의 '국민생디칼리슴 공세평의회 에스파냐 팔랑헤', 통칭 '팔랑헤당'의 이념이다. 다른 나라로도 수출되어 다양한 파생물이 만들어졌다. 원조 팔랑헤주의는 대체로 파시즘의 일종으로 이해된다. 그러나 프랑코 정권이 안정화에 접어들면서 에스파냐의 원조 팔랑헤당은 혁명적·반자본주의적 색채가 퇴조하고 보수주의적 권위주의 정당이 되었다.

만들었다. 중무장한 제마엘의 팔랑헤당은 레바논에서 기독교 지배를 유지하기 위해 싸우며, 내전에서 주요 전투 세력 중 하나가 될 터였다. 팔랑헤당과 제휴한 세력은 카밀 샤문[13]의 '국민자유당'과 그 무장 조직인 '호랑이들Tigers'이었다. 레바논 공화국의 친서방 전직 대통령인 샤문은 레바논에서 1958년 내전을 촉발하는 데 일조했고, 바로 그해에 국가를 유지하기 위해 미국에 군사 개입을 요청했다.[7]

1975년 내전에 이르기까지 레바논에서는 서로 다투는 일련의 민병대들이 등장했는데, 각 민병대는 종교·인종 공동체의 정파들을 대표했다. 레바논 국민운동과 팔레스타인해방기구는 기독교 지배의 현 상태를 뒤집으려 했던 반면, 팔랑헤당과 국민자유당은 현 상태를 유지하기 위해 싸웠다. 이 민병대들은 지역적·전국적 수준에서 정치 지도부와 광범하게 연계를 맺은 종파 군사 지도자들의 통제를 받고, 실업계가 자금을 대며 깡패들이 보호를 제공하는 일종의 레바논 마피아로 성장했다. 국가 보안군은 질서를 유지하려고 애를 썼지만, 전반적으로 레바논에서 활동하는 준군사 조직들보다 병력과 화력에서 열세였다. 종파 선을 따라 레바논 군대가 분열되어 있는 사정은 문제를 더욱 악화시켰다. 기독교 병사들에게 팔랑헤당을 상대로 행동하도록 강제하거나 무슬림 병사들에게 팔레스타인해방기구나 레바논 국민운동에 맞서 뭔가 조치를 취하게끔 강제하는 것은 군대 내에서 더 큰 반란을 야기할 위험부담이 있었다. 1970년대 중반 레바논 사

13) Camille Nimr Chamoun(1900~1987). 레바논의 정치인. 1952~1958년에 레바논 제2대 대통령을 지냈다. 레바논 내전 동안 레바논의 주요 기독교 지도자였다.

회는 내전이 발발하기 직전이었다.

이처럼 레바논 사회는 혼돈의 소용돌이에 빠져들었지만, 그렇다고 혼란이 불가피했던 것은 아니었다. 사실 1975년은 이 지역에 평화를 이루기 좋은 해 같았다. 1973년의 아랍-이스라엘 전쟁[14]은 이 지역의 매우 오랜 갈등을 포괄적으로 해결하기 위한 국제적 노력을 재개하도록 자극했다. 갈등의 두 주요 교전국인 이집트와 이스라엘은 화해를 하는 쪽으로 나아가는 것처럼 보였고, 1970년부터 이집트의 대통령직을 수행하던 무함마드 안와르 엘사다트[15]는 아랍 세계에서 가장 큰 나라를 소련과의 제휴를 그만두고 미국 쪽으로 향하게 하는 중이

---

14) 1973 Arab-Israeli War. 1973년에 벌어진 제4차 중동전쟁을 일컫는다. 욤 키푸르 전쟁, 라마단 전쟁, 10월 전쟁이라고도 한다. 1973년 10월 6일부터 10월 25일까지 이스라엘과 아랍 연합군(이집트와 시리아가 주축) 사이에 벌어졌다. 전쟁은 욤 키푸르(유대교의 속죄일) 때 이집트군과 시리아군이 이스라엘 점령 지역인 시나이 반도와 골란고원을 기습하면서 시작되었다. 처음에는 아랍 측이 우세했으나 곧 이스라엘의 반격으로 이집트와 시리아의 수도가 위협받는 상황에 이르게 되었다. 이에 미국과 소련의 중재로 10월 22일 정전이 선언되었고, 사흘 후인 10월 25일 전투는 완전히 중지되었다.

15) Muhammad Anwar el-Sadat(1918~1981). 이집트의 정치가. 이집트 제3대 대통령(재임 1970~1981)을 지냈다. 1970년 9월에 나세르가 갑자기 사망하면서 후임으로 대통령이 된 뒤 국내적으로는 이집트 정권의 독재적인 성격을 완화했고, 대외적으로는 욤 키푸르 전쟁을 이끌어 아랍의 위상을 높이고자 했다. 1976년 소련과의 우호 조약을 깨고 외교 노선을 미국 쪽으로 돌렸으며, 1977년 이집트의 국가수반으로는 처음으로 이스라엘을 방문하여 아랍과 이스라엘 사이의 평화 노선을 열기 시작했다. 1978년에는 캠프 데이비드 협정에 조인하여 이스라엘로부터 시나이반도를 돌려받고, 1979년에는 이스라엘과 평화협정을 맺었다. 1981년 10월 소련의 사주를 받은 급진적 이슬람 원리주의자에게 암살당했다.

었다. 실제로 1975년은 미국-중동 관계에서 획기적인 해가 될 것이었다. 격변의 새로운 시대가 시작하면서 이와 동시에 워싱턴의 영향력이 우세해지고, 미국의 우위에 도전하는 새로운 세력들이 등장할 터였다. 이 새로운 도전의 첫 징후는 1975년 레바논의 해체와 함께 찾아올 것이었다.

제3세계 공산주의의 죽음

레바논에서 발생한 종파 폭력은 전 세계의 관찰자들을 당혹스럽게 했다. 부유한 근대 국가 내부의 서로 다투는 종교 공동체들이 잔혹한 내전으로 치달을 수 있다는 사실이 일반적인 냉전 논리를 엄습했다. 많은 사람이 20세기 말의 전쟁은 종교적 신념이 아니라 정치적 이념을 둘러싸고 벌어진다고 생각했다. 그리고 1975년은 세속 혁명가들에게 매우 성공적인 한 해였어야 했다. 팔레스타인 해방의 대의를 지지한 전 세계의 진보 세력은 세속적인 팔레스타인해방기구의 지도자 야세르 아라파트가 1974년 말에 우레 같은 박수 속에 유엔 총회의 연단에서 의기양양하게 연설했던 사실에 흐뭇해하며 그해를 시작했다. 1975년 1월 북베트남군이 군사행동을 개시해 4월에 사이공을 함락하면서 최종 승리를 거뒀다. 같은 4월에 캄보디아 공산주의자들이 프놈펜을 장악하고 새로운 사회주의국가인 민주캄푸치아를 창건했다. 6월과 11월에는 모잠비크와 앙골라가 포르투갈로부터 독립하면서 포르투갈 제국의 관에 마지막 못질을 하고 약 500년을 지속했던 유럽 제국주의 시대를 끝냈다. 그리하여 1975년은 제3

세계를 휩쓴 세속적 좌익 세력의 운동이 최고조에 이른 해였다. 그러나 혁명가들이 축배를 들고 있던 바로 그 순간에 중동과 중앙아시아에서 벌어진 사건들은 그런 혁명의 물결이 퇴조하기 시작했음을 암시했다.

1975년부터 1979년 사이에 포스트식민주의 세계의 세속 혁명가들은 수많은 행위자가 그들에 반대해 행동하면서 일련의 엄청난 타격을 받았다. 냉전의 지정학적 변화, 점점 더 험악해져 가는 중소 분열, 새로운 종교적 혁명가들의 등장은 잇단 좌익 승리를 늦추고 개발 도상 세계에서 인종적·종교적 충돌의 부활로 가는 문을 열었다. 1970년대 말에 좌익 세력은 공세에 시달렸고, 그들이 창조하려 했던 세계는 혼란에 빠졌다.

모스크바와 베이징 사이에 커져가던 균열보다 더 파괴적인 힘은 없었다. 1970년대 중반에 개발 도상 세계에서는 이 분열이 느껴지고 있었다. 소련 지도자와 중국 지도자가 서로를 향해 욕설을 해대고 그들의 군대가 우수리강을 따라 국경을 순찰하는 동안, 제3세계의 좌익 정당들은 두 공산주의 강대국 사이에서 선택을 해야 했다. 그사이 중국은 문화대혁명의 심연을 빠져나왔다. 1976년 마오쩌둥이 사망하자 베이징에서 덩샤오핑이 이끄는 새로운 간부단이 권좌에 올랐다. 덩샤오핑은 집권한 뒤 중화인민공화국의 금융 시스템을 명목상 공산주의 정부의 통제를 받는 사실상의 시장경제로 변모시키는 포괄적인 개혁 운동을 시작했다. 이 변화는 베이징이 모스크바에 적대적인 태도를 취하고 워싱턴 쪽으로 경도하는 사태와 맞물리면서 세계의 좌익 세력에 충격을 가했다.

1970년대의 두 번째 거대한 이반離反은 카이로에서 왔다. 가말 압델 나세르 치하에서 이집트는 아랍 혁명의 깃발을 높이 들고 개발 도상 세계에 대대적인 소련의 군사 전개를 유치했다. 그러나 1967년 이스라엘과의 전쟁에서 이집트가 무참하게 패배한 뒤 야세르 아라파트와 팔레스타인해방기구가 새로운 진두 세력으로 등장했다. 나세르의 후임인 안와르 엘사다트는 아랍-이스라엘 충돌과 냉전의 경로를 바꾸기로 작정했다. 1973년 10월에 점령당한 시나이반도에 주둔 중인 이스라엘군을 기습 공격한 뒤, 사다트는 아랍-이스라엘 평화 프로세스에서 새로운 협상을 시작할 수 있었다. 1975년, 사다트는 '시나이 잠정 협정'에 서명했다. 이 협정으로 이집트, 미국, 이스라엘이 사실상의 전략적 동맹을 맺는 대가로 시나이반도는 다시 이집트가 실질적으로 통제하게 되었다. 결국 사다트는 냉전에서 진영을 바꾼 셈이었고, 그럼으로써 좌익 혁명의 지구적 대의에 또 한 차례 큰 충격을 가했다.

한편 지구적 마르크스주의 프로젝트의 연대에 대해 남아 있던 어떤 불확실성도 제3세계에서 가장 이름 높은 두 혁명 국가인 중국과 베트남이 '하노이의 캄보디아 침공' 이후 서로 전쟁에 돌입했던 1979년에 완전히 사라졌다. 20세기의 4대 공산주의 혁명 국가인 소련, 중국, 베트남, 캄보디아가 동족상잔의 전쟁을 벌였다. 1965년의 인도네시아 공산당 학살과 캄보디아 제노사이드는 개발 도상 세계의 마르크스주의 혁명 전사들에게 크나큰 충격을 안겼다. 이 인도-아시아의 유혈극이 모두 아우러져 국제 공산주의 연대의 꿈에 찬물을 끼얹었고, 미래의 혁명가들에게 새로운 영감의 원천을 찾게 했다. 냉전 말기에 레바논, 이라크, 이란, 아프가니스탄의 전쟁터로 달려간 수많은 전사는 사회주의혁명이 아니라 종교적 부흥의 기치 아래 싸웠다. 냉전의 마지막 10년 동안 새로운 인종·종교적 급진주의가 제3세계 공산주의 프로젝트의 잿더미로부터 고개를 들 것이었다. 레바논의 전쟁은 이러한 변화의 전조였다.

전쟁이 시작되다

레바논을 공개적인 충돌로 밀어넣은 충격이 가해진 것은 1975년 4월 13일 피에르 제마엘이 베이루트 남동부의 기독교도가 우세한 아인알룸마네흐 근교에 세워진 새 교회의 축성식에 참석했을 때였다. 팔레스타인 게릴라 집단인 '팔레스타인 해방민주전선'[16] 소속의 무장대원 여섯 명을 태운 차량 한 대가 지나가면서 제마엘 경호원들의 우회 요구를 거부했다. 누가 먼저 총을 발사했는지는 분명하지 않으나 팔레스타인 사람 한 명과 팔랑헤당원 세 명이 죽었다. 얼마 후 제마엘의 사람들이 축성식이 끝난 후 버스 한 대를 타고 집으로 돌아가던 팔레스타인 게릴라들을 매복 기습해 27명을 죽였다. 이 충격 사건에 자극받아 민병대는 이전 몇 년 동안 비축해 둔 무기를 풀었고, 도시의 몇몇 지구에서 팔레스타인인들과 팔랑헤당원들 사이에 시가

16) Democratic Front for the Liberation of Palestine, DFLP. 1968년 나예프 하와트메흐가 창설한 팔레스타인의 마르크스·레닌주의 단체. 팔레스타인 민족해방기구의 일원이다.

전이 벌어졌다. 이튿날 상인들이 철시한 가운데 민병대는 도시의 기독교도 지구와 팔레스타인인 지구에 대한 접근로를 통제하기 위해 서둘러 바리케이드를 쌓았다. 시가전이 확대되자 레바논 당국은 제마엘에게 팔레스타인인 공격에 책임 있는 팔랑헤당원들을 넘겨줄 것을 요구했다. 전투는 곧 수도 북부와 남부의 도시들인 트리폴리, 시돈, 티레로 확산되었다.[8]

산발적인 전투가 1975년 여름까지 계속되면서 6월 말까지 약 800명이 죽었다. 당국은 베이루트 시민들에게 거리가 위험하니 집 안에 있으라고 권고했다. 마스크로 얼굴을 가린 무장 대원들이 도시로 들어가는 주요 도로를 막은 바리케이드를 지켰다. 도시 곳곳에 생겨난 많은 노상 검문소는 거리를 돌아다닐 만큼 용감한 사람들을 수색하고 여권을 확인했다. 저격수들이 베이루트 주변의 옥상을 순찰했고, 무장대원들을 실은 차량이 거리를 내달렸다.[9] 7월에 서둘러 휴전이 성립되어 총성이 멈췄으나 근본적인 긴장은 전혀 해소되지 않았다. 9월에 폭력 사태가 재개되었다. 주도인 자흘레의 주민들은 매일 아침 일어날 때마다 도시 외곽의 골목길, 과수원, 들판에서 그중 많은 이들이 두 손이 결박된 채 살해당한 새 시신들을 발견했다. 총격전, 약탈, 폭탄 공격, 보복 살해, 납치가 일상이 되었다. 북부 항만도시인 트리폴리에서는 교통사고에 촉발된 폭력으로 9월 첫 주에 31명이 목숨을 잃었다. 트리폴리로 들어오는 수송관이 폭탄 공격으로 파괴되면서 수도와 전기가 끊겼다.[10] 사망자가 증가하는 가운데 이런 패턴의 주기적인 폭력이 한데 모여 많은 사람이 내전이라고 인정하는 전란으로 발전했다. 다음 몇 주 뒤 수도에서 격렬한 전투가 재개되었다.

10월 말에 베이루트의 활기찬 시내 중심부에서 전쟁의 가장 상징적인 전투 중 하나가 시작되었다. 10월 24일, 세속적 범아랍 알무라비툰[17] 민병대 대원들이 기독교도 지구를 한 눈에 내려다볼 수 있는 27층 건물 리즈크 타워에 진입했다. 내부에 들어가자마자 무장 대원들은 아슈라피에흐 마론파 구역을 위협할 수 있는 저격수 진지와 로켓 진지를 설치했다. 이에 대응해 팔랑헤당 병사들은 베이루트에서 가장 큰 시내 호텔인 홀리데이인, 세인트 조지, 페니키아 세 곳을 점거했다. 다음 2주 동안 양측은 고층 빌딩에서 서로 총을 쏘았다. 화려한 서구식 호텔로 설계된 건물들은 유서 깊은 도시인 베이루트를 장악하기 위한 격렬한 전투에서 요새 역할을 했다. 두 차례의 휴전 동안 겁에 질린 고객과 직원들은 소지품을 챙겨 건물을 빠져나갈 수 있었다.

11월 초, 불에 탄 차량과 바리케이드 때문에 주변 거리는 거의 통행이 불가능했다. 11월 4일 라시드 압둘 하미드 카라미[18] 총리는 협상을 통해 막연하지만 휴전을 타결했다. 휴전 동안 호텔에서 사람들을 소개하고, 민병대는 각자 진지로 돌아가고, 남아 있는 바리케이드를 철거할 수 있었다. 또 휴전을 감시하기 위해 헌병과 팔레스타인해방기구의 합동 순찰대도 구성했다.[11]

---

17) Al-Mourabitoun. 정식 명칭은 '독립 나세르 운동(Independent Nasserite Movement, INM)'이며, 1957년에 이브라힘 쿨라이라트가 창설한 레바논의 좌익 나세르주의 정당이다.

18) Rashid Abdul Hamid Karami(1921~1987). 레바논의 정치인. 1955년부터 1987년 암살당할 때까지 10차례 레바논 총리를 역임했다.

'호텔 전투'는 베이루트의 가장 현대적인 멀티플렉스의 하나, 더 넓은 세계로 나가기 위한 비종파 항구를 전쟁 지역으로 바꿔버렸다. 이 전투의 결과 베이루트는 서로 경쟁하는 민병대들이 다스리는 종파 구역들로 분열되었다. 민병대들은 보호 명목으로 갈취를 하면서 자기들의 영역을 지켰다. 이 지역들 중간에서는 팔레스타인해방기구 전사와 헌병들이 그린 라인이라고 하는 비무장 완충 지대를 순찰하며 돌아다녔다. 그린 라인은 다마스쿠스 가를 따라 무슬림 서베이루트를 동부의 기독교도 구역으로부터 분리하는 선이었다. '레바논 라디오'는 도시의 주민들에게 전투로 황폐해진 거리에서 길을 찾고 위험한 교차로를 벗어나 안전한 경로로 갈 수 있도록 유도하며 그날 어떤 시설이 문을 열었는지를 알려주는 등 최신 소식을 전했다.[12]

놀랍도록 빠르게 중동의 파리는 폭력이 난무하는 상태로 빠져들었다. 도시 외곽의 구릉지에 거주하던 부유한 기독교도들은 아래쪽의 팔레스타인 피난민 캠프에 재미 삼아 박격포를 쏘았고, 마론파 민병대가 희생자들의 가슴에 십자가를 새겼으며, 좌익 민병대는 격렬한 보복 공격을 가했다. 그사이 베이루트는 서로 싸우는 군대들이 가장 정밀한 무기를 구하려 들면서 국제 무기 거래의 중심지가 되었다. 동유럽 총기 밀반입자들이 베이루트에 대거 진출하는 한편, 레바논 기업가들이 비아프라와 가나의 반란 단체들로부터 무기를 조달하기 위해 아프리카로 손길을 뻗쳤다. 1967년 전쟁에서 이스라엘군이 포획한 소련제 무기들이 궁극적으로 레바논으로 유입되어 민병대들의 수중에 들어갔다. 충돌이 계속되는 동안, 전투원들은 지구적인 무기의 흐름 덕분에 화기를 빠르게 확보할 수 있었다. 그동안 그린 라인

양측의 라디오에서는 서방의 팝뮤직이 시끄럽게 흘러나왔다.[13]

중동의 새 전장

수개월 동안 전투가 이어지자 베이루트의 주민들은 폭력에 익숙해졌다. 그러나 그들은 1975년 12월 6일 아침에 닥칠 사건을 맞이할 준비는 되어 있지 않았다. 네 명의 동지가 살해된 데 격분한 팔랑헤당 민병대가 베이루트의 주요 고속도로 몇 군데에 서둘러 바리케이드를 쌓았다. 무장 대원들은 운전사에게 사람을 종교별로 표시한 공식 신분증을 보여달라고 요구했다. 무슬림으로 확인된 사람들 중에서 많은 이들이 차에서 끌려나와 처형당했는데, 이 행위는 도시 전역에 극심한 공포의 물결을 불러일으켰다. 오후 2시에 국영 라디오가 도시 거리가 안전하지 않다고 알리며 주민들에게 실내에 있으라고 경고했다. 차량들이 급히 유턴을 하고 또 치명적일 수 있는 노상 검문소를 피하면서 위험한 지역을 빠르게 내달렸다. 그사이 즉결 처형 소식이 도시 전역에 확산되었다. 산발적인 총격 소리와 수류탄 폭발음이 베이루트 고층 건물의 콘크리트 벽면과 유리창에 부딪히며 멀리 울려 퍼졌다. 일부 추산에 따르면, 그날 학살된 무슬림의 수는 300여 명에 이르렀다.[14]

'검은 토요일'(12월 6일을 이렇게 불렀다)과 그 후 이어진 사건들은 또 다른 전사 집단인 팔레스타인해방기구를 충돌에 끌어들일 것이었다. 1975년 말까지 야세르 아라파트와 팔레스타인해방기구는 전투에 관여하지 않으려 했다. 레바논은 팔레스타인의 영향력이 커지면서 내전의 구렁텅이로 더욱 가까이 다가섰지만, 아라파트와 파타의 동지들은 자신들이 활동하는 국가들의 내정에 개입하지 않는 정책을 유지하려 했다. 확실히 팔레스타인해방기구는 레바논, 특히 베이루트에 상당한 권력 기반을 마련했다. 1960년대 말부터 팔레스타인 해방인민전선의 사령관 주르지 하바시[19] 같은 팔레스타인 지도자들은 베이루트를 "아랍의 하노이"로 변모시키라고 요구했다. 이 계책에서 레바논은 이스라엘/팔레스타인의 이전 아랍 영토에 대한 통제권을 되찾기로 계획한 팔레스타인 민족해방운동의 후방 기지 역할을 할 것이었다. 1970년 요르단에서 발생한 내전으로 팔레스타인해방기구가 이 왕국에서 쫓겨난 뒤 레바논은 대對이스라엘 작전을 실행하고자 하는 팔레스타인 게릴라들의 마지막 피난처로 남았다. 그 후 5년 동안 팔레스타인 혁명가들은 레바논에 가공할 만한 세력을 구축했다. 그러나 팔레스타인 전사들에게 진짜 전투는 남쪽 이스라엘과 접한 국경 지대와 국제 무대에서 벌어졌다. 국제 무대에서 그들은 미국이 주도하는 아랍-이스라엘 평화 프로세스에서 좀 더 큰 역할을 수행하기를 원했다. 팔레스타인인들을 레바논에서 축출하겠다는 마론파의 굳은 약속은 물론이거니와 레바논에서 격렬해지는 종파 폭력의 물결은 압도적으로 무슬림인 팔레스타인 주민들을 난투극 속으로 끌어들일 수밖에 없었다.

검은 토요일의 학살에 뒤이어 레바논의 무슬림 전사들은 베이루

---

19) George Habash(1926~2008). 팔레스타인의 좌익 정치인. 1967년 마르크스주의 정당인 팔레스타인 해방인민전선을 창설하고 2000년까지 의장을 지냈다.

트 시내 호텔 단지에 보복 공격을 단행했고, 이 공격으로 내부의 기독교 세력은 거의 전멸하고 말았다. 전투가 벌어지는 동안 시내의 상점과 은행은 광범위하게 약탈당했고, 수도는 더욱더 전면전의 구렁텅이로 빠져들어 갔다. 이 최근의 전투에 대응해, 마론파 민병대는 베이루트의 기독교도 구역과 외곽의 도시들로부터 무슬림들을 축출하고 국가를 종교적 집단 거주지로 더욱 세분화하는 등 오랫동안 진행될 '종파 청소' 작전을 개시했다. 1976년 1월 3일, 기독교 세력은 베이루트 동북부의 카란티나 빈민가와 탈 알자타르, 지스르 알바샤, 드바예흐의 팔레스타인 기지들을 포위 공격했다. 마론파 지도자들은 레바논 정부가 게릴라들에 대한 단속을 더욱 강화할 수밖에 없게끔 최후의 결전으로 팔레스타인해방기구를 끌어들이기를 원했다. 아라파트는 함정임을 알아채고 그 안으로 걸어 들어가지 않으려 했다. 하지만 캠프와 단절되고 서베이루트의 본부에서 사실상 포위 상태에 놓인 팔레스타인해방기구는 반격을 가할 수밖에 없었다. 1월 6일, 아라파트와 그의 부관들은 포위망을 뚫는 계획에 동의했다. 팔레스타인해방기구-레바논 국민운동의 전사 무리가 서베이루트로부터 공격에 나서 탈 알자타르로 진격하는 동안 캠프 내의 방어자들이 포위망을 깨트리고 그들과 합류할 것이었다. 그사이 제3의 게릴라 그룹이 카란티나 인근의 해변에 선박을 상륙시켜 남쪽 나바 구역의 팔레스타인 병력과 연합할 것이었다. 하지만 내부 분열과 통합사령부의 부재로 공격은 성공하지 못했다. 공세가 실패로 돌아간 뒤 팔레스타인해방기구는 수도 주위에서 승패가 분명치 않은 일련의 전투에 휘말려들었다.[15]

파타 부대가 이제 대거 전투에 참여해 서쪽으로는 자흘레, 그리고 베이루트 남쪽 약 20킬로미터 지점에 있는 기독교도 해안 도시 다무르 주위에서 공격을 개시했다. 하지만 이 급습은 드바예흐의 포위된 캠프를 구하기에는 너무 때늦었으며, 기독교 민병대는 1월 14일에 캠프를 침공해 사람들을 모두 쫓아내 버렸다. 나흘 뒤, 팔랑헤당 민병대는 군부대와 함께 약 3만 명의 가난한 무슬림이 사는 카란티나의 해안 빈민가를 습격했다. 가구 공장에 자리 잡은 팔레스타인 전사 분견대가 사흘 동안 공격자들에 저항했지만 모두 사망하고 말았다. 기독교 세력이 카란티나로 쏟아져 들어갔고, 도중에 판잣집을 파괴하기 시작했다. 시체 위에서 샴페인을 벌컥벌컥 마셔대는 민병대원과 총구 앞에 쫓겨나는 부녀자와 아이들의 모습을 찍은 사진이 곧 국제 언론을 장식했다. 적어도 150명이 살해당했고(일부 추산에 따르면 사망자 수는 훨씬 많다), 수만 명의 생존자가 기독교도들이 통제하는 지역에서 추방당했다. 1월 23일, 팔레스타인 세력이 다무르를 장악해 마론파 수십 명을 죽이고 수천 명의 생존자를 이 지역에서 축출했다. 상호 간에 자행되는 이러한 인종 청소가 시사하듯이, 전쟁은 점점 더 끔찍해져 가고 있었다. 양측은 인종적으로 균질한 권력 기반을 창출하기 위해 군사력을 사용하고 있었다.[16]

카란티나와 다무르에서 벌어진 살육 사태는 기독교 세력과 무슬림 세력 사이의 균열을 극명하게 드러냈다. 그 후 몇 주 동안 레바논군에 소속된 일단의 무슬림 병사들이 반란을 일으켜 '레바논 아랍군'을 결성하고 줌블라트의 좌익 레바논 국민운동과 손을 잡았다. 줌블라트는 역사적 기회가 왔음을 깨닫고 기독교 민병대에 대항하여 동맹을 맺기 위해 팔레스타인해방기구에 접근했다. 아라파트와 동지들은 잠깐 망설였지만, 이에 동의했다. 그 결과 '통합군'이라고 불리는, 레바논의 무슬림과 팔레스타인 전사들의 연합체가 만들어졌고, 이 조직은 이제 레바논에서 가장 강한 군대가 되었다.

45세의 시리아 대통령 하페즈 알아사드[20]는 다마스쿠스의 대통령궁에서 레바논에서 벌어지는 전투를 걱정스레 지켜보았다. 1970년 요르단에서 있었던 전쟁에 뒤이어 아사드는 권력을 장악하고 시리아에 전례 없는 안정의 시대를 선사했다. 그러나 아사드는 다마스쿠스의 회전문 리더십을 자신만의 독특한 권위주의 통치로 대체했다. 북서부 시리아의 먼 산악 지역 출신인 아사드는 알와히시al-Wahhish, 즉 '야수'라는 별명을 가진 무서운 알라위파[21] 족장의 손자였다. 알라위파는 신비주의적인 시아파 종파로서 압도적인 수니파 시리아에서 인구의 15퍼센트도 되지 않는 작은 소수집단이다. 아사드는 명민하지만 무자비하다는 명성을 얻었다. 그는 공군에서 고위직으로 상승했

---

20) Hafez al-Assad(1930~2000). 시리아의 정치인. 1966~1972년에 시리아 국방장관을 지내며 1970년 무혈 쿠데타로 집권한 뒤, 1970~1971년에 총리, 1971~2000년에 대통령을 역임했다. 아랍 민족주의를 내걸고 이집트-이스라엘 평화협정과 1993년 이스라엘-팔레스타인의 오슬로 평화협정 체결 등의 배후에서도 항상 아랍의 단결을 외치며 이스라엘에 강경한 입장을 고수했다. 또 소련과 친밀한 관계를 유지해 원조를 얻고, 걸프전 때는 연합군의 편을 드는 등 철저하게 실리를 추구했다.

21) Alawites. 이슬람교 시아파의 한 종파이며, 시리아 지중해 연안 지역을 중심으로 분포해 있다. 알라위파는 알리(Ali ibn Abi Talib)를 따르는 자들이라는 뜻이며, 9세기경 이븐 누사이르가 창시한 것으로 알려져 있다.

고, 정부를 장악할 만반의 준비가 된 시리아의 사회주의적 바트당[22]의 다른 장교들에 합류했다. 1971년까지 아사드는 정적들을 제거하고 단독으로 국가의 통치권을 차지했다. 권력을 장악한 뒤 아사드는 곧 지역 정치에서 핵심 행위자 중 한 명으로 떠올랐다. 심지어 키신저조차 1973년 이후의 아랍-이스라엘 평화 프로세스가 진행되는 동안 아사드가 만만찮은 상대라는 것을 알게 되었다.[17]

아사드는 레바논의 전쟁이 자신의 나라에 중대한 위협을 가한다는 것을 알았다. 레바논 국민운동-레바논 아랍군-팔레스타인해방기구의 군사적 승리는 아랍-이스라엘 평화 프로세스의 결정적 국면에서 이 지역을 불안정하게 할 것 같았다. 마론파 세력이 분쇄되면 팔레스타인해방기구가 레바논에서 지배적인 권력을 차지할 것이고, 레바논의 제약에서 풀려난 아라파트와 게릴라들은 베이루트에 혁명 정부를 건설해 대對이스라엘 전쟁을 더욱 격화할 터였다. 만일 이런 사태가 벌어진다면, 이스라엘군은 팔레스타인인들이 통제하는 레바논을 공격하는 것으로 이에 대응할 거라는 점이 확실했다. 아라파트와 팔레스타인해방기구가 우위를 점한다면, 시리아는 서쪽 측면을 따라 급진적인 새로운 국가와 함께 살 수밖에 없을 것이었다. 이스라엘의 반격이 성공한다면 레바논은 보수적인 기독교 국가로 변모할 것이고, 이는 다마스쿠스의 정권을 위협할 터였다. 어떤 결과가 나오

---

22) Ba'ath Party. 정식 명칭은 '아랍 사회주의 부흥당'이며 보통 바트당으로 불린다. 아랍어로 '바트'는 '부흥' 혹은 '재건'을 뜻한다. 1940년 다마스쿠스에서 시리아의 지식인 미셸 아플라크가 창설했다. 모든 아랍 국가를 하나의 나라로 통일하는 동시에 서구 식민 지배에 투쟁하기 위한 아랍 민족주의 및 세속주의를 표방했다.

든, 이 지역에서 시리아가 갖는 영향력에 심각한 타격을 가할 거라는 사실을 의미했다. 그러므로 레바논에서 무슬림과 기독교도 사이에 교묘한 힘의 균형을 회복하는 것이 시리아에게 최대 이익이라고 아사드는 결론지었다. 3월 27일, 통합군이 레바논의 산악 지역을 돌진하는 가운데, 줌블라트는 아사드를 만나러 다마스쿠스로 건너갔다. 이 드루즈파 지도자는 아사드의 요구를 들었지만 전혀 흔들리지 않았다. 레바논 국민운동과 팔레스타인해방기구는 다마스쿠스의 꼭두각시가 아니었다.[18]

동맹자들이라고 생각한 사람들에게 자기 의지를 관철할 수 없었던 아사드는 그들을 등지기로 했다. 1976년 5월 31일, 시리아 부대가 레바논으로 밀고 들어갔다. 그러나 그전인 1월에 다마스쿠스가 시리아 '팔레스타인 해방군'[23)] 부대에 시리아가 통제하는 팔레스타인 게릴라 그룹인 사이카[24)]와 함께 베이루트로 진입하라고 명령을 내렸을 때 개입은 이미 미묘하게 시작된 상태였다. 3월에 통합군은 바브다의 대통령궁에 공격을 가해 시리아가 지지하는 사이카와 팔레스타인 해방군 부대의 지원을 받고 있던 방어군을 거의 압도했다. 그 후 곧

---

23) Palestine Liberation Army, PLA. 1964년 알렉산드리아에서 개최된 아랍연맹 회담 당시 팔레스타인해방기구의 군사 조직으로 창립되었다. 하지만 팔레스타인해방기구가 아니라 시리아 정부를 비롯한 팔레스타인해방기구의 후원 정부들이 사실상 통제했으며, 지금은 시리아에서만 활동하는 것으로 알려져 있다.

24) As-Sa'iqa. 1966년 시리아가 창건해서 통제하는 팔레스타인 바트당 정치·군사 정파를 가리킨다. 정식 명칭은 '인민해방전선 전위-전격군'이며, 사이카는 아랍어로 벼락을 뜻한다.

통합군은 호텔 지구와 치열한 전투가 벌어진 홀리데이인 빌딩을 점령했다. 이 승리로 내전의 최전선으로서 무슬림 서베이루트와 기독교 동베이루트 사이에 '그린 라인'으로 알려질 선이 완성되었다. 그달 말 파타 부대가 수도 북쪽의 산악 지대에서 대규모 공격을 가했다. 팔레스타인 전사들은 기독교 마을들을 파괴하며 제마옐의 고향인 빅파야를 위협하기에 이르렀다. 이른바 '산악 전쟁'에서 성공을 거둔 통합군은 승리를 다 잡은 것 같았다.[19]

시리아 바트당원들이 팔레스타인 게릴라와 진보적인 레바논군에 맞서 보수적인 마론파 민병대를 지지하여 싸우는, 이 기이한 광경은 모든 당사자가 어느 순간에 서로를 상대하는 혼란스러운 전쟁의 성격을 나타내는 것이었다. 사이카와 팔레스타인 해방군 둘 다 팔레스타인인으로 구성되었지만, 이 조직들은 시리아 정부의 부속 단체로 기능했고 그 덕분에 아사드는 팔레스타인 문제를 교묘하게 다룰 수 있었다. 그것들은 실제로는 아라파트와 팔레스타인해방기구의 경쟁자였다. 하지만 이는 아사드가 곧 알게 되었듯이 미봉책에 불과했다. 5월 말, 아사드는 시리아군 부대를 동원해 개입하는 쪽을 택했다. 그러나 시리아 병사들은 곧 끔찍한 기습 공격을 당하게 될 터였다. 베이루트, 트리폴리, 시돈, 레바논산맥에서 전투로 단련된 팔레스타인해방기구와 레바논 국민운동 방어 세력은 공격군에 큰 피해를 입혔다. 시리아의 개입은 쉬운 문제가 아니었는데도 레바논으로 진입한 아사드는 이제 험한 지형에서 피비린내 나는 전쟁을 치러야 했다. 키신저의 말대로, 시리아는 미국이 베트남에서 겪었던 곤경의 정반대 상황에 직면했다. 아사드의 군대는 농촌 지역(가장 눈에 띄는 지역으로는 비옥한 '베카 계곡')은 통제했으나, 도시는 여전히 팔레스타인해방기구, 레바논 민병대, 시리아 병사들의 싸움터였다.[20]

아사드의 도박은 지역적·국제적 반향도 몰고 왔다. 미국과 이스라엘은 침공의 후유증을 걱정했다. 이스라엘 지도자들에게 아사드의 움직임은 이 지역에서 가장 다루기 힘든 경쟁자에게 그들의 북쪽 인접국에 대한 통제권을 부여할 것 같았다. 이스라엘 정부 내 소수파는 이스라엘과 동맹을 맺을 미니 국가들을 창건하기를 희망하며, 레바논의 가장 큰 두 비무슬림 소수 세력인 마론파와 드루즈파를 지지하는 개입 정책을 요구했다. 그러나 대체로 이스라엘 내각에는 레바논에 직접 개입하려는 열의가 거의 없었다. 그럼에도 이스라엘 관리들은 시리아가 레바논을 통제할 수도 있는 가능성에 멈칫했다. 결국 이츠하크 라빈[25] 총리의 예루살렘 정부 지도자들은 마론파를 구하고 현 상황을 복원하기 위해 이스라엘 병사를 레바논에 보내는 것이 아니라 시리아가 시리아 병력을 보내는 것을 기꺼이 허용했다. 시리아군이 이 과정에서 팔레스타인해방기구를 난폭하게 다루게 되면 더더욱 좋았다. 하지만 이스라엘 정부는 시리아가 레바논을 지배하는 것은 용인하지 않을 터였다. 오히려 시리아군은 레바논 남부로 향하는 접근로와 이스라엘과 인접한 국경을 따라 그어진 일련의 '레드 라인'을 넘지 않도록 자제해야 했는데, 이 라인들을 넘으면 이스라엘의 보복을 당할 위험이 있었다. 이 라인에는 레바논 안으로 지대공

25) Yitzhak Rabin(1922~1995). 이스라엘의 군인, 정치인. 1974~1977년, 1992~1995년에 이스라엘 총리를 지냈다.

미사일을 발사하는 것도 포함되었다.[21]

미국 관리들은 훨씬 더 복잡한 처지에 놓여 있었다. 최근 몇 달 사이에, 이집트와 이스라엘이 대체로 미국 국무장관 헨리 키신저가 설계한 1975년 '시나이 II 협정'[26)]에 서명함으로써, 아랍-이스라엘 평화 프로세스에서 결정적으로 중요한 단계가 마무리되었다. 이 협정으로 양국은 평화조약으로 가는 길 위에 들어섰고, 미국은 이 프로세스에서 핵심적인 중재국의 위치에 있었다. 평화에 대한 보답으로 이집트와 이스라엘은 미국으로부터 각각 연간 원조 20억 달러와 30억 달러를 받을 것이었다. 이 지원금으로 양국은 미국의 대외 원조에서 최대 수혜국이 되었다. 지정학적인 면에서 보면 이집트는 시나이 II를 체결함으로써 아랍-이스라엘 충돌에서 빠졌고, 아랍 세계에서 가장 큰 이 국가는 미국의 주요 동맹국이 되었다. 그 결과 카이로는 소련 궤도에서 이탈해 미국과 제휴하는 쪽으로 움직였다. 하지만 레바논 전쟁은 이 지역 전체를 혼란에 빠뜨리고 평화 프로세스를 위태롭게 하며, 소련과의 결전 위험을 불러일으킬 것 같았다. 국무부는 만일 이스라엘이 침공한다면 다마스쿠스 교외에 도달하는 데 3~4일밖에 걸리지 않을 것이며, 그사이 아사드는 소련에 개입을 요청할 거라고 예측했다. 모스크바는 며칠 만에 7000~8000명의 병력으로 이루어진 공수사단을 시리아로 파병할 수 있을 테고, 그 후 미국이 지중해의

26) Sinai II Agreement. 1975년 9월 4일 이집트와 이스라엘이 영토 분쟁을 평화적으로 해결하기 위해 서명한 외교 협정인 '시나이 잠정 협정'을 일컫는다. 체결식은 제네바에서 열렸다. 합의문에는 국가 간 갈등을 "군사력이 아닌 평화적 수단으로 해결해야 한다"라는 내용이 담겼다.

함선으로부터 이 지역에 해병대를 파병하는 문제로 이어질 것이었다. 따라서 1주일 안에 이스라엘 침공은 초강대국 간의 대결을 촉발할 수 있을 터였다. 그러므로 미국의 목표는 레바논에서 충돌을 억제하고 이 전쟁이 더 큰 전쟁으로 비화하는 것을 막는 데 초점을 맞추게 되었다.[22]

그러나 만일 아사드의 공격이 레드 라인의 북쪽 레바논에 국한된다면, 레바논에서 실행될 시리아의 작전은 레바논을 전쟁 전 상태로 되돌리고 팔레스타인해방기구를 철저히 파괴한다는 워싱턴의 목표를 달성할 수 있을 것이었다. 덤으로 시리아의 개입은 시리아와 소련의 관계를 틀어지게 했다. 아사드와 팔레스타인해방기구의 전쟁으로 이 지역에서 가장 중요한 두 모스크바 동맹은 서로 적이 되었다. 1976년 4월 13일, 키신저는 포드 대통령에게 이렇게 말했다. "저는 장기적으로 레바논 사태가 도움이 될 거라고 생각합니다. 아라파트는 영향력을 상실하고, 사이카는 이익을 볼 겁니다. 이것은 시리아의 행동을 거부할 수 있는 팔레스타인해방기구의 힘을 없애버릴 겁니다. 위험은 아사드가 전복될지도 모른다는 것이죠." 4월 15일, 미 국무장관은 레바논에서 시리아의 역할을 "건설적인" 것으로 묘사했다. 키신저의 주도로 워싱턴은 아사드의 개입에 대해 깜짝 놀랄 정도로 태도를 완전히 바꾼 것이다. 키신저가 "건설적인" 개입이라고 규정한 일은 8월 초에 불길한 함의를 띨 것이었다.[23]

시리아 부대는 이 충돌을 즉각적으로 끝내지는 못했지만, 그들의 개입은 기독교 세력에 가해진 압박을 얼마간 덜어주었다. 1976년 6월 22일, 팔랑헤당원들은 이 기회를 이용해 포위된 탈 알자타르의 팔레스타인 피난민 캠프를 공격했다. 5만~6만 명의 피난민이 생활하는 이곳은 동베이루트에서 무슬림들이 통제하는 마지막 거점이었다. 이 수용소를 파괴하는 것은 동부 교외의 인종 청소를 사실상 마무리하는 것이었다. 기독교 지도자들은 팔레스타인인들이 이 캠프를 군사 요새로 변모시켰다고 주장한 반면, 팔레스타인해방기구는 캠프가 여전히 민간인으로 가득 차 있다고 역설했다. 마론파의 대포가 서쪽으로부터 캠프를 강타하는 가운데 시리아군은 동부로 가는 공급 루트를 차단했다. 아라파트는 피의 대가를 얼마나 치르든 상관하지 않고 캠프에서 저항하기로 결심했다. 탈 알자타르는 팔레스타인해방기구의 스탈린그라드가 될 것이었고, 전 세계에 메시지를 보낼 터였다. 캠프의 방어 세력은 팔레스타인 대의를 위해 목숨을 바친 순교자가 될 것이었다. 팔랑헤당원들은 아라파트에게 그가 예상한 학살을 선사하는 것이 더할 나위 없이 기뻤다. 기근 사태가 캠프를 휩쓰는 가운데 적십자가 민간인들을 소개하려 했으나 거부당했다. 7월 중순에 캠프의 급수 사정은 작동하는 수도꼭지가 단 한 개밖에 없는 지경으로까지 나빠졌고, 소금물이 유일한 살균 수단이 되었다. 캠프에서 일하는 의사들은 괴저와 파상풍 환자를 치료하기 위해 절단 수술에 의지할 수밖에 없었다. 52일간의 포격 끝에 캠프는 공격 세력에 함락당했다. 그 후 기독교 세력이 진입해 폭력과 약탈의 난장판을 벌였다. 비무장 피난민들이 캠프에서 빠져나와 물밀듯이 서베이루트로 들어가는 횡단 지점으로 향했고, 이들은 마론파 민병대들의 포화를 받았다. 1000~2000명의 사람들이 캠프를 떠나면서 남녀노소를 불문하고 기독교 세력에 총살되거나 참살당했다. 불도저가 캠프 안에 남아 있던 생존자나 부상자들을 전부 생매장했고, 그 후 곧 지역을 평평하게 다져 흔적을 없애버렸다. 탈 알자타르가 포위되어 함락당할 때까지 최소한 3000명의 팔레스타인인이 살해당했는데, 대부분은 민간인이었다.[24]

탈 알자타르에서 벌어진 학살은 전쟁의 첫 번째 단계에서 폭력의 클라이맥스를 나타냈다. 캠프 함락에 뒤이어 팔레스타인해방기구와 시리아인들 사이에 전투가 계속되었다. 일단의 팔레스타인 게릴라들이 다마스쿠스에 있는 세미라미스 호텔에 자살 공격을 가했다. 그들은 용케 몇 사람을 인질로 붙잡을 수 있었으나 시리아 병사들이 다시 호텔 건물로 밀고 들어갔다. 그 후 아사드 정권은 미래의 전사들에 대한 경고로 포로 세 명의 목을 공개적으로 매달았다. 그사이 레바논에서는 시리아군이 팔레스타인 방어선을 계속 공격했다. 아사드의 군대는 다수의 사상자를 냈지만 팔레스타인 방어 세력을 뒤로 밀어낼 수 있었다. 하지만 전투원들은 곧 기력을 다했다. 10월 15일, 아라파트와 아사드는 사우디아라비아의 리야드에서 열린 정상회담에 참석하는 데 동의했고 이튿날 휴전을 수용했다. 리야드에서 아랍연맹[27)] 회원국들은 레바논에서 평화유지군 역할을 하기 위해 '아랍 전쟁억제군Arab Deterrent Force, ADF'을 창설하기로 합의했다. 아랍 전쟁억제군

---

27) Arab League. 옛 명칭 '아랍국가연맹.' 중동의 평화와 안전을 확보하고 주권과 독립을 수호하기 위해 북아프리카, 아프리카의 뿔, 아라비아반도 주변의 아랍권이 결성한 지역 기구다. 1945년 3월 22일 이집트 왕국, 이라크 왕국, 트란스요르단, 레바논, 사우디아라비아, 시리아 공화국이 이집트 카이로에 모여 결성했다. 현재 회원은 내전으로 2011년에 자격이 정지된 시리아를 포함해 총 22개국에 이른다.

은 표면적으로는 다국적 평화유지군이었으나 병력 3만 명 가운데 2만 5000명이 시리아 병사였다. 아랍연맹은 이제 레바논에 시리아군이 주둔하는 것을 공식적으로 인가했다.[25] 메시지는 분명했다. 아랍 공동체는 레바논의 늪에 빠지고 싶지 않다는 것이었다. 만일 아사드가 그 부담을 지기를 원한다면, 듣던 중 반가운 말이었다. 레바논은 이제 무슬림 구역, 기독교도 구역, 팔레스타인인 구역으로 분해되고 인종적 분노로 들끓는 파열된 국가가 되었다.

남레바논 전쟁

베이루트와 레바논산맥에서 종파 충돌이 맹렬히 벌어지던 바로 그때 이스라엘과 팔레스타인해방기구 사이에는 전쟁이 계속되었다. 대다수의 게릴라들이 해외에서의 공격을 일시 중단했지만 몇몇 팔레스타인 전사 분파 그룹이 미국과 이스라엘이 '국제 테러리즘' 활동이라고 비난한 공격을 계속 가했다. 1976년 6월 27일 팔레스타인 해방인민전선의 한 분파에 소속된 일단의 팔레스타인과 독일 게릴라들이 텔아비브에서 아테네에 기착한 후 파리로 가던 에어 프랑스 항공기를 공중 납치했다. 무장한 범인들은 우간다의 엔테베로 여객기의 방향을 돌렸고, 그런 다음 승객들을 공항 터미널 중 하나로 몰아넣었다. 이디 아민[28)] 정권은 납치범들에 협조했고, 우간다 병사들이 곧 이 그룹을

---

28) Idi Amin Dada Oumee(1923?~2003). 우간다의 군인, 정치인. 1971년 무혈 쿠데타로 정권을 장악한 뒤 우간다 대통령에 취임했다. 1979년에 탄자니아군과

보호하기 시작했다. 이스라엘인이 아닌 승객들을 풀어준 뒤 무장 범인들은 이스라엘, 케냐, 스위스, 독일, 프랑스에 구금된 수십 명의 죄수들을 석방하라고 요구했다. 이스라엘 내각이 게릴라들과 협상을 신중히 검토하는 동안 '이스라엘 방위군'이 대담한 구출 계획을 짰다. 7월 1일, 이츠하크 라빈 총리는 이틀 후 개시될 작전을 인가했다. C-130 화물수송기 네 대가 150명으로 이루어진 특수임무부대를 태우고 우간다를 향해 8000킬로미터를 비행할 것이었다. 밤 11시에 영국 수송기의 레이더 에코[29]를 이용해 정체를 숨긴 첫 이스라엘 비행기가 공항에 착륙했다. 얼굴을 검게 칠하고 우간다 군복을 입은 선발 특공대가 터미널을 습격해 게릴라 몇 명과 십수 명의 우간다 병사를 살해했다. 채 1분도 되지 않아 이스라엘 방위군 특공대는 터미널을 장악하고 그 안의 인질들을 구출했다. 인질 세 명이 이스라엘 군인 한 명과 함께 총격전에서 사망했다. 죽은 이스라엘 군인 요나탄 네타냐후Yonatan Netanyahu는 장차 총리가 될 베냐민 네타냐후[30]의 형이었다. 급습 전에 병원에 입원했던 네 번째 인질이 그 후 작전에 대한 보복으로 살해당했다. 자정이 지난 직후인 밤 12시 41분에 C-130기는 풀려난 인질과 특공대를 태우고 이스라엘로 돌아가기 위해 이륙했다.[26]

'엔테베 급습'은 헤드라인을 장식하고 대테러 작전의 역사에서 즉

망명 우간다인들에 쫓겨 해외로 도피했다.

29) radar echo. 레이더의 전파가 목표에 닿아 반사·수신된 신호.

30) Benjamin Netanyahu(1949~). 이스라엘의 리쿠드당 소속 정치인. 1996~1999년에 총리를 지냈고, 2009년 이후 장기 집권에 성공해 2021년까지 역시 총리로 재임했다. 2021년 실각했으나 2022년 12월 다시 정권을 잡아 총리직에 복귀했다.

각 전설이 되었지만, 이스라엘과 팔레스타인해방기구의 전쟁은 초점이 남레바논으로 옮겨간 상태였다. 이스라엘이 공표한 레드라인 위쪽의 북부와 서부 지역은 시리아 점령 아래 들어갔으나 남부는 여전히 팔레스타인 특공대, 독자적인 기독교 군사지도자, 빈번한 이스라엘 군사 공격의 황량한 무인 지대였다. 팔레스타인해방기구 전사들은 아랍 전쟁억제군 창설 이후 레드라인 남쪽으로 물러났다. 남부에서 게릴라들은 이동의 자유를 누리며 이스라엘의 목표물에 가까이 접근할 수 있었다. 그러나 팔레스타인 특공대원들의 유입은 남부의 기독교도와 시아파를 화나게 했다. 기독교도 중에는 1976년 레바논군이 분해되기 시작한 후 레바논군을 탈영한 기독교 병사들이 있었다. 이 탈영병들을 다시 정부 통제 아래 두기를 간절히 바란 레바논 참모본부는 병력을 다시 결집하라는 명령을 하달하고 그 임무를 위해 사드 하다드[31] 소령을 남부로 보냈다. 마르자윤 출신의 그리스정교도였던 하다드는 재빨리 추종 세력을 모아 '자유레바논군'[32]을 결성했다. 대체로 베이루트의 중앙정부와 단절된 하다드의 군대는 상당히 자율적으로 활동할 수 있었다. 이스라엘 지도자들은 하다드와 그의 병사들을 팔레스타인해방기구와의 전쟁에서 잠재적인 동맹 세력으로 인정했고, 곧 자유레바논군에 무기와 물자를 공급하기 시작했다. 하다드의 군대를 이용해 팔레스타인인들을 거듭 공격함으로써

31) Saad Haddad(1936~1984). 레바논의 군인. 레바논 내전 동안 남레바논군의 창설자이자 수장이었다. 1969~1984년에 자유레바논 국가 대통령을 지냈다.

32) Free Lebanon Army, FLA. 레바논군의 기독교 분파로 레바논 내전의 1975~1977년 국면 동안 주요한 역할을 했다.

이스라엘은 북부 측면에 가해진 압력을 완화할 수 있었다. 1976년 가을까지 남레바논은 팔레스타인 전사들과 하다드의 기독교군 사이의 전쟁터가 되었다.[27] 이스라엘의 지원으로 하다드는 남레바논에 '영지'를 구축했다. 하다드와 이스라엘의 후원 아래 이 지역은 무법 국경 지대로 바뀌었다. 이스라엘 등록 차량이 침공 루트를 따라 낸 새 도로를 가로지르면서 히브리어로 된 표지판을 지나쳤고, 가게 주인들은 이스라엘 맥주를 팔았으며, 이스라엘이 지지하는 군사 지도자(하다드)가 권력을 쥐었다.[28]

이스라엘은 레바논과 팔레스타인해방기구에 훨씬 강경한 노선을 취할 만반의 태세를 갖췄다. 1977년 5월 17일, 이스라엘에서 정치적 흐름이 변했다. 거의 30년 동안 집권했던 노동당이 총선에서 우익 리쿠드당[33)]에 패배했다. 리쿠드당의 정상에는 63세의 메나헴 볼포비치 베긴[34)]이 자리 잡았다. 호리호리하고 머리가 벗겨졌으며 두꺼운 안경에 얼굴이 일부 가려진 베긴의 외모는 정치 지도자의 무서운 성격을 감춰주었다. 1913년 러시아에서 태어난 베긴은 홀로코스트로 양친과 형제 한 명을 잃었다. 나치 유럽의 공포는 이 젊은이 안에 강렬한

33) Likud Party. 이스라엘의 보수주의 정당. 리쿠드는 히브리어로 '화합', '협동'을 뜻한다. 1973년 메나헴 볼포비치 베긴이 주도하여 여러 군소 우익 정당과 자유주의 정당을 흡수해 창당했다. 1977년 총선에서 건국 이래 줄곧 정권을 장악한 중도 좌파 노동당을 누르고 승리함으로써 우파가 선거로 승리한 이스라엘 정치사의 중요한 전환점을 만들었다.

34) Menachem Wolfovitch Begin(1913~1992). 이스라엘의 정치인. 자유당 당수, 무임소 장관 등을 거쳐 보수 정당 리쿠드당의 당수가 되었고, 1977~1983년에 이스라엘의 총리를 지냈다.

시온주의[35] 성향을 배양했다. 1942년에 팔레스타인으로 보내진 뒤 베긴은 전투적인 유대인 지하조직인 이르군[36]에 가담했다. 제2차 세계대전이 끝난 후 이제 베긴의 지휘를 받게 된 이르군은 팔레스타인의 영국 제국 당국과 피비린내 나는 게릴라 전쟁을 시작했다. 이 조직은 1946년 예루살렘의 킹데이비드 호텔에 폭탄 공격을 가해 아랍인, 영국인, 유대인 91명을 죽임으로써 악명을 얻었다. 1948년 이스라엘이 독립을 선포한 뒤, 베긴은 우익 정치 지도자로 떠올랐다. 리쿠드당의 수장으로서 베긴은 '유대 사마리아 지역'[37](당시 팔레스타인이 통제하는 지역으로 지정된 요르단강 서안의 고대 지방)과 동안의 요르단 왕국의 일부를 포함하는 '대이스라엘'을 창설하는 데 찬성하는 팽창주의 정책을 고취했다. "'이스라엘 땅'[38]에 대한 유대 인민들의 권리는 영원하다"라고 라쿠드당의 선언은 설명했다. "그러므로 유대 사마리아 지역은 외국의 지배에 맡겨지지 않을 것이다. 바다와 요르단[강]

---

35) Zionism. 팔레스타인 지역에 유대인 국가를 건설하는 것을 목적으로 한 민족주의 운동을 일컫는다. 1897년 유대계 오스트리아 언론인 테오도어 헤르츨(Theodor Herzl)이 스위스 바젤에서 제1회 시온주의 세계대회를 개최하며 본격적으로 유대인 국가 건설 작업이 시작되었으며, 1948년에 마침내 이스라엘을 창건하는 데 성공했다.

36) Irgun. 1931년부터 1948년까지 영국 위임통치령 팔레스타인 지역에서 활동한 이스라엘의 시온주의 무장 단체로 정식 명칭은 '이스라엘 땅의 민족 군사 기구'다. 1948년 제1차 중동전쟁 시작과 함께 '이스라엘 방위군(IDF)'으로 흡수되었다.

37) Judae and Samaria Area. 1967년 제3차 중동전쟁(6일 전쟁) 이후부터 이스라엘이 점령하고 있는 요르단강 서안 지구(동예루살렘 제외)를 가리킨다.

38) Land of Israel. 히브리어로는 '에레츠 이스라엘'이라고 한다. 본래 이스라엘 사람들이 살던 땅으로 일컬어지는 곳이다.

사이에는 유대 주권만이 존재할 것이다." 이 지방으로부터 이스라엘이 철수한다거나 팔레스타인 국가가 창설되면, "이스라엘 국가의 존재가 위험해질" 것이다. 이러한 자세는 팔레스타인 국가에 대한 명백한 거부를 나타내는 것이었다.[29]

역설적이게도 이스라엘의 가장 크고 강력한 인접국인 이집트와의 평화를 향해 가장 큰 걸음을 내디딜 사람은 바로 강경 리쿠드당 지도자 베긴일 것이었다. 1973년 전쟁 이후 아랍-이스라엘 평화 프로세스는 진행되다 말다 하며 조금씩 나아가고 있었다. 닉슨의 국무장관 헨리 키신저는 레바논 내전 직전에 시나이 II 협정을 타결했고, 신임 대통령 지미 카터도 비슷한 성공을 거두기를 원했다. 1977년 베긴의 선거 승리로 이 과정은 중단되었다. 이스라엘에서 전前 이르군 사령관이 권좌에 오르면서 평화의 전망은 암울해 보였다. 교착상태가 한창일 때 이집트 대통령 안와르 알사다트는 과감하게 도박을 감행했다.

1977년 11월 9일, 사다트는 평화를 주장하기 위해 이스라엘에 가서 예루살렘의 이스라엘 크네세트[39] 연단에서 기꺼이 연설할 용의가 있다고 밝혔다. 그것은 전례가 없을 정도로 엄청나게 중요한 상징적인 제안이었다. 어떤 주요 아랍 국가수반도 1948년 이스라엘 탄생 이래 예루살렘을 공식 방문한 적이 없었다. 이에 화답하여 베긴은 사다트를 크네세트로 초청했고, 열흘 뒤 이집트 대통령이 등장했다. 이 행동은 1979년에 최종적으로 이집트와 이스라엘 사이에 평화조약의

39) Knesset. 이스라엘의 입법부. 단원제 의회다.

체결을 가져올 정치 과정의 재개를 나타냈을 뿐 아니라 중동에서 지정학적 힘의 구조도 변화시켰다. 이집트와 이스라엘의 관계 회복은 1981년에 있었던 사다트의 암살에서 중요한 역할을 한 것은 물론이거니와 실질적으로 카이로를 지역 충돌에서 제외시키는 결과를 가져왔지만, 팔레스타인해방기구의 불만을 잠재우는 데는 아무 도움도 되지 못했다. 이집트가 이탈한 데 더해 팔레스타인의 자결권을 베긴이 거부하면서 이스라엘과 팔레스타인해방기구 사이에 교전은 재개될 수밖에 없었다.

1978년 3월 11일, 파타 게릴라들이 이스라엘의 심장부를 공격했다. 11명의 게릴라로 이루어진 한 그룹이 조디악 고무보트 두 대를 나눠 타고 하이파 남쪽 24킬로미터 지점에 있는 해변에 상륙했다. 지휘자는 가족이 자파로부터 도피했던 19세 여성 달랄 무그라비[40]였다. 해변에서 그들은 미국인 사진가 게일 루빈Gail Rubin을 마주치자 총을 쏘아 쓰러뜨린 다음 해변 위의 해안 고속도로로 이동했다. 게릴라들은 이스라엘 사람들을 가득 태우고 텔아비브로 향하던 관광버스를 세워서 납치할 수 있었다. 버스에 올라탄 팔레스타인인들은 고속도로를 달리면서 지나가는 차량에 총을 쏘고 수류탄을 던졌다. 버스가 바리케이드와 충돌하자 이스라엘 경찰이 버스를 급습했다. 총격전으로 수십 명의 승객이 살해당했다. 전부 38명의 이스라엘인과 아홉 명

40) Dalal Mughrabi(1959~1978). 팔레스타인해방기구 내 파타 정파 소속의 팔레스타인 전사. 1978년 이스라엘의 '해안 도로 학살'에 가담했다. 이 공격으로 13명의 어린이를 포함해 이스라엘 민간인 38명이 살해당했다. 무그라비 및 다른 전사 여덟 명도 작전 과정에서 사망했다.

의 팔레스타인인이 '해안 도로 학살'이라고 알려진 이 사건으로 사망했다. 이스라엘 시사 해설자들은 이 학살을 이스라엘 역사상 가장 악랄한 테러 공격이라고 개탄했다. 팔레스타인해방기구는 이 작전이 자신들의 소행이라고 주장하면서 이스라엘을 상대로 무장투쟁을 계속할 필요가 있음을 환기했다. 팔레스타인 전사들은 무시되거나 잊히기를 거부했다. 평화가 없으면 전쟁이 있을 뿐이었다.[30]

전쟁은 사흘 뒤 이스라엘이 가해 협의자들을 뿌리 뽑고 없애버리기 위해 2만 5000명의 병력을 국경을 넘어 레바논으로 진입시켰을 때 발발했다. 이스라엘 방위군이 이 침공을 가리킬 때 쓰는 명칭인 '리타니 작전Operation Litani'은 베긴의 말에 따르면, "팔레스타인해방기구라는 사악한 잡초를 뿌리 뽑으려고" 계획되었다. 이스라엘 방위군은 사상자를 줄이기 위해서 중무장 기갑 차량과 대포를 동원해 어떤 저항의 가능성도 무력화하려 했다. 그 결과 예상대로 많은 민간인이 목숨을 잃었다.

이스라엘 방위군이 도시와 마을에 포격을 가하는 동안 하다드의 병사들은 주민들을 공포의 도가니로 몰아넣었다. 침공의 가장 오싹한 일화 중 하나에서 이스라엘군과 제휴한 기독교 세력은 수십 명의 시아파를 남녀노소 가리지 않고 체포해 키암 마을에 있는 모스크에 강제로 몰아넣은 다음 기관총으로 학살했다. 사냥감을 찾아 돌아다니는 기독교 군사 지도자와 이스라엘 포격의 위협에 직면한 수만 명이 피난길에 올랐다. 일부 추산에 따르면, 침공으로 2000명의 레바논인과 팔레스타인인이 살해되었는데 거의 전부 민간인이었으며 피난민은 25만 명에 이르렀다. 그중 많은 사람이 베이루트를 둘러싸고 있는 판자촌을 향해 북쪽으로 이동할 것이었다.

이 남레바논 탈출은 레바논에서 점차 커져가는 시아파 소수 주민들에게 활기를 불어 넣어줄 것이었고, 이들은 향후 레바논 정치의 중심이 될 것이었다. 그사이에 이스라엘인들은 국경을 따라 하다드 군대와 '유엔 레바논 잠정군'[41]의 평화유지 파견단이 통제하는 '안보 벨트'를 만들었다. 그러나 그들은 팔레스타인해방기구를 크게 약화하지는 못했다. 팔레스타인해방기구 전사들의 대부분은 피난민들과 함께 북쪽으로 이동했다. "그래서 이스라엘은 왜 침공했는가?"라고 영국 기자 로버트 피스크Robert Fisk는 물었다. 그는 "피비린내 나는 이 작은 모험의 진짜 의미"는 4년 뒤에야 비로소 분명해질 것이었다고 설명했다.[31]

당시 거의 어떤 관찰자도 인정하지 않았지만, 레바논에서 일어난 내전은 서남아시아를 막 옥죄려고 하던, 좀 더 큰 일련의 격변이 시작되었음을 나타내는 전조였다. 아랍-이스라엘 충돌의 지형과 중동의 지정학적 균형 변화는 주요 아랍 국가들 사이에서 리더십을 장악하기 위한 새로운 권력투쟁을 촉발했다. 그와 동시에 동남아시아의 전장에서 제3세계 공산주의가 계속 몰락하면서 포스트식민주의 세계의 많은 지역에서는 좌익 정치 세력의 매력이 사라져가고 있었다.

---

41) UN Interim Force in Lebanon. 유엔 안보리 결의안 제425호와 제426호에 따라 1978년 3월 19일에 결성된 유엔 평화유지 파견단. 닷새 전에 침공한 이스라엘군의 레바논 철수를 확인하는 것이 주요 임무였다.

시간이 말해주겠지만, 레바논에서 발생한 것과 같은 종파 폭력과 국가 붕괴의 유령이 점차 낯익어질 터였다. 이 두 힘은 초강대국들이 남아시아의 냉전 국경 지대에서 영향력을 확보하기 위해 계속 벌이는 투쟁을 더욱 복잡하게 만들 것이었다. 실제로 세계 공동체는 소련의 남부 변경 지대를 가로지르는 신정 혁명의 형태로 이란에서 훨씬 더 큰 충격을 막 받으려 하고 있었다.

15

이란 혁명

1978~1979

"우리의 최종 승리는 모든 외국인이 이 나라에서 나가는 날 찾아올 것입니다.
나는 신께 모든 사악한 외국인과 그들을 돕는 모든 이들의 손을 잘라버리기를 간청합니다."

아야톨라 루홀라 호메이니

15

1970년대가 끝나갈 무렵 종파 혁명이 중동의 이란 제국에서 두 번째 발판을 확보했다. 레바논 내전이 제3세계 정치에서 변화가 다가오고 있음을 암시했다면, 이란에서의 혁명은 새로운 시대의 도래를 큰 소리로 알리는 것이었다. 그것은 1970년대 말에 일어나기로 되어 있던 그런 종류의 혁명이 아니었다. 왜냐하면 거의 누구나 기억할 수 있는 한, 혁명가들은 마르크스주의자, 아나키스트, 민족주의자였기 때문이었다. 그들은 보수주의 정권을 전복하고 그들의 국가를 새로운 유사 유토피아적 미래로 이끌 꿈에 사로잡혀 있었다. 혁명가들은 거의 어김없이 세속적이었다. 그러나 이란에서 전개된 혁명은 그런 각본을 따르지 않을 것이 분명했다. 1978년 모하마드 레자 샤 팔라비[1]의 군주 통치에 반대해 광범위한 기반의 운동으로 시작했던 이 혁명은 완전히 다른 어떤 것으로 성장했다. 세계가 지켜보았듯이, 테헤란에서 아야톨라 루홀라 호메이니가 이끄는 혁명적 신정 정권의 형태로 가공할 새로운 세력이 권력을 장악했다. 서방의 많은 이들에게 이란에

---

1) Mohammad Reza Sha Pahlavi(1919~1980). 팔라비 왕조의 제2대 샤. 1941년 9월 16일에 즉위하여 1979년 2월 11일 이슬람 혁명으로 축출된 이란의 마지막 군주다.

서 일어난 혁명은 20세기의 광경이라기보다는 15세기의 광경처럼 보였다. 지미 카터 대통령의 국가안보 참모 중 한 사람이 쓴 대로, "민중 혁명이 신정국가 수립으로 이어진다는 생각은 믿기 힘들 정도로 어리석은 것 같았다."[1] 그러나 전 세계의 관찰자들이 곧 알게 되듯이, 이란 혁명은 철저하게 근대적인 현상이었다. 세속적인 민족주의와 마르크스주의의 흐름 아래에 오랫동안 가라앉아 있던 정치적 이슬람의 힘이 다시 한번 수면으로 끓어오르려 하고 있었다.

이란은 레바논보다 훨씬 더 냉전의 외곽 변경 지역에서 중심적인 위치를 차지했다. 사우디아라비아와 함께 이란은 중동에서 워싱턴의 '쌍둥이 기둥' 중 하나, 골치 아픈 지역에서 친서방적인 힘의 보루로서 기능했다. 소련의 남부 변경 지대를 지키는 이란은 공산주의 팽창을 막는 방어벽이었다. 1953년부터 샤[2)]는 미국의 핵심 안보 파트너 역할을 했다. 이 관계는 테헤란에 최고급 무기 체계를 공급하고 경제 원조를 대대적으로 제공하기 시작한 닉슨 행정부 아래에서 더욱 긴밀해졌다. 이란 정권은 미국의 안보 지원을 이용해 국내의 반대 세력을 억누르고, 이란 사회를 더욱 잔혹하게 지배했다.[2] 그러나 미국이 아무리 많은 총포와 현금을 뿌려대도 다가오는 폭풍으로부터 샤를 구해낼 수는 없었다. 1978년 1월부터 1979년 2월 사이의 13개월 동안 민중 혁명이 샤를 권좌에서 쓸어버리고, 이 지역에서 워싱턴의 핵심 파트너를 가장 원한 깊은 적의 하나로 변모시킬 것이었다.

---

2) Shah. 왕이라는 뜻의 페르시아어. 고대 페르시아어의 흐샤야시야에서 유래했다.

샤 정권의 형성

이란 중북부에 있는 테헤란은 봉우리가 눈으로 덮인 산들의 산등성이 아래 평원에 자리해 있다. 이 산들은 도시를 카스피해의 바다로부터 분리한다. 1795년 카자르 왕조[3]에 의해 이란의 수도로 지정되고, 1920년대에 레자 샤[4]에 의해 재건된 이 도시는 20세기 동안 꾸준히 성장했다. 1970년대에 레자 샤의 아들 모하마드 레자가 나라를 통치하면서 테헤란은 활짝 꽃을 피웠고, 곧 유가 인상에서 생겨난 부를 막 받아들이기 시작한, 북적거리는 대도시로 변신했다. 수십 개의 회색 고층 빌딩이 스카이라인을 뚫고 나왔고, 빌딩의 콘크리트 벽 안에는 사무실과 아파트가 들어섰다. 자동차들이 빌딩 아래의 혼잡한 거리를 달리자 오토바이는 붐비는 인도의 보행인들을 피해 재빨리 이리저리 빠져나가지 않으면 안 되었다. 차들에서 나는 시끄러운 소리가 유럽 요리를 내놓는 우아한 레스토랑으로 흘러 들어갔다. 도시의 엘리트들은 저녁마다 오페라나 발레를 보며 지냈고, 덜 부유한 사람들은 테헤란의 영화관에서 미국 영화를 관람했다. 하지만 이와 같

---

3) Qajar dynasty. 1794년부터 1925년까지 페르시아 지역의 이란 숭고국(카자르 제국)을 다스렸던 왕조. 북부의 아스타라바드를 본거지로 했던 투르크계 카자르족의 수장 아가 모하마드 샤(재위 1794~1797)에서 비롯했으며, 1796년 테헤란에 도읍해 약 150년간 존속한 후 1925년 팔라비 왕조로 대체되었다.

4) Reza Shah Pahlavi(1878~1944). 이란의 군 장교, 정치가. 1921~1925년에 전쟁장관, 1923~1925년에 총리를 역임하고, 1925~1941년에는 이란 제국 팔라비 가문의 제1대 샤를 지냈다.

은 오락 활동은 도시의 남쪽 변두리를 에워싸면서 미로같이 제멋대로 뻗은 다세대 주택의 주민들에게는 어림없는 일이었다. 수천 명의 이란 사람들이 농촌을 떠나 커져가는 도시로 밀려왔다. 수도 바깥의 메마른 야산에는 많은 이란인이 구운 점토로 만든 집에서 살았다. 인구의 대다수는 여전히 가난하고 글을 읽을 줄 몰랐다. 하지만 이란 사회는 급변하고 있었다. 부는 여전히 소수에게 집중되어 있었지만, 국가의 석유 산업, 정부 개혁과 교육 프로그램, 팽창하는 경제, 크고 세속적인 중간계급이 나라를 빠르게 변화시키고 있었다.[3]

메마른 중앙 고원을 넘어 남쪽으로 약 140킬로미터 지점에 고대 도시 콤이 사막에서 발흥했다. 어느 영국 방문자는 "타일을 붙인 푸른 돔과 황금색 미나레트[5]가 빛 속에서 반짝인다"라고 묘사한 후 다음과 같이 썼다. "나는 이것이 중세 시대 우리 유럽 도시의 모습이 아닐까 하고 생각하곤 했다." 하지만 가까이 다가갈수록 변두리에는 빈민가가 나타났고, 거리를 따라 철제 셔터가 내려진 가게들이 늘어섰다. 도시의 중심부는 푸른 나무와 청록색 모스크, 신학교, 공공 광장의 오아시스였다. 차로 두 시간 거리밖에 안 됐지만, 콤은 수도의 분주한 거리에서 완전히 떨어진 세계인 듯했다. 이란의 정치권력 자리는 테헤란에 있었던 반면, 콤은 국가에서 시아파 종교 권위의 중심이었다. 테헤란이 샤의 도시였다면, 콤은 성직자의 도시였다. 거의 어느 관찰자도 예견하지 못했지만, 두 도시 사이의 긴장은 향후 수십 년

---

5) minaret. 모스크의 부수 건물로 예배 시간을 공지할 때 사용되는 뾰족한 탑을 가리킨다.

동안 국제 정세를 변화시킬 혁명을 막 낳으려 하고 있었다.[4]

사태가 전혀 다르게 흘러갔을 수도 있었을 것이다. 1950년대 초에 이란은 샤의 권위주의에서 떨어져 나와 민주주의를 향하고 있는 것처럼 보였다. 테헤란은 포스트식민주의 세계에서 가장 빛나는 선각자 중 한 명인 모하마드 모사데그[6] 총리의 본거지였다. 지난 수년 동안 모사데그는 이란의 석유 산업 대부분을 통제하는 영국 소유의 '영국-이란 석유회사'와 매우 냉담한 관계에 있었다. 총리는 이란의 경제를 발전시키고 국가를 근대 세계로 편입시키려면 정부가 자국의 천연자원에 대한 통제권을 확립해야 한다고 확신했다. 모사데그는 이란 석유 산업에서 생기는 수입으로 이란의 근대화에 필요한 자금을 댈 것이라고 결론 내렸다. 하지만 영국은 자신들의 자산을 청산할 생각이 없었다. 1951년 협상이 실패로 돌아간 뒤 모사데그는 영국-이란 석유회사를 국유화했다. 총리의 조치는 테헤란 시중에서는 인기가 있는 것으로 드러났지만, 영국 지도자들의 분노를 샀고 워싱턴에서 이란이 소련의 궤도로 들어갈지도 모른다는 우려를 불러일으켰다. 1953년에 긴장이 비등점에 달했다. 새 아이젠하워 행정부는 결정적인 행동을 취하기로 결심하고, 테헤란의 정권을 뒤엎는 쿠데타를 일으키는 것을 CIA 요원들에게 인가했다.

37세의 CIA 행정관이자 시어도어 루스벨트[7] 대통령의 손자인 커

---

6) Mohammad Mossadegh(1882~1967). 이란의 정치가, 민족주의 지도자. 1951년부터 이란의 총리를 지내면서 토지개혁, 석유 산업 국유화 등을 단행했으나, 1953년 미국과 영국의 사주를 받은 친팔라비 국왕 쿠데타로 실각했다.

7) Theodore Roosevelt(1858~1919). 미국의 정치인. 1901~1909년에 미국의 제26

및 루스벨트[8]는 이란 최초로 민주적으로 선출된 지도자를 타도하는 데 목표가 있는 작전에서 주도적 역할을 했다. 루스벨트와 CIA 동료 관리들은 영국 정보기관과 협력해 정권이 반체제 인사들을 강력히 탄압하고 있다는 인상을 주기 위해 종교 및 반대파 지도자들을 겨냥한 허위 선전을 유포하고, 또 수도에서 반정부 시위를 선동함으로써 위기 상황을 일부러 만들었다. 그사이 CIA 관리들은 보수적인 이란군 장교들과 업무를 조정해 모사데그를 쓰러뜨리는 쿠데타를 일으켰다. 첫 쿠데타 기도가 실패하고 나흘 뒤인 1953년 8월 19일, CIA가 사주한 군 장교들이 총리를 체포했다. 그런 다음 장교들은 바그다드로 도피해서 쿠데타의 결과를 기다리던 샤를 테헤란의 권좌로 복귀시켰다. 모사데그를 쓰러뜨린 워싱턴과 런던은 이란의 석유 산업을 구조 조정하여 미국 회사 다섯, 영국 회사 하나와 프랑스 회사 하나에 쪼개 나눠 주었다. 루스벨트와 아이젠하워 행정부의 루스벨트 상급자들에게 쿠데타는 거의 믿기 어려울 정도로 좋은 결과를 낳았다. 미국은 미국인의 생명을 전혀 위험에 빠뜨리지 않고 겨우 수백만 달러로 골치 아픈 정부를 제거했다. 거저나 마찬가지였다. 아니, 당시에는 그런 것 같았다.[5]

실제로 아이젠하워와 CIA는 치열한 접전이 벌어지는 지역에서 소중한 친구를 얻었다. 다음 사반세기 동안 샤는 중동에서 친미국의 보

대 대통령을 지냈다.

8) Kermit Roosevelt(1916~2000). 미국의 정보장교. 제2차 세계대전 동안, 그리고 종전 후 전략사무국과 CIA에서 근무했다. '중동의 미국 친구들'을 설립해 1953년 8월 이란의 모하마드 모사데그를 제거하는 데 주도적 역할을 했다.

루 역할을 했다. 리처드 닉슨 치하에서 이란은 사우디아라비아와 더불어 중동에서 미국의 '쌍둥이 기둥' 중 하나로 등장했다. 이 기둥들은 워싱턴이 폭넓은 지역 정책의 기반으로 삼기를 원했던 믿을 수 있고 부유하며 친서방적인 동맹국이었다. 이 기간 동안 미국 관리들은 이란에 국내 혼란이 부재하다는 것을 강조하는 일련의 든든한 은유적 표현을 사용했다. 즉 이란은 정치적으로 안정된 '섬'이고 '오아시스'이고 '기둥'이었다. 이집트, 시리아, 이라크 같은 국가들이 소련으로 기울고 이스라엘과 적대적 관계를 유지한 반면, 샤의 정권은 이 지역에서 미국의 힘을 뒷받침할 것으로 기대할 수 있었다. 아마도 훨씬 더 중요한 것은 샤가 사우디아라비아의 군주정과 함께 값싼 석유를 세계시장에 어떤 일이 있어도 즉시 공급할 수 있게 하는 데 도움이 되었다는 사실일 것이다. 이에 대한 보답으로 미국은 샤의 군대에 세계에서 가장 앞선 군사기술을 일부 제공했다. 1970년대 중반까지 워싱턴과 테헤란은 500억 달러로 추산되는 무기를 거래했다. 닉슨 행정부와 포드 행정부는 샤 정권에 F-14 및 F-16 전투기와 '공중조기경보 통제 체계' 전자 정찰기를 비롯해, 최첨단 군사 장비에 대한 접근을 허가했다. 막대한 원유 매장량 위에 걸터앉아 있고, 미국의 신형 무기 체계를 갖춘 가공할 군대를 자랑하는 샤는 거의 난공불락의 위치에 있는 것 같았다.[6]

샤 정권은 이것으로 충분하지 않은 듯 이란의 국내 정치판도 꽉 틀어쥐었다. 샤는 어떤 반대 의견도 용납하지 않았고, 시민들을 빈틈없이 감시했다. 이를 위해 샤 정권은 비밀경찰 기구인 '안전정보국Sazman-i Etela'at va Amniyat-i Keshvar'을 창설했다. '사바크SAVAK'로 더 흔히 알려진 이 기구에서 일하는 요원의 수는 전국적으로 약 6만 명에 이르렀다. 일부 관찰자들은 이 기구가 가장 활발할 때 이란 남성 세 명 중 한 명을 요원이나 정보원으로 활용했다고 추정했다. 이란 시민들은 일련의 악랄한 고문 기술로 악명 높은 사바크를 두려워하며 살았다. 수감자들이 두들겨 맞고 담뱃불로 지져지고 전기 고문을 받은 이야기는 사바크의 심문실에서 흘러나온 가장 시시한 보고에 불과했다. 어느 서방 언론인은 경찰 시설 안에서 수감자들의 손을 식품용 고기 슬라이서를 사용해 써는 기계를 발견했다. 또 다른 감방에서 이 기자는 팔 무더기를 찾아냈다. 세 번째 감방에서는 산酸에 담긴 사람의 유해가 있었다. 이 지역에서 워싱턴의 피후원자를 지키는 수호자로서 일부 사바크 요원들은 미국에서 훈련을 받았다. 사바크는 또 이스라엘 정보기관인 모사드[9]와 광범하게 연계를 유지했다. 모사드와의 연계에는 1950년대 말에 이란의 이 조직이 창설된 이래 진행된 훈련과 합동작전이 포함되었다.[7]

샤의 정치적 억압은 이란 전역에 걸쳐 짙게 드리웠지만, 정권이 꺾을 수 없는 힘의 중심이 하나 있었다. 그것은 시아파 성직자들이었다. 중북부 이란의 건조 지역에 위치한 성도聖都 콤에 근거지를 둔 시아파 종교 지도부는 이란 사회의 주축을 이뤘다. 팔라비 왕조의 대두도 이 사실은 거의 바꾸지 못했다. 샤는 세속적 정치 집단을 공격할 수

9) Mossad. 1949년에 설립된 이스라엘의 정보기관으로 정식 명칭은 '정보특수공작담당기관'이다. 아만(Aman)이 군사 정보를, 신베트(샤바크)가 국내 정보를 책임진 반면, 모사드는 해외 정보 수집과 공작을 담당한다.

있었으나 엘리트 성직자들은 대체로 건드리지 못했다. 그 결과 이란에서 일종의 이중 권위가 출현했다. 시아파 성직자 형태의 종교적 권위와 샤 정권 형태의 세속적 권위가 그것이었다. 국가권력의 구조물 아래에서는 종교적 권위의 네트워크가 이란 사회 구석구석으로 마구 뻗어나가고 있었다. 농촌의 농민과 부족 집단, 도시 노동자, 시장의 가게 주인, 군 징집병, 이 모든 사람이 콤에서 비롯한 종교 권력의 구조와 연결되었다. 이란의 이슬람 지도부 대다수는 샤의 통치를 받아들였지만, 소수의 성직자는 여전히 샤의 가혹한 세속적 권위에 분노했다. 하지만 당분간은 샤가 우월한 지배권을 갖고 있었다.[8]

1963년 1월, 샤 정권은 이란에서 철권 통치 10년째에 들어섰다. 모사데그는 여전히 가택 연금 중이었다. 사바크의 억압은 국내의 반대파 그룹들을 쫓아버렸고, 테헤란과 미국의 관계는 강했다. 하지만 샤는 철권 독재로는 충분하지 않았다. 샤는 이란을 중동의 현대적이고 산업화된 최강국으로 탈바꿈시키고 싶었다. 이를 위해 샤는 '백색 혁명'[10]이라고 이름 붙인, 이란 사회를 현대화하는 야심 찬 새 발전 프로그램을 시행했다. 프로그램의 핵심에는 옛 귀족층의 권력을 깨뜨리고 농지를 이란 농민들에게 재분배하는 포괄적인 토지개혁 운동이 자리 잡고 있었다. 더불어 샤는 산업 개혁, 여성 투표권, 문맹 퇴치 프로그램도 제안했다. 워싱턴의 관리들은 백색 혁명을 찬양할 많은 이유를 발견했지만, 이란의 아주 다양한 그룹이 이를 마땅찮게 여

10) 이란의 제2대 국왕 모하마드 레자 샤 팔라비가 1961~1978년에 이란의 근대화·서구화를 위해 주도한 개혁 정책을 말한다.

겼다. 엘리트들은 자신들의 사유지를 해체하는 토지개혁에 반대했다. 성직자들은 여성들의 정치권력을 확대하는 것과 정권이 종교학교에 개입하려는 데 반대했다. 그리고 자유주의자들은 이 프로그램이 이란의 억압적 정치 분위기를 바로잡는 데 아무 도움이 되지 않는다고 주장했다.[9]

백색 혁명에 대한 가장 뚜렷한 항의의 목소리는 이란 성직자 중 한 사람인 루홀라 무사비 호메이니로부터 나왔다. 눈매가 날카로운 60세의 종교학자는 풍채가 당당하고 위엄 있었다. 콤에서 좀 더 급진적인 성직자로 알려진 호메이니는 1960년대 초에 떠오르는 스타가 되었다. 호메이니는 샤의 개혁이 만일 성공한다면, 이란 사회에서 성직자들의 권력이 약화할 거라고 우려했다. 호메이니는 동료 성직자들에게 샤의 계획이 "이슬람의 토대를 위협하고" 있다고 경고하고, 종교 지도부가 "샤에게 저항할 의무"가 있다고 역설했다. 종교 당국은 공개적 저항에는 반대했지만, 1963년 1월 26일로 예정된 백색 혁명에 관한 국민투표를 보이콧하기로 했다. 샤 정권은 전격적인 선전 공세로 이에 대응했다. 투표가 있기 이틀 전 샤와 군 수행원들이 콤으로 가서 지지자들로 이루어진 군중에게 연설했다. 군중의 많은 이들이 테헤란에서 버스로 실어 온 사람이었다. 샤는 토지개혁의 좋은 점을 극찬한 뒤 준비된 연설문에서 시선을 들어 사람들을 쳐다보았다. "흑색[즉 성직자]의 대응을 보니 그들은 아무것도 이해하지 못하고 있습니다"라고 샤는 군중에게 말했다. "흑색의 두뇌는 1000년 동안 바뀌지 않았습니다." 샤의 개혁에 반대하는 보수적인 성직자들은 "이 나라가 발전하는 것을 보고 싶어 하지 않는" "어리석은 사람"이었다. 이틀 후 이란인들은 투표로 백색 혁명의 정책을 승인했고, 샤 정권은 승리를 선언했다. 그러나 성직자들과의 투쟁은 이제 막 시작이었을 뿐이었다.[10]

성직자들은 샤의 개혁에 항의하는 추가 표시로서 1963년 3월 21일 이란의 새해인 노루즈[11] 축하 행사에 참여하지 않겠다고 발표했다. 샤의 "폭압적 정권"은 "신성한 이슬람 법률"을 위반했다고 호메이니는 일갈했다. 호메이니는 이제 국가 보안군의 긴밀한 감시를 받게 되었다. 호메이니와 샤는 충돌이 불가피해졌다. 6월 3일, 호메이니는 널리 알려진 연설에서 샤를 "끔찍하고 비열한 사람"이라고 비난하며 백색 혁명을 포기하라고 요구했다. 군중 속에 섞여 있던 정부 요원들이 이 연설을 기록해 당국에 전달했다. 이틀 후인 6월 5일 동이 트기 전에 사바크 요원들이 호메이니의 자택을 급습했다. 호메이니는 집에 없었으나 관리들은 아들 집에 있는 그를 찾아냈고, 그는 순순히 항복했다. 체포 소식이 콤 전역에 전해지자 수천 명의 시위대가 거리로 쏟아져 나왔다. 샤는 계엄령을 선포하는 것으로 이에 대응했으나 폭력 사태를 진정시키기에는 불충분했다. 이튿날 수천 명의 시위대가 전국에서 모이는 가운데 군 탱크가 정부 청사 앞에 진주했다. 병사들은 정권을 위협하는 시위대에 발포하라는 명령을 받았다. 이 사건에 대한 CIA의 보고에서는 부대가 "명령을 잘 받들어 필요하면 군중을 향해 발포하는 데 전혀 주저하지 않았다"라고 언급했다. 정확한

11) Nowruz. 이란의 새해. 페르시아 새해라고도 한다. 카자흐스탄, 우즈베키스탄, 아프가니스탄, 키르기스스탄, 아르메니아, 아제르바이잔, 조지아, 알바니아 등지에서도 이날을 기념해 축제를 거행한다.

수치는 존재하지 않지만, 경찰 기록에 따르면 적어도 380명이 사망하거나 부상당했다. 호메이니는 10개월 동안 투옥되었다가 1964년 4월에 풀려났다. 하지만 체포하고 감금한다고 해도 성직자들은 움츠러들지 않았다. 호메이니는 샤 정권이 이란에서 근무하는 미국 군 인사의 외교적 면책특권을 연장하기로 결정했다고 비난함으로써 10월에 다시 언론의 헤드라인을 장식했다. "그들은 더는 우리를 반동주의자라고 부를 수 없습니다"라고 호메이니는 동지들에게 말했다. "중요한 사실은 우리가 미국과 싸우고 있다는 것입니다. 이 문제에 관해 전 세계의 자유 전사들이 우리를 지지할 겁니다. 우리는 전 국민이 이 샤가 미국의 첩자이며 이것은 미국의 음모임을 깨닫도록 그 문제를 샤 정권을 공격하는 무기로 활용해야 합니다."

그것은 인내의 한계를 넘는 마지막 행위였다. 1주일 뒤 사바크는 호메이니를 체포해 바로 테헤란의 공항으로 데려가 튀르키예로 가는 비행기에 태웠다. 호메이니는 그 후 14년간 망명 생활을 할 터였다.[11]

"생각할 수 없는 것을 생각하기"

호메이니를 추방한 뒤, 샤는 다시 우위를 점한 듯이 보였다. 확실히 성가시기는 하지만, 정권은 '흑색 반동주의자들'이 심각한 위협이라고 여기지 않았다. 샤는 워싱턴의 후원자들과 마찬가지로 공산주의 요원과 세속 혁명가들이 더 위험하다고 확신했다. 사바크가 반대 세력을 엄중히 단속하고 팔레스타인해방기구와 연결된 좌익 게릴라들을 추적하는 데 몰두하는 동안, 백색 혁명이 균등하지 않은 결과를 내며 계속되었다. 샤 정권의 토지개혁 프로그램이 시끄럽게 진행되다 1971년 마침내 종결되었다. 전통적인 엘리트들은 개혁에 계속 반대했지만, 주로 부유한 사업가처럼 새 정책에서 혜택을 받은 사람들은 정권에 약간의 충성심을 느꼈다. 하지만 더 큰 변화가 진행되고 있었다. 1973년 아랍의 석유 금수 조치로 촉발되어 석유 가격이 천정부지로 치솟았다.[12] 이란의 석유 산업에서 발생하는 수입이 급증함에 따라 현금이 이란으로 쏟아져 들어왔다. 이처럼 넘쳐나는 현금 유입은 긍정적인 것 같았지만, 위험한 경제적 불안도 야기했다. 걷잡을 수 없는 인플레이션과 격심한 재정적 불안정이 치솟는 석유 가격에 수반되면서, 이란의 경제를 혼란의 소용돌이 속으로 던져넣어 버렸다. 생계비 증가는 역진 소득세와 함께 노동계급을 질식시켰고, 이란 사회의 폭넓은 계층 사이에 만연한 위험한 분노를 더욱 부채질했다. 1975년경 이란은 점점 고조될 경제적 위기가 막 시작되고 있었다. 샤는 여전히 권력을 강력하게 장악했으나, 변화의 흐름은 이란을 새로운 방향으로 끌어당기고 있었다.

1978년 1월 7일 오후에 테헤란 신문《에텔라트》[13]는 호메이니가 정

12) 1973년에 원유 값이 급등하여 세계 각국에 경제적 타격을 준 경제 위기를 말한다. 1973년 10월 제4차 중동전쟁 발발 이후 페르시아만의 여섯 개 산유국이 가격 인상과 감산에 돌입하면서 배럴당 2.9달러였던 원유(두바이유) 고시 가격이 4달러를 돌파했다. 1974년 1월에는 11.6달러까지 올라 2~3개월 만에 무려 네 배나 폭등했다. 이 파동으로 1974년 주요 선진국들은 두 자릿수 물가상승과 마이너스 성장이 겹치는 전형적인 스태그플레이션을 겪어야 했다.

13) Ettela'at. 페르시아어로 '정보'라는 뜻이다.

권에 맞서 영국 식민주의자들과 공모하고 있다고 비난하는 기사를 게재했다. 신문은 이 성직자가 샤의 근대화 계획을 훼손하는 데 여념이 없는 영국 석유업자들의 유급 첩자라고 규탄했다. 진부했지만 이 기사는 콤에서 격분을 촉발했다. 망명 생활을 하는 동안 호메이니는 저술을 출간하고 설교를 녹음해 이란에 밀반입함으로써 추종 세력을 키웠다. 샤가 테헤란에서 지배를 유지하고 있던 바로 그 순간에도 호메이니의 영향력이 전국적으로 퍼져 나갔다. 신학생들은 호메이니에 대한 공격을 성직자들에 대한 공격으로, 좀 더 넓게는 이슬람에 대한 공격으로 해석했다. 그들은 이 기사와 정권에 항의하는 일련의 시위를 벌이기로 결심했다. 다음 이틀 동안 긴장이 고조되었고, 돌과 철봉으로 무장한 시위대가 콤 거리를 광포하게 돌아다니며 상점을 파괴하고 경찰서를 습격하는 폭동으로 비화했다. 경찰은 군중에 경고했지만 무시되자 발포를 개시했고, 적어도 다섯 명의 학생이 총격으로 사망했다. 이른바 콤 학살은 전국적으로 저항 세력을 결집하는 계기가 되었다. 학살은 성직자들과 그들이 통제하는 9000여 개의 모스크와 종교 기관들을 겨냥한 격렬한 투쟁 속으로 정권을 내던져 버렸다. 이 전국적 규모의 거대한 권력 기반으로부터 종교 혁명이 급격히 분출할 예정이었다.[12]

파리에 거주하던 호메이니는 시위대를 찬양했지만, 이란 내의 종교 지도자들은 분위기를 가라앉히기를 바라면서 신중을 기해 학생들에게 전통적인 40일간의 애도 기간인 아르바인[14)]을 지키라고 간청

14) Arba'een, Arba'ein으로 표기하기도 한다. 아랍어로 숫자 40을 뜻한다. '아슈

했다. 테헤란의 미국 대사 윌리엄 힐리 설리번[15)]은 시아파 운동이 이란에서 가장 잘 조직된 운동이라고 경고했다. 팔라비 정권의 관리들은 성직자들을 무지하거나 후진적이며 "비밀 공산주의자"라고 매도했지만, 설리번은 호메이니의 지지자들을 과소평가해서는 안 된다고 주장했다. 설리번은 다음과 같이 썼다. "이슬람 당국은 샤[의 정부]와 일부 서방 관찰자들이 묘사하는 정도로 허약하지도, 무지하지도 않다. 이슬람 당국은 다른 어떤 그룹보다도 인민들의 감정과 바자르의 돈을 훨씬 더 잘 장악하고 있다." 게다가 그들은 공산주의 통제에 강하게 저항했다. 하지만 호메이니의 운동은 서방의 영향력에도 똑같이 강하게 저항할 것이었다.[13]

애도 기간이 끝난 후 2월 18일에 시위대가 다시 이란의 도시들에서 거리로 나섰다. 타브리즈에서는 저항이 폭력화하여 군중들이 군, 경찰과 충돌했다. 그 결과 13명이 죽고 수백 명이 다쳤다. 미국 영사관의 관찰자들은 시위대가 잘 조율된 것처럼 보인다고 언급했다. 은행과 정부 청사, 영화관, 지역의 펩시콜라 공장이 약탈당했다. 그들은 다음과 같이 보고했다. "폭도들과 그 폭도들이 솟아 나오는 불만 계층 전체가 다시 한번 정권에 맞서 사용할 수 있는 유력한 무기가

라의 날'부터 40일 동안 이루어지는 시아파의 종교 의례를 가리킨다. 이 의례에서는 680년 카르발라 전투에서 전사한 무함마드의 손자 알 후사인 이븐 알리의 순교를 추모한다. 이란에서는 이날을 체헬롬(Chehellom, 40번째 날)이라고 부른다.

15) William Healy Sullivan(1922~2013). 미국의 외교관. 1964~1969년 라오스 주재 미국 대사, 1973~1977년 필리핀 주재 미국 대사, 1977~1979년 이란 주재 미국 대사를 역임했다.

되었다."[14] 애도 기간은 시위대의 격분을 진정시키기보다는 분노를 부채질하고 추가로 조율할 시간을 벌어주었다. 3월 말에 또다시 시위가 발생해 테헤란, 이스파한, 야즈드에서 폭력 사태가 이어졌다. 경찰이 군중을 향해 발포하면서 수십 명의 시위대가 사망했다. 다음 아르바인이 지나고 콤에서 다시 충돌이 시작되었고, 샤의 보안군이 시위대를 더 죽였다. 분위기가 가라앉고, 40일의 주기가 정권에 미리 대비할 수 있는 전술적 이점을 주었다는 사실을 시위대가 깨달으면서 6월에 충돌은 진정되었다. 하지만 어느 누구도 앞으로 일어나는 사태를 대비할 수 없었을 것이다. 1978년 8월 19일, 아바단에서 렉스 영화관이 화염에 휩싸였다. 이 대화재로 370명이 사망했다. 정권과 반대파가 서로를 비난했지만, 나중에 조사가 이뤄지면서 이슬람 전사들이 비상구를 잠근 것으로 결론 내렸다. 하지만 많은 이란인에게 이 불은 더 이상 인내하고만 있을 수 없게 하는 사건이었다. 참사가 벌어진 뒤 며칠 동안 시위 대열이 급격히 불어났고, 정권은 10개 도시에 계엄령을 선포하지 않으면 안 되었다. 반대파는 불만에 찬 신학생들의 운동으로부터 자라나 이제 이란 사회의 광범한 계층을 망라하게 되었다.[15]

샤는 민주화를 확대하고 수백 명의 정치범을 사면하며 새 정부를 구성함으로써 커져가는 시위를 진정시키려고 애썼다. 그러나 저항의 급류를 막기에는 너무 때가 늦었다. 9월 초에 이드 알피트르[16)] 축제 동안 전국적으로 수만 명이 도시의 거리로 쏟아져 나오면서 시위

16) Eid al-Fitr. 종교적 금식 기간인 라마단이 끝났음을 축하하는 무슬림의 축일.

대가 샤의 퇴위를 요구했다. 9월 7일까지 테헤란에서는 군중이 50만 명으로 불어났다. 절망에 빠진 샤는 수도에 계엄령을 선포했다. 이튿날 아침 전투가 시작되었다. 중무장 헬리콥터가 남부의 판자촌을 급습하는 동안 시위대가 도시 전역에 바리케이드를 구축했다. 충돌의 중심에는 수천 명의 학생이 정부군 탱크와 특공대에 포위된 채 농성을 벌였던 잘레흐 광장이 자리 잡고 있었다. 군중을 해산하는 데 실패한 보안군은 사격을 개시했다. 뿌연 연기가 걷히자 정권은 87명이 사망했다고 발표했다. 시위대는 4000명 이상이 학살되었다고 주장했다. 한 학자의 말을 빌리면 9월 8일, 즉 곧 '검은 금요일'로 알려지게 될 이 사건으로 "샤와 인민들 사이에는 피의 바다가 놓이게 되었고 (…) 이란은 두 개의 단순한 선택만 가능하게 되었다. 그것은 철저한 혁명 아니면 군사 반혁명이었다."[16] 이란의 기자들은 미국 관리들에게 호메이니를 비합리적이거나 외국 세력의 꼭두각시라고 치부해서는 안 된다고 경고했다. 아야톨라는 "샤보다 대중에 대한 영향력"이 더 컸다. 외국인 혐오증과 외부인에 대한 의심이 커져가면서 미국은 "절망적인 상황"에 빠졌다. 이슬람 국가의 창설은 이제 "확실해졌다"라고 이란 기자들은 주장했다.[17]

또 다른 아르바인이 검은 금요일의 학살을 뒤따랐다. 정부군은 최악의 사태를 대비했지만, 반대파 지도자들은 덜 대립적인 형태의 반란인 총파업으로 주의를 돌렸다. 검은 금요일의 학살이 벌어진 후 다음 날 테헤란 정유 공장의 노동자들이 작업을 중단했다. 10월 초에 관찰자들은 36건의 파업이 진행 중이라고 알렸다. 11월에 전국적으로 사업체와 시설이 문을 닫았다. 기자, 항공사 노동자, 세관원들이

테헤란대학교에서 파업 시위 중인 성직자들. (1979년)

철도 노동자, 발전소 노동자와 함께 파업에 들어갔다. 은행원들도 간헐적으로 파업을 벌였다. 호메이니는 망명지에서 노동자들을 응원했다. "지금부터 우리 모두 사업체 문을 닫을 때입니다. 우리를 지배하는 압제자들을 타도하는 데는 영원한 시간이 아니라 짧은 시간이면 충분할 것입니다! 상점과 공장 문을 서둘러 다시 열지 마십시오." 11월 4일, 학생들이 테헤란대학교 교문에서 경찰과 싸웠다. 다시 한번 정권은 몇 안 되는 사람이 사망했다고 주장했지만, 수천 명이 죽었다는 소문이 거리 전체에 퍼졌다. 시위대는 수도의 건물에 불을 지르는 것으로 대응했다. 샤는 군사정부를 구성하고 시위대를 겨냥해 국가 보안군을 동원한 그 순간에도 저항 세력을 진정시키려고 애를 썼다. 샤는 텔레비전 연설에서 "저는 이란 국민의 혁명을 승인할 수밖에 없습니다"라고 선언했다. 샤는 새 헌법을 제정하겠다고 약속하며 시청자들에게 다음과 같이 말했다. "저는 여러분의 혁명이 전하는 메시지, 이란 국민이 전하는 메시지를 들었습니다."[18]

테헤란대학교에서 충돌이 있은 뒤, 설리번 대사는 즉시 상관에게 "생각할 수 없는 것을 생각하기"라는 제목의 전신을 보냈다. 설리번은 샤가 살아남지 못할 가능성이 매우 현실적으로 존재하며, 호메이니에게 접근하는 것을 고려할 때가 왔다고 썼다. 대사는 어떤 응답도 받지 못했다. 한편 CIA 분석관들은 호메이니의 영향력이 "너무 세서 다른 성직자도, 민간 반대파 지도자도 그에게 반대하는 행동을 취하지 않을 것"이라고 경고했다. 국무부의 정보 담당 부서는 훨씬 더 암울한 평가를 내놓았다. 정권은 지금의 형태로 생존할 수 없으리라는 것이었다. 샤는 이란이 "혼란으로 빠져드는" 것을 막기를 바란다면, 입헌군주의 역할을 수용하거나 퇴위해야 한다. 단기적인 억압이 불가피하더라도 장기적으로 강력한 탄압은 "훨씬 더 큰 폭력으로 이어질 것이며, 권위의 총체적 붕괴와 이란 정치의 급진화를 불러일으킬 위험이 있다."[19] 그러나 향후 무슨 일이 벌어질지는 여전히 공개적인 토론의 문제였다. CIA는 다음과 같이 경고했다. "어떤 그룹이나 연합 세력도 집권할 경우 진정한 민주주의 정부를 구성하겠다는 약속을 하지 않는다. (…) 그것은 자신의 의지를 강제할 힘이 없을 것이고, 미숙한 데다 샤를 좌절시킨 똑같은 관료층에 의존할 것이며, 군부를 비롯해 야심 있는 다른 인사들의 끊임없는 표적이 될 것이다." 1978년 12월, CIA는 이렇게 보고했다. 이란 공산주의자들은 스스로 쿠데타를 실행할 자원은 부족하지만, 만일 정부가 붕괴한다면 "재빨리 이득을 볼 수 있다."[20]

샤의 정권이 붕괴를 향해 치닫는 동안, 카터 행정부 내에서는 권력투쟁이 진행되었다. 국무장관 사이러스 밴스[17)]는 국가안보 자문관 즈비그뉴 브레진스키에 맞서 행정부의 대외 정책을 두고 지는 싸움을 하고 있었다. 헨리 키신저에 상당한 민주당 인사로서 접근전에 강한 노회한 관료 브레진스키가 우위를 점했다. 밴스와 국무부가 온건한 입장을 옹호했던 반면, 브레진스키와 국가안전보장회의는 강경한 접근을 밀어붙였다. 브레진스키는 샤가 군을 총동원하여 시위대를 공격하고 반대파를 분쇄할 것이라고 확신했다. 이 분석은 설리번 대사 같은 테헤란의 관찰자들이 보내온 보고와 맞지 않았다. 샤 자신은 무력을 더 사용하면 시위를 과연 효과적으로 진정시킬 수 있을지 의구심을 표명했다. 학자 제임스 빌James Bill은 다음과 같이 썼다. "샤는 자신의 군대가 이란의 시가지에서 1만 명이 넘는 자국민을 살해하는 것을 지켜본 후 폭력적인 전술은 실패할 수밖에 없다고 결정했다." 하지만 브레진스키는 그런 우유부단함이 필요 없었다. 워싱턴에서 압도당한 후 밴스, 설리번, 국무부는 "브레진스키와 그의 참모들이 혁명에서 미국을 지는 쪽에 두는 정책을 오만하게 형성하는" 것을 지켜볼 수밖에 없었다.[21]

테헤란에서 보내온 설리번의 보고에 만족하지 못한 브레진스키는 다른 의견을 위해 자신의 특사를 파견하기로 했다. 특사는 공군 장

---

17) Cyrus Roberts Vance(1917~2002). 미국의 정치인. 1962~1964년 미국의 육군장관, 1964~1967년 국방부 부장관, 1977~1980년 국무장관을 역임했다.

군 로버트 '더치' 하이서[18]였다. 놀랄 것도 없이, 장군의 견해는 대사의 견해와 충돌했다. 설리번이 군부가 붕괴 직전에 있다고 본 곳에서 하이서는 질서를 회복할 만큼 강력한 군대를 보았다. 대사는 호메이니가 광범위한 지지를 누리고 있다고 주장한 반면, 장군은 이란인들의 10~20퍼센트만이 아야톨라를 지지한다고 평가했다. 또 하이서는 소련이 상황을 이용할 가능성을 더 우려했다. 그는 "만일 이란이 이슬람 공화국이 된다면, 궁극적으로 공산주의 진영으로 넘어갈 것이다"라고 경고했다. 비록 하이서와 설리번의 업무 관계는 화기애애했지만, 이란에 하이서가 등장한 것은 카터가 그의 대사를 전적으로 지지하지는 않는다는 분명한 신호를 보내는 것이었다. 이란의 반체제 인사들은 나중에 다음과 같이 불만을 터뜨렸다. "설리번은 이란의 상황에 가장 정통한 미국 관리였으나 그의 견해는 나쁜 소식akhbar-i bad이었기 때문에 무시당했고, 따라서 받아들여질 수가 없었다." 하이서는 샤의 군대와 대부분의 시간을 보내는 바람에 반대파 지도자들을 만나지도 못했다. 많은 이란인에게 하이서 사절단은 워싱턴이 흔들림 없이 샤를 지지하는 또 하나의 징조 같았다. 카터의 공개적 언명은 상황을 더욱 악화시켰다. 대통령은 10월 말에 "우리는 이란과 역사적으로 중요한 친선 관계를 맺고 있습니다"라고 공표했다. "나는 이란이 세계의 그들 지역에서 매우 안정적인 세력이라고 생각합니다." 심지어 1978년 12월 12일에도 카터는 군주가 테헤란에서 권좌를 유지

---

18) Robert Ernest Huyser(1924~1997). 미국 공군 4성장군. 1975~1979년 '미국 유럽 사령부' 부사령관, 1979~1981년 '군사 공수 사령부'의 총사령관을 역임했다.

할 것이라는 기대를 표명했다. "샤는 우리의 지지를 받고 있고, 우리의 신뢰도 받고 있습니다." 하지만 비공개적으로 미국 관리들은 샤가 "살아남을 가능성이 미미하다"라고 경고했다.[22]

12월이 시작하면서, 샤의 치세는 최후의 몇 주간에 들어섰다. 12월 10~11일에 수천 명의 시위대가 시아파의 축일인 타수아[19]와 아슈라[20]를 기념하기 위해 거리로 나섰다. 반대파 지도자들이 가혹한 군사적 탄압으로 피바다가 연출될 것을 우려했으나, 샤는 군대를 동원해 시위대를 공격하지 않는 쪽을 택했다. 학자들은 왜 샤가 그런 선택을 했는지 의견을 달리한다. 제임스 빌은 대규모 탄압을 자행했더라면 군대가 붕괴했을 것 같다는 견해를 내놓는다. 하지만 역사가 사이드 아르조만드Said Arjomand는 군부가 아마도 이란에서 가장 안정된 집단이었을 거라고 역설한다. 다른 혁명들과는 대조적으로, 샤의 군대는 흐트러지지 않았다. 그들은 온전한 상태를 유지했으며, 지도자가 떠난 이후에도 군주정에 여전히 충성을 다했다. 확실히 군부는 명령을 받았더라면, 시위대를 향해 무자비하게 돌진했을 거라고 아르조만드는 주장한다. 역사가 찰스 커즈먼Charles Kurzman은 답이 샤라는 개인 자신에 있다는 의견을 내놓는다. 샤는 무자비한 정권을 세웠지만, 1950년대 초 모사데그의 도전과 1963년 호메이니주의의 반란처럼 이란 역사

19) Tasu'a. 이슬람 시아파의 축일. 이슬람력 첫 번째 달인 무하람 9일이자 아슈라 전날이다. 이날 무함마드의 외손자인 후사인 이븐 알리와 그의 동료들이 카르발라에서 우마르 빈 사이드의 병력에 포위당했다.

20) Ashura. 이슬람의 시아파 축일로, 무하람 10일이다. 이날 후사인 이븐 알리가 카르발라 전투에서 순교한 것을 기리는 대규모 추모 행사를 진행한다.

에서 아주 중요한 순간에 우유부단하게 행동한 것으로 드러났다. 이에 덧붙여, 샤는 몸 안의 암이 커져가면서 건강이 악화함에 따라 생명이 끝나가고 있다는 사실을 잘 알고 있었다. 커즈먼은 또 샤의 전략이 흔히 인정되는 것보다 얼마간 더 미묘했다고 주장한다. 정권은 시위대에 당근과 채찍을 모두 주려고 했다. 만일 시위를 그만둔다면, 반체제 인사들은 개혁을 기대할 수 있었다. 그들이 계속 거리에 머무른다면, 1978년에 일상적으로 보이던 유형의 폭력을 계속 기대할 수 있었다. 끝으로 샤는 억압에는 한계가 있다고 인정했을 것이다. 시위대가 그야말로 너무 많았고, 이란의 너무 많은 지역이 격변의 소용돌이에 휘말려 있었다.[23]

"개인숭배가 형성되는 중이었다"

1979년 1월 16일, 샤는 테헤란 메흐라바드 공항의 황실관 근처에서 고국에서의 마지막 연설을 했다. 그의 눈가에 눈물이 맺혔다. 겨울의 냉기를 막아줄 양복에 오버코트를 입은 통치자는 몇 안 되는 정부 관리와 군 지도자들 앞에서 연설했다. 그는 이들에게 말했다. "나는 정부가 과거를 보상하고 또 미래의 토대를 놓는 데 성공할 수 있기를 바랍니다."

황실 근위병 둘이 샤가 "연장된 휴가"를 보내기 위해 이집트행 비행기에 오르기 전에 몸을 구부려 그의 신에 키스했다. 샤의 출국 소식은 테헤란 전역에 충격파를 보냈다. 기쁨에 찬 군중이 눈물을 흘리고, 병사들에게 꽃을 던지며 거리를 가득 메웠다. 2주 후인 1979년 2월

1일 아침에 78세의 호메이니가 에어프랑스 제트기에서 내려 이란 땅을 밟았다. 호메이니는 공항 터미널에서 환호하는 군중에게 말했다. "우리의 최종 승리는 모든 외국인이 이 나라에서 나가는 날 찾아올 것입니다. 나는 신께 모든 사악한 외국인과 그들을 돕는 모든 이들의 손을 잘라버리기를 간청합니다." 아야톨라가 테헤란 전역을 순회하자, 수백만 명이 거리에 빽빽이 늘어섰다. 국가 검열관들은 호메이니가 도착하는 광경이 방송되는 것을 막고 그 대신 샤의 사진을 내보냈다.[24]

호메이니의 전기 작가는 다음과 같이 기록했다. "개인숭배가 형성되는 중이었다. 밤사이 호메이니는 반신半神적인 인물이 되었다." 나흘 뒤 호메이니는 처음으로 공개 연설을 하러 나타났다. 호메이니는 청중들에게 말했다. "이것은 평범한 정부가 아닙니다. 샤리아[21)]에 기반을 둔 정부입니다. (…) 신의 정부에 대한 반란은 신에 대한 반란입니다. 신에 대한 반란은 신성모독입니다." 아야톨라의 이 발언은 이란에 신정국가를 창설하겠다는 의향을 처음으로 분명히 드러낸 발언이었다. 그러나 혁명 내부의 온건파(자유주의자, 중간계급 전문가, 좌파)는 호메이니의 말에 거의 주의를 기울이지 않았다. 그 대신 국민은 샤 정권의 급속한 해체에 초점을 맞췄다. 군주가 축출된 정부의 권력 조직은 재빨리 무너져내렸다. 2월 8일에 상당수의 공군 인사들이 호메이니에 대한 충성을 선언했고, 이에 샤의 황실 근위대가 반란자들을

---

21) shari'a. 이슬람교의 율법이자 규범 체계. 이슬람교가 국교인 국가의 상당수가 샤리아에 기반을 둔 법체계를 가진다.

공격했다. 이 충돌은 군부 내에 남아 있던 샤의 지지자들, 그리고 군부가 구체제를 복구하기 위해 쿠데타를 일으킬지도 모른다고 우려한 혁명가들 사이의 전면적인 투쟁으로 확대되었다. 상황을 다시 통제하려는 최후의 필사적인 노력으로 샤푸르 바크티아르[22] 총리는 야간 통행금지를 발표했다. 이에 대응해 호메이니는 추종자들에게 정부의 지시를 듣지 말라고 명령을 내리고, 샤를 지지하는 부대를 상대로 지하드를 수행할 것을 요구했다. 이튿날 아침 군 고위 장교들은 "더 이상 혼란과 유혈 사태가 계속되는 것을 막기 위해" 물러나기로 결정했다. 정부군은 기지로 돌아가라는 명령을 받았고, 샤 정권을 복구하겠다는 진지한 희망은 완전히 사라졌다.[25]

여전히 냉전 사고방식에 뿌리를 둔 미국 관리들은 공산주의 세력이 혁명으로부터 이득을 볼 가능성에 대해 걱정했다. 1월 중순에 CIA는 "급진 분자들"이 혁명가들 사이에서 갈수록 적극적으로 되어간다고 경고했다. 보수적인 종교 세력이 지배적이었지만, 좌파는 앞으로 더 큰 위협이 될 수 있을 것이었다. 국무부 관리들은 또 좌익 '이란 무자헤딘에할크'[23]와 팔레스타인 혁명가들 사이의 연계도 걱정

---

22) Shapour Bakhtiar(1914~1991). 이란의 정치인, 작가. 1952년부터 1년간 모하마드 모사데그 내각에서 노동부 차관을 지냈다. 자유주의적 성향의 야권 중심인물로 여러 차례 수감되었으나, 1978년 이후 반정부 시위가 격화되면서 반대 세력과의 타협을 이끌어낼 인물로 모하마드 레자 팔라비 황제에 의해 총리로 낙점되었다. 36일간 이란 제국 마지막 총리를 지내면서 정치범 사면, 검열 및 계엄령 완화 등 유화정책을 시행했으나 루홀라 호메이니는 타협을 거부했다. 결국 이란 제국이 붕괴하고, 그해 4월 파리로 망명했다.

23) Mujahedin-e-Khalq, MEK. 이란의 정치 조직으로, '이란 인민 무자헤딘 기

했다. 다른 보고들에서는 호메이니가 개인적으로 마르크스주의를 혐오한다는 것을 고려하면, 혁명이 좌익으로 방향을 틀 것 같지는 않다는 의견을 내비쳤다. 실제로 혁명은 매우 다른 방향으로 가고 있었다. 호메이니는 팔라비 정권에서 일하는 모든 고위 관리를 체포하라는 명령을 내렸고, 대규모 처형의 소문이 퍼지기 시작했다. 보고에 따르면, 수십 명의 전직 관리들이 체포되어 총살당했는데, 모두 공개 처형을 면치 못했다. 그사이 호메이니는 반미 수사를 더욱 강화했다. 설리번은 다음과 같이 썼다. "붕괴, 혼란, 폭력은 이란에서 오늘날의 정치가 보여주는 특징이다."[26]

구체제의 제도들이 파멸하는 가운데 승리한 반대파는 새로운 국가 건설에 착수했다. 그러나 이란에 이슬람 국가를 건설하는 호메이니의 목표를 방해하는 장애물이 하나 남아 있었다. 그것은 혁명 내부의 세속 동맹자들이었다. 성직자들이 혁명 정권에서 중심적인 자리를 정당하게 요구했지만, 온건한 세속 세력은 적어도 처음에는 잘 대표되었다. 하지만 샤가 출국한 뒤 몇 달 동안 호메이니와 지지자들은 권력 장악을 굳히는 쪽으로 꾸준히 움직였다. 메흐디 바자르간[24]

구'(People's Mujahedin Organization of Iran, PMOI)로도 알려져 있다. 1979년 이란의 팔라비 왕정을 무너뜨리는 데 공헌했으나, 혁명 뒤 보수 이슬람 정부와 거리가 멀어지면서 국외로 추방되었다. 이란에서 가장 크고 활동적인 정치 반대파 집단이며, 현재의 '이란 이슬람 공화국 정부'의 전복을 목표로 한다.

24) Mehdi Bazargan(1907~1995). 이란의 학자, 정치인. 이란 혁명 이후 초대 총리를 지냈다. 1979년 11월, 이란 주재 미국 대사관 인질 사건에 책임을 지고 총리직에서 사임했다.

치하의 '이란 임시 정부'가 공식 권력을 가졌으나, 호메이니의 '이슬람 혁명평의회'는 자체 법률을 통과시키고 법정에 대한 통제를 확대하며 '혁명수비대'에 병력을 배치하는 등 일종의 '유사' 정부로 기능했다. 혁명 내부의 허약하고 분열된 온건 세력은 조직적인 호메이니의 권력 장악 시도를 막을 가능성이 거의 없었다.[27] 호메이니는 그사이 내내 이란이 이슬람 공화국이 되어야 한다고 주장했다. 6월에 아야톨라는 지식인 중에서도 세속 비판가들을 맹비난했다. 그는 다음과 같이 역설했다. "이 운동에 참여하지 않는 자들은 어떤 권리도 주장할 자격이 없습니다. 이 혁명을 만든 것은 바로 모스크였습니다. 모스크야말로 이 운동을 낳았습니다." 호메이니는 인민들의 압도적인 지지를 계속 받았다. 3월에 있었던 국민투표(일부 반대파가 보이콧했다)에서는 98퍼센트의 투표자들이 이슬람 공화국을 창건하는 데 찬성했다. 바자르간은 훗날 "성직자들이 우리를 대체했고, 나라를 넘겨받는 데 성공했다"라고 말했다. 세속 정당들은 "혁명 후 잠이 들었다." 샤 치하에서 억압의 세월을 거치며 이란의 세속 반대파는 극도로 약해졌다. 샤 치세 말기에 성직자들은 새 정권에 대한 통제를 확고히 할 만큼 강력하게 조직적인 반대 목소리를 낼 수 있는 유일한 집단이었다.[28]

혁명의 종교적 선회는 많은 이들에게 충격적으로 다가왔다. 국무부, CIA, 학계의 분석가들은 하나같이 혁명이 신정국가로 방향을 틀 것이라고 예측하지 못했다. 1978년 11월에 설리번 대사가 보낸 "생각할 수 없는 것을 생각하기" 전신은 호메이니가 혁명 이란에서 "간디 같은" 상징적 역할을 할 것으로 예상했다. 다음 달에 제임스 빌은 이란의 성직자들이 "공식 정부 조직에는 절대 직접 참여하지 않을" 것으로 예상했다. 분석가들은 성직자들의 권력을 인정했지만, 냉전이 한창 진행 중인 상황에서 신정 혁명이라는 개념은 너무 믿기지 않아 진지하게 고려할 만한 것이 아닌 듯했다. CIA 국장 스탠스필드 터너[25)]는 1979년 3월에도 '좌파'가 혁명을 이용해 테헤란에서 권력을 잡을까 봐 우려했다. 그러나 이란의 드라마는 호메이니에 의구심을 품은 사람들이 틀렸음을 증명할 터였다. 1979년 봄에 CIA는 호메이니의 역할이 소극적으로 되어 가고 있지 않다는 것을 깨닫기 시작했다. 오히려 아야톨라가 국가에 대해 상당한, 아마도 결정적이기까지 한 영향력을 계속 행사할 것처럼 보였다.[29] 국가안전보장회의의 실무자였던 게리 시크[26)]는 훗날 이렇게 썼다. "어떤 정치적 채널도 결여된 상황에서 사람들은 샤의 시스템이 완전히 지배하지 못한 유일한 대중적 제도인 모스크에 의지했다." 구체제가 붕괴하면서 사실상 아야톨라들이 통제권을 장악할 길이 열렸다.[30] 혁명에서 세속 세력에게 가해질 결정타는 세계의 주목을 끈 국제적 사건의 형태로 다가왔다.

인질 위기

테헤란의 미국 대사관은 약 11만 제곱미터의 넓게 퍼진 구내에 자리

25) Stansfield Turner(1923~2018). 미국의 해군 제독. 1977~1981년에 CIA 국장을 지냈다.

26) Gary Sick(1935~). 미국의 이란 전문가. 포드 대통령과 카터 대통령 재임 당시 미국 국가안전보장회의에서 근무했다.

잡았다. 구내는 빙 둘러싼 벽돌 담장으로 부산한 도시로부터 분리되었다. 소나무로 그늘진 구내에는 공관과 대사관저, 직원용 건물, 테니스코트, 수영장이 있었다. 냉전 시대의 많은 미국 대사관처럼, 그것은 이란에서 미국의 힘을 보여주는 현지 얼굴이었다. 이란 혁명가들에게 구내는 수도의 한복판에 있는 제국주의 돌출부, 너무나 싫은 샤 정권을 수십 년 동안 지지해 온 적국의 본거지였다. 혁명의 물결이 밀려들면서 시위대는 대사관 외벽에 스프레이로 반미 낙서를 했고, 이따금 날아드는 돌과 총탄에 직원들은 창문에 모래주머니를 쌓고 방탄 플라스틱 판을 덧댔다. 구내는 진행 중인 이란 혁명에서 핵심 전쟁터가 막 되려는 참이었다. 1979년 10월 말에 일단의 이슬람 학생들이 대사관을 점거할 계획을 세웠다. 학생들은 권력을 바자르간의 정부로부터 성직자들에게로 이동시키기 위해 아야톨라의 깃발 아래 그렇게 할 것이었다. 성공한다면, 점거는 바자르간의 권위를 훼손할 터였다. 바자르간은 미국 외교관들을 구출할 수도 있겠지만, 그렇게 하면 방금 즈비그뉴 브레진스키와 악수하며 사진을 찍었던 총리는 제국주의의 종에 불과하다는 비난이 더욱 신빙성을 갖게 될 것이었다. 거꾸로 바자르간은 아무것도 하지 않을 수도 있겠으나, 행동을 하지 않는 것은 그의 정부를 허약해 보이게 할 터였다. 바자르간에게는 이러지도 저러지도 못하는 진퇴양난의 상황이었다.[31]

1979년 11월 4일 아침에 대단히 많은 시위 군중이 대사관 앞에 모였다. 미국 대사관 관리들은 크게 걱정하지 않으면서, 회의를 열고 문서를 정리하며 정상적인 일상 업무를 수행하기 시작했다. 당시 대사관 관리들은 그해 초에 설리번 대사가 출국해 퇴임한 뒤 대사 직무대행인 브루스 랭겐[27]이 이끄는 최소한도 인원으로 이루어져 있었다. 늦은 아침까지 군중의 규모가 더 커졌고, 몇몇 직원들이 이를 걱정스레 지켜보았다. 곧 학생들이 대사관 담장을 기어오르기 시작했다. 관리들이 문을 걸어 잠그고 민감한 문서를 정신없이 파쇄하기 시작한 가운데 문밖의 시위대가 확성기로 고함을 질렀다. "우리는 여러분을 해치기를 원치 않습니다"라고 한 시위자가 큰 소리로 알렸다. "우리는 그냥 들어가기만을 원할 뿐이오." 이란 학생들은 볼트 절단기로 아래쪽 창문의 잠금장치를 자르기 시작했다. 몇 시간도 지나지 않아 시위대는 대사관을 장악했고, 직원 수십 명을 인질로 잡았다. 사진가들이 눈가리개를 하고 손이 묶인 인질들이 줄지어 걸어가는 광경을 촬영했다. 학생들은 처음에는 대사관을 단기간 동안 상징적으로 점거할 생각이었지만, 자신들의 성공과 호메이니의 지지를 얻었다는 소식에 더욱 대담해졌다. 게다가, 중요한 사실로서 정부군이 개입하지 않으리라는 것도 분명한 듯했다. 학생들은 인질을 풀어주는 대가로 샤가 귀국해서 재판을 받을 것을 요구했다. 샤는 10월 22일에 치료를 받기 위해 미국에 입국한 상태였다. 이른바 '간첩들의 소굴'인 대사관의 점거는 이슬람 혁명 세력을 위한 주요 쿠데타로 변질되었다.[32]

카터 행정부의 관리들은 이 위기에 대처하는 모종의 방법을 찾으려고 무척 애를 썼다. 신속하게 해결할 수 있다는 처음의 희망이 점

27) Bruce Laingen(1922~2019). 미국의 외교관. 1977~1979년 몰타 주재 미국 대사, 1979~1980년 이란 주재 대사 직무대행을 지냈다.

점 꺼져가자, 브레진스키는 국가안전보장회의 직원들에게 다양한 외교적·군사적 대응책을 마련하라고 지시했다. 그들은 호메이니, 성직자 지도부와 직접 소통하는 것이 필수적이라고 판단했다. 그러나 병든 샤를 귀국시켜 혁명 법정에서 재판을 받게 하는 것은 있을 수 없는 일이었다. 한편 인질을 해치면, 인도양을 통과한 항공모함 USS 미드웨이호를 이용해 보복 공격을 가할 수 있을 것이었다. 성도 콤과 이란 유전이 잠재적인 표적 목록의 최상단을 차지했다. 팔레스타인해방기구의 관리들도 인질의 석방을 얻어내기를 바라며 워싱턴과 테헤란 사이에서 연락원 역할을 하겠다고 제안했다. 하지만 당분간 양측은 교착상태에 빠졌다. 미국은 샤를 인도하지 않을 것이었고, 이란의 혁명가들은 포로들을 풀어줄 이유가 없었다.[33] 사태를 더욱 악화시킨 것은 대사관을 장악한 학생들이 대사관 직원이 미처 불태우지 못한 기밀 국무부 문서들을 대거 획득했다는 사실이었다. 이 문서 중 많은 것들이 파쇄된 상태였지만, 이란인들은 학생들과 전역한 상이군인들로 갈가리 찢어진 문서를 다시 짜맞출 팀을 꾸렸다. 다음 6년 동안 이란인들은 3000쪽 분량의 문서를 편찬해서 85권으로 된 "미국 간첩 소굴의 문서들"이라는 시리즈로 발간할 것이었다. 이윽고 테헤란의 거리에서 미국-이란 관계에 관한 매우 민감한 공식 성명 중 일부가 동전 몇 닢에 팔릴 터였다.[34]

미국인 인질들은 이제 이란 혁명 내의 권력투쟁에서 볼모가 되었다. 대사관 점거는 급진주의의 불길을 부채질했고, 호메이니주의자들에게 임시정부 내의 온건파 지도자들을 미국의 종이라고 매도할 수 있게 해주었다. 위기를 수습할 능력이 없고 날로 거세지는 공격을 받은 바자르간 총리가 11월 6일에 사임했다. 포로 신세가 된 몇 개월 동안 인질들은 가혹한 대우를 받았다. 말썽을 부리는 직원들은 눈가리개를 하고 수갑을 채웠으며, 때로는 독방에 구금했다. 고위 관리들과 테헤란 지부에 근무하던 소수의 CIA 관리들은 심문을 받았고, 처음에는 구타도 당했다. 하지만 전반적으로 그들의 구금은 이란의 기준에서 보면 그렇게 혹독한 편은 아니었다. 실제로 미국에서 훈련받은 사바크에 의해 감옥에 갇혔던 몇몇 인질범은 훨씬 나쁜 대우를 견뎠다. 미국인 인질들로서는 자신들의 억류를 당연히 외교 규범의 터무니없는 위반으로 보았다. 혁명이 급진주의를 강화하는 쪽으로 방향을 틀면서, "아야톨라의 손님들"은 미국의 힘에 맞선 저항의 강력한 상징이 되었다.[35]

인질 위기는 카터 행정부에도 마찬가지로 강력한 상징적 굴욕을 나타냈다. 미국의 뉴스 미디어는 밤마다 텔레비전에 포로들이 처한 곤경을 방송함으로써 포로들의 석방을 얻어내지 못하는 카터의 무능력을 달갑지 않게 상기시켰다. 1980년 초에 행정부 내의 강경파가 구출 작전을 요구했다. 밴스 국무장관은 인질을 풀려나게 하려고 군사작전을 벌이는 데 반대했다. 밴스는 군사작전을 벌이면 상당한 유혈 사태가 불가피하고, 호메이니의 지배력이 더 강해질 것이라고 주장했다. 밴스가 플로리다에서 휴가 중이던 4월 11일, 카터는 구조대 문제를 논의하기 위해 고위 관리들과 회동했다. 브레진스키는 테헤란에서 "종기를 절개하고" 미국의 명예를 회복할 때가 왔다고 역설했다. 매파가 이겼고, '이글 클로 작전Operation Eagle Claw' 준비가 시작되었다. 작전을 알고 충격을 받은 밴스는 사직서를 제출했다. 4월 24일 저녁,

아라비아해에 있던 USS 니미츠호에서 출격한 시 스탤리온 헬리콥터 여덟 대와 C-130 항공기 여섯 대가 테헤란 남동부 440킬로미터 지점에 있는 외딴 활주로에서 만났다. 헬리콥터는 테헤란의 미국 대사관 구내를 급습할 델타포스 특공대 팀을 실어 나를 것이었다. 특공대의 지휘관은 "대사관에 진입하면 이란 경비병을 모두 죽이는 것이 우리의 목표다"라고 설명했다. 이란 증원군이 도착하면, 구출 팀은 105밀리미터 기관포로 무장한 C-130기에게 "거리를 쓸어버려라"라고 무전을 보낼 터였다. 그것은 십중팔구 양측 모두에 다수의 사상자를 초래할 위험이 큰 작전이었다. 하지만 급습하기 전에 헬리콥터 세 대가 고장 났고, 한 대는 C-130기와 충돌했다. 아수라장이 이어지면서 미국인 여덟 명이 사망했고, 작전 지휘관들은 임무를 중단할 수밖에 없었다. 이튿날 이란군이 잔해를 수거하고 정권이 미국에 또 한 번 승리했다고 발표하는 가운데, 인질범들은 더 이상의 구출 시도를 막기 위해 포로들을 테헤란 전역의 좀 더 안전한 곳으로 분산 감금했다.[36]

이글 클로 작전의 참사는 워싱턴의 대對중동 정책에서 일어난 더 큰 변화가 가장 극적으로 표출된 현상에 불과했다. 1979년 10월 1일, 지미 카터는 '신속전개군'[28)]의 창설을 발표했다. 1980년 초 '신속전개합동 특수임무부대'로 이름을 바꾼 부대는 제82 공수사단과 제101

---

28) Rapid Deployment Force, RDF. 1979년 3개 사단으로 창설된 이 부대는 1980년 3월 '신속전개합동 특수임무부대(Rapid Deployment Joint Task Force, RDJTF)'로 크게 확대되었고, 1983년 1월 1일 '미국 중부사령부(U.S. Central Command, USCENTCOM)'로 재편되었다.

공수사단, 제7 해병 상륙여단, 제24 기계화사단, 제6 기갑여단, 육군 레인저와 특수부대, 공군 전술전투 비행단, B-52 부대, 3개 항공모함 전투군에 의지해, 필수적인 석유 공급 루트를 보호하기 위해 미국의 군사적 개입을 실행할 능력을 부여하기로 계획된 다목적 전투부대를 배치했다.[37] 중동 지역에서 여러 격변 사태가 증가하고 있다는 사실을 감안해 신속전개합동 특수임무부대의 역할은 곧 확대되었다. 레이건 행정부는 1981년에 이 특수임무부대를 전구급戰區級 사령부로 변경할 의향을 표명하고, 2년 뒤 '미국 중부사령부'[29)]를 설립했다. 중동, 북아프리카, 중앙아시아, 요컨대 이슬람 세계의 핵심 지역에 초점을 맞추는 중부사령부는 포스트냉전 시대에 가장 활동적인 미군 사령부가 될 터였다.

이란 혁명은 모스크바의 지도자들에게도 문제를 야기하고 있었다. 미국의 분석관들은 정치적 이슬람의 부활은 워싱턴에 단기적인 문제를 일으켰지만, 이란 혁명과 같은 사태는 소련에 더욱 심각한 장기적인 위험을 제기했다고 경고했다. 소련 지도자들은 이슬람 근본주의의 '바이러스'가 자국의 무슬림 주민들에게도 확산될까 봐 우려했다. 호메이니가 모스크바를 비판하자, 소련군은 이에 대응해 이란에서 나오는 무선 신호를 방해하기 시작했다. 8월에 CIA는 모스크바와 테헤란의 관계가 "기껏해야 차갑고" 좋아질 것 같지 않다고 결론

29) United States Central Command, USCENTCOM. 미국 국방부의 통합 전투 사령부로 중동과 아프리카의 이집트, 중앙아시아 지역을 담당한다. 플로리다주 탬파 맥딜 공군기지에 본부를 두고 있다.

지었다. 소련에 대한 호메이니의 반감은 혁명 이후 이란에서 영향력을 확대하고자 하는 크렘린의 노력을 좌절시켰다. 이 반감은 어느 정도는 무신론적 마르크스주의에 대해 이란 지도자가 품고 있던 깊은 의심에서 비롯한 것이었다. CIA는 다음과 같이 언급했다. "모스크바는 미국도 그렇게 잘하고 있지 못하다는 사실에서 위안을 약간 얻겠지만, 소련도 최근 몇 주 사이에 호메이니와 그의 지지자들이 권좌에 있는 한 진전을 볼 수 없다고 아마 결론을 내렸을 것이다." 1979년 9월, 소련 지도자들은 테헤란의 '신정' 정권을 공개적으로 비판하기 시작했다. 소련 정부를 대변하는 모스크바의 일간 신문 《이즈베스티야 Izvestia》는 테헤란이 "종교적 광신과 반공 히스테리를 불러일으킴"으로써 이란 인민들을 돕기 위해 아무것도 하지 않는다고 주장했다. 소련 지도자들이 훨씬 더 심각하게 우려한 것은 아야톨라들이 그들의 혁명을 이 지역의 다른 국가들에 수출하는 조치를 취하고 있다는 점이었다.[38]

10월에 CIA는 호메이니와 동지들이 "이웃 국가들에서 시아파 반체제 인사들을 고무하고 일부는 지원하고" 있다고 경고했다. 이라크는 혁명을 수출하기를 바라는 이란 지도자들에게 "가장 폭발적인" 잠재적 목표물이었다. 이라크 국민의 55퍼센트는 시아파였고, 이라크에는 나자프와 카르발라에 성전도 있었다. 그리고 두 국가는 수세기 동안 경쟁자였다.

이라크 지도자들은 이란이 "시아파 공동체에 관여하는" 것에 여전히 매우 민감했다. 이란의 발언들은 바레인과 쿠웨이트의 시아파 반체제 인사들도 자극했다. 호메이니가 아프가니스탄인들에게 "이란을 교훈 삼아" 친소련 정부를 "축출"하라고 요구하자 국경 너머에서 우려를 불러일으켰다. 분석관들은 아프가니스탄에서 "부족 반란"은 인접국 이란에서 일어난 혁명을 본받은 것이라고 설명했다. 이란은 "행동주의적인 대외 정책을 추구"할 것 같지는 않지만, "이란 성직자들의 메시아적·범이슬람적 급진주의는 이란과 [그 인접국들] 사이의 관계를 계속 긴장시키고, 공동 대응을 조직하고자 하는 아랍 국가들의 노력을 고무할 것"이라고 CIA 분석관들은 결론 내렸다. 특히 이라크는 이란 혁명을 자신의 지역적 영향력을 높이는 구실로 이용하면서 "걸프 해역[30]의 보호자 역할을 할" 것 같았다.[39]

이란의 생각할 수 없는 혁명은 제3세계에서 냉전의 토대를 뒤흔들었고, 중동을 변모시킬 혼란의 파도를 촉발했다. 호메이니는 곧 냉전 시대의 맨 앞에 선 포스트식민주의 혁명가들 중 한 명으로 마오쩌둥과 호찌민급 대열에 합류할 것이었다. 그전의 중국 혁명과 베트남 혁명처럼 이란 혁명은 이웃 국가들에서 일련의 전쟁을 부채질하는 데 일조했고, 미국과 소련은 이에 자극받아 냉전 국경 지대의 새로운 전역戰域에 대한 군사적 개입을 더욱 확대했다. 테헤란은 냉전 시대의 세 번째이자 마지막으로 몰아친 거대한 혁명적 폭력의 중심으로 등장할 터였다. 이란 혁명과 뒤이은 사태에 대한 카터 대통령의 대응은 이 지역에서 미국의 군사적 주둔을 대대적으로 증가시키는 기초를 놓았다. 그러나 미국은 냉전 말기의 거대한 종파 반란에 처음 개입하

30) Gulf. 페르시아만을 가리킨다.

는 초강대국은 아닐 것이었다. 소련 지도자들은 이웃한 아프가니스탄에서 그들 자신의 전쟁을 이미 시작한 상태였다.

16

소련의 아프가니스탄 개입

1978~1979

"소련이여, 카불은 당신들의 무덤이 될 것이다."

이집트 카이로에서 벌어진 반소련 시위의 구호

16

모스크바가 두려워했듯이, 테헤란에서 전개된 정치적 드라마는 주변 지역에 반향을 불러일으켰다. 채 1년도 지나지 않아 이란과 국경을 공유한 네 개의 국가 중에서 3개국이 전쟁을 벌이고 있었다. 크렘린에 앉아 있는 사람들에게 이란의 이웃 국가 중 아프가니스탄보다 더 골치 아픈 나라는 없는 것처럼 보였다. 이란에서 벌어진 사건들은 세속 혁명의 흐름을 바꿔놓은 반면, 아프가니스탄의 이야기는 지배적인 마르크스주의 서사와 더 잘 부합하는 것 같았다. 아프가니스탄에서는 1978년에 일어난 혁명으로 공산당이 권좌에 올랐다. 새 정권은 이 지역에서 소련의 영향력을 극적으로 강화하는 문을 열었다. 그러나 겉모습은 기만적일 수도 있었다. 공산주의 지도자들이 아프가니스탄 수도에서 지배를 확고히 하던 그 순간에 이슬람 반란자들은 농촌에서 세력을 확대했다. 1979년 말, 정권은 커져가는 반란에 봉착했다. 모스크바의 지도자들로서는 카불의 마르크스주의 정권을 지켜 테헤란에서 뿜어져 나오는 이슬람 급진주의를 막는 성채로 활용하기를 바랐다. 그러나 반란이 내륙 지역으로 확산되자 '아프가니스탄 인민민주당'은 점점 더 궁지에 몰리게 되었다.

1979년 후반기에 모스크바, 워싱턴, 이슬라마바드는 아프가니스탄에서 전쟁을 개시했다. 이란 혁명으로 고조된 상호 불안감이 세 수도의 지도자들을 지역적인 아프가니스탄 권력투쟁에 개입하도록 몰아세웠다. 소련이 카불의 정권을 미국과 전투적인 이슬람의 영향력을 막는 성채로 만들려 하는 동안, 미국과 파키스탄은 무자헤딘, 즉 소련군에 맞서 싸우는 아프가니스탄 게릴라 전사들을 지원하는 루트를 개설했다. 주요 행위자 중 어느 누구도 자신들이 내린 결정의 결과를 예측할 수 없었을 것이다. 냉전이 끝나갈 즈음에 아프가니스탄은 초강대국 투쟁의 마지막 거대한 전장이 될 터였다. 소련은 카불의 아프가니스탄 인민민주당을 구할 요량으로 대대적인 냉전 개입을 단행했다. 미국은 소련을 상대로 하는 지하드로 성장할 반란에 자금을 대는 것으로 이에 대응했다. 이 프로그램에서 미국의 동맹국인 파키스탄 정부, 중국 정부, 사우디아라비아 정부는 아프가니스탄에서의 충돌을 그들의 지역적 영향력을 높이는 수단으로 이용했다. 이 과정에서 파키스탄은 이슬람 세계의 주요 행위자로 등장하고 1971년 방글라데시에서 패배할 때 상실했던 자존심을 어느 정도 회복할 수 있을 것이었다. 아프가니스탄에서 벌어진 전쟁은 지구적인 지하드 운동이 시작되는 데 일조했고, 이 운동의 맹위는 그 후 다음 세기까지 계속 오랫동안 반향을 불러일으킬 터였다. 아프가니스탄을 위한 전투는 냉전과 그 후의 세계를 변모시켰다.

제국의 무덤

아프가니스탄에서 반란은 새로운 것이 전혀 아니었다. 실제로 긴밀한 국가 통제보다는 통치되지 않는 공간이 이 나라의 전형적인 모습이었다.

이른바 제국의 무덤은 남아시아와 중앙아시아, 중동, 중국이 수렴하는 곳인 힌두쿠시산맥의 동부 지대를 차지한다. 메마른 토지에 태워버릴 듯한 여름 더위와 얼음처럼 찬 겨울바람이 더해지면서 더욱 으스스한 광경이 펼쳐지는 아프가니스탄은 험준한 바위산과 푸릇푸릇한 계곡, 깊고 찬 강으로 이루어져 있다. 국민은 다수가 수니파 무슬림이지만, 인종적·부족적 구분에 따라 분열되어 있는데 파슈툰족과 타지크인들이 가장 큰 인종 그룹을 대표한다. 험준한 산등성이들이 교차하는 아프가니스탄의 위압적인 지형 덕분에 이 구분은 더욱 뚜렷해졌다.

제3세계 전역의 많은 국가처럼, 아프가니스탄의 근대 국경은 유럽의 제국 권력에 의해 설계되었다. 수세기 동안 이 땅은 동쪽으로는 중국, 남쪽으로는 인도, 서쪽으로는 페르시아와 유럽을 연결하는 고대 실크로드의 본거지였다. 아프가니스탄의 바위투성이 높은 산길은 인도로 가는 주요 육상 접근로들을 호위하면서, 19세기와 20세기 초에 아프가니스탄을 러시아 제국과 영국 제국 사이의 역사적인 변경 지대로 만들었다. 19세기 내내 영국 제국과 러시아 제국은 아프가니스탄에서 영향력을 놓고 경쟁을 벌였다. 이른바 그레이트 게임[1] 덕분

1) Great Game. 러시아에서는 '그림자 토너먼트'라고 한다. 중앙아시아의 패권을 차지하기 위해 대영제국과 러시아 제국 사이에 벌어진 전략적 경쟁을 뜻한다. 보통 1813년의 러시아-페르시아 조약부터 시작해 1907년의 영국-러시아 협상으로 끝을 맺지만, 일부에서는 1905년의 러일전쟁이나 1917년의 러시아 10월 혁명을

에 이 국가는 러시아 제국과 인도의 영국 식민지 당국 사이에서 완충지대로 남았다. 몇 세대에 걸친 외국의 간섭은 아프가니스탄의 장엄한 지형과 결합하여 비교적 취약한 중앙정부가 대체로 고립되고 자율적인 '촌락-국가들'의 복합체를 지배하는 국가를 창출했다.[1] 대부분의 아프가니스탄인에게 부족의 유대는 멀리 떨어진 카불 정부와의 연계보다 더 중요했다. 수도의 권력투쟁과 정책 토론은 나라의 오지 계곡에 자리 잡은 먼지 가득한 마을의 주민들에게 거의 영향을 주지 못했다.

많은 아프가니스탄 사람들은 외부 세계에 관심이 없었지만, 외부 세계는 여전히 그들에게 관심이 있었다. 냉전은 소련의 남부 변경 지대를 따라 자리 잡은 완충 국가로서 아프가니스탄의 지정학적 중요성을 재차 부각했다. 1950년대에 드와이트 아이젠하워가 소련의 팽창에 맞서 방어벽 역할을 할 중동과 중앙아시아의 동맹국을 찾으려 한 '북부 국가군 전략Northern Tier Strategy'을 개발하자, 아프가니스탄은 워싱턴과 모스크바 모두에게 가능성 있는 국가로 보였다. 1950년대 말에 니키타 흐루쇼프는 미국이 이 국가를 미국의 군사기지, 즉 워싱턴이 소련을 "포위"하기 위한 전방 진지로 만들 수도 있다고 우려했다.[2]

아프가니스탄은 1960년대 초에 냉전 투쟁의 중심 무대가 거의 아니었지만, 크렘린의 사람들은 아프가니스탄에서 자신들의 영향력을 열심히 강화했다. 1965년 아프가니스탄 인민민주당이 창당되자 소련 지도자들은 아프가니스탄의 공산주의자들과 유대를 돈독히 하

종결점으로 보기도 한다.

려고 애썼다. 1973년에 아프가니스탄 인민민주당은 모하마드 다우드 칸[2] 총리가 모하마드 자히르 샤[3] 국왕에 맞서 무혈 쿠데타를 일으키는 것을 도왔고, 이 쿠데타로 군주정이 폐지되고 아프가니스탄은 공화국이 되었다. 다음 5년간에 걸쳐 다우드는 이 다루기 힘든 나라를 좀 더 강력한 근대국가로 만들기 위해 노력했다. 파키스탄 지도자들이 양국 간 낮은 수준의 갈등의 일부로서 아프가니스탄 내의 반란자 그룹을 지지하는 동안, 1960년대에 아프가니스탄 인민민주당의 파르참파[4]와 할크파[5] 사이에 시작되었던 균열이 긴장의 원천 역할을 지속했다. 아프가니스탄이 사회주의국가가 되려면 먼저 근대화될 필요가 있다고 확신한 파르참파는 점진적인 개혁을 옹호했다. 이와는 대조적으로, 좀 더 급진적인 할크파는 아프가니스탄에서 즉각적이고, 필요하다면 폭력적인 사회주의혁명을 모색했다.

---

2) Mohammad Daoud Khan(1909~1978). 아프가니스탄의 정치인. 1953~1963년에 아프가니스탄 총리를 지냈으며, 1973년 7월 공산주의 '할크'파와 협력해 쿠데타를 일으켜 아프간 공화국의 초대이자 마지막 대통령이 되었다. 1978년 4월 28일, 대통령궁을 포위한 혁명군과 수비대 간의 전투 와중에 가족과 함께 살해당했다.

3) Mohammad Zahir Shah(1914~2007). 아프가니스탄 왕국의 마지막 군주(재위 1933~1973). 1973년 사촌이자 총리였던 모하마드 다우드 칸의 쿠데타로 왕위에서 물러났다.

4) Parcham. 1967년에 형성된 아프가니스탄 인민민주당 내의 정파. 파르참은 '깃발', '기치'라는 뜻이다. 바브라크 카르말, 모하마드 나지불라 등이 지도자였다. 아프가니스탄에서 이슬람 사회주의를 점진적으로 실현할 것을 주장했다.

5) Khalq. 1967년에 형성된 아프가니스탄 인민민주당 내의 정파. 할크는 '대중' 혹은 '인민'이라는 뜻이다. 누르 모하마드 타라키, 하피줄라 아민 등이 지도자였으며, 아프가니스탄의 급진적 혁명을 위해 계급투쟁과 대중 조직 접근을 옹호했다.

1975년 여름에 잡다하게 모인 부족 지도자들이 다우드 정권에 맞서 전국적인 봉기를 일으켰다. 반란은 형편없이 조직되었고, 그 지도자들은 영웅적인 좌익 게릴라 전쟁이라는 관념에 마음을 빼앗겼다. 그 결과 반란자들은 성직자들과 대다수 농민의 지지를 받지 못했다. 그들은 자신들을 진압하기 위해 진입한 정부군의 손쉬운 표적이 되었다. 정부군은 수백 명의 젊은이와 수십 명의 지식인을 체포했으며, 그중 많은 이를 재판 없이 투옥하고 처형했다. 반란자들이 성과를 낼 수 있었던 유일한 지역은 북동부 지역이었다. 다우드의 야만적인 대응은 질서를 회복시켰고, 그와 동시에 반란자들에게 귀중한 교훈도 가르쳤다. 즉 반란이 성공하려면 성직자들의 지지가 중요하고, 또한 반란자들은 농민층 및 군부와 긴밀하게 협력해야 할 거라는 사실이었다. 그러나 그 후 수백 명의 지도자가 강력한 탄압을 받고 살해되면서, 그들의 부재는 더욱 성공적인 또 다른 반란이 개시될 다음 10년 동안 매우 아쉽게 느껴질 터였다.[3]

다우드는 내분을 수습하려 애쓰는(1976년에 파르참파와 할크파를 금지했다) 한편, 국제 무대에서 유력한 행위자들과 카불의 유대를 증진하려 했다. 1974년에 다우드는 모스크바를 방문해 이웃과 선린 관계를 발전시키기를 열망하는 소련 지도자들로부터 5억 달러 원조 패키지를 얻었다. 다우드는 또 이란의 샤에게도 접근해 20억 달러 원조 약속을 받았다. 그는 1978년 9월에 워싱턴을 찾기로 했다. 이 계획된 방문은 다우드가 미국 쪽으로 강력하게 기울고 있다고 모스크바가 해석한 일련의 행동에서 가장 우려되는 사건이었다. 이듬해 또 한 번 모스크바를 방문하는 동안 아프가니스탄 지도자는 브레즈네프와의 회담 석상에서 뛰쳐나왔다. 크렘린에는 마치 이란과 CIA가 다우드를 서방 진영으로 끌어들이고 있는 것처럼 보였다. 다우드의 이탈은 아프가니스탄을 취약한 소련의 남부 변경 지대에서 또 하나의 서방 기지로 만들 위험이 농후했다.[4]

1978년 4월 중순, 긴장이 고조되면서 저명한 아프가니스탄 공산주의 지도자 미르 아크바르 카이바르[6]가 암살당했다. 아프가니스탄 인민민주당을 광범하게 탄압하는 시발점으로서 정권의 명령에 따라 살인이 이루어졌다는 소문이 전국적으로 퍼져 나갔다. 살해에 대한 대응으로 반정부 시위가 아프가니스탄 전역에서 발생했다. 다음 주에 보안군이 공산주의 지도자 일곱 명을 체포했고, 그 뒤를 이어 친공산주의 공무원 수백 명이 숙청당했다. 4월 27일, 공산주의 군 장교들이 정권을 상대로 쿠데타를 단행해 다우드와 그의 가족 대부분을 죽였다. 사흘 후 군 사령관들은 정부 통제권을 아프가니스탄 인민민주당의 할크파 지도자인 누르 모하마드 타라키[7]에게 이양했고, 그는 아프가니스탄 민주공화국의 건국을 선포했다. '사우르 혁명Saur Revolution'으로 알려지게 되는 이 쿠데타는 마르크스주의 정권을 카불의 권

---

6) Mir Akbar Khaibar(1925~1978). 아프가니스탄의 좌익 지식인, 아프가니스탄 인민민주당 파르참파 지도자. 1978년 4월 17일 자신의 저택에서 모하마드 다우드 정권이 보낸 비밀 요원에게 암살당했다.

7) Nur Mohammad Taraki(1917~1979). 아프가니스탄의 정치인. 1965년 아프가니스탄 인민민주당을 창당하고, 1973년부터 하피줄라 아민과 함께 당내 급진파를 대표했다. 1978년 사우르 혁명에 적극 가담하여 아프가니스탄 민주공화국을 창립한 뒤 각료회의 의장(총리) 및 혁명평의회 의장을 역임했다. 1979년부터 하피줄라 아민과 대립해 그해 10월 암살당했다.

좌에 올려놓았고, 다음 세기까지 이어질 투쟁의 장을 마련했다.[5]

사회주의로 가는 길

사우르 혁명은 모스크바에 딜레마를 안겼다. 소련의 KGB는 아마도 쿠데타가 일어날 것임을 눈치채고 있었겠지만, 쿠데타의 실행은 마구잡이로 이루어진 데다 시기도 너무 일렀다. 혁명은 분열된 공산당이 통제하는 정권을 권좌에 올려놓았다. 게다가 이 공산당은 부족 간 분쟁으로 갈라진 저개발 국가에서 서로 아웅다웅하는 미숙한 지도자들이 이끌고 있었다. 이는 사회주의 유토피아를 건설하는 데 유망한 토대라고 할 수가 없었다. 그렇지만 아프가니스탄의 전략적 중요성은 부인할 수 없는 사실인 것 같았고, 크렘린은 소련과 긴 국경을 맞대고 있는 나라를 막 장악한, 같은 처지의 마르크스주의 정권을 모른 체하고 싶지 않았다. 타라키는 카불 주재 소련 대사와 만난 자리에서 "마르크스·레닌주의를 따르는 아프가니스탄은 사회주의를 건설하는 길로 들어설 것이며, 사회주의 진영의 일원이 될 것입니다"라고 역설했다. 하지만 저항을 유발하지 않도록 좀 "나중에" 아프가니스탄 인민들에게 이 목표를 알리는 것이 필수적일 거라고 타라키는 덧붙였다. 그러나 소련 관리들은 아프가니스탄 인민민주당이 파르참과 할크로 계속 분열되어 있다는 사실에 난감해했다.[6] 그럼에도 모스크바는 아프가니스탄에 막대한 액수의 개발원조를 보낼 준비를 했다. 7월에 소련 학술원 대표단이 카불에 도착했다. 타라키는 대표단을 따뜻하게 맞이했다. 그는 모스크바가 아프가니스탄 인민민주당이 "아프간 인민들의 꿈을 실현할 수 있도록" 돕고, 현실적 계획을 개발해 실행에 옮기려 애쓰고 있다고 설명했다.[7]

미국 관리들은 곧 문제가 발생할 것 같다고 생각했다. 아프가니스탄 공산주의자들 사이의 내분은 권력을 확고히 하려고 애쓰는 새 정권을 위협했다. 미 국무부는 "장기적으로 전통적인 종교 지도자들에 자극받은 아프가니스탄 부족들이 농촌 지역에서 소란을 일으켜 카불의 '무신론 공산주의자들'에게 부담을 줄" 것으로 예측했다.[8] 카불의 미국 대사 아돌프 덥스[8)]는 새 정부가 "압도적으로 소련에 의존"하고 있다고 경고했다. 타라키와 아프가니스탄 인민민주당은 소련에 "이념적으로 영감을 받았으며," 재정적·기술적 도움을 받으려고 점점 더 모스크바에 의지했다. 카불의 새 지도부는 농업 집단화를 중심으로 한 소련식 개발 모델을 시행하기를 원했다. 마르크스주의 지도부는 "아프가니스탄 인구의 소수파를 대표한다"라고 대사는 언명했다. "아프가니스탄 내부의 중간계급, 성직자, 부족들 사이에 정권에 대한 상당한 반대가 존재한다." 이 반대에 비추어 볼 때 아프가니스탄의 "산악 부족 지역에서 암살, 테러 활동, 게릴라전"이 발생할 가능성이 매우 높았다. 그사이에 모스크바는 "소비에트가 지배하는 정권"을 수립하는 한편 아프가니스탄에서 개발을 고무하려고 할 것이었다. 대사는 다음과 같이 주장했다. 페르시아만이 서방의 안보 이익에서 차

---

8) Adolph Dubs(1920~1979). 미국의 외교관. 1978~1979년에 아프가니스탄 주재 미국 대사를 지냈다. 1979년 2월 카불에서 이슬람 무장 세력에 납치당했다가 구출 과정에서 사망했다.

지하는 중요성을 감안하면, "아프가니스탄에서 소련의 지지를 받는 정권이 제기하는 새로운 안보 위협에 맞서 이란과 파키스탄을 강화하기 위해 할 수 있는 일을 모두 해야 한다."[9]

1978년 11월, 아프가니스탄 부총리 하피줄라 아민[9)]의 연설은 미국의 의구심을 잠재우는 데 거의 아무런 역할도 하지 못했다. 덥스 대사가 "비굴하고 야단스럽다"고 평한 연설에서 아민은 사우르 혁명을 모스크바에서 볼셰비키를 권좌에 올려놓은 "위대한 10월 혁명의 연장선상"에 있다고 선언했다. 덥스는 다음과 같이 썼다. "아프가니스탄 혁명 운동을 북부 이웃 국가의 혁명과 명백히 동일시하고 있다." 그렇게 하면서 정부 지도자들은 "그들의 국가가 사회주의국가라고 공개적으로 언명하고 소련에 굽실거리는 것처럼 보임으로써 확실히 많은 아프가니스탄 사람의 기분을 상하게 했다." "끝없이 보드카가 제공"된 소련 대사관의 연회에 대해 언급하며, 덥스는 카불의 정권이 부족의 불안과 반란에 대한 두려움 때문에 모스크바의 품에 안길 수 있다고 추측했다. "부족 지역에서 계속되는 소요와 이른바 반[정부]세력이 외부로부터 지원을 받고 있다는 증거에 걱정이 된 새 정권은 자신들이 위협받고 있으며, 그러므로 궁극적인 보호자로서 소련에 의지

9) Hafizullah Amin(1929~1979). 아프가니스탄의 정치인. 아프가니스탄 민주공화국의 각료회의 의장 및 혁명평의회 의장을 지냈다. 1978년 4월 27일 바브라크 카르말, 누르 모하마드 타라키 등과 함께 쿠데타를 일으켜 대통령 모하마드 다우드 칸을 살해했다. 그 후 타라키와 정치적 갈등을 일으키다 1979년 9월 16일 쿠데타를 일으켜 그를 죽였다. 그러나 1979년 12월 소련의 아프가니스탄 침공 과정에서 소련의 KGB 요원들에게 살해당했다.

해야 한다고 절실하게 느낄 것이다." 덥스는 수개월 내에 바로 이 불안의 희생자가 될 거라는 사실을 꿈에도 생각하지 못했을 것이다.[10]

주민들이 카불에 대해 품은 분노의 많은 부분은 정권의 개발 프로그램에서 비롯했다. 아프가니스탄 인민민주당의 근대화 계획은 권력을 카불에 집중하기 위해 전통적인 부족적 권위 구조를 깨뜨리는 데 목표가 있었다. 지역의 경쟁자들이 제거될 것이고, 역사적으로 분산된 아프가니스탄의 정치적 권위는 공산당이 이끄는 강력한 근대 국가로 대체될 터였다. 전국적인 문맹 퇴치 운동과 이념에 기반을 둔 학교 교과과정 개혁은 아프가니스탄 인민민주당의 마르크스주의 비전에 헌신하는 국민을 창출할 것이었다. 새 정권은 이와 동시에 파슈툰족 지도자들을 권력의 자리에 올려놓았다. 정치학자 바넷 루빈Barnett Rubin은 "그것은 아프가니스탄 역사상 가장 파슈툰적인 (…) 정부였다"라고 말한다. 1978년 7월부터 12월 사이에 정권은 광범위한 개혁을 개시했다. 토지개혁, 농업 협동조합 창설, 농촌 융자를 위한 새 법규 시행, 혼인법 개정 등이 그것이었다. 이러한 변화는 전통적인 사회적·경제적 권력 네트워크를 무너뜨리고 그것을 국가 통제 메커니즘으로 대체하는 데 목표가 있었다. 정권은 이러한 정치적 변화 노력과 함께 포괄적인 억압도 시행했다. 4월 쿠데타 때부터 수십 명의 이전 관리들을 투옥하거나 처형했다. 그런 다음 정권은 잠재적인 정치적 경쟁자로 여긴 이슬람교도, 마오쩌둥주의자, 파르참파를 겨냥했다. 학생, 교사, 군 장교, 소수자들이 그다음이었다.[11]

그러나 아프가니스탄 인민민주당의 프로그램에 대한 반대는 1979년 초 내내 계속되었다. 미국의 기밀문서에서는 사우르 혁명에 뒤이어 시작된 "지역적인 부족 싸움은 그 후 전국적인 반란으로 커졌다"라고 보고했다. 힘겹게 싸우는 정부군은 점점 더 소련의 원조와 군사자문관들에 의지하게 되었다. 상황이 악화한다면 카불이 새해에 소련의 직접 개입을 요청할 거라고 "생각할 수" 있었다. 하지만 모스크바는 "불신받는 정권을 지탱하려고 무한정 애를 써야 하는 수렁에 빠지는" 것이 두려워 직접 개입을 꺼릴 것이었다. 그사이 반정부 전사들은 "나라의 절반 이상에서 아무 제약 없이 활동하며" 몇몇 정부 진지를 짓밟을 수 있었다. 부족 반란자들은 중앙 지도부가 없지만, 게릴라전에 숙달되어 있고 농촌에서 무한정 생존할 수 있었다. 이 문서에서는 다음과 같이 예측했다. "전통적으로 독립적인 주민 대다수의 적의에 직면한 정권은 (…) 집권 두 번째 해를 견딜 가능성마저 없는 것 같았다."[12] 점점 더 폭력적으로 되어 가는 저항은 농촌 지역에서 더 만연했지만, 심지어 수도의 거리에서도 나타났다.

대중을 궐기시키기

1979년 2월 14일 아침 8시 30분경, 경찰관 복장을 한 무장 괴한이 카불의 교차로에서 아돌프 덥스 미국 대사가 탄 차를 세웠다. 네 명이 차 안으로 밀고 들어와 운전기사에게 카불 호텔로 향하라고 명령했다. 납치범들은 덥스를 밀치며 붐비는 로비를 지나 2층의 한 객실로 올라갔다. 미국 대사관의 관리들이 득달같이 호텔로 달려와 현장에 도착한 아프가니스탄 경찰을 만났다. 경찰관들이 9시 15분에 무장 범인과 접촉해 간간이 협상을 벌이는 동안 저격수와 특공대가 밖에 위치를 잡았다. 미국 관리들은 현장의 경찰과 소련 관리들에게 자제해 달라고 촉구했다. 하지만 경찰이 객실을 급습할 의향이 있음이 분명했다. 협상이 몇 시간 계속되었고, 그사이에 미국 대사관의 정치 참사관 브루스 A. 플래틴Bruce A. Flatin은 문의 열쇠 구멍을 통해 덥스와 소통할 수 있었다. 하지만 플래틴은 아프가니스탄 경찰이 그에게 '덥스에게 10분 동안 기다리고 그런 다음 욕실로 향하든지 바닥에 엎드릴 것을 지시하라'고 말하자 깜짝 놀랐다. 강습強襲을 우려한 플래틴은 신중을 기할 것을 호소했으나, 경찰은 공격 명령을 받았다고 주장했다. 낮 12시 50분이 되기 직전 경찰은 민간인들을 현장에서 이동시키기 시작했다. 그 후 곧 객실과 복도와 거리에서 "집중 사격"이 가해졌다. 약 40초 후 사격이 끝났다. 자욱한 화약 연기를 뚫고 미국 관리들이 객실로 진입했다. 그러나 덥스는 옷장 옆에 쓰러져 숨이 끊어진 상태였다. 오른쪽 눈 위와 가슴, 손목에 총탄 구멍이 나 있었다. 경찰은 교착상태 초기 단계에 사로잡힌 납치범 중 한 명을 구타하는 한편, 피에 젖은 다른 무장 괴한들의 시신을 끌어냈다.[13]

덥스의 죽음은 워싱턴에서 한바탕 행동을 촉발했다. 분노의 많은 부분은 소련 관리들을 향했다. 미국은 그들이 대사를 구출하는 것보다 납치범들을 제거하는 데 더 관심이 있었다고 주장했다. 《뉴욕 타임스》는 대사의 죽음이 모스크바와 워싱턴의 관계를 긴장시킬 거라고 했다. 이와 동시에 미국이 이란 혁명에서 고조되는 폭력 때문에 테헤란에서 비필수 인력을 소개하겠다고 결정하자, 이 지역에서 긴장 분위기가 더욱 역력해졌다.[14] 하지만 당분간 아프가니스탄 관리와 소련 관리들은 분노한 백악관보다 더 큰 문제가 있었다. 덥스가 사망하고 몇 주 동안 아프가니스탄군과 반란자들의 전투가 격화했다. 매우 치열한 전투 중 일부가 정부군과 페샤와르에 근거지를 두면서 정권을 상대로 지하드를 요청한 '아프가니스탄 민족해방전선'[10] 사이에 벌어지고 있었다. 쿠나르주, 팍티야주, 헤라트주에서 반란 전사들이 정부군을 공격했고, 카불은 이 지역에 증원군을 보내지 않으면 안 되었다. 아프가니스탄 신년과 사우르 혁명 기념일이 다가오면서 전투는 더욱 격화할 것 같았다.[15]

가장 피비린내 나는 전투가 서부 도시 헤라트에서 벌어졌다. 1979년 3월 15일 오전에 카불의 토지개혁이 가한 충격에 분노한 이 지역의 농민들이 헤라트의 모스크 주위에 모이기 시작했다. 종교 지도자들은 늘어나는 군중을 자극했고, 군중은 곧 국가의 상징물을 공격하고 정부 청사를 점령하기 시작했다. 중앙정부에 반란을 일으킨 군 제17사단의 일부가 시위대에 합류했다. 재빨리 반란자들은 도시에 대한 통제력을 획득했고, 다음 주 동안 이를 유지했다. 명확한 지도자가 없던 반란은 거의 무정부 상태로 퇴보했다. 약탈자들이 오래된 시장 거리를 어슬렁거렸고, 폭도들이 도시의 소련 자문관들을 살해했다. 살해된 소련인들의 수에 대한 추산은 몇 명에서 200명까지 매우 폭이 넓다. 반란은 헤라트의 진원지로부터 곧 주위의 농촌 지역으로 확산했다. 3월 20일, 군용기가 교외 지역을 폭격하는 사이 정부군이

10) Afghan National Liberation Front. 파키스탄의 페샤와르에서 아프가니스탄 민주공화국을 상대로 전국적인 지하드를 요청한 아프가니스탄 정치인 시브가툴라 모자데디(1925~2019)가 창설한 이슬람 무장 단체.

코란을 쳐들고 녹색 깃발을 펄럭이며 도시로 진입했다. 헤라트를 탈환하려는 야만적인 작전으로 5000명에서 2만 5000명으로 추산되는 사람들이 살해당했다.[16]

반란이 한창일 때 타라키는 소련 총리 알렉세이 니콜라예비치 코시긴[11)]에게 봉기를 진압하기 위해 소련군을 파병해 달라고 간청했다. 타라키는 이란과 파키스탄이 반란자들을 선동했다고 주장했다. 모스크바는 타지크인과 우즈베크인 등 중앙아시아 공화국들의 병사를 아프가니스탄 군복을 입혀 보낼 수 있을 터였다. "어느 누구도 그들을 알아보지 못할 것입니다"라고 타라키는 주장했다. 코시긴은 거부했다. "두 시간 후면 온 세상이 이를 알 것입니다"라고 그는 역설했다. "모든 사람이 소련의 아프가니스탄 개입이 시작되었다고 고함을 치기 시작할 겁니다." 소련이 무기와 탱크를 공수할 수 있을 테지만, 타라키는 정권이 그것들을 운용할 충분한 아프가니스탄 장교들을 모을 수 있을지 확신할 수 없었다.[17] 사흘 뒤 정부군이 헤라트에서 반란 세력과 싸우고 있는 가운데 브레즈네프는 타라키에게 모스크바는 아프가니스탄에 군사적으로 개입하지 않을 것이라고 말했다. 브레즈

---

11) Alexei Nikolayevich Kosygin(1904~1980). 소련의 정치가. 1943~1946년 러시아연방 인민위원회의 의장, 1953~1960년 소련 각료회의 부의장, 1960~1964년 소련 각료회의 제1부의장, 1964~1980년 소련 각료회의 의장을 역임했다. 각료회의 의장으로서 이윤 방식 도입을 통한 경제개혁과 소비 물자 증산에 힘쓰고 1966년 인도-파키스탄 분쟁 조정, 1967년 미국 존슨 대통령과의 회담, 1969년 저우언라이 중국 총리와의 회담 등으로 국제 긴장 완화에 노력했다. 말년에는 소련의 경제성장률 저하, 미소 관계 악화, 브레즈네프의 권력 강화 등으로 빛을 잃었다.

네프는 "이것은 당신들과 우리를 적의 손아귀에 놀아나게 할 뿐입니다"라고 경고했다. 그 대신 크렘린은 타라키 정권이 아프가니스탄 인민민주당을 통합하고 그 기반을 확대하는 조치를 취하면, 정권을 계속 지지할 것이었다. 그와 동시에 카불은 "반동적인 성직자들"의 권력을 깨부수고 "그들의 대열을 분열"시키기 위해 노력해야 한다고 브레즈네프는 역설했다.[18] 그사이 현장에서는 소련 군사자문관들의 지원을 받는 아프가니스탄 순찰대가 반란자들의 기세를 꺾기 위해 애를 썼다.

케랄라시는 파키스탄과 아프가니스탄을 연결하는 라가니 산길을 굽이굽이 돌아가는 고대 노새 길의 북서쪽 약 20킬로미터 지점 힌두쿠시산맥 기슭에 자리해 있다. 1979년에 케랄라는 주위의 밀밭에서 일하는 파슈툰족 주민 약 5000명의 고향이었다. 이 지역의 많은 농민처럼 케랄라의 주민들은 주위 언덕에 은신해 있는 반정부 반란자들에 동정적이었고, 이 사실은 아프가니스탄군 순찰대를 피해 가지 않았다. 4월 20일, 200명의 정부군 분견대가 20명의 소련 자문관들과 함께 도시에 들어왔다. 병사들은 도시 내의 모든 남자에게 집회에 모이라고 요구하고, 여성들은 모스크로 보냈다. 탱크와 병력 수송 장갑차가 도시의 출입구를 봉쇄한 가운데, 정부군은 도시의 남성 주민들이 반란자들에 대한 지지를 철회하고 카불에 충성을 맹세할 것을 요구했다. 마을 사람들은 거부했다. 어느 순간 병사들은 케랄라를 본보기로 삼기로 결정한 듯하다. 생존자가 기자에게 말했다. "그들은 도시 바로 바깥에 있는 들판에 모든 남자를 쭈그리고 앉은 자세로 줄 세운 다음 뒤에서 기관총을 발사했습니다. 그런 후 그들은 도시 전역으로 흩어져 남아 있는 모든 남자를 찾아 총을 쏴 죽였습니다." 몇 분 뒤 도시의 여성들이 비명을 지르는 가운데 군 불도저가 일부 사람이 여전히 숨이 붙어 있는데도 시신들을 인근 들판에 있는 집단 묘지에다 묻어버리기 시작했다. 생존자들은 시 남성 인구의 대다수인 약 1170명의 남성 어른과 소년들이 학살당했다고 추산했다.[19]

유혈이 낭자한 정권의 대對반란 작전은 반란을 누그러뜨리는 데 거의 도움이 되지 않았다. 6월에 미국 대사관은 내란이 여전히 걷잡을 수 없을 정도로 맹렬히 진행되고 있다고 보고했다. 정권은 대도시에서는 조금이나마 질서를 유지했지만 농촌 지역은 게릴라들의 무대였다. 보고서에서는 "현재 정부는 (…) 아마도 이 나라의 채 절반도 통치하지 못하고 있을 것"이라고 경고했다. 게릴라들은 또 아프가니스탄에 드문드문 존재하는 도로 시스템에 대한 정권의 통제도 혼란에 빠뜨릴 수 있었다. "반란 세력은 대로 중 짧은 구간을 장악하여 3~5시간 동안 지배할 수 있었다." 그러나 대사관에서는 반란자들이 여전히 조직되지 못하고 실질적인 외부 지원으로부터 차단되는 한, 정권이 카불에 대한 통제를 유지할 것 같다고 설명했다. 수도는 중무장 헬리콥터가 빈번하게 뜨고 보안 인력들이 초경계 태세에 있으며 야간에 총격전이 이따금 발생할 뿐, 여전히 "상대적으로 평온한 오아시스"로 남아 있었다.

반란자들, 즉 무자헤딘은 다양한 그룹으로 이루어져 있었다. 무자헤딘은 문자 그대로 번역하면 "성스러운 전사들"이라는 뜻이지만, 아프가니스탄 반란에서는 종교적 전사와 세속적 전사 모두를 가리키는 식으로 사용되었다. 일부는 정권의 "문화적 제국주의"와 "갈수록 심해지는 파슈툰화'에 분노했고, 다른 일부는 주로 아프가니스탄 인민민주당의 토지개혁 프로그램에 반대했다. 그러나 다른 반란자들은 정권의 사회 개혁 프로그램에 맞서 이슬람 사회를 방어하는 데 열중하는 "전통주의자"였다. 미국 대사관의 보고는 다음과 같이 이어졌다. "이 반란자 중 많은 이가 자신들이 이슬람을 방어하고 있고, [할크파 관리들은] 아프가니스탄을 러시아 제국주의에 팔아넘긴 무신론 불신자라는 보편적인 인식 같은 일부 신념을 공유하는 것 같다." 그러나 당분간 군부와 경찰은 여전히 카불에 충성했다. "아프가니스탄 병력과 조종사의 다수가 자국민의 학살을 참아낼 수 있는 한" 정권은 아마도 살아남을 수 있을 것이라고 보고는 결론지었다. "반란자들은 여전히 승자처럼 보이지는 않지만, 아프가니스탄 역사가 자주 예증했듯이, 이곳에서 사태는 급변할 수 있다."[20]

소련 지도자들은 아프가니스탄의 상황에 점점 실망했고, 이를 반혁명가들과 "반동적 무슬림 종교 집단"의 탓으로 돌렸다. 한 소련 외교관은 반란자들이 정권에 맞서 저항을 부추기기 위해 "이슬람의 보수적·반동적 전통을 이용하고 있다"라고 언급했다. 반란자들에 대한 이란, 파키스탄, 중국의 지지는 사태를 더욱 악화시켰다. 무자헤딘 내의 "마오쩌둥주의 도당"은 중국에서 훈련받았으며, 이 훈련을 이용해 정권을 상대로 "견제와 테러 행동"을 벌이고 있었다.[21] 5월에 소련 정치국은 카불에 보낼 5300만 루블 상당의 군사원조 패키지를 승인했다. 패키지에는 대포, 병력 수송 장갑차 90대, 거의 5만 정에 이르는 기관총, 1000정의 유탄발사기, 그리고 거의 700발에 달하는 폭격용 폭탄이 포함되었다. 정치국은 또 5만 루블의 의료 장비 제공도 승인했다. 하지만 모스크바는 아프가니스탄에서 싸울 소련 승무원들과 함께 헬리콥터와 비행기를 보내는 데는 여전히 주저했다. 국제무대에서 무자헤딘에 대한 지지를 끌어올리고 비난을 살까 봐 우려했기 때문이다.[22] 6월에 소련은 타라키와 아프가니스탄 인민민주당에 내분을 봉합하고 아프가니스탄의 정치 정세를 안정시키기 위한 노력의 일환으로 당 지도부를 단합시킬 것을 다시 한번 촉구했다. 그와 동시에 모스크바는 아프가니스탄 인민민주당이 아프가니스탄의 무슬림들을 강력하게 단속하고 있다는 위험한 소문에 조심하라고 카불에 경고했다. 그들은 "국내외를 막론하고 무슬림 반동주의자들이 아프가니스탄 인민민주당에 반대해 신자 대중을 궐기시키려고 이를 이용하고 있다"라고 경고했다. 정권은 사회주의가 아프가니스탄에서 이슬람에 위협을 제기한다는 인민들의 두려움을 누그러뜨리려고 애쓰고, 그와 동시에 카불은 무슬림 지도자들에 접근해서 혁명을 지지하도록 그들을 고무해야 한다.[23]

정치국이 모르는 사이에 정치국의 주요 적수가 전투에 참여할 거라고 막 결정을 내렸다. 7월 3일, 카터는 아프가니스탄 반란자들을 지지하는 CIA의 제한된 선전과 심리전 작전을 인가했다. 대통령은 또 반란자들에게 제3국 정부들, 특히 파키스탄을 통해 비군사적 원조를 제공하는 것도 승인했다. 처음 지급된 50만 달러는 6주 만에 동이 났다. 8월 말, 파키스탄 지도자들은 워싱턴에 반란자들에게 군사적 지원을 해달라고 요청했다. 카터는 소련 침공 약 6개월 전에 아프가니스탄의 이슬람 전사들에게 원조를 제공하는 대규모 비밀 작전의 첫걸음을 내디뎠다.[24]

미국의 무자헤딘 원조는 카불의 정권을 불안하게 하는 것을 넘어 파키스탄과의 유대를 강화하는 쪽으로도 작용했다. 이란에서 최근 혁명이 발발하고 아프가니스탄이 모스크바 쪽으로 움직이자, 이슬라마바드와 워싱턴의 관계가 더욱 중요해지는 듯했다. 카터와 다른 미국 관리들에게 이제 파키스탄은 점차 미국 당국에 적대적으로 되어가는 지역에서 소수에 불과한 워싱턴의 동맹국 중 하나로 보였다. 백악관은 또 유럽 동맹국들과 베이징으로 하여금 서남아시아에서 소련 권력의 균형을 맞춰주는 수단으로 이슬라마바드와 제휴하도록 고무했다. 이란 혁명 이후 워싱턴은 이슬라마바드와 협력 관계에 들어갈 것이었다.[25] 그러나 무자헤딘에 대한 지원에는 대가가 뒤따랐다. 11월, 카불의 미국 대사관은 아프가니스탄의 미래에 대해 비관적이지만 선견지명이 있는 결론을 내렸다. "지금 적대감이 너무 깊어서 장기적으로 국내 불안은 물론이고 지역적 불안이 확실히 발생할 것이다. 마찬가지로, 반란의 '승리'는 그 자체로 불안정과 유혈 사태를 불러일으킬 것이며, 아마도 앞으로 수년 동안 경제적·사회적·정치적 혼란과 무정부 상태로 얼룩질 것이다. 계속되는 투쟁의 궁극적인 희생자는 아프가니스탄 인민일 것이다."[26]

폭풍 333

소련 관리들은 내부를 단합시키려 하지 않는 것 같은 카불의 정권에 인내심을 잃어가고 있었다. 9월 초에 소련의 KGB는 국방장관으로 일하던 하피줄라 아민을 제거할 계획을 세웠다. KGB는 아민을 정권의 문제들을 야기하는 주요 근원이라고 판단했다. KGB 보고서에서는 카불의 군사적 억압은 정권의 권위를 약화하고 국민을 멀어지게 하고 있다고 주장했다. 그러나 아민은 다른 계획이 있었다. 1979년 9월 14일, 아민은 경호원인 사예드 다우드 타룬Sayed Daoud Tarun을 데리고 대통령궁에 도착했다. 두 사람이 계단을 올라가는데, 타룬과 타라키의 친위대 사이에 총격전이 발생했다. 타룬은 쓰러졌지만, 아민은 가까스로 국방부로 도피할 수 있었다. 그런 다음 아민은 부대에 대통령궁을 포위하고 타라키를 체포하라고 명령했다. 아민의 군대는 수도로 진입해 타라키의 지지자들을 체포했다. 이제 명백히 쿠데타가 진행되고 있었다. 관찰자들은 훗날 대통령궁의 계단에서 벌어진 총격전이 사실은 아민에게 쿠데타를 단행할 구실을 주기로 계획된 고의적인 도발이었다고 추측했다. 몇 주 뒤, 아민은 전 동료를 처형하라고 명령했다. 친위대는 실내복을 입고 있는 타라키를 베개로 눌러 질식시켰다. 그 후 정권은 타라키가 "갑자기 중병"으로 사망했다고 보고했다. 타라키 살해에 크렘린의 지도자들은 격분했다. 브레즈네프는 "혁명을 함께했던 사람을 죽이다니, 이런 짐승 같은 놈이 어디 있나"라고 노발대발했다. 카불에서 상대적으로 온건했던 모스크바의 동맹자가 나라를 전면적인 내전으로 끌고 가는 데 여념이 없는 것 같은 야만적인 지도자에게 살해당했다. 이제 소련 관리들은 아민에 반대하는 것을 진지하게 고려하기 시작했다.[27]

크렘린은 반란이 계속 격화하는 것을 지켜보았다. 10월에 카불 외곽의 제7 보병사단의 부대가 반란을 일으켰다. 정권은 나라의 약 20퍼센트만 통제했다. 소련 지도자들은 군부 개입의 위험에 대해 여전히 걱정했지만, 아프가니스탄 인민민주당 정권이 서서히 스스로 붕괴하는 것을 지켜볼 가능성도 더욱 커질 것 같았다. KGB가 망명한 파르참파 지도자 바브라크 카르말[12]이 이끄는 아프가니스탄 대안 정부를 세우기 위해 모스크바에서 구성원들을 모으는 동안, 정치국은 최선의 행동 방침을 결정하기 위해 회의를 열었다. 만일 크렘린이 아민을 제거하기로 결심한다면, 모스크바는 이미 그렇게 할 부대가 준비되어 있었다. 4월에 소련 관리들은 스페츠나스[13] 특수부대, 그리고 아프가니스탄 주민들과 관계를 더 잘 맺을 수 있을 거라고 희망하면서 소련의 중앙아시아 공화국 병사들로 이루어진 이른바 '무슬림 대대'를 아프가니스탄에 파병했다. 12월 10일, 국방장관 드미트리 표도로비치 우스티노프[14]는 7만 5000~8만 명의 병력을 국경 너머로 보낼 준비를 하라는 정치국의 명령을 군부에 전달했다. 이틀 뒤 KGB 의장 유리 블라디미로비치 안드로포프[15]는 CIA가 소련의 남쪽 측면

---

12) Babrak Karmal(1929~1996). 아프가니스탄의 정치인. 1978년 사우르 혁명 후 아프가니스탄 민주공화국의 각료회의 의장(재임 1979~1981), 혁명평의회 의장(재임 1979~1986)을 역임했다.

13) Spetsnaz. 1950년대 소련 시절에 창설된 러시아의 특수부대.

14) Dmitry Fyodorovich Ustinov(1908~1984). 소련의 장군, 정치인. 1953~1957년, 1976~1984년 소련 국방장관, 1963~1965년 소련 각료회의 제1부의장을 역임했다.

15) Yuri Vladimirovich Andropov(1914~1984). 소련의 정치가로 1982~1984년에 제5대 소련 공산당 총서기를 지냈다. 1953~1975년 헝가리 주재 참사관과 대사, 1957~1962년 당 중앙위원회 연락부장, 이어 당 중앙위원을 역임했다. 1967년부터 KGB 의장을 거쳐 정치국원이 되었고, 1982년 당 중앙위원회 서기로 선출되었으며, 같은 해 11월 레오니트 브레즈네프가 사망하자 그 후임으로 총서기가 되었다.

에 "새로운 대大오스만제국"을 창설하기 위해 아민을 설득한 것 같다고 정치국에 말했다. 바로 그날 나토는 유럽에 퍼싱 II 중거리 탄도 미사일을 배치하기로 결정했다.[28]

1979년 12월 24일 소련 관리들의 상당한 저항에도 불구하고, 우스티노프는 아프가니스탄에 소련 전투 부대를 배치하는 것을 승인하는 지시에 서명하며 다음과 같이 선언했다. "중동의 군사·정치 정세"에 비추어 모스크바는 "우호적인 아프가니스탄 인민들을 국제적으로 지원하고, 또 인접국의 반反아프가니스탄적인 국민을 제지하는 데 유리한 조건을 조성하기 위해 아프가니스탄으로 군대를 진입시킬 것이다." 그러나 이 지시는 단지 형식상의 절차에 불과했다. 소련의 아프가니스탄 개입은 이미 진행되고 있었다.[29]

크렘린은 12월 10일부터 그달 말까지 계속 소련군을 아프가니스탄으로 이동시키기 시작했다. 소련 공수부대, 스페츠나스, 무슬림 대대가 통신 시설 같은 카불의 중요한 목표물을 장악하는 임무를 맡은 가운데, 모스크바는 국경 너머로 대대적인 침공을 가할 병력을 집결했다. 12월 25일, 소련 제40군이 아무다리야강에 가설된 부교를 통해 아프가니스탄으로 들어가기 시작했다. 그사이 우즈베키스탄과 벨로루시야[16)]에 있는 기지들이 카불 외곽의 바그람 비행장으로 병력을 대량 공수했다. 제10 차량화 소총병사단 부대가 남쪽으로 힌두쿠시

1983년 6월에는 최고회의 간부회 의장으로도 선출되었으나, 이듬해 병으로 사망했다.

16) Belorussia. 지금의 벨라루스를 가리킨다. 소연방의 구성 공화국 시절에는 러시아어로 벨로루시야라고 불렀다.

를 통과하는 동안 공수된 병력이 수도를 확보할 것이었다. 아민을 제거하는 계획은 이미 진행 중이었다. 12월 13일, 대통령의 소련 요리사 중 한 사람이 콜라에 독약을 풀었다. 이 암살 시도는 아민의 조카만 아프게 하는 데 성공했고, 그는 치료를 받기 위해 모스크바로 이송되었다. 다음 시도는 12월 27일로 예정되었다. 암호명이 폭풍 333호인 이 계획에서는 스페츠나스와 KGB 부대에 카불 외곽 타즈벡궁의 아민 처소를 직접 공격하라고 요구했다.[30]

바로 그날 오후 6시 20분, 소련군이 타즈벡궁을 지키는 아프가니스탄 탱크 세 대에 기어올랐다. 저격수들이 아프가니스탄 초병들을 살해하는 동안, 소련군 병사들은 무인 탱크를 장악했다. 7시 15분, 선발 부대가 공격 개시 신호로 붉은 조명탄을 두 발 발사했다. 대공포가 주의를 딴 데로 돌리기 위해 타즈벡궁에 포격을 가하는 동안 무슬림 대대가 보병 전투차량을 타고 궁으로 진격했다. 궁의 경비병들이 진격하는 병력에 집중적으로 사격을 가했지만, 소련군은 계속 밀고 들어갔다. 입구에 이르자 소련군은 건물로 난입했고, 여자와 아이들이 비명을 지르는 가운데 전등에 사격을 가하기 시작했다. 목격자들은 정맥 주사 장치를 달고 실패한 KGB의 두 번째 독살 기도로 고생하고 있던 아민이 허둥지둥 복도를 돌아다니는 것을 보았다고 회상했다. 소련군이 독극물로 아민을 죽이려 했다는 것을 알지 못하고 그를 치료하고 있던 소련 의사들은 대통령을 바bar로 데려가 튜브를 팔에서 제거했다. 공격이 계속되면서 소련군은 궁으로 더욱 깊이 진입했다. 총격전이 잦아든 뒤 아민의 시신이 확인되었다. 아민은 바에서 다섯 살짜리 아들과 함께 살해당했다. 소련군도 10명 죽었고, 이와 더불어 250명으로 추산되는 아프가니스탄 방어자들이 사망했다. 유혈이 낭자했지만 타즈벡궁의 전투는 시작에 불과했다.[31]

"지역적 위기"

워싱턴의 관리들은 소련이 아프가니스탄을 장악하는 것을 불안한 마음으로 지켜보았다. 1979년 12월 26일, CIA는 국무부, 백악관, 펜타곤, 국가안전보장회의의 고위 관리들에게 아프가니스탄의 정세에 관해 브리핑했다. 200대 이상의 소련 화물기가 전날 카불 공항에 착륙했고, 여기에는 상당수의 전투 병력이 타고 있었다. 그 자리에 참석한 관리들은 "우리가 직면하고 있는 가장 큰 위험은 아프가니스탄을 평정하기 위한 신속하고 효과적인 소련의 작전이다"라고 결론지었다. "그런 상황에서 우리의 목표는 이 작전으로 소련이 가능한 한 큰 대가를 치르게 하는 것이어야 한다."[32] CIA 분석관들은 소련이 아프가니스탄에서 손을 놓을 새도 없이 매우 바쁠 것이라고 주장했다. "공산주의 혁명가들은 전통에 적응하기보다는 전통을 파괴하고, 지역 자치를 일소하고, 토지 몰수를 통해 엘리트 계층을 말살하고, 무슬림 종교 기관의 권위를 약화하려 했다. 이러한 행위는 매우 독립적인 아프가니스탄인들의 저항을 불러일으켰다. 끈질긴 반란과 도시 지역에 대한 취약한 공산주의 통제라는 지금의 가망 없는 상황이 계속될 것으로 예상된다."

궁극적으로 아프가니스탄에서 정치권력은 여전히 분산된 채로 있을 것이었다. 공산주의자들은 도시에서는 권력을 쥐겠지만, 부족 당국이 농촌을 통제할 터였다. "아프가니스탄은 과거와 그리 다르지 않게 통치될 것이다"라고 보고서는 결론지었다.[33]

카터의 국가안보 보좌관 즈비그뉴 브레진스키는 좀 더 우려를 자아내는 평가를 내렸다. 미국은 "지금 **지역적 위기**[강조는 원문]에 직면해" 있다고 브레진스키는 비밀 보고에서 대통령에게 말했다. "이란도 아프가니스탄도 혼란에 빠져 있으며, 파키스탄은 내부적으로는 불안정하고 외부적으로는 극히 염려스럽습니다." 모스크바는 병력을 아프가니스탄에 파병함으로써 인도양에 기지를 갖는 "아주 오랜 꿈"에 한 발짝 더 다가섰다. 이란에서 샤의 몰락은 "서남아시아에서 힘의 균형을 붕괴"시켰고, "아라비아만[17]과 오만만의 바로 가장자리까지 소련군을 주둔시킬 수 있게 되었다."

모스크바의 개입은 미국에 "극히 중대한 도전"을 제기했다. 브레진스키는 아프가니스탄이 "소련의 베트남이 될" 가능성이 있다고 언급했지만, 여전히 회의적이었다. 무자헤딘은 통일된 지도부도 외부의 지원도 없었고, 베트콩이 누렸던 외국 피난처도 없었다. 그럼에도 브레진스키는 무자헤딘이 지원을 받아야 한다고 역설했다. "이것은 반란자들에게 무기를 수송하고 얼마간의 기술적 자문을 제공하는 것만이 아니라 더 많은 자금을 지원하는 것을 의미합니다." 브레진스키는 파키스탄과 중국이 게릴라들을 지지하는 데 협조자 역할을 할 수 있다고 주장했다. 그는 또 "반란자들을 돕는 선전 활동과 (…) 비밀 행동 작전"을 실행하기 위해 "이슬람 국가들에 접근할 것도 제안했다.

---

17) 페르시아만을 가리킨다.

소련 침공 이틀 후에 작성된 3쪽짜리 문서에서 브레진스키는 냉전에서 CIA의 가장 큰 비밀 작전이 될 계획의 개요를 설명했다.[34]

12월 28일, 국무장관 사이러스 밴스는 전 세계의 미국 대사관에 아프가니스탄에서 전개되고 있는 상황에 대해 경고하는 전신문을 작성해 널리 배포했다. 모스크바는 이미 1개 사단 이상의 병력을 수도로 이동시킨 "대규모 소련 공수 작전"을 개시했다. 카불 라디오 방송국 건물 인근과 아민 처소 바깥에서 소련군과 아프가니스탄군이 전투를 벌이고 있다는 보도가 쏟아지는 가운데, 아민을 겨냥한 쿠데타 뉴스가 유포되기 시작했다. 그 후 곧 소련군 병사들이 카불 전역의 주요 교차로와 외부 정부 청사에 배치된 것처럼 보였다. 그사이 소련 라디오가 바브라크 카르말이 아민을 계승해 혁명평의회 의장이 되었다고 발표했다.

아프가니스탄 국경에 "적어도 5개 사단"을 증원한 것은 "소련이 카불의 정부를 교체하는 것을 넘어 군사적인 목표가 더 있다는 사실을 의미했다."[35] 바로 그날 카터는 영국 총리 마거릿 대처[18)]에게 이렇게 말했다. "모스크바는 완충 국가를 소련의 지휘를 받는 꼭두각시 국가로 바꿨습니다. 이는 지역 전체의 안정에 깊은 전략적 결과를 가

---

18) Margaret Thatcher(1925~2013). 영국의 보수당 정치가. 1959년 하원의원에 당선하여 정계에 입문했다. 그 후 1961~1964년 연금·국가보험 정무 담당 차관, 1970~1974년 교육부 장관, 과학부 장관, 1979~1990년 영국의 총리를 역임했다. 집권 후 긴축재정, 누진세 폐지, 소비세와 간접세 인상, 은행 금리와 이자율 인상, 정부 규모 축소, 실력 성과제도 도입, 국영기업 민영화 등을 추진했다. 보수적이며 강경한 성격으로 철의 여인이라는 별명으로 불렸다.

져올 것입니다."[36]

다음 주에 카터는 전국적으로 방송된 텔레비전 연설에서 소련 개입에 대한 자신의 반응을 전했다. 대통령은 진행 중인 이란의 인질 위기에 공통으로 갖는 "분노"에 대해 언급하며 말문을 열고는 "서남아시아에서 평화 유지를 위협하는 또 다른 매우 심각한 사태"로 주의를 돌렸다. 아프가니스탄에서 모스크바의 공격적 움직임은 지역 전체의 안정을 깨뜨릴 위험이 있었다. 카터는 국민들에게 말했다. "소련이 점령한 아프가니스탄은 이란과 파키스탄을 위협하고, 세계 석유 공급의 많은 부분에 대한 통제를 가능하게 하는 디딤돌입니다." 그는 이 때문에 소련에 곡물을 수출하는 것을 금지하는 조치를 취하고, 파키스탄에 경제적·군사적 지원을 늘릴 것이라고 발표했다. 연설의 주요 주제로 백악관은 크렘린의 침공으로 "소련군이 우리의 석유 생명선인 페르시아만을 전투기 사정거리 안에 넣을" 것이라고 강조했다.

다음 달인 1980년 1월에 미국 관리들은 소련군이 아프가니스탄에서 철수하지 않는다면, 1980년 모스크바 하계올림픽을 보이콧하겠다는 의향을 발표할 것이었다.[37] 한편 CIA는 소련이 "주변 지역에서 재래식 전력의 우세를 이용해 (…) 비교적 무사히 목표를 달성할 수 있는" 능력을 보여주었다고 경고했다. 관리들은 소련이 이란, 파키스탄, 발칸 지역을 공격할 가능성에 대해 새로운 군사적 평가를 해달라고 주문했다.[38] 행정부 관리들은 아프가니스탄에서 모스크바의 움직임이 이란 혁명에 뒤이어 소련군을 페르시아만 해안에 데려다놓으려고 계획된 작전이 시작된 것이 아닐까 우려했다. 이러한 근심에 쫓긴 카터의 백악관은 중동에서 미국의 힘을 대대적으로 확대하는 데 착수했다.

1980년 1월 23일 저녁에 카터가 의회에 등장해 연례 연두교서를 발표했다. 카터는 국민과 전 세계에 선언했다. "1980년대는 혼란, 갈등, 변화의 와중에서 태어났습니다. 이 시점에 이란에서는 50명의 미국인이 테러리즘과 무정부 상태의 무고한 희생자가 되어 여전히 감금 상태에 있습니다. 또한 이 순간 대규모 소련군이 매우 독립적이고 종교심이 깊은 아프가니스탄 인민을 예속시키려 하고 있습니다. 국제적 테러리즘과 군사적 침략이라는 이 두 행동은 미국은 물론이거니와 실로 세계의 모든 국가에 심각한 도전을 제기합니다."

이란에서 발생한 인질 위기와 소련의 아프가니스탄 침공을 연결함으로써 카터는 백악관이 서남아시아가 지역적 위기의 한가운데 있다는 견해를 갖고 있음을 시사했다. 대통령은 또 이란 지도자들에게 "이란의 진정한 위험은 북쪽 소련과 지금 아프가니스탄에 있는 소련 군대에 있다"는 점을 인정하라고 요구했다. 그럼에도 워싱턴은 이 지역의 자산을 방어하기로 결심했다. 카터는 다음과 같이 선언했다. "우리 입장을 확실하게 분명히 합시다. 페르시아만 지역을 장악하려는 외부 세력의 기도는 미국의 필수적 이익에 대한 공격으로 여겨질 것이며, 그러한 공격은 군사력을 포함하여 필요한 수단이라면 무엇이든 동원해서라도 격퇴될 것입니다." 대통령의 약속은 '카터 독트린'으로 알려지게 될 것이었다. 그것은 미국이 세계에 페르시아만과 그 주변 지역을 자신의 안보 방어선 내에 있는 것으로 간주한다고 천명하는 선언이었다.[39]

미국 국방정보국[19]은 다음 달에 작성된 보고서에서 이와 같은 급박한 평가를 되풀이했다. 보고서에서는 민감한 정보가 심하게 삭제되었다. 국방정보국은 만일 소련이 아프가니스탄에서 안전한 거점을 확보할 수 있다면, "육로로 인도양에 접근할 수 있고 아시아 아대륙을 지배할 수 있는 주요한 발걸음"을 내딛는 일일 거라고 주장했다. 그리고 "소련은 이를 기반으로 페르시아만의 석유 생산국들을 자신들의 권력 궤도로 끌어들일 위치에 있게 될 터였다." 보고서에서는 소련군은 카불의 기지로부터 이 지역 전체의 안정을 깨뜨릴 수 있을 거라고 경고했다. 보고서 필자들은 "미국과 동맹국들이 중동의 석유에 계속 의존하고 있는 사정을 감안하면, 소련의 아프가니스탄 점령은 서방을 직접 위협하는 일이 될 것"이라고 결론지었다.[40]

그러나 미국의 우려는 과장되었다. 사실 소련의 아프가니스탄 개입은 비교적 규모가 작았다. 전 CIA 관리 브루스 O. 리델[20]이 훗날 썼듯이, 아프가니스탄 작전을 위해 1979년에 재편성된 소련 제40군은 처음에는 약 8만 명의 병력으로 구성되었다. 아프가니스탄의 소련군은 제일 많을 때 11만 명을 헤아렸다. 이들은 3개 차량화 소총병사단, 1개 공수사단, 4개 보병여단, 2개 공수여단, 탱크 600대, 장갑차 1800대, 항공기 500대로 이루어졌다. 리델은 "텍사스나 프랑스 크기의 나라에서 그것은 소규모 병력이었다"라고 언급했다. 이와 비교해

19) Defense Intelligence Agency, DIA. 미국 국방부 내의 해외 군사정보 담당 기관.
20) Bruce O. Riedel(1953~). 미국의 안보 전문가. 2006년 퇴임할 때까지 CIA의 분석관이자 대테러 작전 전문가로 오랫동안 활동했다. 주로 중동 및 남아시아 문제에 대해 대통령들에게 자문했다.

모스크바는 1968년의 체코슬로바키아 봉기를 진압하기 위해 50만 병력을 파견했다. 크렘린은 아주 적은 예산으로 전쟁을 치르기로 했다. 모스크바는 소련 연간 군사비 지출의 평균 2.5퍼센트를 아프가니스탄 전쟁에 투입했다. 한편 CIA는 소련이 총군사력의 3퍼센트 이상을 아프가니스탄에 사용한 적이 없다고 평가했다. 모스크바는 그와 같은 빈약한 자원을 충돌에 투입함으로써 농촌 지역을 무자헤딘에 넘겨주기로 했다고 리델은 주장했다.[41] 이것은 아프가니스탄 전 지역을 정복하는 것은 고사하고 아프가니스탄을 평정하는 데도 맞지 않은 전력이었다.

소련의 전술과 전략

개전 단계에 소련 사령관들은 제40군을 전개하는 데 집중했다. 1979년 성탄절, 땅거미가 질 무렵 최초의 소련군 장갑차들이 테르메스 인근에서 아무다리야강을 건넜다. 침공군 주력부대는 밤새 강을 건너 쿤두즈 주변 지역을 장악한 뒤 27일 저녁에 카불을 향해 남쪽으로 방향을 틀었다. 바로 그날 밤 소련군 차량화 소총병사단이 쿠슈카 남쪽에서 아프가니스탄으로 진입해 헤라트시로 진격했다. 침공의 이 서쪽 돌진은 남쪽 파라로 계속 진행되었고, 그 후 남동쪽 칸다하르로 나아갔다. 칸다하르에서 그것은 카불로부터 남쪽으로 밀고 내려가는 사단들과 연결될 것이었고, 남부의 파키스탄 국경 지대로부터 거리를 뚜렷이 유지하면서 아프가니스탄의 북부, 동부, 서부 구역들을 연결하는 거대한 포위망을 구축할 터였다.

소련 제40군의 대다수 병력은 1월 중순 현재 아프가니스탄에 진입한 상태였다. 초기에 소련 사령관들은 전력의 3분의 1 이상을 주요 군사시설과 정부 시설을 확보하고 통신선 및 수송선을 유지하는 임무에 투입했다. 소련 주둔군은 대규모 인구 밀집 지역에 집중되었고, 에너지의 많은 부분을 주요 도로를 방어하고 군 차량 행렬을 호위하며 비행장을 지키는 데 투여했다. 소련은 치열한 저항에 맞닥뜨릴 것이라고 예상하지 않았다. 소련은 그들의 병력 전개가 무자헤딘에게 "정신이 번쩍 들게" 하고, 아프가니스탄 정부군이 전투 작전의 대부분을 지휘할 수 있게 해줄 것이라고 잘못 추정했다. 그 대신 소련 주둔군은 치열한 저항에 봉착했으며, 소련 참모본부에 따르면 "허약하고 무력한" 아프가니스탄군과 함께 활동해야 하는 처지였다. 거의 즉시 제40군은 반란 세력과 치열한 전투를 벌이지 않으면 안 되었다.[42]

전쟁의 초기 몇 주 동안, 무자헤딘은 소련군에 대규모 재래식 공격을 가했다. 그와 같은 전술은 아프가니스탄군에 대해서는 성공적이었지만 소련군은 훨씬 강인한 상대였다. 큰 피해를 입은 뒤 반란 사령관들은 재빠르게 게릴라 전술로 돌아가서 자신들의 세력을 20~100명의 부대로 나눠 중무장한 소련 주둔군을 기습 공격하고 달아나는 전술을 채택했다. 반란 세력은 또 게릴라 전술에 더 적합한 바위투성이 산악 지대로 후퇴했다. 무자헤딘은 소련 탱크와 보병 전투 차량이 지나갈 수 없는 지역에서 싸워 제40군의 많은 기술적 이점을 무력화할 수 있었다. 무자헤딘은 소련군 정찰병들을 대상으로 복병을 배치하고, 기습 공격을 개시하는 데 특히 능숙한 것으로 드러났다. 반란자들은 일반적으로 우세한 병력과 교전 자체를 피했다. 압박을 받으면 반란자들은 후퇴했다. 매우 중요한 기지를 방어하거나 혹은 포위된 상태에서 싸우지 않으면 안 될 때 무자헤딘은 소련군과 근접전을 벌였고, 그럼으로써 소련 대포와 항공기가 현장의 병사들을 지원하지 못하게 했다. 이에 대응해 소련 사령관들은 반란자들의 지역 성채를 제거하는 데 집중하기로 했다.[43]

이 대규모 작전은 1980년부터 1985년까지 지속된 가장 피비린내 나는 전쟁의 두 번째 단계가 되었다. 소련 사령관들은 도시와 도로를 장악하고, 주변 농촌을 평정하는 데 계속 초점을 맞췄다. 도로를 따라 빈번하게 가해진 매복 공격에 대한 앙갚음으로 소련군은 이웃한 마을들을 철저히 파괴했다. 이윽고 대로에는 불타버린 차량과 황폐해진 건물의 뼈대만 늘어섰다. 소련 사령관들은 또 주둔군을 보호하고 무자헤딘의 공급 루트를 파괴하려는 노력의 일환으로 수십만 발의 지뢰를 나라 전역에 설치했다. 많은 폭발물이 항공기를 이용해 광범한 지역에 흩뿌린 플라스틱 "나비 지뢰"였다.[44]

폭력이 증가하면서 주민들 사이에 저항이 일어났다. 1980년 2월, 카르말 정권은 수도에서 정치적 반대를 엄중 단속하기 시작했다. 정치 활동가들이 상점주들에게 가게 문을 닫으라고 부추기면서, 정권을 비난하고 소련군에게 아프가니스탄을 떠날 것을 요구하는 반정부 전단을 나눠 주었다. 2월 21일, 국가 보안군이 운동을 분쇄하기 위해 지하활동 혐의가 있는 200명을 체포했다. 밤이 되자 당국에 대한 저항의 표시로 "알라후 아크바르"[21]를 외치는 소리가 거리 전역에 울려

---

21) Allahu Akbar. 알라를 찬미하는 아랍어 기도 문구로, '타크비르'라는 한 단

퍼졌다. 다음 날 아침, 카불의 구지구에 군중이 모여 도심으로 행진하기 시작했다. 그들은 살랑 와트 가로를 따라 늘어선 정부군과 부딪혔고, 정부군은 확성기를 이용해 해산할 것을 명령하고 공중에다 경고사격을 했다. 군중이 해산을 거부하자, 일부 병사들이 사격을 개시했다. 그러자 시위대는 복잡한 주변 거리로 도피해, 일부는 모스크로 대피하고 일부는 가게를 약탈했다. 시위대는 도시의 다른 구역도 가득 메웠다. 후샬 한 마이나 구역의 경찰관들이 시위대를 지지하고 나섰다. 그것은 누가 봐도 반란이었다. 헬리콥터가 머리 위에서 급강하하는 한편 한낮에 소련군이 장갑차를 타고 나타났다. 해 질 녘에 보안군이 질서를 회복할 때까지 산발적인 충돌이 계속되었다. 사망자 추산이 많게는 2000명에 이르기도 하지만, 목격자에 따르면 실상은 아마도 400명에 더 가까울 것이었다. 봉기는 수도에서 국가의 억압과 시민들의 저항이 격심해지기 시작했음을 나타냈다. 한 주민은 다음과 같이 기억했다. "가게가 약탈당하고 [정부군에 의해] 집이 수색당하지 않고 그냥 지나가는 밤이 단 하루도 없었다. 주민들은 매일 괴롭힘을 당하거나 모욕당하고 귀중품을 빼앗겼다."[45]

무자헤딘

소련 점령에 대한 저항은 처음에는 대체로 자발적이었다. 수세기 동안 아프가니스탄인들은 침범하는 외국 제국들 사이에 끼어 있었고,

---

어로 표기하기도 한다. '알라는 위대하시다'라는 뜻이다.

강렬한 독립 정신이 오래전부터 그들의 민족문화에 깊이 뿌리박혀 있었다. 1979년 말 소련군이 들어왔을 때, 무자헤딘은 대부분 지역에서 충원되어 지리멸렬한 형태로 무리 지어 활동하던 의용병들로 이루어져 있었다. 부족 지도자와 마을 지도자들이 이끌고 식민지 시대의 라이플총, 훔친 정부 총포, 머스킷총, 칼로 싸우던 그들은 무기를 훔치고 보급품을 약탈하기 위해 정부 수비대를 습격했다. 반란자들이 후방의 가족들을 부양하기 위해 노획물을 팔아치우면서 이 물자 중 많은 것들이 결국 나라 곳곳에 있는 시장에 나왔다. 그러나 소련의 점령은 전쟁을 국제화함으로써 이 조직되지 못한 지역적 저항을 변모시켰다. 이웃 국가들(특히 파키스탄)의 지도자들은 변경 지대에 소련의 영향력이 슬그머니 스며들까 봐 걱정했다. 마찬가지로 미국·이집트·중국·사우디아라비아 같은, 이 지역과 그리고 더 멀리 떨어져 있는 나라들의 정부는 소련의 개입이 중동에서 모스크바의 영향력을 확대하는 활동의 첫걸음이 아닐까 우려했다. 소련의 개입은 다양한 외부 세력이 반란 전사들에게 원조를 제공하는 후원 활동을 통해 아프가니스탄에 들어올 수 있는 문을 열었다. 이 외국의 원조는 무자헤딘을 잘 무장되고 자금이 풍부한 조직적 게릴라 그룹들로 변모시켰다. 그러나 그것은 또 반란자들을 그 대부분이 성격상 이슬람적인 외부의 이념적 영향력과도 연결시켰다.[46]

냉전 시기 내내 미국 관리들은 이슬람을 소련에 맞서 무슬림 세계를 동원하는 수단으로 이용한다는 발상을 만지작거렸다. 국무부 관리들은 크렘린이 무슬림 국가를 침공하는 쪽을 택함으로써 전 세계의 이슬람 공동체를 격분시킬 위험을 각오했다는 것을 알았다. 1980년

1월 소련 침공이 있고 불과 며칠 뒤 이집트 정부는 침공에 최선의 대응책을 논의하기 위해 비상 회의를 소집했다. 이집트 관리들은 아프가니스탄 무자헤딘을 위해 훈련소를 설치하고 재정적으로 지원하기로 마음먹었다. 또 아프가니스탄 사태를 다룰 이슬람 정상회담도 소집하고자 했다. 3주 후 약 1만 명이 "소련이여, 카불은 당신들의 무덤이 될 것이다"라는 기치 아래, 국가가 관리하는 카이로의 알아즈하르 모스크에서 열린 반反소련 시위에 참가했다. 무슬림 형제단[22]의 지도자들이 군중에게 연설했고, 이슬람 학생들은 모스크바와의 관계를 완전히 끊을 것을 카이로에 요구했다.[47]

아랍 세계의 무슬림 그룹들이 소련 개입에 반대해 조직되기 시작하는 동안, 아프가니스탄의 이웃 국가인 파키스탄은 소련 점령에 맞서 지구적인 지하드로 성장할 저항의 주요 발판을 제공했다. 그리고 파키스탄 대통령인 무함마드 지아울하크[23]가 총지휘를 맡게 될 것이었다. 지아울하크는 파키스탄에서 11년 이상 통치하며 국가수반으로서 가장 오랫동안 재임할 터였다. 그의 근엄한 시선 위에 둥글게 굽은 눈썹이 자리해 있었다. 영국 시스템으로 훈련받은 많은 장교들에

22) Muslim Brotherhood. 이집트와 시리아를 중심으로 활동하고 범아랍권에 확산되어 있는 이슬람 근본주의 단체. 1928년 이집트에서 서구로부터의 독립과 이슬람 문화의 부흥을 목표로 하산 알반나에 의해 창설되었다.

23) Muhammad Zia-ul-Haq(1924~1988). 파키스탄의 군인, 정치인. 1977년 7월 무혈 쿠데타를 지휘하여 줄피카르 알리 부토 정권을 뒤엎고 계엄사령관을 맡았으며, 1978년 임시 대통령이던 파잘 일라히 차우드리의 뒤를 이어 대통령에 취임해 국방장관, 육군 참모총장, 계엄사령관 등을 겸직했다. 1988년에 의문의 비행기 사고로 사망했다.

게 전형적으로 보이는 말끔하게 손질한 콧수염이 이 시선을 더욱 날카롭게 만들었다. 펀자브에서 태어난 지아울하크는 제2차 세계대전 동안 버마에서 영국령 인도군에 복무했고, 그 후 1947년에 파키스탄 군대에 들어갔다. 1967년에 그는 요르단으로 발령 났고, 그곳에서 하심 왕국의 군대를 훈련하는 일을 했다. 지아울하크는 1970년 9월에 '검은 9월'[24]로도 알려진 요르단 내전에서 팔레스타인 게릴라들에 맞서 정부군을 이끌었을 때 두각을 나타냈다. 이 발령으로 그는 또 참패한 1971년의 인도-파키스탄 전쟁으로부터도 떨어져 있게 되어, 패배의 오명을 뒤집어쓰지 않은 몇 안 되는 군 지도자 중 한 명으로 남을 수 있었다. 줄피카르 알리 부토 치하의 새 이슬라마바드 정부는 지아울하크를 다시 파키스탄으로 불러들여 소장으로 진급시켰다. 5년 후 부토는 지아울하크를 육군 참모총장으로 임명했다. 1977년 7월에 지아울하크는 인기를 점점 잃어가던 부토에 맞서 군사 쿠데타를 일으켜, 총리를 체포하고 파키스탄을 군부의 통제 아래 두었다.

일단 권력을 잡자, 지아울하크는 이슬람을 파키스탄 국가와 군부에 도입하는 포괄적인 운동을 개시했다. 그는 이슬람 정당인 자미아티이슬라미[25]와의 관계를 강화했고, 군부 내에 이슬람을 제도화했

---

24) Black September. 요르단에서 벌어진 전쟁으로 야세르 아라파트를 중심으로 한 팔레스타인해방기구와 바트당 집권하의 시리아가 연합해 후세인 1세를 중심으로 한 요르단군을 상대로 치른 전쟁을 말한다. 1970년 9월 16일부터 9월 27일까지 주요 교전이 발생했으며, 팔레스타인해방기구의 활동은 1971년 7월 17일까지 계속되었다.

25) Jami'at-e-Islami. 아프가니스탄의 정당. 1968년 부르하누딘 라바니 전 아프

다. 지아울하크 치하에서 군의 좌우명은 "신앙, 신에 대한 복종, 알라의 길에서의 투쟁"으로 바뀌었다. 한편 파키스탄에서 이슬람 학교의 수는 1971년 약 900개소에서 1988년경에는 8000개소 이상으로 늘었다. 지아울하크는 또 파키스탄 정보기관인 '삼군통합정보부'[26]의 직원도 1978년 약 2000명에서 1988년경에는 약 4만 명으로 늘렸다. 그의 통치 말기에 삼군통합정보부는 파키스탄 국가와 사회의 모든 부문에 침투한 거대하고 무서운 조직으로 성장했다. 한 삼군통합정보부 관리는 훗날 이 기관을 "파키스탄에서 가장 강력하고 영향력 있는 조직일 것"이라고 술회했다. 지아울하크는 또 곧 아프가니스탄에 주둔한 소련군과의 대규모 은밀한 전쟁으로 비화할 충돌을 이용해 정권을 이끌 것이었다. 지아울하크가 파키스탄 국가를 이슬람화하고 이슬라마바드가 무자헤딘에 국제적 지원을 제공하는 데 중심적 역할을 함으로써 전쟁의 양상과 더 광대한 지역의 모습이 다르게 바뀔 터였다.[48]

이슬라마바드의 지도자들에게 소련의 아프가니스탄 진공進攻은 매우 실제적인 위협을 나타내는 것 같았다. 만일 크렘린이 정말로 남아시아에서 영향력을 확대하고 페르시아만에 교두보를 설치하려고 애

가니스탄 대통령이 창당했다. 공동체주의 사상에 기반을 둔 샤리아 법체계를 근간으로 한다.

26) Directorate for Inter-Services Intelligence, ISI. 1948년에 창설된 파키스탄 정보기관을 가리킨다. 전 세계를 대상으로 파키스탄의 국가 안보와 관련된 정보를 수집·분석하는 임무를 수행한다. 기본적으로 파키스탄군의 육군, 해군, 공군에서 파견된 장교들로 구성된다.

쓰고 있다면, 파키스탄은 논리적으로 아프가니스탄 다음의 표적이 될 것이다. 그러나 만일 소련군이 아프가니스탄에서 피비린내 나는 값비싼 전쟁을 치르느라 수렁에서 헤어 나오지 못한다면, 모스크바는 남쪽 파키스탄을 향해 밀고 내려가지 못할 것이었다. 하지만 지아울하크는 무자헤딘을 너무 많이 지원하면 크렘린이 이에 자극받아 파키스탄을 공격할 수도 있음을 알았다. 그는 삼군통합정보부에 아프가니스탄에서 벌어진 충돌이 반드시 "적절한 온도를 유지하며 계속 끓게" 하라고 말했다. 수십 명의 장교와 수백 명의 하급 군 인사로 이루어진 직원들이 사복을 입고 라왈핀디의 삼군통합정보부 사무실에서 비밀 전쟁을 수행했다. 이들은 무기 수송을 감독하고 금융 거래를 준비하며 미국, 영국, 사우디아라비아 정보기관과 무자헤딘 사령관들 사이의 연락을 조율했다. 한편 삼군통합정보부는 파키스탄에 총 일곱 개의 캠프를 설치하여 전쟁 말까지 8만여 명의 반란 전사를 훈련시킬 것이었다. 하지만 가장 위험한 일은 아프가니스탄 내에서 무자헤딘과 나란히 싸운 비밀 삼군통합정보부 군사자문관들에게 돌아갔다. 이 자문관들은 자신들이 죽거나 포로가 될 경우, 이슬라마바드가 관련 사실을 그럴듯하게 부인할 수 있도록 군복도 입지 않았고 신분증도 소지하지 않았다.[49]

그러나 지아울하크의 전략은 당면한 전쟁을 뛰어넘었다. 스티브 콜Steve Coll 기자가 훗날 주장했듯이, 파키스탄 관리들은 "우리와는 다른 전쟁을 치르고" 있었다. 파키스탄은 소련과의 전쟁에서 최전선에 있었고, 아프가니스탄을 위한 전투는 이슬라마바드에 엄청난 지역적 의미를 지녔다. 특히 지아울하크와 동료들은 소련군 철수 이후 벌어질 상황에 초점을 맞췄다. "그들은 아프가니스탄이 진공상태가 되면 파키스탄에 대한 인도의 해악과 적대 행위의 발판이 되지 않을까 우려했다"라고 콜은 설명했다. 인도는 아주 근래인 1971년에 파키스탄과 세 차례 전쟁을 벌여 승리를 거둔 나라로, 이슬라마바드의 '실존적 경쟁국'으로 나타났다. 파키스탄 관리들은 아프가니스탄의 전투적인 이슬람 그룹들을 소련 철군 이후의 아프가니스탄에서 인도의 영향력을 억제하는 수단으로 후원할 것을 고려했다.[50]

삼군통합정보부가 아프가니스탄에서 비밀 전쟁을 조직하는 동안, 미국은 병참 장교 역할을 했다. 1986년에 워싱턴은 전쟁을 지원하기 위해 1년에 6억 달러(아라비아만 국가들에 제공되는 지원액에 맞먹는 액수)를 쓰고 있었다. 파키스탄은 재빠르게 이 지역에서 "미국 정책의 전략적 허브"로 변신했다. 지원이 엄청나게 쏟아지면서 지아울하크 정권을 받쳐주었으나, 불법 무기 암시장이 번성하는 부작용도 나타났다. 카라치는 CIA의 소화기小火器 수송 기항지寄港地 역할을 했다. 지역과 국가 수준에서 부패가 횡행하면서 많은 무기가 도시의 시장으로 유입되었고, 이는 범죄가 급격히 늘어나는 데 일조했다. 아프가니스탄에서 무자헤딘의 수중에 들어간 이 무기들은 트럭으로 배달되었다. 그리고 트럭은 무기를 내려놓으면 다시 파키스탄으로 향할 아프가니스탄 헤로인을 실었다. 전쟁은 카라치를 마약 밀거래자와 삼군통합정보부 요원, 아프가니스탄 반란자, 외국 정보원들이 득실거리는 도시로 변모시켰다.[51]

CIA-삼군통합정보부 지원 루트는 아프가니스탄도 변모시켰다. 미국과 아랍 정부들이 전쟁 비용의 많은 부분을 대는 동안, 삼군통합정보부는 최소한 일곱 개의 서로 경쟁하는 무자헤딘 조직들에 원조를 배분하는 일을 조율했다. 이런 식의 일 처리 때문에 파키스탄 관리들은 어느 반란자 그룹이 무기를 받을지를 결정하는 책임을 졌고, 궁극적으로 삼군통합정보부는 그 무기들을 어떻게 사용해야 하는지를 결정하는 데 관여하게 되었다. 실제로 삼군통합정보부는 군사원조의 거의 3분의 2를 이슬람 그룹들에 보냈다. 지아울하크가 시행한 파키스탄 국가와 군부의 이슬람화는 CIA가 자금을 대는 루트를 통해 아프가니스탄으로 번졌다.

이슬라마바드의 지시를 거부한 반란 지도자들은 자신들의 원조 패키지가 삭감될 것이라고 예상할 수 있었다. 재빨리 친파키스탄 이슬람 무자헤딘 조직들이 아프가니스탄에서 무장이 가장 좋고 자금이 가장 풍부한 반란 그룹이 되었다. 민족주의 세력과 세속 세력은 삼군통합정보부와 깊은 연계를 맺고 물자를 더 잘 공급받는 이슬람 경쟁자들과 겨루는 처지가 되었다. 게다가 이슬라마바드의 목표가 아프가니스탄에서 소련이 빠져나오기 힘든 수렁을 만드는 것이었기 때문에, 삼군통합정보부 관리들은 무자헤딘 세력의 분열을 강화하는 쪽을 택했다. 만일 통합된 지휘부를 창설하면 반란자들이 자신의 일을 스스로 통제할 수 있고 파슈툰 민족주의가 더욱 거세질 가능성이 있었으므로, 파키스탄은 무자헤딘 경쟁 그룹들 사이에 물자를 계속 나눠 주었다. CIA-삼군통합정보부 프로그램은 아프가니스탄에 무기를 쏟아붓는 것 말고도 군벌주의와 이슬람화, 분열을 부추기고, 아프가니스탄 내에서 파키스탄의 영향력을 끌어올렸다.[52]

CIA와 삼군통합정보부 관리들은 '아프가니스탄 무자헤딘 이슬람 연합,'[27] 즉 CIA 관리들이 부르는 명칭으로는 '페샤와르 7'을 통해 일곱 개의 주요 무자헤딘 조직들의 사령관들과 함께 일했다. 이 일곱 개의 게릴라 경쟁 파벌은 아프가니스탄에서 소련 제40군을 축출하고 싶어 하는 동일한 희망으로 뭉친 불편한 연합 세력으로 활동했다. 일곱 개 그룹 중 여섯 개는 파슈툰족 그룹이었으며, 자미아티이슬라미가 유일한 타지크인 조직이었다. 파슈툰족은 아프가니스탄에서 인구 면에서 다수를 대표했으며, 총인구의 약 40퍼센트를 차지했다. 특히 세 명의 사령관이 이 운동에서 지도자로 모습을 드러낼 터였다. 굴부딘 헤크마티아르,[28] 잘랄루딘 하카니,[29] 아흐마드 샤 마수드[30]가 그들이었다. 이들은 모두 이슬람 정당 소속이었다. 게다가 각자 나중

27) Islamic Unity of Afghan Mujahideen. 1985년 5월 소련-아프가니스탄 전쟁 당시 소련군과 아프가니스탄 민주공화국군에 맞서 일곱 개의 아프가니스탄 무자헤딘 단체가 결성한 아프가니스탄 조직. '7당 무자헤딘 동맹' 혹은 '페샤와르 7'이라고도 알려져 있다. 세계 여론을 상대로 통일된 외교 활동을 추구하고 유엔과 '이슬람 회의기구' 등에 대표를 파견하고자 했다.

28) Gulbuddin Hekmatyar(1947?~). 아프가니스탄의 정치인. 소련의 아프가니스탄 침공 이후 무자헤딘 사령관으로 활동했으며, 1996~1997년에 부르하누딘 라바니 정부에서 총리를 역임했다.

29) Jalaluddin Haqqani(1939~2018). 아프가니스탄의 무자헤딘 사령관. 1980년대에는 소련군에 맞서, 그리고 2000년대 이후에는 미국이 이끄는 나토군과 아프가니스탄 이슬람 공화국에 맞서 싸운 이슬람 게릴라 그룹인 '하카니 네트워크'를 이끌었다.

30) Ahmad Shah Massoud(1953~2001). 아프가니스탄의 이슬람주의 운동가, 정치·군사 지도자. 1979~1989년 소련의 침공에 맞서, 그 후에는 탈레반에 맞서 항쟁을 벌인 이슬람 사령관으로 이름을 날렸다. 1992~2001년에 부르하누딘 라바니 정부에서 국방장관을 지냈다.

에 전쟁이 끝난 후 아프가니스탄에서 권력 도전자로 등장했다.

헤크마티아르는 삼군통합정보부가 특히 좋아하는 인물이었다. 1947년 북부 아프가니스탄에서 태어난 헤크마티아르는 재능 있는 젊은이로 재빨리 두각을 나타냈다. 1970년부터 1972년까지 그는 카불대학교에서 엔지니어링을 전공했으나 동료 학생을 살해한 혐의로 체포되었다. 이듬해 석방된 뒤 헤크마티아르는 '무슬림 청년단'[31]에 가입했고, 이 단체에서 카불의 또 다른 학생이었던 아흐마드 샤 마수드의 경쟁자로 등장했다. 헤크마티아르는 1975년에 조직에서 떨어져 나와 좀 더 급진적인 '헤즈비이슬라미'[32] 당을 창당했다. 1975년 봉기가 실패한 뒤 헤크마티아르와 그의 많은 지지자들이 파키스탄으로 도피했고, 파키스탄에서 그들은 삼군통합정보부와 연계를 맺었다. 크렘린의 아프가니스탄 침공 후 지아울하크 정권은 당연히 헤크마티아르와 헤즈비이슬라미를 제40군과의 전쟁에서 동맹자로 기대했다. 헤즈비이슬라미는 아프가니스탄에서 27개 주에 조직이 있다고 주장했으나, 그 힘은 팍티야주와 낭가르하르주에 집중되었다. 한 CIA 관리는 그를 이렇게 기억했다. "그는 고약한 친구였다. 70년대 후반에 그

---

31) Muslim Youth. 1969년 카불대학교의 몇몇 소장 교수들과 학생들이 설립한 이슬람 그룹. 소련-아프가니스탄 전쟁 때 많은 지도자가 이 그룹 출신이었다.

32) Hezb-e-Islami. 1976년 굴부딘 헤크마티아르가 창설한 아프가니스탄 정당. 1979년 물라비 유나스 할리스가 헤크마티아르와 결별해 '헤즈비이슬라미 할리스'로 알려진 그룹을 설립하면서 헤즈비이슬라미는 '헤즈비이슬라미 굴부딘'으로 알려지게 되었다. '무슬림 형제단'처럼 아프가니스탄의 다양한 부족 파벌들을 하나의 통일된 이슬람 국가로 대체하고자 했다. 그렇기 때문에 좀 더 부족 지향적인 탈레반과 충돌했다.

는 파키스탄 요원이었고, 파키스탄 사람들은 그를 도구로 이용했다." 무자헤딘 정치를 거의 이해하지 못했던 미국 관리들은 그냥 이슬라마바드가 권고하는 것들을 따를 뿐이었다. 피터 버건Peter Bergen 기자는 다음과 같이 설명했다. "헤크마티아르의 당은 전 세계에서 온 다양한 전투적 이슬람주의자들을 훈련시키고 상당수의 다른 당 무자헤딘들을 죽이며 격렬하게 반서방적인 노선을 걸으면서도, 전쟁 동안 중요한 전투는 결코 이기지 못하는 미덥지 못한 특성이 있었다." 1982년 미 국무부 정보 보고에서는 헤크마티아르의 세력이 다른 반란자 그룹들과 너무나 자주 "영역권 다툼"을 벌여서 무자헤딘 경쟁세력이 "부분적으로 [헤크마티아르의] 추종자들에 맞서 자신들을 방어하기" 위해 체계적으로 움직이기 시작했다고 언급했다. 돌이켜 보면 헤크마티아르의 우선순위는 소련군과 싸우는 데 초점이 있는 것이 아니라 소련군이 떠나자마자 권력을 잡을 수 있도록 준비하는 데 있었다.[53]

아흐마드 샤 마수드는 헤크마티아르와 극명하게 대비되었다. 1953년 판지시르 계곡에서 태어나 카불에서 자란 이 타지크인 지도자는 아마도 가장 유능한 무자헤딘 군 사령관이었을 것이다. 그는 카불대학교에서 엔지니어링을 공부하면서 무슬림 청년단에 가입했다. 헤크마티아르가 1975년 조직에서 떨어져 나와 헤즈비이슬라미를 창설했을 때, 마수드는 부르하누딘 라바니33)가 이끄는 좀 더 온건한 자미아

---

33) Burhanuddin Rabbani(1940~2011). 아프가니스탄의 정치인. 1972년 카불대학교에서 '자미아티이슬라미'를 창설했고, 1992~1996년, 2001년에 아프가니스탄

티이슬라미에 여전히 충성을 다했다. 온건하고 실용적인 마수드는 당의 군사 부문을 이끌었다. 전장에서 절묘한 솜씨를 보인 그는 재빨리 국제적인 명성을 얻었다. 그는 파키스탄 삼군통합정보부가 총애하는 인물은 아니었지만, 기자들은 젊은 사령관에게 마음을 빼앗긴 것 같았다. "마수드는 게릴라전을 너무나 잘 지도하고 알아서 여기 아프가니스탄에서는 체 게바라[34]에 못지않은 명성을 얻었다"라고 한 외국 통신원은 썼다. 또 다른 이는 다음과 같이 논평했다. "나는 아프가니스탄 전역에서 러시아인들이 오직 한 사람만 두려워한다면, 말하자면 진짜로 두려워한다면, 그 사람은 마수드라는 사실에 전혀 놀라지 않을 것이다. 마수드는 아프가니스탄에서 최상의 희망, 아프가니스탄 독립을 회복할 수 있는 운동을 발전시킬 최상의 희망을 나타낸다."

진지하고, 누구에게 들어봐도 인품이 온화했던 마수드는 항상 군복 상의와 전투 바지를 입고 아프가니스탄의 전통적인 둥근 모자를 쓴 채 나타났다. 마수드의 세력은 약 100킬로미터에 이르는 판지시르 계곡을 통제했다. 계곡은 힌두쿠시산맥을 가로지르는 주요 산길

대통령을 역임했다.

34) Che Guevara(1928~1967). 쿠바 혁명의 지도자. 아르헨티나 출신이다. 1959년 카스트로와 함께 바티스타 정권을 무너뜨린 뒤 쿠바의 시민이 되어 국가농업개혁연구소의 산업부장, 쿠바 국립은행 총재, 공업장관을 역임했다. 1965년 4월 쿠바의 전사들과 함께 콩고로 가 내전에 참전하고 있는 루뭄바 부대의 조직을 도왔다. 1966년 볼리비아로 잠입해 산타크루스 지역에서 게릴라 부대를 조직·통솔하던 중 1967년 10월 정부군에 체포되어 총살당했다.

중 두 개 길의 진입로를 관할하고, 아프가니스탄에서 타지크인들이 가장 많이 몰려 사는 곳이었다. 계곡은 또 살랑 터널을 위협하는 위치에 자리해 있었다. 소련은 산맥을 관통하는 위험한 2.6킬로미터의 통로인 이 터널을 통해 엄청난 양의 물자를 이동시켰다. 지세가 좁고 험한 이 터널과 주변 지역은 전쟁에서 가장 중요한 전략적 요충지 중 하나가 되었다.

판지시르의 무자헤딘 사령관이었던 마수드(별명이 '판지시르의 사자'였다)는 가장 중요한 아프가니스탄 전쟁 지도자 중 한 명이 되었다. 마수드는 부대를 조직하면서 병력을 게릴라 수비대, 기동특공대, 특수타격대의 개별 군사 사령부로 나눴다. 단순한 군사 지도자 이상이었던 마수드는 자신이 통제하는 지구 각각에 경제위원회, 정치위원회, 종교위원회를 설치하는 등 비범한 정치적 감각도 보여주었다. 위원회는 세금을 걷고, 복지를 나눠 주고, 학교를 운영하고, 사법제도를 관리했다. 대부분의 다른 무자헤딘 사령관들과는 달리, 마수드는 기자들에게 온건하고 민주적이며 비교적 친서방적인 인물로 깊은 인상을 주었다. 마수드의 명성은 그가 소련 KGB, 파키스탄 삼군통합정보부, 무자헤딘 경쟁 지도자들이 여러 차례 저질렀던 암살 기도에서 살아남으면서 계속 높아져 갈 것이었다. 하지만 마수드의 행운은 9·11 테러[35]가 있기 이틀 전인 2001년 9월 9일에 고갈될 터였다. 그

35) 9·11 attacks. 2001년 9월 11일 아침, 미국을 상대로 이슬람 급진 테러 조직인 '알카에다'가 일으킨 네 차례의 연쇄 테러 공격을 의미한다. 2977명이 사망하고, 2만 5000명 이상이 부상을 입었으며, 최소 100억 달러의 재산 피해가 발생한 것으로 집계되었다.

날 오사마 빈 라덴이 이끄는 알카에다[36] 조직의 수상쩍은 요원 두 명이 기자인 체하며 이 게릴라 사령관과 인터뷰를 하는 동안 자살 폭탄을 터뜨렸던 것이다.[54]

헤크마티아르와 마수드가 전쟁 동안 가장 두드러진 무자헤딘 사령관이었다면, 또 한 명의 사령관인 잘랄루딘 하카니는 그 후 수십 년간 두각을 드러낼 터였다. 아프가니스탄 남동부 팍티야주 출신의 파슈툰족인 하카니는 페샤와르 동쪽에 있는 '다르 알울룸 하카니아' 마드라사[37]에서 종교학 상급 학위를 받았다. 헤크마티아르와 마수드가 엔지니어링 전공이었던 반면, 하카니는 종교학자였다. 1978년 혁명 이후 하카니는 하카니아 출신의 많은 전 동지들과 함께 '하카니 네트워크'로 알려진 그룹을 결성했다. 하카니의 세력은 파키스탄과의 국경을 따라 로야 팍티야 지역의 부족 고원지대를 상당 부분 통제했다. 이 영토는 파키스탄의 원조를 받기 위한 이상적인 준비 지역이었다. 그곳은 소련군의 급습에도 영향을 받지 않고 카불과 잘랄라바드와도 적당히 가까웠다. 삼군통합정보부는 하카니 네트워크 및 사우디아라비아 청부인들과 함께 일하며, CIA와 아랍 자금을 이용해 호스트에 강력한 자와르 기지와 보급창을 건설했다. CIA와 삼군통합정보부가 아프가니스탄에 보낸 총원조의 약 20퍼센트가 자와르를 거점으로 활동하는 하카니 세력에 배당되었다. 그곳에서 하카니는 종

36) Al-Qaeda 또는 Al-Qaida. 사우디아라비아 출신의 오사마 빈 라덴이 창시한 극단적 무슬림들의 국제 무장 세력을 가리킨다. 이슬람 원리주의를 바탕으로 반미·반유대를 표방한다.

37) madrasa. 이슬람 고등교육기관. 마드라사는 아랍어로 학교를 의미한다.

교 수행, 전략적 위치, 막대한 자원에 대한 접근을 이용해 소련군 점령에 맞선 투쟁과 이슬람 신학을 결합했다. 하카니가 거둔 가장 특기할 만한 성공은 아랍 세계의 이슬람 후원자들과 지속적인 연계를 구축한 데 있었다. 이 연계는 1980년대 초에 지원과 물자 공급을 가져다주었지만, 전쟁 후반기까지 하카니는 상당수의 아랍 의용병들을 소련 점령에 맞선 지하드에 참여시키고 있었다. 하카니는 아프가니스탄 지하드에 대한 지지가 신앙심 깊은 모든 무슬림들의 종교적인 의무라고 주장한 최초이자 가장 성공적인 무자헤딘 가운데 한 사람이었다. 그의 지도하에 아프가니스탄은 새로운 세대의 아랍 이슬람 전사들을 배출하는 훈련소가 될 것이었다. 하카니는 이른바 아프가니스탄 아랍인들과 함께 지하드를 지구화하는 데 결정적인 역할을 할 터였다.[55]

CIA-삼군통합정보부의 원조 루트는 공식적으로 비밀이었으나 소련 지도자들은 이를 잘 알고 있었다. 1980년 10월, 소련 국방장관 우스티노프는 아프가니스탄에 대한 "외국의 개입"을 개괄적으로 설명하는 보고서를 발표했다. 1978년 혁명에 뒤이어 워싱턴, 워싱턴의 나토 동맹국들, 중국, 파키스탄, 이란, 그리고 몇몇 아랍 국가들이 아프가니스탄 인민민주당 정권을 상대로 "불온 행동을 개시"했다고 그는 보고했다. 우스티노프는 다음과 같이 썼다. "미국과 그 동맹국들이 아프가니스탄 반혁명 무장 부대를 훈련하고 장비를 갖춰 아프가니스탄 민주공화국의 영토로 보내고 있으며 (…) [이는] 아프가니스탄의 상황을 불안정하게 만드는 주요 요인이 되었다." 미국인, 중국인, 파키스탄인, 이집트인 교관들이 파키스탄 전역의 42개 장소에서 6만 명 이상의 무자헤딘을 훈련시키고 있었다. 이란은 자국의 영토 내에 약 13개소의 반란자 훈련 캠프를 운영 중이었다. 한편, 워싱턴은 이집트나 사우디아라비아 같은 제3국을 통해 반란자들에게 무기를 보내고 있었다. CIA는 "공산주의 영향력의 확산을 막는 투쟁에서 종교운동 및 그룹들"을 이용하는 데 특히 관심이 있었고, 카라치에 있는 미국 영사관의 "아프가니스탄국局"은 이질적인 무자헤딘 파벌들에게 단일한 통합사령부를 구성하라고 고무하고 있었다.[56] 소련 정보기관은 CIA가 1980년 1월에 텍사스와 캘리포니아에서 훈련받은 반란자들을 침투시키기 시작했고, 3월에는 파키스탄의 사라브 루드에 훈련캠프를 완공했다고 경고했다.[57]

호메이니의 이란이 거대한 종파 반란의 진원지였다면, 아프가니스탄은 종파 반란의 가장 큰 전장이 되었다. 아프가니스탄에서 소련군 주둔에 반대해 일어난 전쟁은 새로운 종류의 혁명전쟁이 나타날 도가니가 될 것이었다. 힌두쿠시산맥에 깊이 숨겨진 기지에서 새로운 유형의 반란자가 탄생할 터였다. 냉전 말기의 독특한 지정학적 현실에 의해 가능해진 지구적 원조 네크워크는 이러한 변화를 촉진했다. 무자헤딘을 지원하는 비밀 프로그램은 여전히 초기 단계에 있었지만, 무자헤딘과 미국·파키스탄·중국·사우디아라비아 정보기관 사이의 잘 드러나지 않던 협력 관계를 완성하는 것이었다. 1980년대 대부분의 기간 동안 워싱턴, 이슬라마바드, 베이징, 리야드는 소련군을 상대로 가차 없이 투쟁을 벌이던 이슬람 전사 네트워크에 자금을 댔다. 소련은 아프가니스탄에서 그들이 예상했던 것보다 훨씬 힘든 싸움에 직면했음이 이제 분명해졌다. 1980년의 겨울이 다가오면서 모든 당사자는 참호를 파고 잔혹한 장기 전쟁에 대비했다.

17

전쟁 중인 중동

1980~1982

"그렇다. 이라크 정권은 비열했지만,
만일 이란이 전쟁에서 이기면 최악의 사태가 벌어질 것이라는 느낌이 있었다.
말하자면 우리가 아는 중동이 곧 반미 광신자들로 뒤덮이리라는 것이었다. (…)
그것은 포위되었다는 심리였다. 그렇다. 우리는 사담 후세인과 같은 벙커에 있었다.
사담 후세인을 계속 견디게 하는 것이 이 지역에서 무엇보다도 중요한 미국의 정책 목표가 되었다."

브루스 리델

17

다가올 10년 동안 중동은 전쟁 때문에 세계에서 가장 피폐해진 지역으로서 동남아시아를 대체할 것이었다. 냉전 말기의 중동 전장은 힌두쿠시의 뾰족한 산들로부터 매우 건조한 메소포타미아 평원을 가로질러 서쪽으로 지중해 도시인 베이루트와 시돈까지 소련 남쪽 측면 전역에 걸쳐 있었다. 동양에서 발생한 대규모 폭력의 첫 두 물결이 공산주의 혁명에 집중되어 있었다면, 세 번째이자 마지막 충돌의 물결을 지배한 것은 인종적·종교적 전쟁이었다. 아프가니스탄에서 소련군은 피비린내 나는 전쟁의 수렁에 빠져 있었다. 이전의 침략자들과 마찬가지로, 소련은 아프가니스탄을 쉽게 정복할 수 있으나 통제하기가 거의 불가능하다는 것을 알았다. 그사이 페르시아 고원 너머에서는 테헤란의 혁명이 이 지역 전역에 계속 충격파를 보내고 있었다. 아야톨라들이 이란에서 통제권을 확고히 함에 따라 유구한 경쟁국인 이라크는 시아파 정권을 공격할 준비를 했다. 서쪽으로는 지중해 해안을 따라 이스라엘 지도자들이 레반트[1] 지역을 개조할 요량으

1) Levant. 근동의 팔레스타인(고대의 가나안)과 시리아, 요르단, 레바논 등이 있는 지역을 가리키는 지리적 용어.

로 북부 이웃 나라인 레바논을 침공할 준비를 했다. 절정을 향해 달리는 냉전의 마지막 10년은 중동 지역의 여러 사회를 황폐화하고, 20세기 말에 발발한 전쟁의 모습을 바꿔놓았다.

1970년대에 제3세계 공산주의가 몰락한 뒤 중동 전장에서 전투원들은 동서 간의 이념적 갈등이라는 틀을 대체로 버렸다. 1981년 CIA 보고서에서는 "지난 5년 동안 종교와 민족주의 사이의 연결이 이슬람 세계에서 더욱 강해졌다"라고 언급했다. 이 부활은 획일적이거나 어떤 하나의 권위가 총괄한 것이 아니었다. 오히려 급속한 근대화와 지속적인 정치적 혼란의 압력이 이슬람을 "유력한 정치적 힘"으로 변모시키는 데 일조했다. CIA 보고서에 따르면, 이 지역의 상당 부분에서 "이슬람이 점점 더 민족주의와 연결되고 있고, 그 결과 정치적 조류가 결정적으로 반미적인 방향으로 흐르고 있다." 근대화와 워싱턴의 긴밀한 관련은 반미 감정의 많은 부분을 추동했고, 이 감정은 "미국의 지구적 전략"으로 더욱 강화되었다. 이 지역에서 이루어진 미국의 군사적 전개와 석유에 대한 갈망, 그리고 "무슬림의 군사적 패배와 서방 제국주의를 항상 떠올리게 하는 미국의 이스라엘 지지"는 이 적의를 부채질했다. 그 결과, 이 지역의 친서방 지도자들은 워싱턴에 너무 공개적으로 동조하는 것에 조심할 필요가 있을 것이다. 보고서에서는 "미국에게 한 가지 난제는 국내 소비용 수사와 어떤 목적을 위해 미국과 관계를 맺고 싶어 하는 지도자의 개인적 의지를 구별하는 일"일 거라고 주장했다. 분석관들은 또 크렘린이 무슬림 정치에서 영향력 확대를 꾀할 것 같다고 경고했다. 그럼에도 이슬람의 부활은 마르크스주의와 이슬람 사이에 통합점을 찾기 어렵기 때문에 "모스크바에 문제를 야기한다."[1]

궁극적으로 이 종파 부활은 양 초강대국에 위험을 제기했다. 그러나 워싱턴도, 모스크바도 냉전 투쟁에 너무 깊이 연루되어 있어서 소련 남부 주변 지역을 따라 맹렬히 진행되던 충돌에서 떨어져 있을 수가 없었다. 억제라는 타성은 초강대국들을 중동의 전쟁 지역으로 더 깊이 끌어들였다. 전투가 격화되자 두 초강대국은 주의를 이 지역으로 옮겼다. 모스크바와 워싱턴은 아프가니스탄에서 개입을 확대했고, 레바논과 메소포타미아를 불안한 눈길로 계속 바라보았다.

"지뢰 전쟁"

아프가니스탄에서 전쟁의 첫 단계에 제40군을 전개한 소련 사령관들은 이제 외부 통제에 완강하게 저항하는 것으로 유명한 나라에서, 점점 커져가고 국제적인 후원을 받는 반란과 싸워야 하는 힘든 과업에 직면했다. 남부 아프가니스탄의 칸다하르시에서 나온 보도에서는 게릴라의 영향력이 "구석구석 배어 있다"고 묘사했다. 세 차례의 통행금지령으로 아프가니스탄 사람들은 밤에 거리에 나갈 수가 없었다. 소련군이 밤 10시 통행금지를 실시하자, 게릴라들은 9시 이후에 움직이는 사람은 누구든 무조건 발포하겠다고 언명했다. 안전을 위해 대부분의 주민은 7시 이후에는 집 안에 있기로 했다. 한편, 반란자들은 학교 몇 군데를 문을 닫게 했고 교사 세 명을 총살했으며, 고기를 쌓아놓고 있던 지역 정육점을 위협했다. 주민들은 식량과 물자를 찾아다닐 수밖에 없었다. 석유는 암시장에서만 구할 수 있었고,

장작과 빵 가격이 급격하게 치솟았다.[2]

1980년 3월부터 1985년 4월까지 지속된 전쟁의 두 번째 단계 동안 소련군 참모본부는 지역의 반란 거점들을 파괴하는 데 목표가 있는 대규모 전투 작전에 집중했다. 무자헤딘은 충돌의 첫 몇 주 동안 보였던 대규모 게릴라 공격을 재빨리 버리고, 그 대신 산의 은신처에서 공격을 가하고 재빨리 도주하는, 좀 더 전통적인 작전을 실행하는 쪽으로 돌아갔다. 아프가니스탄의 기복이 심한 바위투성이 지형은 소련군의 이동을 제한했고 중장비 군용 차량의 사용을 방해했다. 소련 사령관들은 무자헤딘이 필수적인 기지를 방어하거나 포위당했을 때에만 맞서 싸울 것임을 알았다. 소련군 참모본부의 말에 따르면, 이를 염두에 두고 소련군은 "무자헤딘의 지역 기지를 제거하기"로 되어 있는 대규모 작전에 초점을 맞췄다. 탱크와 중기갑 차량은 도로가 아닌 곳에서는 효율적으로 기동할 수 없었고, 그러므로 호송대를 지키는 필수적인 역할 외에는 사용이 제한되었다. 마찬가지로, 제트 전투기도 근접 항공 지원을 제공하는 데 적절하지 않았다. 중무장 헬리콥터가 산악전에서 좀 더 유용했고, 지상 부대와 긴밀한 협력 속에 작전을 벌이면 대단히 파괴적인 것으로 드러났다. 진짜 난제는 "군사적인 것이 아니라 정치적인 것"이었다고 러시아 장교들은 주장했다. 러시아 장군들은 훗날 카르말 정부는 "기대에 부응하지 못했다"라고 썼다. 카불은 극심하게 독립적인 아프가니스탄 부족 지역을 효과적으로 통제할 수 없었다. 아프가니스탄 정부군은 여전히 무력했고, 형편없이 고안된 정부 개혁은 마을 주민들의 지지를 받지 못했다. 모스크바의 갖은 노력에도 불구하고 무자헤딘은 "나라의 주요 농업 지역

아프가니스탄에서의 헬리콥터-탱크 작전. (1984년)

을 모두" 차지한 반면, 소련의 통제는 도시와 도시들을 연결하는 주요 도로에 국한되었다.[3]

CIA 관리는 훗날 전쟁의 열쇠는 보급로를 통제하는 데 있었다고 설명했다. 소련은 파키스탄 국경을 따라 판지시르 계곡과 팍티아주, 호스트주에 대한 통제권을 확립할 필요가 있었다. 마수드가 통제하는 판지시르는 소련에 결정적으로 중요한 보급 통로였다. 하카니가 통제하는 팍티아와 호스트는 무자헤딘으로 향하는 CIA-삼군통합정보부 루트를 폐쇄할 수 있는 열쇠를 거머쥐고 있었다.[4] 거꾸로, 게릴라들은 제40군으로 가는 소련 무기들의 수송을 차단하면서 그들의 보급선은 계속 열어두어야 했다. 그리하여 양측은 각자 상대방의 보급선을 끊기 위해 싸웠다. 소련군도, 무자헤딘도 파키스탄 전역에 수천 발의 지뢰를 설치했다. 무자헤딘이 호송대를 막기 위해 도로에 지뢰를 묻은 반면에 소련 부대는 반란자들의 공격을 방해하기 위해 주둔지 주위에 지뢰를 매설했다. 이윽고 소련은 이 충돌을 '지뢰 전쟁'이라고 부를 것이었다. 전투의 많은 부분은 소련군의 주요 보급로를 따라 매복 공격의 형태로 진행되었다. 무자헤딘이 가장 좋아한 전술은 호송대의 선두와 후미 차량을 무력하게 만들고, 그 사이에 낀 병력을 주변의 고지로부터 공격하는 것이었다. 이에 대응해 소련군 부대는 매복 공격 가능성을 미리 제거하기 위해 경계병들을 주요 도로 주변의 언덕으로 보냈다. 한편, 모스크바는 제40군의 대다수 병력을 호송대의 호위와 위수 임무에 투입했다. 아프가니스탄에 주둔한 133개 대대 중에서 51개 대대만이 반란자들을 상대로 공세 작전을 지속적으로 벌이고 있었다. 아프가니스탄에 주둔한 총병력의 약 20퍼센

트를 차지하는 특수부대 특공대, 공수부대, 정찰대대가 전투에 정면으로 맞선 소련 측 병력이었다.[5]

제40군의 주요 분견대들이 전투 준비를 완료하자, 소련 사령관들은 1980년대 전반기에 반란 기지라고 의심되는 곳을 상대로 일련의 대규모 공세를 단행했다. 최초의 대대적인 공격이 2월 말에 실행되었고, 파키스탄 국경을 따라 100킬로미터에 이르는 쿠나르 계곡에 집중되었다. 작전은 계곡에 공습과 포격을 가하는 것으로 시작했다. 그런 다음 헬리콥터가 급강하해 주변 산등성이에 병력을 투하하는 사이에, 탱크와 장갑 차량들이 우르릉거리며 밀고 들어갔다. 통틀어 약 5000명의 소련군 병력이 탱크, 헬리콥터, 군용기와 함께 작전에 참가했다. 반란 전사들은 결연히 방어했으나, 그와 같은 화력 앞에 할 수 있는 일이 거의 없었다. 소련군은 건물을 무너뜨리고 무자헤딘과 민간인들을 살육하면서 저항하는 마을들을 쑥대밭으로 만들었다. 계곡에서 저항 세력을 소탕하고 정부 수비대를 구출한 후 소련군은 물러났다. 오래지 않아 반란자들이 돌아왔다.[6] 피난민들은 무려 9000가족이 계곡에서 도피했다고 보고했으며, 일부 생존자들은 소련군이 네이팜탄을 비롯한 화학무기를 사용했다고 주장했다.[7] 그것은 그해 계곡에서 진행된 네 차례의 공세 중 첫 번째 공세였다.

소련군은 반란자들의 은신처를 파괴하고 보급선을 차단하며, 무자헤딘을 뿌리 뽑을 요량으로 다른 주에서도 유사한 작전을 벌였다. 특히, 소련군은 동부의 산악 지역에 초점을 맞췄다. 가장 맹렬한 일부 무지헤딘의 본거지인 이 지역은 파키스탄에서 보급품이 들어올 때 필수적으로 거쳐야 하는 연결 고리였다. 살랑 간선도로를 따라 이어지는 필수적인 소련 공급선을 타격할 수 있는 거리 안에 위치한 판지시르 계곡이 곧 두 번째 분란 지역으로 등장했다. 정면 대결 교전에서 소련군의 화력이 반란자들을 재빨리 해치웠다. 무자헤딘의 라이플총은 중기갑 차량을 뚫을 수 없었고, 소련 항공기는 발견하는 표적은 무엇이든 마음대로 타격할 수 있었다. 화력에서 완전히 압도당한 반란 전사들은 소련군 진지에 대한 대규모 공격이라는, 그들이 선호하던 전술을 재빨리 포기했다.[8] 그러나 모든 작전이 계획한 대로 진행되지는 않았다. 1980년 3월에 무자헤딘은 소련군 기계화대대를 전멸시켰다. 반란자들은 팍티야에서 도로를 따라 이동하던 소련군을 매복 기습했다. 길이 막히자 소련군은 차량 안에 안전하게 남아, 주변 산비탈의 바위 뒤에 엄폐해 있던 반란자들에게 사격을 가했다. 소련군의 탄약이 동이 나자 무자헤딘은 안으로 들어가 소련군을 발견하는 대로 모두 죽였다. 소련 사령관들은 아프가니스탄에서 마주친 상황에 대응해 (유럽에서 치러진 재래식 전쟁을 위해 설계된) 자신들의 전술을 아직 적절하게 변경하지 못했다. 소련군은 중기갑 차량대대와 차량화 소총대대에 의존함으로써 협곡과 계곡, 좁은 산길을 구불구불 달리는 주요 도로에 여전히 묶여 있었고, 이는 무자헤딘에게 끝없는 매복 공격의 기회를 주었다.[9]

1981년 봄에 소련 사령관들은 아프가니스탄 단기 개입이 큰 전쟁이 되었다고 결론 내렸다. 그리고 아프가니스탄의 정치적 문제는 제40군의 전투 작전을 비효율적으로 만들었다. 그들은 "우리가 보기에 아프가니스탄 민주공화국의 진정한 상황을 평가하고, 정치적·군사적 전략을 파악하며, 그리고 가장 중요한 것으로서 아프가니스탄 민주공화국 지도부에 말로만 장담할 것이 아니라 결정적인 행동을 취하라고 요구하는 것이 지금 필수적이다"라고 썼다. 카르말 정권은 전반적으로 무능하다는 것을 스스로 드러냈다. 문제의 적지 않은 부분이 아프가니스탄 인민민주당 내에 만연한 파벌주의에 있었다. 파르참파는 권위 있는 지위를 모두 독차지하고자 애를 썼다. 설상가상으로 소련군 장교들이 불만을 토로했듯이, 정부 관료들은 농촌 지역의 상황에 진지한 관심을 거의 보여주지 않았다. 대부분의 관리들은 자신들이 대표하는 지역에 살지 않았고, 주州의 지구들을 방문하지 않았으며, 자신들의 선거구민들이 직면한 경제적·정치적 난제들을 거의 알지 못했다. 그 결과 수도 밖의 일반 주민들은 카불 정권에 그다지 충성하지 않았다. 카불의 토지개혁 프로그램은 잘못 고안되었고, 형편없이 실행되었다. 아프가니스탄군에서는 탈영이 만연해 일부 부대는 병력의 거의 3분의 1을 잃어버렸다. 카불은 기껏해야 아프가니스탄 지구들의 3분의 2도 채 통제하지 못했고, 그곳에도 반란자들의 영향력이 남아 있었다. 이러한 실패는 제40군의 군사 임무를 좌절시켰다. 그 결과 소련 사령관들은 카르말의 제거와 아프가니스탄 정부의 개편을 요구하기 시작했다. 이러한 과업을 해결하지 않고 계속 미루면, "전체주의적 일인 권력"만 지속될 뿐이며, 1978년 혁명의 성과를 보존하기 위해 개입한다는 궁극적 목표만 훼손될 것이었다.[10]

또한 카르말은 이란과 파키스탄 국경 지역의 부족 당국과 우호적인 관계도 결코 맺을 수가 없었다. 역사적으로 독립적인 이 주민들은 소련이 파키스탄과 이란에서 흘러 들어오는 외국 원조 루트를 차단하려고 애씀에 따라 전략적으로 매우 중요해졌다. 소련 사령관들은 다음과 같이 경고했다. "제국주의는 아프가니스탄에서 선전포고 없는 전쟁을 치르고 있다. 아프가니스탄 민주공화국을 정치적·경제적으로 고립시키는 적극적인 정책에 뒤이어 미국, 파키스탄, 이집트, 중국은 이른바 아프가니스탄 피난민들에게 상당한 경제적 지원을 제공하고 있다. 또 그 나라들은 파키스탄과 이란 영토에서 반란자 무리로 이루어진 대규모 분견대들을 편성해 훈련시키고 있고, 이 분견대들은 그 후 합법적인 아프가니스탄 민주공화국 정부와 싸우기 위해 아프가니스탄으로 보내졌다."[11]

CIA에 따르면, 테헤란의 호메이니 정권은 "아프가니스탄 반란의 가장 시끄러운 제3세계 지지자"가 되었다. 국경을 넘어 이란으로 온 10만~30만 명의 아프가니스탄 피난민들과 함께 들어온 아프가니스탄 반란자들은 당시 이란 의용병들로부터 훈련을 받고 있었다. 이란 관리들은 무자헤딘 선전을 조율했고, 테헤란에 반란자들의 사무실을 설치했으며, 외교적으로 방문하는 손님 자격으로 게릴라 지도자들을 데려왔다.[12]

중국은 아프가니스탄 반란자들을 지원하는 또 하나의 중요한 기지였다. CIA는 중국 지도자들이 모스크바의 개입을 "소련이 중국을 포위하는 과정에서 또 하나의 연결 고리"를 더하고 파키스탄을 위협하는 움직임으로 생각한다고 설명했다. 이에 대응해 베이징은 이슬라마바드와의 관계를 강화하고 무자헤딘에 지원을 제공하는 프로그램을 개시했다. 즈비그뉴 브레진스키는 베이징에 접근하여 반란자들에 대한 원조를 확대하라고 부추겼다. 다음 몇 년 동안 목격자들은 "파키스탄을 거쳐 공급된 중국산 무기들이 아프가니스탄에서 광범하게 사용되고 있다"라고 보고할 것이었다. 게다가 중국 무기와 소련 무기가 비슷한 덕분에 무기 공급을 비밀에 부치기가 쉬웠다. 중국은 또 중국 내 캠프에서 아프가니스탄 전사들을 훈련시키기 시작했다. 1989년 전쟁이 끝날 때까지 중국은 무자헤딘에 4억 달러를 지원했다고 알려졌다.[13]

"완전한 전격 작전"

대체로 적대적인 주민들에 둘러싸인 채 험준한 지형에서 장기적인 게릴라 전쟁을 상대해야 하는 과업에 직면하여 소련군은 자신들의 좌절에서 비롯한 분노를 지역 마을 사람들에게 마구 쏟아냈다. 이란에서 헤라트로 가는 도로를 따라 여행하던 한 영국인 관찰자는 한때 약 5000명의 주민이 거주했으나 지금은 버려진 마을을 묘사했다. "나는 그곳에서 주민을 10명 이상 보지 못했다." 소련 항공기가 이 지역에 있는 거의 모든 건물을 파괴하고 마맛자국처럼 땅에 큰 구멍을 남기면서 "완전한 전격 작전"을 실시했다. 지역 전체가 지금 텅 비었다. 지역의 포도밭이 "뿌연 먼지가 되었다." 그는 "내가 머물렀던 도시는 히로시마처럼 보인다"라고 썼다. '헬싱키 워치'[2] 및 '아시아 워치'[3]

2) Helsinki Watch. 옛 소련이 1975년의 헬싱키 협약을 준수하는지 감시하기 위해 1978년에 설립된 미국의 비정부기구. 1988년에 '휴먼 라이츠 워치(Human Rights Watch)'로 통합되었다.

3) Asia Watch. 1985년에 설립된 아시아 지역 인권 감시 기구. 아메리카스 워치, 아프리카 워치, 중동 워치 등과 함께 1988년 휴먼 라이츠 워치로 통합되었다.

와 함께 일하는 인권 감시자들은 소련군이 농촌 주민의 지지를 얻는 데 실패한 뒤 "민간인들을 향해 화력을 퍼부었다"라고 결론 내렸다. 소련군은 농촌 지역의 비전투원들을 상대로 무차별적인 보복 정책을 시행했다. 호송대가 공격당하면 소련군은 "가장 가까운 마을을 공격했다." 어떤 지역에 무자헤딘이 은신해 있는 것으로 알려지면, 소련 비행기가 폭격을 가했다. 공중폭격은 농촌 공동체를 쑥대밭으로 만들었다. 아프가니스탄 마을 사람들은 머리 위에서 날고 있는 항공기의 고도로 그 의도를 짐작하는 법을 알았다. 높고 빠른 항공기는 주민들이 안전하다는 것을 의미했다. 낮고 느린 것은 공격의 신호였다. 전폭기가 제일 먼저 와서 모스크, 상점, 집을 폭격했다. 그다음에 중무장 헬리콥터가 와서 처음의 폭격에서 살아남은 마을 사람들과 가축을 겨냥했다.[14] "병참 전쟁"에서 모스크바는 반란자들을 지원하는 농촌 주민들을 철저하게 짓밟음으로써 그 지지를 파괴하는 것을 목표로 삼았다. 소련군은 말썽을 부리는 지역에서 주민을 퇴거시킬 요량으로 곡물 창고를 공격하고 작물을 못 쓰게 만들었으며, 가축을 도살하고 젊은이들을 찾아서 강제로 입대시켰다. 이러한 작전 때문에 수백만 명의 아프가니스탄인이 피난민으로 전락했고, 그 과정에서 은신처와 물자를 잃어버린 무자헤딘 반란자들은 산속으로 더 깊이 들어갈 수밖에 없었다.[15]

피난민 대부분은 국경을 넘어 파키스탄으로 도피했다. 1982년에 수십 개의 캠프가 국경을 따라 늘어섰다. 전쟁에 돌입한 지 2년 반 동안 다섯 명의 아프가니스탄인 중 거의 한 명이 도피하면서 그들은 지구상에서 가장 큰 피난민 집단이 되었다. 천막 도시들이 임시 캠프가 아니라 영구적인 정착촌처럼 보이기 시작했다. 진흙과 돌로 지은 오두막이 하얀 캔버스천 천막을 대체하고 있었고, 모스크·시장·학교·병원이 여기저기서 생겨나고 있었다. 녹색 이슬람 무자헤딘 깃발이 산비탈을 타고 부는 바람에 펄럭였다. 캠프는 피난민과 유목민, 반란 전사, 파키스탄 부족원들로 북적거렸다. 유엔, 세계식량계획,[4)] 외부 국가들이 거의 300만 명이나 되는 유랑민 아프가니스탄인들에게 식량과 의약품을 공급하느라 매일 약 100만 달러를 썼다. 한편, 피난민들이 데리고 온 수백만 마리의 양·염소·낙타가 그 지역의 목초를 남김없이 뜯어 먹었다.[16] 인도주의적 관심을 넘어, 미국 관리들은 피난민들에 대한 지원의 정치적 가치를 인정했다. 이슬라마바드의 대사관 직원들은 다음과 같이 썼다. "피난민들에 대한 원조는 파키스탄의 안정, 피난민들에게 피난처를 마련해 주는 데 [파키스탄이 수행하는] 역할의 지속성 보장, 아프가니스탄에서 저항을 계속 실행할 가능성 같은, 이 지역에서 미국이 갖는 중요한 이해관계에 도움이 된다."[17] 일부 계산에 따르면, 250만 명을 웃도는 세계에서 가장 큰 이 피난민 집단은 국경 너머에서 벌어지고 있는 전쟁에서 일정한 역할을 담당했다. 그들은 소련 점령에 맞선 무자헤딘의 투쟁을 위해 안전한 피난처와 병참 지원 그리고 선전을 제공했다.

소련군은 또 그들의 보급선을 유지하기 위해 전력을 다했다. 모스크바는 살랑 간선도로를 따라 아프가니스탄으로 장비와 물자의 4분

---

4) World Food Program, WFP. 1962년 식량 원조를 통해 개발도상국의 경제·사회 발전을 도모하기 위해 설립한 유엔 기구. 이탈리아 로마에 본부가 있다.

의 3을 이동시켰다. 이 간선도로는 판지시르 계곡에 있는 마수드의 무자헤딘 근거지에서 멀지 않았다. 160킬로미터쯤 되는 계곡의 입구는 가파른 협곡이 지키고 있고, 협곡을 지나면 옥수수밭과 밀밭, 포도밭, 살구 농장의 평원이 나타난다. 또 계곡의 세력은 아프가니스탄에서 가장 큰 소련 비행장인 바그람 공군기지와 아프가니스탄 수도인 카불을 위협할 만큼 가깝기도 했다. 소련 사령관들은 매우 필수적인 시설의 문간에 마수드와 같은 격렬한 반란 군벌이 존재한다는 사실을 더 이상 두고 볼 수가 없었다. 1980년 4월, 소련군은 판지시르를 평정하기 위해 총 아홉 차례의 공세 중 첫 번째 공세를 개시했다. 소련군 3개 대대가 약 1000명의 아프가니스탄 병사들과 함께 계곡을 샅샅이 훑었다. 그들은 지뢰밭을 제거하고 다리를 수선하며, 반란 진지를 점령했다. 마수드의 게릴라들은 습격을 받기 전에 미리 후퇴하면서 복병을 배치하고 도로를 파괴했다. 소련군은 계곡 끝까지 전진해 승리를 선언했다. 하지만 소련군이 철수하자, 무자헤딘 무리가 계곡으로 서서히 돌아와 후퇴하는 러시아인들을 산발적으로 공격했다. 이 첫 번째 공격은 소련군이 전쟁 내내 따를 패턴을 형성했다. 즉 소련군이 대규모 병력을 동원해 지역을 점령한 후 승리를 선언하고 철수하면, 대부분이 습격에 앞서 미리 후퇴한 반란자들이 그 지역을 탈환하는 것이었다.[18]

그러한 전쟁에서는 결정적인 승리가 거의 불가능했다. 하지만 그렇다고 해서 소련군이 시도를 멈추지는 않았다. 1982년 5월, 소련 사령관들은 그때까지 있었던 작전 중에서 가장 큰 작전을 실행했다. 그것은 판지시르 계곡의 마수드 세력에 대한 다섯 번째 주요 공격이었다.

이 공격은 부분적으로는 4월에 게릴라들이 바그람 공군기지를 급습해 항공기와 헬리콥터 23대를 파괴한 일에 대한 보복이었다. 약 1만 2000명의 병력이 탱크, 기동포, 전투 차량과 함께 공세에 참가했다. 지상군은 대대적으로 동원된 중무장 헬리콥터와 군용기의 지원을 받았다. 공격은 공중폭격으로 시작했고, 그 뒤를 이어 헬리콥터가 요충지에 병력을 투하했다. 공격이 개시되기 전에 마수드는 3000명의 게릴라를 주변 고지대로 소개할 수 있었다. 고지대에서 무자헤딘은 아래의 소련군을 노리는 사격 진지를 설치했다. 한 서방 기자는 마수드의 세력이 공세의 첫 열흘 동안 차량 50대와 항공기 35대를 파괴했다고 주장했다. 반란자들이 인근의 살랑 간선도로를 공격하면서 차량 60대를 더 파괴했고, 필수적인 루트를 차단했다. 한 반란군 사령관은 "러시아인들은 원하는 만큼 오래 머물 수 있다"라고 큰소리쳤다. "그들은 탱크를 몰고 계곡을 오르락내리락하는 것 말고는 할 수 있는 일이 별로 없다. 그들의 폭격은 우리를 괴롭히지 못한다." 그러나 공격은 민간인들에게는 더 파괴적이었다. 소련군의 폭격은 집과 밭과 관개시설을 부수고 가축을 도살했으며, 수십 명의 민간인을 죽였다.[19] 마수드와 판지시르가 저항의 상징이 되었던 반면, 중요한 전쟁 초기 몇 년 동안 소련군이 게릴라 세력을 파괴하지 못한 일은 아프가니스탄에서 소련군의 좀 더 광범한 노력에 찬물을 끼얹는 불길한 징조였다.

마수드의 세력을 판지시르에서 몰아낼 수 없었던 소련 사령관들은 1983년에 게릴라 지도자들과 휴전을 모색했다. 전쟁에 돌입한 지 3년 만에 크렘린은 마수드를 단순히 반란 전사가 아니라 빈틈없는

아프가니스탄의 소련군 보병과 전투 차량. (1988년 8월)

정치 지도자로 보게 되었다. 마수드는 "나는 소련이나 소련 인민의 적이 아닙니다"라고 러시아 협상가들에게 말했다. 휴전 상태에서 양측은 대규모 작전을 삼가기로 합의했다. 이는 소련군에게는 호송대가 살랑 터널을 좀 더 안전하게 통과할 수 있게 해주고, 마수드 세력에게는 조직을 재정비해서 무자헤딘 경쟁 그룹과의 분규에 집중할 수 있게 해주었다. 마수드는 또 판지시르 계곡에서 민간 행정을 구축하는 데에도 에너지를 쏟아부었다. 무자헤딘 사령관과 기꺼이 협상하고자 하는 크렘린의 태도는 새로웠지만 지속되지 않았다. 소련의 암살 시도가 두 차례 실패한 뒤 마수드는 1984년 3월에 휴전을 종결하고 다음 달 살랑 간선도로를 겨냥한 작전을 재개했다. 머지않아 소련군은 판지시르 계곡에 대한 일곱 번째이자 가장 큰 대규모 공격을 개시했다. 공세를 예상한 마수드는 자신의 병력과 많은 민간인을 소개했다. 소련군은 Tu-16 폭격기 3개 중대, 제108 차량화 소총사단, 5000명의 아프가니스탄 병력으로 이루어진 공중 및 지상 합동 공격을 실시했다. 4월 16일, 마수드는 소련군의 준비를 방해할 요량으로 다리 세 개를 폭파하고 보급 수송대를 공격하기 시작했다. 닷새 후 무자헤딘 전사들이 바그람을 급습했다. 소련 사령관들은 판지시르를 대대적으로 폭격하고 일제히 포탄을 퍼붓는 것으로 이에 대응했다. 포격이 끝난 뒤에는 전투 차량이 굉음을 내며 계곡을 질주했다. 그사이 Mi-24 헬리콥터들이 정예부대를 진지에 투하해 후퇴하는 게릴라들을 궁지에 몰아넣었고, 마수드의 전사들은 산속으로 더 깊이 들어갈 수밖에 없었다. 몇 주 뒤 모스크바는 승리를 선언했다. 마수드는 살아남았으나, 소련군은 계곡에 상주할 수 있는 주둔지를 마련했다.[20]

아프가니스탄에서 3년 동안 전투가 이어졌지만, 종전은 여전히 눈안에 들어오지 않았다. 소련군은 반란자들과의 교전에서 대부분 이겼으나, 반란 자체는 지속되었다. 무자헤딘은 종교적 열의를 갖고 계속 싸웠고, 복잡하게 얽히고설킨 부족 충성을 유지했으며, 외부의 통제 시도에 격렬하게 저항했다. 워싱턴이 반란에 대한 지지를 계속하겠다는 결의를 새롭게 보여준 것은 사태를 더욱 악화시켰다. 강경 보수 공화당 대통령 후보인 로널드 레이건은 1980년 선거에서 지미 카터를 상대로 압승을 거뒀다. 레이건 행정부는 세계 전역에서 소련에 더욱 압박을 가하기로 결심했고, 이에 일부 논평가들은 레이건 리더십 아래에서 두 번째 냉전이 고개를 들었다고 말했다. 아프가니스탄에서 펼친 작전들은 모스크바에 맞선 레이건의 제3세계 공세에서 가장 중요한 요소가 될 터였다. 파키스탄 삼군통합정보부와 함께 일하는 레이건 행정부는 피와 재화 모두에서 모스크바 개입의 비용을 극적으로 증가시키기로 마음먹었다. 레이건의 백악관이 세계 곳곳의 소련 권력에 맞서 다방면의 공세를 개시할 태세를 갖춤에 따라, 아프가니스탄은 가장 유망한 작전 구역으로 떠올랐다. 한 역사가가 주장하듯이, "레이건이 세계 곳곳에서 수행한 수많은 전투 중에서 아프가니스탄은 중심 전선으로 이해되어야 한다."[21]

"그들의 머리 위에 번개처럼"

소련군이 아프가니스탄에서 반란을 진압하려 분투하던 바로 그 순간, 또 하나의 충돌이 인접국 이란에서 발생했다.

아프가니스탄에서 충돌을 촉발하는 데 일조한 이란 혁명은 더 넓은 지역을 계속 불안정하게 했다. 1980년 9월 22일, 야음을 틈타 이라크 제트기 비행중대가 날카로운 소리를 내며 국경을 넘어 이란 비행장 열 곳을 기습 공격했다. 이라크 대통령 사담 후세인은 1967년 이스라엘이 이집트에 공습을 가한 것을 본 딴 작전에서 타맥[5] 포장도로에 기착해 있는 이란의 공군 비행대를 파괴하기를 희망했다. 이라크군은 기습을 가하는 데는 성공했으나 폭탄은 덜 효과적이었다. 훈련이 부족한 데다 소련제 항공 전자기기가 썩 좋은 것은 아니어서 대부분의 폭격은 목표물을 크게 빗나갔다. 자욱한 연기가 이란 공군

5) tarmac. 쇄석과 타르를 섞어 굳힌 아스팔트 포장재(tarmacadam). 특히 공항의 활주로, 주기장(駐機場) 등을 포장하는 데 사용된다.

기지를 뒤덮고 조종사들이 제트기에 서둘러 탑승하는 동안, 이라크군 보병과 기갑사단이 여덟 개 지점에서 국경을 넘어 돌진했다. 북쪽에서는 이라크군이 키르쿠크 유전지대에 가해질 수 있는 이란군의 어떤 반격도 차단하기 위해 이란령 쿠르디스탄으로 쇄도했다. 그사이 이라크군은 중부 지역에서 바그다드-테헤란 도로를 따라 고지대를 장악해 이라크 수도를 겨냥하는 반격을 막았다. 하지만 공세의 진짜 목표물은 남쪽에 있었는데, 그것은 서로 다툼을 벌이고 있는 샤트 알아랍 수로(남부에서 양국의 국경을 형성한다)와 이란의 연안 도시들인 아바단과 호람샤르 지역 일대였다. 이곳에서 이라크군은 압도적으로 페르시아인 중심의 이란에서 소수자인 아랍인들이 많이 사는 남부 국경 지역을 정복함으로써 이라크 해안선을 확장할 계획이었다. 이 공격은 오스만제국과 사파비 제국[6] 사이의 고대 접경 지역을 다시 한 번 교전 지대로 바꾸었고, 거의 8년을 끌 충돌을 촉발했다.[22]

사담 후세인의 침공 동기는 야망과 우려 둘 다로부터 비롯했다. 5년 전 이라크는 샤트 알아랍 수로에 대한 통제권의 공유를 인정하고 아랍인들이 많이 사는 후제스탄주에 대한 바그다드의 권리를 포기하는 이란과의 협정에 서명했다. 테헤란에 유리했던 이 협정은 사담 후세인과 여당인 바트당[7]의 상당수 지도부를 격분시켰다. 협정의 일부

---

6) Safavid Empire. 1501~1736년에 존재했던, 사파비 왕조의 시조 이스마일 1세가 건국한 페르시아 제국. 대이란국이라고도 한다.

7) Ba'ath Party. 아랍 사회주의부흥당 이라크 지부. 정통 바트주의(아랍 사회주의)를 주요 이념으로 삼는 정당이다. 레바논을 비롯한 여러 아랍 국가들의 바트당 계열의 정당들은 시리아의 바트당 노선을 지지하는 시리아파와 이라크의 바트당 노

로서 테헤란은 이라크의 쿠르드족 반란자들에 대한 지원을 중단하는 데 동의하고, 바그다드에 북부의 쿠르드족 영토에 대한 통제를 재천명할 수 있게 해주었다. 그러나 1979년 혁명, 샤의 실각, 이란 군부의 와해에 가까운 혼란은 사담 후세인 정권에 영토 회복의 꿈을 실현할 새로운 기회를 선사했다. 이란이 협정을 다시 논의하자는 요청을 거부한 것은 바그다드가 수로에 대한 이전의 통제권을 "피와 무기로" 되찾을 필요가 있을 거라는 사실을 의미한다고 사담 후세인은 침공 몇 주 전에 장군들에게 말했다. "역사적 기회가 왔습니다. 그것은 우리가 샤트 알아랍과 우리 국경 지역 일대를 돌려받는 것을 뜻하지만, 뭔가 좀 더 큰 것도 의미합니다. 즉 그것은 이라크가 한 단계에서 또 다른 단계로 나아가는 것을 의미합니다." 이 바트당 지도자는 핵심 변경 지역을 장악해서 테헤란에 기정사실로 제시할 계획이었다. 사담 후세인은 이렇게 호언장담했다. 만일 이란이 전쟁을 확대하기로 한다면, "우리는 즉각 보복할 것입니다. 그저 전화 한 통이면 [군사적 공격을 개시하는] 우리의 결정이 그들의 머리 위에 번개처럼[원문 그대로] 그냥 내리치게 될 것입니다."[23]

CIA 분석관들은 이라크가 이란과의 전쟁에서 승리하면 적어도 단기적으로는 아랍 세계에서 바그다드의 영향력이 극적으로 증가할 것이라고 경고했다. 한 보고서에서는 다음과 같이 주장했다. "요르단,

---

선을 지지하는 이라크파로 나뉜다. 2003년 이전까지 이라크의 여당이었으나, 미국의 이라크 침공으로 벌어진 이라크 전쟁 이후에는 완전히 와해되고 미군에 의해 불법화되어 지금까지 공식적인 정당으로 다시 자리 잡지 못하고 있다.

사우디아라비아, 페르시아만의 작은 국가들, 그리고 아마도 시리아와 팔레스타인해방기구마저 이라크에 더욱더 경의를 표하게 될 것이지만, 이들은 또한 자신들의 목적을 위해 이라크 권력을 제한하고 이라크의 야망을 이용하려 들 것이다." 한편 이라크가 승리하면 이스라엘과 이집트 지도자들을 위협할 것이고, 테헤란에서 "좌파"가 권력을 장악할 확률이 높아지며, 이 지역에서 소련의 영향력을 증가시키는 문을 열 터였다.[24] 그렇다면 워싱턴과 동맹국들에게 가장 좋은 시나리오는 테헤란의 아야톨라들이 가진 권력은 약화하지만 걸프 해역에서 이라크 권력에 균형을 잡아주는 평형추로서 이란을 그대로 남겨두는, 이라크의 한정된 승리일 것이었다.

테헤란의 혁명은 사담 후세인의 수니파 바그다드 정권에 공격 기회를 준 것을 넘어 위험도 키웠다. 이라크의 시아파 다수 국민은 호메이니의 집권 소식을 열광적으로 환영했다. 사담 후세인은 1979년 2월 자문관들에게 말했다. "이란은 1년을 온전히 그 자신의 피로 칠갑했습니다. 우리는 이란의 현 상태가 아니라 이란에서 [혁명의] 다른 단계에 나타날 수 있는 예기치 않은 결과를 걱정합니다."[25] 1979년 3월, 저명한 이라크 시아파 성직자인 모하마드 바키르 알사드르[8]가 호메이니에게 전신문을 보내 아야톨라의 승리를 축하하고 이슬람 승리가 계속되기를 바란다는 희망을 피력했다. 두 달 뒤 이라크 당국이 사

8) Mohammad Baqir al-Sadr(1945~1980). 이라크의 시아파 성직자이자 철학자. 이란의 이슬람 혁명과 이란-이라크 전쟁 때 아야톨라 루홀라 호메이니를 지지한 '이슬람 다와당'의 이념적 창시자다.

드르가 테헤란으로 출국하는 것을 금지하자 이라크의 시아파 공동체 전체에서 시위가 급속히 퍼져 나갔다. 이에 정권은 시위 주모 혐의를 받는 사람들을 대대적으로 체포하고 사드르를 감옥에 집어넣었다. 뒤이은 폭동은 사담 후세인과 정권에 이라크의 주도적인 시아파 운동인 '이슬람 다와당'[9]을 분쇄하고 수백 명의 죄수들을 처형할 구실을 주었다. 그 후 4월에 당국은 부총리 타리크 아지즈[10] 암살 기도가 실패한 뒤 사드르를 고문하고 처형했다. 사담 후세인은 수니파가 통제하는 국가에 적대감을 품고 있다고 의심되는 시아파 이라크인 약 35명을 이란으로 추방했다.[26]

종파 긴장이 이라크 전역에서 고조되자, 바트당 정권은 이란의 음모를 점점 더 의심하게 되었다. 호메이니와 추종자들은 그들의 혁명을 더 넓은 이슬람 세계로 확산하고자 하는 욕망을 숨기지 않았다. 인접한 이라크와 그 시아파 다수 국민(국민의 약 3분의 2)이 테헤란의 명부 최상위에 올라가 있었다. 호메이니가 이슬람 혁명의 선봉에 섰던 반면 사담 후세인은 세속적 아랍 민족주의 혁명의 리더십 도전자였다. 이 지위는 1979년 이집트-이스라엘 평화조약[11]의 결과, 이집트

9) Hizb al-Da'wa al-Islamiyya(Islamic Dawa Party). 1950년대에 결성된 이라크의 정치조직으로 시아파 주요 정당 중 하나다. 공산주의와 이라크에서 지배적이던 아랍 사회주의, 바트당 같은 무신론자들에 맞서 싸우기 위해 설립되었다. 1970년대에 이라크 정부에 대항해 무장투쟁을 벌이면서 두각을 나타냈으며, 이란의 이슬람 혁명을 지지했다.

10) Tariq Aziz(1936~2015). 이라크의 정치인. 1983~1991년 외무장관, 1979~2003년 부총리를 역임했다.

11) Egypt-Israel peace treaty. 1979년 3월 26일 미국 백악관에서 이집트와 이스

의 안와르 엘사다트에 의해 공석이 된 상태였다. 1980년 여름에 사담 후세인과 그의 정권은 동쪽으로 점점 더 급진적으로 되어 가던 이란의 시아파 정권을 바라보았다. 이란의 시아파 정권은 공개적으로 이슬람 혁명을 요구했고, 이라크 내부의 시아파 반체제 인사들을 지원했다. 이 정권은 그 군부가 금방이라도 붕괴될 것 같은 바로 그 순간에 한 해의 대부분 동안 미국 대사관 직원들을 인질로 잡음으로써 국제 사회의 많은 부분을 멀어지게 했다. 바그다드의 바트당 관리들에게 이란을 선제공격할 때가 무르익은 것처럼 보였다. 이 공격은 적대적인 호메이니 정권을 거꾸러뜨리고 이라크의 국내 시아파 사이에서 혁명적 불안의 원천을 제거하며, 1975년 이란과 맺은 알제 협정[12]에서 이라크가 잃어버린 특권들을 돌려받을 것이었다. 게다가 사담 후세인은 호메이니가 테헤란에서 충분한 통제권을 확립하고 군부를 재편하며 더욱 넓은 국제 사회에서 이란의 외교적 입지를 회복하기 전에 움직일 수 있는 시간적 여유가 많지 않다고 인식했다. 1980년 중반 이라크 군 정보기관은 혁명의 정치적 혼란과 미국과의 결별이 이란의 군사적 역량을 파괴했다고 결론 내렸다. "현재 이란이 이라크를 상대로 광범한 공세 작전을 펼치거나 대대적으로 스스로를 방어할 힘이 없음은 분명하다." 1980년 9월 공격을 개시함으로써 사담 후세인과 그의 장군들은 그들이 보기에 이 지역을 변화시킬 역사

라엘 사이에 체결된 평화조약을 가리킨다. 이스라엘 총리 메나헴 베긴, 이집트 대통령 안와르 사다트, 미국 대통령 지미 카터가 조약에 서명했다.

12) 1975 Algiers Agreement. 샤트 알아랍 수로와 후제스탄주 같은 국경분쟁을 해결하기 위해 이란과 이라크 사이에 맺은 협정.

적인 기회라는 것을 포착했다. 이 판단은 더 틀렸을 수가 없었을 것이다.[27]

"그들은 죽을 때까지 싸울 겁니다"

이란인들에게 이 침공은 축복이자 저주로 다가왔다. 국경 지역의 작은 분견대로서는 이라크군의 진격을 늦추기 위해 할 수 있는 일이 거의 없었다. 이란군이 전선으로 병력을 재배치하려고 허둥댔고, 사담 후세인의 계략은 성공한 것처럼 보였다. 그럼에도 호메이니는 외부 세계에 도전적인 자세를 취했다. "도둑놈이 들어와서 돌멩이를 던지고는 다시 집으로 도망갔습니다." 하지만 수도의 분위기는 극심한 공포 그 자체였다. 정권은 군사적 준비가 미흡하다는 것을 잘 알고 있었고, 일부 지도자들은 승리를 거두고 있는 이라크군에 대항해 게릴라 저항 전쟁을 계획하기 시작했다. 하지만 최초의 공격 이후 며칠 만에 다른 상황이 벌어졌다. 사담 후세인의 공중폭격은 양측이 예상한 것보다는 덜 손상을 입혔다. 상당한 노력을 기울인 끝에 이란의 지상 근무자들은 F-4 팬텀, F-5 타이거, F-14 톰캣, 지원기 등 총 140대를 발진시켜 강력한 보복 공격에 나섰고, 이라크 비행장에 상당한 손상을 가했다. 이란-이라크 전쟁의 첫 며칠 동안 이라크군의 미그기가 이란군이 조종하는 미국산 제트기와 충돌하면서 미국 군용기와 소련 군용기 사이에 대결이 펼쳐졌다. 전반적으로 이란 승무원들이 우세한 것으로 드러났지만, 테헤란이 항공기의 교체 부품을 확보할 수 없다는 사실은 우세가 오래갈 수 없음을 시사했다.[28]

사담 후세인은 또 테헤란에서 침공이 몰고 올 정치적 충격을 오판했다. 이 이라크 지도자는 혁명 이후 이란 내부 상황은 대혼란에 빠져 있으며, 호메이니의 리더십이 취약하다고 확신했다. 게다가 사담 후세인은 후제스탄의 아랍계 국민들이 침공을 환영하고 침략군과 힘을 합칠 것으로 예상했다. 하지만 공격은 정반대의 결과를 가져왔다. 외부의 위협에 맞닥뜨린 이란인들은 전국 각계각층에서 내부 분열을 제쳐 두고 정권을 지지하기 위해 단결했다. 또한 공격으로 조성된 국가적 비상사태로 호메이니와 정권 내 그의 지지자들은 자신들의 권위를 더욱 확고히 할 수 있었다. 성직자들은 반대 의견을 엄중 단속하는 조치와 함께 언론을 검열하기 시작했다. 그와 동시에 이라크의 공격은 정권의 지지자들에게 새로운 절박감을 부여했다. 수천 명의 의용군이 테헤란을 방어하기 위해 모여들었다. 이라크의 침공은 이란을 분열시키기는커녕 이란을 단결시켰고, 호메이니주의자들에게 훨씬 더 큰 권력을 가져다주었다.[29]

전선에서 사담 후세인의 공세가 교착상태에 빠졌다. 남부에서는 이라크군의 진격이 호람샤르와 아바단의 거대한 석유 시설로 향했지만, 곧 이란 방어군들의 맹렬한 저항에 부딪히기 시작했다. 호메이니는 이란 국민들에게 침략군의 길에 있는 모든 도시를 '스탈린그라드'로 만들 것을 요청했다. 이라크군의 대포가 두 곳에 포탄을 퍼붓는 동안 이란 경찰, 해병대원, 해군 사관후보생, 민병대가 얼기설기 방어망을 조직했다. 공중폭격으로 화염에 휩싸인 아바단의 불타는 석유 탱크로부터 검은 연기가 뿜어져 나오는 가운데, 이라크군 기갑사단이 호람샤르시로 밀고 들어왔다. 전진하는 이라크군이 두 도시 근교의 무너진 창고를 싸우며 지나가자, 이란 저격수들이 그들을 계속 공격했다. 양국의 군대는 병사들과 기갑부대가 연기를 뿜어내는 폐허 사이에서 서로 싸우는 동안 인적이 끊긴 인근 지역에 포탄을 비 내리듯 퍼부었다. 한 이라크인은 기자에게 이렇게 말했다. "아시다시피, 이 이란 혁명수비대[13]와 이란 병사들은 미쳤습니다. 그들은 죽을 때까지 싸울 겁니다." 10월 7일, 이라크군은 호람샤르의 항구를 장악했다. 잔해 속에 숨어 있던 이란군이 가끔 총을 쏘는 것을 제외하면 부두는 조용했다. 이라크군 병사들은 선창에 있는 손상된 화물 더미를 헤치며 조심조심 나아갔다. 산들바람에 화장지가 펄럭거렸고, 식물성 버터가 이글거리는 태양빛 아래 녹아내렸다. 후퇴한 이란군은 이라크인들과 그들의 지도자인 사담 후세인을 조롱하는 외설스러운 낙서를 남겼다. 이라크군이 도시를 장악했을 때 거리 전투로 이미 도시의 많은 부분이 파괴되었고, 약 7000명이 죽거나 다친 상태였다. 양측은 이 도시를 후니스탄, 즉 "피의 도시"라고 부르기 시작했다.[30]

병사들이 호람샤르에서 이란의 저항을 일소하는 동안, 이라크군은 카룬강을 가로지르는 부교를 설치한 다음, 북쪽과 동쪽으로는 강에 접하고 남쪽과 서쪽으로는 페르시아만에 접한 아바단을 향해 동쪽으로 밀고 들어갔다. 16킬로미터에 이르는 야자나무 밭이 이라크

---

13) Iranian Revolutionary Guards. 이슬람 혁명수비대. 이란군의 한 부대이며, 이란 혁명 이후인 1979년 5월 5일에 창설되었다. 이란 헌법에 따르면 정규군(Artesh, 이슬람 이란공화국군)은 이란의 국경과 국내 질서를 유지하는 반면, 혁명수비대는 이란의 이슬람 체계를 수호하는 임무를 수행한다. 이는 외국 세력의 간섭과 쿠데타를 방지하는 것을 뜻한다.

1980년 10월 17일 이라크 바스라에서 공습이 진행되는 동안 카룬강에 설치된 부교 근처의 개인 참호에 있는 이라크 병사들. (1980년 10월 17일)

의 바스라 남부와 아바단에 있는 이란의 거대한 석유 단지를 분리했다. 이란의 중무장 헬리콥터가 진격하는 부대에 기총소사를 가하는 동안 아바단 주위에 참호를 파고 기다리던 이란군 포병대가 침략군에게 포탄을 퍼부었다. 이라크군의 대포가 이에 대응해 불을 뿜자 정유공장 주위로 연기가 자욱해지면서 하늘이 갈색으로 변했다. 시내의 주민들은 다가올 공격을 예상하고 거리에 참호를 팠다. 이라크군의 대포가 방어군에 끊임없이 포격을 가하는 동안 이란군 군용기가 적군 포병 진지에 보복 공격을 개시했다. 이라크군은 섬을 거의 완전히 포위해서 도시로부터 반경 1.6킬로미터 지점 이내로 진격할 수 있었지만, 이란 증원군이 아바단의 남단에 상륙해 방어 진지를 강화했다. 이란군은 폭우가 내려서 아바단으로 가는 접근로가 통행할 수 없는 진창으로 변해버린 11월 셋째 주까지 섬을 점령하려는 이라크군의 계속된 시도를 가까스로 격퇴할 수 있었다.[31]

이라크군의 공세가 중단되면서 모든 당사자가 점검의 기회를 가졌다. 2주 안에 목표를 달성하기로 되었던 침공은 계획대로 진행되지 않았다. 그렇지만 호람샤르를 점령한 것은 큰 의미가 있는 승리였다. "1967년 전쟁[14] 이래 중동의 어떤 주요 도시도 함락된 적이 없었다"라고 한 역사가는 썼다. 하지만 병력과 장비를 계속 유지하기에는 비용이 너무 많이 들었고, 이라크군은 더 이상 공세를 지속할 수 없었

---

14) 1967년 아랍-이스라엘 전쟁(6일 전쟁 혹은 제3차 중동전쟁)을 일컫는다. 이집트(당시 아랍연합공화국), 요르단, 시리아, 레바논이 연합하여 이스라엘을 상대로 전쟁을 벌였다.

다. 사담 후세인의 부대가 방어 태세를 갖추는 쪽으로 돌아서자 이란의 지도자들은 반격을 준비했다. 침공이 멎으면서 이 이슬람 정권은 권력을 더욱 공고히 하고 거국적으로 동원할 기회를 잡았다. 전국에 걸쳐 개개 모스크는 22명으로 이루어진 부대를 구성해서 지방 의용대의 일부로 훈련시켜 전선에 배치하는 책임을 졌다. 그리고 이 부대는 바시즈[15] 준군사 민병대로 재편되었고, 최근 창설되어 이란의 이슬람 제도들을 방어하는 임무를 수행하는 혁명수비대로부터 출격 명령을 받을 것이었다. 이란은 이라크 탱크를 탱크로 맞설 수 없을 것임을 알았다. 정권이 국제 사회에서 여전히 고립되어 있고 미국의 무기 공급으로부터 차단되어 있는 한, 테헤란은 기계화된 전쟁에서 불리한 조건을 감수해야 할 것이었다. 따라서 이란 사령관들은 적국의 전쟁 기구를 대적하기 위해 이란의 거대한 인구상의 이점—이란은 이라크보다 인구가 세 배 많았다—으로 주의를 돌렸다. 이란은 침공에 맞서 인민의 전쟁을 수행할 것이며, '인해'전술 공격은 이를 매우 극적으로 보여주었다. 각 분대가 특정 목표물을 장악하는 임무를 지닌 22인 바시즈 분대는 전투에서 앞으로 돌진하여 그들의 대원 수로 이라크군을 압도할 것이었다. 이라크군의 제공권을 무력화하기 위해 이란군은 야간공격을 실시하기 시작했다. 테헤란은 수많은 바시즈 병사들이 아야톨라의 깃발 아래 행군하는 가운데 혁명수비대의

15) Basij. 1979년 이란의 혁명 지도자 아야톨라 호메이니의 명령으로 창설된 준군사 의용 민병대를 가리킨다. 1981년 2월, 이란 의회에 의해 혁명수비대에 공식적으로 편입되었다. 바시즈는 페르시아어로 '동원'이라는 뜻이며, 정식 명칭은 '피억압자 동원 기구'다.

지지를 받아 이라크 침략군을 물리치기를 바랐다.[32]

1981년 봄이 되자 전쟁은 다시 매우 격렬해졌다. 이라크 사령관들은 방어망을 깨뜨리려는 노력의 일환으로 아바단에 전력을 집중했다. 그해 중반에 약 6만 명의 병력이 섬을 포위하고 있었다. 그러나 방어군은 성직자들이 정부의 입법·행정·사법 기관들에 대한 통제를 확고히 하는 등 테헤란의 정치적 상황이 좀 더 안정되면서 더욱 힘을 낼 수 있었다. 이제 혁명 정권은 군대 내에서 이슬람 교육 운동을 개시해 정치·종교·군사 기관들을 통합하는 데 착수했다. 성직자들은 바시즈와 혁명수비대에 전쟁을 믿음이 없는 비신자들에 대항해 이슬람 세력이 수행하는 전투로 간주할 것을 요구했다. 호메이니는 "불신자"인 사담 후세인을 "타락한 자"라고 비난했다. 그는 공개 연설에서 이란인들에게 이렇게 선언했다. "여러분은 이슬람을 보호하기 위해 싸우고 있고, 그는 이슬람을 파괴하기 위해 싸우고 있습니다. (…) 평화나 타협은 가능성이 전혀 없습니다." 거꾸로 사담 후세인은 바그다드에서 자신의 지위를 강화했다. 이라크인들은 이제 독재자의 생일을 국가 공휴일로 축하했고, 그를 "1257년 바그다드가 몽골인들에 함락당한 이래 가장 위대한 아랍 영웅"이자 "민족을 어둠과 후진성, 분열로부터 구원한 사람"이라고 칭송했다. 이 이라크 지도자는 전사자들이 "페르시아 불신자들"에 맞서 이슬람을 방어하다가 죽었기 때문에 순교자라고 선언했다. 이라크의 시아파 다수 국민이 이란의 같은 신자들을 지지할까 봐 우려한 사담 후세인은 이라크 아랍인과 이란 페르시아인 사이의 인종적 구분에 초점을 맞췄다. 양측이 자신들의 수사를 확대하면서 대량 학살이 계속되었다. 전쟁 발발 1주년 때

까지 약 3만 8000명의 이란인과 2만 2000명의 이라크인이 살해당했다.[33]

이란은 1981년 가을에 대대적인 반격에 나섰다. 9월 26일 한밤중에 이란군 부대가 침략군을 카룬강으로 다시 밀어내려는 조치로 아바단 주위의 이라크군 진지들을 공격했다. 남부의 석유 시설에 가해진 직접적인 압박을 완화한 테헤란은 북부 후제스탄으로 주의를 돌렸다. 이란 사령관들은 이라크군의 우세한 화력에 맞서 매우 효과적인 것으로 밝혀질 전술을 고안했다. 정찰 결과 이라크군은 자신들의 야영지 주위를 적절하게 방어할 준비를 거의 하지 못했고, 야간에는 형편없이 싸운다는 사실이 드러났다. 이란군의 공격은 대규모 병력을 동원한 바시즈와 혁명수비대가 앞장설 것이었다. 이들은 이라크군이 좀 더 경험 있는 전투부대의 대열을 보충하기 위해 활용한 상대적으로 약한 '인민군'을 제압하는 데 목표가 있었다. 이라크 전투선에 틈이 생기자 이란군은 몰려 들어가 전선에 남아 있는 이라크군을 포위하기 위해 산개할 것이었다. 이런 식으로 이란군은 11월 말에 수상게르드와 보스탄에서 승리를 거뒀고, 이는 데즈풀 주위에서 취약한 이라크군 돌출부를 만들어냈다. 겨울 동안 전력을 보강한 뒤 테헤란은 1982년 3월 22일 자정에 데즈풀을 향해 세 갈래로 진행된 '파트 올모빈Fath ol-Mobin' 작전을 개시했다. 이란군이 이라크군을 뚫고 들어가 3월 30일에는 이라크 교량 몇 개를 에워쌌다.[34]

북부와 아바단에서 테헤란이 승리를 거두자, 이제 호람샤르시만이 여전히 이라크군에 점령된 마지막 주요 이란 영토로 남았다. 양측은 다가올 전투를 준비하기 시작했다. 사담 후세인은 이 도시를 장악하고 있다는 사실에 상당한 정치적 가치를 두었고, 이라크군에 방어 전략을 수립하게 했다. 이라크 엔지니어들은 토루土壘, 지하 통로로 연결된 벙커, 지뢰밭으로 이루어진 방어망을 준비하고, 화재 방호구역을 마련하기 위해 건물을 완전히 파괴하고 초목을 제거하기 시작했다. 바그다드는 호람샤르를 15만 명의 이라크군 병력이 방어하는 요새로 변신시키고자 했다. 4월 30일, 이란군은 또 다른 공세를 개시했다. 3만 5000명의 혁명수비대가 선봉에 선 이 공세는 바그다드-바스라 도로를 따라 구축된 이라크 진지를 공격했다. 5월 1일 이란군이 카룬강을 건넜을 때 작전의 두 번째 단계가 시작되었다. 닷새 후 또 다른 이라크군의 공격이 호베이제와 하미드 인근을 타격했다. 인해전술 공격은 서서히 이라크군을 압도했고, 이라크군은 준비된 방어진지를 고수하려 했으나 헛수고로 돌아갔다. 5월 9일, 이란 부대가 하미드를 통과하는 도로를 장악했다. 보급선이 단절되었고, 이라크군은 방어진지를 버리고 호람샤르 주위의 순환도로로 후퇴하지 않으면 안 되었다. 도시는 사담 후세인의 군대에 덫이 되었다. 보급품과 탄약이 부족하고 2대 1의 비율로 병력이 열세인 이라크군은 물밀듯이 쳐들어오는 이란군을 저지하기 위해 거의 아무것도 할 수 없었다. 열흘간의 치열한 전투 끝에 이란군은 호람샤르로 들어오는 바그다드의 보급선을 끊었다. 5월 23일, 남아 있던 이라크 방어군이 호람샤르 내 최후의 보루로까지 후퇴했다. 사담 후세인의 군대가 와해하기 시작하면서 30~40퍼센트가 샤트 알아랍 수로를 건너 용케 도피할 수 있었다. 1만 2000명이 도시 내에서 사로잡혀 포로가 되었다. 전투는 한 기자의 말을 빌리면, 이 항구 도시를 "잡석과 지뢰, 버려진 참호의 황무지"로 바꿔 버렸다. "사실상 어떤 건물도 파괴를 면치 못했다. 폐허로 변해 버린 땅에서는 어떤 생명체도 찾아볼 수 없다."[35]

"역사적인 대전투"

1982년 5월 말 호람샤르를 해방하면서 테헤란은 좁다란 영토 일부를 제외하고 모든 곳에서 이라크군을 몰아냈다. 이라크군은 상당한 사상자가 발생했고, 4만 명의 병력이 포로가 되었다. 전쟁은 또 이라크 경제에 큰 부담을 지웠다. 1983년에 바그다드는 외채가 250억 달러에 달했다. 패전에 대한 책임이 사담 후세인의 어깨에 직접 떨어졌다. 이라크 지도자는 전쟁을 시작했고 전략 전문가로 활동했으며, 이제 최근의 실패를 책임지게 되었다. 1982년 6월 '혁명사령부', 고위 장교, 바트당의 최고 관리들이 휴전 제안을 고안해 내기 위해 독재자 없이 회의를 열었다. 바그다드는 전쟁 전의 상태를 수용하는 대가로 휴전을 제안했다. 이는 전쟁이 실수였다는 점을 암묵적으로 인정하는 것이었다. 호메이니가 이 제안을 받아들였다면, 사담 후세인은 권좌에서 아마도 축출당했을 것이다. 하지만 테헤란이 이를 거부함으로써 이라크 지도자는 자신의 통제를 재천명할 기회를 얻었다. 사담 후세인은 이라크를 현재의 곤경으로부터 구해낼 유일한 지도자로서 자신의 개인적 역할을 강조했다. 그와 동시에 사담 후세인은 자기한테 권좌에서 내려올 것을 제의했다는 이유로 보건장관을 직접 총으로 쏴 죽였다고 발표하면서 저항의 조짐이 조금이라도 있으면 이를 강력하게 탄압했다. 사담 후세인은 혁명사령부와 바트당 지도부를 재편하고 또 군부를 재조직하려 하면서, 대통령에 충직한 장교들을 진급시키고 군의 전투력을 재건하는 데 막대한 자원을 쏟아부었다. 공세 작전에서 방어 작전으로 바뀌면서 새로운 전략이 필요했다. 바그다드는 또 호메이니의 군단을 막는 억지력으로 이용하기를 바라며, 화학무기와 생물학무기 프로그램, 그리고 지대지 미사일 전력에 대한 지출도 늘렸다.[36]

1982년 여름 바그다드에서 정권이 다시 강화되는 동안, 테헤란에서도 태도가 더욱 강경해졌다. 전투는 아야톨라 정권의 붕괴를 보고 싶어 하는 미국의 희망을 좌절시켰다. 호메이니와 지지자들은 혁명이 새로운 정권을 탄생시키자 주기적으로 내부 도전에 직면했다. 가장 위험한 도전은 좌익 '인민의 무자헤딘'[16]으로부터 왔다. 이들은 1981년부터 성직자 정권에 반대해 도시 게릴라전을 벌이고 있었다. 하지만 호메이니는 이 내부 도전에서 살아남았고, 이와 동시에 이란군은 이라크 침공을 물리쳤다. 1982년의 CIA 보고서는 집권한 성직자들이 이란에서 자신들의 권력을 제도화하고 "내부의 반대 세력을 억압하며," 군부를 "이슬람화했다"고 결론지었다. 정권은 이란의 "하층계급" 다수 국민 사이에서 지지를 유지했고, 경제 계획과 개발을 중앙집중화하는 운동을 개시했다.[37] 게다가 테헤란은 "아랍 세계에서 영향력을 확대하고 걸프 해역에서 패권을 강화하기 위해 [레바논 내전

16) People's Mujahideen Organization of Iran, PMOI. 1965년 '이란 자유 운동' 소속 좌파 이란 학생들에 의해 창설된 이란의 정치-전사 조직. 아야톨라 호메이니의 이슬람 해석에 반대하며 '이란 이슬람 공화국 정부'의 전복을 목표로 한다.

을] 둘러싼 교착상태를 충분히 이용"하고 있다고 CIA는 경고했다. 이란은 "시리아와 팔레스타인해방기구의 옹호자" 역할을 자임하면서 걸프 해역 국가들에 "이슬람의 품으로 돌아오고" 워싱턴을 멀리하라고 요구하기 시작했다.[38]

호람샤르에서 승리를 거둔 뒤 호메이니 정권은 즉시 중요한 결정을 내려야 했다. 승리를 선언하고 종전을 모색하느냐, 아니면 이점을 최대한 활용해서 이라크를 침공하느냐가 그것이었다. 두 선택지 중 전자를 옹호하는 사람들은 테헤란이 영토를 성공적으로 방어했으며, 국제 사회의 많은 부분에 이라크 침공의 희생자로 보였다고 주장할 수 있었다. 전쟁을 계속하면 정권은 침략자로 제시되고 더 넓은 세계로부터 더욱 소원해질 위험을 초래할 것이었다. 거꾸로 침공을 요구하는 사람들은 이란이 전쟁에서 막중한 대가를 치렀으며, 이제 가증스러운 바트당 정권을 무너뜨리고 바그다드 남쪽의 나자프와 카르발라에 있는 시아파 성지들에 대한 접근을 복구할 기회를 갖게 되었다고 주장할 수 있었다. 호메이니는 이라크 침공이 가져올 위험을 잘 알았지만, 평화를 요청하기가 싫었다. 수만 명의 이란인이 전투 중에 사망했고, 그들의 희생을 앙갚음해야 했다. 1982년 6월 20일경 어느 때가 정권은 사담 후세인의 정권을 무너뜨리기 위해 이라크를 침공하는 운명적인 결정을 내렸다.[39]

7월 13일 밤 11시 30분, 이란군은 '라마단 알무바라크 작전'을 개시했다. 전날 이란 국영 텔레비전은 다음과 같이 발표했다. "역사적인 대전투가 곧 벌어질 것입니다. 호메이니의 아들들이 카르발라로 진격해 점령할 작정으로 전선으로 향했습니다." 이 공세의 목적은 남쪽에서 이라크 방어선을 깨뜨리고, 이라크의 주요 항구인 바스라시를 포위하는 데 있었다. 테헤란은 이라크의 시아파 국민이 정권에 반대해 들고 일어나 침략군을 환영하기를 바랐다. 하지만 바스라의 방어망은 엄청났다. 7개 사단이 광범한 토루들의 미로에 둘러싸인 바스라시에 주둔하고 있었고, 공격군의 전진을 늦추기 위해 설계된 지뢰밭과 운하가 철조망을 칭칭 감은 이 토루들을 보호했다. 이라크 사령관들은 또 도시로 들어오는 진입로를 지키기 위해 중무장 헬리콥터와 함께 중기갑 차량도 배치했다. 다음 달에 이란군은 그들의 최전선과 도시 사이에 놓여 있는 말라리아 늪지대를 가로질러 인해전술 공격을 다섯 차례 가했다. 바시즈 부대를 먼저 보내 지뢰를 제거한 뒤 혁명수비대 중대들이 도시를 공격했다. 이라크군의 반격은 기동 기갑부대와 중무장 헬리콥터로 이란군의 측면을 타격하는 데 집중했다. 4주에 걸친 전투 후—전투가 한창일 때 일부 관찰자들은 매일 1000명씩 죽었다고 평가했다—테헤란은 공세를 멈췄다. 이란군의 성과는 보잘것없었다. 길이 20킬로미터, 폭 5킬로미터의 땅이 전부였다. 이를 획득하느라 이란군은 방어군에 대해 3대 1의 비율로 사상자를 감수했던 것이다.[40]

이란의 침공은 두 초강대국의 딜레마를 해결하는 데 도움을 주었다. 미국 관리들은 이란에 대해서도, 이라크에 대해서도 거의 친근감이 없었다. 바그다드는 아랍 세계에서 좀 더 급진적인 정권 중 하나가 자리 잡은 곳이었고, 이 정권은 마침 소련과도 제휴하고 있었다. 테헤란 정권은 극단적으로 반미적이었고—대다수 미국인의 마음속에 인질 위기가 여전히 생생하게 남아 있었다—미국을 “거대한 사탄”이라고 비난했다. CIA 분석관인 브루스 리델은 나중에 “이상적인 세계였더라면 미국은 전쟁이 빨리 끝나든지 아니면 무한히 지속되는 것을 보고 싶어 했을 것이다”라고 썼다. 하지만 1982년 여름의 이란 공세는 아야톨라들의 승리라는 최악의 시나리오를 가정했다. 리델은 다음과 같이 설명했다. “그렇다. 이라크 정권은 비열했지만, 만일 이란이 전쟁에서 이기면 최악의 사태가 벌어질 것이라는 느낌이 있었다. 말하자면 우리가 아는 중동이 곧 반미 광신자들로 뒤덮이리라는 것이었다. (…) 그것은 포위되었다는 심리였다. 그렇다. 우리는 사담 후세인과 같은 벙커에 있었다. 사담 후세인을 계속 견디게 하는 것이 이 지역에서 무엇보다도 중요한 미국의 정책 목표가 되었다.” 이란의 침공은 바트주의의 이라크가 호메이니의 혁명이 더 넓은 지역으로 확산되는 것을 막는 잠재적 방어벽 역할을 하게 했다.[41]

이란의 공격이 있기 전에 레이건의 국가안보 자문관 윌리엄 패트릭 클라크[17]는 대통령에게 침공은 “걸프 해역 전역에 파장을 불러일으키고, 이미 레바논 때문에 위협받고 있는 중동에서 미국의 이익에 추가적인 위험을 제기할” 것이라고 경고했다. 만일 성공한다면 이란군의 공세는 사담 후세인 정권을 거꾸러뜨리고 사우디아라비아, 요르단, 걸프 해역의 친미 정부들을 불안정하게 만들 수 있다고 주장했다. 같은 맥락에서 기밀 해제된 레이건 행정부의 1982년 중반 문서는 “이라크로 기울어지는 것”이 이 지역의 충돌에 대처하는 최선의

---

17) William Patrick Clark(1931~2013). 미국의 판사, 관리. 1982~1983년 국가안보 자문관, 1983~1985년 내무장관을 역임했다.

선택지라고 옹호했다. 이 문서에서는 전쟁의 결과가 걸프 해역의 석유에 대한 미국의 접근에 영향을 미치고, 더 큰 냉전 투쟁에서 이란의 전략적 지향을 결정하는 데 도움이 될 것이라고 주장했다. 문서에서는 워싱턴의 정책은 소련의 영향력과 "(이란 같은) 급진 세력" 모두로부터 아랍 세계를 보호하는 것이어야 한다고 계속 지적했다. 그와 동시에 미국은 "노골적인 소련 침공"을 저지하기 위해 중동에서 군사력을 확대해야 한다. "억제하는 데 실패하면, 이 지역에 제한된 재래식 전쟁을 수행해 소련이 걸프 해역을 통제하지 못하도록 해야 한다." 이러한 우려를 감안해 미국 관리들은 이란의 침공에 대한 이라크의 방어망을 강화하는 노력의 일환으로 바그다드 정권에 전략적 정보를 제공할 것을 고려해야 한다고 문서는 결론지었다.[42]

워싱턴의 관리들이 이라크로 기울어지는 쪽으로 숙고하는 동안, 모스크바 역시 교전국들에 대한 자신의 정책을 재고하기 시작했다. 미국과 마찬가지로 소련도 처음에 전쟁에서 떨어져 있으려 했다. 소련 지도자들은 위기를 조장한다고 워싱턴을 비난할 기회를 잡았지만, 양측에 교전을 그만두고 전쟁을 단계적으로 축소하는 쪽으로 나아갈 것을 촉구했다. 실제로 이라크가 크렘린과 미리 상의하지 않고 이란 침공을 개시했다는 소식은 마냥 기쁜 일이 아니었다. 사담 후세인의 움직임은 1978년에 이미 바트당이 이라크 공산당을 탄압함으로써 야기된 바그다드와 모스크바 사이의 긴장 관계를 더욱 악화시켰다. 당시 크렘린은 바그다드가 국내의 공산주의자들을 분쇄하려는 노력에 눈을 감기보다는, KGB 정보원들이 북부 쿠르드족 지역에서 라디오 방송국을 운영하는 이라크 공산당 요원들을 비밀리에 지원하는 것을 인가했다. 양국의 관계는 1979년 말에 사담 후세인이 소련의 아프가니스탄 침공을 비난했을 때 더욱 악화되었다. 1980년 초에 모스크바는 대전차 로켓 1000기와 기관단총 수천 정을 이라크 공산당에 보내는 것을 허가했다. 1980년 9월 이라크 부대가 샤트 알 아랍 수로를 건너 이란을 기습 공격하자 소련 지도자들은 그들을 지원할 기분이 아니었다. 공격에 대한 보복으로 크렘린은 이라크로 향하는 모든 무기 수송을 취소했다.[43]

1981년 여름, 모스크바와 바그다드의 긴장이 완화되기 시작했다. 사담 후세인은 자신의 공세가 아바단, 데즈풀, 호람샤르 주위의 전장에서 멈추자 심경의 변화가 생겨 소련의 아프가니스탄 전쟁을 공개적으로 지지하고 나섰다. 크렘린은 바그다드로 무기 수송을 재개하는 것으로 화답했다. 이듬해에 이란이 이라크를 침공하자 크렘린에 절박감이 새롭게 조성되었다. 정치국은 아마도 사담 후세인에게 실망했겠지만, 이란의 혁명수비대가 바그다드를 행진하는 일은 큰 재앙이 될 것임을 알았다. 이란이 이라크에서 승리하게 되면 호메이니는 아랍 세계 전역과 아프가니스탄, 심지어 소련 내부에서 이슬람 혁명가들을 고무할 수 있는 위치에 있게 될 터였다. 따라서 1982년 여름에 모스크바는 사담 후세인 정권에 대한 군사적 지원을 늘렸다. 그럼에도 소련 지도자들은 이라크가 이란에 압도적으로 유리하지 않도록 무기 공급을 신중하게 제한했다. 미국도, 소련도 전쟁에서 결정적인 승리를 보는 것을 원치 않았다. 역사가 크리스토퍼 앤드루Christopher Andrew가 말했듯이, 양 초강대국은 헨리 키신저의 "그들 둘 다 질 수가 없다니, 정말 안됐군요!"라는 언급을 믿었다.[44]

초강대국의 이 양면성은 이라크 지도자들을 괴롭혔다. 사담 후세인은 워싱턴의 이중성에 격분했다. 그는 자신의 이너 서클에 말했다. "미국은 얼굴이 두 개요. 하나는 우리 앞에 보이는 얼굴이지만, 이란이 패배하기를 원하지는 않고 이란을 길들이는 데 목표가 있는 다른 얼굴이 있소." 바그다드는 워싱턴이 테헤란과 관계를 개선할 조짐이 보이면 바로 이라크를 버릴 것이라고 확신했다. 사담 후세인은 모스크바로부터 충분한 지원을 받지 못하는 데 실망하는 한편, 크렘린이 걸프 해역 충돌의 종결을 모색하는 것으로 소련의 이익을 보호하려 할 뿐임을 알았다. 하지만 이라크 정권이 보기에 소련은 여전히 '우호국'이었다. 결국, 사담 후세인의 비밀 대화 기록에서는 걸프 해역 갈등에서 당사국들 사이의 협력이 진정한 호감에서 비롯한 것이 아니라 가차 없는 '현실정치'에서 비롯한 것임이 드러난다. 이 사실은 향후 10년 동안 분명해질 터였다.[45]

다가오는 폭풍

소련-아프가니스탄 전쟁과 이란-이라크 전쟁이 확대되는 사이, 레바논에서도 충돌이 계속되었다. 5년 동안 전쟁을 치르면서 4만 명 이상이 죽은 뒤 공화국의 시민들은 폭력에 익숙해졌다. 동베이루트의 화려한 나이트클럽에서 금빛 라메 점프슈트를 입은 남자와 여자들이 쌍쌍이 춤을 추는 동안, 로켓 추진식 수류탄으로 무장한 저격수와 민병대가 수도를 양분하는, 전쟁으로 황폐해진 무인 지대를 지켰다. 시내의 교전 지역에서 쫓겨난 가게 주인들은 해변에 목제 가판대를 서둘러 설치하고는 물건을 계속 팔았다. 종파 민병대가 화기와 로켓 발사기를 들고 무법 상태의 거리를 천천히 돌아다니면서 이따금 적들과 총격전을 벌였다. 1980년 봄에 한 서방 기자는 다음과 같이 썼다. “거리의 행상부터 정부의 장관들에 이르기까지 모든 사람이 더욱 맹렬한 내전의 새 단계가 시작되려 하고 있다는 데 동의한다.”[46]

이 디스토피아적 광경 속에서, 전쟁을 촉발하는 데 중심적인 역할을 했던 팔레스타인 해방운동은 기로에 처해 있었다. 이집트와 이스라엘의 관계 개선과 1976년 시리아와의 전쟁은 평화 프로세스에서 한자리를 차지하고 요르단강 서안 지구와 가자에 국가를 설립하고자 하는 팔레스타인해방기구의 노력에 심대한 타격을 가했다. 하지만 이 단체는 1970년대 말에 전례 없는 수준의 국제적 인정을 획득했고, 레바논에서 중요한 행위자로 등장했다. 게릴라들은 ‘리타니 작전’에서 살아남았고, 이제 레바논 영토의 상당 부분을 통제했다. 남부에서 유엔 평화유지군, 그리고 베이루트의 그린 라인으로 시작되었고 반쯤 요새화된 기독교 세력과 이슬람 세력 사이의 경계에 의해 보호를 받은 팔레스타인해방기구는 비교적 안전한 위치에 있게 되었다. 레바논이 종파 거주지들로 나눠지면서, 팔레스타인 지도자들은 서베이루트로부터 남레바논까지 걸쳐 있는 사실상의 극소 국가를 통제하게 되었다. 이 영토 내에서 아라파트와 그의 동지들은 이른바 ‘파하니 공화국Fakhani Republic’을 건설했다. 정식 정부 구조를 갖춘 이 공화국은 관료 제도와 금융 기반 시설을 완비하고, 서베이루트의 파하니 구역을 지배하는 사실상의 망명 국가였다. 그와 동시에 이 단체는 자신의 군사 부문을 재래식 군대로 탈바꿈시키기 시작했다. 팔레스타인해방기구는 이전에 기본적으로 게릴라 부대를 배치했던 곳에서 이제 탱크, 대포, 전투 여단을 확보하기 시작했다. 팔레스타인인들은 또 국제 전선에서 해외 군사사절단의 수도 늘렸다. 이들은 제3세계 전역의 혁명 그룹에 자문관과 교관들을 보냈다. 특히 팔레스타인해방기구 장교들은 니카라과의 산디니스타 민족해방전선,[18] 남아프리카의 아프리카 국민회의[19] 게릴라, 이란 혁명가, 짐바브웨 해방 전사와 함께 활동했다.[47]

하지만 이러한 확충은 이스라엘 정책 결정자들의 눈길을 피하지 못했다. 이들은 여전히 팔레스타인 민족주의자들과 레바논에 있는 그들의 극소 국가를 분쇄하기를 바랐다. 1981년 6월 30일, 베긴 총리와 리쿠드당이 또 한 번 이스라엘 총선에서 승리했다. 베긴의 새 내각에는 상당수의 매파가 포함되었고, 특히 국방장관으로 입각한 아리엘 샤론[20]이 두드러졌다. 가슴이 떡 벌어진 백발의 샤론은 이스라엘의 가장 위대한 장군 중 한 명으로 대단한 명성을 얻었다. 1948년

18) Sandinista National Liberation Front. 1961년에 창설된 니카라과의 사회주의 정당. 1979년 소모사 정권을 무너뜨리고 혁명정부를 세웠으며, 1990년까지 니카라과를 지배했다. 2006년 총선에서 다니엘 오르테가 전 대통령이 38.7%의 지지율로 다시 대통령에 취임해 두 번째 산디니스타 정부를 출범했다.

19) African National Congress, ANC. 1912년에 창당된 남아프리카공화국의 사회민주주의 정당. 아파르트헤이트 체제와 남아프리카 국민당에 저항하기 위해 설립된 지하조직이었으나, 아파르트헤이트 제도가 폐지되면서 합법 정당이 되었다. 현재 남아프리카공화국의 집권 여당이다.

20) Ariel Sharon(1928~2014). 이스라엘의 정치인, 군인. 1981~1983년 이스라엘 국방장관, 2001~2006년 총리를 역임했다.

전쟁과 1956년 전쟁에서 훈장을 받은 용사였던 샤론은 이스라엘의 첫 특공부대인 제101부대를 지휘했다. 악명 높은 1953년 '키비아 학살'[21]을 비롯해, 게릴라 공격이 있으면 팔레스타인 마을에 보복을 가하는 것이 이 부대의 임무였다. 샤론은 시나이반도에서 기갑사단을 지휘했던 1967년 아랍-이스라엘 전쟁에서 더욱 악명을 얻었다. 1970년대 중반에 샤론은 정치에 입문했고, 국제적으로 인정된 팔레스타인 영토에 이스라엘 정착촌을 건설하자는 주장의 강력한 옹호자가 되었다.

1981년 의회 선거에서 리쿠드당이 승리한 뒤 베긴과 샤론은 팔레스타인해방기구에 공습을 가하는 조치를 취했다. 1981년 7월 10일, 이스라엘 제트기가 남레바논의 팔레스타인 목표물을 공격했다. 팔레스타인 전사들은 북부 이스라엘의 갈릴리 지역에 있는 키르야트시모나시에 로켓탄을 퍼붓는 것으로 대응했다. 이스라엘 비행기가 베이루트 바깥의 다무르에 있는 팔레스타인해방기구 진지를 공습하고, 팔레스타인해방기구가 또 한 차례 격렬한 로켓탄 공격을 가해 이스라엘인 세 명을 살해하는 등 전투가 계속 확대되었다. 7월 16일, 이스라엘 군용기가 남부의 교량들과 다른 지역의 팔레스타인 기지들을 폭격했다. 다음 날 이스라엘 비행기들이 명백히 아라파트를 죽일 생각으로 베이루트의 팔레스타인해방기구 건물 몇 채를 공격했다. 의

21) Qibya Massacre. 1953년 10월 아리엘 샤론이 지휘하는 이스라엘군이 요르단강 서안 지구를 공격한 사건. 팔레스타인인 69명이 사망했으며, 이 중 3분의 2는 여성과 어린아이였다.

장은 살아남았지만 이 습격으로 약 300명이 사망했는데, 주로 민간인이었다. 팔레스타인해방기구의 대변인들은 베긴이 "팔레스타인인들을 상대로 제노사이드 전쟁"을 수행하고 있다고 비난했다. 로켓탄이 갈릴리에 계속 쏟아지고 팔레스타인해방기구가 여전히 굽히지 않자, 이스라엘 지도자들은 현재의 정책이 효과가 없다고 결론지었다.[48]

이스라엘은 레바논에서 치러진 전쟁으로 곤혹스러워진 유일한 행위자가 아니었다. 시리아의 대통령 하페즈 알아사드는 작은 인접국에 자신의 의지를 강제하고, 다마스쿠스의 영향력을 확대하며, 레바논의 혼란이 국경을 넘어 시리아로 슬그머니 확산하는 것을 막기 위해 1976년 레바논에 개입했다. 하지만 몇 년간 전투가 벌어졌으나, 이 목표 중 어느 것도 달성하지 못했다. 시리아의 개입은 국가의 재정을 상당히 고갈시켰다. 게다가 폭력과 불안정이 지속되면서 피난민들이 계속 시리아로 유입되었고, 이는 시리아의 침체한 경제를 더욱 힘들게 했다. 아사드는 또 레바논에서 노선을 완전히 바꿔, 보수적인 마론파와의 곤혹스러운 동맹을 그만두고 무슬림 및 팔레스타인해방기구와의 관계를 미봉책으로나마 개선하기로 작정했다. 하지만 아라파트는 완강한 독자 세력으로 남았고, 다마스쿠스의 의지를 따르지 않으려 했다. 개입으로 인한 긴장 때문에 시리아에서는 국내 분규도 더욱 격화했다. 레바논 개입이 초래한 경제적·정치적 분노에 기대어 시리아 무슬림 형제단은 아사드 정권에 더욱 맹렬하게 저항했다. 형제단의 지지자들은 팔레스타인인들이 나날이 오르는 물가와 경제적 혼란으로 고통받고 있는데도 아사드가 이들을 배신했다고 비난했다. 예상대로 1976년부터 시리아에서 내부 폭력이 격화했다. 형제단은 전국적으로, 저명한 알라위파(아사드 가문이 소속된 시아파의 분파) 구성원들을 겨냥해 일련의 폭탄 공격과 암살을 감행해 아사드 정권에 메시지를 보냈다. 1979년 6월 16일, 무장 괴한들이 '알레포 포병학교'에서 알라위파 사관후보생 수십 명을 학살했을 때 가장 잔혹한 사건이 발생했다. 아사드는 이제 레바논에서의 충돌에 더해 국내 전쟁에 직면했다. 그는 어떤 희생을 치르더라도 이 전쟁에서 승리할 생각이었다. 다음 수년 동안 암살이 계속되었고, 중간중간 도시 봉기와 정권의 유혈 보복이 간헐적으로 발생했다. 아사드는 형제단을 파괴하기 위해 최상의 부대를 보냈다. 아사드의 동생 리파트 알리 알아사드[22]가 지휘하는 '방위 중대'는 정권을 방어하는 임무를 지닌 중무장 정예 근위대였다. 1980년 6월, 아사드 암살 기도에 대한 보복으로 리파트는 팔미라에 있는 '타드모르 감옥'으로 병사들을 보냈다. 그곳에서 그들은 감옥에 수감된 무슬림 형제단 약 500명을 조직적으로 살해했다. 다음 달에 정권은 알레포에서 젊은이 수십 명을 학살했다.[49]

마지막 처벌은 오론테스강의 거대한 목제 수차들로 유명한 고대 도시 하마에서 있었다. 무슬림 형제단의 근거지인 하마는 수년 동안 정권의 십자선 안에 있었다. 1982년 2월 2일 아침 일찍 저격수들이 형제단의 지도자를 체포하러 온 일단의 병사들을 매복 습격했다. 정부군이 증원군을 보내자, 도시 전역의 모스크들에 설치된 확성기가 경보를 울리며 공격자들에 맞서 지하드를 선포했다. 곧 이슬람 게

---

22) Rifaat Ali al-Assad(1937~). 시리아 대통령을 지낸 하페즈 알아사드의 동생이자 현 대통령 바샤르 아사드의 삼촌. 1984~1998년에 시리아의 부통령을 지냈다.

릴라들이 도시 전역의 경찰서와 정부 청사를 짓밟고 바트당 관리 수십 명을 살해했다. 아사드는 이제 기회가 왔음을 알았다. 봉기에 대한 보복으로 리파트의 방위 중대가 하마를 잔인하게 포위 공격하기 시작했다. 1만 2000명의 정부군이 형제단을 완전히 진압할 요량으로 도시를 둘러쌌다. 다음 3주 동안 탱크와 대포가 게릴라 진지에 포탄을 퍼붓는 사이에 낙하산 부대가 피비린내 나는 시가전을 벌였다. 치열한 전투로 수십 명의 민간인이 사망하는 가운데, 형제단은 서서히 도시의 구구역로 밀려났다. 구구역의 좁은 거리와 옛날 가옥의 미로 속에 숨은 형제단은 필사적으로 방어에 매달렸다. 수백 명의 아사드 병사가 공격을 가하다 쓰러졌고, 이와 함께 무수한 민간인이 십자포화에 걸려 목숨을 잃었다. 전투 막바지에 정부군은 불도저를 동원해 남아 있는 방어군과 부상자들의 은신처로 기능하던 건물을 밀어버렸다. 수천 명이 돌무더기 아래에서 으스러졌다.

전투가 끝나자 정권은 죽은 자들의 몸 위에 도로와 쇼핑몰, 병원, 아파트, 학교 등 새로운 도시를 그냥 건설했다.[50] 리파트는 자신의 군대가 하마에서 3만 8000명을 살육했다고 나중에 자랑했다. 정권은 그 수를 축소하기는커녕 널리 선전했다. 하마를 거대한 묘지로 만듦으로써 정권은 앞으로 반란자가 되려는 이들에게 메시지를 보내고자 했다. 아사드는 도전자들에게 어떤 자비도 보여주지 않을 것이었다. 그것은 다음 세기에도 울려 퍼질 경고였다. 아사드는 시리아에서 이슬람 저항 세력을 대거 살해하면서 향후 수십 년 동안 정권의 안전을 보장했다.[51]

그해에 잔혹한 포위 공격을 당한 레반트 지역 도시는 하마만이 아니었다. 1977년부터 베긴은 레바논의 팔레스타인해방기구를 상대로 승패가 가려지지 않는 전쟁을 수행해 왔다. 공습을 가하고 기독교도 대리인들을 내세우고 제한된 침공을 단행했지만, 게릴라들이 북쪽으로부터 작전을 벌이는 것을 억제하는 데는 전부 실패했다. 총리직 5년차가 시작될 즈음 베긴은 즉각 보복 행동에서 벗어나 팔레스타인해방기구에 공세를 취하기로 결심했다. 그와 동시에 베긴은 이스라엘이 이 지역의 비이슬람 소수파, 특히 레바논의 기독교도들을 보호할 의무가 있다고 믿었다.

베긴은 이스라엘이 주도하는 비이슬람 그룹들의 연합체를 구성할 것을 구상했다. 이 연합체는 중동에서 무슬림 다수파에 대한 지정학적 균형추 역할을 할 수 있을 터였다. 총리의 외교적 비전은 샤론의 군사 계획으로 뒷받침되었다. 이 '큰 계획'에 수반된 사항은 팔레스타인해방기구를 파괴하고, 마론파를 확고히 통제하며, 시리아인들을 레바논에서 축출한다는 세 가지 핵심 목표를 달성하기 위해 레바논을 전면적으로 침공하는 것이었다. 그것은 중동에서 힘의 균형을 이스라엘에 유리한 쪽으로 기울게 하는 대담한 조치였다. 하지만 이스라엘 내각의 많은 인사들은 베긴과 샤론의 전략에 반대했다. 그들은 레바논을 침공하면 이미 나빠져 있는 이스라엘의 국제적 이미지가 더욱 악화하지는 않을까 우려했다. 샤론은 이러한 반대를 피하기 위해 전쟁을 서서히 확대하는 전략을 실행했다. 개별적 보복은 점차 국경을 넘는 공세로 확전될 것이었다. 일단 이스라엘 방위군이 레바논에 들어가게 되면 이스라엘 내각에서 반대한다고 해서 베이루트로의 진격을 멈추지는 못할 터였다. 침공을 준비하면서 샤론은 1982년 1월에 젊은 팔랑헤당 사령관인 바시르 제마엘[23]을 만나러 베이루트를 비밀리에 찾았다. 다음 달에는 바시르가 예루살렘의 베긴을 몰래 방문했다.[52]

바시르 제마엘은 마론파 원로 피에르 제마엘의 자신만만하고 충동적인 아들이었다. 여섯 자녀 중 막내였던 그는 지칠 줄 모르는 활동을 제쳐 두면 많은 사람에게 별 특별한 구석이 없는 인물로 기억되었다. 여드름으로 고생하며 이십 대에 들어선 바시르는 그럼에도 "일종의 강아지 같은 개방성"을 유지했는데, 이는 매우 귀엽기는 했지만 "세상에 대한 어떤 당혹감"을 나타냈다고 조너선 랜들Jonathan Randal 기자는 썼다. 그의 아버지나 줌블라트, 카밀 샤문 같은 나이 든 지도자들과는 대조적으로, 바시르는 젊고 활기 넘치는, 말하자면 새로운 레바논의 희망처럼 보였다. 하지만 서른네 살의 사내아이 같은 열정은 이야기의 일부에 불과했다. 바시르는 그의 팔랑헤당 민병대를 동원해 팔레스타인인과 레바논 무슬림들을 잔인하게 습격했다. 하지만 바시르의 가장 악명 높은 공격은 그의 기독교 경쟁자들을 겨냥한 것이었다. 1978년, 바시르는 민병대 100명을 보내 경쟁자인 마론파 프란지에 가문의 후계자 토니 프란지에[24]의 저택을 공격했다. 팔랑헤당 당원들은 아침 이른 시간에 저택을 습격해 프란지에와 그의 부인, 세

---

23) Bashir Gemayel(1947~1982). 레바논의 민병대 사령관. 레바논 내전 때 팔랑헤당의 군사 부문을 책임졌으며, 1982년에 레바논 대통령으로 선출되었지만 곧 암살당했다.

24) Antoine 'Tony' Suleiman Frangieh(1941~1978). 레바논의 정치인. 레바논 내전 당시 민병대 사령관이었다. 1970~1976년에 레바논 대통령을 지낸 술레이만 프란지에의 아들이다.

살배기 딸, 반려견을 죽였다. 2년 뒤 바시르의 부하들이 다시 기독교 경쟁자들을 공격했다. 이번에 희생자는 다니 샤문[25]의 '호랑이들'이었다. 호랑이들은 전 대통령 카밀 샤문의 작은 아들 다니 샤문이 지휘하는 500명 규모의 민병대였다. 이른바 '긴 칼의 날(혹은 사프라 학살)'이라고 불리는 이 사건에서 바시르의 세력은 동베이루트의 호텔 단지와 해변 휴양지 인근에서 호랑이들과 전투를 벌였다. 팔랑헤당 당원들이 샤문의 부하들을 학살하는 사이 수십 명의 민간인이 십자포화에 희생됐다. 고층 호텔 건물의 창문을 통해 내던져진 일부 희생자들이 비명을 질렀다. 남녀노소 모두를 포함하는 사망자의 수는 적게는 94명, 많게는 500명으로 추산되었다.[53]

베긴과 샤론은 모사드 요원들과 함께 바시르의 피투성이 집권보다는 새로운 친이스라엘 기독교 국가의 예속 군주의 역할을 할 바시르의 잠재력에 더 관심을 가졌다. 내각 내의 반대를 극복하기 위해 베긴과 샤론은 1981년 말에 '리틀 파인스' 작전과 '빅 파인스' 작전을 제안했다. 리틀 파인스 작전은 남레바논을 침공해 리타니강에서 멈추는 것이었고, 빅 파인스 작전은 베이루트로 줄곧 밀고 들어가 북부의 마론파 지역으로 통하는 회랑을 확보하는 계획이었다. 실제로 샤론은 리틀 파인스를 더 큰 작전의 1단계로 구상했다. 1982년 전반기 동안 샤론과 베긴은 그들의 침공에 대한 정치적 지지를 얻기 위해 팔레스타인해방기구의 모든 도발을 이용했고, 워싱턴에 레바논으

25) Dany Chamoun(1934~1990). 레바논의 정치인. 카밀 샤문 레바논 대통령의 아들. 1985~1990년에 레바논의 민족주의 정당인 '민족해방당' 당수를 지냈다.

로 진입하려는 의도를 드러내는 신호를 보내기 시작했다. 미국 국무장관 알렉산더 헤이그[26]는 침공을 단행하는 데 반대한다고 이스라엘에 공식적으로 경고했으나, 비공식적으로는 이스라엘이 도발당했을 때는 남레바논을 제한적으로 습격해도 좋다고 했다. 샤론은 변절한 팔레스타인 게릴라 분파인 '아부 니달 조직'[27]의 회원들이 런던 주재 이스라엘 대사 슐로모 아르고브[28]의 머리를 저격한 1982년 6월 3일 저녁에 오랫동안 기다려온 구실을 마침내 얻었다. 그것은 레바논을 침공하기 위한, 속이 빤히 보이는 정당화에 불과했다. 이 그룹의 지도자인 아부 니달[29]은 1974년 팔레스타인해방기구에서 추방되었고, 아라파트가 직접 사형선고를 내린 자였다. 그러나 이스라엘 정부는 그러한 세부적 문제가 이웃 국가를 침공하기 위한 구실에 부정적으로 작용하도록 내버려 두지는 않을 것이었다. "그들은 모두 팔레스타인해방기구입니다"라고 베긴은 빈정댔다. "아부 니달. 아부 시미달. 우리는 팔레스타인해방기구를 공격해야 합니다."[54]

---

26) Alexander Haig(1924~2010). 미국의 군인, 관료, 정치인. 1973~1974년 미국 대통령 비서실장, 1981~1982년 국무장관을 지냈다.

27) Abu Nidal Organization. 1974년 팔레스타인해방기구에서 떨어져 나온 국제 테러 조직. 사브리 알반나(일명 아부 니달)에 의해 창건되었다.

28) Shlomo Argov(1929~2003). 이스라엘의 외교관. 1971~1974년 멕시코 주재 이스라엘 대사, 1977~1979년 네덜란드 주재 이스라엘 대사, 1979~1982년 영국 주재 이스라엘 대사를 지냈다.

29) Abu Nidal(1937~2002). 본명은 사브리 알반나(Sabri Khalil al-Banna)이며, '아부 니달 조직'으로 더 잘 알려진 '파타: 혁명평의회'의 창건자다.

갈릴리 평화

1982년 6월 6일 아침, 이스라엘군 9만 명이 탱크 800대, 병력 수송 장갑차 1500대와 함께 국경을 넘어 레바논으로 돌진했다. 거대한 이스라엘군이 휘청거리며 기동했고, 미국은 어느 외국 근무 미국 장교가 이른바 샤론 "사냥 허가증"으로 묘사한 조치로 이들을 지지했다. 레바논을 위한 좀 더 큰 그림을 여전히 감추고 있던 베긴과 샤론은 이 침공을 '갈릴리 평화 작전'이라고 부르기로 했다. 이 이름은 나중에 이스라엘 내의 관찰자들과 더 넓은 국제 사회로부터 비웃음을 불러일으킬 것이었다. 이제 일개 시민으로 돌아온 헨리 키신저는 사설에서 이 침공의 "전략적 근거"를 칭찬했고, 팔레스타인해방기구가 자신의 행동을 누그러뜨릴 가능성은 언제나 "신기루" 같은 것이었다고 설명했다. 레바논의 마론파는 이스라엘 방위군 탱크가 자욱한 먼지를 일으키며 빠르게 지나치는 동안, 장미 향수와 쌀로 이스라엘 병사들을 환영했다. 샤론과 베긴이 국경 너머 40킬로미터 이상은 나아가지 않겠다고 거듭 약속하는 가운데 이스라엘군은 베이루트 남쪽 약 45킬로미터 지점의 시돈 북쪽에서 육해군 합동 상륙작전을 실시했다. 24시간 안에 이스라엘 방위군은 리틀 파인스 작전에서 설정한 목표의 대부분을 달성했으나, 베긴과 샤론은 멈출 생각이 없었다. 그들은 남쪽의 이른바 안보 벨트를 강화하기 위해서가 아니라 팔레스타인해방기구를 제거하고 레바논 국가를 개편하기 위해 레바논에 진입했다. 누가 봐도 뻔한 기만 작전으로, 이스라엘 제트기가 베카 계곡의 시리아 미사일 포대에 공습을 가하는 동안 이스라엘 방위군 부대가 이제 북쪽으로 베이루트를 향해 진격했다. 의기양양한 베긴은 이스라엘 특공대에 아라파트를 찾아내 죽이라고 명령했다. 6월 13일경 이스라엘 기갑부대가 북부의 마론파와 연합하기 위해 도중에 대통령궁을 향해 돌진하고 있었다.[55]

이스라엘 방위군은 베이루트 바로 앞에 자리 잡고는 7년간의 내전으로 폐허가 된 도시를 바라보았다. 샤론은 헌병 본부를 장악하고 탱크 주둔지를 설치했다. 멍하니 바라보던 마론파 사람들은 갓 도착한 병사들이 궁금하고 또 팔레스타인인들이 금방 추방되기를 바라며, 정복자들을 환영하기 위해 서서히 모습을 드러냈다. 샤론이 잠시 멈춰 수도 포위를 마무리하고 있는 사이, 이스라엘군이 남부의 피난민 캠프에서 팔레스타인 방어자들과 전투를 벌였다. 이스라엘 부대는 자신들의 사상자를 최소화하려고 거의 무차별적으로 시돈에 집속 폭탄과 인 폭탄을 퍼부었다. 주민들은 시신을 전부 처리하려고 시내의 중앙 광장에 집단 매장지를 팠다. 한 서방 기자는 심지어 그때도 "속이 느글거리도록 달콤한 죽음의 악취"가 거리에 퍼져 나갔지만, 도시의 잔해 속에는 무수한 시신이 숨겨져 있었다고 썼다. 이스라엘 방위군은 시돈 바깥의 아인 알힐웨 피난민 캠프에서 전쟁의 가장 격렬한 저항을 얼마간 만났다. 일부는 십 대 초반에 불과한 팔레스타인 전사들은 공격군들을 물리치려고 필사적으로 애쓰는 가운데 칼라시니코프 소총과 로켓 추진식 수류탄으로 무장하고 빽빽이 들어선 건물과 판잣집 사이로 이동했다. 이런 유형의 도시 전투에 대비되어 있지 않은 이스라엘군은 금방이라도 주저앉을 것 같은 집에 최대한 손상을 가하기 위해 공중에서 폭발하는 포탄을 이용하여 거의 1주일 동안 캠프에 포격을 가했다. 캠프의 방어자들은 마지막 한 사람까지 모두 죽었다. 그들은 모스크에 몸을 숨겼으나, 이스라엘 방위군은 모스크를 마침내 파괴해 버렸다. 얼마나 많은 민간인이 전투에서 목숨을 잃었는지는 누구도 몰랐다. 한 이스라엘 장교는 "저는 여자들을 제외하고 모든 팔레스타인 사람을 잠재적인 테러리스트로 여깁니다"라고 기자에게 말했다. 이스라엘 방위군 사령관들은 한 달 뒤까지 기자들이 이 지역에 들어오는 것은 허락하지 않았다. "제대로 서 있는 것은 사이프러스 나무 몇 그루와 라디오 안테나뿐이었다"라고 한 기자는 회고했다.[56]

그 후 며칠 동안 이스라엘 방위군이 수도 포위를 완수하는 사이, 베이루트의 남쪽 교외에서 전투가 치열하게 진행되었다. 팔레스타인 해방기구 전사들은 일부 구역에서 끈질기게 방어를 계속했지만, 화력이 더 우세한 이스라엘군에 가망 없이 밀려났다. 도시의 접근로를 살펴본 샤론은 어떤 이스라엘 장군도 이전에 해본 적이 없는 뭔가를 할 준비를 했다. 그것은 외국 수도를 점령하는 일이었다. 이전 정부는 너무 오래 계속되는 충돌의 수렁에 빠지고 세계 여론이 등을 돌릴 것을 우려하여 용의주도하게 그런 행동을 하지 않았다. 이스라엘 정복군이 이웃 국가 수도의 민간인들을 복속시키는 장면은 틀림없이 아랍 세계에 최악의 선전거리를 제공할 것이었다. 실제로 예루살렘의 내각은 그런 작전의 수행 가능성을 망설였다. 그러나 샤론은 그런 의구심을 신경 쓰지 않았다. 그는 죽이고 정복하러 왔다. 두 이스라엘 논평가는 나중에 다음과 같이 썼다. "이스라엘 방위군의 베이루트 도착은 갈릴리 평화 작전이 이스라엘 시민을 보호하는 제한된 군사행동에서 아랍 수도를 정복하는 일방적인 전쟁으로 바뀌었음을 나타내는 것이었다. 작전은 마침내 일종의 프랑켄슈타인의 괴물이 되었고, 괴물은 끔찍한 결과로 창조자들을 공격할 테지만, 어떤 결과가 초래되었는지는 지금도 가늠 중이다."[57]

다음 7주 동안 베이루트는 포위된 도시가 되었다. 이스라엘 군용기들이 게릴라들에게 겁을 줘서 화포 진지를 드러내게 하려고 팔레스타인해방기구가 통제하는 지구 위로 급강하했다. 그사이 이스라엘 방위군과 팔랑헤당 당원들이 차량 폭탄을 도시로 보내 방어자들을 공포에 떨게 했다. 7월 4일, 이스라엘군이 혼신의 공세를 개시했다. 그들이 워싱턴의 지도자 대다수가 휴가 중일 때 공격을 단행한 것은 아마도 우연이 아닐 것이다. 팔레스타인인들과 '통합군'은 대포와 로켓탄 발사로 이스라엘군의 근교 침입에 대응했는데, 이는 공세를 얼마간 무디게 했다. 하지만 이스라엘 방위군 부대가 베이루트의 할데 공항 변두리로 밀고 들어가면서 거대한 이스라엘군이 앞으로 나아가기 시작했다. 현장에서 예상보다 더 격렬한 저항에 부딪히자 샤론은 서베이루트에 일련의 공습을 개시해 수백 명의 민간인을 학살했다. 아파트 건물에 있는 팔레스타인해방기구 지도자들을 죽이려고 했던 이 공격은 건물 안에 웅크리고 있던 비전투원들을 살해하는 것 말고는 거의 효과가 없었다. 8월 1일에 이스라엘 방위군은 공항을 다시 공격했고, 15시간의 전투 끝에 이스라엘군이 장악할 수 있었다. 사흘 뒤 샤론은 합동 공세를 재개해 샤틸라 피난민 캠프, 베이루트의 항구, 국립박물관, 서머랜드 비치, 타유네로 밀고 들어갔다. 약 100명의 이스라엘군 병사가 전투 중에 사망했다. 이스라엘군은 서베이루트

주위에 올가미를 씌웠으나, 좁은 거리와 골목길이 교차하는 튼튼한 콘크리트 건물들과 맞닥뜨렸다. 이 미로에서는 중기갑 차량이 소용없을 것이었다. 그 후 지상의 전진은 탁 트인 대지에서가 아니라 미로에 숨은 팔레스타인 게릴라들을 상대로 한 격렬한 도시 전투 속에서 이루어질 것이었다. 이스라엘군은 부대가 저지당하면 대포와 공습으로 서베이루트를 맹렬하게 공격했고, 그 결과 전쟁 막바지 며칠 동안에만 수백 명이 목숨을 잃었다. 마지막 공격으로 이스라엘 공군이 200차례 출격했으며, 500명으로 추산되는 사람이 죽었다.[58]

이스라엘의 잔혹한 포위 작전은 국제 사회에서 폭풍처럼 번지는 비판을 야기했다. 《뉴욕 타임스》는 이렇게 물었다. "이스라엘은 스스로에게 무슨 짓을 하고 있는가?" 이 신문은 샤론을 "형편없는 외교관"이며, 이스라엘 자신의 민간 정부에 대해 "의도적으로 비타협적 태도"를 고수하고 있다고 혹평했다. "이스라엘인들은 이 지역의 아테네로 여겨지는 나라가 프로이센이 될 수 있다는 어떤 의견도 터무니없는 생각으로 일축했다." 그러나 베이루트에서 일어난 학살은 다른 얘기를 들려주었다. 부상당한 민간인들을 보여주는 끔찍한 장면이 텔레비전으로 전 세계에 방송되었다. "베이루트를 폭격하고 포격하는 데 이스라엘군이 채택한 군사 전술은 군사적 근거도, 도덕적 근거도 없다"라고 런던 《타임스》의 편집인들은 썼다. "베긴 씨와 [이스라엘 외무장관 이츠하크] 샤미르[30]가 한때 테러리스트였음은 우연의 일치일 수 있다.

30) Yitzhak Shamir(1915~2012). 이스라엘의 정치인. 1980~1986년 이스라엘 외무장관, 1983~1984년, 1986~1992년 총리를 지냈다.

그러나 그들이 테러리스트에 대항하기 위해서일지라도, 베이루트에서 그들의 군대에 실행하라고 지시한 전술 역시 테러 전술이었다." 같은 날 게재된 영국 의원의 편지에서는 이스라엘 전술을 "역겨운 야만 행위"라고 비난했다. 한 방송을 시청한 뒤 격분한 로널드 레이건은 베긴에게 전화를 걸어 이스라엘군이 민간인에게 가하는 포격을 중지할 것을 요구했다. 레이건은 훗날 이렇게 썼다. "나는 그에게 중단해야 하며, 그렇지 않으면 미래의 우리 관계 전체가 위험해질 것이라고 말했다. 나는 '홀로코스트'라는 단어를 일부러 썼으며, 그의 나라의 상징이 '일곱 달 된 아기의 팔이 날아가는 사진'이 되어 가고 있다고 말했다." 대통령은 공격을 그만두고 미국의 특사 필립 C. 하비브[31]와 선의를 갖고 협력하라고 베긴에 계속 압박을 가했다. "이스라엘 공습, 포격 및 여타 군사적 행동이 협상의 진전을 막았습니다"라고 대통령은 총리에게 썼다. "저는 이 점을 이해할 수 없다는 것을 알았습니다." 레이건의 열변은 통한 것 같았다. 마지막 한 차례 공격이 있은 이후 베긴은 샤론을 철수시키고, 하비브의 휴전 계획에 동의했다.[59]

8월 21일, 미국과 프랑스 평화유지군이 해상과 육상으로 서베이루트에서 시리아로 팔레스타인인과 시리아인 인원 1만 4938명을 소개하기 시작했다. 아라파트는 8월 30일에 남은 팔레스타인해방기구 지지자들의 눈물 어린 작별 속에 튀니지를 향해 떠났다. 팔레스타인인들은 그들의 중화기를 레바논 동맹자들에게 넘겨주었으나, AK-47

---

31) Philip C. Habib(1920~1992). 미국의 외교관. 1971~1974년 한국 주재 미국 대사, 1976~1978년 정치 문제 국무부 차관을 역임했다.

팔레스타인해방기구의 군수품 폐기장으로 사용된 베이루트 스타디움을 하늘에서 내려다본 모습. (1982년 9월)

무슬림들이 차지한 서베이루트와 지중해 해안선을 하늘에서 내려다본 모습. 이스라엘군과 팔레스타인해방기구 사이에 대결이 계속되는 동안 가해진 포격으로 도시 전역의 건물이 훼손되었다. (1983년 4월)

자동소총은 그대로 간수했다. 결국 아라파트는 수도를 아랍의 스탈린그라드로 바꾸는 일은 너무 희생이 크다고 판단했다. 실제로 전쟁의 희생은 충분히 컸다. 침공으로 말미암은 레바논인과 팔레스타인인 사상자는 사망자가 무려 1만 9085명, 부상자가 3만 명에 이르렀다. 이스라엘인은 300명이 죽었고, 1500명이 다쳤다. 시리아인은 400명이 목숨을 잃었고, 1400명이 다치거나 포로가 되었다. 레바논 경찰 보고서에 따르면, 베이루트에서만 5675명이 사망했고, 2만 9506명이 부상당했다. 당국은 이들 사상자의 83.8퍼센트가 민간인이라고 추산했다. 그러나 유혈 사태는 결코 끝나지 않았다.[60]

1982년 중반 즈음, 이란 혁명의 여진은 일련의 상호 연관된 충돌이 중동의 냉전 국경 지대에서 격렬하게 진행되면서 1980년대 내내 계속 반향을 불러일으킬 것이었다. 전투가 격화하면서 이란 성직자, 이라크 관리, 아프가니스탄 반란자, 레바논 민병대, 파키스탄 정보장교 모두 특정의 정치 어젠다를 추구하며 종파적 정체성을 동원하고자 했는데, 이는 점차 인종적·종교적 경쟁 그룹들을 서로 맞붙게 하는 전쟁을 부채질했다. 폭력이 지역의 세력 균형을 틀어지게 할 수도 있다고 우려한 워싱턴과 모스크바의 지도자들은 이 새로운 세력들을 통제하는 길을 찾으려 했다. 그 과정에서 서남아시아는 새로운 혁명 전략과 초강대국 개입의 중심 무대로 등장했다. 백악관이 '신속전개 합동 특수임무부대'를 '중부사령부'로 통합한 반면, 크렘린은 소련 '남부 전역戰域'에서 군사력을 확대했다. 소련 사령관들이 아프가니스탄에서 반란을 진압하려고 난폭하게 애쓰는 사이, 미국의 군 기관과 정보기관은 자신들을 1980년대의 대규모 종파 봉기에 훨씬 더 깊이 연루시킬 계획을 짰다.

18

레이건의 중동 전쟁

1983~1987

"임신한 여성들은 테러리스트를 낳을 것이고,
아이들은 자라면 테러리스트가 될 것이오."

팔랑헤당 기독교 민병대원

18

중동에서 계속 이어진 전쟁들은 많은 외부 개입의 기회를 만들어냈다. 이란 혁명과 소련의 아프가니스탄 개입에 대한 카터의 대응은 레이건 치하의 좀 더 강력한 대응을 위한 장을 마련했다. 제3세계에서 소련 진출이라고 믿는 것을 격퇴하기로 작정한 레이건 행정부의 관리들은 중동, 라틴아메리카, 아프리카에서 마르크스주의 정권에 대항해 싸우는 반란 그룹들을 지지하는 데 목표가 있는 결연한 공세를 개시했다. 곧 소련의 수렁으로 변해버린 아프가니스탄은 레이건의 프로그램을 위한 이상적인 무대인 것으로 드러났다. 그러나 새로운 기회와 함께 새로운 위험도 찾아왔다. 중동 전선의 서쪽 끝에서 이스라엘의 레바논 전쟁이 더욱더 끔찍해지면서, 미국 지도자들은 이미 8년 동안 격렬히 진행되던 내전의 한복판으로 병력을 보내야 한다고 확신할 것이었다. 베이루트에서 미군 부대는 이 지역을 혁명화할 무시무시한 새로운 세력과 맞닥뜨렸다. 한편 레이건 행정부는 호메이니의 이란에 맞선 투쟁에서 사담 후세인의 이라크를 고약하기는 하지만 협력자로 인정하게 되었다.

이란 혁명과 그 여파로 더 넓은 지역이 불안정해졌고, 양 초강대국은 자신들의 중동 전략을 수정할 수밖에 없었다. 1983년 CIA의 보고서에서 주장했듯이, 이란 혁명과 그 후 이어진 사건들 때문에 워싱턴과 모스크바 양측 모두 "페르시아만 지역에 더욱 주의를 집중하고", "이 지역에서 그들의 군사작전 능력을 제고하며, 페르시아만 석유를 둘러싼 소련-미국 대결로 발생할지 모를 우발 사태에 대비해 계획을 짰다." "전반적인 결과는 초강대국 중 어느 한쪽에 유리하게 균형을 급격히 허물어뜨린 것이 아니라 이 지역을 불안정하게 만든 것이었다." 미국이 중부사령부를 발전시키는 동안, 소련은 튀르키예에서 페르시아만을 거쳐 남아시아에 이르는 지역 일대를 책임진 '군사작전 남부 전역戰域'을 구축했다. 남부 전역의 소련 사령관들은 25개 현역 차량화 사단, 전술 항공기 700대, 헬리콥터 200대, 그리고 적어도 군함 20척을 동원할 수 있었다. CIA 분석관들은 모스크바의 궁극적 목표가 걸프 해역 국가들을 "친서방 방향에서 친소련 방향으로" 바꾸는 것이라고 썼다. 크렘린은 군사력을 사용하지 않고 목표를 달성하기를 바랐지만, 소련 지도자들은 워싱턴이 이란으로 군대를 파병하면 개입을 고려할 것이었다. 토착 세력은 초강대국의 군사행동을 막는 추가 억지력을 제공했다. 특히 "혁명적 열정"에 사로잡힌 이란은 어떤 외부 개입에도 저항하고, 점령당할 경우 "비싼" 대가를 치르게 할 터였다. 보고서에서는 모스크바가 걸프 해역을 침공할 것 같지는 않지만, 이전 4년 동안의 혼란이 서남아시아에서 초강대국 군사 대결의 위험을 극적으로 끌어올렸다고 결론지었다.[1]

워싱턴의 많은 관리들은 1980년대 냉전 투쟁에서 중동이 얼마나 중요한지 알게 되었다. 1984년 CIA 관리가 국가정보국 국장에게 제출한, 필요 이상으로 우려를 표방하는 한 보고서에서는 다음과 같이 직설적으로 말했다. "초강대국으로서 소련의 미래, 동서 간의 힘의 균형, 향후 20년 동안 미국과 소련 사이에 벌어질 수 있는 충돌 가능성은 그 어느 지역보다도 인도에서 동지중해에 걸쳐 있는 소련 국경의 남쪽 지역에서 결정될 것 같다." 보고서는 다음과 같이 계속되었다. "남부 전역은 단연 소련에게 제3세계의 가장 중요한 주요 지역이다. 그것은 동아시아, 심지어 어떤 면에서는 유럽의 전략적 지위에 필적한다." 소련 지도자들은 이 지역의 유전과 전략적 수로에 대한 접근을 몹시 탐냈지만, 이슬람의 힘을 두려워 할 이유 역시 있었다. 이슬람의 힘은 "만일 소련이 궁극적으로 통제하지 못한다면 소련 국내 시스템의 본질적인 부분을 훼손할" 것 같았다. 모스크바는 미군의 전개를 크게 능가하며 이 지역에 압도적인 군사력을 배치했다. 그러나 의견을 달리하는 다른 분석관들은 보고서의 주장이 부풀려졌다고 주장했다. 이 반박은 그 지역이 미소 대결의 가장 골치 아픈 화약고가 될 수 있다는 점은 인정했다. 하지만 필자의 주장에 따르면, 보고서는 이 지역에서 소련이 누릴 수 있는 기회를 과장했고, 모스크바가 직면한 장애를 과소평가했다. 실제로 크렘린은 1972년 사다트가 소련 자문관들을 추방하는 결정을 내린 이래 아랍 세계에 영향력을 발휘하기 위해 몸부림쳤지만, "소련은 이집트를 '상실'했던 때부터 중동에서 사실상 배제되었다." 게다가 "미국 정책은 지난 10년간 이 취약성을 이용해 왔고 일부 성공을 거두기도 했다"라고 반박은 덧붙였다.[2]

궁극적으로 두 초강대국은 중동의 결정적인 전략적 중요성을 인정했고, 이제 이 지역의 급변하는 정치적 운동들과 어떻게든 타협하려 했다. 1984년의 긴 CIA 보고서에서 언급한 대로, 중동에서 "최근

이슬람이 부활"하면서 이 지역의 현존 국가들에 새로운 압력으로 작용했고, 더 큰 전략적 함의의 가능성을 제기했다. "국경을 초월하는 사회적·종교적 가치"에 의거한 이 종교적 소생으로 우려스러운 "대결적 국면"이 전개되었다. 분석관들은 "이념적 실패와 정당성의 위기가 이슬람의 호전성에 비옥한 토양을 계속 제공한다"라고 언급했다. 이 운동의 "절정"인 1979년의 이란 혁명은 "이웃 국가들의 지도부 전체에 경보를 울렸고", 수니파와 시아파 대중을 모두 흥분시켰다. 그럼에도 되살아난 근본주의는 혁명적 잠재력이 제한적이었다고 보고서는 결론지었다. 이슬람 전사들은 지역에 문제를 야기할 능력이 있었지만, 가까운 미래에 정부들을 거꾸러뜨리지는 못할 것 같았다.[3]

1980년대 중반에 워싱턴과 모스크바는 점점 더 그들의 동맹자와 적들이 공히 마르크스주의 대 자유자본주의라는 냉전 이념 투쟁을 대체로 버리고, 그 대신 인종적·종교적 정치를 수용하는 것을 발견하게 될 터였다. 이러한 변화의 실제 범위를 시야에 넣는 데는 한 세대가 걸릴 것이었다.

대학살을 공작하기

미국 관리들은 아프가니스탄에서 벌어진 학살을 즐거운 마음을 거의 주체하지 못하고 지켜보았다. 카터는 크렘린을 더 힘들게 만들 조용한 조치로서 무자헤딘에 대한 지원을 승인했지만, 신임 대통령인 로널드 레이건은 무자헤딘 같은 반란 전사들에 대한 지원을 그의 대외 정책의 중심 항목 중 하나로 매우 소중히 여길 것이었다. 레이건과 자문관들은 좀 더 공격적인 냉전정책을 추구하기로 결심하고 1981년 백악관에 입성했다. 전임자들이 모스크바와의 데탕트를 위해 노력했던 곳에서 레이건은 대결을 모색했다. 새 행정부는 세계에 미국 권력을 그냥 유지하는 것이 아니라 소련과의 냉전에서 이기기로 작정한 것 같았다. 개발 도상 세계에서 소련 권력과 대결해 그들을 물리치겠다는 이 욕구는 롤백roll-back의 형태를 띠었다. 레이건은 트루먼 이래 모든 대통령이 따랐던 정책인 공산주의 확산의 단순한 억제에 그치기보다는 공세를 취해서 개발 도상 세계의 친소련 정부들을 뒤흔들고 모스크바의 "악의 제국"에 타격을 가하기를 바랐다. 어떤 전장도 아프가니스탄보다 더 유망한 것 같지 않았다.

레이건 행정부는 이미 CIA-삼군통합정보부 통로를 확보하고 백악

미 대통령 집무실에서 아프가니스탄 무자헤딘 지도자들과 회담 중인 로널드 레이건 대통령. (1982년 2월)

관에 들어갔으나, 아프가니스탄에서 펼치는 작전에 대해서는 얼마간 임기응변식으로 접근했다. 여기에 원조 프로그램이 은밀한 성격을 띠고 있다는 사실이 더해지면서, 레이건의 무자헤딘 원조에 관한 소문은 1980년대에 걸쳐 조금씩 흘러나올 뿐이었다. 레이건의 팀은 무자헤딘에 제공된 미국 원조액이 썩 많지 않은 상황에서, 프로그램을 확대하는 데 거의 어려움이 없을 것이었다. 현재의 작전을 확대하는 데 가장 소리 높여 찬성하는 지지자 중에 신임 CIA 국장 윌리엄 조지프 케이시[1]가 있었다. 퀸스 출신으로 머리가 벗겨지기 시작한 67세의 케이시는 처진 볼살 위에 두꺼운 안경을 썼다. 제2차 세계대전 때 CIA의 전신인 '전략사무국'의 베테랑이었던 그는 CIA를 소련과의 전투에서 능동적인 기관으로 부활시키고 싶었다. 이런 목적으로 케이시는 유럽, 중앙아메리카, 아프가니스탄에서 좀 더 공격적인 냉전정책을 옹호했다. 케이시는 나중에 "[냉전의] 기본 전장은 미사일 시험발사장이나 군축 협상 테이블이 아니라, 제3세계의 농촌이다"라고 선언했다. 아프가니스탄에서 진행된 CIA의 대對소련 대리전인 '사이클론 작전'[2]은 케이시와 레이건에게 러시아와 싸울 이상적인 기회를 제공했다. 하지만 초기 레이건의 백악관은 무자헤딘이 승리할 가능성에 여전히 회의적이었다. 1982년 1월, 국무부는 무자헤딘의 활동을

---

1) William Joseph Casey(1913~1987). 미국의 고위 관리. 1973~1974년 미국 경제 문제 담당 국무부 차관, 1974~1976년 미국 수출입은행 총재, 1981~1987년 CIA 국장 등을 역임했다.

2) Operation Cyclone. 1979~1992년 아프가니스탄의 무자헤딘에 무기와 자금을 지원하는 CIA의 작전 암호명.

긍정적으로 평가했다. 반란자들이 화력이 열세이고 소련군의 후퇴를 강제하는 데 필요한 공격 능력이 없는 것 같았지만, 지난해에 그들이 거둔 전과를 보면 모스크바는 우려할 만한 이유가 있었다. 무자헤딘은 농촌 지역을 통제하려는 카불의 노력을 방해하고 "정권을 점점 더 수세로 몰아갔으며, 아프가니스탄 군대에 위기를 야기하고 많은 경제 분야에서 파탄을 일으켰다." 반란자들은 여전히 분열되어 있었으나, 전장에서 계속 성공을 거뒀다. 무자헤딘은 아프가니스탄 국토의 75퍼센트 이상을 "사실상 통제"했다. 반란 사령관들은 세금을 징수하고 가격을 통제했으며, 법을 제정하고 사법 당국으로서 기능했다. 당분간 저항 때문에 소련은 통제권을 아프가니스탄 당국에 넘겨줄 수가 없었다.[4]

레이건 집권 초기에 사이클론 작전에 대한 실질적인 정책 토론은 아프가니스탄의 '자유의 전사'를 빈번하게 언급하는 것 말고는 놀라울 정도로 거의 없었던 것 같다. 이는 부분적으로 카터 행정부가 이미 작전의 기초 작업을 해놓았기 때문이었다. 레이건의 팀은 그냥 반란자들에 대한 지원을 계속 승인했을 뿐이다. 무자헤딘에 대한 지원의 은밀한 성격은 또 자유재량도 어느 정도는 필연적으로 동반했다. 하지만 아마도 다른 무엇보다도 행정부는 무자헤딘에 대한 지원이 파키스탄과의 긴밀한 조율을 요구한다는 사실에 이목이 쏠리는 것을 꺼렸다. 파키스탄 대통령 지아울하크는 냉전 동맹자였지만, 그의 정권은 핵무기를 제작하기 직전이었고, 이 때문에 국제 사회에서 따돌림을 당하는 처지였다. 이슬라마바드의 인권 기록, 우려스러운 인도와의 관계, 점점 더 거칠어지는 이슬람의 수사는 사태를 더욱 악화시킬 뿐이었다.[5] 레이건이 아프가니스탄에서의 은밀한 전쟁을 우선순위로 삼기로 결심할 때까지는 몇 년 더 시간이 필요할 것이었다.

한편 크렘린은 카불의 마르크스주의 정권을 구하기로 여전히 작정한 상태였다. 전쟁 초기부터 소련 지도자들은 군사작전이 더 큰 정치적 목표를 뒷받침하게 할 생각이었다. 모스크바는 병사들과 더불어 수많은 기술자, 엔지니어, 경제 자문관을 아프가니스탄에 보냈다. 그들은 도로와 다리를 재건했고, 새 병원과 공항을 건설했으며, 아프가니스탄의 기반 시설을 20세기로 진입시키려 했다. 소련 자원자들은 문맹 퇴치 프로그램을 시행하고 또 지역 대학들과 협력하여 수천 명의 아프가니스탄 시민들을 교육했다. 남베트남에서 미국이 그랬듯, 소련은 아프가니스탄을 소련식 근대화의 성과를 보여주는 전시품으로 만들고 싶어 했다.[6] 소련 전문가들은 제3세계 국가의 사회경제적 발전을 도모하는, 대체로 이타주의적인 노력의 일환으로 관개시설을 건설하고, 천연가스정井을 뚫었으며, 공장들을 세웠다. 그들은 상당한 자신감을 갖고 그렇게 했다. 한 미국인 학자는 이렇게 썼다. "소련 지도부는 [소련의 중앙아시아 공화국들에서] 무슬림 세계의 어느 지역과 비교해도 가장 높은 문자 해득률과 가장 훌륭한 보건 시스템, 가장 높은 일반적 생활 수준을 달성할 수 있었던 발전 모델을 갖고 있다고 정당하게 주장할 수 있다." 만일 소련 전문가들이 아프가니스탄에서 동일한 종류의 성공을 거둘 수 있다면, 그것은 크렘린의 국가 기반 사회주의 발전 모델에 아주 요긴한 사례가 될 것이었다.[7]

그러나 전쟁의 파괴는 경제적 성과를 상쇄하고도 남았다. 농촌 지역에서 벌어지는 격렬한 전투, 피난민의 홍수, 도시와 농촌 기반 시설에 대한 고의적인 공격은 아프가니스탄의 상당 지역을 완전히 파괴했다. 게다가 정치적 혼란과 경제적 격변은 아편 재배라는 또 다른 산업의 부흥을 위한 새로운 기회를 만들어냈다.[8] 한편 인권 단체는 장황한 전쟁범죄 이야기를 소련군과 아프가니스탄 정부의 탓으로 돌렸다. 서로 다투는 주들에 거주하는 농촌 주민들은 흔히 교전 지역 한복판에 놓이게 되었다. 소련 항공기의 무차별 폭격은 아마도 가장 많은 사상자를 냈을 것이다. 파키스탄으로 흘러드는 피난민들은 미그 군용기가 주택과 들판, 과수원을 폭격하고 공포에 질린 마을 사람과 가축에 기총소사를 가한다는 끔찍한 이야기를 들려주었다. 때때로 공습에 이어 지상군이 뒤따르곤 했다. "러시아인들이 우리에게 폭격을 가했지요"라고 쿤두즈의 한 양치기가 조사관들에게 말했다. "그때 병사들이 나타났고, 여자와 노인을 모두 데리고 가서 죽여버렸습니다." 많은 살해가 무자헤딘 공격에 대한 보복처럼 보였다. 1982년 4월, 발흐주에서 소련 병사의 훼손된 시신 세 구가 발견된 뒤 소련 특수부대가 거의 200명을 학살했다. "소련군은 무자헤딘을 찾을 수가 없어서 민간인들을 죽입니다"라고 다른 병사가 설명했다. "장교들은 우리가 마을에 들어가 사람과 동물, 양, 말, 심지어 개와 고양이도 전부 죽여야 한다고 말했습니다." 피난민들은 소련군이 마을을 샅샅이 훑으면서 반란 동조자로 의심되는 사람을 체포해 야만적으로 심문하고 즉결 처형한다는 이야기를 전했다. "그들은 많은 사람을 집에서 끌어내 죽였습니다"라고 전직 상인이 주장했다. "제트전투기로 폭격을 가하거나 살아 있는 사람을 우물에 던지고 진창에 묻었습니다. 비행기에서 사람들을 밖으로 던지고, 일부 살아 있는 사람을 탱크 밑

아프가니스탄 무자헤딘이 소련군에 파괴된 마을로 돌아오고 있다. (1986년 3월)

에 집어넣고 으깨버렸습니다. (…) 일부는 감전시켜 죽였습니다. 또 일부는 산 채로 토막을 내기도 했습니다."

수천 명이 대인지뢰로 불구가 되거나 사망했다. 도시의 아프가니스탄인들은 가장 격렬한 전투에서 멀리 떨어져 있기는 했지만, 더욱 빈번해진 카불 정권의 억압에 대처해야 했다. 특히 아프가니스탄 국가 정보기관인 '하다마티 아에틀라티 다울라티'[3]는 가택에 난입해 수색을 벌이고, 죄수들을 고문하고, 사람들을 처형하는 등 광범위한 감시 활동으로 무서운 명성을 얻었다.[9]

---

3) Khadamat-e Aetla'at-e Dawlati, KhAD. 글자 그대로 '국가정보국'이라는 의미를 가진 아프가니스탄의 주요 안보 기관이자 정보기관. 1978년에 설립되었고, 소련-아프가니스탄 전쟁에서 아프가니스탄이 소련에 점령당했을 때 비밀경찰로 기능했다.

그러나 국가 당국만이 폭력을 행사한 것은 아니었다. 무자헤딘 전사들은 붙잡은 소련 병사들의 피부를 산 채로 벗기는 행위로 무시무시한 명성을 얻었다. 반란 전사들은 포로들을 먼 은신처로 데려가 구금하는 부담을 지기보다는 그들을 보통 처형하곤 했다. 어느 소문에 따르면, 강물이 피로 붉게 변할 정도로 포로로 잡힌 아프가니스탄 병사 1000명이 학살당했는데, 이는 판지시르 계곡에서 활동하는 마수드 대원들의 소행이었다. 아프가니스탄에 있는 소련 기지에는 포로들의 참수와 사지 절단 이야기가 자자했다. 한 가지 특히 소름끼치는 소문은 러시아군 포로들의 피부를 벗긴 다음 몸을 부비트랩으로 둘러싸서 구출을 시도하는 누구라도 불구로 만들려 한다는 것이었다. 무자헤딘에 사로잡힐 상황에 처한 많은 소련군 병사가 차라리 자살을 선택하는 것은 그리 놀랄 일도 아니었다. 하지만 일부 반란자들은 몸값을 받고 러시아 포로들을 기쁘게 건네주었다. 그러나 아프가니스탄 포로들은 가치가 덜 나가서 그런 행운을 덜 누린 것 같았다.[10]

전쟁이 계속되면서 레이건 행정부의 관리들은 점점 더 아프가니스탄 전투에 집중하게 되었다. 레이건은 많은 열렬한 '냉전 전사들'처럼 대부분의 세계 분규 뒤에는 모스크바의 손길이 있다고 오래전부터 확신해 왔다. 1980년, 레이건은 선거운동을 하면서 다음과 같이 단언했다. "착각하지 맙시다. 현재 지속되고 있는 모든 불안의 근저에는 소련이 있습니다. 그들이 이 도미노 게임에 참여하지 않는다면 세계에는 어떤 분쟁 지역도 없을 겁니다." 레이건은 정치학자 제임스 M. 스콧James M. Scott이 말하는 이른바 "소련에 대한 은밀한 전략적 공세"를 실행하기로 결심하고 대통령 직무를 시작했다. 1981년 3월 케이시는 아프가니스탄, 앙골라, 캄보디아, 쿠바, 그레나다, 이란, 라오스, 리비아, 니카라과의 반란자 그룹을 위한 CIA 지원 프로그램 계획을 제안했다. 케이시는 다음과 같이 주장했다. "우리는 돈과 정치적 영향력으로 이 운동들을 지지할 필요가 있다. **우리는 대여섯 명의 아프가니스탄인들이 필요하다.**[강조는 원문]" 2년 뒤인 1983년 1월에 레이건의 자문관들은 주요 정책 보고서로서, 전 세계에서 소련의 영향력을 어떻게 격퇴할지 그 전략을 개괄한 '국가안보 정책 결정 지시National Security Decision Directive, NSDD' 제75호를 작성했다. 이 보고서는 미국에 "모든 국제 무대에서, 특히 전반적인 군사적 균형이라는 면과 미국의 우선 관심 지역에서, 지속적으로 소련과 경쟁하여 소련 팽창주의를 억제하고 마침내 역전시킬" 것을 요구했다. 제3세계에서 이는 "[모스크바의 동맹자들]과 소련 사이에 존재하는 연결 고리를 약화하고 가능한 곳에서는 훼손하기" 위해 애쓰는 것을 의미할 터였다. "미국 정책은 이 나라들 내부에서 정치적 변화를 일으키기 위해 민주주의 운동과 그 세력을 고무하는 적극적인 노력을 포함할 것이다." 아프가니스탄에서 미국의 목표는 "모스크바에 최대한 철군을 압박하고, 점령이 계속되는 동안 소련의 정치적·군사적 비용을 비롯한 전쟁 비용이 반드시 높은 수준을 유지하도록 하는 것"이어야 한다. 2년 후 1985년 1월에 케이시는 뉴욕의 청중들에게 워싱턴은 "공산주의 정권에 저항하는 자유의 전사들"을 지지해야 한다고 말했다. 다음 달에 대통령은 연두교서에서 의회와 국민에게 미국은 "아프가니스탄에서 니카라과에 이르기까지 모든 대륙에서 소련이 지원하는 침공을 저지하기 위해 죽음을 각오하는 사람들과의 신의를 저버려서는 안 된다"라고 말했다. 몇 달 뒤 보수적 칼럼니스트인 찰스 크라우트해머[4]는 이 정책을 '레이건 독트린'이라고 불렀다.[11]

백악관은 독트린을 발표한 뒤 무자헤딘에 대한 지원을 늘리려고 노력했다. 1985년 3월, 레이건의 자문관들은 특히 아프가니스탄에서 미국의 목표에 관해 또 다른 정책 보고서인 '국가안보 정책 결정 지시' 제166호NSDD-166를 작성했다. 워싱턴의 목표는 이제 "아프가니스탄 저항 세력에 대한 비밀 작전 지원 프로그램"과 모스크바를 고립시키는 외교적 전략을 통해 아프가니스탄에서 벌어지는 전쟁에서 승리하는 것이었다. 보고서에서는 다음과 같이 주장했다. "우리의 비밀 프로그램은 소련이 아프가니스탄을 이 지역에 권력과 영향을 투사할 수 있는 안전한 기지로 삼지 못하게 하고" 그럼으로써 크렘린이 "호메이니 이후 이란에서 발생할 수 있는 혼란을 이용하지" 못하게 막을 것이다. 미국의 반란자 지원은 또 "소련은 자신의 이익에 부합할 때는 제3세계 국가들을 군사적으로 복속시킬 제국주의 강대국"이라는 견해를 명확히 인식시킴으로써 "제3세계와 이슬람 세계에서 소련의 고립을 촉진할" 것이었다.[12] 백악관만 무자헤딘에 대한 지원을 늘리고 싶어 한 것이 아니었다. 의회의 큰 목소리들도 아프가니스탄의 "자유의 전사들"에게 더 많은 자원을 투입할 것을 요구했다. 이들 중

---

4) Charles Krauthammer(1950~2018). 미국의 칼럼니스트이자 평론가. 폭스 뉴스에 게스트 해설자로 고정 출연했으며, 《워싱턴 포스트》·《타임》·《위클리 스탠더드》 등에 기고했다.

휴대용 지대공 미사일 발사기를 들고 있는 아프가니스탄 무자헤딘. (1988년 8월)

에서 가장 저명한 인물은 소란스럽고 술을 많이 마시는 텍사스 출신 하원의원 찰리 네즈빗 윌슨[5]이었다. 1980년 아프가니스탄 저항 투쟁을 처음 알게 되었을 때부터 윌슨은 '하원 세출위원회'에 무자헤딘 지원을 늘리라고 압박했다. 1984년에 윌슨은 반란자들에게 보낼 지원 물자를 더 많이 확보하기 위해 CIA 관리들과 함께 일하면서, 파키스탄에 있는 아프가니스탄 피난민 캠프도 둘러보았다.

이 지원 물자 가운데 수많은 미국인의 상상력을 사로잡을 무기가

5) Charlie Nesbitt Wilson(1933~2010). 해군 장교 출신의 미국 민주당 정치인. 1967~1973년 상원의원, 1973~1996년 하원의원을 지냈다. 소련-아프가니스탄 전쟁 당시 '사이클론 작전'을 열렬하게 지지한 의원으로 가장 잘 알려져 있다.

있었다. 스팅어 미사일로 더 잘 알려진 FIM-92 지대공 미사일이 그것이었다. 휴대용 대공 미사일로 제작된 스팅어는 항공기 엔진의 열기를 쫓아 곧바로 날아가게끔 설계된 첨단 열추적 유도 시스템을 장착했다. 국가안보 정책 결정 지시 제166호에 맞춰 워싱턴의 목소리들은 소련 Mi-24 하인드 중무장 헬리콥터의 파괴적 공격을 막는 데 도움을 주기 위해 무자헤딘에게 스팅어 미사일을 제공할 것을 요구하기 시작했다. 이슬람 전사들에게 최첨단 휴대용 지대공 미사일을 제공함으로써 야기될 수 있는 위험을 감지한 CIA는 지원을 망설였다. 스팅어 미사일이 미국 기업이 생산하고 그 보급이 엄중하게 통제되고 있다는 사실은 문제를 더욱 악화시킬 뿐이었다. 일단 "Made in America"라는 문구가 측면에 선명히 찍힌 미사일이 소련 헬리콥터를 격추하기 시작하면, 더 이상 그럴듯하게 부인하기가 불가능해질 것이었다. 국무부는 위험을 감수할 가치가 있다고 주장했고, 첫 스팅어 미사일들이 굴부딘 헤크마티아르의 게릴라 그룹에 보내졌다. 1986년 9월 26일, 한 무자헤딘 그룹이 스팅어 미사일을 이용해 동부 아프가니스탄의 잘랄라바드 외곽에서 소련군 헬리콥터 3대를 격추했다. 일부 설명에 따르면, CIA는 전쟁이 끝날 때까지 무려 2500기의 미사일을 무자헤딘에 보냈다고 한다. 가공할 신무기를 피하기 위해, 소련 승무원들은 지상 지원 작전의 효과가 훨씬 적어지는 1만 2500피트(3810미터) 상공까지 헬리콥터를 상승시키지 않으면 안 되었다. 이슬라마바드의 CIA 지부장 밀턴 비어든[6]은 스팅어 미사일의 도입을

6) Milton Bearden. 미국의 CIA 관리, 작가. CIA에서 30년간 근무했으며, 파키스

"전장에서 가장 중요한 국면 전개"라고 높이 평가했다. 그것은 또 매우 심한 논란을 불러일으키는 문제의 하나가 될 터였다. 전쟁이 끝날 무렵 CIA는 무자헤딘에게서 미사일을 다시 사들이는 프로그램을 시행했으나, 1996년까지 약 600기의 스팅어 미사일이 여전히 소재 불명이었다. 스팅어 미사일이 홀로 전쟁의 흐름을 바꿔놓았다는 보고는 아마도 과장되었겠지만, 미사일의 상징적 가치는 상당했다. 워싱턴이 최고의 군사 기술을 무자헤딘에 기꺼이 전달한 것은, 결국 6년 동안 전쟁이 이어졌으나 아프가니스탄에서 여전히 승리가 눈에 보이지 않는다는 사실을 시사하는 또 하나의 징표이기도 했다. 그리고 모스크바의 새로운 지도부는 변화할 준비가 된 것 같았다.[13]

"우리는 죽음의 냄새를 내뱉고 있었다"

1982년 9월 초에 메나헴 베긴, 아리엘 샤론, 바시르 제마엘은 레바논에서 엄청난 승리를 거둔 것처럼 보였다. 그들은 팔레스타인해방기구를 레바논에서 쫓아냈고, 동부의 시리아군을 괴멸했으며, 레바논을 마론파가 통제하는 보수적인 국가로 개조할 태세를 갖췄다. 이스라엘군의 대포가 수도를 겨누고 팔레스타인해방기구의 축출이 진행되고 있던 8월 23일, 레바논에서 대통령 선거가 있었다. 제마엘은

탄·나이지리아·수단·독일 등지에서 지부장으로 일했다. 특히 1986~1989년에 파키스탄 지부장으로 활동하면서 파키스탄 삼군통합정보부를 통해 아프가니스탄 무자헤딘을 지원하는 데 주도적 역할을 했다.

이스라엘 방위군이 점령하고 있던 지역에서 이스라엘 압박의 도움을 받아 선거에서 승리했고, 결과에 누구도 놀라지 않았다. 만일의 사태에 대비하여 대의원들은 무장한 팔랑헤당 당원들의 호위를 받으며 투표소로 향했다. 선거 결과를 듣자마자 모사드의 관리들은 공중으로 총탄을 발사하며 마론파 민병대와 함께 기쁨을 나눴다. 그러나 제마엘은 이스라엘에 진 빚을 갚을 때가 왔음을 알았다. 그는 "베긴과 샤론은 나와는 다르게 예수회 학교를 다니지 않았고, 확실히 자선 후원자가 아닙니다"라고 말했다. 1주일 뒤 베긴은 북부 이스라엘의 나하리야로 제마엘을 오라고 했다. 샴페인 건배가 끝난 뒤 두 지도자는 용건을 꺼냈다. 베긴은 제마엘이 예루살렘을 공식 방문하여 올해가 지나기 전에 평화조약에 서명할 것을 고집했다. 제마엘은 망설였다. "우리는 귀하와 함께 인위적인 평화가 아니라 진정한 평화로 가는 긴 여정에 있습니다." 제마엘은 성급하게 움직여서 정권을 견고히 하려는 노력이 헛수고가 되지 않을까 우려했다. 베긴은 눈에 띄게 짜증을 냈다. "그는 나를 어린애처럼 대했다!"라고 제마엘은 나중에 씩씩댔다. 이것이 그들의 마지막 만남이 될 줄은 참석자 중 누구도 몰랐다.[14]

1982년 9월 14일 오후 4시 10분, 대통령 당선자 제마엘이 일단의 추종자들에게 연설하고 있을 때 엄청난 폭발이 일어나면서 아슈라피에흐의 팔랑헤당 당사를 뒤흔들었다. 폭탄을 숨긴 사람은 '시리아 사회민족주의당'[7] 당원이었다. 폭발로 제마엘과 관리 26명이 사망했

---

7) Syrian Social Nationalist Party. 시리아, 레바논, 요르단, 팔레스타인에서 활동

다. 제마엘의 암살 소식을 접하자마자 이스라엘 지도자들은 벌컥 화를 냈다. 휴전을 무시하고 이스라엘 방위군은 서베이루트로 밀고 들어가 '팔레스타인해방기구 연구 센터'를 공격해 도서관을 약탈하고, 팔레스타인해방기구의 활동에 더해 1948년 이스라엘 건국 이전의 아랍인들의 팔레스타인 생활을 기록한 2만 5000권 분량의 자료를 탈취했다. "그들은 우리의 팔레스타인 문화유산을 강탈했습니다"라고 연구소 소장은 기자들에게 말했다. 목표는 "우리가 남겨 놓고 떠나온 나라, 팔레스타인에 대한 모든 기억을 지우는 것"이라고 다른 팔레스타인인이 주장했다. 토머스 프리드먼Thomas Friedman 기자는 나중에 이것은 어떤 의미에서 "샤론이 베이루트에서 이스라엘로 가장 가져가고 싶어 하던 것이다"라고 썼다. 이스라엘 병사들이 떠난 뒤 연구소의 벽에서는 다음과 같은 낙서가 발견되었다. "팔레스타인인? 그게 뭐지?" 하지만 훨씬 더 잔인한 폭력 사태가 남쪽에서 벌어지고 있었다.[15]

9월 16일, 샤론과 이스라엘 방위군은 여전히 은신해 있을지도 모를 팔레스타인해방기구 전사들을 추적한다는 구실로 팔랑헤당 민병대를 서베이루트의 팔레스타인 캠프에 들여보냈다. 하지만 게릴라들은 이미 피난 가고 없었고, 남아 있는 민간인들은 무방비 상태였다. 이스라엘 관리들은 향후 무슨 일이 벌어질지를 예측했다. "어느 날

하는 시리아의 민족주의 정당. 1932년에 그리스정교 지식인 안툰 사아데가 베이루트에서 창당했으며, 시리아·레바논·이라크·쿠웨이트·요르단·팔레스타인·키프로스·시나이 등을 포괄하는 '대시리아' 민족국가의 수립을 주장한다.

살인이 시작될 것이고, 그것은 끝없이 계속될 것이다." 이스라엘 방위군 참모총장 라파엘 에이탄[8]은 샤론에게 기독교도들은 "복수에 목말라" 있으며, "피의 급류가 흐를 겁니다"라고 경고했다. 오후 6시에 팔랑헤당 전사들이 이스라엘 방위군 전투선을 넘어 사브라 캠프와 샤틸라 캠프에 진입했다. 15분 뒤 이스라엘 방위군 무전병들이 한 기독교도 장교가 상관에게 사로잡은 50명의 여성과 아이들을 어떻게 해야 할지 묻는 메시지를 감청했다. 팔랑헤당 사령관은 이렇게 응답했다. "내게 더는 묻지 말게. 귀관은 무엇을 해야 하는지 알고 있잖아." 100미터쯤 떨어진 곳에서는 이스라엘군이 지켜보는 가운데 팔랑헤당 당원들이 수백 명의 민간인을 강간하고, 잔인하게 학대했으며, 또 대거 살육했다. 어둠이 내리자 이스라엘군은 조명탄을 쏘아 올려 민병대가 포악한 짓을 저지르는 것을 도와주었다. 기독교 민병대는 30시간 동안 미친 듯이 날뛰면서 아기들을 밟아 죽였고, 칼로 아이들을 잔인하게 살해했으며, 비무장 민간인들을 총으로 처형했다. "신의 뜻을 행하라"라고 팔랑헤당 지도자들은 학살이 계속되는 동안 그들의 부하들에게 명령했다.[16]

목격자들은 주위가 파리 떼로 뒤덮이고 시신이 풍기는 악취가 사방에 가득했던 그때를 기억한다. 시체가 사브라 캠프의 거리를 따라 무더기로 쌓여 있었다. "우리는 부풀어 오른 주위의 시신들에서 피어

8) Rafael Eitan(1929~2004). 이스라엘의 장군. 1978~1983년 이스라엘 방위군 참모총장, 1990~1991년 농업부 장관을 지냈고, 1996~1999년 농업부 장관, 부총리, 환경부 장관을 겸임했다.

오르는 부패의 냄새를 들이마시면서 죽음의 **냄새를 내뱉고** 있었다"라고 로버트 피스크 기자는 당시를 떠올렸다. 피스크와 동료들은 폐허로 변한 거리를 조심조심 나아갔고, 주변의 끔찍한 광경을 둘러보며 이따금 헛구역질을 했다. 아이들은 목이 베였고 여성들은 옷이 찢어져 있었으며, 십 대들은 벽을 등지고 줄지어 선 다음 총살당했다. 다른 시신들은 급히 집단 매장지에 내다 버렸다. 이스라엘 관리들은 사망자 수를 800명 이하로 잡았지만, 팔레스타인인과 팔랑헤당 당원들은 3000명 이상이 살해당했다고 추산했다. 피스크를 비롯한 다른 이들은 그 수를 1000명에서 2000명 사이로 잡았다. 하지만 사망자 수 이상으로 분노를 촉발한 것은 살해 방식이었다. 기독교 민병대가 피난민들을 학살하고 있던 순간 워싱턴의 이스라엘 특사 모리스 드레이퍼[9]는 이스라엘 지도자들에게 팔레스타인인들에 대한 잔혹 행위 가능성을 경고했다. 만일 이스라엘 방위군이 서베이루트에 남는다면, "그들은 레바논인들에게 캠프로 가서 팔레스타인인들을 죽이게 할 것입니다"라고 드레이퍼는 예견했다.

샤론 그렇습니다, 우리는 그들을 죽일 겁니다. 그들을 그곳에 그냥 내버려 두지 않을 겁니다. 당신들은 그들을 구조하지 않을 겁니다. 당신들은 이 국제 테러리즘[원문 그대로]

9) Morris Draper(1928~2005). 미국의 외교관. 1955~1970년에 워싱턴, 싱가포르, 암만, 제다 등지에서 다양한 외교 업무를 수행했다. 1977~1982년 국무부 부보좌관, 1981~1983년 대통령 중동 특사, 1986~1988년 예루살렘 주재 총영사를 역임했다.

그룹을 구조하지 않을 겁니다.

드레이퍼 우리는 이 사람들의 구조에 관심이 없습니다.

샤론 레바논인들이 그들을 죽이기를 당신들이 원하지 않는다면, 우리가 그들을 죽일 겁니다.

"테러리스트" 절멸이라는 샤론의 논리로부터 사브라와 샤틸라의 학살에 대한 팔랑헤당 당원들의 정당화로 나아가는 데는 거대한 인식적 비약이 필요 없었다. 한 민병대원은 학살을 목격한 어느 이스라엘 방위군에게 다음과 같이 말했다. "임신한 **여성들은 테러리스트를 낳을 것이고, 아이들은 자라면 테러리스트**가 될 것이오." 미국 정부는 팔레스타인해방기구를 베이루트에서 소개하는 하비브 계획의 일부로 피난민 보호를 보장했고, 이스라엘 방위군은 서베이루트에 진입하지 않겠다고 약속했다. 사브라와 샤틸라의 전쟁범죄는 예견되었지만 막지 못했다.[17]

사브라와 샤틸라의 정치적 여파는 워싱턴과 예루살렘 정부 양쪽을 다 뒤흔들었다. 이스라엘 내각은 이스라엘 방위군이 사브라와 샤틸라에 대한 책임이 있다고 비난하는 것을 "피의 비방"[10)]이라고 규탄

---

10) blood libel. 중세 시대 반(反)유대주의에서 유래한 용어. 중세 시대에 유대인들이 종교의식에 쓰기 위한 피를 뽑으려고 기독교도 아이를 유괴·살해한다는 미신이 기독교도들 사이에 퍼지면서 유대인들이 비난받고 처형당했다. 하지만 유대인들은 이러한 미신은 유대인을 박해하기 위한 빌미에 불과할 뿐, 유대교 율법에는 짐승 피도 금하고 있다고 주장했다. 오늘날에는 특정인이나 특정 집단에 대한 부당한 비방을 일컫는 말로 쓰인다.

하는 성명서를 발표했다. 미 국무장관 조지 프랫 슐츠[11]는 이 성명서에 "질겁했다." "베긴과 그 내각이 어떻게 그런 성명서를 발표할 수 있습니까? 그들이 전부 아주 위험할 정도로 잘못 알고 있는 거 아닌가요? (…) 이 사람들은 이스라엘 시민들은 고사하고 우리가 아무리 터무니없다 하더라도 그냥 그 말을 믿을 거라고 생각하나요?" 슐츠는 나중에 이 성명이 "그들이 정신줄을 놓고 현실에 눈을 감았거나 아니면 일시적으로 갖게 된 우월한 입장에 완전히 넋이 나간 사실을 보여주었다"라고 썼다.[18]

대학살 소식은 이스라엘 전역을 휩쓴 저항의 물결을 야기했다. 9월 말에 이스라엘 정부는 도덕적 입장을 방어하려고 애쓰면서 이스라엘 대법원장 이츠하크 카한[12]이 이끄는, 잔혹 행위를 들여다볼 조사위원회를 구성했다. 전쟁 중인 한 국가가 그와 같은 조사를 스스로 받는 것은 주목할 만한 행동이었지만, 이스라엘 대외 정책을 비판하는 많은 사람은 '카한 위원회'를 대학살에서 이스라엘이 한 역할을 눈가림하려는 시도라고 공격했다. 위원회는 1983년 2월에 보고서를 발간했는데, 그것은 이스라엘 방위군이 학살에 직접적인 책임이 있다는 비난을 "비방"으로 일축한 내각의 주장을 되풀이했다. 또한 위원회는 이스라엘이 "학살이 자행될 거라는 사실을 사전에 알고 있었기" 때문에 살육을 공모했다고 비난하는 것을 "근거가 없다"라고 판

11) George Pratt Shultz(1920~2021). 미국의 교수, 사업가, 공화당 정치인. 1969~1970년 노동장관, 1972~1974년 재무장관, 1982~1989년 국무장관을 역임했다.

12) Yitzhak Kahan(1913~1985). 이스라엘의 법률가. 1970년 이래 이스라엘 대법원 판사로 재직했으며, 1982~1983년에는 대법원장을 지냈다.

단했다. 하지만 샤론과 드레이퍼의 대화는 그렇지 않음을 입증한다. 그렇다 하더라도 카한 보고서는 이스라엘군이 팔랑헤당 당원들이 캠프에 진입하는 것을 허용하고, 그 후 유혈 사태를 막기 위해 아무 노력도 하지 않았기 때문에 "간접적인 책임"이 있음을 알아냈다. 위원회는 기독교 민병대가 캠프에 들어오는 것을 허용한 이스라엘 방위군의 결정이 "팔랑헤당 당원들이 학살과 포그롬을 자행할 거라는 위험—[이스라엘 지도자들은] 이 위험의 개연성을 예측해야 했다—을 고려하지 않고 내려졌다"는 것을 발견했다. 끝으로, 보고서는 샤론이 잔혹 행위에 "개인적인 책임"이 있음을 밝혀냈고, 그의 해임을 권고했다. 사실상 카한 위원회는 이스라엘 방위군의 책임을 부주의로 인한 과실로 축소하면서 희석했고, 샤론을 희생양으로 확인했다.[19]

보고서는 비록 이스라엘 방위군의 책임을 대부분 면제하고 이스라엘의 국제적 이미지를 회복하는 데 상당히 기여했지만, 베긴과 샤론에게는 매우 불리한 것으로 판명되었다. 샤론은 몇 차례 거부하다 국방장관직을 사임했다. 하지만 샤론은 베긴의 내각에 계속 남았고, 몇 년 뒤 총리가 될 것이었다. 베긴은 부인의 죽음과 레바논의 재앙적 상황 때문에 서서히 우울증 상태로 빠져들었다. 1983년 8월 5일, 베긴도 사임했다. 이스라엘이 비틀거리며 서베이루트의 폐허를 빠져나오는 동안, 다른 강대국이 그들의 자리를 대신하려고 기다리고 있었다.

미국의 참전

레이건 행정부의 관리들은 사브라와 샤틸라 학살에 대한 국제 사회의 혐오를 공유했다. 이 충격은 학살에 대한 책임감과 결합되었다. 하비브는 팔레스타인해방기구의 소개에 대한 대가로 피난민의 국제적 보호를 약속했고, 그들이 떠나자 민간인들이 팔랑헤당 당원들과 이스라엘 방위군의 공격에 노출되었다. 그러므로 레바논 정부가 레이건에게 평화유지군을 베이루트에 파병해 달라고 요청하자, 레이건은 기꺼이 이에 동의했다. 1982년 9월 말 미 해병 1200명이 프랑스와 이탈리아의 평화유지군, 그리고 소규모의 영국 평화유지군 분견대와 함께, '다국적군'에 참가했다.

서류상으로 다국적군은 엄격하게 중립적이었으나 현장의 현실은 좀 더 복잡한 것으로 드러났다. 바시르 제마엘이 암살되고 그의 형 아민 피에르 제마엘[13]이 대통령직에 올랐다. 바시르처럼 아민은 팔랑헤 소수파를 대표했고, 레바논 정치에서 중립적 인물로 여겨질 수 없었다. 레이건 행정부 내의 최고 관리들이 이해하지 못한 듯한 이러한 현실은 미 해병들과 다국적군을 위험한 상황으로 몰아넣었다. 레바논 정부를 지원하는 책무를 진 다국적군은 레바논 내전으로 끌려들어갔다. 1982년 11월 다국적군의 역할은 정부군에게 비전투 지원을 제공하는 것으로 확대되었다. 1983년 2월, 미 해병대는 아민 제마

13) Amine Pierre Gemayel(1942~). 레바논의 마론파 정치인. 1982~1988년에 레바논 대통령으로 재임했다.

엘의 요청으로 기독교 동베이루트의 거리를 순찰했다. 간단히 말해, 다국적군은 제마엘 정권을 지지함으로써 중립성을 훼손했다.[20]

워싱턴의 관리들은 이러한 변화를 의식하지 못한 듯 보였지만, 그것은 서로 경쟁하는 베이루트의 민병대들에게는 매우 명확했다. 3월에 미군은 베이루트의 적대적 그룹으로부터 공격을 받기 시작했다. 하지만 폭발물을 가득 실은 자살 폭탄 트럭이 베이루트의 미국 대사관 건물 정면 입구 계단을 향해 돌진했던 다음 달에야 비로소 진짜 위험이 분명하게 드러났다. 폭발로 미군 17명과 베이루트의 CIA 지부 전체를 포함해 63명이 사망했다. 나중에 지부장의 절단된 손이 앞바다에 떠도는 것이 발견되었는데, 이 끔찍한 광경은 폭발이 얼마나 강력했는지를 확실히 보여주었다. 이에 대한 대응으로 레이건 행정부는 미군을 이 싸움에 투입하기로 했다. 7월에 미 해병대는 레바논 군대와 함께, 레바논산맥 남부 지구인 슈프 산악 지대에서 팔랑헤당 당원들과 싸우던 드루즈파 민병대에 공격을 가했다. 여기에 앞바다에 있던 미국 제6 함대의 함포가 불을 뿜었다. 그해 9월 미군 함선들이 5인치 포로 시리아 진지에 포격을 가했다. "그런데 5인치보다 더 큰 포는 없었나요?"라고 레이건은 나중에 물었다. "우리한테 [전함] 뉴저지호가 있었습니다"라는 답변이 돌아왔다. "뉴저지호는 폭스바겐만큼 큰 포탄을 30킬로미터 이상 날릴 수 있습니다." 그사이 베이루트의 해병대는 어느 기자가 "평화 유지 지옥"이라고 부른 상황에 처해 있었다. 전투에 참여하는 것이 금지된 미군 부대는 공항을 기지 삼아 모래주머니 뒤에 웅크리고 있었고, 주위의 고지대에서는 저격수들이 미군의 진지를 향해 닥치는 대로 총격을 가했다. 미국 평화유지군은 그들에 앞서 레바논에 들어간 시리아군과 이스라엘군처럼 자신들이 충분히 이해하지 못하는 내전으로 빨려 들어갔다.[21]

1983년 10월 23일 아침 6시 22분, 1만 2000파운드의 폭약을 실은 트럭 1대가 베이루트 공항의 해병대 병영 앞 경계초소를 빠르게 지나쳤다. 근무 중이던 초병은 운전사가 병영을 향해 속도를 올리면서 미소를 짓고 있던 광경만 기억할 뿐이었다. 몇 초 뒤 엄청난 폭발이 기지를 뒤흔들었다. 15킬로미터쯤 떨어진 숙소에서 자고 있던 기자들은 하늘로 버섯구름을 쏘아 올리고 1미터 깊이의 큰 구멍을 남긴 폭발의 굉음에 잠을 깼다. 사이렌 소리가 도시 전역에 울려 퍼지는 동안, 또 다른 폭발이 다국적군의 프랑스 낙하산부대가 숙영하던 9층짜리 병영 건물을 무너뜨렸다. 이 공격으로 미군 241명과 프랑스군 58명이 죽었다. 이날은 제2차 세계대전 종전 이후 미군에게 가장 치명적인 하루였다. 새벽 2시 30분에 보좌관들이 레이건 대통령을 깨워 소식을 전했다. 살육과 구조 작전에 대한 보고가 백악관으로 조금씩 흘러 들어오면서 공격의 윤곽이 드러나기 시작했다. 폭파범은 4월에 미국 대사관을 폭탄으로 공격한 바로 그 그룹인 '이슬람 지하드'[14] 소속의 급진적인 시아파 전사들인 듯했다. 한 미국인 기자는 나중에 이렇게 썼다. "레바논 사람들을 보호하기 위해 베이루트에 온 해병대는 오히려 보호가 필요한 사람들이 되어 버린 것 같았다."[22]

---

14) Islamic Jihad. 정식 명칭은 Islamic Jihad Organization, IJO이다. 1983년 초에 레바논의 시아파인 이마드 무그니예가 창설했다고 알려진 도시 게릴라 단체. 1980년대의 레바논 내전에서 모든 미국인의 퇴거를 요구하며 납치, 암살, 대사관 및 평화유지군을 겨냥한 폭탄 공격 등을 주도했다.

1983년 대사관과 병영에 가해진 폭탄 공격은 레바논 내전에 레바논 시아파 저항 세력이라는 만만찮은 새 행위자가 등장했음을 알리는 것이었다. 전쟁의 처음 몇 해 동안 레바논의 시아파는 대체로 방관자의 입장에 머물러 있었다. 레바논의 주요 소수파 그룹 중에서 가장 빈약했던 시아파는 마론파, 수니파, 팔레스타인인들 같은 그룹들이 가진 광범한 정치적 토대가 없었다. 남부 레바논에 집중된 시아파는 하다드의 기독교 민병대, 팔레스타인해방기구 게릴라들, 그리고 이스라엘 방위군의 십자포화를 맞았다. 폭력이 더욱 격심해지고 이에 더해 시아파가 남부 레바논에서 베이루트 주변의 슬럼 지역으로 서서히 빠져나가면서, 여러 추산에 따르면 레바논에서 가장 컸던 이 소수파 그룹이 결집하기 시작했다. 마찬가지로 이란 혁명도 더 넓은 지역 전체에 걸쳐 시아파 활동가들에게 강력한 영감의 원천을 제공했다. 1978년과 1982년에 있었던 이스라엘의 침공은, 처음에는 이스라엘 방위군을 환영했으나 샤론과 베긴이 계속 머무를 생각이 분명해지자 이스라엘에 등을 돌린 레바논의 시아파에게 추가 동력을 부여했다. 1980년대 초까지 시아파는 레바논의 권력투쟁에서 경쟁자가 되었다. 두 개의 주요 정당이 시아파 정치 공동체에서 주도 세력으로 등장할 것이었다. 아말 운동[15]과 좀 뒤에 나타난 헤즈볼라[16]가

15) Amal movement. 1974년에 창설된 레바논의 시아파 정당. 아말은 아랍어로 '희망'이라는 뜻이다. 친이란·친시리아 성향을 띠며, 헤즈볼라·진보사회당 등의 중도 좌파 성향의 정당과 함께 3월 8일 동맹을 주도하고 있다.

16) Hezbollah. 레바논에 기반을 둔 시아파 이슬람 정당이자 무장투쟁 조직. 정식 명칭은' 레바논 이슬람 저항을 위한 신의 당'이다. 1985년에 창당되었으며, 시리

그것이다.

아말은 두 정당 중 좀 더 전통적인 정당이었다. 1974년 시아파 이맘[17] 무사 알사드르[18]가 창설한 이 그룹은 레바논 사회에서 "빈곤한 사람들"을 대변한다고 주장하면서 사회정의를 옹호했다. 아말의 정치적 활동과 더불어 그룹의 지도자들은 전쟁에서 주요 시아파 민병대의 하나로 기능할 무장 조직을 창설했다. 이 운동은 1978년 알사드르가 리비아를 방문하던 중에 기이하게 사라졌을 때 상당한 상징적 부양을 받았다. 알사드르의 실종은 그에게 신화적인 중요성을 부여했다. 알사드르는 레바논의 시아파 사이에서 국민적 순교자가 되었다. 아말은 처음에 세속적인 팔레스타인해방기구와 협력적 관계를 맺었다. 파타 게릴라들이 이 운동의 전사들을 훈련시켰다. 하지만 곧 아말의 지도자들은 팔레스타인해방기구를 그들의 무리에 끼어든 위험한 존재로 인식하게 되었다. 총을 든 팔레스타인 게릴라들은 지역의 시아파 마을 사람들을 거칠게 대하곤 했고, 그들의 등장은 이스라엘군의 빈번한 보복을 불러일으켰다. 정신적으로 팔레스타인 대의를 지지하는 것과 이스라엘 방위군의 침공이 있는 가운데 게릴라들에게 머물 곳을 제공하는 것은 전혀 다른 문제였다. 실제로 1978년에 있었던 이스라엘의 리타니 작전에서 약 1000명의 시아파가 살해

아와 이란의 지원을 받고 있다.

17) imam. 아랍어로 '이끄는 자' 또는 '모범이 되는 자'를 뜻하며, 이슬람 공동체를 통솔하는 지도자를 일컫는다.

18) Musa al-Sadr(1928~1978). 이란 태생의 레바논 학자이자 정치 지도자. 레바논 아말 운동의 창시자다.

레바논 베이루트에서 교전 중인 시아파 무슬림 아말 민병대원. (1987년 2월)

되었고, 이는 공동체의 많은 이로 하여금 팔레스타인인들에게 등을 돌리게 했다. 궁극적으로 아말의 목표는 남부 레바논의 시아파에게 안전과 정치적 대표를 제공하는 것이었다. 1970년대 말과 80년대 초에 이와 같은 행동은 전국적으로 존재하는 다양한 무장 공동체들과 정면으로 대적할 수 있는 민병대를 형성하는 것을 의미했다.[23]

아말이 시아파 정치의 주류를 차지했다면, 헤즈볼라는 공동체에서 좀 더 급진적인 요소를 대표했다. 헤즈볼라의 기원은 썩 분명하지는 않다. 1980년대 초에 전투적인 성직자들이 창립한 헤즈볼라는 한 학자에 따르면 "조직이라기보다는 비밀 결사"였다. 1982년 이스라엘이 레바논을 침공한 일이 운동의 촉매제가 되었다. 이스라엘 총리 에

후드 바라크[19]는 훗날 이렇게 회상했다. "우리가 레바논에 들어갔을 때 헤즈볼라는 없었다. 남부의 시아파는 향기 나는 쌀과 꽃으로 우리를 환영했다. 헤즈볼라를 만든 것은 그곳에 우리가 나타났다는 사실이었다." 이츠하크 라빈 총리는 좀 더 다채로운 은유를 사용했다. 남부 레바논에서 이스라엘의 행동은 시아파 "지니[20]를 병에서" 불러냈다. 이란과 시리아는 이 그룹을 후원했는데, 이란이 더 큰 역할을 했다. 실제로 헤즈볼라의 초기 공식 성명 중 많은 것이 호메이니의 이란에서 확산되고 있던 아이디어를 그대로 되풀이했다. 1985년에 작성된 한 문서는 이란 혁명을 찬양하고 세계의 모든 무슬림에게 "전제 정권의 족쇄와 억압을 깨부수는" 수단으로 이슬람에 의지할 것을 촉구했다. 이슬람 부흥 운동과 제3세계 혁명 정서를 결합한 이 문서는 세계를 부유하고 억압적인 열강과 개발 도상 세계의 짓밟힌 피억압 인민들로 나눴다. 이란과 마찬가지로 헤즈볼라는 워싱턴과 모스크바의 영향을 모두 거부했다. "소련은 정치적 위험이라는 면에서 미국과 조금도 다르지 않다"라고 헤즈볼라의 신문에 한 필자가 썼다. 소련이 좀 더 큰 이념적 위협이라면, 미국과 그 이스라엘 "선봉"은 좀 더 직접적인 군사적 위협을 나타냈다. 미국과 싸움으로써 "우리는 우리의 이슬람과 우리 민족의 존엄성을 지킬 정당한 권리를 행사하고 있을 뿐이다."[24]

---

19) Ehud Barak(1942~). 이스라엘의 군인 출신 정치인. 노동당 소속으로 1999~2001년에 총리를 지냈다.

20) genie. 아랍 신화에서 특히 병이나 램프 속에 사는 정령이나 요정을 가리킨다.

헤즈볼라는 1983년 폭탄 공격과의 연관을 공식적으로 부인했지만, 몇몇 논평가들은 '이슬람 지하드'가 조직의 전선 단체로 기능했다고 주장한다. 혼란의 많은 부분은 헤즈볼라가 1983년에 아직 단일한 운동으로 통합되지 못했다는 사실에서 비롯한다. 그렇기는커녕 이 그룹은 1985년 어느 땐가 중앙 지휘부 아래로 조직되기 전에 몇 년 동안 싸워온 몇몇 시아파 그룹들(아말을 비롯한)의 회동으로부터 등장했다. 혼란을 더욱 부추기는 것은 시아파 전사들이 레바논의 베카 계곡에 있는 그들의 바알베크 기지에서 이란 혁명수비대로부터 광범위한 훈련과 지원을 받았다는 사실이었다. 이 긴밀한 제휴 때문에 헤즈볼라는 이란의 대리 역할을 한다는 비난을 샀다. CIA는 병영을 폭탄으로 공격한 사건에 대한 책임을 이마드 파예즈 무그니예[21]에게 묻는다. 헤즈볼라의 많은 구성원이 그러했듯이, 무그니예는 이전에 파타에 참가했고 그 후 이스라엘의 1982년 침공이 있기 전에 시아파 저항 세력으로 이탈했다. 무그니예는 이후 헤즈볼라의 무장 활동에서 주역으로 등장할 것이었다. 헤즈볼라는 그즈음에 있었던, 이스라엘군을 겨냥한 유사한 자살 공격에 대한 책임을 주장함으로써 CIA의 의심을 더욱 샀다. 나중에 전前 헤즈볼라 구성원들은 이 조직이 실질적으로 대사관과 병영에 대한 폭탄 공격을 실행했다고 주장하며, 그 공격을 그들이 "점령군"으로 간주한 세력을 상대로 저항 활동을 벌인 것으로 찬양할 터였다. 그 후 이 문제와 관련해 논란이 이

21) Imad Fayez Mughniyeh(1962~2008). 레바논의 '이슬람 지하드' 창설자 중 한 명이다. 헤즈볼라의 2인자로 알려졌다.

어지면서 당시 미국의 평화유지군이 처해 있던 레바논의 혼미한 상황이 궁극적으로 좀 더 분명히 드러나게 될 것이었다.[25]

해병대 병영의 폭탄 공격에 대응해 보복을 가할 분명한 표적이 없던 미군은 해안의 선박으로 철수했다. 레이건 행정부는 카리브해의 작은 섬인 그레나다의 마르크스주의 정부를 상대로 손쉽게 승리한 것을 축하했지만,[22)] 레바논에서 미군은 다리를 절며 천천히 빠져나갔다. 레이건 대통령은 훗날 "대통령으로서 나의 가장 큰 후회와 슬픔의 원천"이라고 묘사한 대사관과 병영 폭탄 공격을 두고 많은 범인을 지목할 것이었다. 그는 레바논군이 전쟁을 종결하고자 하는 의지가 없다고 비난했다. 또 이 지역이 가진 "증오의 깊이와 문제의 복잡성"을 지적하고 공격자들의 종교적 광신을 규탄했다. 그는 훗날 "나는 우리가 해병대 병영의 참사를 과연 어떻게 예상할 수 있었겠는지 잘 모르겠다"라고 설명했다. 명백히 백악관의 누구도 8년간의 잔혹한 내전의 교훈과 시리아 및 이스라엘 개입의 피비린내 나는 사례들이 미국의 임무와 관련이 있다고 여기지 않았다. 또 레이건은 제마엘 세력을 지지하고 드루즈파 진지에 폭탄을 퍼붓기로 함으로써 자신이 지휘하는 해병대의 중립성을 훼손했다는 생각을 떠올리지도 못한 것 같다. 하지만 레이건은 회고록에서 미국의 노력이 효과가 없었다고

---

22) 그레나다 침공. 1983년 10월 25일 미 해병대 병력 2000여 명이 카리브해의 작은 섬나라인 그레나다를 기습 공격한 사건을 가리킨다. 미국은 그레나다에서 소련과 쿠바의 지원을 받은 군부에 의해 쿠데타가 발생하자 제2의 쿠바가 될 것을 우려해 기습 공격을 단행하고, 목표를 달성한 뒤 1985년 6월까지 그곳에 미군을 주둔시켰다.

솔직하게 밝혔다. "우리 정책은 작동하지 않았다." 미국의 일반인들은 레바논에서 전면전을 치를 뜻이 없었고, 백악관이 알게 되었듯이 "우리는 레바논에 남아서 어정쩡한 상태로 전쟁을 할 수가 없었다." 레이건이 레바논에서 벌인 모험은 끝났다.[26]

보초병의 교대

하지만 레바논인들에게 전쟁은 계속되었다. 아라파트의 세력이 현장에서 빠져나가자 시아파 민병대가 들어와 그들의 자리를 대신했다. 팔레스타인해방기구가 마오쩌둥, 프란츠 오마르 파농,[23] 체 게바라의 사례를 아랍의 정치적 경험으로 바꾸는 세속적 해방의 꿈을 체현했다면, 헤즈볼라와 아말은 이란의 호메이니 혁명을 보고 배웠다. CIA 분석관들은 이란의 지원이 레바논에서 시아파 근본주의가 성장하는 데 "주요 자극제" 역할을 했다고 주장했다. 1987년의 보고서에서는 다음과 같이 역설했다. "이란 혁명의 성공과 그 결과 중동 전역에서 발생한 이슬람 호전성의 물결은 레바논에서 근본주의의 확산을 촉진했다." 그리하여 팔레스타인해방기구의 실추와 헤즈볼라의 대두

23) Frantz Omar Fanon(1925~1961). 마르티니크 출신 알제리의 정신과 의사, 정신분석학자, 철학자, 독립운동가, 외교관. 현대 탈식민주의 철학의 대부로 평가된다. 정신분석학을 응용해 식민지들이 독립해야 할 당위성을 설파하는 저서들을 남겼다. 그의 저서는 미국의 맬컴 엑스를 비롯한 흑인 운동에 큰 영향을 끼쳤다. 대표작으로 《검은 피부 하얀 가면》(1952)과 《대지의 저주받은 사람들》(1961) 등이 있다.

는 중동에서 혁명 정치의 성격이 바뀌었음을 시사하는 것이었다. 이러한 새로운 환경에서 1975년 벽두부터, 갈등의 종파적 성격이 분쟁에서 훨씬 더 뚜렷하게 드러났다. 시아파 민병대가 중심 무대를 차지하면서 종교 공동체에 대한 충성이 더욱 극명하게 부각되었다. 이 과정의 일부로서 헤즈볼라가 서베이루트에서 강력한 세력으로 등장했다. 보도의 상인들이 플라스틱으로 만든 호메이니 상을 파는 동안, 이 그룹의 존재를 알리는 포스터가 벽에 나붙기 시작했다. 한때 팔레스타인해방기구 전사들의 본거지였던 그린 라인의 진지들은 이제 헤즈볼라 게릴라들의 거처가 되었다. 말 그대로 보초병의 교대였고, 이는 베이루트와 더 넓은 지역에서 새로운 힘이 지배적이 되었음을 나타냈다.[27]

시아파 전사들은 자살 폭탄 공격에 더해, 암살과 납치를 자신들의 전술에 포함했다. 1984년 1월 18일 헤즈볼라 전선이라고 일컬어지는 이슬람 지하드의 대원이라고 주장하는 전사들이 자연을 그대로 간직한 베이루트 아메리카대학교의 해변 캠퍼스에서 대학 총장 맬컴 후퍼 커[24)]를 저격했다. 이 무장 범인들은 커를 살해함으로써 이 지역에서 미국 영향력의 중요한 상징을 죽였다. 이슬람 지하드는 다음과 같이 발표했다. "우리는 베이루트 아메리카대학교 총장의 암살에 책임이 있다. 그가 희생된 것은 미국이 레바논에 군대를 주둔하고 있기 때문이다. 우리는 또 단 한 명의 미국인이나 프랑스인도 이 땅에

---

24) Malcolm Hooper Kerr(1931~1984). 중동 및 아랍 세계 전공의 대학 교수. 1982년부터 암살당한 1984년까지 베이루트 아메리카대학교의 총장을 지냈다.

남아 있지 못할 것이라고 맹세한다." 커의 비극적 죽음은 헤즈볼라와 가맹 그룹들이 베이루트의 서방 사람들에게 가한 일련의 공격 중 하나였다. 다음 몇 주 사이에 전사들은 또 다른 교수 프랭크 레기어Frank Regier와 CNN 지국장 제레미 레빈Jeremy Levin을 납치했다. 1984년 3월 16일, 이슬람 지하드는 베이루트의 CIA 지국장 윌리엄 프랜시스 버클리[25]를 유괴했다. 1985년 10월에 이 그룹은 그를 처형했다고 발표했으나, 미국 관리들은 버클리가 그전 6월에 이미 심장마비로 사망했다고 결론 내렸다. 한편 전사들은 부인과 함께 산책하고 있던 또 다른 미국인 벤저민 위어[26] 목사를 납치했다. 1984년 5월에 미국 관리들은 미국 시민 100명을 납치하는 계획이 있다고 경고했다.[28]

서방 미디어가 인질에 초점을 맞추고 있는 동안, 종파 충돌이 레바논에서 계속 이어졌다. 1983년 이스라엘 방위군이 베이루트에서 점진적으로 철수한 뒤, 소수의 팔레스타인해방기구 전사가 레바논으로 되돌아왔다. 1984년 말까지 이들의 수가 점점 늘어나자 그들의 자리를 대신했던 시아파 민병대들이 경계심을 품기 시작했다. 특히 아말은 팔레스타인해방기구와 공공연하게 대결하는 쪽으로 조금씩 다가갔다. 이 긴장은 1985년 5월 19일 팔레스타인인들이 사브라

25) William Francis Buckley(1928~1985). 미군 '그린베레' 장교. 1984~1985년에 베이루트의 CIA 지국장을 지냈다. 1984년 3월에 헤즈볼라에 납치되어 1985년에 사망했다.

26) Benjamin Weir(1923~1985). 미국의 목사. 1985년 레바논에서 이슬람 지하드에 납치되었으나, 16개월 후 납치범들은 미국의 대전차 무기를 받는 대가로 그를 풀어주었다.

피난민 캠프에서 아말 전사들과 충돌했을 때 전면화했다. 이 '캠프 전쟁'은 곧 샤틸라와 부르즈 알바라즈네로 번졌다. 5월 말까지 팔레스타인해방기구 게릴라들과 아말 민병대 사이에 치열한 전투가 벌어져서 약 600명이 사망하고 2000명이 부상당했다. 팔레스타인해방기구는 사브라에서 쫓겨났지만, 샤틸라에서 거점을 유지하면서 부르즈 알바라즈네흐에 대한 모든 공격을 가까스로 격퇴할 수 있었다. 1985년 9월과 1986년 3월에 산발적인 소규모 교전이 있은 후, 5월에 다시 전면적인 충돌이 벌어졌다. 이 두 번째 전투에서 팔레스타인 방어 세력은 6월 말에 또 한 번의 휴전이 중재될 때까지 시리아 T-54 탱크를 앞세운 아말 전사들을 물리칠 수 있었다. 9월에 세 번째이자 가장 잔혹한 전투가 남부 레바논의 티레 외곽 라시디야 피난민 캠프 주위에서 벌어졌다. 몇 주 안에 전투는 베이루트와 시돈으로 확산했다. 팔레스타인 부대가 해안 간선도로 위에 자리한 마그두샤 마을을 짓밟는 동안 시리아 특수부대의 지원을 받은 아말 부대가 라시디야를 포위 공격했고, 이스라엘 군용기가 팔레스타인해방기구 진지에 폭격을 가했다. 1987년 2월 중순, 시리아 평화유지군이 서베이루트로 들어가 아말과 팔레스타인 지도부 사이에 부분적 휴전이 타결될 때까지 충돌이 계속되었다. 하지만 소규모 교전은 1988년에도 이어졌다. 캠프 전쟁은 양측에서 적어도 2500명의 사망자를 남겼다.[29]

캠프 전쟁은 아말의 영향력을 크게 약화할 것이었다. 팔레스타인인들을 공격하고 시리아 영향력의 전달 수단으로 역할하며 전쟁에서 이기지 못함으로써 아말은 상당한 타격을 받았다. 팔레스타인인들과의 충돌 결과, 서로 경쟁자가 된 두 시아파 민병대 사이에 긴장이 고조되었다. 헤즈볼라 지도자들은 캠프를 공격하는 아말의 결정에 반대했고, 팔레스타인해방기구 게릴라들에게 무기를 보냈다. 1988년 2월 17일, 전사들이 아말 지도자들을 만난 후 돌아오던 레바논의 '유엔 감시단' 단장 윌리엄 리처드 히긴스[27] 대령을 납치했다. 헤즈볼라는 연관성을 부인했지만, 헤즈볼라를 제외한 대부분은 이 그룹이 히긴스를 납치했다고 비난했다. 이에 대응해 아말은 유엔과 협력하며, 광범위한 범인 수색에 나섰다. 히긴스 수색은 아말에게 헤즈볼라를 상대로 엄중 단속을 개시할 수 있는 구실을 제공했다. 헤즈볼라는 이 강력한 탄압 사태를 "지배를 위한 전쟁"이라고 부를 것이었다. 헤즈볼라는 이클림 알투파 주위의 산악 근거지로 후퇴한 뒤 베이루트 남부 근교에서 반격을 가했다. 그해 말까지 간헐적으로 전투가 지속되었고, 1989년 1월에 헤즈볼라 세력은 남부 레바논의 친아말 마을들을 침공했다. 전쟁의 가장 격렬한 일부 전투에서 경쟁하는 민병대들은 이 지역을 통제하기 위해 서로 싸웠다. 한 기자는 다음과 같이 썼다. "머리가 잘리거나 목이 베인 시체들이 피비린내가 진동하는 거리에 흩어져 있었다." 아말의 고위 성직자 중 한 명은 "시아파 공동체가 집단 자살을 감행하고 있다"라고 한탄했다. 그달 말 잠정적인 휴전이 중재되었으나, 전투는 1990년에도 계속되었다. 내전의 종결이 가까워졌을 때, 헤즈볼라는 레바논에서 가장 역동적인 정치 세력으로 등장했다.[30]

27) William Richard Higgins(1945~1989). 미군 해병대 대령. 레바논에서 유엔 평화유지 임무 중이던 1988년에 납치되어 살해당했다.

레바논 내전은 20세기 후반에 제3세계에서 종파 전쟁이 세속적 해방 투쟁을 무색하게 만들면서 혁명적 폭력의 중심축이 되었다. 세속적 팔레스타인해방기구의 문제가 전쟁의 전반부를 지배했다면, 1982년 이후에는 정치적 이슬람의 부활이 주목받았다. 이런 식으로 레바논에서의 전투는 냉전 말기 세계에서 지구적 변화의 축소판이 되었다. 이 작은 지중해 공화국은 포스트냉전 질서의 특징이 될 공동체 폭력, 사회적 분절, 국가 붕괴를 처음으로 목격한 국가였다.

교착상태

레바논에서 전쟁이 계속 이어지던 바로 그 순간에, 이란과 이라크 사이의 유혈 투쟁이 메소포타미아의 전장에서 격렬하게 진행되었다. 1982년 10월 1일, 이란군은 만달리시 위쪽의 고지를 점령하는 데 목표가 있는 또 다른 공세를 개시했다. 바그다드 북동쪽으로 115킬로미터 지점에 위치한 이 도시는 북부에서 키르쿠크로 가는 주요 도로와 더불어 이라크 수도로 가는 접근로를 관장했다. 이란은 이라크 방어군을 상대로 4만 명의 혁명수비대, 정규군, 기갑여단을 동원했다. 이라크 제2군은 최초의 공격을 둔화시킨 다음 싸우면서 후퇴할 수 있었는데, 이는 진격하는 혁명수비대에 큰 타격을 가했다. 거의 1주일간 전투를 치른 뒤 이란의 공격력은 고갈되었고, 노력에도 불구하고 획득한 영토가 50제곱킬로미터도 채 되지 않았다. 만달리 외곽에서 공세를 멈춘 이란군은 11월 초에 바스라를 향해 또 다른 공격을 개시했다. 야간 공격을 감행한 혁명수비대는 엉성한 이라크 방어망을 상대로 상당한 성과를 거뒀다. 또 한번 1주일 동안 전투를 치른 뒤 이란군은 약 3500명을 포로로 붙잡았고, 탱크 140대를 노획했다. 그리고 획득한 이라크 영토도 490제곱킬로미터에 이르렀다. 그 후 늦가을 비가 내리면서 전투는 일시 중단할 수밖에 없었고, 이 틈을 타 바그다드는 전선을 재건할 수 있었다.[31]

이라크군은 전술을 연마하여 그들의 방어망을 크게 강화했다. 그들은 처음에는 기갑 공격을 막는 것을 목표로 하는 거점 방어 시스템을 구축했지만, 인해전술을 바탕으로 한 이란군의 공격이 개별 요새들을 빠르게 고립시키고 질식시킬 수 있음을 알았다. 이란군이 바스라를 향해 첫 공격을 가한 뒤 이라크군은 폭넓고 높은 모래 둔덕으로 이루어진 토루 시스템을 채택해 그곳에 탱크를 배치하고 포병 진지를 마련했다. 혁명수비대와 바시즈의 물결을 "씻어내릴" 수 있도록 대공포의 위치를 조정해 지상 목표물에 포격을 가할 수 있게 했다. 또 첫 번째 방어선이 뚫리면 준비된 예비 진지가 대기하고 있다가 바로 가동할 수 있게 다중 방어선도 건설했다. 이 방어 시설 뒤에서 이라크군은 필요한 진지에 기계화 예비군을 효과적으로 이동시킬 수 있게 해주는 도로망을 구축했다. 일부 큰 이라크 벙커에는 텔레비전, 전화, 교실, 병원, 이발소를 갖춘 휴식 구역도 있었다. 얼마 뒤 이와 같은 방어 시설이 양국 사이의 국경 거의 전체에 설치되었다.

이라크가 화력을 결집했다면, 이란은 인력과 열정적인 신념에 의존했다. 전형적인 혁명수비대원은 어울리지 않는 작업복을 입고 테니스화를 신었으며, 이슬람 구호가 적힌 스카프를 둘렀다. 많은 대원이 3개월 동안의 불충분한 훈련을 받은 소년에 불과했다. 그들은 "기회가 있을 때마다 성가를 부르는 웃음기 없는 녀석들"이라고 어느 기자는 언급했다. 계급장이 아니라, 지구와 AK-47을 든 팔을 그린 청색과 금색의 기장記章으로 군복을 치장했다. 이라크 탱크에 맞서 혁명수비대는 로켓 추진 수류탄을 어깨에 짊어진 운전병과 오토바이를 보냈다.[32]

1983년 초에 전쟁은 교착상태에 빠졌다. 호메이니 정권은 테헤란에 안전하게 자리를 잡고 있었고, 이라크는 이란의 인해전술 공격을 견디기 위해 방어 시설을 구축했다. 변경 지역에서 이란이 가한 공격은 양측에 상당한 피해를 발생시켰는데도 성과는 미미했고, 힘의 균형은 여전히 변화가 없었다. 하지만 워싱턴과 모스크바의 지도자들은 바그다드의 현상 유지 능력을 우려했다. 1983년 6월, 레이건 행정부는 휴스사가 생산한 헬리콥터 60대를 이라크에 판매하는 데 동의했다. 이 헬리콥터는 공식적으로는 '농업용'이라고 말해졌지만, 군사적 목적으로 전환될 것이었다. 또 워싱턴은 이란군 부대의 이동 상황에 대한 위성 정보를 사우디아라비아를 통해 바그다드에 전달하기 시작했다. 그사이 펜타곤은 이라크가 붕괴할 때를 대비해 군사 개입 계획을 짰다. 이 계획에는 테헤란의 군대를 국경 쪽으로 다시 몰아내기 위해 이란군 기갑부대와 폭탄 공격 부대를 상대로 A-10 지상 공격 제트기로 타격을 가하는 것도 포함했다. 1983년 11월, 워싱턴은 이라크를 "국제 테러리즘 후원 국가" 명단에서 제외했다. 다음 달에 백악관은 도널드 헨리 럼즈펠드[28] 특사를 바그다드로 보내 사담 후

28) Donald Henry Rumsfeld(1932~2021). 미국의 사업가, 정치인. 1963~1969년

세인과 지금은 부끄러워해야 하는 악수를 하게 했다. 모스크바도 20억 달러어치의 군용기, 탱크, 미사일을 이라크에 판매하는 데 동의했다. 두 초강대국은 고조되는 이란의 위협에 대응하고, 그럼으로써 걸프 해역에서 힘의 균형을 회복하기를 바라며 이제 이라크 쪽으로 기울고 있었다.[33]

이라크와 이란 모두 이 교착상태를 깨뜨리는 데 엄청난 자원을 쏟아부었다. 테헤란은 1984년 2월 세 차례의 공세를 실행했다. 이란의 국경도시인 메흐란과 데흘로란 인근의 바그다드-바스라 도로를 겨냥한 첫 두 공세는 그들의 남쪽 측면으로부터 이라크군의 주의를 돌리기로 계획된 견제 작전이었다. '헤이바르 작전'이라고 일컫는 이란의 주요 공격은 바스라를 목표로 했다. 이란군 부대는 난공불락의 수렁으로 여겨지는 하위제 습지로 돌진했다. 길이 약 50킬로미터, 폭 60여 킬로미터의 이 습지는 갈대로 뒤덮인 아주 작은 섬들과 1~3미터 깊이의 물 위를 떠다니는 수생식물로 이루어져 있었고, 바스라로 이어지는 북쪽 접근로를 지키고 있었다. 이라크군은 게릴라들의 급습을 막기 위해 습지를 따라 드문드문 수비대를 주둔시켰지만, 이란군의 공격 같은 것에 대해서는 대비가 없었다. 2월 22일 밤에 이란군 소형 선단이 습지로 출발해 국경에서 서쪽으로 10킬로미터쯤 떨어진

일리노이주 하원의원, 1973~1974년 나토 주재 미국 대사, 1975~1977년 국방장관을 지냈다. 2001년에 조지 W. 부시 대통령 내각에서 다시 국방장관이 되어 그해 9월 11일에 일어난 9·11 테러 사건에 대한 응징으로 일련의 군사작전을 지휘했다. 2003년에 발발한 이라크 전쟁에서의 군사작전에도 큰 도움을 주었고, 2006년에 사임했다.

섬마을 베이다와 사브하를 점령했다. 이라크군은 집중 포격과 탱크 공격으로 대응해 사흘간의 전투 끝에 두 마을을 탈환했다. 그 후 방어군은 사망한 3000명의 이란군을 불도저로 모래 둑을 따라 조성된 집단 매장지에 파묻었다. 그사이 이란군은 습지의 남쪽 변두리 마른 땅을 따라 인해전술을 구사하며 두 번째 공격을 개시했고, 이라크군은 중기갑 차량과 중무장 헬리콥터로 반격을 가했다. 또 이라크 엔지니어들은 적군의 진격을 막기 위해 고립 지역들을 침수시켰다. 치열한 전투 끝에 이라크군은 침공군을 습지 뒤로 다시 몰아냈다. 일부 추산에 따르면 이란군의 사망자는 1만 4500명에 이르며, 많은 수가 후퇴 중에 익사했다. 헤이바르 공세의 세 번째 갈래는 습지의 서쪽 변두리에 있는 마즈눈섬의 이라크 석유 시설을 겨냥했다. 바스라 북쪽에서 벌어진 '구자일 전투' 이후 이라크 사령관들은 마즈눈섬의 남서 지구를 탈환할 만큼 충분한 병력을 집결시킬 수 있었고, 이란군의 습격에 맞서 이 지구를 가까스로 방어할 수 있었다. 미국 정보기관은 헤이바르 공세에서 이란군 2만 명과 이라크군 7000명이 전사했다고 추산했다. 이라크 방어군은 우세한 화력에 의존하여 이 '제1차 습지 전투'에서 물러서지 않고 현 상태를 유지할 수 있었다.[34]

테헤란이 국경 지역에서 인해전술 공격으로 교착상태를 깨뜨리려고 발버둥치는 동안, 바그다드는 새로운 작전 전구戰區[29]를 물색했다. 이란군 부대가 하위제 습지로 돌진했던 1984년 2월 25일부터 바그다드는 페르시아만에 있는 이란의 석유 기업들을 겨냥한 일련의 공습

29) 독자적으로 맡아서 전투를 수행하는 구역.

을 단행했다. 다음 주에 걸쳐 이라크 제트기가 선박 7척을 공격하고, 이란의 해안에서 25킬로미터 떨어진 하르그섬의 석유 하역장에 타격을 가했다. 3월 말, 바그다드는 대함 엑조세 미사일을 장착한 새 프랑스제 쉬페르 에탕다르 전투기를 전개했다. 이라크군은 하르그섬 석유 기지에서 운용 중이던 인도, 튀르키예, 그리스 선박에 타격을 가했다. 테헤란은 5월에 낙후된 전투 비행단을 동원해 사우디아라비아와 쿠웨이트 유조선을 공격하는 것으로 이에 대응했다. 6월 초, 이라크 제트기가 하르그섬 연안에서 튀르키예 유조선을 격침했다. 이란이 공중정찰을 강화하자 사우디아라비아는 자신의 방어 구역을 지정해 미국제 F-15기로 정찰에 나섰다. 그달 말 이라크 항공기가 하르그섬을 또 한번 급습했다. 어느 편도 석유 수출을 차단하는 화력을 전개하지 못했지만, 이 충돌은 페르시아만의 군사화를 가져왔다. 걸프 해역의 석유에 의존하는 전 세계 수도의 지도자들은 국제 유가가 오를까 봐 사태의 추이를 초조하게 지켜보았다.[35]

한편, 워싱턴의 관리들은 친이라크 태도를 보이는 것이 얼마나 현명한지 곰곰이 생각해 보았다. 한편으로, 이라크와의 제휴가 미국에 위험을 제기했다고 국무부 관리들은 설명했다. 이란이 구사한 소모전 전략의 중압에 시달린 바그다드는 전쟁의 "전략적 상황"을 바꾸기 위해 걸프 해역에서 공격을 가하기 시작했다. 워싱턴은 "걸프 해역에서의 수송을 군사적으로 보호하는 조치처럼, 우리가 제공하고 싶지 않거나 혹은 장기적인 정치적 전망이 불확실한 정권에 우리가 동조하고 있다는 인상을 주는 [이라크에 대한] 미국의 지원 수준을" 바트주의자들이 "우리에게 강요할" 수 있는, 그런 입장에 빠지지 않도록

조심해야 했다.[36]

다른 한편으로, 이 지역에 대한 이란 패권의 위협은 여전히 곤혹스러웠다. CIA는 다음과 같이 경고했다. "이란은 시아파 이슬람의 급진적 해석을 유포하고 세계 전역에 근본주의 이슬람 정부의 수립을 목표로 하는 **혁명적 대외 정책**[강조는 원문]에 전념하고 있다." 이란 정권은 "무슬림 이웃 나라들뿐 아니라 전 세계에 이슬람 혁명의 정치적 중요성을 자랑스럽게 알렸다." 이것은 미지의 바다였다. 분석관들은 아야톨라의 예상되는 행동을 평가하는 데 "우리가 따를 수 있는 전례가 없다"라고 설명했다. 테헤란은 "테러리즘을 비롯한 전복 활동"을 벌이고, 바그다드 정부와 리야드 정부 같은 정부들을 약화하기 위해 반체제 그룹들과 협력함으로써 걸프 해역을 변모시키고 싶었다. 궁극적인 목표는 이 지역의 현행 정부들을 "급진적 이슬람 정권들"로 대체하는 것이었다. 아프가니스탄은 테헤란이 무자헤딘에 대한 지원을 강화함에 따라 "혁명을 수출할 수 있는 또 하나의 핵심 목표물"로 떠올랐다. 또 이란은 레바논 내전을 이용해 시아파 전사 그룹들과 관계를 맺고 레반트 지역에서 영향력을 확대하려 했다. 분석관들이 보기에, 긍정적인 면이 있다면, 그것은 테헤란과 모스크바의 관계가 여전히 껄끄럽다는 사실이었다. 사담 후세인이 몰락하고 바그다드에 이슬람 근본주의 정권이 대두할 것을 우려한 크렘린은 이라크에 대한 지원을 늘렸다. 보고자는 "그럼에도 소련은 이란의 반미주의를 높이 평가하고 이란을 서방 쪽으로 밀어내기를 원하지 않는다"라고 언급했다. 모스크바는 테헤란과 관계를 개선하기 위한 창구를 계속 찾을 것이었다.[37]

CIA 분석관들은 이 모든 것이 이라크에서 권력 구조를 바꾸는 데 일조했다고 보고했다. "사담 후세인의 타도를 종교적 의무라고 굳게 믿는" 이란의 공격을 받고, 바그다드 정권은 "두려움"뿐 아니라 "가족과 부족적 유대"에도 의존하게 되었다.[38] 그럼에도 바그다드는 이라크에서 이슬람 "부흥주의 운동"을 막는 데 특히 효과적이었다고 CIA 분석관들은 언급했다. 이라크 사회는 다른 무슬림 국가들에서 근본주의 혁명을 촉발한 혼란과 동일한 혼란에 허덕였지만, 사담 후세인 정권은 지금까지 개발 지원으로 종교적 반대파를 달랠 수 있었고 이와 동시에 그는 정권을 위협하는 개별 지도자들도 짓눌렀다. 사담 후세인의 개인숭배도 "종교 예언자들과 보통 연관되는 카리스마"와 마찬가지로 이라크 사회의 많은 부문에 지도자가 호소력을 발휘할 수 있게 해주었다. 하지만 장기적으로 정권은 "정치적·문화적 혼란"이 "특히 불우한 시아파 사이에 더욱 이슬람적인 활동을 촉발"하는 사태를 미연에 방지하기 위해서라도 경제를 발전시키고 전쟁에서 승리하지 않으면 안 되었다. 이라크에서 더욱 확고한 근본주의 운동이 대두하면 워싱턴과 바그다드 사이의 관계가 종국적으로 틀어질 것이라고 분석관들은 경고했다.[39]

미국의 정책 입안자들에게 이라크를 방어하는 일은 어쩔 수 없이 하는 행동이었다. 1984년의 한 극비 문서에서 국무부 관리들은 걸프 해역의 위기에 대처하는 여러 외교적·군사적 선택지를 검토했다. 그들은 이라크가 패배하면 "아마도 바그다드에 이슬람 근본주의 친이란 정권이 들어설 것이며, 바로 이러한 결과 때문에 이 지역은 매우 불안정해지고 걸프 해역 남부에서 우리의 이익은 위협당할 것이다"

라고 언급했다. 이란의 승리는 미국의 패배이자 이 지역에서 미국의 신뢰성에 대한 타격으로 여겨질 터였다. 워싱턴이 바그다드를 지지하는 데 실패하면, 사우디아라비아와 쿠웨이트 같은 다른 걸프 해역 국가들은 미국이 과연 그들을 지원할 것인지 의문을 품게 될 것이었다. 이라크의 패배와 그것의 지역적 반향은 필연적으로 걸프 해역 석유에 대한 외국의 접근에 큰 영향을 줄 것이며, 이와 동시에 중동 전역에서 이란의 영향력을 극적으로 증가시킬 터였다.[40] 만일 사담 후세인이 살아남는다면 이라크는 "서방의 경제 투자를 끌어들이는 자석이자 또 이란의 혁명 수출 시도를 막는 완충제"로서 역할을 하고, "그럼으로써 페르시아만에서 미국의 목표를 더욱 진척시킬" 수 있다고 CIA는 언급했다.[41]

하지만 워싱턴은 이란과의 전쟁에서 사담 후세인 정권을 지지함으로써 걸프 해역의 끔찍한 전쟁으로 미국을 끌어들일 것 같은 고약한 동맹국이 생겼다. 미 국무부는 이라크군이 화학무기를 "거의 매일" 사용하고 있다고 보고했다. 바그다드는 서방의 기업으로부터 화학무기 제조 설비를 확보해 지금 전쟁터에서 신경가스를 살포하는 중이었다.[42] 미군 정보기관도 비슷하게 경고했다. 소모전에 열중하는 더 크고 인구가 더 많은 적국을 마주한 이라크는 이란군에 최대한의 피해를 주는 방어 전략에 의존하게 되었다. 분석관들은 다음과 같이 언급했다. "경제에 다시 활기를 불어넣기 위한 인력의 필요와 군사적 필요 사이에서 어찌할 줄 모르지만, 사담 후세인이 자신의 군사 기구를 크게 해체할 것 같지는 않다. 이는 이라크에 경험 많은 대규모 군사력을 남겨 둘 것이고, 이들은 가공할 만한 재래식 전력과 화학무기

이란-이라크 전쟁 당시 방독면을 쓰고 있는 이란 병사. (1985년 3월)

를 계속 개발하고 핵무기도 확보하려 들 것 같다." 게다가 펜타곤은 사담 후세인에 대해 환상이 없었다. "무자비하나 실용적인" 이 지도자는 경찰과 군부를 완벽히 통제하고, 어떤 심각한 내부 도전자도 없었다. 바트주의자들은 반대파를 추적하고 처형했으며, 폭력을 휘둘러 시아파 정치 운동을 분쇄했다. 분석관들은 장기적으로 이라크와의 관계가 계속 껄끄러운 상태로 있을 것으로 예측했다.[43]

1985년 내내 치열한 전투가 이어졌으나 현장의 상황은 거의 변하지 않았다. 전선에서 15킬로미터쯤 떨어진 이라크의 항만도시 바스라는 포위한 이란군이 걸핏하면 포격을 가해 상업 활동이 크게 위축되었다. 이 지역의 비료공장 기사들은 중요한 건물 주위에 장벽을 세우기 위해 자루에 모래를 담느라 애를 썼고, 100만 명의 시민은 할 수 있는 한 최선을 다했다. 많은 사업주가 가게 문을 닫고 정면을 철제 셔터로 덮었으며, 보도를 따라 실업자들이 떼를 지어 구두를 닦을 것을 권했다. 썩어가는 쓰레기가 거리에 어지럽게 흩어져 있었고, 곳곳에서 군인들이 눈에 띄었다. 한때 이라크에 필수적이었던 항구는 이제 이용하는 사람이 없어 방치되었다. 수십 척의 화물선이 물속에서 녹슬어 가고 있었고, 배의 짐칸은 텅 비어 있었다. 최소한 식량은 여전히 풍부했다. 방문객들은 도시 전역에 부드럽게 퍼져 있는 구운 양고기 냄새를 맡을 수 있었고, 납작한 빵과 페이스트리 과자가 좌판에 무더기로 쌓여 있는 모습을 볼 수 있었다.[44] 이 교착상태는 막 깨지려 하고 있었다.

이라크 남단에 있는 알파우반도에 폭우가 거세게 휘몰아치고 있던 1986년 2월 10일, 수천 명의 이란군이 샤트 알아랍 수로를 건너 이라크를 급습했다. 공격이 없을 거라고 믿고 있던 바그다드는 훈련을 제대로 받지 않은 '인민군' 부대를 알파우에 주둔시키고 있었다. 이란군은 이라크 방어군을 빠르게 괴멸하며 반도를 점령하고 바스라로 진격했다. 이라크 사령관들은 일련의 반격을 가했지만 전부 실패했다. 이라크 군용기는 이란군 병력에 미미한 타격을 가했을 뿐이었다. 공격군을 멈춰 세우려는 필사적인 노력으로 사담 후세인은 '특수부대'와 그의 정예 '공화국수비대'를 남쪽으로 이동시켰다. 이 병력은 중포와 화학무기의 지원을 받으며 2월 마지막 주에 이란군의 진격을 멈출 수 있었다. 그러나 이라크군의 반격 시도는 좌초했다. 이라크군은 8000~1만 명의 병력과 20~25대의 항공기를 잃었다. 사담 후세인의 공화국수비대는 사상자 비율이 30퍼센트나 되었다.

알파우 공세로 1983년 이래의 교착상태가 끝났고, 바트주의 정권은 전략을 전면적으로 재검토하지 않으면 안 되었다. 바그다드의 방어 조치는 테헤란의 공격을 막는 데 더는 충분하지 않은 듯했고, 이라크군은 효과적인 반격 작전을 수행할 수 없는 것처럼 보였다. 실패를 돌아보며 사담 후세인의 장군들은 정권이 군부를 정치적 통제로부터 해방해 줄 것을 요구했다. 장교들은 정권에 대한 충성이 아니라 실적을 바탕으로 진급해야 했다. 한 역사가는 이렇게 썼다. 전투 이후 "사담 후세인의 스탈린주의 시스템의 마지막 흔적이" 군부로부터 "제거되었고", 전문화를 촉진하는 조치가 병사들 사이에 도입되었으며, 공화국수비대는 6개 전투여단으로 확대되었다.[45] 한편, 워싱턴의 관리들은 워터게이트[30)] 이래 가장 큰 정치 스캔들에 휘말렸다.

"우리는 그 대가를 치를 것이다"

만사가 계획대로 진행되었더라면, 그것은 괄목할 만한 외교적 업적이었을 것이다. 1985년 늦여름부터 레이건 행정부의 관리들은 일석삼조의 효과를 거둘 계획을 꾸몄다. 계획은 시아파 민병대에 의해 레바논에 구금되어 있던 미국인 인질 일곱 명을 석방시키려 시도하면서

---

30) Watergate scandal. 1972~1974년에 미국 대통령의 사임을 몰고 온 정치 스캔들로, 리처드 닉슨 대통령의 재선을 위해 워터게이트 빌딩의 민주당 전국위원회 본부에 설치된 도청 장치가 발각되면서 시작되었다. 닉슨은 탄핵안 가결이 확실해지자 1974년 8월 대통령직을 그만뒀는데, 이는 미국 역사상 대통령이 임기 중에 스스로 물러난 최초의 사례였다.

시작되었다. 인질극은 고통스러운 내전의 일부로서 1980년대 레바논에서 매우 흔히 벌어지는 일이었다. 이 인질들을 구출하려는 노력이 거듭 실패로 돌아간 뒤, 미국 관리들은 레바논 시아파 민병대의 주요 후원국인 호메이니 정권이 도움을 줄 수 있기를 바라며 의중을 떠보려고 테헤란에 사람을 보냈다. 하지만 테헤란은 요구 사항이 있었다. 이 이슬람 공화국은 미국제 무기에 사용할 교체 부품과 탄약이 몹시 필요했다. 특히 최전선의 이란군 부대는 중기갑 차량에서 우세를 보이는 이라크군에 대응할 수단이 절실했다. 같은 맥락에서 이란은 이라크의 공습을 막을 지대공 방어 미사일도 필요했다. 레이건 행정부의 관리들은 레바논의 인질들을 구출하려고 노력하는 과정에서 이 군사적 요구를 외교적 지렛대로 사용할 수 있음을 깨달았다. 워싱턴과 테헤란의 협력은 또 두 정권 간의 관계 개선을 위한 기회도 제공할 것이었다.

그러나 미국의 무기를 테헤란으로 수송하는 데 여전히 중요한 장애물이 하나 남아 있었다. 1979년부터 시행 중인 이란에 대한 무기 금수 조치가 그것이었다. 이 장애물을 넘기 위해 레이건 행정부의 관리들은 이스라엘을 통해 무기를 넘겨주는 계획을 고안했다. 이스라엘 지도자들은 테헤란의 이슬람 정권을 경계했지만, 아랍 세계 전역의 좌익분자와 유대 관계를 맺고 있는 이라크가 장기적으로 이스라엘에 더 큰 위협을 제기한다고 믿었다. 따라서 이스라엘 관리들은 자신들의 무기를 이란에 넘겨준 다음 미국으로부터 재공급을 받는 계획에 동의했다. 무기 이전의 비밀을 지키기 위해 레이건의 국가안전보장회의 직원들이 이 작전을 감독할 것이었다. 그 후 국가안전보장회의는 이 무기들을 판매함으로써 얻은 수익을 마나과에서 마르크스주의 산디니스타 정권과 싸우고 있는, 우익 니카라과 반란자들인 콘트라 반군[31]에 흘려보낼 터였다. 그리고 이 자금의 이전은 1984년 이래 시행 중이던 대對콘트라 반군 군사적 지원에 대한 의회의 금지를 우회할 것이었다. 요컨대 레이건 행정부는 레바논의 미국인 인질들을 석방시킬 희망으로 이스라엘을 거쳐 이란에 무기를 판매하고, 그런 다음 그 수익을 니카라과의 게릴라 전사들에게 보낼 터였다. 궁극적으로 이 계획에서 가장 기이한 요소는 백악관의 모든 이가 그처럼 복잡한 계책이 비밀을 유지하는 것은 고사하고 작동할 거라고 실제로 생각했다는 사실이었다. 아마도 가장 주목할 만한 반대 목소리는 국무장관 조지 슐츠의 입에서 나왔을 것이다. 슐츠는 이 계책이 비밀리에 작동할 가능성에 대해 의구심을 표명했다. "나는 이것에 대해 매우 시큰둥했다"라고 슐츠는 1985년 12월에 썼다. "결국 어느 날 전모가 밝혀질 것이고, 우리는 그 대가를 치를 것이다."[46]

1986년 가을에 작전 전체가 와해되기 시작했다. 10월 5일, 니카라과 정부는 콘트라 반군에게 보내는 물자를 실은 CIA 화물 수송기

---

31) Contras. 1979년부터 1990년대 초반까지 집권했던 니카라과의 산디니스타 민족해방전선 정부에 반대하는 여러 반란 세력을 일컫는다. 그중 '니카라과 민주군'이 가장 규모가 컸으며, 1987년에 실질적으로 모든 콘트라 조직이 '니카라과 레지스탕스'로 통합되었다. 이들 반군은 초기 단계부터 미국의 군사적·재정적 지원을 받았으며, 미국 의회가 원조를 중단한 뒤에도 레이건 행정부는 암암리에 콘트라 반군을 계속 지원했다.

를 격추하고 비행기의 유일한 생존자인 유진 하센퍼스[32]를 생포했는데, 그는 CIA를 위해 일하고 있음을 인정했다. 4주 뒤인 11월 3일, 레바논 주간지 《아시시라Ash-Shiraa》는 이 이야기에 세계의 시선을 집중시킨 기사를 게재했다. 기사는 걸프 해역 충돌에서 워싱턴이 공식적으로 중립을 견지하고 있는데도 미국이 이란에 무기를 판매했다고 폭로하면서, 레이건의 전 국가안보 자문관 로버트 맥팔레인Robert McFarlane과 국가안전보장회의 직원 올리버 노스Oliver North를 이 거래의 핵심 연락책으로 거명했다. 백악관은 타격을 받지 않으려 기를 썼지만, 곧 비밀을 유지해 주는 보호막이 떨어져 나가기 시작했다. 11월 13일, 레이건 대통령은 스캔들을 무마하기 위해 집무실에서 텔레비전을 이용해 전국에 방송된 연설을 했다. "미국이 레바논의 미국 인질들을 풀어주는 몸값으로 이란에 무기를 수송했으며, 미국이 동맹국들을 약화하고 테러리스트들과는 밀거래하지 않는다는 자신의 정책을 비밀리에 위반했다고 비난하고 있습니다. 이와 같은 비난은 완전히 잘못입니다." 레이건은 오히려 "우리의 협상가들이 내 승인하에 행동하고 있음을 테헤란에게 확신"시키기 위해 "방어용 무기"를 약간 수송하는 것을 인가했다고 설명했다. 하지만 작전의 전모가 분명해지면서 문제를 회피하려는 대통령의 노력은 실패로 돌아갔다.[47] 바그다드에서 사담 후세인은 자신의 평가를 내렸다. 사담 후세인은 핵심 측근

32) Eugene Hasenfus(1941~). 전직 미군 해병. 1986년 10월, 니카라과의 콘트라 반군에 무기를 수송하다 격추당해 포로로 잡혔다. 30년의 실형을 선고받았으나 그해에 석방되었다. 이 사건의 여파로 미국에서 이른바 '이란-콘트라 스캔들'이 본격화하면서 레이건 대통령이 탄핵 위기까지 몰리는 심각한 정치 위기가 발생했다.

들에게 이렇게 말했다. "이것은 새로운 것이 아닙니다. 그것은 타락이라는 면에서, 미국인과 특히 미 대통령이 보이는 도덕적 부패의 수준이라는 면에서 새로울 뿐입니다."[48]

스캔들에 대한 분노가 고조되자, 백악관과 의회는 각각 사건을 조사할 위원회를 구성했다. 하지만 노스와 국가안보 자문관 존 포인덱스터John Poindexter가 작전과 관련된 중요한 문서들을 불법으로 파기해 조사는 제대로 이루어지지 못했다. 그 결과 레이건이 정확히 어느 정도나 개인적으로 관여했는지는 분명히 드러나지 않았다. 1987년 2월에 '대통령 위원회'는 조사 결과를 발표하고, 레이건이 감독을 소홀히 하고 국가안전보장회의의 인질-무기 거래의 세부 내용을 알지 못했던 것처럼 보인다고 비난했다. 11월에 발간된 의회 보고서에서는 백악관이 사적인 무리에게 미국의 대외 업무를 수행하도록 허용했다고 비판했다. 비판가들은 두 보고서 모두, 백악관이 미국의 가장 가증스러운 적국에 불법 무기를 수송함으로써 중앙아메리카에서 위법한 비밀 전쟁 같은 것을 수행하는 데 연루된 사실을 흐지부지 덮어버렸다고 비난했다. 레이건 행정부의 관리 10여 명이 작전에 관여한 혐의로 기소될 운명에 처했으나 레이건의 후임인 조지 H. W. 부시[33](그 역시 연루되었다고 비난받았다)가 대통령 사면을 실시해 많은 이들이 투옥을 면했다. 1986년 사건 조사를 위해 임명된 특별검사 로런스 에드

---

33) George H. W. Bush(1924~2018). 미국의 정치가. 연방 하원의원, 유엔 주재대사, CIA 국장 등 여러 공직을 거친 뒤 1980년 대통령 선거에서 로널드 레이건의 러닝메이트로 출마하여 1981~1989년에 부통령을 지낸 데 이어, 1989~1993년에는 제41대 미국 대통령으로 재임했다.

워드 월시[34]는 미국 행정부가 "레이건 대통령이 자신의 권력에 대한 헌법상의 제약을 고의로 무시한 사실을 은폐하려 (…)" 했다고 비난했다. "로널드 레이건의 자문관들은 그의 주위에 방화벽을 설치하는 데 성공했다. 레이건은 더는 소용이 없을 때까지 유의미한 심문을 피했고, 부하들은 기소되었지만 본인은 기소를 모면했다. (…) 조지 부시의 사면권 남용 덕분에 이 은폐는 완벽해졌다."[49]

유조선 전쟁

레이건 행정부의 관리들은 이란-콘트라 스캔들에 대응해 방어 태세를 단단히 굳히던 그 순간에, 페르시아만에서 미국의 해군 전개를 확대하기로 했다. 테헤란은 이라크의 이란 석유 기업체 공격에 대응해 수로에 주둔하는 병력을 늘렸다. 1986년 11월, 쿠웨이트 정부는 중립적인 수송을 보호하기 위해 초강대국의 개입을 요구하는 제안서를 들고 '걸프 해역 아랍 국가 협력 회의'[35] 회원국들에 접근했다. 다음 달에 쿠웨이트는 모스크바와 소련 군함의 걸프 해역 진입을 가능하게 해줄 협정을 맺었다. "걸프 해상에서 주요 역할을 하겠다는 소련의 구상은 우리에게 호소력이 없었다"라고 국무장관 조지 슐츠는

---

34) Lawrence Edward Walsh(1912~2014). 미국의 법률가. 1957~1961년에 미국 법무차관을 지냈다.

35) Cooperation Council for the Arab States of the Gulf, CCASG. 1981년 5월에 설립된 걸프 해역 아랍 국가들의 국제경제 협력체다. 본부는 리야드에 있으며, 바레인·쿠웨이트·오만·카타르·아랍에미리트·사우디아라비아가 참가하고 있다.

회상했다. 이 지역에 소련의 영향력이 확산되는 것을 막기 위해 워싱턴은 쿠웨이트 수송에 군사적 보호를 제공하는 데 동의했다. 1987년 4월, 미국 정부는 쿠웨이트 유조선이 미국 선적으로 등록하는 데 합의함으로써 해군의 보호를 더욱 확대했다. 미국의 정책 입안자들은 이러한 조치가 미국의 함정을 이란과 이라크 간의 십자포화에 집어넣을 것 같다는 사실을 깨달았다. "다른 이들은 고사하고 스스로를 방어하는 우리 군의 능력은 최근의 위기들에서 인상적이지 않았다"라고 슐츠는 언급했다. 워싱턴이 이 지역에 군사적 주둔을 확대하는 동안, 이란과 이라크는 대결을 향해 나아갔다. 여름까지 이란은 쾌속정으로 해군 공격을 실행할 혁명수비대 2만 명을 훈련시켰고, 소련제 실크웜 대함 미사일을 연안에 배치했으며, 쿠웨이트의 항구에 기뢰를 설치했다. 하지만 이란군은 미군의 피를 흘리게 할 최초의 군대가 아닐 것이었다.[50]

1987년 5월 17일 저녁 8시 직전, 사우디아라비아 연안을 비행하고 있던 미군 '공중조기경보 통제 체계' 정찰기가 페르시아만 상공을 공격 비행하던 이라크의 미라주 전투기를 발견했다. 최근 걸프 해역에 배치된 4000톤급 구축함 USS 스타크호의 승무원들은 70해리 떨어진 지점에서 미라주 전투기의 레이더 신호를 포착했다. 이라크 비행기는 접근하면서 스타크호를 목표로 미사일을 발사했다. 다가오는 탄두를 감지하지 못한 승무원들은 가까이 다가오는 미라주기에 경고 방송을 했다. 이라크 조종사는 두 번째 미사일을 발사한 후 현장을 벗어나 바스라로 기수를 되돌렸다. 그 직후 스타크호 갑판의 망루는 처음 발사된 미사일이 뱃머리를 강타하고 맹렬한 불길이 일어나면서 28명의 승무원들이 죽어가는 것을 보았다. 두 번째 미사일이 곧 다시 타격을 가하며 함정의 측면에 엄청나게 큰 구멍을 냈다. 승무원들이 활활 타오르는 불을 끄는 데 12시간이 걸릴 것이었다. 병사 37명이 전사했다. 이라크는 미국 조사관들의 조종사 심문을 허용하지 않았지만, 재난에 대해 사과하고 공격으로 사망한 병사들의 가족에 2700만 달러를 지급하는 데 동의했다.[51]

이제 미국 해군은 걸프 해역에서 더욱 공격적인 자세를 취하는 쪽으로 움직였다. 중립국 선박을 미국 선적으로 등록함으로써 미국 정부는 어떤 배라도 공격을 받을 경우 자위권을 주장할 수 있었다. 그러나 워싱턴은 휘말려 들어가는 이런 종류의 갈등에 대비되어 있지 않았다. 이란 함정은 주요 운항로에 약 60개의 기뢰를 설치한 상태였다. 1987년 7월 22일, 미국 군함 2척의 호위를 받던 선적 변경 유조선 브리지튼호가 기뢰에 부딪혔다. 손상되긴 했지만 브리지튼호는 침몰하지 않았다. 선체가 이중인 유조선이 군함보다 기뢰에 더 강했던 것이다. 그 결과 미국 호위함 2척은 또 다른 기뢰의 충격을 피하려고 손상된 유조선의 뒤를 따라가는 식으로 항로를 잡았다. 역사가 로런스 프리드먼Lawrence Freedman은 훗날 이렇게 조롱했다. "호위함들은 자기들이 보호하기로 되어 있는 배의 보호를 받고 있었다." 기뢰 제거 작전을 도와주기 위해 영국 함정들이 동원되었고, 워싱턴은 걸프 해역의 미국 함대를 41척으로 늘렸다. 9월에 미군은 이란 함정 알파즈르호를 수색하다 기뢰를 발견했다. 수색에 대한 보복으로 테헤란은 사우디아라비아-쿠웨이트 석유 시설과 미군 헬리콥터에 공격을 가하고, 초대형 유조선 순가리호에 실크웜 미사일을 발사했다. 10월 16일,

미국 함정 USS 위스콘신호와 USS 트리폴리호가 이란-이라크 전쟁 동안 오만만을 순찰하고 있다. (1987년 10월)

미군은 이란이 군사 감시 초소로 사용하던 라샤다트 석유 굴착용 플랫폼을 타격하는 것으로 이에 대응했다. USS 새뮤얼 로버츠호가 이란 기뢰에 부딪혔던 이듬해 4월에 전투가 재개되었다. 미군은 사산 플랫폼에 공격을 가해 화염에 휩싸이게 하는 것으로 보복했다. 또 하루 15만 배럴을 생산하는 현역 석유 굴착 시설 나스르 플랫폼도 공격했다. 미군은 전부 합쳐 이란 함정 6척을 침몰시키거나 못 쓰게 만들었다.[52]

레이건 행정부는 중동에 개입하면서 뚜렷하게 엇갈린 결과를 남겼다. 확실히 1983년에 베이루트에서 벌어진 해병대 병영 폭탄 공격 사건은 미군에 심각한 타격을 가했고, 본국과 해외에서 레이건의 이

미지에 먹칠을 했다. 이란-콘트라 사건 역시 환경이 달랐더라면 레이건의 탄핵으로 끝났을 당혹스러운 스캔들을 일으켰다. 실제로 레이건의 임기가 끝날 무렵 대다수 미국인은 아마도 레바논의 수렁으로부터 멀리 떨어져 있기를 원했을 것이다. 하지만 괜찮은 부분도 있었다. 사담 후세인의 군대는 메소포타미아에서 이란군의 공세를 둔화시키고 현 상태를 유지하는 것 같았다. 그리고 미국 해군은 페르시아만에서 가공할 만한 위력을 보여주었다. 훨씬 더 좋은 것은 CIA와 무자헤딘 동맹자들이 소련을 아프가니스탄에서 벌어진 피비린내 나는 대반란전의 수렁에 빠뜨리는 데 성공했다는 점이었다. 순전히 지정학적인 관점에서 볼 때 미국과 동맹자들은 냉전 말기의 중동 전장에서 승리하고 있는 것처럼 보였다. 1986년 말 CIA 분석관들은 아랍 세계에서 소련의 영향력이 크게 줄어들었다고 주장했다. 이란 혁명과 소련의 아프가니스탄 개입으로 당분간 '북부 국가군' 지역에서 크렘린의 영향력이 강화되었는데도, 소련 지도자들은 틀림없이 이 지역에 대한 통제를 확대하기 위해 계속 노력할 것이었다. 보고서에서는 다음과 같이 언급했다. "중동은 가장 불안한 소련의 국경 지역이다. 모스크바는 1970년대 말부터 중동에서 미국의 군사적 주둔이 늘어난 것을 주요한 안보상의 우려로 여기며 그것에 대응하기 위해 상당한 노력을 기울일 것이다."[53]

1980년대 중반 내내 중동에서 진행된 영향력 확보 투쟁은 워싱턴과 모스크바를 모두 곤혹스럽게 했다. 새로운 급진주의 세대가 동서 이념 투쟁을 외면하자 양 초강대국은 까다로운 딜레마에 직면했다. CIA 분석관들은 1967년 아랍-이스라엘 전쟁에서 나세르의 아랍 민족주의가 좌절하고, "세속적 이념이 정치적 문제를 적절하게 다루는 데 실패했으며", 석유 세수의 증감 때문에 경제적 혼란이 발생한 사실이 이슬람 근본주의의 부흥을 가져왔다고 주장했다. "수니파 근본주의자들도, 시아파 근본주의자들도 모두 민족주의, 마르크스주의적 사회주의, 서구 자본주의 같은 '실패한' 세속적 이념에 매력 있는 대안을 제공하는 잘 발달된 급진적 신학 체계를 갖고 있다." 이 근본주의자들은 미국의 정치적·문화적 영향을 타락하고 물질주의적이며 착취적이라고 경멸했기 때문에 워싱턴의 지역적 위상을 위협했다. 그러나 "근본주의는 무신론적 소련 공산주의와 이념적으로 훨씬 맞지 않았으므로" 미국의 손실이 소련의 이득을 가져오지는 않을 것이었다.[54] 냉전 말기의 혁명가들은 "동도 아니고 서도 아니다"라는 개념을 껴안으며, 두 초강대국의 계획을 좌절시켰다.[55]

19

“당신들은 프랑켄슈타인을 창조하고 있다”

1988~1990

"귀하는 프랑켄슈타인을 창조하고 있어요."

베나지르 부토

19

1980년대의 종결은 한 시대의 종결이었다. 세계의 수많은 사람이 아마도 냉전의 가장 강력한 상징이었을 베를린장벽이 1989년에 무너지는 것을 지켜보았다. 그러나 유럽만 변화의 한가운데 있었던 건 아니었다. 1988년부터 1990년 사이에 중동의 전쟁들도 끝났는데, 이 종결은 미국과 소련 사이의 냉전의 종언과 시기적으로 일치했다. 초강대국 투쟁의 종결은 중동에서의 마지막 전투 국면을 무색하게 했고, 세계가 새로운 포스트냉전 질서에 온통 정신을 빼앗기는 바람에 레바논, 이란-이라크, 아프가니스탄에서의 충돌은 대체로 잊혔다. 그러나 전쟁들의 종결은 궁극적으로 평화를 가져오지는 않았다. 1980년대의 중동 전쟁들은 지역 사회를 황폐하게 했고, 정치 파벌들을 급진화했으며, 고도로 군사화된 국가를 창출했고, 격렬한 종파 분열을 남겼다. 이 곤혹스러운 유산은 오랫동안 깊이 가라앉아 있지는 않을 것이었다.

1987년 말에 CIA 분석관들은 "이슬람의 부흥은 금세기의 나머지 기간 동안 아랍 세계에서 가장 강력하고 광범한 정치적 힘일 것 같다"라고 결론지었다. 이슬람의 부활 움직임은 부분적으로는 "다양한 민족주의 이념과 사회주의 이념의 실패"에서 연유했다. 1970년대에 많은 아랍인이 "세속적 이념과 제도"에 열의를 잃었다. 한편 이란 혁명이 발발하고, 이슬람 전사들이 이스라엘과 미국을 레바논에서 축출하는 데 성공한 사실은 세속 정부를 압도하는 종교적 혁명가들의 힘을 보여주는 것 같았다. 이 지역에서 점점 더 많은 사람이 근대화와 전통의 충돌, 종파적 긴장, 계속되는 팔레스타인 문제에 대해 외부의 열강들을 비난하게 되었다. 이슬람 근본주의자들이 미국과 소련의 영향을 이 지역에서 밀어내려 애썼기 때문에, 모스크바는 이러한 격변을 이용할 수 없었다. 더구나 CIA 분석관들에 따르면, 크렘린은 "이 부흥이 약 4500만 명에 달하는 자국의 무슬림 소수 국민들 사이에 확산되지 않을까 우려했다." 보고서에 따르면, 궁극적으로 이슬람의 부흥이 격변과 반미주의가 심화될 위험도 창출하고, 워싱턴에게 "소련과 이슬람이 양립할 수 없음"을 부각할 기회도 주었다.[1]

"헴록[1]을 마시는 것과 같다"

이란-이라크 전쟁은 종결될 중동 지역의 큰 충돌 중 첫 번째 충돌이었다. 1987년 페르시아만 해역에서 미국 군함들이 이란군과 충돌하는 사이 육지에서의 전쟁도 끊이지 않았다. 특히 이라크 남부 변경 지역에서 일부 매우 치열한 전투가 계속 진행되었다. 이라크는 방어를 강화하기 위해 전선에 있는 크고 얕은 분지를 침수시켰는데, 그것은 '물고기 호수'로 알려지게 되었다. 깊이가 채 1미터가 되지 않는 이

---

1) hemlock. 미나리과(科)에 속하는 독초. 혹은 그것에서 채취한 독약.

호수는 보병의 속도를 늦추기에는 충분하나 대부분의 배가 뜨기에는 수심이 너무 얕았다. 습지를 침수시키는 작업에 더해 이라크군은 토루, 벙커, 포좌로 이루어진 다중 방어선을 유지했다. 이들 토루, 벙커, 포좌는 1킬로미터씩 떨어져 설치되었고, 철조망으로 보호되었다. 첫 번째 방어선이 무너지면, 이라크군은 두 번째 방어선으로 후퇴해 그들의 포화를 진격하는 이란군 보병에 퍼부을 수 있었다. 이라크군은 더 북쪽으로는 이라크 도시인 아마라 외곽에서, 습지를 내려다볼 수 있는 120미터 높이의 산등성이를 점거했다. 서방 기자들은 구불구불한 참호와 철조망, 모래주머니, 지뢰밭, 야전병원이 있던 제1차 세계대전을 생각나게 하는 식으로 현장을 묘사했다. 4미터 50센티미터 높이의 장벽 뒤에서 이라크 사령관들은 도로망을 이용해 증원군을 적군의 공세에 시달리는 구역에 신속하게 투입할 수 있었다. 전선의 병사들—그중 일부는 7년간의 전쟁을 온전히 싸우고 있었다—은 AK-47 소총과 방독면을 지녔다. 무인 지대의 다른 편에서는 많은 이가 십 대에 불과했던 이란군 병사들이 이라크군에게서 탈취한 참호와 개인호에 웅크리고 있었다. 도요타 픽업트럭이 탱크와 기갑 수송 차량보다 훨씬 수가 많았다.[2]

1988년 늦겨울에 이라크군은 이란의 인구 밀집 지역과 석유 시설에 맹공을 퍼부었다. 이른바 '도시들의 전쟁'은 민간인의 사기를 떨어뜨리는 데 목표가 있는 폭격과 이따금 가해지는 미사일 타격과 함께 3년 전에 시작했다. 그때부터 양측은 상대방의 도시들을 산발적으로 공격했다. 1988년 2월 29일, 바그다드는 공격을 강화해 테헤란에 스커드-B 미사일 세례를 퍼부었다. 다음 7주 동안 바그다드는 160발로 추산되는 미사일을 발사해 이란 수도를 인정사정없이 뒤흔들었다.[3] 미 국무부 분석관들은 스커드 미사일 공격이 타격을 가했음에도 불구하고 과연 전쟁에 얼마나 큰 영향을 줄지에 대해서는 의심했다. 분석관들은 "전쟁의 기본 성격이 변하지 않았다"라고 언급했다. "이라크는 이길 수 없지만 지지 않을 필요가 있다. 이란은 이길 수 있으나, 아마도 그렇게 하지 않을 것이다."[4]

장거리 미사일로 테헤란을 공격한 뒤 바그다드는 알파우반도를 탈환할 새로운 군사 기동을 개시했다. 1988년 4월 16일 밤에 이라크 대포가 반도 북부 가장자리에 자리한 이란군 진지를 향해 불을 뿜었다. 화학무기를 이용한 이라크 포가 이란 방어망을 두드리고 있는 동안, 헬리콥터들이 남부에 특공대를 투하했다. 이란군 부대는 자욱한 독가스 속에서 싸우고 뒤쪽에서 이라크군의 공격을 받는 처지가 되었다. 붕괴에 직면한 이란군은 허둥지둥 샤트 알아랍 너머로 후퇴할 수밖에 없었고, 약 36시간의 전투 끝에 이라크군은 놀라운 승리를 거뒀다. 바그다드는 6년 만에 처음으로 전쟁에서 다시 공세를 취했다. 바트당 지도자들은 걸프 해역에서의 미국 해군 작전과 본국에서의 의회 선거 경쟁이 이란을 육상 작전에 집중하지 못하게 할 것이라고 올바르게 판단했다. 바그다드의 국무부 관리들은 알파우에서 거둔 승리 소식이 전해지자 거리에서 축하 총격이 있었다고 보고했다. "이라크군은 결정적인 전투에서 승리했고, 전쟁은 앞으로 다른 양상을 띨 것이다"라고 그들은 썼다. 신문은 이 사건들을 다루지 않았지만, 정권은 걸프 해역에서의 미국-이란 충돌 소식에 열심히 귀를 기울였다. "이라크 관리들은 우리가 이란의 코피를 터뜨렸다는 사실에 환호했다"라고 국무부는 언급했다. 5월 23일, 사담 후세인의 군대는 세 지점을 따라 또 다른 공격을 가했다. 공화국수비대는 화학무기와 집속탄을 동원해 바스라 동쪽 샬람체에서 이란 방어군을 궤멸했다. 이라크군은 전선 뒤에 머스터드가스를 투하해 증원군을 이동시키려는 이란군의 시도를 방해했다.[5]

이라크군이 육상에서 영토를 장악하는 동안, 걸프 해역에서 충돌이 격화하면서 큰 비극이 발생했다. 1988년 7월 3일 아침, 이란항공 655편이 290명의 승객과 승무원을 태우고 반다르 아바스를 이륙해 두바이로 정규 비행을 시작했다. 수천 미터 아래에서는 미국의 미사일 순양함인 USS 빈센스호가 호르무즈해협을 항해하고 있었다. 여객기가 빈센스호 40킬로미터 내로 접근하자 선장 윌리엄 채플 로저스 3세[2]는 비행기에 항로를 변경하라고 경고를 보냈다. 순양함의 승무원들은 민간 항공기를 F-14 전투기로 오인했다. 여객기가 계속 항로를 유지하자, 로저스는 두 번째 경고를 보냈다. 응답받지 못한 로저스는 대공 미사일 2기를 발사했고, 미사일은 21초 후 제트 엔진에 쾅하고 부딪쳤다. 인근에 있던 구축함 USS 사이즈호의 수병들은 하늘에서 시신들이 떨어지는 것을 보았다고 주장했다. 다음 며칠 동안 테헤란은 세계 언론을 초청해 잔해와 반다르 아바스에 전시해 놓은, 줄지어 늘어선 관을 살펴보게 했다. 66명의 어린이와 결혼식에 가던 16

2) William Chapel Rogers III(1938~). 전 미국 해군 장교. USS 빈센스호의 선장으로서 1988년 이란항공 655편을 격추해, 승객과 승무원 290명 전원이 사망한 사건으로 가장 잘 알려졌다. 1991년 8월에 퇴역했다.

명의 이란 가족을 비롯해 비행기에 탑승한 모든 사람이 사망했다. 워싱턴은 사건에 대해 공식적인 사과를 하지 않을 테지만, 최종적으로 항공사와 희생자의 가족들에게 7000만 달러를 지급했다.[6]

걸프 해역에서 미국 함정의 맹공을 받고, 육상에서 이라크군의 화학무기 공격에 직면하자 이란 지도자들은 평화를 모색할 때가 왔다고 결정했다. 호메이니가 가증스러운 바트주의자들과의 휴전을 절대 용납하지 않겠다고 맹세했지만, 8년간의 전쟁과 뒤이은 미국의 개입은 승리의 대가를 너무 비싸게 만들었다. 1988년 7월 16일, 이란 국민에게 보낸 편지에서 호메이니는 그의 결정을 설명했다. 이란의 장군들은 이라크가 받고 있는 서방의 엄청난 군사적 지원 때문에 향후 5년 동안 바그다드를 물리칠 수 없을 것이라고 예상했다. 게다가 이란은 미군을 걸프 해역에서 축출하지 않고서는 궁극적인 목표를 달성할 수 없었는데, 아무리 해도 그럴 가능성은 없는 것 같았다. 이라크의 화학무기 사용은 테헤란의 딜레마를 더욱 꼬이게 했다. 호메이니는 다음과 같이 밝혔다. "이런 모든 이유로 저는 전면적인 휴전에 이제 동의할 의향이 있습니다. 저는 이런 결정을 내리는 것이 제게는 헴록을 마시는 것과 같다는 사실을 여러분이 아실 거라고 믿습니다." 이란 장군들은 워싱턴이 사실상 테헤란에 선전포고를 했고, 실제로는 미국이 이라크의 전쟁 수행 노력을 이끌고 있다고 확신했다. 또 이란 지도자들은 걸프 해역에서 벌어진 충돌 때문에 레이건 행정부가 당장 전쟁에 전면적으로 개입할까 봐 우려했다. 이런 일이 벌어진다면, 정권이 몰락하고 호메이니 혁명이 종지부를 찍게 될 것이었다. 1988년 8월 8일, 유엔이 중재한 휴전이 발효되면서, 이란과 이라크 간의 공개적인 전쟁은 끝이 났다. 그러나 휴전은 메소포타미아에서 벌어지는 유혈 사태를 멈추지는 못할 것이었다.[7]

안팔 작전

이란-이라크 전쟁의 그늘에 가려 있던 또 하나의 악몽이 이미 진행 중이었다. 적어도 이란과의 전쟁은 사담 후세인에게 이라크 국가에 대한 통제를 확고히 할 필요가 있다는 점을 확신시켰다. 반란의 잠재적인 원천은 분쇄되어야 한다. 사담 후세인의 최우선 의제는 북부 이라크의 쿠르드족이었다. 쿠르드족은 이라크, 이란, 시리아, 튀르키예의 변경 지대에 흩어져 있는 고대 주민들이었다. 유럽의 강대국들이 제1차 세계대전이 끝나고 오스만제국 이후의 지도를 그렸을 때, 쿠르드족은 국가 없는 민족 중 하나가 되었다. 그 후로 쿠르드족의 민족적 야망과 종족 정치는 바그다드, 테헤란, 다마스쿠스, 앙카라의 중앙정부들에 걱정거리가 되었다. 이라크의 쿠르드족은 1961~1970년, 1974~1975년, 1983~1985년 세 차례에 걸쳐 바트당 정권을 상대로 반란을 일으켰다. 이란과 전쟁을 치르는 동안 북부의 쿠르드족 지역은 이라크 변경 지대에서 취약한 지점으로 드러났다. 이란과의 교전이 끝나자, 사담 후세인은 전투로 단련된 병사들에게 새로운 임무를 부여할 기회가 왔음을 알았다. 이라크군은 쿠르드족에 맞서 야만적인 작전을 수행하고, 그 결과 남녀노소 가릴 것 없이 수만 명의 사람이 살해당할 것이었다.

사담 후세인은 이 작전을 이끌 사람으로 사촌 동생인 알리 하산 알마지드[3]를 선택했다. "화학무기 알리Chemical Ali"로 알려지게 되는 알마지드는 군부, 보안 기관, 민간 정부의 힘을 결집해 1987년 3월부터 1989년 4월까지 제노사이드급의 악랄한 작전을 수행했다. 알마지드는 "쿠르드족 문제를 해결하고 파괴자들을 끝장내기"로 굳게 다짐했다. 당은 금지 구역을 설정하고 "이 금지 구역에 있는 사람들을 최대한 많이 죽이기 위해 밤낮을 가리지 않고 대포, 헬리콥터, 항공기를 동원해 닥치는 대로 폭탄을 퍼부을 것을" 군에 지시하는 명령을 내렸다. 이 구역에서 생포되는 사람은 누구든지 심문을 받고, 15세부터 70세 사이의 사람들은 처형될 것이었다. 한편 알마지드의 군대는 화학무기로 쿠르드족 요새는 물론이고 민간인 마을도 공격했다. 1987년 4월 21일부터 6월 20일 사이에 이라크군은 쿠르드 반란자들을 고립시킬 목적으로 주요 도로와 정부 시설 주위에 완충지대를 만들기 위해 700개 이상의 마을을 파괴했다. 1987년 10월 17일, 바그다드는 금지 구역의 주민들에게 마을을 버리고 정부가 통제하는 지역으로 이주하든지 아니면 반란자로 지정되든지, 선택지를 부여하는 총인구조사를 실시했다.[8]

구별이 지어짐에 따라, 바트주의자들은 여전히 반항적인 쿠르드족을 절멸하기로 계획된 집중적인 군사작전을 준비했다. 1988년 2월 23일 밤에 알마지드의 군대는 세르갈루베르갈루의 '쿠르디스탄 애

---

3) Ali Hassan al-Majid(1941~2010). 이라크의 바트당 정치인, 군인. 1980~1987년 이라크 보안총국 국장, 1991년 내무장관, 1991~1995년 국방장관을 역임했다. 2010년 1월 25일, 1980년대에 쿠르드족을 학살하고 1990년대에 시아파 이슬람 신도들을 살해한 죄로 재판을 받고 처형당했다.

국 연합'[4] 당사를 공격함으로써 안팔Anfal 작전을 개시했다. '휴먼 라이츠 워치'[5]는 8단계로 이어지는 작전에서 "이라크 부대는 엄청나게 큰 와이퍼가 움직이듯이 쿠르디스탄 농촌 지역으로 돌진했다"라고 보고했다. 급습은 보통 쿠르드족 게릴라들의 어떤 잠재적 저항도 무력화하기 위해 머스터드가스와 신경가스로 이루어진 화학무기 공격으로 시작했다. 그와 같은 작전에서는 필연적으로 발생하는 민간인 사상자들은 용인될 수 있는 것으로 취급되었다.

규모가 가장 큰 공격은 할라브자시에서 있었는데, 이곳에서는 화학작용제로 3000~5000명의 민간인이 살해당했다. 자욱한 독가스가 사라진 뒤 병사들은 이 지역을 포위하고 건물 내부의 모든 것을 파괴했다. 도시를 소탕하자마자 군은 철거대원들을 투입해 지역을 완전히 밀어버렸고, 트럭 수송 차량이 남아 있는 생존자를 전부 집단수용소로 실어 날랐다. 1988년 9월, 사담 후세인 정권은 수용소에 감금된 부녀자와 아이, 노인 대부분을 석방했지만, 남자는 한 명도 풀어주지 않았다. 군이 작전 수행 중에 사로잡은 일단의 남자들을 즉결 처형하는 사례가 적어도 두 차례 확인되었다. 휴먼 라이츠

4) Patriotic Union of Kurdistan. 이라크 북부에서 활동하는 쿠르드족 정당. 쿠르디스탄 민주당(KDP)의 간부였던 잘랄 탈라바니가 1975년에 창설했으며, 이념적으로 사회민주주의를 지향한다.

5) Human Rights Watch. 국제 인권 기구. 전신은 1978년에 설립되어 소련의 헬싱키 협약 위반을 감시한 '헬싱키 워치'다. 1980년대에 급속히 조직이 확대되면서 미국 워치, 아시아 워치, 아프리카 워치, 중동 워치가 잇달아 결성되어 '워치 위원회들'에 더해졌으며, 1988년에 모든 워치 위원회들이 '휴먼 라이츠 워치' 산하로 통합되었다.

워치는 "보통 대략 14~50명의 남성이 한꺼번에 살해당했다"라고 보고했다. 이 단체는 안팔 작전 동안 최소한 5만 명의 쿠르드족이 사망한 것으로 추산했다. 이 사망자에는 부녀자와 아이 수천 명이 포함되었으며, 가족 전체가 몰살당하는 일도 많았다.[9]

미국 지도자들은 바그다드의 표면적인 동맹자들이 쿠르드족을 상대로 제노사이드 작전을 벌이면서 화학무기를 사용하고 있음을 잘 알았다. 1988년 9월 초에 미 국무부 정보기관은 이라크 정부군이 쿠르드족을 상대로 헬리콥터, 군용기, 대포, 장갑차를 동원하고 있다고 경고했다. 이라크는 이 충돌에서 "화학무기를 사용하는 데 별로 주저함이 없는 것 같았다." 실제로 분석관들은 정권이 이미 8월에 그런 화학작용제를 작전에 사용했다고 경고했다.

바트주의자들은 쿠르드족 주민들을 대대로 거주하던 산악 지대로부터 "그들을 좀 더 쉽게 통제할 수 있는" 평지로 몰아낼 생각이었다. 이 과정은 "상당한 인명 상실"을 수반할 터였다. 9월 중순에 작성된 한 보고서에서는 최소한 500개소의 쿠르드족 마을이 지도상에서 사라졌다고 추산하면서, 진짜 개수는 "아마 훨씬 많을" 것이라고 언급했다. 10만 명의 피난민이 튀르키예로 도피했고, 1만 5000명이 이란으로 이주했다.[10]

하지만 백악관과 국무부는 못본 체하기로 했다. 이란-이라크 전쟁이 끝날 무렵인 1988년 9월의 국무부 문서에서는 이라크가 "전투로 단련되고 우수한 장비를 갖춘 군대와 (…) 교만에 가까운 새로운 자신감으로 무장한, 페르시아만의 우세한 강국"으로 등장했다고 보고했다. 이란과 싸우는 부담을 더 이상 지지 않게 된 바그다드는 지역 정치에서 더욱 능동적인 자세를 취할 것이었다. 보고서에서는 "사담 후세인은 영특하고 무자비하며 극도로 야심만만하다"라고 경고했다. 바트당 정권은 규율이 잡혀 있고 부패가 비교적 없었으며, 보고서 작성자들의 말을 빌리면 이라크는 "아랍의 동독"이었다. 정권의 인권 상황은 얼마간의 우려를 불러일으키고, 워싱턴과 바그다드 사이의 더욱 긴밀한 관계를 "제약하는 고유한 요인"이었다. 양 정부는 인권과 화학무기 문제에 대해 의견이 일치하지는 않을 것이었지만, 몇몇 이해관계는 공유했다. 석유 무역의 지속, 기반 시설의 개발, 리비아와 시리아의 영향력에 대한 외교적 "균형추"로서 기능하고픈 욕망이 그것이었다. 미국은 그들이 중동에서 확보할 수 있는 모든 우방을 활용할 수 있었고, 미국-이란 관계가 최악으로 치닫자 레이건 행정부는 사담 후세인을 멀리하고 싶지 않았다.[11]

하지만 모든 미국인이 쿠르드족 학살을 못본 체하려 하지는 않았다. 1988년 9월 9일 미 상원은 이라크가 쿠르드족을 상대로 화학무기 공격을 가하고 있다는 보고에 '제노사이드 방지법'을 만장일치로 통과시키는 것으로 대응했다. 이 법안은 이라크에서 미국으로 들어오는 수입품에서 5억 달러, 미국에서 이라크로 나가는 수출품에서 2억 달러를 삭감하는 등 이라크에 엄중한 제재를 가할 것이었다. 레이건 행정부가 이라크와 무역 관계를 다시 맺고자 한다면, 바그다드가 쿠르드족에 화학무기도 사용하지 **않고** 제노사이드도 저지르지 **않고** 있음을 증명해야 할 것이었다.

실제로 이 법률은 백악관이 북부 이라크에서 벌어지고 있는 학살 사태를 무시할 수 없도록 설계되었다. 하지만 상원에서 재빨리 통과된 이 법안은 하원에서 암초를 만났다. 백악관도, 미국 실업계도 이 법률에 반대했다. 그들은 제노사이드의 증거가 아직 확정적이지 않다고 하면서, 《워싱턴 포스트Washington Post》의 한 기명 논평에 따르면 "발생한 적이 없을지도 모르는" 범죄를 이유로 이라크를 제재하는 것에 대해 경고했다. 다음 몇 주에 걸쳐 하원의원들은 법안에 반대해 조금씩 그 규제를 없애서 결국에는 9월 27일에 거의 무력화된 수정안을 통과시켰다. 다음 달에 의원들은 제노사이드법을 그것이 첨부된 세제 법안과 분리했고, 이로써 그 법령은 사라져 버렸다. 백악관의 현실정치가 미국 실업계의 이해관계와 맞물리면서, 이라크를 제재하려는 시도를 좌절시켰던 것이다. 그렇지만 워싱턴의 지도자들은 바트주의자들에 대해 가지고 있었을 어떤 환상도 곧 잃어버릴 것이었다.[12]

감정은 상호적이었다. 최근에 이란을 상대로 거둔 승리와 성공한 것 같은 안팔 작전에 들뜬 이라크 지도자들은 워싱턴에 굽실거릴 기분이 아니었다. 바그다드의 미국 대사 에이프릴 캐서린 글래스피[6]는 미국 상원이 쿠르드족을 공격했다고 이라크 정권을 규탄한 뒤 "반미 감정"이 크게 고조되고 있다고 언급했다. 글래스피는 사담 후세인이 하는 공개 발언의 주된 어조가 "반항적이고 독립적"이라고 경고했다. "우리는 미국이 두렵지 않으며, 미국이 필요 없다"는 것이었다. 최종적으로 그녀는 만일 사담 후세인이 "미국과의 올바른 관계와 공개적

6) April Catherine Glaspie(1942~). 미국의 외교관. 1988~1990년 이라크 주재 미국 대사를 지냈다.

굴욕 사이에서 선택해야 한다는 사실을 깨닫게 된다면, 관계를 완전히 파탄시키는 것을 주저하지 않을 것이다"라고 썼다. 바트주의자들은 걸핏하면 "신경과민적으로 저의를 의심하는 경향"에 빠지고, 이것은 워싱턴이 조만간 테헤란 쪽으로 다시 기울 것이라는 정권의 우려를 더욱 강화한다고 그녀는 덧붙였다.[13]

워싱턴의 관리들은 자신들도 모르는 사이에 페르시아만에서 막곤경에 빠지기 시작하고 있었다. 걸프전쟁은 바그다드와 테헤란 사이의 불만을 사실상 조금도 해결하지 못했지만, 전투로 단련된 대규모 군대를 거느린 두 개의 강력한 국가를 이 지역에 남겨 놓았다. 이란과의 전쟁에 용기를 얻었으나 허약해진 사담 후세인은 곧 석유가 풍부한 아랍 이웃 국가들에 주의를 돌릴 것이었다. 한편 테헤란의 지도자들은 혁명수비대를 이 주변 지역에 주둔시키고, 시리아와 레바논의 동료 시아파 지도자들을 지원하며, 긴급 핵무기 개발 프로그램을 실행함으로써 이란의 영향력을 되찾는 쪽으로 움직였다. 향후 수십년 사이에 미국은 두 차례 이라크를 전면적으로 침공하고, 이란과는 외교적으로 교착상태에 빠질 터였다. 이 과정에서 "미국 중부사령부(카터의 '신속전개 합동 특수임무부대'의 후계 기관)"는 포스트냉전 시대에 가장 능동적인 군사령부로 성장하게 되었다.

아프가니스탄 철군

미국이 바그다드의 고약한 피후원자에 대해 걱정하는 사이에, 크렘린의 새 지도자(1985년에 집권)는 아프가니스탄에서 빠져나갈 방법을 찾기 위해 애쓰고 있었다. 54세의 미하일 세르게예비치 고르바초프[7]는 1920년대에 스탈린이 권력을 차지한 이래 소련을 이끈 가장 젊은 사람이었다. 볼셰비키 혁명 이후에 태어난 최초의 소련 지도자인 고르바초프는 새로운 세대를 대표했다. 그는 소련의 정치 시스템과 경제 시스템을 개혁하는 데 헌신했는데, 혁명을 일으키는 것이 아니라, 말하자면 사회주의국가의 활력을 되찾는 것이 목표였다. 젊고 에너지가 넘치는 고르바초프는 크렘린의 퀴퀴한 홀에 신선한 숨결을 불어넣었다. 미국 국무장관 조지 슐츠는 "고르바초프에게서 우리는 이전에 경험한 소련 지도자와 전혀 다른 유형의 지도자를 발견한다"라고 언급했다. 젊을 때 고르바초프는 모스크바 국립대학교를 다녔고, 법학을 공부한 뒤 고향인 스타브로폴로 돌아와 공산당에서 고속으로 승진했다. 야심 차고 원칙적이며 열심히 일하는 젊은 당원이었던 고르바초프는 레오니트 브레즈네프의 눈에 들었다. 1978년에 노령의 브레즈네프는 고르바초프를 모스크바로 데려갔는데, 이듬해 그는 정치국에 합류했다. 그곳에서 고르바초프는 처음에는 브레즈네프가, 다음에는 그의 후임인 유리 안드로포프가, 그리고 마지막으로는 콘스탄틴 우스티노비치 체르넨코[8]가 재임 중에 사망하는 것을 지켜보

7) Mikhail Sergeyevich Gorbachev(1931~2022). 소련의 정치가. 1985년부터 1991년까지 소련 공산당 총서기, 1988~1990년 소련 최고회의 의장, 1990~1991년 소련 대통령을 역임했다. 소련 최고 지도자로 재임 중 개방 정책인 페레스트로이카를 추진했다. 이는 소련을 비롯한 중부 유럽과 동유럽 공산주의 국가들의 개혁과 개방에 크게 영향을 미쳤다. 소련 붕괴 이후 냉전을 종식시킨 인물로 평가받는다.

8) Konstantin Ustinovich Chernenko(1911~1985). 소련의 정치가. 1984년 2월, 안

았다. 고르바초프는 1960년대부터 소련을 이끌어 왔던 허약하고 노쇠한 지도자 세대와의 결별을 나타냈다. 소련에 다시 생기를 불어넣기로 결심한 고르바초프는 일련의 포괄적인 국내 개혁(글라스노스트[9]와 페레스트로이카[10])을 개시하여 개방과 투명성의 확대를 장려하고 공산주의 시스템의 경제적 재건을 제안했다. 대외 업무 면에서는 초강대국 경쟁을 완화하고 핵무기를 감축하는 등 미국과의 관계 개선을 모색했다. 또 그는 거의 6년 동안 소련이 지고 있던 아프가니스탄의 무거운 짐을 내려놓기를 바랐다.[14]

드로포프가 사망한 뒤 총서기로 선출되었다. 재임 중 노동조합을 지원하고, 교육제도를 개편했으며, 관료정치를 개선했다. 또 중화인민공화국과 무역협정을 위해 교섭했지만 에리히 호네커가 서독을 방문하는 것을 방해하는 등 냉전의 완화에는 크게 기여하지 못했다. 1985년 3월에 건강이 악화해 사망했다.

9) glasnost. '개방'이라는 뜻의 러시아어. 좀 더 원어에 가까운 표기는 '글라스노스치'다. 소련의 지도자였던 고르바초프가 1985년에 실시한 개방정책을 가리킨다. 이 정책에 따라 반소련적이라고 금지된 예전의 문학작품이나 영화, 연극 등이 일반인들에게 공개되면서 보수적인 관료와 사회의 부패가 전면적으로 비판을 받는 등 소련의 민주화가 크게 앞당겨졌다.

10) perestroika. '재건', '재편'의 뜻을 가진 러시아어로, 고르바초프가 1985년 3월 소련 공산당 서기장에 취임한 뒤 실시한 개혁 정책을 가리킨다. 글라스노스트와 문화 면에서의 자유화, 복수정당제, 공산당과 소비에트의 기능 분리 및 복수 입후보제 선거 등 정치체제의 민주화, 공산당으로부터 소비에트로의 권력 이양과 대통령 권력의 강화, 시장화에 의한 경제 재건, 군축 및 동서의 긴장 완화와 상호의존체제 확립 등을 특징으로 한다. 고르바초프는 이 정책을 수행하면서 국내 정치 면에서는 급격한 정치 개혁을 실시했고, 대외 정책 면에서는 긴장 완화와 군축 정책을 실시하여 동구권의 체제 변혁과 냉전의 종식을 이끌어냈다. 그러나 국내 경제 면에서는 기업의 자립화나 시장경제화가 진전을 보지 못해, 인플레이션과 함께 국민 생활이 어려워졌으며 민족 문제가 발생하는 계기가 되었다.

고르바초프는 집권하기 전에도 아프가니스탄 개입이 소련의 자원을 소모시키고, 소련 시민의 사기를 떨어뜨리며, 모스크바의 국제적 입지에 타격을 가하고, 그리고 가장 곤란하게는 소비에트 시스템을 정비하고자 하는 그의 노력을 방해할 것임을 알았다. 고르바초프는 정치국의 많은 위원과 함께 모스크바가 아프가니스탄의 장기전에서 승리하지 못할 것이며, 이 사실은 더욱 폭넓은 개혁을 실행하려는 노력을 좌절시킬 것임을 깨달았다. 그러나 갑자기 철군하는 것은 있을 수 없는 일이었다. 그런 조치는 패배를 인정하는 것과 마찬가지이고, 크렘린의 국제적 신용에 엄청난 타격을 가하며, 고르바초프의 리더십을 의문시하게 만들고, 국민의 사기를 완전히 꺾어버릴 것이었다. 그 대신 고르바초프는 패배를 인정하지 않고 전쟁을 끝내는 방법을 찾았다. 1985년 10월, 고르바초프는 카르말 대통령을 만나 이 아프가니스탄 지도자에게 혁명이 곤경에 처했다고 경고했다. 카불은 아프가니스탄 인민들 사이에서 광범한 지지를 얻는 데 실패했고, 사회주의혁명 비전을 너무 빨리 실행에 옮겼다. 고르바초프는 아프가니스탄 정권이 살아남고 싶으면 개혁 속도를 늦추고 종교 권위자들과 화해를 모색하며 사람들을 자기 편으로 끌어들여야 한다고 카르말에게 말했다. 소련군이 아프가니스탄에 무한정 머무르지 않을 것이기 때문에 더더욱 급박하게 이렇게 해야 한다고 그는 덧붙였다. 고르바초프는 다음 해 여름에 소련군을 아프가니스탄에서 철수시키고 아프가니스탄군에게 안보를 책임지게 하고 싶다고 말했다. 이 말을 듣고 정신이 나간 카르말은 고르바초프에게 다시 생각해 달라고 간청했다. "귀하가 지금 떠난다면, 다음번에 귀하는 군인 100만 명을 보내야 할 겁니다!"[15]

고르바초프는 다음 해 여름에 군을 철수하지 않을 테지만 전쟁을 끝내고 카르말을 제거하기로 결심했다. 1986년 11월 13일, 고르바초프는 정치국에 좌절감을 토로했다. "우리는 이미 6년을 아프가니스탄에서 싸우고 있습니다"라고 그는 씩씩거렸다. "달리 접근하지 않으면, 우리는 20년에서 30년을 더 싸울 겁니다." 군부는 전쟁에서 이길 수 있는 효과적인 전략을 고안하지 못했다. "뭐요, 우리는 영원히 싸울 겁니까?"라고 고르바초프는 화를 냈다. 단호하게 행동할 때가 왔다. 고르바초프는 "1년 안에, 최대한 2년 안에" 전쟁을 끝내기를 원한다고 알렸다. 게다가 카불의 문제는 정권의 최상부에서도 그대로 드러났다. "카르말은" 술 취한 사람처럼 왔다 갔다 비틀대서 "프레첼 비스킷처럼 걷고 있어요"라고 고르바초프는 단언했다. 크렘린은 아프가니스탄 지도자에게 인내심을 잃었고, 이제 리더십의 변화를 원했다. 새로 선출된 아프가니스탄 인민민주당 총서기 모하마드 나지불라[11]는 "우리의 지지를 필요로 합니다"라고 고르바초프는 동지들에게 말했다. 나지불라는 아프가니스탄의 문제를 이해했고, "농민층과의 동

11) Mohammad Najibullah(1947~1996). 아프가니스탄의 정치가. 1986년 4월 5일 바브라크 카르말이 소련의 압박으로 사임하자 아프가니스탄 인민민주당의 당수가 되었으며, 소련군의 철수 발표 후 1987년 9월 30일부터 11월 30일까지 약 2개월 동안 아프가니스탄 인민공화국의 제6대 대통령을 지냈다. 그 후 1987년 11월 30일에 아프가니스탄 인민민주공화국으로 개칭한 뒤 아프가니스탄 조국당을 창당하고서 제7대 대통령으로 취임했다. 그러나 1992년부터 벌어진 아프가니스탄 내전에서 탈레반에게 패배해 정권이 붕괴하고 4년 후인 1996년 가을 붙잡혀 처형당했다.

맹을 강화하는 등 국민적 화해를 도모하고 당과 국가의 정치 리더십을 공고화하기" 위해 노력할 것이었다.[16]

다음 달에 고르바초프는 나지불라에게 소련군을 아프가니스탄에서 철수시키고 전쟁을 끝내기로 결정했다고 말했다. 1987년 1월부터 소련군은 공세 작전을 그만두고 소련 진지를 방어할 때에만 무자헤딘과 교전할 터였다.[17] 그러나 아프가니스탄에서 피 흘리는 것을 끝내는 일은 쉽지 않을 것이라고 고르바초프는 2월에 정치국에서 말했다. "지금 우리는 아프가니스탄에 들어와 있는데, 나가는 방법을 생각하느라 머리를 짜내고 있습니다." 너무 빨리 철수하면 개발 도상 세계의 모스크바 동맹자들 사이에서 의심을 불러일으킬 터였다. 고르바초프는 다음과 같이 주장했다. "그들은 이렇게 하면 민족해방 운동에서 소련의 권위가 타격을 입게 될 거라고 생각합니다. 그리고 그들은 우리에게 당신이 아프가니스탄에서 빠져나가면 제국주의가 공세를 취할 것이라고 말합니다." 그와 동시에 철군은 국내에서 정치적 반향을 일으켰다. 고르바초프는 이렇게 설명했다. "우리 군인 100만 명이 아프가니스탄에 갔습니다. 그런데 완전히 헛수고로 드러났습니다." 아프가니스탄을 소련에 적대적이지 않은 안정된 국가로 남겨 놓으면서 소련군을 철수시킬 어떤 방법을 찾아야 했다.[18] 그러나 반란 지도자들과 그들의 국제적 지원자 네트워크는 다른 계획이 있었다.

크렘린이 아프가니스탄에서 소련군의 전개를 축소하려고 애쓰는 사이, CIA와 삼군통합정보부는 돈과 무기를 아프가니스탄에 계속 쏟아부었다. 1986년 말, 그들은 새로운 동맹자들을 충원했다. 처음부터 아랍 세계의 사람들은 소련 점령에 맞선 아프가니스탄의 투쟁을 지지했다. 충돌의 후반 단계에 이러한 지지는 초국적 통로로 성장해 이집트, 알제리, 사우디아라비아 같은 지역으로부터 의용병이 계속 아프가니스탄으로 흘러 들어갔다. 최초의 아랍 의용병들이 부유한 산유국에서 보낸 지원 물자와 함께 아프가니스탄에 도착했다. 1980년대 후반에 젊은 아랍 남성들이 소련 점령에 맞선 지하드라고 생각하는 전쟁에 참여하기 위해 길을 떠났다. 팔레스타인 교수이자 무슬림 형제단 단원인 압둘라 유수프 아잠[12)]은 아랍 의용병들이 아프가니스탄 전투에 떼를 지어 참여하도록 고무한 사실로 명성이 높다. 그의 책자 《무슬림들의 나라를 방어하는 것은 각개 남성의 가장 중요한 의무다》는 어디에 있든 무슬림들에게 지하드에 가담할 것을 요구했다. 8000명에서 2만 5000명으로 추산되는 남성들이 이에 응했다. 그들은 아프가니스탄 무자헤딘의 군사력에는 거의 기여하지 못했지만, 아프가니스탄에서 지하드를 수행한 그들의 경험은 1990년대에 두각을 나타내는 지구적 이슬람 전사들의 네트워크를 수립하는 데 매우 긴요했다.[19]

이들 중 선두에 있던 사람은 사우디아라비아 억만장자의 아들 오사마 빈 라덴이었다. 빈 라덴은 1970년대 말에 제다의 킹압둘라지즈 대학교에서 수학할 때 아잠을 만났다. 대학을 떠난 뒤 빈 라덴은 파

---

12) Abdullah Yusuf Azzam(1941~1989). 팔레스타인 학자, 수니파 이슬람 신학자. 1980년대 소련-아프가니스탄 전쟁 당시 아프가니스탄의 소련군에 맞선 무자헤딘의 싸움을 도와주기 위해 무슬림들에 의한 세계적 차원의 '방어적 지하드'를 주창했다. 1989년 파키스탄의 페샤와르에서 차량 폭탄 공격으로 암살당했다.

키스탄에서 아잠에 합류해 아랍 세계의 지원을 무자헤딘에 전달하는 일을 도왔다. 이른바 많은 아프가니스탄 아랍인들처럼 빈 라덴은 팍티야 산악 지대의 하카니 그룹과 함께 활동했다. 빈 라덴은 대두하던 지구적 지하디스트 운동의 중심에 있게 되었다. CIA·사우디아라비아·삼군통합정보부의 공급 사슬, 열광적인 이슬람 이념, 무서운 게릴라 투사들이 전부 파키스탄 국경의 하카니 캠프에서 만났다. 1986년 3월 말에 소련 사령관들은 자와르 기지에 공격을 단행했다. 자와르 기지는 국경을 넘는 물자의 매우 중요한 집하지로서 무자헤딘과 삼군통합정보부가 방어하기로 결심한 하카니의 요새였다. '자와르 전투'는 아랍 전사 부대가 대규모로 참가한 최초의 주요 교전이었다. 파키스탄 요원들의 지지를 받은 무자헤딘 전사들은 아프가니스탄군과 소련군에 맞서 필사적으로 방어에 나섰다. 공격군은 4월 19일에 다섯 시간 동안 기지를 점령했으나 곧 밀려났다. 소련 엔지니어들은 장약을 설치해 시설에 큰 타격을 입히는 데는 성공했으나 이 복합단지를 완전히 파괴할 수는 없었다. 반격을 우려한 정부군은 뒤로 물러났고, 무자헤딘은 남은 캠프 부분을 되찾을 수 있었다. 양측 모두 심각한 피해를 입었으나 카불은 교전에서 승리를 거뒀다고 주장했다. 전투가 끝난 뒤 빈 라덴은 기지를 재건하는 데 자원을 투입했다. 하카니 사람들은 이 젊은 사우디아라비아인에게 그의 노력에 대한 보답으로 캠프의 가장자리에 있는 동굴 세 곳을 주었고, 빈 라덴은 동굴을 방이 여러 개인 비교적 쾌적한 숙소로 개조했다. 자와르에서 재건 노력을 다한 뒤 빈 라덴은 호스트 북쪽의 자지에서 아랍 전사들을 위한 훈련 캠프를 세웠다. 외부 세계에는 그다지 알려지지 않았지만,

이 젊은 사우디아라비아인은 아프가니스탄-파키스탄 변경 지역에서 중요한 인물이 되어 가고 있었다.[20]

빈 라덴의 별이 떠오르고 있는 동안, 카불의 지도자는 막 몰락하려 하고 있었다. 얼마 전부터 크렘린의 관리들은 바브라크 카르말에 대해 인내심을 잃어가고 있었다. 그들은 이 아프가니스탄 지도자가 수중에 권력을 집중하고 아프가니스탄 인민민주당 내의 불화를 악화시키고 있다고 믿었다. 그 대신 소련 지도자들은 카르말을 대체할 인물로 훈련시켜 온 나지불라를 선호했다. 1986년 3월에 고르바초프는 카르말을 모스크바로 불러들였고, 소련인들은 그에게 물러날 것을 종용했다. 하지만 아프가니스탄 지도자는 여전히 완강한 태도를 취했고, 실랑이 끝에 카불로 다시 돌아와 정치국과 국방평의회에 대한 통제를 확고히 하려는 나지불라의 노력을 저지하려 했다. 소련 지도자들은 카르말에게 혁명평의회 의장직을 유지하게 했으나, 11월에 마침내 그를 권좌에서 밀어내 버렸다. 좋든 싫든 이제 나지불라가 카불에서 실권을 잡게 되었고, 고르바초프는 아프가니스탄에서 빠져나가려고 애를 썼다.[21]

크렘린이 출구를 찾는 동안, 레이건 행정부의 관리들은 유혈 사태를 확대하려고 했다. 1986년 8월, 밀턴 비어든이 이슬라마바드의 CIA 지국에 도착했다. 46세의 이 CIA 베테랑은 코가 펑퍼짐하고 카리스마 있게 활보하는 몸집이 큰 사람이었다. 비어든은 하르툼에 체류하던 1980년대 초에 윌리엄 케이시의 가까운 친구가 되었고, CIA 국장이 아프가니스탄에서 CIA 업무를 인수시킬 사람으로 선택되었다. "나는 당신이 그곳으로 가서 승리하기를 바랍니다"라고 케이시는 비어든에게 말했다. 승리를 위해 무엇을 해야 하는지는 의문의 여지가 거의 없었다. 비어든은 다른 CIA 지국장들에게 이렇게 떠벌렸다. "여러분은 모두 그곳에 가면 소련 사람들을 모집하려 합니다. 나요? 나는 그냥 그들을 죽입니다." 그는 국경을 넘어 아프가니스탄으로 물자를 보내는 데 사용하기 위해 짐 나르는 동물을 찾아 지구 곳곳을 이 잡듯이 뒤져서 중국, 텍사스, 지부티처럼 아주 먼 곳으로부터 동물을 들여왔다. 비어든은 또 1986년 9월에 아프가니스탄 반란자들에게 스팅어 미사일을 처음 배치하는 일도 감독했다. 그는 아프가니스탄에서 CIA가 벌이는 비밀 전쟁의 마지막 확전을 조율하고, 소련군 점령의 종결을 두루 살피며 그 여파를 지켜볼 것이었다.[22] 그러나 소련은 조용히 사라질 생각이 없었다.

크렘린은 아프가니스탄으로부터 철군을 달성하는 데 관건은 국민적 화합 운동에 있다고 믿었다. 고르바초프는 1987년 7월에 이 프로그램의 목표와 현 상태에 대해 나지불라와 오랫동안 논의했다. 두 사람은 아프가니스탄 문제들을 순전히 군사적으로 해결하는 것은 불가능하다는 데 동의했다. 국민적 화합은 아프가니스탄의 불만분자들을 다시 품 안으로 끌어들임으로써 정권의 지지 기반을 확대하는 데 목표가 있었다. 나지불라는 전국적으로 약 1만 개의 화합위원회가 지역 공동체 및 집단과 함께 활동하고 있다고 설명했다. 그는 또 카불은 무자헤딘 사령관들과 어떻게든 타협점을 찾고자 특별히 노력하고 있으며, 중간급 반란 족장들이 카불의 정권을 인정하는 보답으로 "그들이 통제하는 영토에서 자치와 독립을 얼마간" 인정하는 데까지 이르렀다고 언급했다. 게다가 정부는 파키스탄과 이란에서 귀국한 피난민들을 재통합하려 애쓰고 있었다. 정권은 처음에 약간 성공을 거뒀지만, 여전히 벅찬 난제에 직면했다. 국민 화합 운동을 비판하는 아프가니스탄 인민민주당 내 인사들은 1970년대부터 당을 괴롭히던 분열을 걷잡을 수 없이 악화시킬 것 같았다. 정권은 또 아프가니스탄의 다양한 인종 공동체들 사이에 벌어져 있는 균열을 메우고 일정 그룹을 다른 그룹보다 더 우대하는 통치 구조에서 벗어나야 한다는 과제에도 봉착했다. 이 모든 노력은 자금이 충분한 반란 세력이 시골 오지에서 피비린내 나는 격전을 벌이고 있는 상황에서 이루어지고 있었다. "우리나라는 미국이 추구하고 있는 국가 테러리즘 정책의 주요한 연결 고리 중 하나가 되었습니다"라고 나지불라는 고르바초프에게 불만을 토로했다.[23]

1987년 11월 19일, 소련 사령관들은 전쟁에서 가장 큰 공세 중 하나인 '마기스트랄 작전Operation Magistral'을 개시했다. 이 작전은 호스트로 진입하는 도로를 폭파 개설해 포위된 도시를 해방하기로 계획했다. 이 지역에서 반란자들을 소탕하기 위해 아프가니스탄군 8000명의 지원을 받는 1만 명의 소련 병력이 압도적인 무력을 과시하며 투입되었다. 장갑차가 도로를 밀고 내려가는 사이 소련군 낙하산 부대가 주변의 고지대에 투하되어 무자헤딘을 사격 진지에서 몰아냈다. 전쟁의 가장 유명한 교전 중 하나에서 1979년에 타즈벡궁[13)]을 공격했던 중대가 가르데즈로 가는 도로를 따라 3234고지를 방어하고 있던 무

---

13) Tajbeg Palace. 아프가니스탄 카불의 다룰라만 지구에 있는 궁전 중 하나. '여왕의 궁전'으로도 불린다.

자헤딘과 치열한 전투를 벌였다. 소련군 중대는 큰 피해를 입고(39명 가운데 28명이 죽거나 다쳤다) 탄약이 거의 떨어졌지만, 공격을 가까스로 물리칠 수 있었다. 마기스트랄 작전은 이 전쟁의 다른 대다수 대규모 작전처럼 소련군이 승리하고 그 후 철수하는 식으로 끝났다. 반란 전사들은 즉시 이 지역으로 돌아와서 다시 한번 호스트로 가는 도로를 차단할 수 있었다. 마기스트랄과 3234고지 전투는 많은 소련군 병사의 영웅적 행동과 전쟁 자체의 궁극적인 무용성을 상징하게 될 터였다.[24]

크렘린은 실제로 소련군을 아프가니스탄에서 철수시키는 약속을 지킬 준비를 하고 있었다. 12월에 워싱턴에서 정상회담을 하면서 고르바초프는 레이건에게 늦어도 향후 12개월 안에 모든 소련군을 아프가니스탄에서 철수하기를 희망한다고 말했다. 그러나 고르바초프는 "이 과정은 국민 화합 및 연립정부의 구성과 연계되어야 합니다"라고 언급했다. 고르바초프는 크렘린이 안정되고 중립적인 아프가니스탄을 보기를 원할 뿐이라고 설명하면서, 레이건에게 모스크바는 아프가니스탄 영토에 기지를 설치할 계획이 전혀 없다고 장담했다. 철군을 촉진하기 위해 고르바초프는 레이건에게 무자헤딘에 대한 미국의 지원을 중단할 것을 요청했다. 레이건은 이 요청을 회피했다. 다음 날 고르바초프는 조지 부시 부통령에게 반란자들에 대한 지원을 중지하라고 간청했다. "미국이 지원을 계속하고 있는데도 우리가 병력을 철수하기 시작하면, 아프가니스탄에서 유혈 전쟁이 야기될 것입니다"라고 고르바초프는 경고했다. 소련과 미국은 아프가니스탄에서 공동의 이해관계가 있었다. 즉 소련군이 철수한 뒤 아프가니스탄이 혼란에 빠지지 않도록 하고, 잠재적으로 위험한 이슬람 정권이 들어서는 것을 막는 일이 그것이었다. 그러나 CIA의 무자헤딘 지원 비밀 프로그램인 '사이클론 작전'은 레이건 행정부가 그냥 포기하기에는 너무 성공적이었으며, 소련군은 여전히 아프가니스탄에 남아 있었다. 레이건이 아프가니스탄을 대對모스크바 무기로 이용하려고 결심함에 따라 워싱턴은 강경한 협상을 밀어붙이며 고르바초프의 타협 시도를 사실상 비난했다. 소련군이 철수를 서두를 가능성도 없고, 아프가니스탄이 무정부 상태에 빠질 위험도 없는 상태에서 백악관은 움직이지 않을 것이었다.[25]

소련군은 1989년 1월 23일에 마지막으로 대규모 공격을 개시했다. '태풍 작전Operation Typhoon'은 소련군에게 판지시르 계곡의 마수드 세력을 마지막으로 한 번 궤멸시켜 달라고 요청한 나지불라에게 주는 작별 선물이었다. 많은 소련군 장교가 무용하고 불필요하게 파괴적이라며 작전에 반대했지만, 크렘린은 이를 묵인했다. 러시아인들은 민간인들에게 피난을 가라고 요청한 뒤 대포와 항공기로 계곡에 맹공격을 퍼부어 건물을 박살 내고 도로변의 마을을 파괴했다. 마수드와 그의 전사 대부분은 살아남았고, 소련군 병사들은 작전, 더 나아가 전쟁의 궁극적인 목적이 무엇인지 궁금해졌다. 한 소련 장군은 훗날 다음과 같이 썼다. "사흘 밤낮은 마치 거울처럼 거의 10년간의 전쟁을 비췄다. 정치적 냉소와 군사적 잔혹함, 일부의 절대적인 무방비 상태, 다른 편을 죽이고 파괴해야 할 병적인 필요. 10년 동안의 살육이 끔찍한 사흘 속으로 전부 흡수되었다."[26]

3주 후 마지막 소련 장갑차가 아무다리야 다리를 건넜고, 이는 소련-아프가니스탄 전쟁의 종결을 의미했다. 소련 관리들은 9년간의 충돌로 거의 1만 5000명의 병사가 사망했고, 5만 명 이상이 다쳤다고 보고했다. 일부 보고에서는 사상자가 이보다 훨씬 많다고 주장했다. 무자헤딘 사망자의 개략적인 추산은 7만 5000명에서 시작하는데, 최소한 그만큼 많은 무자헤딘이 부상당했다. 총사상자 수에 대한 평가는 사망자가 60만 명에서 150만 명에 이르며, 부상자가 300만 명에 달하는 것으로 추정한다. 약 500만 명의 아프가니스탄인들이 나라를 떠났고, 200만 명이 국내에서 난민 신세가 되었다.[27]

소련에게는 전쟁이 끝났지만, 아프가니스탄의 시련은 이제 막 시작되었다. 지난 봄에 작성된 보고서에서 CIA는 소련군이 떠나면 나지불라의 정권이 오래가지 못할 것이라고 예측했다. "우리는 [새 정권이] 처음에는 문서가 카불과 지도자들의 본거지를 넘어 멀리까지 이르지 못할, 전통주의 그룹과 근본주의 그룹의 불안정한 연합일 거라고 믿는다." 이 새로운 아프가니스탄 지도자들은 "이슬람적, 아마도 매우 근본주의적이지만 이란만큼 극단적이지는 않을 (…)" 거라고 CIA는 경고했다. "우리는 새 정부가 서방 지향적일지 확신할 수 없다. 새 정부는 기껏해야 양가적兩價的일 것이며, 최악의 경우 특히 미국에 대해 매우 적대적일 것이다." 또한 "어떤 안정된 중앙정부도 카불에서 등장하지 못할" 가능성도 있다고 분석관들은 경고했다. 그들은 다음과 같이 예측했다. 이런 일이 일어난다면, "아프가니스탄은 어떤 실질적인 중앙정부도 없고, 지역 군사 지도자들이 서로 싸우고 수도에서 패권을 차지하기 위해 경쟁하는 레바논 같은 국가로 진화할 수도 있다."[28] 봄의 해빙이 눈 덮인 산길을 녹이고 경쟁하는 무자헤딘 파벌들이 카불과도 싸울 뿐 아니라 서로 싸우는 새로운 전투 시즌을 준비하자, CIA의 끔찍한 예측이 실현될 것처럼 보였다. 그러나 소련군이 떠나가자 외부 세계는 대부분 아프가니스탄을 외면했다.

무기 밀수업자, 해적, 군사 지도자, 총기 소지자들

냉전 말기의 중동 갈등이 마침내 종언을 고하기 전에 마지막 한 차례의 전투가 남았다.

거의 14년 동안 전쟁이 지속된 후 레바논의 전투원들은 탈진 상태에 다가섰다. 하지만 종파의 원한이 계속 곪아 터졌다. 1988년 9월에, 물러나는 대통령 아민 제마엘은 재임 중인 총리 셀림 아흐메드 호스[14]를 해임하고—총리직이 수니파인 호스에게 넘어가기보다—마론파 기독교도가 레바논의 국가수반이 되도록 미셸 나임 아운[15] 장군을 총리직에 임명했다. 아운은 군사 내각을 구성하고 새 정부의 수립을 발표했다. 호스는 해임을 거부하고 자신이 합법적인 레바논 총리임을 고집했다. 거의 15년 동안 이어진 내전 이후 레바논은 서로 경쟁하는 두 개의 정부를 갖게 되었다.[29] 아운은 레바논을 자신의 통치하에 재통합하고 시리아군을 레바논에서 축출하기로 결심했다. 이

---

14) Selim Ahmed Hoss(1929~). 레바논의 정치인. 1976~1980년, 1987~1990년, 1998~2000년에 레바논 총리를 역임했으며, 1988~1989년에는 대통령 권한대행을 했다.

15) Michel Naim Aoun(1933~). 레바논의 군인, 정치인. 1984~1989년 레바논군 사령관, 1988~1990년 총리, 2016~2022년 대통령으로 재임했다.

를 위해 아운은 1989년 3월 14일, 레바논 내의 외국 군대를 상대로 "해방 전쟁"을 선포했다. 시리아 부대는 아운의 영토에 대한 봉쇄와 아운의 비축 석유 80퍼센트를 파괴한 격렬한 대포 공격으로 이에 대응했다. 아운은 자기 군대의 화포로 반격을 가해 베카 계곡의 시리아 기지들에 상당한 손상을 입힐 수 있었는데, 화포의 많은 부분은 미국과 이스라엘로부터 획득한 것이었다. 시리아군의 포탄이 서베이루트에 비 오듯 쏟아지자, 피난민들이 떼를 지어 지구를 버리고 많은 이들이 떠나왔던 곳인 남레바논으로 돌아갔다. 일상생활이 중단됨에 따라 남은 사람들은 지하로 몸을 피했다.[30]

10월에 레바논 국민회의—1975년 내전이 시작되고 나서 의회 선거를 치른 적이 없었다—의 살아남은 의원 58명이 리야드, 워싱턴, 아랍연맹의 지지를 받아 사우디아라비아의 타이프에서 회동했다. 그들이 할 일은 1943년 이래 레바논의 종파 권력관계의 기반이었던 '국민협정'[16]을 개정하는 것이었다. 그 결과 맺어진 타이프 협정은 정치 권력을 재편해 무슬림 국민의 증가를 반영하고 레바논이 아랍 세계

---

16) National Pact. 시아파, 수니파, 마론파 지도부 사이의 협상 이후 다종파 국가로서 레바논의 토대를 놓았던 불문 협정. 1943년에 체결되었다. 협정의 핵심 사항은 다음과 같다. (1) 마론파 기독교도는 서방의 개입을 모색하지 않으며, 레바논이 아랍의 특성을 갖는 것을 인정한다. (2) 무슬림은 시리아와의 통합에 대한 열망을 포기한다. (3) 공화국의 대통령과 레바논군 사령관은 항상 마론파 가톨릭교도다. (4) 공화국 총리는 항상 수니파 무슬림이다. (5) 의회 의장은 항상 시아파 무슬림이다. (6) 의회의 부의장과 부총리는 항상 그리스정교 기독교도다. (7) 군 참모총장은 항상 드루즈파다. (8) 레바논 의회는 항상 기독교도 대 무슬림(과 드루즈파)의 비율이 6대 5다.

에 확고히 뿌리 내린 국가라고 선언했다. 하지만 마론파의 중요성을 인정하여 협정은 레바논이 "모든 시민의 최후의 고국"으로 남을 것임을 강조했다. 이 문서는 또 종파 시스템의 궁극적인 폐기를 요구했으나, 폐기의 일정을 정하지 않았다. 협정은 레바논군을 도와 새 정부의 권위를 세우고 양국 간의 "특별한 관계"를 인정하는 데 있어 다마스쿠스에게 공식적인 역할을 부여하는 등 레바논에서 시리아의 영향력을 함축적으로 수용했다. 끝으로, 타이프 협정은 모든 종파 민병대의 해산과 무장해제를 요청하면서 군사력을 국가 수중에 집중했다. 헤즈볼라는 협정에 서명했지만, 남레바논에서 군사력을 유지했다. 그들은 이스라엘의 점령에 맞서 무장 저항을 계속하기 위해 이 조치가 필수적이라고 정당화했다.[31]

1989년 말에 한 주요 세력만이 타이프 협정에 여전히 반대했다. 미셸 아운이었다. 아운 장군이 타이프를 레바논 주권의 침해이자 "썩은 정권의 수선"이라고 비난하며 거부하자, 많은 기독교도 국민이 환호했다. 하지만 장군에 맞서 국제 연합군이 형성되고 있었다. 1990년 8월, 이라크군이 쿠웨이트를 침공했고 세계는 즉각 격렬하게 항의했다. 미국이 국제 연합군을 결성해 이라크를 공격하자, 아운은 남아 있던 마지막 외국 지지 세력 중 하나를 잃었다. 워싱턴과 다마스쿠스는 바그다드의 정권을 반대하는 데 공통의 이유를 발견했고, 아사드는 레바논을 다루는 데 좀 더 자유로운 처지에 있었다. 결국 장군을 분쇄한 것은 시리아일 터였다.

1990년 10월 13일, 시리아 군용기가 바브다의 대통령궁에 타격을 가하는 동안 시리아 지상군이 아운의 군대를 공격하기 위해 일제히 움직였다. 아운은 시리아군이 레바논 방어군을 학살하는 것을 보고—머리에 총을 맞고 처형된 병사들의 시신 73구가 병원 한곳에 이송되었다—운이 다했음을 깨달았다. 아사드의 군대가 대통령궁을 장악하자, 장군은 자신의 부대에 항복하라고 명령하고 바브다를 빠져나와 프랑스 대사관으로 피신했다. 15년 만에 내전이 마침내 끝났다.[32]

15년 동안 레바논은 이 작은 나라를 움켜쥐기 위해 만인이 만인을 상대로 전쟁을 벌이는, 일종의 홉스의 악몽[17)]처럼 보였다. 한 역사가가 언급했듯이, 가장 격렬한 전투의 많은 부분은 같은 종파 내의 서로 경쟁하는 민병대 사이에서 발생했다. 제마엘의 팔랑헤당 당원들은 샤문의 호랑이들을 살육했다. 팔레스타인해방기구는 사이카와 싸웠다. 아말과 헤즈볼라는 서로 잔혹한 전쟁을 벌였다.[33] 이 시기 동안 레바논의 중앙정부는 많은 기본 기능을 수행하지 못했다. 국민들이 서로 교전하는 인종 구역들로 분열하면서 경쟁하는 경제 단위들이 등장했다. 군사 지도자들과 민병대 통치가 대두하고, 이와 맞물려 불법 경제가 레바논 전역으로 확산했다. 1980년대 초에 레바논은 지구적 마약 거래에서 선도국이 되었다. 비옥한 베카 계곡의 경작지 중 40퍼센트에 이르는 땅에서 대마와 아편 같은 마약을 재배했다. 일부 평가는 레바논이 생산한 마약의 시장 가치를 1500억 달러로 추산했다. 지중해 연안의 항구들은 무기 밀수업자, 마약 밀매업자, 해적들의

---

17) 영국의 정치철학자 토머스 홉스(Thomas Hobbes)는 《리바이어던》(1651)에서 자연을 만인에 대한 만인의 투쟁 상태로 상정하고, 이로부터 자연권 확보를 위해 사회계약에 의해서 리바이어던과 같은 강력한 국가권력이 발생했다고 주장했다.

천국이 되었다. 레바논의 암시장에서는 면세 담배부터 헤로인, AK-47, 밀수 가축에 이르기까지 온갖 물품이 거래되었다. 이 무법 분위기는 운전사들이 큰 도로에 설치된 경쟁 민병대의 검문소에서 "통행료"를 물어야 하는 대도시로 확산했다. 1980년대의 레바논은 밀수업자, 해적, 군사 지도자, 총기 소지자가 통치하는 나라가 되면서 국가 주변화의 위험을 보여주는 강력한 사례가 되었다.[34]

소련이 금방이라도 무너져 내릴 것 같은 바로 그 순간에 레바논, 아프가니스탄, 이란-이라크에서 전쟁이 마무리되면서 냉전 시대의 마지막 대량 폭력 단계가 끝났다. 1980년대의 중동 전쟁들은 종파주의가 개발 도상 세계에서 혁명 정치의 기본 동력으로 세속적 해방을 대체하는, 새로운 유형의 충돌을 예고했다. 레바논의 공동체 폭력, 1979년 이란 혁명의 충격, 아프가니스탄 무자헤딘 세력의 성장은 인종-종교 이념의 부활이 동서 갈등이라는 냉전 정치를 어느 정도 덮어 버렸는지를 잘 보여주었다. 냉전 말기에 중동에서 충돌이 일어나면서 지역적 힘의 균형이 결정적으로 미국에 유리하게 기울었다. 1980년대 말부터 워싱턴은 중동에서 의심의 여지 없이 영향력이 가장 큰 외부 세력이 되었다.

그러나 이 승리의 대가는 여전히 불분명했다. 1980년대에 미국 지도자들은 소련에 맞선 냉전 투쟁에서 호전적인 이슬람 세력을 동원했다. 미국의 관리들이 알고 있었듯이, 이 그룹들은 미국의 이해관계에 거의 우호적이지 않았고, 소련이 철수한 뒤 그들이 자신들의 분노를 워싱턴으로 돌리는 데 주저할 거라고 믿을 이유는 없었다. 1989년 아프가니스탄에서 소련이 전쟁을 끝내려 하던 바로 그때, 파키스탄 총리 베나지르 부토[18]는 조지 H. W. 부시에게 워싱턴이 호전적 이슬람을 지지하는 것의 위험에 대해 다음과 같이 경고했다. "귀하는 프랑켄슈타인을 창조하고 있어요."[35] 이 세력이 얼마나 위험해질 것인지는 다음 세기 초까지 분명해지지 않을 터였다.

"우리는 그들의 머리를 장대에 매달 겁니다"

알카에다의 전사들이 세계무역센터와 펜타곤, 그리고 펜실베이니아주 생크스빌 외곽의 들판에 여객기를 충돌시킨 지 이틀 후인 2001년 9월 13일, 코퍼 블랙Cofer Black은 조지 워커 부시[19] 대통령과 회의를 하기 위해 백악관 상황실에 앉아 있었다. 51세의 중앙정보국 대對테러리즘 센터장 블랙은 급진적 이슬람 그룹 알카에다와 전쟁을 준비하며 2년을 보냈다. 블랙은 전 세계의 알카에다 요원들을 가차 없이 공격해 가능한 한 많은 전사를 죽이는 것을 목표로 삼는 계획을 설명했다. 그는 대통령에게 "우리가 그놈들을 끝장내면, 그들의 눈알 위로 파리들이 걸어 다닐 겁니다"라고 말했다. 블랙의 섬뜩한 말은 대통령의 국가안보 자문관들의 심정에 와 닿았다. 자문관들 중 많은 이가 냉철한 외교가 폭력적인 군사적 충돌을 덮어 가렸던 냉전 시대

---

18) Benazir Bhutto(1953~2007). 파키스탄의 정치인. 줄피카르 알리 부토 전 총리의 딸로, 1988~1990년, 1993~1996년에 파키스탄 총리를 지냈다.

19) George Walker Bush(1946~). 미국의 정치인. 1989~1993년에 미국 대통령을 지낸 조지 H. W. 부시의 장남으로 2001~2008년에 대통령으로 재임했다.

에 성년을 맞이한 사람들이었다. 미국은 이제 대부분의 자문관이 기억하는 지난 시절의 대對소련 전쟁과는 유형이 다른 전쟁을 시작할 것이었다. 그것은 특수작전부대가 중심이 되는 충돌일 것이고, 핵 외교와 경제적 경쟁 같은 문제보다는 살해를 목표로 삼았다. 블랙은 나중에 이렇게 설명했다. "우리는 그들을 죽일 겁니다. 우리는 그들의 머리를 장대에 매달 겁니다."[36]

이른바 지구적인 테러와의 전쟁을 설계한 사람들 중 많은 이에게 다가올 전투는 확실히 매우 친숙했던 싸움이었던 같다. 국무장관 콜린 루서 파월[20)]과 국방장관 도널드 럼즈펠드 같은 사람들이 그들의 경력 첫 수십 년을 소련과의 대결을 준비하면서 보냈던 반면, 알카에다와 이와 비슷한 그룹들을 상대로 이 새로운 투쟁의 최전선을 담당한 사람들은 종종 냉전의 킬링필드, 즉 용병, 게릴라, 딱딱하게 굳은 얼굴의 군인들이 싸우던 잔혹한 충돌, 세계 곳곳의 오지에서 수십만 명을 죽이던 바로 그 충돌의 현장을 누비곤 하던 베테랑들이었다.

그레고리 W. 보글[21)](암호명 '거미')은 2002년 '아나콘다 작전'[22)] 동안 아프가니스탄에서 알카에다 및 탈레반[23)] 전사들을 상대로 CIA가

---

20) Colin Luther Powell(1937~2021) 미국의 군인, 정치인. 2001~2005년 미국에서 아프리카계 미국인 사상 최초로 국무장관을 지냈다.

21) Gregory W. Vogle(1958~). 미국의 정보 요원. 2015~2017년에 국가비밀정보국(National Clandestine Service) 국장을 지냈다.

22) Operation Anaconda. 2002년 3월 초 조르마트 남동부의 샤히코트 계곡과 아르마 산악 지대에서 알카에다와 탈레반 세력을 파괴하기 위해 CIA가 벌인 군사 작전.

23) Taliban. 파키스탄 북부 및 아프가니스탄 남부에 거주하는 파슈툰족에 근

벌인 전쟁을 조율하는 데 도움을 주었다. 중앙아메리카에서 CIA의 준군사 그룹과 함께 근무한 전 해병대원 보글은 또 소련-아프가니스탄 전쟁 동안 아프가니스탄 무자헤딘을 훈련시키는 일도 했다.[37] CIA의 또 다른 준군사 부대원인 마이클 조지 비커스[24)]는 펜타곤의 요직을 맡아 워싱턴의 지구적인 테러와의 전쟁을 기획하는 일을 도왔다. 그레나다 침공의 베테랑인 비커스는 아프가니스탄에서 CIA의 대對소련 비밀 전쟁의 "주요 전략가"로서 활약했다. 《워싱턴 포스트》는 냉전 동안 비커스는 그린베레로 훈련받은 뒤 "소형 핵무기를 다리에 차고 적지에 낙하하여 그것을 붉은 군대의 진격을 중지시킬 수 있는 장소에 설치했다"라고 보도했다.[38] 이전 시대의 초강대국 투쟁으로부터 탈피하기는커녕 이 새로운 전쟁은 그 내부에 확고히 뿌리를 내렸다.

그러나 이 먼 전장에서 싸우면서 성년이 된 전사들은 보글과 비커스만이 아니었다. 1989년 봄, 요르단 자르카 출신의 젊은 불량배가 아프가니스탄으로 향했다. 소련군에 맞선 지하드에 참여하라는 어머니의 격려를 받은 아부 무사브 알자르카위[25)]는 너무 늦게 도착하는

거를 두고 출발한 반란자 그룹. 탈레반은 파슈토어로 '학생들'이라는 의미이며, 아랍어 어원의 단어 탈리브의 주격 복수 형태다. 1990년대 중반에 활동을 시작했으며, 지도자 무함마드 오마르를 중심으로 결속해 1997년 정권을 장악하고 2001년 미국의 공격으로 축출되기까지 아프가니스탄을 통치했다.

24) Michael George Vickers(1953~). 미국의 국방부 관리. 2007~2011년 특수작전 및 저강도 갈등 담당 국방부 차관보, 2011~2015년 정보 담당 국방부 차관을 역임했다.

25) Abu Musab al-Zarqawi(1966~2006). 요르단 태생의 살라프파 테러리스트. 이라크의 무장단체인 '유일신과 성전'(후에 이름을 '알카에다 이라크 지부'로 바꿨다)

바람에 막 떠나버린 소련군을 상대로 어떤 싸움도 할 수가 없었다. 그 대신 자르카위는 지하디스트 잡지에 글을 쓰는 문필가가 되었다. 어릴 때 새겼던 문신을 부끄러워한 자르카위는 동료 전사들 사이에서 소매가 긴 옷을 입었다. 자르카위는 팍티야와 호스트에서 무자헤딘 그룹과 함께 싸운 뒤 1990년대 초 어느 땐가 요르단으로 돌아갔다. 아프가니스탄 전쟁의 다른 아랍 베테랑들처럼 자르카위는 고국인 요르단에서도 지하드를 수행하고자 했다. 하지만 요르단 당국은 낌새를 알아채고 그를 1990년대의 대부분 동안 감옥에 있게 했다. 1999년 요르단 정권이 일반 사면을 선언한 뒤 자르카위는 암만 래디슨 호텔을 폭탄으로 공격하려다 실패했다. 그런 뒤 자르카위는 파키스탄과 아프가니스탄으로 도피했고, 그곳에서 아프가니스탄 산악 지대에서 소련군과 싸우며 성년이 되었던 또 다른 지하디스트 오사마 빈 라덴과 연결되었다.[39] 이 사우디아라비아 전사는 전쟁이 끝난 뒤 매우 분주하게 지내면서, 세계에서 가장 유명한 이슬람 혁명가 중 한 사람이 되었다. 1990년대 동안 빈 라덴은 재력을 이용해 자신의 조직인 알카에다를 전투적 이슬람 세계의 주요한 행위자로 성장시켰다. 빈 라덴은 또 중동에서 가장 중요한 외부 강대국이자 사우디아라비아, 이집트, 이스라엘 같은 정권들의 핵심 지지국인 미국을 이 지역에서 더욱 광범위한 이슬람 혁명을 일으키는 데 주된 장애물로 보게 되었다. 알카에다는 미국의 영향력을 지역에서 쫓아내기 위해 1990

을 지휘해 자폭 테러, 외국인 납치와 살해 등을 주도했다. 2006년 6월 7일 미군의 공습을 받고 일곱 명의 다른 보좌진과 함께 사망했다.

년대에 일련의 공격을 단행했다. 1998년에 탄자니아 다르 에스 살람과 케냐 나이로비의 미국 대사관들을 폭탄 공격한 것과 2000년에 예멘의 아덴 연안에 있던 USS 콜호에 공격을 가한 것이 그런 것들이었다. 빈 라덴과 동지들은 아프가니스탄에서 사우디아라비아로 갔다가 수단으로 이동한 뒤, 1996년에 아프가니스탄으로 돌아왔다.

지금까지 어떤 연구자도 워싱턴과 빈 라덴, 마찬가지로 자르카위 사이에 직접적인 연결이 있다는 증거를 제시하지 못했다. 증거의 대부분이 CIA와 미래의 알카에다, 그리고 '이라크 시리아 이슬람 국가'[26]의 지도자들이 소련의 아프가니스탄 점령 동안 서로 소통하지 않았음을 시사한다. 미국 관리들은 무자헤딘과의 직접적인 접촉을 파키스탄 삼군통합정보부에 맡기는 경향이 있었고, 빈 라덴도 자르카위도 당시 워싱턴의 주의를 크게 끌 만큼 중요한 인물이 아니었을 것이다. 그럼에도 아프가니스탄에서 미국과 소련이 수행한 작전들은 냉전이 쇠퇴하던 시기에 지구적 지하디스트 운동이 대두하는 토대를 놓았다. 마찬가지로, 레이건 시대에 카터의 신속전개 합동 특수임무부대를 이어받은 중부사령부가 선봉에 섰던 미국의 이라크 침공은 '이라크 시리아 이슬람 국가'가 대두하는 조건을 창출했다.

---

26) Islamic State of Iraq and Syria, ISIS. '이슬람 국가(IS)', '이라크 시리아 레반트 국가(ISIL)'라고도 한다. 2014년부터 2017년까지 북부 이라크와 동부 시리아를 점령하고 국가를 자처했던 극단적인 수니파 이슬람 원리주의 무장단체다. 시아파 세속주의 정권이 집권하고 있는 시리아와 이라크의 영토를 무력으로 정복해 수니파 이슬람 근본주의 국가를 건설하는 것을 목표로 한다.

냉전은 아프가니스탄과 궁극적으로는 더 넓은 중동 지역을 커져가는 지구적 지하디스트 운동의 중심으로 바꿔 놓았다. 소련군의 철수 이후 아프가니스탄을 집어삼킨 대혼란은 아프가니스탄을 이슬람 혁명 전사들을 키워내는 이상적인 번식지로 탈바꿈시키는 데 일조했다. 알카에다의 리더십, 이념, 기반 구조가 소련이 아프가니스탄에서 벌인 전쟁의 잿더미로부터 탄생했다. 자르카위는 아프가니스탄에서 자신이 경험한 배경을 바탕으로 미국 점령의 이라크 내에서 종국적으로 이라크 시리아 이슬람 국가로 발전할 지하디스트 그룹을 형성할 터였다. 알카에다가 세계적 규모로 이슬람 반란을 일으키고, 9월 11일 공격 이후 미국이 테러와의 전쟁을 개시하면서 빈 라덴·자르카위·비커스·보글 같은 인물들이 새로운 지구적 충돌에서 지휘부 자리를 차지했다. 초강대국 투쟁의 이면에서 활약하던 어둠의 전사들이 이제 밝은 세상으로 나왔다. 냉전의 전장에서 부주의하게 행동하던 미국은 이제 큰 대가를 치를 것이었다.

결론

냉전의 킬링필드가 남겨 놓은 것들

냉전이 급진화된 제3세계 국가들의 새로운 시스템을 등장시킨 도가니였다고 말하는 것은 전혀 과장이 아니다. 1945년 이후의 수십 년은 500년간의 유럽 식민 팽창 시대를 종결시켰다. 유럽의 강대국들이 후퇴하자 그들을 이어받은 두 개의 제국이 제국 이후 세계 질서에 대한 통제권을 두고 서로 싸웠다. 미국도 소련도 이전 시대의 식민주의를 재건하려고 하지는 않았으나, 양국은 각자 자신의 사회정치 시스템이 새로운 시대를 지배하기를 바랐다. 두 나라의 경쟁이 만들어 낸 냉전은 세계의 많은 부분에서 폭력 사태를 낳았는데, 유라시아의 남부 국가군보다 더 심한 곳은 없었다. 그러나 초강대국 투쟁이 세계정세를 지배하던 바로 그때에도 유라시아 주변부에서 다수의 지역 도전자들이 나타나 말과 무기로 냉전 패러다임과 겨루었다. 이 국지적 반란들—베이징, 하노이, 테헤란 주위에 집중했으나 그것들을 넘어 먼 곳까지 도달한—은 냉전의 최전선을 개발 도상 세계로 끌어들였고, 그렇게 함으로써 20세기가 마감할 즈음에 국제 정세의 풍경을 근본적으로 바꿔 놓았다.

동아시아 공세는 1945년부터 1954년 사이에 중국, 한국, 인도네시아로 돌진했고, 제2차 세계대전 이후 세계 권력의 진정한 경쟁자로서 지구적 공산주의 운동이 매우 충격적으로 대두했음을 알렸다. 그러나 이 운동의 기둥인 모스크바와 베이징은 그들의 동맹을 유지시킬 능력이 없는 것으로 드러났다. 1961년부터 1979년 사이에 대량 폭력의 두 번째 물결이 거세게 몰아치는 동안 지구적 공산주의가 몰락했다. 베트남, 인도네시아, 캄보디아, 방글라데시에서 잇달아 벌어진 전쟁들은 남아시아와 동남아시아를 황폐화하며, 아시아의 공산주의 연대를 파괴하고 아시아에서 30년 동안 마르크스주의가 거뒀던 승리들을 끝냈다. 그러나 아시아의 공산주의 혁명이 파산하던 바로 그때, 새로운 유형의 혁명가들이 앞으로 나서 제3세계를 위한 전투를 계속했다. 냉전의 세 번째 대량 폭력의 물결은 레바논, 이란, 아프가니스탄에서 인종-종교 전사들이 혁명의 새로운 얼굴로 등장했던 1975년부터 1990년 사이에 중앙 이슬람 세계를 소진시켰다.

워싱턴이 공산주의에 맞서 수십 년 동안 벌였던 전쟁은 제3세계의 많은 지역에서 세속적 해방운동을 심각하게 손상했다. 그렇게 하면서 미국의 냉전정책은 포스트식민주의 세계의 많은 지역에서 인종·종파 정치의 주요 대안을 파괴하는 데 일조했다. 미국 지도자들은 좌익 혁명가들에 맞선 그들의 전투가 자유자본주의를 유일하게 실행 가능한 정치적 대안으로 남겨둘 거라고 믿었다. 그들은 잘못 생각했다. 냉전의 마지막 수십 년 동안 새로운 세대의 전사들은 인종적·종교적 폭력을 제3세계 혁명을 수행하는 수단으로 수용하기로 했다. 더구나 이란 혁명 이후에도 미국 관리들은 공산주의와의 냉전 투쟁에서 무자헤딘 같은 종교적 전사들의 힘을 이용할 수 있다고 믿었다. 초강대국 투쟁이 끝난 뒤에야 비로소 미국 지도자들은 자신들이 이제는 통제할 수 없는 어떤 존재를 풀어놓는 데 일조했음을 깨달았다.

1945년 이후 시대 내내 미국은 공산주의를 막는 방어벽으로서 권위주의자들과 종교 세력의 환심을 사려 했다. 미국 지도자들은 여러 사례에서 잇달아 제3세계 동맹자들에게서 민주주의보다 반공주의를 우선시했다. 그와 동시에 소련과 중국의 제3세계 정책은 포스트식민주의 혁명가들을 온건한 사회주의로부터 떼어내 좀 더 급진적인 형태의 마르크스주의 사상으로 향하게 했다. 동아시아 공세는 베이징, 타이베이, 평양, 서울, 하노이, 사이공 같은 곳에 고도로 군사화된 일련의 공산주의 정권과 권위주의 독재 체제를 남겼다. 마찬가지로 하노이·미국·소련·중국이 지역 충돌에 자원을 쏟아붓는 가운데, 인도-아시아의 대학살은 하노이·사이공·자카르타·프놈펜·이슬라마바드의 군사정권들을 지탱해 주었다. 그리고 대대적인 종파 반란의 전쟁들은 레바논, 이란, 아프가니스탄에서 전투적 그룹들을 급진화하는 데 도움을 주었고, 그와 동시에 이스라엘·시리아·이라크·파키스탄의 군사화된 정권들을 더욱 튼튼하게 만들었다. 이런 식으로 포스트식민주의 세계 전역에서 맹렬하게 진행된 충돌들에 미국과 소련이 퍼부은 군사적·정치적·재정적 지원은 온건파를 파멸시키고 세계의 사회들을 급진화하는 데 일조했다.

제3세계의 황폐화가 낳은 결과는 워싱턴과 모스크바에서 대체로 간과되었다. 초강대국 대결이 서서히 진정되자 고르바초프도, 조지 H. W. 부시 대통령도 새로운 포스트냉전 세계를 구상했다. 고르바초프는 소련이 지구적 질서로 통합되기를 바랐던 반면, 부시에게는 다른 아이디어가 있었다. 1990년 9월 11일—9·11 공격이 있던 날의 11

년 전—부시 대통령이 의회에 출석해 '새로운 세계 질서'가 도래했음을 알리고, 최근에 벌어진 이라크의 쿠웨이트 침공에 맞서 일치된 행동을 취할 것을 요구했다. 부시는 비록 미국과 소련의 협력에 대해 이야기하긴 했지만, 미국이 지배하는 자유자본주의 국제 질서의 비전을 개괄적으로 설명했다. 냉전의 교훈이 분명했던 대부분의 미국인들은 부시의 아이디어에 공감했다. 자유세계와 공산주의 블록은 정면으로 대치하며 서로 싸웠고, 자유자본주의가 승리했다. 역사는 자유자본주의 사상이 지배할 상호 연결된 지구적 질서를 향해 가차 없이 나아가고 있었다. 정치이론가 프랜시스 후쿠야마[1]가 가장 분명하게 제시한 이 아이디어는 냉전에서 표면적으로 승리한 것을 축하하는 미국인들 사이에서 인기를 끌었다. 정부 안팎의 미국인들은 미국 우위의 새로운 시대, 미국이 도전받지 않는 초강대국으로 나설 일극적 세계 질서를 기대했다.

그러나 새뮤얼 헌팅턴[2]과 버나드 루이스[3] 같은 일부 학자들은 이른바 문명들 사이의 갈등이 이념 투쟁을 대체할 "문명들의 충돌"이 다가오고 있다고 경고했다. 언론인 로버트 캐플런[4]은 환경 붕괴, 질

---

1) Francis Fukuyama(1952~). 미국의 정치학자, 철학자. 인류의 역사는 최종적으로 "자유민주주의의 승리로 종결되었다"라고 평가한 저서《역사의 종언과 최후의 인간》(1992)으로 잘 알려져 있다.

2) Samuel Huntington(1927~2008). 미국의 정치학자. 냉전 이후의 세계 질서를 다룬《문명의 충돌》(1996)의 저자로 유명하다.

3) Bernard Lewis(1916~2018). 영국 태생의 미국 역사학자. 이슬람 역사와 중동에 정통한 연구자다.

4) Robert Kaplan(1952~). 미국의 언론인. 1994년《애틀랜틱 먼슬리》에 게재한

병, 종족 중심주의의 부활이 야기한 "다가오는 무정부 상태"에 대해 경고했다. 한편 역사가 존 루이스 개디스는 세계가 냉전의 교착상태가 낳은 "장기 평화"를 그리워하게 될 거라고 암시했다. 이 사상가들은 모두 냉전이 종교적·인종적 반목의 물결을 억제했다고 주장했다. 초강대국의 방어벽이 제거된 지금 바로 그 격렬한 힘이 세계를 향해 곧 분출할 것이었다. 헌팅턴, 루이스, 캐플런의 무서운 경고에도 불구하고, 세계는 1990년 이후 폭력 수준의 전반적인 감소를 경험했다. 옛 유고슬라비아 같은 몇몇 지역은 더욱 폭력적으로 되었다. 그러나 두 차례의 미국 침공과 10년간의 가혹한 제재, 수년간의 참혹한 내전을 겪은 이라크조차 1년 단위로 계산해 보면 1990년 이후의 사반세기 동안보다 이란-이라크 전쟁 동안 더 많은 사상자가 발생했다. 초강대국 대결은 충돌을 억제하기는커녕 실제로는 세계 전역에서 폭력의 확대를 부채질했다. 유고슬라비아, 그리고 르완다의 제노사이드[5]와 끔찍하게 폭력적이지만 대체로 무시된 제2차 콩고 전쟁[6]으로 황

〈다가오는 무정부 상태〉로 잘 알려졌다. 이 글에서 그는 원시주의와 문명들 사이의 투쟁이 현대 세계에서 갈등을 일으키는 원천이라고 보았다.

5) 1994년 아프리카 르완다에서 후투족이 투치족과 후투족 중도파를 집단 학살한 사건을 가리킨다. 4월 6일부터 7월 중순까지 100여 일 동안 최소 50만 명이 살해당했는데, 대부분의 평가는 80만 명에서 100만 명이 살해당했다고 추산한다.

6) Congo War. 1996년부터 2003년까지 아프리카의 콩고민주공화국을 중심으로 벌어진 두 차례의 전쟁을 가리킨다. 제1차 콩고 전쟁(1996~1998)과 제2차 콩고 전쟁(1998~2003)으로 나뉜다. 특히 제2차 콩고 전쟁은 아프리카의 여덟 개 국가와 25개 무장단체가 연관되어 아프리카의 세계대전으로 불리기도 한다. 사상자는 500만 명 안팎으로 알려져 있으나 자연 사망자, 기아 및 질병으로 인한 사망자가 뒤섞여 있어 정확한 수치를 알기가 어렵다.

폐화된 사하라 이남 아프리카를 예외로 하면, 포스트냉전 세계는 좀 더 평화적이었다.

사실, 제3세계의 수많은 인민에게 지난 50년의 교훈은 그리 간단한 것이 아니며, 1990년 이전 시대의 폭력과 이후 시대의 폭력의 구분이 그리 명확한 것도 아니었다. 비서방 세계의 많은 지역에 있는 사회들에 냉전 시대는 잔혹한 학살과 인종적·종파적 반목의 부활로 특징지어졌다. 반세기의 충돌은 포스트식민주의 세계 전역의 사회들을 급진화하고, 지구 전체에 심하게 군사화된 일련의 국가와 반란 그룹들을 남겨 놓았다. 게다가 냉전에서 미국이 승리함으로써 개발 도상 세계에서 진보로 향하는 실행 가능한 길로서의 세속적 좌익 혁명은 대체로 더 이상 가능하지 않게 되었다. 이러한 표면적인 승리에도 불구하고, 베트남전쟁, 이란-콘트라 스캔들, 수십 년 동안 이어진 제3세계 권위주의 정권에 대한 지원 같은 일화들은 관대한 초강대국으로서의 워싱턴의 이미지 또한 심각하게 훼손했다. 마찬가지로 도전받지 않는 미국의 군사적·경제적·문화적 지배의 전망은 세계의 많은 부분에 거의 호소력을 지니지 못했다. 그러므로 포스트냉전 세계에서 야심 찬 혁명가들이 미국의 우위를 거부하고 정치적 영감을 찾아 다른 곳을 바라본 것은 놀랄 일이 아니었다.

또한 1990년 이후 가장 큰 충돌 지역 중 대부분이 냉전 시대의 전장이었다는 사실도 우연의 일치가 아니었다. 부시의 새로운 세계 질서에 대한 가장 직접적인 도전은 사담 후세인의 이라크에서 제기되었다. 1990년에 이라크는 쿠웨이트를 침공했고, 이는 두 차례의 미국의 침공 중 첫 번째 침공을 촉발했다. 처음에 이긴 전쟁이라고 찬미

받은 미국의 전쟁은 이란의 힘을 상쇄하는 이라크의 능력을 무력화하고, 이라크를 지하디스트 그룹들의 안식처로 변모시켰다. 냉전 시대의 전임 대통령들처럼, 조지 W. 부시는 단일한 적이라는 신화를 믿었다. 공산주의 단일체라는 허구가 냉전 동안 워싱턴을 잘못 판단한 충돌로 이끌었다면, 알카에다와 바그다드 간의 협업에 대한 두려움이 미국을 이라크에서 두 번째로 처참한 전쟁을 치르도록 몰고 갔다. 그리고 크렘린이 세계 공산주의를 총체적으로 통제한다는 관념 때문에 미국 지도자들이 모스크바·베이징·하노이 같은 공산주의 정부들 사이의 긴장을 보지 못했듯이, 통일된 지구적 지하디스트 운동이라는 신화는 포스트냉전 세계의 혁명 세력들 사이에 존재하는 깊은 균열을 감췄다. 냉전 말기의 인종·종파 혁명가들은 공통의 환경에서 등장했으나, 서로 매우 다른 목표를 추구했다.

이라크처럼, 많은 21세기 전장은 미국이 중요한 냉전 승리를 거뒀던 곳이었다. 워싱턴은 한국에서 표면적으로 승리를 거뒀으나 38도선을 따라 높은 긴장의 시대가 시작되었다. 이 긴장은 북한의 공산주의 정권이 권력을 단단히 유지하면서 핵무기를 개발하고 서울을 상대로 전쟁을 재개하겠다고 위협하는 가운데, 다음 세기까지 줄곧 지속될 터였다. 마찬가지로, 그 자체로 냉전 책략의 산물인 이란의 신정 정권은 살아남아 핵무기를 개발하는 한편, 헤즈볼라 같은 전투적인 시아파 그룹에 자금을 댐으로써 이 지역 전체에 영향력을 행사하는 데 집중했다. 한편 인접국 아프가니스탄은 서로 경쟁하는 군사 지도자들이 소련과의 전쟁에서 남은 무기를 나라를 장악하는 싸움에 투입하면서, 1990년 이후 거의 무정부 상태로 빠져들었다. 1994년 스스로를 탈레반이라고 부르는 신학생 출신의 전사들이 이끄는 새로운 반란자 그룹이 일련의 공세 속에 입지를 강화하며 곧 카불로 나아갈 것이었다. 워싱턴이 거둔 냉전 승리들은 각각 이후의 대외 정책 과제를 위한 토대가 되었다. 그러므로 헌팅턴의 "문명들의 충돌"과 캐플런의 "다가오는 무정부 상태"는 냉전 대단원의 결과가 아니라 냉전 자체의 소산이었다.

역설적이게도 냉전 동안 미국에 가장 큰 패배를 안긴 베트남은 1990년 이후 중요한 파트너가 되었다. 1991년 초에 워싱턴과 하노이의 지도자들은 부상하는 중국의 힘에 직면해 두 국가를 예상 밖의 동맹국으로 남겨둘 관계 개선을 추구했다. 베이징의 포스트냉전 정책은, 이 공산주의 거인이 닉슨 시대에 맺은 워싱턴과의 관계 개선을 전략적 정략으로 여기고 있음을 시사했다. 1990년 이후 베이징은 포스트소비에트 러시아에 더 가까이 다가갔고, 세계정세에서 영향력을 확대하고자 하는 지난 수십 년간의 노력을 더욱 강화했다. 베이징은 남중국해에 자신의 영향력을 서서히 확장하고 군사력을 증강하며 개발 도상 세계의 국가들에 자문관을 보냈다. 한편, 워싱턴이 거둔 가장 큰 냉전 승리인 이른바 소련의 패배는 워싱턴과 모스크바 사이의 영속적인 관계 개선으로 이어지지는 않았다. 1999년 말, 전직 KGB 요원이 크렘린을 장악했다. 블라디미르 블라디미로비치 푸틴[7]

7) Vladimir VladimirovichPutin(1952~). 러시아 연방의 정치가. 1999년 러시아 대통령 보리스 옐친에 의해 총리로 지명되었으며, 그해 12월 31일 옐친이 사임하면서 총리로서 대통령직을 대행했다. 이듬해 3월 26일 열린 정식 대선에서 러시아의 대통령으로 당선하여 2008년까지 제2대 대통령직을 맡았다. 대통령직에서 물

은 모스크바의 제국의 영광을 되찾고 나토를 약화하며, 러시아의 가공할 군대를 이용해 옛 소비에트 공화국인 조지아와 우크라이나를 위협하고 중동에서 모스크바의 영향력을 확대하는 데 여념이 없는 것 같았다.

궁극적으로 포스트냉전 세계의 대혼란은 초강대국 투쟁에서 떠들썩하게 치켜세워진 워싱턴의 승리를 세계가 수용할 거라는 미국의 희망에 찬물을 끼얹었다. 오히려 포스트냉전 국제 질서의 폭력과 격변은 다른 역사로부터 자라났는데, 그 역사는 남부 아시아의 해방전쟁들에 뿌리가 있었다. 초강대국 투쟁이 제3세계에서 분출하는 데 일조했던 파괴적 동력은 냉전을 이겨내고 살아남아 21세기에 새로운 세대의 충돌을 위한 씨앗을 뿌렸다. 모든 것을 감안해 볼 때 이 충돌들은 냉전의 충돌들보다 덜 잔혹했다. 그럼에도 미국, 러시아, 중국의 새로운 경쟁은 이전 시대의 대리전 방식의 전쟁을 부활시킬 것 같았다.

제2차 세계대전 종전 이후의 반세기는 세계를 근본적으로 바꿔 놓았다. 미국, 유럽, 러시아에게 냉전은 마르크스주의의 혁명적 도전을 사실상 패배시켰고, 자본주의를 지배적인 정치·경제 시스템으로 남겨 놓았다. 그러나 제3세계에서는 사태가 전혀 다르게 끝났다. 제3세계에서 냉전은 유럽 식민주의를 파멸시키면서 수십 개의 독립국가들을 창출하는 동시에 2000만 명 이상을 죽이고 온건한 세속 민족주의의 힘을 파괴한 대량 폭력을 부채질하는 데 일조했다. 궁극적으

러난 뒤 드미트리 메드베데프 정권에서 총리를 지냈고, 2012년 3월 대통령 선거에서 3선에 성공하여 다시 대통령직을 수행하게 되었다.

로 두 이야기는 냉전 시대와 21세기 국제 질서를 이해하는 데 결정적으로 중요하다. 냉전의 킬링필드에서 저질러진 격렬한 폭력은 유럽의 장기 평화 못지않게 현대 세계의 형성에 주요한 요소였다.

감사의 글

나는 2012년에 이 책을 켄터키주 렉싱턴에서 시작해 6년 뒤 뉴욕에서 마무리했다. 그 과정에서 켄터키대학교와 컬럼비아대학교에서 수많은 방식으로 작업을 지지해 준 믿을 수 없을 정도로 훌륭한 동료, 학생, 친구들을 만나는 복을 누렸다. 그 결과 나는 무수한 빚을 지게 되었다.

나는 켄터키대학교의 역사학과와 예술과학대학뿐 아니라 컬럼비아대학교의 역사학과와 웨더헤드 동아시아연구소로부터 후한 재정적 지원을 받았다. 뉴욕대학교의 태미먼트 도서관, 오하이오주립대학교의 머숀 센터, 컬럼비아대학교의 역사학과, 텍사스대학교의 클레먼츠 센터, 미국 외교사가 협회 모두 이 책에 대한 나의 생각을 귀중한 비평을 제공한 박식한 청중과 함께 나눌 기회를 주었다.

나는 지난 6년 동안 동료, 학생들과 수십 차례 대화하면서 많은 덕을 보았는데, 이 책을 형성하는 데 자신의 생각을 나눠 준 모든 이들을 거명하는 일은 불가능할 것이다. 하지만 찰스 암스트롱Charles Armstrong, 피에르 아슬린Pierre Asselin, 네이트 시티노Nate Citino, 매슈 코널리Matthew Connelly, 닉 컬러서Nick Cullather, 크리스 디트리히Chris Dietrich, 앤 포스터Anne Foster, 프랭크 구리디Frank Guridy, 아이야즈 후세인Aiyaz Husain, 대니얼

임머와르Daniel Immerwahr, 오사마 할릴Osamah Khalil, 마크 로런스Mark Lawrence, 미치 러너Mitch Lerner, 더그 리틀Doug Little, 로렌츠 뤼티Lorenz Lüthi, 에드워드 밀러Edward Miller, 데버라 파레데즈Deborah Paredez, 코살 패스Kosal Path, 캐런 페트론Karen Petrone, 제러미 폽킨Jeremy Popkin, 알렉산더 포스터Alexander Poster, 마크 셀던Mark Selden, 제러미 수리Jeremy Suri, 애덤 투즈Adam Tooze, 오드 아르네 베스타Odd Arne Westad에게 특별히 감사의 말을 전한다.

여러 동료들이 이 책의 일부를 읽고 논평하는 아량을 베풀었다. 로함 알반디Roham Alvandi, 세스 안지스카Seth Anziska, 제프 번Jeff Byrne, 수전 퍼버Susan Ferber, 제임스 구드James Goode, 조지 헤링George Herring, 라이언 어윈Ryan Irwin, 라시드 할리디Rashid Khalidi, 엘리자베스 리크Elisabeth Leake, 로버트 맥마흔Robert McMahon, 앤드루 프레스턴Andrew Preston, 로브 라코브Rob Rakove, 브래들리 심프슨Bradley Simpson, 론 스펙터Ron Spector, 살림 야쿠브Salim Yaqub가 그들이다. 그들은 여러 오류로부터 나를 구했고, 이것을 훨씬 좋은 책으로 만들어 주었다. 몇몇 익명의 동료 평가자들 역시 매우 유익한 논평을 해주었다.

컬럼버스에서 함께 시간을 보낸 이래로 라이언 어윈은 언제나 지적인 동반자였고, 우리의 대화는 저술의 질을 크게 높였다. 마테오 파르자네Mateo Farzaneh, 누란 나비Nuran Nabi, 알리 아흐메드 지아우딘Ali Ahmed Ziauddin에게도 감사한다. 그들은 시간을 내어 이 책에서 논의한 일부 사건들에서 자신들이 어떤 경험을 했는지 내게 들려주었다. 앤드루 맥Andrew Mack 역시 특별히 언급할 만하다. 그는 서론에 실은 《인간 안전 보고Human Security Report》의 도표를 전재하는 것을 허락해 주었다. 이 책의 지도를 훌륭하게 디자인해 준 데이비드 린드로스David Lindroth에게도 깊은 감사를 전한다.

켄터키대학교의 '히스토리 122' 과목을 수강한 학생들은 내 강의에서 이 책의 초안이 작성되는 과정을 지켜보았다. 컬럼비아대학교에서 'UN 3490' 과목의 학생들은 거의 최종 형태로 이 책의 일부를 읽었다. 나는 학생들이 보여준 생각, 통찰, 관심에 대해 감사하며, 내가 학생들에게서 배운 만큼이나 학생들이 내게서 배웠기를 바란다.

나는 학자로서 활동을 계속하면 할수록 은사님들—닉 컬러서, 피터 한Peter Hanh, 로버트 맥마흔—에게 진 빚이 얼마나 큰지 더욱더 인정하게 된다. 켄터키주의 블루그래스 지역에 산재한 많은 양조장을 같이 찾아다닐 때 조지 헤링이 보여준 동료애가 그렇듯이, 조지 헤링과 도티 헤링Dottie Herring 역시 이 점에서 특별히 언급할 만하다. 나는 또 존 개디스에게도 깊이 감사하고 싶다. 그는 원고의 일부를 읽고 '장기 평화를 다시 생각하기'라는 이 책의 부제가 그의 저술이 가진 영속적인 중요성에 경의를 표하는 것이라고 올바르게 인정하면서 그렇게 부제를 다는 것을 너그럽게 승인해 주었다.

내 대리인인 존 라이트John Wright는 이 책이 제대로 모습을 갖추는데 다른 사람만큼이나 많은 기여를 했다. 그의 강인한 참을성과 현명한 충고에 깊은 고마움을 표한다. 하퍼콜린스HarperCollins사의 편집인 조너선 자오Jonathan Jao도 마찬가지로 참을성 있고 사려 깊은 것으로 밝혀졌다. 팀 더간Tim Duggan은 이 책의 가능성을 처음 본 사람이었다. 로저 래브리Roger Labrie는 놀랍도록 철저하게 원고를 검토했다. 제나 돌런Jenna Dolan은 원고를 또 한번 자세히 읽고 여러 잘못을 바로잡았다. 소피아 그룹먼Sofia Groopman과 에밀리 테일러Emily Taylor는 최종 원고를 정리하는 데 매우 큰 도움을 주었다.

가족들, 부모님인 톰과 코니, 형제 댄, 인척들인 바, 마, 디하이, 훙, 하이, 흐엉, 훙, 한, 히엔, 하리엔항(그리고 그들의 반쪽들), 아내이자 가장 친한 친구 리엔항—이 책을 그녀에게 바친다—그리고 끝으로 내가 지금까지 즐거운 마음으로 만났던 사람 중에 가장 매력적이지만 너무 빨리 커가고 있는 두 사람, 릴라와 미아에게 가장 큰 감사와 사랑을 전한다.

이 책은 폴 토머스 체임벌린Paul Thomas Chamberlin이 2018년에 출간한 *The Cold War's Killing Fields: Rethinking the Long Peace*를 전문 번역한 것이다. 이 책을 통해 우리나라의 독자들을 처음 본격적으로 만나게 될 저자 체임벌린은 2009년 오하이오 주립대학교에서 국제사 전공으로 박사학위를 받고 현재 컬럼비아 대학교 역사학과에서 식민지 폭력, 미국의 대외 관계, 제국의 역사 등과 관련된 강의와 연구를 활발히 지속하고 있는 미국의 중견 학자다. 이 연구서는 그의 두 번째 저서이며, 2012년에 발간된 첫 번째 저서《지구적 공세: 미국, 팔레스타인해방기구, 포스트냉전 질서의 형성The Global Offensive: The United States, the Palestine Liberation Organization, and the Making of the Post-Cold War Order》은 지난 냉전 시대에 팔레스타인해방기구PLO가 제3세계의 민족해방운동들 사이에서 어떻게 광범한 지지 네트워크를 구축하는지, 그리고 그것이 미국의 대외 관계와 아랍-아스라엘 갈등에 무슨 의미를 갖는지를 세밀히 고찰함으로써 팔레스타인 해방 투쟁의 역사를 국제적 시각에서 새롭게 살펴본 역저로 여러 관련 학계로부터 상찬을 받은 바 있다. 체임벌린의 두 번째 저서인 이 책은 한마디로 말해 팔레스타인 투쟁의 국제사를 통해 아시아 냉전의 한 측면을 분석하려는 이러한 전작의 노력을 아시아 전역에서 벌어진 주요 충돌로 확장해서 제3세계의 냉전을 새롭게 해석하려 한 것이다. 그는 대량 학살과 폭력이라는 현상을 매개로 20세기 후반 아시아 곳곳에서 불타올랐던 여러 전쟁을 하나의 분석 틀로 묶어 냉전의 세계사를 다시 쓰고자 하는 야심 찬 학문적 프로젝트를 시도했다.

이 저서에서 저자 체임벌린이 가진 문제의식은 아주 분명하다. 그것은 제2차 세계대전이 끝난 뒤 세계는 대체로 대규모 교전을 더는 찾아볼 수 없는 '장기 평화'의 냉전 시대에 진입하게 되었다고 일반적으로 말해지는데, 이는 아시아에 관한 한 완전히 잘못된 평가라는 것이다. 그렇기는커녕, 저자에 따르면 아시아에서는 1945년부터 1990년 사이에 여러 전쟁으로 그 상당수가 민간인인 2000만 명 이상의 사람들이 죽음을 면치 못하는 대규모 참극이 빚어졌다. 이 수치는 제2차 세계대전 종전 후 45년 동안 매일 약 1200명에 이르는 사람들이 국가 간이나 인종·종교 간의 극단적인 폭력적 충돌 속에 사망했음을 의미한다. 다시 말해 이는 베트남전쟁 중에 미군이 저질렀던 악명 높은 미라이 학살이 매일 세 번 이상 발생했음을 나타내며, 이런 맥락에서 보면 미라이 학살이나 한국전쟁 시기의 노근리 학살은 전쟁이라는 특수한 상황에서 벌어진 부수적이고 예외적인 현상이 전혀 아니었다.

물론 지금까지 많은 연구자가 냉전이라는 장기 평화는 북아메리카와 유럽에만 국한되었을 뿐, 바로 그 동일한 시기에 아시아, 아프리카, 라틴아메리카의 제3세계에서는 내전과 초강대국의 개입으로 끔찍한 열전이 거의 끊이지 않고 지속되었음을 지적해 왔다. 하지만 체임벌린은 이러한 기존의 연구 성과에 단순히 또 하나의 성과를 더하는 데 그치지 않는다. 체임벌린은 제3세계에서 벌어진 충돌들이 아프리카나 라틴아메리카보다는 아시아에서 무엇보다도 압도적으로 진행되었음을 밝히면서, 그 충돌들이 소련 및 중국의 국경 지대인 남부 아시아 '주변 지역rimland'을 따라 일정 시기별로 다음과 같이 크게 세 개의 전선을 형성하며 그 성격을 달리해 왔음을 특별히 강조한다.

이 책의 제1부에서 집중적으로 다뤄진 첫 번째 전선은 동아시아다. 이 지역에서는 1945년부터 1954년까지 중국, 한국, 프랑스령 인도차이나에서 크게 세 차례의 전쟁이 벌어지면서 500만~600만 명이 목숨을 잃었고, 일본 제국과 프랑스 제국의 식민주의로부터 해방된 주권국가를 수립하기 위해 '동아시아 공세'를 이끈 공산주의 세력이 결정적인 성공을 거뒀다. 그 과정에서 동아시아는 냉전 시기에 유럽 이외의 지역에서 처음으로 벌어진 주요 전쟁의 현장이 되었고, 특히 1949년에 성립한 중화인민공화국은 미국과 소련의 초강대국 대결에서 이제 핵심적인 역할을 하게 되었다. 1954년에 이 대대적인 한바탕의 공산주의 공세가 끝나면서 이후 전쟁은 교착상태에 빠지고 폭력의 규모는 크게 감소했지만, 상대적으로 평화로운 시기는 그리 오래가지 않았다. 1960년대 초에 아시아의 공산주의 혁명 세력이 모스크바와 베이징의 통제로부터 벗어나면서 두 번째 전선에서 대대적으로 자행된 새로운 폭력의 물결이 다시 고개를 들었다.

이 책의 제2부 주제인 두 번째 전선은 남아시아와 동남아시아가 주 무대다. 1964년부터 1979년 사이에 체임벌린이 '냉전 중기의 인도-아시아 대학살'이라고 이름 붙인 일련의 대규모 폭력 사태를 낳은 것은 미국이 본격적으로 개입한 베트남전쟁과 라오스 및 캄보디아로의 베트남전쟁의 확대, 인도네시아 공산당의 말살, 방글라데시 해방전쟁, 그리고 크메르 루주 정권의 민주캄푸치아가 자행한 제노사이드였다. 600만 명 이상의 사망자를 야기한 이 두 번째 대량 폭력의 시기는 중소 분열이 완성되고 중국과 베트남의 긴장이 고조되면서 지구적 공산주의의 연대는 물론이고 제3세계 공산주의 프로젝트 자체가 돌이킬 수 없이 완전히 파탄 난 시기이기도 했다.

1975년부터 1990년까지 지속된 마지막 세 번째 전선은 레바논과 이란, 아프가니스탄에서 성립했다. 이 책의 제3부에서는 1970년대 후반부터 냉전 말기까지의 이 기간 동안 서아시아와 서남아시아 지역에서 벌어진 레바논 내전, 이란 혁명, 소련-아프가니스탄 전쟁, 이란-이라크 전쟁을 세밀히 살펴봄으로써 어떤 국내적·국제적 요인이 또다시 수백만 명의 죽음을 초래하는 새로운 폭력의 물결을 야기하는지를 설득력 있게 보여준다. 체임벌린에 따르면, 세 번째 전선의 이 충돌들은 자본주의 근대화와 사회주의 근대화가 약속한 미래를 모두 철저히 거부하는 '대종파 반란'이다. 이 반란을 주도한 새로운 세대의 전사들은 자신들의 지지자들을 동원하기 위해 이제 이념이 아니라 인종적·종교적 정체성을 전면에 내걸었다. 미국과 소련은 혁명 세력의 이 근본적인 변화를 제대로 이해하지 못하고 여전히 오랫동안 유지되어 온 이념적 동서 갈등의 틀 안에서 상황을 바라봄으로써 폭력의 불길을 더욱 부채질했다. 게다가 이러한 초강대국들의 구태의연한 국제 정세 파악은 냉전 종결 이후에도 지구적 차원에서 지속적인 평화를 가져오지 못하고 새로운 종류의 정치·군사적 갈등과 인도주의적 위기 속에서 대량 폭력을 불러일으키는 토대를 놓았을 뿐이었다.

물론 20세기 후반 아시아에서 벌어진 여러 전쟁과 폭력 사태에 대한 이 체계적인 학문적 분석이 취약점이 전혀 없는 것은 아니다. 아마도 첫 번째 전선과 두 번째 전선 사이의 10년이라는 공백 기간을 전선의 성격 변화와 관련해 저자의 서술 구조에 어떻게 더 정밀하게 위치 지을 수 있을 것인지 의문을 제기할 수 있을 것이다. 또 1970년대 후반에 시작된 세 번째 전선의 기원은 1947년에 파키스탄이 분리되었던 인도의 분할까지 거슬러 올라간다고 주장할 수도 있을 것이다. 더 나아가 폭력의 중요성을 절대적인 사망자 수로 가늠하는 데 그치지 않고 추가로 인구 대비 사망자 수로 그 중요성도 함께 제시한다면 더욱 정밀한 '폭력의 지리학'이 그려질 가능성도 있다. 그 외에도 지나치게 미국의 공개된 문서에 의존하는 등 자료의 한계에 대해 불만스러워할 수도 있고, 대량 폭력에 책임이 있는 지도자들을 중심으로 역사를 서술하는 위로부터의 관점이 폭력의 고통을 온몸으로 겪은 희생자들의 아래로부터의 관점에 의해 보완될 필요가 있다고 말할 수도 있을 것이다.

하지만 이러한 문제 제기는 냉전 시기 아시아 지역의 여러 전쟁들에 대한 구조적 이해를 거시적 안목에서 아마도 처음으로 깔끔하게 제시했을 저자 체임벌린이 이룩한 성과를 생각하면 사소한 지적에 지나지 않는다. 우리는 이 경탄할 만한 저술 덕분에 중국 내전, 한국전쟁, 베트남전쟁, 소련-아프가니스탄 전쟁 등 우리에게 비교적 잘 알려진 충돌은 물론이고 레바논 내전, 이란 혁명, 인도네시아 학살,

방글라데시 해방전쟁, 캄보디아 대학살 등 그동안 우리에게 잘 알려져 있지 않은 중요한 충돌도 대량 학살과 폭력의 궤적을 따라 더 깊이, 더 넓게 이해할 수 있게 되었다. 냉전의 역사, 현대 아시아 역사, 국제 관계를 전문적으로 공부하는 연구자들은 물론이고 세계 현대사에 관심 있는 일반 독자들의 일독을 권한다.

2023년 9월 김남섭

미주

미주에서 사용된 약어

CIA FOIA 정보자유법 열람실Freedom of Information Act Reading Room에서 확보한 중앙정보국Central Intelligence Agency 문서

CWIHP 냉전 국제사 프로젝트, 우드로 윌슨 센터Cold War International History Project, Woodrow Wilson Center

DIA 국방정보국Defense Intelligence Agency(미국)

DNSA 디지털 국가안보 문서보관소Digital National Security Archive

DOS 국무부Department of State

FRUS 미국 대외관계Foreign Relations of the United States(미국 국무부가 발간한 시리즈)

INR 미국 국무부 정보조사국U.S. State Department Bureau of Intelligence and Research

NSA 조지 워싱턴 대학교 국가안보 문서보관소National Security Archive at George Washington University

PPP 미국 대통령 공문서Public Papers of the Presidents of the United States

서론: 냉전 시대 폭력의 지리학

1. 월터 라페버(Walter LaFeber)는 논문 "An End to Which Cold War," in *The End of the Cold War: Its Meaning and Implications*, ed. Michael J. Hogan (New York: Cambridge University Press, 1992), 13에서 2100만 명의 사망자 수를 인용한다. 매슈 화이트(Matthew White)(Necrometrics.com) 등의 다른 추산에서는 더 높은 수치를 인용한다.
2. 주목할 만한 예외로는 Odd Arne Westad, *The Cold War: A World History* (New York: Basic Books, 2017)와 *The Global Cold War* (New York: Cambridge University Press, 2005); Robert McMahon, ed., *The Cold War in the Third World* (New York:

Oxford University Press, 2013); Gabriel Kolko, *Confronting the Third World* (New York: Pantheon, 1988)가 있다.

3. 정의에 관한 주가 필요할 것 같다. 나는 제3세계라는 용어를 앨프리드 소비(Alfred Sauvy)처럼 아시아, 라틴아메리카, 아프리카의 비서방 국가들, 즉 일종의 지구적 제3신분을 가리키는 의미로 사용한다. 다양한 표현법을 위해 나는 이 용어를 좀 더 정확한 **포스트식민주의** 세계 및 **개발 도상 세계**와 번갈아 사용한다. 하지만 개발 도상 세계라는 용어를 쓴다고 해서 내가 냉전 시대의 개발 이론이나 근대화 이론의 교리에 동의함을 의미하는 것은 결코 아니다. 개디스의 '장기 평화' 논지는 *The Long Peace: Inquiries into the History of the Cold War* (New York: Oxford University Press, 1987)에 가장 분명히 피력되어 있다. 개디스는 *The Cold War: A New History* (New York: Penguin Press, 2005)의 제4장에서도 이 아이디어의 일부를 상세히 설명하고, 제3세계 국가들이 두 초강대국을 어떻게 교묘하게 잘 다룰 수 있었는지를 탐구한다.

4. Greg Grandin, *Empire's Workshop* (New York: Henry Holt and Company, 2006)과 Anne Applebaum, *Iron Curtain* (New York: Doubleday, 2012)을 보라.

5. 서방의 적대적인 포위를 막기 위한 소련의 시도에 관해서는 Vladimir Pechatnov, "The Soviet Union and the World, 1944–1953," in *The Cambridge History of the Cold War*, ed. Melvyn P. Leffler and Odd Arne Westad (New York: Cambridge University Press, 2010), 1:98, 1:100, 1:108; "Interview with Mr. Stassen and Stalin," April 9, 1947, Cold War International History Project, Woodrow Wilson Center, Washington, DC [이후 CWIHP로 표기]; Walter LaFeber, *America, Russia, and the Cold War* (New York: McGraw-Hill, 2002)를 보라.

6. 이런 유의 종파 정치는 현대의 현상이다. 그것은 일부 논평가들의 주장과는 달리 해묵은 증오가 부활한 것이 아니다. 또한 그것은 (다음 장들에서 볼 수 있듯이) 중동이나 이슬람 사회에 특유한 현상도 아니다. 이 연구를 위해 나는 "정치적·사회적 목적을 위해 종교적 정체성을 의도적으로 동원하는 것"이라는, 우사마 막디시(Ussama Makdisi)의 개략적인 종파주의 정의를 채택한다. 막디시의 말을 빌리면, 종파주의는 "일종의 종교적 정체성이 명백한 권력투쟁의 일부로서 정치화되고 심지어 세속화되는 과정"이다. Ussama Makdisi, "Moving Beyond Orientalist Fantasy, Sectarian Polemic, and Nationalist Denial," *International Journal of Middle East Studies* 40, no. 4 (Nov. 2008): 559–60; Ussama Makdisi, Culture of Sectarianism (Berkeley: University of California Press, 2000). 이 주제를 좀

더 폭넓게 검토한 자료로는 *Sectarianization: Mapping the New Politics of the Middle East*, ed. Nader Hashemi and Danny Postel (New York: Oxford University Press, 2017)을 보라.

7. 정확한 사상자수를 확정하는 과제는 힘들기로 악명 높다. 많은 군대가 군인들의 죽음에 대해서는 정확한 숫자를 갖고 있으나, 어느 군대도 민간인 사망자를 추적하는 데는 큰 노력을 기울이지 않는다. 게다가 전쟁 중인 정부와 그룹들에는 종종 사망자 수를 축소하거나 과장하는 정치적 동기가 있다. 여러 학자들, 특히 R. J. 러멜(R. J. Rummel)과 매슈 화이트가 20세기 전쟁 사망자를 계산하려고 했으나 그들의 연구 결과는 여전히 논쟁을 불러일으킨다. 나는 그들의 추산에 전적으로 기대기보다는 이 책에서 논의된 특정 전쟁들을 전공하는 일류 역사가들이 인용한 수치를 사용하기로 했다. 일반적으로 이 학자들은 범위를 인용하고, 근본적으로 이 추산들이 논란이 있음을 인정한다. 어떤 경우에도 나는 가장 높은 사상자 추산이나 가장 낮은 사상자 추산을 사용하지 않는다. 우리는 결코 정확한 수치를 갖지 못하겠지만, 이 연구에서 나의 관심은 정도에 있다. 본질적으로, 예를 들어 캄보디아 제노사이드에서 200만 명이 죽었는지 아니면 150만 명이 죽었는지를 둘러싼 토론은 좀 더 큰 내 주장에 거의 혹은 전혀 영향을 미치지 않는다. 이 문제에 관한 좀 더 상세한 논의를 보려면 John Tirman, *The Deaths of Others* (New York: Oxford University Press, 2011), 318–22를 참고하라.

8. USAID, "U.S. Overseas Loans and Grants and Assistance from International Organizations," Sept. 30, 1992, usaid.gov.

9. CIA, "Soviet Foreign Aid to the Less Developed Countries," Feb. 9, 1966, CIA FOIA.

10. 한 학자가 설명했듯이, "종파주의는 (…) 아주 오래된 증오가 아니라 권력 정치와 정권의 관심에 의해 추동되었다." Marc Lynch, *The New Arab Wars* (New York: PublicAffairs, 2016), 37.

11. 나는 국제사에서 중추신경계라는 개념을 마이클 가이어(Michael Geyer)와 찰스 브라이트(Charles Bright)의 훌륭한 논문, "Global Violence and Nationalizing Wars in Eurasia and America: The Geopolitics of War in the Mid-Nineteenth Century," *Comparative Studies in Society and History* 38, no. 4 (Oct. 1996): 619–57에서 차용했다.

12. 레이건 독트린의 원조 액수를 보려면 Ted Galen Carpenter, "Cato Institute

Policy Analysis No. 74: U.S. Aid to Anti-Communist Rebels: The 'Reagan Doctrine' and Its Pitfalls," Policy Analysis, June 24, 1986, Cato Institute, https://object.cato.org/sites/cato.org/files/pubs/pdf/pa074.pdf를 참고하라.

13. John Lewis Gaddis, *We Now Know* (New York: Oxford University Press, 1997), 283을 보라.

1. 철의 장막이 쳐지다 1945~1947

1. Max Hastings, *Inferno* (New York: Knopf, 2011), 600, 603; Antony Beevor, *Second World War* (New York: Little, Brown and Co., 2012), 737; David Reynolds, *From World War to Cold War* (New York: Oxford University Press, 2006), 250.

2. Tsuyoshi Hasegawa, *Racing the Enemy: Stalin, Truman, and the Surrender of Japan* (Cambridge, MA: Belknap, 2005), 179–81; Richard Rhodes, *The Making of the Atomic Bomb* (New York: Simon & Schuster, 1988), 715; "U.S. Strategic Bombing Survey," June 19, 1946, Truman's Papers, President's Secretary's File: "Atomic Bomb Hiroshima," Harry S. Truman Presidential Library and Museum [이후 Truman Library로 표기], https://www.trumanlibrary.org/whistlestop/study_collections/bomb/large/documents/index.php?pagenumber=12&documentid=65&documentdate=1946-06-19.

3. Applebaum, *Iron Curtain*, xix.

4. Gerard Daniel Cohen, *In War's Wake* (Oxford: New York, 2011), 4.

5. Beevor, *Second World War*, 768.

6. 1974년에 포르투갈은 식민지에 대한 지배력을 포기한 최후의 유럽 제국이 될 터였다.

7. Ronald Specter, *In the Ruins of Empire* (New York: Random House, 2007)를 보라.

8. Max Hastings, *Winston's War* (New York: Knopf, 2010), 462–64; Frank Costigliola, *Roosevelt's Lost Alliances* (Princeton: Princeton University Press, 2012), 336.

9. Timothy Snyder, *Bloodlands* (New York: Basic Books, 2010), x, xiii, 415.

10. Hastings, *Inferno*, 22–23.

11. 서로 경쟁하는 이 세계 질서 비전들에 관한 좀 더 깊은 논의를 보려면 Westad, *The Global Cold War*를 참고하라.

12. Marc Trachtenberg, *A Constructed Peace* (Princeton: Princeton University Press,

1999), 31, 35–36.

13. Vladislav Zubok, *A Failed Empire* (Chapel Hill: University of North Carolina Press, 2007), 36–37.

14. Joseph Stalin, Decree of the GOKO [State Defense Committee] No. 9168SS, June 21, 1945, trans. Gary Goldberg, CWIHP.

15. CC CPSU Politburo to Bagirov, "Measures to Organize a Separatist Movement in Southern Azerbaijan and Other Provinces of Northern Iran," July 7, 1945, trans. Gary Goldberg, CWIHP.

16. Bruce Kuniholm, *The Origins of the Cold War in the Near East* (Princeton: Princeton University, 1980), 274.

17. Jonathan Haslam, *Russia's Cold War* (New Haven, CT: Yale University Press, 2011), 48–49.

18. 아제르바이잔 위기의 기원에 관해서는 Louise Fawcett, *Iran and the Cold War: The Azerbaijan Crisis of 1946* (New York: Cambridge University Press, 1992)를 보라.

19. Wallace Murray to SecState, Nov. 19, 1945, and Byrnes to Murray, Nov. 18, 1945. 둘 다 *Foreign Relations of the United States* [이후 *FRUS*로 표기], Vol. 8: 1945 (Washington, DC: Government Printing Office, 1861–현재), 433에 있다.

20. Loy Henderson, Memcon, Nov. 20, 1945, *FRUS*, Vol. 8: 1945, 435.

21. Averell Harriman to SecState, Dec. 11, 1944, *FRUS*, Vol. 5: 1944, 354–55; George Kennan to SecState, Nov. 7, 1944, *FRUS*, Vol. 5: 1944, 470.

22. Harry S. Truman, *Memoirs: Years of Trial and Hope* (New York: Doubleday, 1956), 2:96–97.

23. Zubok, *A Failed Empire*, 45.

24. Kuniholm, *Origins of the Cold War in the Near East*, 304.

25. John Lewis Gaddis, *George Kennan* (New York: Penguin Press, 2011); George Kennan to SecState, Telegram, Feb. 22, 1946, *FRUS*, Vol. 6: 1946, 709.

26. Winston Churchill, "The Sinews of Peace," Mar. 5, 1946, http://www.winstonchurchill.org/learn/speeches/speeches-of-winston-churchill/120-the-sinews-of-peace.

27. "Telegram from Nikolai Novikov, Soviet Ambassador to the US, to the Soviet Leadership," Sept. 27, 1946, CWIHP.

28. Vladislav Zubok and Constantine Pleshakov, *Inside the Kremlin's Cold War*

(Cambridge, MA: Harvard University Press, 1996), 93.

29. Kuniholm, *Origins of the Cold War in the Near East*, 270–97.

30. 3E2IN Wilson to SecState, Aug. 12, 1946, *FRUS*, Vol. 7: 1946, 836–37.

31. Dean Acheson to Secretary of State, Aug. 15, 1946, *FRUS*, Vol. 7: 1946, 840–42.

32. JCS Memo, Aug. 23, 1946, *FRUS*, Vol. 7: 1946, 856–58.

33. NEA Memo, Oct. 21, 1946, *FRUS*, Vol. 7: 1946, 894–97.

34. Melvyn P. Leffler, *A Preponderance of Power: National Security, the Truman Administration, and the Cold War* (Stanford, CA: Stanford University Press, 1992), 113.

35. Zubok and Pleshakov, *Inside the Kremlin's Cold War*, 93에서 재인용.

36. Zubok, *A Failed Empire*, 43, 46, 48.

37. Lloyd Gardner, *Three Kings* (New York: The New Press, 2009), 66; "Attlee's opposition to the Chiefs of Staff's 'strategy of despair,'" Jan. 5, 1947, in *British Defence Policy Since 1945*, ed. Ritchie Ovendale (Manchester, UK: Manchester University Press, 1994)을 보라.

38. Dean Acheson to SecState, Feb. 24, 1947, *FRUS*, Vol. 5: 1947, 44–45.

39. Leffler, *A Preponderance of Power*, 143에서 재인용.

40. Minutes of the First Meeting of the Special Committee to Study Assistance to Greece and Turkey, Feb. 24, 1947, *FRUS*, Vol. 5: 1947, 45–47.

41. Minutes of a Meeting of the Secretaries of State, War, and Navy, Feb. 26, 1947, *FRUS*, Vol. 5: 1947, 56–57.

42. Leffler, *A Preponderance of Power*, 143에서 재인용.

43. Memo by SecState to Truman, Feb. 27, 1947, *FRUS*, Vol. 5: 1947, 60–61.

44. Dean Acheson, *Present at the Creation* (New York: W. W. Norton, 1969), 219.

45. Leffler, *A Preponderance of Power*, 145.

46. Harry S. Truman, "Special Message to the Congress on Greece and Turkey: The Truman Doctrine," Mar. 12, 1947, Public Papers Harry S. Truman, 1945–53, Truman Library, p. 56, https://www.trumanlibrary.org/publicpapers/index.php?pid=2189.

47. X (George Kennan), "The Sources of Soviet Conduct," *Foreign Affairs*, July 17, 1947.

48. Walter Lippmann, *The Cold War* (New York: Harper, 1947), 21, 23.

49. Nicholas John Spykman, *The Geography of the Peace* (New York: Harcourt, Brace, and Company, 1944), 41, 43, 50–51. 스피크먼의 저술과 영향에 대한 최근의 평가를 보려면 Robert Kaplan, *The Revenge of Geography* (New York: Random House, 2012)를 참고하라. 스피크먼의 저술을 주목하게 해준 데 대해 라이언 어윈(Ryan Irwin)에게 감사한다.

50. William Dalrymple, "The Great Divide," *The New Yorker*, June 29, 2015; Robert Trumbull, "Bands Organize Massacres in India," *New York Times*, Sept. 14, 1947. 분할에 관해 좀 더 알고 싶다면 Nisad Hajari, *Midnight's Furies* (Boston: Houghton Mifflin Harcourt, 2015)를 보라.

제1부 동아시아 공세와 제3세계 공산주의의 대두 1945~1954

1. Hanson W. Baldwin, "Tense Lands in China's Shadow," *New York Times*, Dec. 24, 1950.

2. Fredrik Logevall, "Indochina Wars and the Cold War," in *Cambridge History of the Cold War*, ed. Leffler and Westad, 2:286.

3. CIA, "Sino-Soviet Military Agreement and Global War Plans," Dec. 13, 1951, CIA FOIA; CIA, "Reds Form Far Eastern Military Alliance," Nov. 16, 1951, CIA FOIA.

4. 이는 이용 가능한 추산 중에서 낮은 쪽의 수치다. 중국 내전에 대해 매슈 화이트는 250만 명의 사망자를 인용한다. Necrometrics, http://necrometrics.com/20c1m.htm을 보라. 마이클 린치(Michael Lynch)는 350만 명을 제시하나, 사망자가 최대 600만 명에 이르는 추산들도 언급한다. *Chinese Civil War* (Oxford: Osprey, 2010). 한국전쟁에 대해 브루스 커밍스(Bruce Cumings)는 200만 명의 민간인 사망자를 포함하여 400만 명의 사망자를 인용한다. Cumings, *Korean War* (New York: Modern Library, 2010), 35. 존 터먼(John Tirman)은 약 300만~350만 명의 수치를 인용한다. Tirman, *Deaths of Others*, 92. 프랑스령 인도차이나 전쟁의 경우, Michael Burleigh, *Small Wars, Faraway Places* (London: Macmillan, 2013), 243에서 29만 명의 사망자가 인용된다.

2. 냉전이 중국에 도래하다 1945~1946

1. Foster Hailey, "With the Chinese Communists," *New York Times*, Dec. 22, 1946.

2. 전쟁 전략의 진화에 관해 좀 더 알고 싶다면 Diana Lary, *China's Civil War* (New York: Cambridge University Press, 2015); Harold Tanner, *Where Chiang Kai-Shek Lost China* (Bloomington: Indiana University Press, 2015); Odd Arne Westad, *Decisive Encounters* (Stanford, CA: Stanford University Press, 2003)를 보라.

3. Theodore White and Annalee Jacoby, *Thunder Out of China* (London: Victor Gollancz, 1947), 50–51.

4. Philip Short, *Mao: A Life* (London: Hodder & Stoughton, 1999), 353–56, 358.

5. Gaddis, *We Now Know*, 58–59; Westad, *Decisive Encounters*, 29.

6. Jay Taylor, *The Generalissimo* (Cambridge, MA: Belknap, 2009), 192.

7. Gaddis, *We Now Know*, 58–59.

8. Suzanne Pepper, *Civil War in China* (Berkeley: University of California Press, 1978), 7–8; Gerhard L. Weinberg, *A World at Arms* (New York: Cambridge University Press, 2005), 499–501.

9. Lionel Chassin, *The Communist Conquest of China* (Cambridge, MA: Harvard University Press, 1965), 15, 18–19.

10. Pepper, *Civil War in China,* 8–10.

11. "Memorandum of Conversation Between Three Foreign Ministers," Dec. 19, 1945, *FRUS*, Vol. 7: 1945, 590.

12. Pepper, *Civil War in China*, 10–11.

13. Chen Jian, *Mao's China and the Cold War* (Chapel Hill: University of North Carolina Press, 2001), 24–28.

14. Ibid., 28.

15. Chassin, *Communist Conquest of China*, 23–25.

16. Interview with John Service, 1977, Courtesy of the Bancroft Library, University of California at Berkeley, Association for Diplomatic Studies and Training, www.loc.gov. https://adst.org/wp-content/uploads/2012/09/Service-John-S..pdf.

17. Ibid.; "Report by the Second Secretary of Embassy in China (Service), Oct. 9, 1944, *FRUS*, Vol. 6: 1944, 458.

18. Short, *Mao*, 402; Robertson to Secretary of State, Oct. 9, 1945, *FRUS*, Vol. 7: 1945, 578–79; Robertson to Secretary of State, Oct. 14, 1945, *FRUS*, Vol. 7: 1945, 579–80; Col. Ivan Yeaton, Memorandum, Apr. 16, 1946, *FRUS*, Vol. 9: 1946, 398. 또한 Ronald Spector, *In the Ruins of Empire* (New York: Random House, 2007), 69도 보라.
19. "Statement by the President: United States Policy Toward China," Dec. 15, 1945, Public Papers Harry S. Truman, Truman Library, https://trumanlibrary.org/publicpapers/index.php?pid=506.
20. Chassin, *Communist Conquest of China*, 54–55.
21. Wedemeyer to Eisenhower, Dec. 2, 1945, *FRUS,* Vol. 7: 1945, 751–52.
22. Leffler, *A Preponderance of Power*, 86–87.
23. Ibid., 127–28.
24. James Barron, "Henry Lieberman, a Times Editor, Dies at 78," *New York Times*, Mar. 16, 1995; Henry Lieberman, "Russians in China Greet Americans," *New York Times*, Jan. 24, 1946.
25. Tillman Durdin, "Russians in Manchuria Dash Hopes of Chinese," *New York Times*, Mar. 10, 1946; Harold Tanner, *The Battle for Manchuria and the Fate of China* (Bloomington: Indiana University Press, 2013), 15–16.
26. Albert Carr, "Manchuria: 'Richest Prize of the War,'" *New York Times*, Mar. 24, 1946.
27. Taylor, *Mao*, 341–46.
28. Edwin Pak-wah Leung, *Historical Dictionary of the Chinese Civil War* (Lanham, MD: Scarecrow Press, 2002), 69–71; Harrison Salisbury, *The Long March: The Untold Story* (New York: Harper & Row, 1985), 191–92.
29. Henry Lieberman, "Correspondent Tells of Battle All Around Him in Changchun," *New York Times*, Apr. 30, 1946.
30. Henry Lieberman, "Reds in Changchun Are Strong Force," *New York Times*, May 1, 1946.
31. Westad, *Decisive Encounters*, 40–45.
32. Chassin, *Communist Conquest of China*, 81–85.
33. Jonathan Spence, *The Search for Modern China* (New York: W. W. Norton, 1999), 464–66; Consul General to Secretary of State, Dec. 29, 1946, *FRUS*, Vol. 7:

1946, p. 1.

3. 냉전의 첫 싸움터 1946~1949

1. Benjamin Welles, "Cold Is Chinese Troops' Chief Foe on the Bleak Manchurian Battlelines," *New York Times*, Dec. 3, 1946.
2. Henry Lieberman, "War Near China's Grand Canal Increases the Peasants' Hardships," *New York Times*, Dec. 17, 1946.
3. Benjamin Welles, "American Colony at Peiping Fetes," *New York Times*, Dec. 25, 1946; Welles "Peiping's Defense Dented," *New York Times*, Dec. 27, 1946; Henry Lieberman, "Shanghai Is Arena in Inflation Chaos," *New York Times*, Nov. 25, 1946.
4. Short, *Mao*, 408–9.
5. John Leighton Stuart to SecState, Sept. 27, 1946, *FRUS*, Vol. 10: 1946, 122.
6. Steven Levine, *Anvil of Victory: The Communist Revolutionin Manchuria, 1945–1948* (New York: Columbia University Press, 1987), 131–32.
7. George Marshall to Truman, Sept. 6, 1946, *FRUS*, Vol. 10: 1946, 73.
8. Leffler, *A Preponderance of Power*, 128; Notes of Meeting Between Marshall and Chiang, Aug. 16, 1946, *FRUS*, Vol. 10: 1946, 51–52.
9. Report from Nathaniel Peffer, Stuart to SecState, Oct. 17, 1946, *FRUS*, Vol. 10: 1946, 201에 기반을 두었다.
10. Marshall and Stuart, Minutes, Dec. 18, 1946, *FRUS*, Vol. 10: 1946, 335.
11. Leffler, *A Preponderance of Power*, 128–29.
12. Taylor, *Generalissimo*, 359–65.
13. "Personal Statement by the Special Representative of the President (Marshall), January 7, 1947," Annex 13, 686–89, *United States Relations with China: With Special Reference to the Period 1944–1949* [이후 *China White Paper*로 표기], Washington, DC: Office of Public Affairs, 1949.
14. Chassin, *Communist Conquest of China*, 105–7; "Memorandum Entitled 'Explanation of Several Basic Questions Concerning the Postwar International Situation,' by Lu Ting-yi," *China White Paper*, 710–19.
15. CIA, "Implementation of Soviet Objectives in China," Sept. 15, 1947, CIA Electronic Reading Room, CIA FOIA.

16. "Cable, Stalin [Kuznetsov] to Mao Zedong [via Terebin]," June 15, 1947, CWIHP.

17. Westad, *Decisive Encounters*, 150–54; Sidney Rittenberg, *The Man Who Stayed Behind* (New York: Simon & Schuster, 1993), 117–18.

18. Chassin, *Communist Conquest of China*, 111–13.

19. Westad, *Decisive Encounters*, 168–71; Stuart to SecState, Sept. 20, 1947, *FRUS*, Vol. 7: 1947, 234.

20. Chassin, *Communist Conquest of China*, 132–36; Siebens to SecState, Nov. 25, 1947, *FRUS*, Vol. 7: 1947, 294.

21. Spence, *In Search of Modern China*, 474–75.

22. John Leighton Stuart to SecState, Nov. 26, 1947, *FRUS*, Vol. 7: 1947, 377–78; Ward to SecState, Nov. 26, 1947, *FRUS*, Vol. 7: 1947, 378–80.

23. Taylor, *Generalissimo*, 381–82; Ringwalt to Butterworth, Jan. 12, 1948, *FRUS*, Vol. 7: 1948, 29–31.

24. "Mukden Is Prepared for Street Fighting," *New York Times*, Feb. 27 1948.

25. Taylor, *Generalissimo*, 381–83; Stuart to SecState, Mar. 17, 1948, *FRUS*, Vol. 7: 1948, 3–54.

26. Short, *Mao*, 411–13.

27. "Cable, Stalin [Kuznetsov] to Mao Zedong [via Terebin]," Apr. 20, 1948, CWIHP; "Soviet Military Order from Foreign Operations Section Chief to Commander of East-Asian Operation Section Managarov," May 22, 1948, CWIHP.

28. Jung Chang and Jon Halliday, *Mao: The Unknown Story* (New York: Knopf, 2005), 306–8; Henry Lieberman, "Changchun Left to Reds by Chinese," *New York Times*, Oct. 7, 1948.

29. Levine, *Anvil of Victory*, 134–36.

30. Edmund Clubb to SecState, Oct. 21, 1948, *FRUS*, Vol. 7: 1948, 398.

31. Angus Ward to SecState, Oct. 22, 1948, *FRUS*, Vol. 7: 1948, 401.

32. John Leighton Stuart to SecState, Oct. 29, 1948, *FRUS*, Vol. 7: 1948, 419.

33. Westad, *Decisive Encounters*, 199–204; Seymour Topping, *On the Front Lines of the Cold War* (Baton Rouge: Louisiana State University Press, 2010), 25; Henry Lieberman, "China Reds Pursue Isolation Tactics," *New York Times*, Nov. 28, 1948.

34. Henry Lieberman, "Life Grows More Eerie Day by Day in Nanking," *New*

York Times, Nov. 28, 1948.

35. Henry Lieberman, "Peiping Like a Doomed City," *New York Times*, Dec. 18, 1948.
36. "Cable, Mao Zedong to Stalin," Dec. 30, 1948, CWIHP.
37. "Memorandum of Conversation Between Anastas Mikoyan and Mao Zedong," Jan. 20, 1949, CWIHP.
38. Westad, *Decisive Encounters*, 205–10.
39. Taylor, *Generalissimo*, 397–98; Chiang quotes from Taylor.
40. Chassin, *Communist Conquest of China*, 209–11.
41. John Leighton Stuart to SecState, Jan. 25, 1949, *FRUS*, Vol. 8: 1949, 79–80.
42. Spence, *In Search of Modern China*, 484–86; Lieberman, "Life Goes On, Wearily, in China," *New York Times*, Apr. 17, 1949.
43. Topping, *On the Front Lines of the Cold War*, 62–65; Henry Lieberman, "Riot Interlude in Nanking," *New York Times*, Apr. 24, 1949; John Leighton Stuart to SecState, Apr. 22, 1949, *FRUS*, Vol. 8: 1949, 312; John Leighton Stuart to SecState, Apr. 23, 1949, *FRUS*, Vol. 8: 1949, 314; John Leighton Stuart to SecState, Apr. 23, 1949, *FRUS*, Vol. 8: 1949, 317.
44. Chassin, *Communist Conquest of China*, 222–23; "Shanghai Troops Wrecked Suburbs," *New York Times*, May 26, 1949; Walter Sullivan, "Nationalists Cling to Lines Guarding Shanghai Retreat," *New York Times*, May 26, 1949; John Cabot to SecState, May 25, 1949, *FRUS*, Vol. 8: 1949, 403.
45. "Cable, Mao Zedong [via Kovalev] to Stalin," June 14, 1949, CWIHP.
46. CIA, "Prospects for Soviet Control of a Communist China," Apr. 15, 1949, CIA FOIA.
47. Westad, *Decisive Encounters*, 252–55.
48. Short, *Mao*, 419–20.
49. Westad, *Decisive Encounters*, 297, 287.
50. Ibid., 311, 316.
51. CIA, "Indications of Chinese Communist Intentions Toward Southeast Asia," Jan. 27, 1950, CIA FOIA.
52. John Cabot to SecState, May 31, 1949, *FRUS*, Vol. 8: 1949, 424.
53. Chen Jian, *China's Road to the Korean War*, 3, 5.

4. 한국 개입 1945~1950

1. Baldwin, "Tense Lands in China's Shadow."
2. David Rees, *Korea: The Limited War* (New York: St. Martin's Press, 1964), 90.
3. T. R. Fehrenbach, *This Kind of War: The Classic Korean War History* (Washington, DC: Brassey's, 2000), 5.
4. "City of the Bell," *Time*, Oct. 8, 1945.
5. Michael Hunt and Steven Levine, *Arc of Empire* (Chapel Hill: University of North Carolina Press, 2012), 128–29.
6. Michael Fry, "National Geographic, Korea, and the 38th Parallel," Aug. 4, 2013, http://news.nationalgeographic.com/news/2013/08/130805-korean-war-dmz-armistice-38-parallel-geography/.
7. Leffler, A Preponderance of Power, 89; Hunt and Levine, *Arc of Empire*, 128–29.
8. Gregg Brazinsky, *Nation Building in South Korea* (Chapel Hill: University of North Carolina Press, 2007), 16–17.
9. Dae-Sook Suh, *Kim Il-sung* (New York: Columbia University Press, 1988), 4, 8, 34, 47.
10. Charles Armstrong, *The North Korean Revolution* (Ithaca: Cornell University Press, 2002)을 보라.
11. Cumings, *Korean War*, 121, 128–30; Muccio to SecState, Apr. 9, 1949, *FRUS*, Vol. 7: 1949, Part 2, 214.
12. Allan R. Millett, *The War for Korea, 1950–1951: They Came from the North* (Lawrence: University of Kansas Press, 2010), 167–71; Mydans, *The Violent Peace* (New York: Atheneum, 1968), 112.
13. Brazinsky, *Nation Building in South Korea*, 25; Callum MacDonald, *Korea, the War Before Vietnam* (New York: Free Press, 1987), 41.
14. Cumings, *Korean War*, 139–43.
15. CIA, "Chinese and Soviet Aid to Korean Communists," Dec. 30, 1949, CIA FOIA.
16. Dae-Sook, *Kim Il-Sung*, 113–14, 120–22.
17. Zubok, *A Failed Empire*, 78–80; "Telegram from Tunkin to the Soviet Foreign Ministry in Reply to 11 September Telegram," Sept. 14, 1949, CWIHP.

18. "Remarks by Dean Acheson Before the National Press Club," Jan. 12, 1950, Korean War and Its Origins Research File, Truman Library, https://www.trumanlibrary.org/whistlestop/study_collections/koreanwar/documents/index.php?documentid=kr-3-13&pagenumber=2.
19. William Stueck, *The Korean War: An International History* (Princeton: Princeton University Press, 1997), 35–36, 41–42.
20. "A Report to the National Security Council—NSC 68," Truman Papers, President's Secretary's Files, Meetings: 55, Apr. 12, 1950, https://www.trumanlibrary.org/whistlestop/study_collections/coldwar/documents/index.php?documentid=10-1.
21. David Halberstam, *The Coldest Winter* (New York: Hyperion, 2007), 54–55, 57; Millett, *War for Korea*, 1950–1951, 50.
22. Fehrenbach, *This Kind of War*, 44, 46, 71–76.
23. Leffler, *A Preponderance of Power*, 361, 366–67.
24. "Intelligence Estimate Prepared by the Estimates Group, Office of Intelligence Research, Department of State," June 25, 1950, *FRUS*, Vol. 7: 1950, 148–51.
25. Acheson, "Secretary of State to the Embassy in the United Kingdom," June 27, 1950, *FRUS*, Vol. 7: 1950, 109; Sebald to Acheson, June 25, 1950, *FRUS*, Vol. 7: 1950, 73.
26. Leffler, *A Preponderance of Power*, 367; Gaddis, *We Now Know*, 74; Shen Zhihua, *Mao, Stalin, and the Korean War* (New York: Routledge, 2013).
27. Chen, *China's Road to the Korean War*, 129–30.
28. Gaddis, *We Now Know*, 78; Jung Chang and Jon Halliday, *Mao: The Unknown Story* (New York: Knopf, 2005), 354.
29. "Letter from Filipov (Stalin) to Soviet Ambassador in Prague," Aug. 27, 1950, CWIHP.
30. John Garver, "The Opportunity Costs of Mao's Foreign Policy Choices," *The China Journal* 49 (Jan. 2003): 127–36.
31. Cumings, *Korean War*, 65.
32. MacDonald, *Korea*, 31–32; Cumings, *Korean War*, 13.
33. Hastings, *Korean War*, 59–60; Fehrenbach, *This Kind of War*, 59–60.

34. Clay Blair Jr., *The Forgotten War: America in Korea, 1950–1953* (New York: Times Books, 1987), 122–24.

35. Ibid., 124–25.

36. Fehrenbach, *This Kind of War*, 65–71, 105–7.

37. Halberstam, *Coldest Winter*, 143.

38. Millett, *War for Korea, 1950–1951*, 190.

39. Truth and Reconciliation Commission, Republic of Korea, "Truth and Reconciliation: Activities of the Past Three Years" (Seoul: Truth and Reconciliation Commission, 2009), 69.

40. Cumings, *Korean War*, 175–76.

41. MacDonald, *Korea*, 41–42.

42. "GIs Tell of a U.S. Massacre in the Korean War," *New York Times*, Sept. 30, 1999. 노근리 사건은 1999년 미국 신문에 보도되자 엄청난 정치적 토론을 촉발했다. 한국전쟁의 '미라이(My Lai)'라는 주장은 웨스트포인트의 미국 육군사관학교에서 가르치는 한 장교가 책만큼 긴 연구에서 퓰리처상을 수상한 AP 보도를 반박하려고 하는 등 전쟁에서 미군과 유엔군을 변호하는 사람들로부터 격렬한 반응을 불러일으켰다. 하지만 사건의 세부 사항, 정확한 숫자, 목격의 신빙성을 둘러싼 논쟁은 더 중요한 점을 간과했다. 전쟁에서는 비전투원들이 언제나 고통을 겪었지만, 냉전의 전장은 민간인과 군인 사이의 구분을 더 흐릿하게 했다. 남한의 보안군과 미군에게는 거의 어떤 민간인도 공산주의 요원일 수 있었다. 마찬가지로 북한군에게는 거의 어떤 민간인도 반혁명 분자로 보일 수 있었다. 공산주의자와 반공주의자 간의 내전에서 시민들은 싸워서 획득해야 할 좀 더 중요한 전리품 중 하나였다. 바로 이와 같은 논리에 따라 정치적 반대자들은 제거되어야 할 목표물로 여겨질 수 있었다. 문제를 더욱 악화시킨 것은 기계화된 근대 전쟁의 잔혹성이 파괴의 규모를 확대했다는 사실이었다. 한국에서의 충돌은 1945년 이후에 벌어진 전쟁이 얼마나 엄청난 파괴력을 가지는지를 보여주는 진열장이었을 뿐이다. 그 후 《뉴욕타임스》에 게재된 기사에서는 이렇게 설명했다. "새로운 의문에도 불구하고, 국방부의 고위 관리들은 육군의 조사가 [AP] 보도의 중심적 요소를 확인했으며, 미군 부대가 피난민들에게 발포해 펜타곤이 '민간인 수백 명의 비극적 죽음'이라고 일컫는 사태가 발생했다고 (...) 말했다." *New York Times*, May 13, 2000. AP의 원래 보도에 대한 반박으로는 Robert Bateman, *No Gun Ri* (Mechanicsburg, PA: Stackpole Books, 2002)를 보라.

43. Tirman, *Deaths of Others*, 106을 보라.

44. Choe Sang-Hun, "Unearthing War's Horrors Years Later in South Korea," *New York Times*, Dec. 3, 2007.

45. "Text of MacArthur's Report," *New York Times*, Sept. 19, 1950.

46. Hastings, Mao, 90–92; Richard Johnston, "Refugees Stream into South Korea," *New York Times*, July 26, 1950; Richard Johnston, "South Korea Hard Pressed to Feed 2,000,000 Refugees," *New York Times*, Sept. 1, 1950.

47. Hastings, *Coldest Winter*, 82, 84–86.

5. 제3차 세계대전의 예행연습 1950~1954

1. Douglas MacArthur, *Reminiscences* (New York: McGraw-Hill, 1964), 350; Halberstam, *Coldest Winter*, 293–96.

2. Fehrenbach, *This Kind of War*, 165–68; Mydans, *Violent Peace*, 121.

3. Hastings, *Korean War*, 109; Cumings, *Korean War*, 187–88.

4. Roy Appleman, *South to the Naktong, North to the Yalu* (Washington, DC: U.S. Army Center of Military History, 1992), 523.

5. W. H. Lawrence, "Infantrymen Go In," *New York Times*, Sept. 25, 1950.

6. W. H. Lawrence, "Seoul Reds Make a Counter-attack," *New York Times*, Sept. 26, 1950.

7. MacDonald, *Korea*, 209.

8. "Marines Become Groggy from Guns," *New York Times*, Sept. 27, 1950.

9. "Rout," *Time*, Oct. 9, 1950.

10. Millett, *War for Korea, 1950–1951*, 256; Hastings, *Korean War*, 112.

11. Halberstam, *Coldest Winter*, 323, 329; Rosemary Foot, *A Substitute for Victory* (Ithaca: Cornell University Press, 1990), 25.

12. "Memorandum by the Executive Secretary of the National Security Council," *FRUS*, Vol. 7: 1950, 685–90; Stueck, *The Korean War*, 89.

13. Fehrenbach, *This Kind of War*, 273; Appleman, *South to the Naktong*, 608, 623.

14. Chen Jian, *Mao's China and the Cold War*, 87.

15. Short, *Mao*, 426–28.

16. Stueck, *The Korean War*, 93–94, 97.

17. Halberstam, *Coldest Winter*, 364–65.

18. Ibid., 365–69; "Substance of Statements Made at Wake Island Conference," Oct. 15, 1950, *FRUS*, Vol. 7: 1950, 680.

19. "Air Observer Sees a Dead Pyongyang," *New York Times*, Oct. 19, 1950; "Substantial Citizens," *Time*, Oct. 30, 1950.

20. Hastings, *Korean War*, 124; Hugh Deane, *The Korean War* (San Francisco: China Books & Periodicals, 1999), 101.

21. Fehrenbach, *This Kind of War*, 290–92; Chen, *China's Road to the Korean War*, 91.

22. Salisbury, *The Long March*, 191–92; Short, *Mao*, 429.

23. Cumings, *Korean War*, 19–20.

24. Chen Jian, *China's Road to the Korean War*, 211.

25. Millett, *War for Korea*, 1950–1951, 318–19.

26. Hastings, *Korean War*, 130–31.

27. Cumings, *Korean War*, 26–28.

28. Hastings, *Korean War*, 140; Stueck, *The Korean War*, 112.

29. MacArthur to JCS, Nov. 28, 1950, *FRUS*, Vol. 7: 1950, 1237–38.

30. Jessup, "Notes on NSC Meeting," Nov. 28, 1950, *FRUS*, Vol. 7: 1950, 1246.

31. CIA Memorandum, Dec. 2, 1950, *FRUS*, Vol. 7: 1950, 1308–10.

32. Editorial Note, Nov. 30, 1950, *FRUS*, Vol. 7: 1950, 1261–62.

33. Cumings, *Korean War*, 192–97.

34. Deane, *Korean War*, 101.

35. Cumings, *Korean War*, 29, 149–52, 158–60.

36. Halberstam, *Coldest Winter*, 431; Hastings, *Korean War*, 149, 157–58, 164.

37. Note from General Collins, dated Dec. 7, 1950, *FRUS*, Vol. 7: 1950, 1469.

38. MacDonald, *Korea*, 69–70; Truman, *Memoirs*, 2:387–88.

39. Millett, *War for Korea*, 1950–1951, 412–15.

40. Bruce Cumings, *Origins of the Korean War* (Princeton: Princeton University Press, 1990), 2:750.

41. "Text of MacArthur Statement," *New York Times*, Feb. 14, 1951; "M'Arthur Insists on Victory in Asia," *New York Times*, Feb. 26, 1951; "Text of MacArthur Statement on Korea," *New York Times*, Mar. 8, 1951; "Force Insufficient to

Hold Parallel, M'Arthur Asserts," *New York Times*, Mar. 16, 1951; "To the Parallel: No End in Sight," *New York Times*, Mar. 18, 1951.

42. "Text of MacArthur's Korea Statement," *New York Times*, Mar. 24, 1951.

43. Hastings, *Korean War*, 201; Robert Ferrell, *Harry Truman*, 332–33; 또한 H. W. Brands, *The General vs. the President* (New York: Doubleday, 2016)도 보라.

44. "Historical Notes: Giving Them More Hell," *Time*, Dec. 3, 1973.

45. Chang and Halliday, *Mao*, 366–67.

46. MacDonald, *Korea*, 249.

47. Stueck, *The Korean War*, 362.

48. Brazinsky, *Nation Building in South Korea*, 26.

49. Fehrenbach, *This Kind of War*, 658.

50. Millett, *War for Korea, 1950–1951*, 159.

51. MacDonald, *Korea*, 258.

6. 프랑스령 인도차이나와 식민주의의 죽음 1945~1954

1. Paul Kratoska, ed., *South East Asia, Colonial History* (London: Routledge, 2001), 4:358–59; Spector, *In the Ruins of Empire*, 102.

2. Marilyn Young, *The Vietnam Wars* (New York: HarperPerennial, 1991), 10; Christopher Goscha, *Vietnam: A New History* (New York: Basic Books, 2016), 191.

3. David Marr, *Vietnam 1945* (Berkeley: University of California Press, 1995), 98–105, 208.

4. Mark Lawrence, *Vietnam War* (New York: Oxford University Press, 2008), 30.

5. Fredrik Logevall, *Embers of War: The Fall of an Empire* (New York: Random House, 2012), 93–98.

6. David Marr, *Vietnam: State, War, and Revolution* (Berkeley: University of California Press, 2013), 184–87, 203.

7. Logevall, *Embers of War*, 156–58, 161, 144.

8. William Duiker, "Ho Chi Minh and the Strategy of People's War," in *The First Vietnam War: Colonial Conflict and Cold War Crisis*, ed. Mark Atwood Lawrence and Fredrik Logevall (Cambridge, MA: Harvard University Press, 2007), 160–62; Tuong Vu, *Vietnam's Communist Revolution: The Power and Limits of Ideology* (New York: Cambridge University Press, 2017).

9. Cecil B. Currey, *Victory at Any Cost* (Washington, DC: Brassey's, 1997), 7, 12, 52.
10. Duong Van Mai Elliott, *The Sacred Willow: Four Generations in the Life of a Vietnamese Family* (New York: Oxford University Press, 1999), 200.
11. William Duiker, *Communist Road to Power in Vietnam* (Boulder, CO: Westview Press, 1996), 141–42, 150, 156–57.
12. Jules Roy, *Battle of Dienbienphu* (New York: Harper & Row, 1965), 14–15, 17.
13. Bernard Fall, *Street Without Joy* (Harrisburg, PA: Stackpole, 1963), 315–17; Bernard Fall, *Hell in a Very Small Place* (New York: Da Capo Press, 2002), 43–44; Logevall, *Embers of War*, 381–83, 355; Goscha, *Vietnam*, 261.
14. Logevall, *Embers of War*, 390, 393–94, 448.
15. Ibid., 446, 450.
16. Fall, *Hell in a Very Small Place*, 407, 410, 484.
17. "Vo Nguyen Giap Assesses Dienbienphu's Importance," in *Major Problems in the History of the Vietnam War*, ed. Robert McMahon (New York: Houghton Mifflin, 2008), 85–86.
18. Mark Bradley, *Vietnam at War* (New York: Oxford University Press, 2009), 67–68.
19. Qiang Zhai, *China and the Vietnam Wars, 1950–1975* (Chapel Hill: University of North Carolina Press, 2000), 50–51, 53–55, 62, 64.
20. Jeremy Friedman, *Shadow Cold War* (Chapel Hill: University of North Carolina Press, 2015), 5.
21. CIA, "Evaluation of Leadership of Chinese Communist Party," Jan. 12, 1954, CIA FOIA.
22. Lorenz Lüthi, *The Sino-Soviet Split: Cold War in the Communist World* (Chapel Hill: University of North Carolina Press, 2015), 2.
23. Frank Dikötter, *Mao's Great Famine* (New York: Walker & Co., 2010), ix–xii.
24. Friedman, *Shadow Cold War*, 93–94, 86.
25. 한 역사가가 주장했듯이, "중소 분열은 냉전의 핵심 사건 중 하나였다. 그것은 중요성에서 베를린장벽의 건설, 쿠바 미사일 위기, 제2차 베트남전쟁, 중국-미국 관계 개선에 맞먹는 것이었다." Lüthi, *The Sino-Soviet Split*, 1.

제2부 인도-아시아의 대학살과 제3세계 공산주의의 몰락 1964~1979

1. 소련의 발전에 관해 더 알고 싶다면 Westad, *The Global Cold War*, 166–69를 보라.

2. John F. Kennedy, "Inaugural Address," Jan. 20, 1961, https://www.jfklibrary.org/Asset-Viewer/BqXIEM9F4024ntFl7SVAjA.aspx.

3. Michael Latham, *Modernization as Ideology* (Chapel Hill: University of North Carolina Press, 2000), 170; *The Right Kind of Revolution* (Ithaca: Cornell University Press, 2011).

7. 베트남에서 수렁 만들기 1961~1965

1. Peggy Durdin, "Saigon in the Shadow of Doom," *New York Times*, Nov. 21, 1954.

2. "Hanoi Acclaims Vietminh Troops," *New York Times*, Oct. 10, 1954; Tillman Durdin, "Hanoi Celebrates Vietminh's Entry," Oct. 12, 1954; Lien-Hang Nguyen, *Hanoi's War* (Chapel Hill: University of North Carolina Press, 2012), 31.

3. Dwight D. Eisenhower, "The President's News Conference," Apr. 7, 1954, *Public Papers of the Presidents of the United States* [이후 PPP로 표기], 1954; Eisenhower news conference, Apr. 7, 1954, Editorial Note, *FRUS*, Vol. 8: 1952–54, 716; George Herring, *America's Longest War: The United States and Vietnam, 1950–1975* (Boston: McGraw-Hill, 2002), 51.

4. Edward Garvey Miller, *Misalliance* (Cambridge, MA: Harvard University Press, 2013), 33–34, 37–39, 48.

5. Seth Jacobs, *Cold War Mandarin* (Lanham, MD: Rowman & Littlefield, 2006), 38–40에서 재인용.

6. Jessica Chapman, *Cauldron of Resistance* (Ithaca: Cornell University Press, 2013), 14–17; Lawrence, Vietnam War, 61; Jacobs, Cold War Mandarin, 62.

7. Chapman, *Cauldron of Resistance*, 108, 110–11; Jacobs, *Cold War Mandarin*, 102.

8. Latham, *The Right Kind of Revolution*, 135–36, 138–39; Bradley, *Vietnam at War*, 87.

9. Nguyen, *Hanoi's War*, 34–35.

10. Ibid., 17, 31–33.

11. Pierre Asselin, *Hanoi's Road to the Vietnam War* (Berkeley: University of California Press, 2013), 64, 87–89.

12. *Victory in Vietnam: The Official History of the People's Army of Vietnam, 1954–1975*, trans. Merle Pribbenow (Lawrence: University Press of Kansas, 2002), 55, 82–83.

13. William Taubman, *Khrushchev: The Man and His Era* (New York: W. W. Norton, 2004), 487; "Current Intelligence Weekly Review," Jan. 26, 1961, *FRUS*, Vol. 5: 1961–63, 15.

14. Kennedy, "Inaugural Address," 1–3.

15. Editorial Note, *FRUS*, Vol. 1: 1961–63, 2; Rostow to Bundy, Jan. 30, 1961, *FRUS*, Vol. 1: 1961–63, 4.

16. Latham, *The Right Kind of Revolution*, 136.

17. Andrew Preston, *The War Council* (Cambridge, MA: Harvard University Press, 2006), 76–77.

18. "1961 Rusk-McNamara Report to Kennedy on South Vietnam," *New York Times*, July 1, 1971.

19. Herring, *America's Longest War*, 91, 96–98; Taylor to Kennedy, Nov. 3, 1961, *FRUS*, Vol. 1: 1961–63, 210.

20. Herring, *America's Longest War*, 99–101.

21. William Turley, *The Second Indochina War* (Lanham, MD: Rowman & Littlefield, 2009), 63–64, 67–70.

22. Lien-Hang Nguyen, *Tet 1968* (New York: Random House, 2018).

23. Young, *The Vietnam Wars*, 89–90; Neil Sheehan, *A Bright Shining Lie: John Paul Vann and America in Vietnam* (New York: Random House, 1988), 208.

24. Sheehan, *A Bright Shining Lie*, 211–12, 262–64, 277.

25. Bradley, *Vietnam at War*, 77, 101–3.

26. Lodge to Bundy, Oct. 25, 1963, *FRUS*, Vol. 4: 1961–63, 216.

27. Miller, *Misalliance*, 292–93, 311–12.

28. Ibid., 319–24.

29. Asselin, *Hanoi's Road to the Vietnam War*, 78–79, 166, 180–81; Qiang, *China*

and the Vietnam Wars, 119–20, 125.

30. CIA, "China's Growing Isolation in the Communist Movement," *Current Intelligence Weekly: Special Report*, Aug. 5, 1966, CIA FOIA.

31. Nguyen, *Hanoi's War*, 64–65.

32. Fredrik Logevall, *Choosing War* (Berkeley: University of California Press, 1999), 76–77.

33. John Prados, "Essay: 40th Anniversary of the Gulf of Tonkin Incident," Aug. 4, 2004, National Security Archive, https://nsarchive2.gwu.edu//NSAEBB/NSAEBB132/essay.htm; Johnson, "Radio and Television Report," Aug. 4, 1964, PPP, 1964, p. 498, http://www.presidency.ucsb.edu.

34. Logevall, *Choosing War*, 411–12.

35. Young, *The Vietnam Wars*, 135–37.

36. Mark Clodfelter, *The Limits of Air Power* (New York: Free Press, 1989), 133–36.

8. 인도네시아 공산당 학살 1965

1. Bradley R. Simpson, *Economists with Guns: Authoritarian Development and U.S.-Indonesian Relations, 1960–1968* (Stanford, CA: Stanford University Press, 2008), 5, 14, 127. 이 장을 논평해 준 데 대해 브래들리 심프슨에게 특별히 감사를 표한다.

2. Robert McNamara, *In Retrospect: The Tragedy and Lessons of Vietnam* (New York: Times Books, 1995), 214–15.

3. 많은 자와인들은 이름이 한 단어로만 이루어진 체계를 따른다. '수카르노'는 그의 성명 전체다.

4. Harold Crouch, *The Army and Politics in Indonesia* (Ithaca: Cornell University Press, 1988), 24–25, 94.

5. Simpson, *Economists with Guns*, 129, 144에서 재인용.

6. Douglas Kammen, *The Contours of Mass Violence in Indonesia, 1965–68* (Honolulu: University of Hawaii Press, 2010), 13.

7. Neil Sheehan, "A Simple Man in Pursuit of Power," *New York Times*, Aug. 15, 1965.

8. Adrian Vickers, *A History of Modern Indonesia* (Cambridge, UK: Cambridge University Press, 2005), 158–60; Kammen, *Contours of Mass Violence*, 14–15.

9. Westad, *Global Cold War*, 187.
10. NIE, "Prospects for Indonesia," July 22, 1964, *FRUS*, Vol. 26: 1964–68, 56.
11. Johnson to Embassy in the United Kingdom, Jan. 25, 1965, *FRUS*, Vol. 26: 1964–68, 102.
12. Crouch, *The Army and Politics in Indonesia*, 63.
13. Sherman Kent, "Principal Problems and Prospects in Indonesia," Special Memorandum Prepared by the Director of the Office of National Estimates of the Central Intelligence Agency, Jan. 26, 1965, *FRUS*, Vol. 26: 1964–68, 103.
14. Memorandum Prepared for the 303 Committee, "Program Report on [자료에서 한 줄이 채 못 되는 텍스트가 기밀 해제되지 않았음] Covert Action in Indonesia," Feb. 23, 1965, *FRUS*, Vol. 26: 1964-68, 110.
15. Editorial Note, *FRUS*, Vol. 26: 1964–68, 120.
16. Telegram from the Embassy in Indonesia to the Department of State, June 5, 1965, *FRUS*, Vol. 26: 1964–68, 124.
17. Arthur Barber to John McNaughton, "Indonesian Claims on Nuclear Capability," Aug. 11, 1965, *FRUS*, Vol. 26: 1964–68, 133.
18. Crouch, *The Army and Politics in Indonesia*, 67–68.
19. Green to DOS, Telegram from the Embassy in Indonesia to the Department of State, Aug. 8, 1965, *FRUS*, Vol. 26: 1964–68, 131.
20. Simpson, *Economists with Guns*, 197.
21. Special NIE, "Prospects for and Strategic Implications of a Communist Takeover in Indonesia," Sept. 1, 1965, *FRUS*, Vol. 26: 1964–68, 137.
22. John Hughes, *The End of Sukarno* (London: Angus & Robertson, 1968), 30, 43–44.
23. John Roosa, *Pretext for Mass Murder* (Madison: University of Wisconsin Press, 2006), 34–36, 38, 41.
24. Crouch, *The Army and Politics in Indonesia*, 101–6.
25. Kammen, *Contours of Mass Violence in Indonesia*, 76–77.
26. Vickers, *A History of Modern Indonesia*, 161.
27. Memorandum of Telephone Conversation Between Acting Secretary of State Ball and Secretary of State Rusk, Oct. 2, 1965, *FRUS*, Vol. 26: 1964–68, 145.
28. Simpson, *Economists with Guns*, 177에서 재인용.
29. Marshall Green to DOS, Oct. 5, 1965, *FRUS*, Vol. 26: 1964–68, 147.

30. DOS to Jakarta, Oct. 6, 1965, *FRUS*, Vol. 26: 1964–68, 148.

31. Andrew Tully, "CIA Forced Reds' Hands in Indonesia," Oct. 25, 1965, CIA CREST Files, CIA-RDP67B00446R000500030001.

32. Kammen, *Countours of Mass Violence*, 80, 83–84, 88–89.

33. Editorial Note, *FRUS*, Vol. 26: 1964–68, 162.

34. Rusk to Jakarta, Oct. 29, 1965, *FRUS*, Vol. 26: 1964–68, 163.

35. D. E. Nuechterlein to [Alvin] Friedman, "Establishment of Inter-Agency Working Group on Indonesia," Oct. 30, 1965, *FRUS*, Vol. 26: 1964–68, 164.

36. David Cuthell to William Bundy, "Indonesian Army Attitude Towards the United States Government," Nov. 3, 1965, *FRUS*, Vol. 26: 1964–68, 167.

37. Geoffrey Robinson, *The Dark Side of Paradise* (Ithaca: Cornell University Press, 1995), 297–99, 303.

38. Robert Cribb, *The Indonesian Killings of 1965–1966* (Clayton, Vic., Australia: Centre of Southeast Asian Studies, Monash University, 1980), 7–8, 10, 15, 170–73.

39. Kammen, *Countours of Mass Violence*, 93–94에서 재인용.

40. Marshall Green to DOS, Dec. 2, 1965, *FRUS*, Vol. 26: 1964–68, 179.

41. Editorial Note, *FRUS*, Vol. 26: 1964–68, 185.

42. Marshall Green to DOS, Dec. 22, 1965, *FRUS*, Vol. 26: 1964–68, 186.

43. Kammen, *Contours of Mass Violence*, 95.

44. Robert Komer to LBJ, Mar. 12, 1966, *FRUS*, Vol. 26: 1964–68, 201.

45. CIA, "Peking's Setbacks in Indonesia," Special Report, Apr. 1, 1966, CIA FOIA.

46. Westad, *Global Cold War*, 185.

47. Kammen, *Contours of Mass Violence*, 11. 인도네시아에서 '새로운 질서'가 공고해질 때 학살이 어떤 역할을 했는지에 관해 더 많이 알고 싶다면 Cribb, *Indonesian Killings*, 28, 56; Crouch, *The Army and Politics in Indonesia*, 134를 보라.

48. Simpson, *Economists with Guns*, 159.

49. Cribb, *Indonesia Killings*, 5에서 재인용; 또 Simpson, *Economists with Guns*도 보라.

9. 테트 공세와 우수리강 충돌 1967~1969

1. 인도네시아가 베트남에 가한 영향에 관해 더 많이 알고 싶다면 Simpson, *Economists with Guns*, 172를 보라.
2. Gregory Daddis, *No Sure Victory* (New York: Oxford University Press, 2011), 69–72, 95.
3. Herring, *America's Longest War*, 186, 189–91.
4. Daddis, *No Sure Victory*, 99, 102.
5. Nick Turse, *Kill Anything That Moves* (New York: Metropolitan Books, 2013), 45–46, 59–60.
6. Ibid., 2–5; William Allison, *My Lai* (Baltimore: Johns Hopkins University Press, 2012), 41–43.
7. Michael Sallah and Mitch Weiss, "Rogue GIs Unleashed Wave of Terror in Central Highlands," *Toledo Blade*, Oct. 19, 2003; John Kifner, "Report on Brutal Vietnam Campaign Stirs Memories," *New York Times*, Dec. 28, 2003.
8. Turse, *Kill Anything That Moves*, 208–15, 249–50.
9. Kifner, "Report on Brutal Vietnam Campaign Stirs Memories."
10. Lawrence, *Vietnam War*, 117; McNamara to Johnson, Nov. 1, 1967, *FRUS*, Vol. 5: 1967, 375.
11. Melvin Small, *Antiwarriors* (Wilmington, DE: Scholarly Resources, 2002), 75–76, 82, 101.
12. Nguyen, *Hanoi's War*, 90–92.
13. James Willbanks, *The Tet Offensive* (New York: Columbia University Press, 2007), 31, 34; Young, *The Vietnam Wars*, 217.
14. Nguyen, *Hanoi's War*, 91, 106; Bradley, *Vietnam at War*, 152.
15. Herring, *America's Longest War*, 232–35, 241–43.
16. Ronald Spector, *After Tet* (New York: Free Press, 1993), 213–14, 285–90.
17. "Phoenix: To Get Their Man Dead or Alive," *New York Times*, Feb. 22, 1970; Avery Plaw, *Targeting Terrorists* (New York: Routledge, 2008), 103; 이 프로그램에 대한 긍정적 평가를 보려면 Mark Moyar, *Phoenix and the Birds of Prey* (Annapolis, MD: Naval Institute Press, 1997)를 참조하라.
18. Spector, *After Tet*, 312–14.
19. Herring, *America's Longest War*, 249–51.

20. David Taylor, "The Lyndon Johnson Tapes: Richard Nixon's 'Treason,'" BBC, Mar. 22, 2013, http://www.bbc.com/news/magazine-21768668; Christopher Hitchens, *The Trial of Henry Kissinger* (New York: Twelve/Hachette, 2002), 13–14.
21. Jeffrey P. Kimball, *Nixon's Vietnam War* (Lawrence: University Press of Kansas, 1998), 73–74, 76.
22. Edward Judge and John Langdon, eds., *The Cold War: A Global History with Documents* (New York: Rowman & Littlefield, 2017), 217에서 재인용.
23. Yang Kuisong, "The Sino-Soviet Border Clash of 1969," *Cold War History* 1, no. 1 (Aug. 2000): 25.
24. "Soviet Report to East German Leadership on Sino-Soviet Border Clashes," Mar. 2, 1969, CWIHP.
25. Kuisong, "The Sino-Soviet Border Clash of 1969," 25–26.
26. "Mao Zedong's Talk at a Meeting of the Central Cultural Revolution Group," Mar. 15, 1969, CWIHP.
27. Kuisong, "The Sino-Soviet Border Clash of 1969," 34.
28. U.S. State Department Memorandum of Conversation, "US Reaction to Soviet Destruction of CPR [Chinese People's Republic] Nuclear Capability; Significance of Latest Sino-Soviet Border Clash...," Aug. 18, 1969, NSA, Doc. 10, http://nsarchive.gwu.edu/NSAEBB/NSAEBB49/.
29. State Department cable 143579 to U.S. Mission to NATO, Aug. 25, 1969, NSA, Doc. 11, http://nsarchive.gwu.edu/NSAEBB/NSAEBB49/.
30. Memorandum from William Hyland, National Security Council Staff, to Henry Kissinger, "Sino-Soviet Contingencies," Aug. 28, 1969, NSA, and accompanying note, Document 14, http://nsarchive.gwu.edu/NSAEBB/NSAEBB49/.
31. Memorandum from Miriam Camps, State Department Planning and Coordination Staff, to Under Secretary of State Elliot Richardson, "NSSM 63—Meeting with Consultants," Aug. 29, 1969, NSA, Doc. 15, https://nsarchive2.gwu.edu/NSAEBB/NSAEBB49/.
32. State Dept. INR—Denney to Acting Secretary, "War Between Russia and China: A Communist Nightmare," Sept. 23, 1969, NSA, Doc. 23, https://nsarchive2.gwu.edu/NSAEBB/NSAEBB49/.

33. "The CCP Central Committee's Order for General Mobilization in Border Provinces and Regions," Aug. 28, 1969, CWIHP.

34. 당시 천이는 가택에 연금되었으나, 1971년 이후 부분적으로 복권된다. 베스타가 주장하듯이, 마오쩌둥은 이후 "천이의 '정제되지 않은 아이디어' 중 많은 것을 받아들일" 터였다. Odd Arne Westad, *Restless Empire* (New York: Basic Books, 2012), 361–62.

10. 방글라데시의 선별적 제노사이드 1971

1. 미국-파키스탄 관계의 형성에 관해 더 많은 것을 알고 싶다면 Robert McMahon, *The Cold War on the Periphery* (New York: Columbia University Press, 1997)와 Andrew Rotter, *Comrades at Odds* (Ithaca: Cornell University Press, 2000)를 보라.

2. "Pakistan Death Toll 55,000, May Rise to 300,000," *New York Times*, Nov. 17, 1970; Sydney Schanberg, "Pakistan Survivors Face Hunger and Burning Sun," *New York Times*, Nov. 21, 1970.

3. Srinath Raghavan, *1971: A Global History of the Creation of Bangladesh* (Cambridge, MA: Harvard University Press, 2013), 4, 9.

4. Archer Blood, *Cruel Birth of Bangladesh* (Dhaka: University Press, 2002), 77, 116, 119, 121.

5. Henry Kissinger Memorandum to Nixon, Nov. 20, 1970, *FRUS*, Vol. E-7: 99.

6. Shuja Nawaz, *Crossed Swords: Pakistan, Its Army, and the Wars Within* (New York: Oxford University Press, 2008), 261–62; Ray Cline to William Rogers, "Intelligence Brief INRB-217," Dec. 8, 1970, *FRUS*, Vol. E-7: Documents on South Asia, 1969–72, 104.

7. Blood, *Cruel Birth of Bangladesh*, 196; Quoted in Raghavan, 1971, 148; Sydney Schanberg, "Artillery Used," *New York Times*, Mar. 28, 1971; Sydney Schanberg, "Heavy Killing Reported," *New York Times*, Mar. 30, 1971.

8. *Bangladesh Documents*, ed. Sheelendra Kumar Singh (New Delhi: Ministry of External Affairs, 1971–73), 1:345–47에 전재된 Simon Dring, "How Dacca Paid for a 'United' Pakistan," *Washington Post*, Mar. 30, 1971.

9. George Allott, "Fact Sheet on Incidents and Information Collected by Americans in Dacca," in Singh, *Bangladesh Documents*, 1:353.

10. Blood, *Cruel Birth of Bangladesh*, 206–7; Archer Blood to DOS, "Killings,"

Telegram 986, Mar. 30, 1971, *FRUS*, Vol. E-7; Allott, "Fact Sheet on Incidents and Information Collected by Americans in Dacca," 1:354.

11. Archer Blood to DOS, "Selective Genocide," Telegram 959, Mar. 28, 1971, *FRUS*, Vol. E-7: Documents on South Asia, 1969–72, 125.

12. Sydney Schanberg, "Foreign Evacuees from East Pakistan Tell of Grim Fight," *New York Times*, Apr. 6, 1971.

13. "Britons Tell of Killings," *New York Times*, Apr. 4, 1971.

14. Gary J. Bass, *The Blood Telegram: Nixon, Kissinger, and a Forgotten Genocide* (New York: Alfred A. Knopf, 2013), 54, 72, 91.

15. Radio Address by Tajuddin Ahmad, "To the People of Bangla Desh," Apr. 11, 1971, in Singh, *Bangladesh Documents*, 1:282–86.

16. 파키스탄은 바로 그해 '동남아시아조약기구'의 회원국이 되었다.

17. Robert McMahon, "The Danger of Geopolitical Fantasies," *Nixon in the World*, ed. Fredrik Logevall and Andrew Preston (New York: Oxford University Press, 2008), 254–55. 미국이 파키스탄으로 기울어지는 과정에 관해서는 McMahon, *The Cold War on the Periphery*를 보라.

18. Bass, *The Blood Telegram*, 64–65; Nixon and Kissinger Telecon, Mar. 29, 1971, *FRUS*, Vol. 11: 1969–76, South Asia Crisis, 1971, Louis J. Smith ed., 14; Nixon and Kissinger Telecon, Mar. 30, 1971, *FRUS*, Vol. 11: 1969–76, South Asia Crisis, 1971, 15.

19. Archer Blood to DOS, "Dacca 1138, Subj.: Dissent from U.S. Policy Toward East Pakistan," Apr. 6, 1971, *FRUS*, Vol. 11: 1969–76, South Asia Crisis, 1971, 20.

20. Kissinger and Rogers Telecon, Apr. 6, 1971, *FRUS*, Vol. 11: 1969–76, South Asia Crisis, 1971, 20.

21. DOS to Dacca, Telegram 58039, Apr. 7, 1971, *FRUS*, Vol. E-7: Documents on South Asia, 1969–72, 129.

22. Archer Blood to DOS, Telegram 1249, Apr. 10, 1971, *FRUS*, Vol. E-7: Documents on South Asia, 1969–72, 130.

23. Special National Intelligence Estimate 32-71, Apr. 21, 1971, *FRUS* Vol. E-7: Documents on South Asia, 1969–72, 131; Paper Prepared by the National Security Council's Interdepartmental Group for Near East and South Asia for the Senior Review Group, Undated, *FRUS*, Vol. E-7: Documents on South Asia, 1969–72, 132.

24. McMahon, "Danger of Geopolitical Fantasies"; Saeed Ahmed, "In Bangladesh, Ted Kennedy Revered," CNN, Aug. 27, 2009, 2009/POLITICS/08/27/bangladesh.kennedy.impact/.

25. Benjamin Welles, "U.S. Continues Aid to Pakistan Army," *New York Times*, Apr. 10, 1971.

26. Transcript of Conversation in Oval Office, "Editorial Note 25," Apr. 12, 1971, *FRUS*, Vol. 11: 1969–76, South Asia Crisis, 1971, 25.

27. Harold Saunders and Samuel Hoskinson to Kissinger, "SNIE on Prospects for Pakistan," Apr. 16, 1971, *FRUS*, Vol. 11: 1969–76, South Asia Crisis, 1971, 27.

28. Saunders to Kissinger, "Pakistan—A Personal Reflection on the Choice Before Us," Apr. 19, 1971, *FRUS*, Vol. 11: 1969–76, South Asia Crisis, 1971, 33.

29. 닉슨은 '마시오'에 밑줄을 세 번이나 그었다. Kissinger to Nixon, "Policy Options Toward Pakistan," Apr. 28, 1971, *FRUS*, Vol. 11: 1969–76, South Asia Crisis, 1971, 36.

30. Conversation Between Nixon and Kissinger, June 4, 1971, *FRUS*, Vol. E-7: Documents on South Asia, 1969–72, 136.

11. 인도-파키스탄 전쟁 1971

1. Raghavan, *1971*, 56, 59–60.

2. Bass, *The Blood Telegram*, 47–48, 92–94.

3. Singh, *Bangladesh Documents*, 1:358–73에 전재된 Anthony Mascarenhas, "Genocide," *Sunday Times*, June 13, 1971.

4. Sydney Schanberg, "India: Three Million Links in a Chain of Misery," *New York Times*, May 23, 1871; Sydney Schanberg, "Disease, Hunger and Death Stalk Refugees Along India's Border," *New York Times*, June 9, 1971.

5. Sydney Schanberg, "The Only Way to Describe It Is 'Hell,'" *New York Times*, June 20, 1971.

6. "Letter from Indian Prime Minister Gandhi to President Nixon," May 13, 1971, *FRUS*, Vol. 11: 1969–76, South Asia Crisis, 1971, 46.

7. Theodore Eliot to Kissinger, "Contingency Study for Indo-Pakistan

Hostilities," May 25, 1971, *FRUS*, Vol. E-7: Documents on South Asia, 1969–72, 133.

8. Kissinger, Lakshmi Jha, and Samuel Hoskinson Memcon, May 21, 1971, *FRUS*, Vol. 11: 1969–76, South Asia Crisis, 1971, 52.

9. Nixon and Kissinger Conversation, May 26, 1971, *FRUS*, Vol. E-7: Documents on South Asia, 1969–72, 135; Bass, *The Blood Telegram*, 142–44.

10. Singh, *Bangladesh Documents,* 1:427–31에 전재된 "Bengal the Murder of a People," Aug. 2, 1971, *Newsweek.*

11. Bass, *The Blood Telegram*, 146–48, 156, 177; Kissinger and Farland, "Memorandum of Conversation," May 7, 1971, FRUS, Vol. 11: 1969–76, South Asia Crisis, 1971, 42.

12. Malcolm Browne, "East Pakistan: Shades of the Vietnam War," *New York Times*, Aug. 1, 1971.

13. Richard Sisson, *War and Secession: Pakistan, India, and the Creation of Bangladesh* (Berkeley: University of California Press, 1990), 182, 184–85, 210–12.

14. Nawaz, *Crossed Swords*, 282–84.

15. CIA Memorandum, Sept. 22, 1971, *FRUS*, Vol. E-7: Documents on South Asia, 1969–72, 144; Bass, *The Blood Telegram*, 236.

16. "India's Foreign Minister's Address to the National Press Club," June 17, 1971, in Singh, *Bangladesh Documents*, 1: 686–95.

17. "Minutes of Washington Special Actions Group Meeting," Oct. 7, 1971, *FRUS*, Vol. 11: 1969–76, South Asia Crisis, 1971, 159.

18. Kenneth Keating to DOS, "Risks of War in Indo-Pak Confrontation," Oct. 12, 1971, *FRUS*, Vol. 11: 1969–76, South Asia Crisis, 1971, 167.

19. Herbert Spivack to DOS, "East Pakistan Insurgency—Escalation," Oct. 20, 1971, *FRUS*, Vol. 11: South Asia Crisis, 1971, 170.

20. "Memorandum for the President's File," Nov. 4, 1971, *FRUS*, Vol. 11: 1969–76, South Asia Crisis, 1971, 179.

21. Conversation Between Nixon, Kissinger, and Haldeman, Nov. 5, 1971, *FRUS*, Vol. E-7: Documents on South Asia, 1969–72, 150.

22. Kissinger to Nixon, "Maury Williams' Views on Pakistan," Nov. 16, 1971, *FRUS*, Vol. 11: 1969–76, South Asia Crisis, 1971, 188.

23. Ibid.; Kissinger to Nixon, Nov. 22, 1971, *FRUS*, Vol. 11: 1969–76, South Asia Crisis, 1971, 195.

24. "Minutes of Washington Special Actions Group Meeting," Nov. 24, 1871, *FRUS*, Vol. 11: 1969–76, South Asia Crisis, 1971, 198.

25. Nixon, Kissinger, and Rogers Conversation, Nov. 24, 1917, *FRUS*, Vol. E-7: Documents on South Asia, 1969–72, 156.

26. Joseph Farland to Kissinger, Nov. 30, 1971, *FRUS*, Vol. 11: 1969–76, South Asia Crisis, 1971, 210.

27. Nawaz, *Crossed Swords*, 295.

28. "Minutes of Washington Special Actions Group Meeting," Dec. 3, 1971, *FRUS*, Vol. 11: 1969–76, South Asia Crisis, 1971, 218.

29. Nixon and Kissinger Telephone Conversation, Dec. 3, 1971, *FRUS*, Vol. 11: 1969–76, South Asia Crisis, 1971, 216.

30. Nixon and Connally Telephone Conversation, Dec. 5, 1971, *FRUS*, Vol. E-7: Documents on South Asia, 1969–72, 159.

31. CIA, "Moscow and the Indo-Pakistani Crisis," Intelligence Memorandum, Dec. 3, 1971, CIA FOIA.

32. "Prime Minister Indira Gandhi's Broadcast to the Nation Soon After Midnight," Dec. 3, 1971, in Singh, *Bangladesh Documents*, 1:209.

33. "President Yahya Khan's Broadcast to the Nation," Dec. 4, 1971, in Singh, *Bangladesh Documents*, 1:211.

34. Pran Chopra, *India's Second Liberation* (Delhi: Vikas Pub. House, 1973), 163–67.

35. Sydney Schanberg, "Indian Advance Leaves Bengali Village in Ruins," *New York Times*, Dec. 6, 1971.

36. Sisson, *War and Secession*, 213–14.

37. Robert Jackson, *South Asian Crisis: India, Pakistan, Bangla Desh* (New York: Praeger, 1974), 112–13.

38. Chopra, *India's Second Liberation*, 170–73; Henry Kamm, "Pakistani Forces Take Ghost Town in Kashmir," *New York Times*, Dec. 13, 1971.

39. Fox Butterfield, "Battle at Kashmir River Said to Leave 900 Dead," *New York Times*, Dec. 12, 1971.

40. Jackson, *South Asian Crisis*, 119–20.

41. Nawaz, *Crossed Swords*, 300–302.
42. Sydney Schanberg, "A Village Ablaze, a Blown Bridge," *New York Times*, Dec. 21, 1971.
43. Joseph Farland to Kissinger, Dec. 7, 1971, *FRUS*, Vol. 11: 1969–76, South Asia Crisis, 1971, 242.
44. Nixon and Kissinger Telephone Conversation, Dec. 5, 1971, *FRUS*, Vol. 11: 1969–76, South Asia Crisis, 1971, 229.
45. "Minutes of National Security Council Meeting," Dec. 6, 1971, *FRUS*, Vol. 11: 1969–76, South Asia Crisis, 1971, 237.
46. Nixon and Kissinger Conversation, Dec. 6, 1971, *FRUS*, Vol. E-7: Documents on South Asia, 1969–72, 162.
47. "Minutes of Washington Special Actions Group Meeting," Dec. 1971, *FRUS*, Vol. 11: 1969–76, South Asia Crisis, 1971, 248.
48. "Editorial Note," *FRUS*, Vol. 11: 1969–76, South Asia Crisis, 1971, 251.
49. Jackson, *South Asian Crisis*, 130–31, 134–35.
50. Kissinger to Nixon, "Information Items," Dec. 10, 1971, *FRUS*, Vol. 11: 1969–76, South Asia Crisis, 1971, 267.
51. "Editorial Note," *FRUS*, Vol. 11: 1969–76, South Asia Crisis, 1971, 266.
52. Kissinger to Nixon, "Information Items," Dec. 11, 1971, *FRUS*, Vol. 11: 1969–76, South Asia Crisis, 1971, 275.
53. "Editorial Note," *FRUS*, Vol. 11: 1969–76, South Asia Crisis, 1971, 281.
54. Ibid., 283.
55. James Sterba, "Dacca at War," *New York Times*, Dec. 11, 1971.
56. "Battle for City Starts," *New York Times*, Dec. 15, 1971.
57. Herbert Spivack to DOS, "Niazi Cease-Fire Proposal," Dec. 14, 1971, *FRUS*, Vol. 11: 1969–76, South Asia Crisis, 1971, 300.
58. Joseph Farland to DOS, "Discussion with President Yahya re Ceasefire," *FRUS*, Vol. 11: 1969–76, South Asia Crisis, 1971, 301.
59. Sydney Schanberg, "2 Men at a Table," *New York Times*, Dec. 17, 1971.
60. "125 Slain in Dacca Area Believed Elite of Bengal," *New York Times*, Dec. 19, 1971.
61. James Sterba, "In Dacca, Killings Amid the Revelry," *New York Times*, Dec.

18, 1971.

62. "Letter from Pakistani President Bhutto to President Nixon," undated, *FRUS*, Vol. 11: 1969–76, South Asia Crisis, 1971, 330.

63. Author interview with Ali Ahmed Ziauddin, New York, Aug. 30, 2016.

64. Author interview with Dr. Nuran Nabi, telephone conversation, Oct. 7, 2016. 그리고 Nuran Nabi, *Bullets of '71: A Freedom Fighter's Story* (Bloomington, IN: Author-House, 2010)도 보라.

12. 프놈펜과 사이공의 함락 1975~1979

1. Seymour Topping, "Cambodia: Calm Land Under War Pressures," *New York Times*, Jan. 9, 1966.

2. David P. Chandler, *Tragedy of Cambodian History* (New Haven: Yale University Press, 1991), 14–15.

3. Ibid., 125–27.

4. Philip Short, *Pol Pot: Anatomy of a Nightmare* (New York: Henry Holt, 2005), 50–51, 66, 70.

5. Ben Kiernan, *How Pol Pot Came to Power* (London: Verso, 1985), 123.

6. Short, *Pol Pot*, 100, 140–41.

7. 역사가 벤 키어넌(Ben Kiernan)은 사뭇을 배신하고 사실상 국가 경찰을 이용해 그의 후원자에 맞서 쿠데타를 조직한 사람은 사 자신이었을 거라고 주장한다. Ben Kiernan, *The Pol Pot Regime* (New Haven: Yale University Press, 2008), 13n30.

8. Chandler, *Tragedy of Cambodian History*, 126–28.

9. Philip Sprouse to DOS, Nov. 13, 1963, *FRUS*, Vol. 23: 1961–63, 111.

10. Komer to Bundy, Dec. 2, 1963, *FRUS*, Vol. 23: 1961–63, 127; Short, *Pol Pot*, 155–56.

11. Chandler, *Tragedy of Cambodian History*, 140, 146.

12. Elizabeth Becker, *When the War Was Over: Cambodia and the Khmer Rouge Revolution* (New York: Public Affairs, 1998), 87, 90, 119–20.

13. Chandler, *Tragedy of Cambodian History*, 152–53, 156, 189.

14. Short, *Pol Pot*, 165–69.

15. Becker, *When the War Was Over*, 104–5, 106–7.

16. James A. Tyner, *The Killing of Cambodia*, 69; Aldrich to Bundy, Sept. 11, 1967,

FRUS, Vol. 27: 1964–68, 208.
17. Short, *Pol Pot*, 174–75.
18. "Discussion Between Zhou Enlai and Pham Hung," June 19, 1968, CWIHP.
19. Becker, *When the War Was Over*, 110–11.
20. William Shawcross, *Sideshow: Kissinger, Nixon, and the Destruction of Cambodia* (New York: Simon & Schuster, 1987), 68–71; Bowles to DOS, Jan. 12, 1968, *FRUS*, Vol. 27: 1964–68, 229; Bundy to Rusk, May 27, 1968, *FRUS*, Vol. 27: 1964–68, 234.
21. Henry Kissinger, *White House Years* (Boston: Little, Brown, 1979), 240, 250–51.
22. Shawcross, *Sideshow*, 28–30.
23. Chandler, *Tragedy of Cambodian History*, 184–85, 187.
24. Becker, *When the War Was Over*, 115–17.
25. "Discussion Between Zhou Enlai and Pham Van Dong," Mar. 21, 1970, CWIHP.
26. Arnold Isaacs, *Without Honor* (Baltimore: Johns Hopkins University Press, 1983), 200–203.
27. Memorandum of Meeting, Apr. 28, 1970, *FRUS*, Vol. 6: 1969–76, 267; Richard Nixon, "Address to the Nation on the Situation in Southeast Asia," Apr. 30, 1970, *PPP*, 1970.
28. Shawcross, *Sideshow*, 150; Wilfred P. Deac, *Road to the Killing Fields* (College Station, TX: Texas A&M University Press, 2000), 78.
29. Deac, *Road to the Killing Fields*, 74–76; Becker, *When the War Was Over*, 125.
30. Chandler, *Tragedy of Cambodian History*, 200–201, 206–7.
31. Becker, *When the War Was Over*, 130–31.
32. Shawcross, *Sideshow*, 202–4.
33. Chandler, *Tragedy of Cambodian History*, 214–15; Nixon, "Presidents News Conference," Nov. 12, 1972, PPP, 1972.
34. Short, *Sideshow*, 215–18.
35. Becker, *When the War Was Over*, 133–35.
36. Deac, *Road to the Killing Fields*, 127–30.
37. Short, *Pol Pot*, 224, 229, 231.
38. Paul Chamberlin, *The Global Offensive* (New York: Oxford University Press, 2012),

87–88을 보라.

39. Nguyen, *Hanoi's War*, 233–34, 243–45.

40. Lawrence, *Vietnam War*, 154–55.

41. Bradley, *Vietnam at War*, 167–69.

42. Larry Berman, *No Peace, No Honor: Nixon, Kissinger, and Betrayal in Vietnam* (New York: Free Press, 2001), 246.

43. 적절한 기간 대(對) 영구적 전쟁 논쟁에 관해서는 March 2002 issue of *Passport: Newsletter of the Society for Historians of American Foreign Relations*에 있는 일련의 토의뿐 아니라 Kimball, *Nixon's Vietnam War*; Berman, *No Peace, No Honor*를 보라.

44. "Discussion Between Zhou Enlai, Le Duan, Pham Van Dong, and Le Thanh Nghi," June 5, 1973, CWIHP.

45. Shawcross, *Sideshow*, 272–73, 280–81.

46. Becker, *When the War Was Over*, 17–18.

47. Chandler, *Tragedy of Cambodian History*, 225, 231–32.

48. Short, *Pol Pot*, 262–65; "Robert Thompson's Report," Secret, Cable, 000668, Feb. 17, 1975, NSA.

49. Lawrence, *Vietnam War*, 166–68.

50. Spector, *After Tet*, 315.

51. Le Duc Tho and Kissinger, Memorandum of Conversation, Feb. 21, 1970, *FRUS*, Vol. 6: Vietnam, 190.

13. 캄보디아의 악몽 1975~1979

1. Becker, *When the War Was Over*, 19; Shawcross, *Sideshow*, 365–67.

2. 크메르 루주의 인종적 특징에 관해서는 Kiernan, *Pol Pot Regime*을 보라.

3. Sydney Schanberg, "Cambodia Reds Are Uprooting Millions as They Impose a 'Peasant Revolution,'" *New York Times*, May 9, 1975.

4. Kiernan, *Pol Pot Regime*, 43, 45, 48.

5. François Ponchaud, *Cambodia: Year Zero* (New York: Holt, Rinehart and Winston, 1978), 40–44.

6. Chandler, *Tragedy of Cambodian History*, 254–55.

7. Short, *Pol Pot*, 286–89.

8. "Conversation Between Chinese Leader Mao Zedong and Cambodian Leader Pol Pot," June 21, 1975, CWIHP.
9. Kiernan, *Pol Pot Regime*, 55–57.
10. Becker, *When the War Was Over*, 148–50, 173–76.
11. Ponchaud, *Cambodia: Year Zero*, 55–56, 58–59.
12. "Decisions of the Central Committee on a Variety of Questions," Mar. 30, 1976, in *Pol Pot Plans for the Future: Confidential Leadership Documents from Democratic Kampuchea 1976–77*, ed. and trans. David Chandler, Ben Kiernan, et al. (New Haven, CT: Yale University Southeast Asia Studies, 1988), 18.
13. "Excerpted Report on the Leading Views of the Comrade Representing the Party Organization at a Zone Assembly (*Tung Pedevat* June 1976)," in Chandler, Kiernan, et al., *Pol Pot Plans for the Future*, 9–35.
14. Short, *Pol Pot*, 291–93, 295.
15. Ibid., 293–94.
16. "Excerpted Report on the Leading Views of the Comrade Representing the Party Organization at a Zone Assembly (*Tung Pedevat* June 1976)," 19.
17. "Preliminary Explanation Before Reading the Plan (Party Center, Aug. 21, 1976)," in Chandler, Kiernan, et al., *Pol Pot Plans for the Future*, 124–27.
18. Kiernan, *Pol Pot Regime*, 16–67.
19. Chandler, *Tragedy of Cambodian History*, 259–60.
20. "Cambodia Perspective," Mar. 1975, Internal Paper, John O. Marsh Files, Vietnam Supplemental Military Assistance (1), Digital National Security Archive [이후 DNSA로 표기].
21. "Minutes of the Secretary of State's Staff Meeting," Apr. 30, 1975, *FRUS*, Vol. E-12: 1973–1976, 65.
22. "Research Study Prepared by the Central Intelligence Agency," Dec. 1976, *FRUS*, Vol. E-12: 1973–76, 95; 또 CIA, "Democratic Kampuchea: An Experiment in Radicalism," Dec. 1976, CIA FOIA도 보라.
23. Scowcroft to Ford, May 10, 1976, *FRUS*, Vol. E-12: 1973–76, 89.
24. Peter Maguire, *Facing Death in Cambodia* (New York: Columbia University Press, 2005), 51–52.
25. "Secretary's Meeting with Foreign Minister Chatchai of Thailand," Nov. 26,

1975, National Security Archive Electronic Briefing Book No. 193, NSA.

26. Becker, *When the War Was Over*, 435.

27. David Chandler, *Voices from S-21* (Berkeley: University of California Press, 1999), 14–15, 16, 20–22, 27–28.

28. Ibid., 32, 38–39, 110.

29. Ibid., 139–40.

30. Short, *Pol Pot*, 352–53, 355, 357–61.

31. Kiernan, *Pol Pot Regime*, 313–14, 316–17, 321, 325, 338; Becker, *When the War Was Over*, 217, 265.

32. Nayan Chanda, *Brother Enemy* (San Diego: Harcourt Brace Jovanovich, 1986), 12–14; Kiernan, *Pol Pot Regime*, 358.

33. Chanda, *Brother Enemy*, 193–94.

34. "Discussion Between Hua Guofeng and Pol Pot," Sept. 29, 1977, CWIHP.

35. Chanda, *Brother Enemy*, 196, 206–7.

36. Kiernan, *Pol Pot Regime*, 392–400; Becker, *When the War Was Over*, 310–12.

37. Kiernan, *Pol Pot Regime*, 393–94.

38. Chanda, *Brother Enemy*, 216–19.

39. "Speech Made by Pham Van Dong," Sept. 5, 1978, CWIHP.

40. "Letter, Chen Chu to H. E. Baron Rudiger Von Wechmar," Dec. 11, 1978, CWIHP.

41. CIA, "Another Cambodian War," Dec. 15, 1978, CIA FOIA.

42. Becker, *When the War Was Over*, 432–33.

43. Chandler, *Voices from S-21*, 1–3.

44. "Chinese Foreign Ministry's Note to the Vietnamese Embassy in China Protesting Against Viet Nam's Military Provocations," Feb. 12, 1979, CWIHP.

45. "Memorandum of the Ministry of Foreign Affairs of the Socialist Republic of Viet Nam on the Chinese Authorities' Intensified Armed Activities on the Viet Nam Border and their Frantic War Preparations Against Viet Nam," Feb. 16, 1979, CWIHP.

46. "Statement by Xinhua News Agency upon Authorization," Feb. 17, 1979, CWIHP; Chanda, *Brother Enemy*, 35–58.

47. "Notes on a Meeting in the Great People's Palace in Peking on Apr. 30, 1979 at 9 a.m.," Apr. 30, 1979, CWIHP; 또 "Notes on a Meeting Held During the Secretary-General's Visit to Peking, 1 May 1979," May 1, 1979, CWIHP도 보라.

48. CIA, "China-VN-USSR Triangle and US Policy," Apr. 10, 1979, CIA FOIA.

49. 제2차 인도차이나전쟁의 사망자 수 추산은 100만 명에서 400만 명에 이른다. 로버트 맥너마라는 사망자 수를 235만 8000명으로 집계했다(Tirman, *Deaths of Others*, 167–68). 월터 라페버는 "An End to Which Cold War"에서 400만 명을 인용한다. 인도네시아의 경우 에이드리언 비커스(Adrian Vickers)는 최대 추산 100만 명에 이른다고 하면서 "최소한 50만 명"이라는 일반적인 합의를 인용한다(*A History of Modern Indonesia*, 159). 방글라데시 사망자에 대한 추산은 폭이 넓다. 파키스탄 정부는 2만 6000명이 사망했다고 추정하는 반면, 방글라데시는 300만 명의 사망자를 인용한다. 인도의 추산은 30만 명에서 100만 명 사이다. 미국의 보고자들은 무려 100만 명이나 되는 사람들이 죽었다고 추산한다(Bass, *The Blood Telegram*, 350–51n6). 키어넌의 인용에 따르면, 캄보디아에서 사망한 사람의 수치는 167만 명이다(*Pol Pot Regime*, 458).

제3부 냉전 말기의 대종파 반란 1975~1990

1. Jeffrey Byrne, "The Cold War in Africa," in *Routledge Handbook of the Cold War*, ed. Artemy Kalinovsky and Craig Daigle (New York: Routledge, 2014), 155–57. 또 Westad, *The Global Cold War*와 Piero Gleijeses, *Visions of Freedom: Havana, Washington, Pretoria, and the Struggle for Southern Africa* (Chapel Hill: University of North Carolina Press, 2013)도 보라.

2. Greg Grandin, *Empire's Workshop; Walter LaFeber, Inevitable Revolutions* (New York: W. W. Norton, 1983); Hal Brands, *Latin America's Cold War* (Cambridge, MA: Harvard University Press, 2010)을 보라.

3. 종파주의의 정의를 둘러싼 논쟁에 관해서는 Ussama Makdisi, "Moving Beyond Orientalist Fantasy, Sectarian Polemic, and Nationalist Denial," *International Journal of Middle East Studies* 40, no. 4 (Nov. 2008): 559–60; Ussama Makdisi, *Culture of Sectarianism* (Berkeley: University of California Press, 2000)을 보라.

4. CIA, "Resurgent Islamic Nationalism in the Middle East," Mar. 1981, CIA FOIA.

5. Robert Dreyfuss, *Devil's Game* (New York: Metropolitan Books, 2005), 240.
6. U.S. Mission to NATO, "Islamic Fundamentalism and the Soviet Union," July 30, 1979, DNSA.
7. 에드워드 오밸런스(Edward O'Ballance)는 *Civil War in Lebanon* (New York: St. Martin's Press, 1998), 216에서 13만 명이 사망했다는 로이터 통신사의 숫자를 인용한다. 로버트 피스크(Robert Fisk)는 사망자 수가 "약 10만 명"이라고 추산한다[*Pity the Nation* (New York: Nation Books, 2002), 389]. 이란-이라크 전쟁의 경우 피에르 라주(Pierre Razoux)는 사망자와 실종자가 약 68만 명이라고 추산한다[*The Iran-Iraq War* (Cambridge, MA: Belknap, 2015), 569]. 앤서니 코더스먼(Anthony Cordesman)은 60만 명에서 107만 명 사이의 사망자 수치를 인용한다[*Lessons of Modern War: The Iran-Iraq War* (Boulder, CO: Westview Press, 1990), 2:3]. 아프가니스탄의 경우 아르테미 칼리놉스키(Artemy Kalinovsky)는 사망자를 80만~120만 명으로 추산한다[*A Long Goodbye* (Cambridge, MA: Harvard University Press, 2011), 1]. 로드릭 브레이스웨이트(Rodric Braithwaite)는 60만~150만 명이 사망했다고 추정한다[*Afgantsy* (New York: Oxford Unviersity Press, 2011), 331].

14. 레바논 내전 1975~1978

1. James Stocker, *Spheres of Intervention* (Ithaca: Cornell University Press, 2016)을 보라.
2. '중도' 아랍 국가들이라는 다중적이고 때때로 상충하는 관념에 관해서는 James Stocker, "Diplomacy as Counter-revolution?" *Cold War History* 12, no. 3 (Aug. 2012)를 보라.
3. John Kifner, "Where Fashion Gives Way to Filth," *New York Times*, Aug. 18, 1982.
4. Fawwaz Traboulsi, *A History of Modern Lebanon* (London: Pluto, 2007), 161.
5. Chamberlin, *The Global Offensive*를 보라.
6. Itamar Rabinovich, *The War for Lebanon, 1970–1985* (Ithaca: Cornell University Press, 1985), 76.
7. Ibid., 61–66.
8. 대부분의 세부 사실을 놓고 주장이 엇갈린다. 팔레스타인 대변인들은 버스에 가족들이 타고 있었다고 단언한 반면, 팔랑헤당 당원들은 게릴라들이 타고 있었다고 강변했다. 사망자 수는 14명에서 27명까지 차이가 크다. 사망자의 이름

은 공개되지 않은 것 같다. Theodor Hanf, *Coexistence in Wartime Lebanon* (London: I. B. Tauris, 2015), 204; O'Ballance, *Civil War in Lebanon*, 1.

9. "Battered Beirut Hopes for New Cabinet," *New York Times*, June 30, 1975.
10. James Markham, "Violent Episodes Plague Lebanon," *New York Times*, Sept. 4, 1975; Markham, "Shooting Goes on in Lebanese Port," *New York Times*, Sept. 9, 1975.
11. O'Ballance, *Civil War in Lebanon*, 27–29.
12. Ibid., 30.
13. Jonathan Randal, *Going All the Way: Christian Warlords, Israeli Adventureres, and the War in Lebanon* (New York: Viking, 1983), 75–76.
14. David Hirst, *Beware of Small States* (New York: Nation Books, 2010), 111; James Markham, "Panic Grips Beirut Amid New Killings and Kidnappings," *New York Times,* Dec. 7, 1975.
15. Yezid Sayigh, *Armed Struggle and the Search for State* (New York: Oxford University Press, 1997), 372–74.
16. Ibid., 375–76; Randal, *Going All the Way*, 89–90.
17. Patrick Seale, *Asad of Syria* (Berkeley: University of California Press, 1989), 226–49를 보라.
18. William Harris, *Faces of Lebanon* (Princeton, NJ: Markus Wiener Publishers, 1997), 164–65.
19. Hanf, *Coexistence in Wartime Lebanon*, 214–15.
20. Rabinovich, *War for Lebanon*, 49, 54–55; Kissinger, *White House Years*, 1046–47.
21. Avi Shlaim, *Iron Wall* (New York: W. W. Norton, 2001), 342–43; Benny Morris, *Righteous Victims* (New York: Knopf, 1999), 500–501.
22. "Minutes of Washington Special Actions Group Meeting," Apr. 22, 1976, *FRUS*, Vol. 26: 1969–76, 286.
23. "Memorandum of Conversation," Apr. 13, 1976, *FRUS*, Vol. 26: 1969–76, 285; Robert Freedman, *Soviet Policy Toward the Middle East Since 1970* (New York: Praeger, 1982), 24–42.
24. O'Ballance, *Civil War in Lebanon*, 54, 56–57; Tony Walker and Andrew Gowers, *Arafat* (London: Virgin, 2003), 153; Sayigh, *Armed Struggle*, 398, 401.

25. Hanf, *Coexistence in Wartime Lebanon*, 224–26.
26. Morris, *Righteous Victims*, 383–85.
27. Hanf, *Coexistence in Wartime Lebanon*, 226–28.
28. Fisk, *Pity the Nation*, 137.
29. Shlaim, *Iron Wall*, 351–53.
30. Patrick Tyler, *Fortress Israel* (New York: Farrar, Straus and Giroux, 2012), 273.
31. Fisk, *Pity the Nation*, 127, 132, 136–37; Noam Chomsky, *Fateful Triangle* (Cambridge, MA: South End Press, 1999), 192.

15. 이란 혁명 1978~1979

1. Gary Sick, *All Fall Down* (New York: Random House, 1985), 164.
2. Roham Alvandi, *Nixon, Kissinger, and the Shah* (New York: Oxford University Press, 2014)를 보라.
3. James Clarity, "Rich but Underdeveloped, Iran Seeks More Power," *New York Times* June 3, 1975.
4. Robert Fisk, *Great War for Civilization* (New York: Vintage, 2007), 122–23.
5. CIA가 추진한 이 쿠데타의 은밀한 내부 역사를 알고 싶다면 CIA Clandestine Service History, "Overthrow of Premier Mossadeq of Iran, November 1952–August 1953," Mar. 1954, by Dr. Donald Wilber, National Security Archive, http://www2.gwu.edu/~nsarchiv/NSAEBB/NSAEBB28/을 보라. 작전에 관한 2차 문헌을 알고 싶다면 Stephen Kinzer, *All the Shah's Men* (Hoboken, NJ: John Wiley & Sons, 2003); James Goode, *The United States and Iran* (New York: St. Martin's Press, 1997); Mark Gasirowski, *U.S. Foreign Policy and the Shah* (Ithaca, NY: Cornell University Press, 1991)를 보라.
6. James Bill, *The Eagle and the Lion* (New Haven: Yale University Press, 1988), 3, 208–9.
7. Fisk, *Great War for Civilization*, 98–99, 111–12.
8. Said Arjomand, *The Turban for the Crown* (New York: Oxford University Press, 1989), 75–87.
9. Bill, *The Eagle and the Lion*, 148.
10. Baqer Moin, *Khomeini* (New York: Thomas Dunne Books, 2000), 83–84, 87–88.
11. Ibid., 89, 104, 107–8, 111–12, 122–21; CIA, "Security Situation in Iran," June

13, 1963, CIA FOIA.

12. William Sullivan to DOS, "Serious Religious Dissidence in Qom," Jan. 11, 1978, NSA; Charles Kurzman, *The Unthinkable Revolution in Iran* (Cambridge, MA: Harvard University Press, 2004), 33–34, 37–38.

13. William Sullivan to DOS, "Iran: Understanding the Shi'ite Islamic Movement," Feb. 3, 1978, NSA.

14. Michael Metrinko to DOS, "Rioting and Civil Insurrection in Tabriz," Feb. 23, 1978, NSA.

15. Michael Axworthy, *Revolutionary Iran* (London: Allen Lane, 2013), 105–9.

16. Ervand Abrahamian, *Iran Between Two Revolutions* (Princeton: Princeton University Press, 1982), 513–16.

17. Jack Shellenberger, Memcon, "Iran's Political Crisis," Oct. 25, 1978, NSA.

18. Kurzman, *The Unthinkable Revolution in Iran*, 77–79, 105–7.

19. William Sullivan to DOS, "Thinking the Unthinkable," Nov. 9, 1978, NSA; CIA Intelligence Memorandum, "The Politics of Ayatollah Ruhollah Khomeini," Nov. 20, 1978, NSA; David Mark, "The Gathering Crisis in Iran," Nov. 2, 1978, INR.

20. CIA, "The Opposition to the Shah," Nov. 3, 1978, CIA FOIA; CIA, "Iran: The Tudeh Party and the Communist Movement," Dec. 8, 1978, CIA FOIA.

21. Bill, *The Eagle and the Lion*, 248–52.

22. Ibid., 252–59; Precht to Saunders, "Seeking Stability in Iran," Dec. 19, 1978, NSA.

23. Arjomand, *Turban for the Crown*, 120–21; Kurzman, *The Unthinkable Revolution in Iran*, 107–8, 111.

24. Nicholas Gage, "Ruler Goes to Egypt," *New York Times*, Jan. 17, 1979; R. W. Apple Jr., "Khomeini Arrives in Teheran, Urges Ouster of Foreigners," *New York Times*, Feb. 1, 1979.

25. Moin, *Khomeini*, 200–201, 204–6.

26. CIA Intelligence Memorandum, "The Radicals in the Opposition," Jan. 12, 1979, NSA; U.S. Embassy Tehran, "Iran: A Comment on Terrorism in a Revolutionary Situation," Feb. 28, 1979, NSA; 심하게 삭제된 CIA, National Foreign Assessment Center, "Iran: Communist Activities," Feb. 15, 1979, NSA;

William Sullivan to DOS, "Islamic Revolution: Turning Sour," Mar. 8, 1979, NSA를 보라.

27. Nikki Keddie, *Modern Iran* (New Haven: Yale University Press, 2006), 245–46.

28. Arjomand, *Turban for the Crown*, 137–39.

29. CIA Foreign Assessment Center, "Iran's Ayatollahs," Mar. 20, 1979, NSA.

30. Sick, *All Fall Down*, 160, 165; "CIA Director Fears Leftists May Gain Control in Iran," *Chicago Tribune*, Mar. 18, 1979.

31. Mark Bowden, *Guests of the Ayatollah* (New York: Grove Press, 2007), 6–7, 13.

32. Ibid., 34.

33. Sick, *All Fall Down*, 207–9.

34. Fisk, *Great War for Civilization*, 127.

35. Axworthy, *Revolutionary Iran*, 169–72.

36. Bill, *The Eagle and the Lion*, 300–301.

37. Paul K. Davis, "Observations on the Rapid Deployment Joint Task Force," P-6751, RAND Paper, 1982, https://www.rand.org/content/dam/rand/pubs/papers/2005/P6751.pdf.

38. William E. Griffith, "The Revival of Islamic Fundamentalism: The Case of Iran," Confidential, Report, Apr. 23, 1979, NSA; James H. Madden, "Islamic Fundamentalism and the Soviet Union," Confidential, Report, July 30, 1979, NSA; CIA, National Foreign Assessment Center, "Iran and the USSR After the Shah," Aug. 17, 1979, NSA; Malcolm Toon, "Soviet Policy Toward Iran," Sept. 10, 1979, NSA; Grummon to DOS, "Situation in Iran and Afghanistan," Sept. 24, 1979, NSA.

39. CIA, "Iran: The Shia Revolution and Iran's Neighbors," Oct. 1979, CIA FOIA.

16. 소련의 아프가니스탄 개입 1978~1979

1. Ali Ahmad Jalili and Lester Grau, *The Other Side of the Mountain* (Quantico, VA: U.S. Marine Corps Studies and Analysis Division, 1999), xiii.

2. Nikita Khrushchev, *Khrushchev Remembers* (Boston: Little, Brown, 1970), 298.

3. Olivier Roy, *Islam and Resistance in Afghanistan* (New York: Cambridge University Press, 1990), 75–76.

4. Bruce Riedel, *What We Won: America's Secret War in Afghanistan*, 1979–89

(Washington, DC: Brookings Institution Press, 2014), 15–16.

5. Barnett Rubin, *The Fragmentation of Afghanistan* (New Haven: Yale University Press, 2002), 105.
6. "Political Letter from USSR Ambassador to Afghanistan to Soviet Foreign Ministry," May 31, 1978, CWIHP.
7. "Journal of Soviet Ambassador Puzanov, Memorandum of Conversation with N. M. Taraki and Delegation of the Soviet Academy of Sciences," July 11, 1978, CWIHP.
8. Saunders to SecState, "Situation in Afghanistan," Apr. 30, 1978, DNSA.
9. Eliot to DOS, "Six Weeks after Afghanistan's Revolution," June 13, 1978, DNSA.
10. Adolph Dubs to DOS, "Khalqi Regime Identifies Afghan Revolution as an Extension of the USSR's October Revolution," Nov. 15, 1978, DNSA; Dubs to DOS, "Afghan Leadership Underscores Ties to USSR," Nov. 16, 1978, DNSA.
11. Rubin, *The Fragmentation of Afghanistan*, 115–16.
12. "The Political and Military Situation in Afghanistan," 1979, DNSA.
13. J. Bruce Amstutz to DOS, "Death of Ambassador Dubs," Feb. 14, 1979, DNSA.
14. Cyrus Vance to U.S. Embassy in Kabul, "Press Coverage," Feb. 18, 1979, DNSA.
15. Warren Christopher to U.S. Embassy in Kabul, "AFP: Afghan Rebels Report Fierce Fighting with Military," Mar. 13, 1979, DNSA.
16. Gilles Dorronsoro, *Revolution Unending: Afghanistan, 1979 to the Present* (New York: Columbia University Press, 2005), 99–101.
17. "Transcript of Telephone Conversation Between Soviet Premier Alexi Kosygin and Afghan Prime Minister Nur Mohammed Taraki," Mar. 17, 1979, CWIHP.
18. "Record of Conversation Between L. I. Brezhnev and N. M. Taraki," Mar. 20, 1979, CWIHP.
19. Edward Girardet, "A Grim Chapter in Afghanistan War," *Christian Science Monitor*, Feb. 4, 1980.
20. J. Bruce Amstutz to DOS, "Current Status of the Insurrection in Afghanistan," June 4, 1979, DNSA.

21. "Soviet Communication to the Hungarian Leadership on the Situation in Afghanistan," Mar. 28, 1979, CWIHP.
22. "CPSU CC Protocol #152/159, 24 May 1979, and Instructions to Soviet Ambassador in Afghanistan," May 24, 1979, CWIHP.
23. "Draft Instructions to the Soviet Ambassador in Kabul with Appeal of the CC CPSU Politburo to the CC PDPA Politburo," June 28, 1979, CWIHP.
24. Robert Gates, *From the Shadows* (New York: Simon and Schuster, 1996), 146.
25. Riedel, *What We Won*, 98–99.
26. J. Bruce Amstutz to DOS, "Afghanistan's Khalqi Regime at 18 Months," Nov. 20, 1970, DNSA.
27. Braithwaite, *Afgantsy*, 59, 66, 73–74.
28. Ibid., 56, 76–78.
29. "Directive No. 312/12/001 of 24 December 1979 Signed by Ustinov and Ogarkov," Dec. 24, 1979, CWIHP.
30. Gregory Feifer, *The Great Gamble* (New York: Harper, 2009), 59–60, 62, 64–65.
31. Braithwaite, *Afgantsy*, 96–99.
32. Summary, National Security Council, "Summary of Conclusions: SCC Meeting on Soviet Moves in Afghanistan," Dec. 26, 1979, NSA.
33. CIA, "Tribalism Versus Communism in Afghanistan," Jan. 3, 1980, CIA FOIA.
34. Zbigniew Brzezinski to Jimmy Carter, "Reflections on Soviet Intervention in Afghanistan," Dec. 26, 1979, NSA.
35. Cyrus Vance, "Our Assessment of Recent Events in Afghanistan," Dec. 28, 1979, DNSA.
36. "Summary of the President's Telephone Conversation—Mrs. Margaret Thatcher, Prime Minister of Great Britain," Dec. 28, 1979, NSA.
37. Jimmy Carter, "Address to the Nation on the Soviet Invasion of Afghanistan," Jan. 4, 1980, *PPP*; "Talking Points for Telephone Calls on the President's Speech," Jan. 1980, DNSA; CIA, "The Invasion of Afghanistan: Implications for Soviet Foreign Policy," Jan. 1980, CIA FOIA.
38. Bruce Palmer, "Major Estimates of Soviet Military Capabilities in Situations Less than General War," Jan. 22, 1980, CIA FOIA.
39. Jimmy Carter, "State of the Union Address," Jan. 23, 1980, *PPP*.

40. DIA, "The Soviet Invasion of Afghanistan," Feb. 1980, DNSA.

41. Riedel, *What We Won*, 28–29.

42. The Russian General Staff, *The Soviet-Afghan War*, trans. Lester Grau and Michael Gress (Lawrence: University Press of Kansas, 2002), 17–19.

43. Ibid., 19–20.

44. Feifer, *Great Gamble*, 117, 129.

45. M. Hassan Kakar, *Afghanistan: The Soviet Invasion and Afghan Response* (Berkeley: University of California Press, 1995), 114–18.

46. Jalili and Grau, *Other Side of the Mountain*, xviii–xix.

47. Alfred (Roy) Atherton to DOS, "Egypt Takes Strong Measures in Response to Soviet Invasion of Afghanistan," Jan. 7, 1980, DNSA; Atherton to DOS, "Al Azhar Attacks Soviets," Jan. 20, 1980, DNSA.

48. Riedel, *What We Won*, 58–60.

49. Ibid., 60–63.

50. Harry Kreisler, "The Rise of al Qaeda," Conversation with Steve Coll, Conversations with History, Institute of International Studies, UC Berkeley, http://globetrotter.berkeley.edu/people5/Coll/coll-con5.html.

51. Gilles Kepel, *Jihad* (Cambridge, MA: Belknap, 2003), 143–44.

52. Rubin, *The Fragmentation of Afghanistan*, 197–98.

53. Peter Bergen, *Holy War, Inc.* (New York: Free Press, 2001), 71–72; State INR, "The Afghan Resistance Movement," Mar. 16, 1982, DNSA.

54. J. Bruce Amstutz, *Afghanistan* (Washington, DC: NDU Press, 1986), 112–15.

55. Vahid Brown and Don Rassler, *Fountainhead of Jihad* (New York: Columbia University Press, 2013), 4–6, 38, 40, 62.

56. "Report by Soviet Defense Minister Ustinov to CPSU CC on 'Foreign Interference' in Afghanistan," Oct. 2, 1980, CWIHP.

57. "Intelligence Note Concerning Actions by the US in Aiding the Afghanistan Rebel Fighters," Sept. 1, 1980, CWIHP.

17. 전쟁 중인 중동 1980~1982

1. CIA, "Resurgent Islamic Nationalism in the Middle East," Mar. 1981, CIA FOIA.

2. Michael Kaufman, "Influence of Rebels in Afghanistan Is Still Growing, Diplomats Report," *New York Times*, Nov. 11, 1980.
3. Russian General Staff, *The Soviet-Afghan War* (Lawrence: University Press of Kansas, 2002), 20–21, 23–24.
4. Riedel, *What We Won*, 44.
5. Braithwaite, *Afgantsy*, 131–34.
6. Ed Girardet, *Afghanistan: The Soviet War* (London: Croon Helm, 1985), 33–35.
7. David Thurman to DOS, "Soviet Offensive in Kunar Province," Mar. 6, 1980, DNSA.
8. Tanner, *Afghanistan*, 246–47.
9. Diego Cordovez and Selig Harrison, *Out of Afghanistan* (New York: Oxford University Press, 1994), 59.
10. "Report of Military Leaders to D. F. Ustinov," May 10, 1981, CWIHP.
11. Ibid.
12. CIA, "Afghanistan: Iran's Role in the Crisis," July 1980, CIA FOIA.
13. CIA, "China's Afghanistan Policy," Jan. 28, 1982, CIA FOIA; Riedel, *What We Won*, 107.
14. Jeri Laber and Barnett Rubin, *A Nation Is Dying* (Evanston, IL: Northwestern University Press, 1998), 9–11.
15. Jalili and Grau, *Other Side of the Mountain*, xix.
16. Edward Girardet, "Afghan Refugees: The Palestinians of Asia?" *Christian Science Monitor*, July 9, 1982.
17. Barrington King to DOS, "Afghan Refugee Situation—An Overview," Dec. 9, 1982, DNSA; 또한 Sarah Kenyon Lischer, *Dangerous Sanctuaries* (Ithaca: Cornell University Press, 2005), 44–73을 보라.
18. Braithwaite, *Afgantsy*, 205, 215–19.
19. Edward Girardet, "Guerrillas Survive Biggest Attack Yet as Soviets Roar into Panjshir Valley," *Christian Science Monitor*, June 22, 1982.
20. Feifer, *Great Gamble*, 157–58, 173–75.
21. Robert Rakove, "The Central Front of Reagan's Cold War" (2017년 6월 필자로부터 받은 글로, 출간 예정이다).
22. Dilip Hiro, *The Longest War* (New York: Routledge, 1991), 40–41.

23. Conflict Records Research Center Document (CRRC), "Saddam and His Advisers Discussing Iraq's Decision to Go to War with Iran," Sept. 16, 1980, CWIHP.
24. CIA, "The Implications of an Iraqi Victory," Sept. 26, 1980, CIA FOIA.
25. CRRC, "Saddam and High-Ranking Officials Discussing Khomeini," Feb. 20, 1979, CWIHP.
26. Phebe Marr, *The Modern History of Iraq* (Boulder, CO: Westview Press, 2012), 172–73.
27. Ibid., 180–82; CRRC, "General Military Intelligence Directorate Report Assessing Political, Military, and Economic Conditions in Iran," Jan. 1–June 30, 1980, CWIHP.
28. Axworthy, *Revolutionary Iran*, 192–94.
29. Keddie, *Modern Iran*, 251.
30. Edward O'Ballance, *The Gulf War* (London: Brassey's Defence Publishers, 1988), 37–41; "Youssef Ibrahim, "Iraqis Still Battle for Khurramshahr," *New York Times*, Oct. 5, 1980; Youssef M. Ibrahim, "In Khurramshahr's Port, Iraqis Watch for Snipers," *New York Times*, Oct. 8, 1980.
31. John Kifner, "Iraqis, On the Move, Place More Bridges on the Way to Abadan," *New York Times*, Oct. 13, 1980; John Kifner, "Iraq's Troops Move to Edge of Abadan," *New York Times*, Oct. 17, 1980; O'Ballance, *The Gulf War*, 37–41.
32. Stephen Pelletiere, *The Iran-Iraq War* (New York: Praeger, 1992), 37, 40–41.
33. Hiro, *The Longest War*, 52–54.
34. Kenneth Pollack, *Arabs at War* (Lincoln, NE: University of Nebraska Press, 2002), 195–202.
35. Cordesman, *Lessons of Modern War*, 136–39; Henry Tanner, "Iran's Recovered Port City," *New York Times*, June 4, 1982.
36. Charles Tripp, *A History of Iraq* (Cambridge, UK: Cambridge University Press, 2007), 226–29.
37. CIA, "Whither Iran," Dec. 6, 1982, CIA FOIA.
38. CIA, "Agenda for NIC Warning Meeting," June 14, 1982, CIA FOIA.
39. Axworthy, *Revolutionary Iran*, 226–29.

40. O'Ballance, *Gulf War*, 93–97.

41. James Blight et al., *Becoming Enemies* (Lanham, MD: Rowman & Littlefield Publishers, 2012), 104–5.

42. Blight et al., *Becoming Enemies*, 309–11에 전재된 "Document 3-1: Discussion Paper for Senior Interdepartmental Group (SIG) on Policy Options for Deal with the Iran-Iraq War, mid-1982"와 "Document 3-2: William P. Clark Memorandum for the President," c. July 1982.

43. Department of State Briefing Paper, "Soviet Perspective on Iran/Iraq War," Sept. 24, 1980, DNSA; Christopher Andrew and Vasili Mitrokhin, *The World Was Going Our Way* (New York: Basic Books, 2005), 188–89.

44. Andrew and Mitrokhin, *The World Was Going Our Way*, 190–91.

45. CRRC, "Saddam and His Inner Circle Discussing the United Nations, the Soviet Union, and the United States," undated, circa 1981, CWIHP.

46. Nicholas Gage, "Beirut Regaining Prewar Glory, But Gaiety Has Hysterical Edge," *New York Times*, June 17 1980.

47. Sayigh, *Armed Struggle*, 447–55.

48. Morris, *Righteous Victims*, 507–8.

49. Seale, *Asad*, 316–17, 320–21, 329.

50. Ibid., 332–34.

51. Thomas Friedman, *From Beirut to Jerusalem* (New York: Anchor Books, 1995), 90.

52. Shlaim, *Iron Wall*, 395–98.

53. Randal, *Going All the Way*, 115–16, 118, 135–36.

54. Morris, *Righteous Victims*, 511–14; on Haig's "green light," see Seth Anziska, "Camp David's Shadow: The United States, Israel, and the Palestinian Question, 1977–1993," PhD diss., Columbia University, 2015.

55. Tyler, *Fortress Israel*, 303–5; Hirst, *Beware of Small States*, 135–38.

56. John Bulloch, *Final Conflict* (London: Century, 1983), 21–22, 60–63.

57. Zeev Schiff and Ehud Ya'ari, *Israel's Lebanon War* (New York: Simon & Schuster, 1984), 181.

58. Rashid Khalidi, *Under Siege* (New York: Columbia University Press, 1986), 87–89, 93, 95–99.

59. "The Israelis, Too, Are Outraged," *New York Times*, Aug. 13, 1982; "Dare Call

It Terrorism," *Times* (London), Aug. 7, 1982; Ronald Reagan, *An American Life* (New York: Simon & Schuster, 1990), 428.

60. Morris, *Righteous Victims*, 538, 726n247; Sayigh, *Armed Struggle*, 538, 540.

18. 레이건의 중동 전쟁 1983~1987

1. CIA, "Soviet Forces and Capabilities in the Southern Theater of Military Operations," Dec. 1983, CIA FOIA.
2. Fritz Ermarth, "Soviet Strategies in the Southern Theater," Aug. 1, 1984, CIA FOIA.
3. CIA, "Islam and Politics: A Compendium," April 1984, CIA FOIA.
4. State–INR, "The Afghan Resistance Movement in 1981: Progress, but a Long Way to Go," Jan. 19, 1982, DNSA; Casey quote in Steve Coll, *Ghost Wars* (New York: Penguin Press, 2004), 97.
5. Lawrence Freedman, *A Choice of Enemies: America Confronts the Middle East* (New York: Public Affairs, 2008), 114.
6. Feifer, *Great Gamble*, 146.
7. Braithwaite, *Afgantsy*, 146–47.
8. John K. Cooley, *Unholy Wars* (London: Pluto Press, 2002), 135–36.
9. Laber and Rubin, *A Nation Is Dying*, 10–11, 16, 18, 35, 42.
10. Braithwaite, *Afgantsy*, 232–33.
11. James M. Scott, "Reagan's Doctrine? The Formulation of an American Foreign Policy Strategy," *Presidential Studies Quarterly*, 26 no. 4 (Fall 1996): 1047–50; NSDD-75, "U.S. Relations with the USSR," Jan. 17, 1983, http://fas.org/irp/offdocs/nsdd/nsdd-75.pdf; Charles Krauthammer, "The Reagan Doctrine," *Washington Post*, July 19, 1985.
12. NSDD-166, "U.S. Policy, Programs and Strategy in Afghanistan," Mar. 27, 1985, http://fas.org/irp/offdocs/nsdd/nsdd-166.pdf.
13. Coll, *Ghost Wars*, 11, 149–50.
14. Schiff and Ya'ari, *Israel's Lebanon War*, 230–36.
15. Friedman, *From Beirut to Jerusalem*, 157–59; Ihsan Hijazi, "Israeli Looted Archives of P.L.O. Officials Say," *New York Times*, Oct. 1, 1982.
16. Morris, *Righteous Victims*, 543–44.

17. Fisk, *Pity the Nation*, 359–61, 382, 390; Seth Anziska, "A Preventable Massacre," *New York Times*, Sept. 16, 2012.
18. George Shultz, *Turmoil and Triumph* (New York: Scribner's, 1993), 111.
19. "Report of the Commission of Inquiry into the Events at the Refugee Camps in Beirut—8 February 1983," http://www.mfa.gov.il/mfa/foreignpolicy/mfadocuments/.
20. Freedman, *A Choice of Enemies*, 138.
21. Patrick Tyler, *A World of Trouble* (New York: Farrar, Straus and Giroux, 2009), 291–92, 296–97.
22. Friedman, *From Beirut to Jerusalem, 201–2; Reagan, An American Life*, 452–53.
23. Augustus Richard Norton, *Amal and the Shi'a* (Austin: University of Texas Press, 1987), 48–49, 55.
24. Augustus Richard Norton, *Hezbollah* (Princeton: Princeton University Press, 2014), 33–37.
25. Nicholas Blanford, *Warriors of God* (New York: Random House, 2011), 59; Anonymous (Michael Scheuer), *Imperial Hubris* (Washington, DC: Brassey's, 2004), 112; Matthew Levitt, *Hezbollah: The Global Footprint of Lebanon's Party of God* (Washington, DC: Georgetown University Press, 2013), 28–29.
26. Reagan, *An American Life*, 465–66.
27. Robin Wright, *Sacred Rage* (New York: Simon & Schuster, 2001), 105; CIA, "Hizballah's Rise: The US Stake," Oct. 21, 1986, CIA FOIA; CIA, "Lebanon: The Prospects for Islamic Fundamentalism," July 1987, CIA FOIA.
28. Wright, *Sacred Rage*, 101–4.
29. Rex Brynen, *Sanctuary and Survival* (Boulder, CO: Westview Press, 1991), http://prrn.mcgill.ca/prrn/papers/sanctuary/ch8.html.
30. Blanford, *Warriors of God*, 88–92.
31. Cordesman, *Lessons of Modern War*, 154–55.
32. Pollack, *Arabs at War*, 206–7; R. W. Apple Jr., "Iranian Officers, Seeking Revenge, Talk of Pursuing Enemy into Iraq," *New York Times*, Nov. 7, 1982.
33. Hiro, *The Longest War*, 96, 119–22.
34. O'Ballance, *Gulf War*, 142–47.

35. Cordesman, *Lessons of Modern War*, 191–96.

36. Nicholas Veliotes and Jonathan Howe to Lawrence Eagleburger, "Iran-Iraq War: Analysis of Possible U.S. Shift from Position of Strict Neutrality," Oct. 7, 1983, CWIHP.

37. CIA, "Iran: Outlook for the Islamic Republic," May 24, 1983, CIA FOIA.

38. CIA, "Prospects for Iraq," July 19, 1983, CIA FOIA.

39. CIA, "Iraq: Social and Political Factors Deter Religious Revival," Nov. 1983, CIA FOIA.

40. P. Wilcox, Top Secret Internal State Department Paper, "Iran-Iraq War: U.S. Responses to Escalation Scenarios and Threats to Persian Gulf States," Mar. 20, 1984, NSA.

41. CIA, "Iraq's Shias," Nov. 1984, CIA FOIA.

42. Jonathan Howe to George Shultz, Information Memorandum, "Iraq Use of Chemical Weapons," Nov. 1, 1983, CWIHP.

43. Defense Intelligence Agency, "Defense Estimative Brief: Prospects for Iraq," Sept. 25, 1984, NSA.

44. Henry Kam, "In Iraqi Port, Sullen Mood Amid Shelling," *New York Times*, Mar. 7, 1984.

45. Pollack, *Arabs at War*, 217–19.

46. Shultz, "[George Shultz Opposition to NSC Operation with Iran]," Secret Memorandum, Dec. 1986, NSA.

47. Lawrence Walsh, *Firewall* (New York: Norton, 1997), 7–8; "Address to the Nation on the Iran Arms and Contra Aid Controversy," Nov. 13, 1986, PPP, Ronald Reagan Presidential Library, http://www.reagan.utexas.edu/archives/speeches/1986/111386c.htm.

48. CRRC, "Saddam Discussing 'Irangate' (Iran-Contra) Revelations with his Inner Circle," undated (c. late 1986), CWIHP.

49. Walsh, *Firewall*, 531.

50. Shultz, *Turmoil and Triumph*, 926, 931.

51. David Crist, *The Twilight War: The Secret History of America's Thirty-Year Conflict with Iran* (New York: Penguin Press, 2012), 222–27.

52. Freedman, *A Choice of Enemies*, 203–6.

53. CIA, "Soviet Policy Toward the Middle East," Dec. 1986, CIA FOIA.

54. CIA, "Islamic Fundamentalism in the Middle East and South Asia," Dec. 1986, CIA FOIA.

55. Ayatollah Khomeini, "We Shall Confront the World with Our Ideology," *Middle East Research and Information Project*, No. 88 (May/June 1980), http://www.merip.org/mer/mer88/khomeini-we-shall-confront-world-our-ideology.

19. "당신들은 프랑켄슈타인을 창조하고 있다" 1988~1990

1. CIA, "Islamic Fundamentalism: Implications for the Arab World and the United States," Dec. 1987, CIA FOIA.

2. Robert Suro, "At the Front in the Gulf War," *New York Times*, Jan. 28, 1987; Bernard Trainor, "At the Front in Iraq," *New York Times*, June 8, 1987; John Cushman Jr., "In the Trenches in Iraq," *New York Times*, Aug. 25, 1987.

3. Bryan Gibson, *Covert Relationship* (New York: Praeger, 2010), 208–9.

4. P. Maher–INR, "HLDG Briefing: Iran/Iraq War," Ankara, Apr. 12, 1988, NSA.

5. Hiro, *The Longest War*, 203, 206; U.S. Embassy in Baghdad to DOS, "Iraq Exults in Fao Victory, Barely Mentions U.S. Actions," Apr. 19, 1988, NSA.

6. Fisk, *Great War for Civilization*, 259–60, 263–64.

7. Blight et al., *Becoming Enemies*, 345–47, 276.

8. Human Rights Watch, "Genocide in Iraq," July 1993, http://www.hrw.org/reports/1993/iraqanfal/.

9. Ibid.

10. Morton Abrahamowitz–INR to SecState, "Information Memo: Swan Song for Iraq's Kurds," Sept. 2, 1988, NSA; Abrahamowitz–INR to SecState, "Iraq: Status Report on the Kurdish Situation," Sept. 13, 1988, NSA.

11. Bureau of Near Eastern Affairs, Department of State, "Overview of U.S.-Iraqi Relations and Potential Pressure Points," Secret, Internal Paper, Sept. 9, 1988, NSA.

12. Samantha Power, *A Problem from Hell* (New York: Basic Books, 2002), 204, 223, 228–29.

13. April Glaspie, "After U.S. Actions, Saddam Changes His Tone," Sept. 12, 1988, NSA.

14. Melvyn P. Leffler, *For the Soul of Mankind: The United States, the Soviet Union, and the Cold War* (New York: Farrar, Straus and Giroux, 2007), 366, 369, 371.

15. Kalinovsky, *A Long Goodbye*, 74, 83.

16. CPSU CC Politburo Meeting Minutes, Nov. 13, 1986, CWIHP.

17. Feifer, *Great Gamble*, 217–18.

18. Notes from Politburo Meeting, Feb. 23, 1987, CWHIP.

19. Kepel, *Jihad*, 144–48.

20. Brown and Rassler, *Fountainhead of Jihad*, 71–75.

21. Kalinovsky, *A Long Goodbye*, 96–98.

22. Coll, *Ghost Wars*, 147–49.

23. "Record of a Conversation of M. S. Gorbachev with the General Secretary of the Central Committee of the People's Democratic Party of Afghanistan Cde. Najib," July 20, 1987, CWIHP.

24. Braithwaite, *Afgantsy*, 214–15.

25. "Conversation between M. S. Gorbachev and Ronald Regan on Afghanistan (Excerpt)," Dec. 9, 1987, CWIHP; "Conversation between M. S. Gorbachev and Vice President George H. W. Bush," Dec. 10, 1987, CWIHP. 이에 관해 생각을 나눠 준 데 대해서 로버트 라코브(Robert Rakove)에게도 감사한다.

26. Kalinovsky, *A Long Goodbye*, 168.

27. 이 전쟁에서 사망한 사람들의 수에 관한 추산을 보고 싶다면 Kalinovsky, *A Long Goodbye*와 Braithwaite, *Afgantsy*를 참조하라.

28. CIA, Special NIE, "USSR: Withdrawal from Afghanistan," Mar. 1988, CIA FOIA, https://www.cia.gov/library/readingroom/docs/DOC_0005564723.pdf, 그리고 Coll, *Ghost Wars*, 172–73에서 재인용.

29. O'Ballance, *Civil War in Lebanon*, 185–88.

30. Hanf, *Coexistence in Wartime Lebanon*, 574–75.

31. Hirst, *Beware of Small States*, 211–13; "Ta'if Accord," Nov. 4, 1989, http://www.al-bab.com/arab/docs/lebanon/taif.htm.

32. Harris, *Faces of Lebanon*, 264, 276–77.

33. Hanf, *Coexistence in Wartime Lebanon*, 337.

34. Fawwaz Trablousi, *A History of Modern Lebanon* (London: Pluto, 2007), 232–35.

35. Mark Hosenball, "War on Terror: The Road to September 11," *Newsweek*,

Sept. 30, 2001.

36. Jeremy Scahill, *Dirty Wars* (New York: Nation Books, 2013), 21–22.

37. Siobhan Gorman, "CIA Man Is Key to U.S. Relations with Karzai," *Wall Street Journal*, Aug. 24, 2010, http://www.wsj.com/articles/SB10001424052748704741904575409874267832044.

38. Ann Scott Tyson, "Sorry Charlie. This Is Michael Vickers's War," *Washington Post*, Dec. 28, 2007.

39. Joby Warrick, *Black Flags* (New York: Doubleday, 2015), 51–52.

사진 출처

43쪽	Truman Library
55쪽	National Archives and Records Adminstration
97쪽	National Archives and Records Adminstration
108쪽	National Archives and Records Adminstration
115쪽	Wikimedia Commons
155쪽	Wikimedia Commons
177쪽	Wikimedia Commons
210쪽 위	National Archives and Records Adminstration
210쪽 아래	National Archives and Records Adminstration
214쪽	National Archives and Records Adminstration
215쪽	National Archives and Records Adminstration
217쪽	National Archives and Records Adminstration
227쪽	National Archives and Records Adminstration
233쪽	National Archives and Records Adminstration
237쪽	National Archives and Records Adminstration
264쪽	flickr
319쪽	flickr
325쪽 위	National Archives and Records Adminstration
325쪽 아래	National Archives and Records Adminstration
353쪽	National Archives and Records Adminstration
371쪽	National Archives and Records Adminstration
382쪽	National Archives and Records Adminstration

416쪽	Wikimedia Commons
421쪽	National Security Archive, George Washington University
534쪽	서독 텔레비전 필름 속 사진, AP Photo/Christoph Froehder
628쪽	Wikimedia Commons
707쪽	National Archives and Records Administration
718쪽	National Archives and Records Administration
729쪽	AP Photo
759쪽 위	National Archives and Records Administration
759쪽 아래	National Archives and Records Administration
769쪽	National Archives and Records Administration
774쪽	National Archives and Records Administration
778쪽	National Archives and Records Administration
793쪽	Wikimedia Commons
811쪽	Store Norske Leksikon
821쪽	National Archives and Records Administration

찾아보기

ㄱ

ㄴ

ㄹ

ㅂ

ㅇ

ㅈ

ㅊ

ㅋ

ㅌ

ㅎ

폴 토머스 체임벌린 Paul Thomas Chamberlin

미국 컬럼비아대학교의 역사학과 교수다. 카이로 아메리카대학교와 다마스쿠스대학교에서 공부한 뒤 오하이오주립대학교에서 박사학위를 받았다. 예일대학교와 윌리엄스대학교에서 연구를 지속했으며, 2010년 영국 옥스퍼드대학교 출판부의 국제사 부문 최고 박사학위 논문상을 수상했다. 냉전과 포스트냉전, 식민지 폭력, 미국·중동·아시아에 초점을 맞춘 20세기 지정학과 역사를 연구하고 가르친다. 지은 책으로 《지구적 공세: 미국, 팔레스타인해방기구, 포스트냉전 질서의 형성The Global Offensive: The United States, the Palestine Liberation Organization, and the Making of the Post-Cold War Order》(2012)이 있으며 《뉴욕 타임스》, 《워싱턴 포스트》에 글을 기고하고 있다.

옮긴이 김남섭

서울과학기술대학교 인문사회교양학부 교수로 재직하고 있다. 러시아사를 주제로 박사학위를 받았다. 주요 관심사는 스탈린 시대의 소련사이며, 최근에는 냉전기 소련 사회의 연구에도 힘을 쏟고 있다. 함께 쓴 책으로 《세계화 시대의 서양 현대사》, 《러시아의 민족 정책과 역사학》, 《세계의 과거사 청산》 등이 있고, 옮긴 책으로 《유럽 1949-2017: 롤러코스터를 타다》, 《러시아사 강의 1·2》, 《얄타에서 베를린까지: 독일은 어떻게 분단되고 통일되었는가》, 《스탈린의 전쟁: 제2차 세계대전에서 냉전까지, 스탈린은 소련을 어떻게 이끌었나》 등이 있다.

서구의 번영 아래 전쟁과 폭력으로 물든
아시아 1945-1990

초판 1쇄 발행 | 2023년 10월 23일

지은이 | 폴 토머스 체임벌린
옮긴이 | 김남섭

펴낸이 | 한성근
펴낸곳 | 이데아
출판등록 | 2014년 10월 15일 제2015-000133호
주　　소 | 서울 마포구 월드컵로28길 6, 3층 (성산동)
전자우편 | idea_book@naver.com
페이스북 | facebook.com/idea.libri
전화번호 | 070-4208-7212
팩　　스 | 050-5320-7212

ISBN 979-11-89143-43-5 (93910)